Das Neue Testament Deutsch

Neues Göttinger Bibelwerk

In Verbindung mit Horst R. Balz, Jürgen Becker,
Hans Conzelmann, Gerhard Friedrich, Friedrich Lang, Eduard Lohse,
Ulrich Luz, Helmut Merkel, Jürgen Roloff, Wolfgang Schrage,
Siegfried Schulz, Eduard Schweizer und August Strobel

herausgegeben von Peter Stuhlmacher und Hans Weder

Teilband 7

Die Briefe an die Korinther

17. Auflage
(2. Auflage dieser neuen Bearbeitung)

1994

Vandenhoeck & Ruprecht
Göttingen und Zürich

Die Briefe an die Korinther

Übersetzt und erklärt

von

Friedrich Lang

1994

Vandenhoeck & Ruprecht
Göttingen und Zürich

Die Deutsche Bibliothek – CIP-Einheitsaufnahme

Das *Neue Testament deutsch*: neues Göttinger Bibelwerk / in Verbindung mit
Horst R. Balz ... hrsg. von Peter Stuhlmacher und Hans Weder. –
Göttingen; Zürich: Vandenhoeck und Ruprecht.
Teilw. hrsg. von Gerhard Friedrich und Peter Stuhlmacher. – Teilw. mit Nebent.: NTD
NE: Stuhlmacher, Peter [Hrsg.]; Friedrich, Gerhard [Hrsg.]; NTD

Lang, Friedrich:
Die Briefe an die Korinther / übers. und erkl. von Friedrich Lang. –
17. Aufl., (2. Aufl. dieser neuen Bearb.). –
Göttingen; Zürich: Vandenhoeck und Ruprecht, 1994
(Das Neue Testament deutsch; Teilbd. 7)
ISBN 3-525-51368-2

Teilbd. 7. Lang, Friedrich: Die Briefe an die Korinther. –
17. Aufl., (2. Aufl. dieser neuen Bearb.). – 1994

Die Briefe an die Korinther

Friedrich Lang

Einleitung

Die beiden Korintherbriefe gewähren uns den besten Einblick in das Leben einer jungen, vorwiegend heidenchristlichen Gemeinde im Missionsbereich des Apostels Paulus. In beiden Briefen treibt der Apostel sozusagen „angewandte Theologie" (H. Conzelmann), insofern er seine Theologie auf konkrete Fragen des Gemeindelebens und auf das Verhältnis der Gemeinde zu ihrem „geistlichen Vater" bezieht. Wir schauen hinein in das missionarische Wirken des Theologen Paulus als Gemeindegründer, Verkündiger, Seelsorger und Gemeindeleiter und in die leidenschaftliche Auseinandersetzung des Apostels mit Verkündigern eines anderen Evangeliums. Ist der Römerbrief das Standardwerk für die Rechtfertigungsbotschaft des Paulus, so sind die Korintherbriefe die eindrücklichsten Zeugnisse seiner „Theologie des Kreuzes". Der erste Brief zeigt, wie Paulus die Botschaft vom Gekreuzigten praktisch fruchtbar macht für den Aufbau der Gemeinde, der zweite, wie er sie entschlossen einsetzt zur Verteidigung seines Apostelamts gegen die Vorwürfe der Gegner. Dieselbe Botschaft von der Rechtfertigung des Sünders allein durch den Glauben an Jesus Christus, die Paulus im Galaterbrief gegen judaistische Prediger der Gesetzesgerechtigkeit verteidigt, vertritt er in den Korintherbriefen gegen individualistisches Weisheitsstreben und eine schwärmerische Überschätzung der Geistbegabung sowie gegen Bestreiter der Legitimität seines Apostolats.

Der reiche Briefwechsel des Paulus mit der korinthischen Gemeinde ist nicht in vollem Umfang erhalten. Zu den Schwierigkeiten der Auslegung gehört die Frage, wie die erhaltenen Briefe in den nicht mehr voll aufklärbaren Ablauf der Ereignisse einzuordnen sind.

Korinth

1. Die Stadt Korinth

Die am Isthmus gelegene, schon von Homer (Ilias II 570) als wohlhabend bezeichnete Handelsstadt mit dem nördlichen Hafen am Golf von Korinth (Lechäum) und dem östlichen Hafen am Saronischen Golf (Kenchreä) verdankte ihren Reichtum in erster Linie der Lage an zwei Meeren. In der Antike wurden die Waren über die Landenge zwischen dem ägäischen und adriatischen Meer herübergezogen. Korinth war der Hauptumschlageplatz für den Verkehr zwischen Ost und West und zwischen dem griechischen Festland im Norden und der Halbinsel Peloponnes im Süden. Außerdem blühte das Handwerk, vor allem Töpferei und Metallverarbeitung. Das alte Korinth ist im Gefolge des Aufstands des achäischen Bundes 146 v.Chr. von den Römern völlig zerstört worden. Julius Cäsar gründete die Stadt neu als römische Kolonie 44 v.Chr.; sie gewann rasch wieder an Bedeutung, war ab 27 v.Chr. Sitz des Statthalters der Provinz Achaja, die 44 n.Chr. senatorische Provinz wurde. Die Bevölkerung war gemischt, Römer, Griechen, Orientalen und auch Juden. Der zerbrochene Türsturz einer „Synagoge der Hebräer" ist gefunden worden. Kulturell und religiös war das kosmopolitische Neukorinth durch den Synkretismus geprägt. Neben griechischen und römischen Tempeln gab es auch Heiligtümer der Isis und des Serapis und der kleinasiatischen Göttermutter. Die sprichwörtliche Lasterhaftigkeit von Korinth, die besonders die rivalisierenden Athener hervorhoben, war wahrscheinlich nicht so sehr viel größer als in einer anderen großen Hafenstadt. Die oft behauptete sakrale Prostitution im Aphroditetempel auf der Akropolis beruht nach H. Conzelmann auf dem Mißverständnis einer Angabe bei Strabo (Geographica VIII 6, 20).

2. Die Gemeinde von Korinth

Korinth war neben Ephesus das wichtigste Zentrum der paulinischen Missionsarbeit. Paulus gründete in dieser verkehrsreichen Provinzhauptstadt während seiner sog. zweiten Missionsreise die christliche Gemeinde und wirkte dort von ca. 50–52 n.Chr. Er hatte seinen jüngeren Mitarbeiter Timotheus von Athen aus, wo es offenbar zu keiner Gemeindegründung gekommen war, zurückgesandt nach Thessalonich, um die dortige Gemeinde zu stärken, wie aus dem 50 n.Chr. in Korinth geschriebenen 1.Thessalonicherbrief hervorgeht (3,1 f.). Infolgedessen begann Paulus in Korinth allein mit der Verkündigung des Evangeliums (1.Kor 2, 3–5). Er wohnte und arbeitete bei dem kürzlich aus Rom vertriebenen judenchristlichen Ehepaar Aquila und Priszilla (Priska), lehrte zunächst in der Synagoge und nach dem Eintreffen von Silas (Silvanus) und Timotheus aus Mazedonien im Haus des Gottesfürchtigen Titius Justus

(Apg 18, 1–8). Die Erstbekehrten von Achaja waren Stephanas und sein Haus
(1. Kor 16, 15), die, nebst Krispus und Gajus, Paulus selbst getauft hat
(1. Kor 1, 14 ff.). Nachdem Paulus 18 Monate in Korinth gewirkt hatte, wurde
er auf Anklage der Juden 51/52 n. Chr. vor den Richterstuhl des Prokonsuls
Gallio, eines Bruders des Philosophen Seneca, gestellt, der jedoch die Klage
abwies. Nach Paulus wirkte eine Zeitlang der hellenistisch gebildete alexandrinische Judenchrist Apollos in Korinth, während Paulus durch das klein-
asiatische Hochland reiste und im Raum Ephesus missionierte (52–55 n. Chr.).
Apollos fand offenbar großen Anklang bei den Korinthern; denn sie baten ihn,
als er später wieder in Ephesus weilte, erneut um einen Besuch, den er aber
trotz des Zuredens des Paulus nicht ausführte (1. Kor 16, 12). Petrus hat selbst
wohl nicht in Korinth gepredigt, aber seine Anhänger bildeten eine wichtige
Gruppe in der Gemeinde. Die Zahl der Gemeindeglieder wird durch die Verkündigung des Paulus und Apollos und auch durch Zuzug von außen ständig
gewachsen sein. In sozialer Hinsicht bestand die Mehrheit aus kleinen Leuten,
Handwerkern, Sklaven, Hafenarbeitern (1. Kor 1, 26). Aber neben Armen, die
zum gemeinsamen Mahl nichts mitbringen konnten, gab es auch Wohlhabende,
die über reiche Vorräte verfügten (1. Kor 11), Häuser besaßen wie z. B. Gajus
(Röm 16, 23) und die sozial Schwachen unterstützten. Auch Frauen standen im
Dienst der Gemeinde (Priska, Phöbe). In religiöser Hinsicht bestand die
Gemeinde vorwiegend aus ehemaligen Heiden (1. Kor 12, 2); es war aber auch
eine judenchristliche Minderheit vorhanden, zu der vor allem der älteste
Stamm gehörte (Priska und Aquila, Krispus, Sosthenes).

Der erste Brief

1. Veranlassung und Eigenart

Unsere beiden kanonischen Korintherbriefe enthalten nicht den gesamten
Briefwechsel des Paulus mit der Gemeinde. Der Apostel hatte aus Ephesus
schon vor dem 1. Brief einen sog. „Vorbrief" nach Korinth geschickt, in dem er
vor dem Umgang mit Unzüchtigen warnte. Diese Warnung hatte die Gemeinde
irrtümlich auch auf die Unzüchtigen der Welt bezogen, was Paulus in 5, 9–11
richtigstellt. Die Frage, ob Teile des Vorbriefs in die kanonischen Briefe eingeschoben wurden, berührt das umstrittene Problem der Einheitlichkeit der
Schreiben. Der Vorbrief ist m. E. als ganzer verloren. Nach dem Weggang des
Apostels waren in Korinth allerhand Streitigkeiten und Mißstände aufgetreten,
die wir aus dem 1. Brief erheben können. In der jungen Gemeinde machten sich
frühere heidnische Sitten und die gewohnte Denkweise immer wieder bemerk-
bar, was zu einer schwärmerischen Umdeutung der paulinischen Verkündigung
führte. Die Leute der Chloë berichteten dem Apostel, daß sich Gruppen in

Korinth gebildet hatten, die sich exklusiv auf einzelne Verkündiger oder den erhöhten Christus beriefen (1, 12 f.).

Weiter erfuhr Paulus von schwerer Unzucht (5, 1) und von Mißständen bei der Abendmahlsfeier (11, 18); die Überbringer dieser Nachrichten sind nicht namentlich genannt. Zur Bewältigung der ausgebrochenen Streitigkeiten schrieb die Gemeinde einen Brief an ihren Gründungsapostel mit Anfragen wegen der Erlaubtheit der Ehe (7, 1) und des Essens von Götzenopferfleisch (8, 1), wegen der Geistesgaben (12, 1), der Sammlung für Jerusalem (16, 1) und wegen des Apollos (16, 12). Sie sandte außerdem eine dreiköpfige Delegation (Stephanas, Fortunatus und Achaikus) zu Paulus nach Ephesus (16, 17), die ihm wohl den Fragenbrief der Gemeinde überbrachte. Paulus konnte also mündlich noch Näheres über die Lage in Korinth von diesen Gemeindevertretern erfahren. Nach 4, 17 hatte Paulus seinerseits seinen Gehilfen Timotheus nach Korinth gesandt, um die Gemeinde in der Lehre des Apostels zu befestigen. Auf die Kunde von den Streitigkeiten hin schrieb Paulus gegen Ende seiner ephesinischen Tätigkeit den 1. Brief, in dem er zur Gruppenbildung Stellung nahm und (ab 7, 1) die Anfragen der Gemeinde beantwortete. Nach 16, 8 wollte der Apostel noch bis Pfingsten in Ephesus bleiben; der 1. Kor ist also im Frühjahr (54 oder wahrscheinlicher 55) geschrieben. Mit diesem nach dem Vorbrief zweiten Schreiben nach Korinth hoffte Paulus zunächst die dortigen Mißstände zu bereinigen. – Angesichts der mancherlei Nachrichten und der Verschiedenheit der von der Gemeinde gestellten Fragen darf man bei diesem Schreiben, im Unterschied zum Römerbrief, keine systematische Entfaltung eines einheitlichen Themas erwarten. Zudem schrieb Paulus, der seine Briefe diktierte, in einem lebendigen, dialogischen Redestil. Für die Darstellung gebrauchte er gelegentlich die Methode der Ringkomposition (1–4, 8–10, 12–14). Dabei erscheinen manche Abschnitte wie Exkurse (Kap. 3, 9, 13); in Wirklichkeit verdeutlichen diese Kapitel die theologische Grundlage, von der aus Paulus argumentiert.

2. Inhalt und Aufbau

Nach dem Eingangsgruß und der Danksagung für den geistlichen Reichtum der Gemeinde (1, 1–9) kämpft Paulus in einem ersten Hauptteil für die Einheit der Kirche gegen die in Korinth eingerissene Gruppenbildung (1, 10–4, 21) und konfrontiert zunächst das Wort vom Kreuz als Weisheit und Kraft Gottes mit der Weisheit dieser Welt (1, 18–3, 23). Im zweiten Hauptteil geht Paulus auf sittliche Mißstände ein, von denen er erfahren hat (5, 1–6, 20), und erörtert einen Fall von schwerer Unzucht (5, 1–13), das Prozessieren vor heidnischen Gerichten (6, 1–11) und den Verkehr mit Prostituierten (6, 12–20). Im dritten Hauptteil nimmt der Apostel Stellung zu Problemen der Lebensführung (7, 1–11, 1); er vertritt hier die christliche Freiheit in der Frage: Ehe oder Ehelosigkeit (7, 1–40) sowie im Blick auf den Genuß von Götzenopferfleisch

(8,1–11,1). Mit Fragen, die bei den gottesdienstlichen Versammlungen aufge-brochen waren, befaßt sich Paulus im vierten Hauptteil (11,2–14,40) und behandelt darin die Kopfbedeckung der Frauen (11,2–16), die stiftungsgemäße Feier des Abendmahls (11,17–34) und das Verhältnis der vielfältigen Geistesga-ben zur Liebe, ohne die alle Charismen nichts nützen (12,1–13,13). Vom Gesichtspunkt der Liebe aus begründet er den Vorrang der prophetischen Rede vor der ekstatischen Zungenrede und den geordneten Ablauf des Gottes-dienstes (14,1–40). Durchgängig setzt sich der Apostel mit der schwärmeri-schen Überschätzung des Geistbesitzes auseinander, wodurch die Korinther die Eschatologie ganz in die Gegenwart hereinziehen. Deshalb findet der Gedan-kengang des ganzen Briefs seinen theologischen Höhepunkt folgerichtig im fünften Hauptteil, in dem Paulus die Vereinigung mit Christus im geistlichen Leib gegen die Leugnung der zukünftigen Auferstehung verteidigt (15,1–58). Der Briefschluß enthält eine Anweisung zur Sammlung der Kollekte, Mittei-lungen über den Reiseplan des Paulus und den bevorstehenden Besuch des Timotheus, eine Notiz über Apollos, Mahnungen, Grüße und einen eigenhän-digen Schlußwunsch (16,1–24). – Wenn der Brief infolge der aktuellen Nach-richt von den Spaltungen und wegen der verschiedenen Anfragen des Gemein-debriefs auch einen losen Gesamtaufbau zeigt, so gewinnt er doch seine theolo-gische Einheit dadurch, daß Paulus zu allen Problemen von der „Theologie des Kreuzes" aus Stellung nimmt und überall den gekreuzigten und erhöhten Jesus Christus als Grund, Norm und Ziel der Gemeinde (G. Friedrich) bezeugt. Dabei zieht der Diasporajude Paulus sowohl jüdisch-apokalyptische und weis-heitliche Traditionen als auch hellenistische Gedanken heran und interpretiert sie im Sinn seiner Christologie, wie er auch Worte Jesu (7,10; 9,14) und urchristliche Glaubensformeln für sein Zeugnis verwendet.

3. Grundzüge der korinthischen Frömmigkeit

Bei einer so gemischten Gemeinde wie der von Korinth ist nicht damit zu rechnen, daß sie eine völlig einheitliche Theologie vertrat; es werden je nach Herkunft und Denkweise der Gemeindeglieder unterschiedliche religiöse Vor-stellungen geherrscht haben, die bei der Aufnahme und Verarbeitung der Chri-stusbotschaft des Apostels mitwirkten. Paulus hat nach seinem eigenen Zeugnis in Korinth, wie schon vorher in Kleinasien und Mazedonien, das gesetzesfreie Evangelium vom Gekreuzigten verkündigt (2,1–5). Im Rahmen der Bekämp-fung des Gruppenstreits stellt er dieses Zeugnis in Gegensatz zur weltlichen Weisheit. Das Erkennen der Welt stand bei den Griechen von alters her in hohem Ansehen, aber auch im hellenistischen Judentum hatte die mit stoischen Gedanken verbundene Weisheitstradition einen großen Einfluß auf das ganze Leben. Trotzdem reicht zur Erklärung der Spaltung und sittlichen Mißstände in Korinth der Verweis auf frühere Sitten und Vorstellungen nicht aus. Der ausschlaggebende Faktor war die Predigt des Paulus von der äonenwendenden

Kraft des Christusgeschehens. Gott hat im Kreuz Christi die sündige Menschheit mit sich versöhnt (II 5,19) und durch seinen Geist die Freiheit des Glaubens begründet. Der alten Welt ist der Todesstoß versetzt; in Christus ist die neue Welt Gottes angebrochen, an der die Christen als neue, die alten Unterschiede von Juden und Griechen, Sklaven und Freien, Männern und Frauen überwindende Gemeinschaft bereits jetzt im Glauben teilhaben. Paulus hat vom Alten Testament her die Gabe des Geistes in der Taufe als Angeld der eschatologischen Weltvollendung verstanden (II 1,22). In einem davon abweichenden Verständnis des Geistes liegt m.E. die Wurzel der korinthischen Mißstände (vgl. den Exkurs „Die Gruppen in Korinth" nach 1,17). Die korinthischen Pneumatiker glaubten, im Geist bereits an der Vollendung teilzuhaben (4,8). Für sie ist die Auferstehung durch den Geistempfang in der Taufe bereits erfolgt; deshalb leugnen sie „die Auferstehung der Toten" (15,12), nämlich eine zukünftige leibliche Auferstehung der Verstorbenen. – Neben der einseitigen Erhöhungschristologie und der präsentischen Eschatologie war als weiteres Element ein magisch-naturhaftes Verständnis der Sakramentswirkung im Spiel. In Kap. 10 kämpft Paulus gegen die Auffassung der Korinther, daß Taufe und Abendmahl bereits den Besitz des Heils garantieren. In den Mysterienreligionen stand der Einweihende in einem besonders engen geistlichen Verhältnis zum Eingeweihten. Dementsprechend scheinen auch die korinthischen Pneumatiker ihrem Täufer eine besondere Bedeutung zugemessen zu haben, was sich im Gruppenstreit auswirkte. Für diese verschiedenen Elemente der korinthischen Frömmigkeit ist in der neutestamentlichen Wissenschaft der Fachausdruck „pneumatischer Enthusiasmus" üblich geworden. Forderungen nach Erfüllung des jüdischen Gesetzes wurden offenbar nicht erhoben. Paulus nimmt auch nicht direkt Bezug auf das sog. Aposteldekret (Apg 15,20.29), wenn auch ganz ähnliche Sachprobleme berührt werden.

4. Die literarische Einheitlichkeit

Die Echtheit dieses Schreibens, das so lebendig und konkret die Fragen und Nöte einer heidenchristlichen Großstadtgemeinde behandelt, ist allgemein anerkannt. Aber es ist umstritten, ob der jetzige Brief einheitlich ist oder ob er von einem späteren Redaktor aus verschiedenen Briefen zusammengesetzt wurde. Da der 2. Brief heute von den meisten Auslegern als Briefkomposition beurteilt wird, ist diese Möglichkeit auch beim 1. Brief nicht grundsätzlich auszuschließen. Der lose Aufbau ist durch die Nachricht vom Gruppenstreit und die Anfragen der Gemeinde bedingt. Aber es werden historische und sachlich-theologische Spannungen gegen die Einheitlichkeit geltend gemacht. Die wichtigsten Risse und Nähte im Text seien kurz skizziert:

a) In Kap. 8 und 10,23–11,1 vertritt Paulus die grundsätzliche Freiheit, Götzenopferfleisch zu essen, wenn dem schwachen Bruder kein Anstoß bereitet wird; in 10,1–22 dagegen konstituiert das Sakrament einen ausschließenden Gegensatz zwischen Herrenmahl und heidnischem Opfermahl.

b) Das Hohelied der Liebe (Kap. 13) unterbricht die Ausführungen über die Geistesgaben, wobei 12,31 und 14,1 wie eine künstliche Verklammerung wirken; deswegen wird die Reihenfolge Kap. 12,14,13 vorgeschlagen.

c) In Kap. 9 scheint Paulus Angriffe auf sein Apostelamt abzuwehren; in Kap. 1–4 ist von solchen Angriffen nichts zu spüren.

d) In 1,10ff. kennt Paulus die Parolen der einzelnen Parteien; dagegen scheint er in 11,18ff. noch nicht so genau informiert zu sein; also stamme 11,18ff. aus einer früheren Situation.

e) In 4,19 schreibt Paulus: „Ich werde bald zu euch kommen"; nach 16,5–8 will er aber noch bis Pfingsten in Ephesus bleiben und durch Mazedonien nach Korinth reisen, was längere Zeit in Anspruch nimmt.

Solche Spannungen im Text haben zu verschiedenen Aufteilungshypothesen geführt. Die Aufteilung eines Briefs ist aber nur notwendig, wenn der Text eindeutig auf verschiedene Situationen der Abfassung hinweist, was im 1. Brief nicht zwingend nachgewiesen werden kann. Die exegetischen Argumente für die Einheitlichkeit des 1. Briefs müssen in der fortlaufenden Erklärung dargelegt werden.

Die Ereignisse zwischen dem ersten und zweiten Brief

Die Apostelgeschichte berichtet nach dem Gründungsaufenthalt des Paulus in Korinth nur noch seine Reise über Mazedonien nach Griechenland mit dem dreimonatigen Winteraufenthalt in Korinth (Apg 20,1–3), bevor er aufbrach, um die Kollekte für Jerusalem zu überbringen. Der schmerzliche Konflikt des Apostels mit den Korinthern wird von Lukas überhaupt nicht erwähnt. Wir sind deshalb für die Zwischenzeit auf die leider nicht immer eindeutig interpretierbaren Angaben im 2. Kor angewiesen. Dieses Schreiben ist unter allen Paulusbriefen deshalb das am schwersten verständliche, weil es Anspielungen auf Vorgänge enthält, die den Empfängern bekannt waren, die wir aber nicht mehr in allen Einzelheiten genau aufklären können. Paulus hatte gehofft, durch den 1. Brief und die Sendung des Timotheus, der damals unterwegs nach Korinth war (4,17), die Lage in der Gemeinde bereinigen zu können. Timotheus (vgl. II 1,1) hatte aber offenbar schlechte Nachrichten mitgebracht, so daß sich Paulus weiter um die Korinther bemühen mußte.

1. Die Reisepläne des Paulus

Zwischen dem 1. und 2. kanonischen Brief hat der Apostel den sog. „Zwischenbesuch" in Korinth gemacht, bei dem es zu einem Zusammenstoß kam. Paulus hatte gemäß seinem ersten Reiseplan (I 16,5–7) im Frühjahr 55 die Absicht, durch Mazedonien nur durchzureisen und längere Zeit in Korinth zu bleiben. Diesen ersten Reiseplan hat der Apostel im Spätherbst 55 tatsächlich ausgeführt (Apg 20, 1–3). Nun berichtet er aber von einem anderen Reiseplan (II 1, 15 f.), wonach er nach einem kurzen Besuch in Korinth zunächst Mazedonien besuchen und dann wieder nach Korinth zurückkommen wollte, um sich von der Gemeinde das Geleit nach Jerusalem geben zu lassen. Paulus plante wohl damals nach Mitnahme der Spenden aus Mazedonien und Achaja eine Seereise nach Judäa. Dieser zweite Reiseplan ist offenbar von Paulus nicht oder nicht vollständig verwirklicht worden. Wahrscheinlich hatte der Apostel am Ende des erfolglosen Zwischenbesuchs (Frühsommer 55) der Gemeinde mündlich ein baldiges Wiederkommen in Aussicht gestellt (vgl. II 13,2). Diesen Besuch führte Paulus aber nicht aus, um die Gemeinde zu schonen (II 2,1). Er schrieb statt dessen einen „harten" Brief und sandte Titus mit diesem sog. „Tränenbrief" nach Korinth.

2. Der Zwischenbesuch des Paulus

Nach 2.Kor 13,1 f. will Paulus zum dritten Mal nach Korinth kommen. Beim zweiten Besuch hatte er damit gedroht, beim nächsten Mal keine Schonung mehr zu üben. In 2.Kor 2,1 ist die Rede von einem Besuch „in Betrübnis". Diese Charakterisierung trifft für den Gründungsaufenthalt nicht zu. Also muß der Apostel zwischen der Gemeindegründung und dem dritten Besuch ein zweites Mal in Korinth gewesen sein. Dieser sog. „Zwischenbesuch" fand wohl im Frühsommer 55 auf dem Seeweg statt. Was die Betrübnis des Paulus bei diesem Besuch verursachte, ist nicht mehr völlig aufzuhellen. Das Antreffen unbußfertiger Sünder (II 13,2) war nicht der einzige Grund; denn Paulus spricht in 2.Kor 7,12 von einem bestimmten Mann, „der Unrecht getan hat". Dieser „Unrechttäter" hat nicht nur den Apostel, sondern die ganze Gemeinde betrübt. Dies bezieht sich nicht auf den Blutschänder von 1.Kor 5,1–5; die Übergabe an den Satan ist eine viel härtere Maßnahme als die in 2.Kor 2,6–11 angedeutete Bestrafung des Unrechttäters. Der Vorfall muß sich also beim Zwischenbesuch ereignet und sowohl Paulus direkt betroffen als auch die Gemeinde belastet haben. Die Annahme, ein Korinther habe den abwesenden Apostel wegen Unterschlagung von Kollektengeldern verdächtigt (II 12, 16 ff.), ohne daß die Gemeinde für Paulus eintrat, wird der Härte des Zusammenstoßes nicht voll gerecht. Es muß ein Angriff auf die Person des Apostels gewesen sein, der ihn zutiefst in seinem Sendungsbewußtsein verletzte. Es können nur Vermutungen geäußert werden. Das Wahrscheinlichste ist m. E., daß ein Korinther Paulus vor versammelter Gemeinde vorwarf, er sei kein legitimer Apostel, ohne daß die Gemeinde eingriff. Nun werden in 2.Kor 11 Bestreiter des paulinischen Apostolats vorausgesetzt, die von auswärts gekommen sind. Auf die Kunde von deren Auftreten hin entschloß sich wohl der Apostel zum Zwischenbesuch in Korinth. Dies legt nahe, daß der Unrechttäter unter dem Einfluß dieser Agitatoren handelte und der Großteil der Gemeinde von ihnen stark beeindruckt war.

3. Der Zwischenbrief

Paulus konnte offenbar beim Zwischenbesuch die gespannte Lage nicht voll bereinigen. Deshalb versprach er der Gemeinde beim Abschied, bald wiederzukommen, und fuhr nach Ephesus zurück. Die Motive des Paulus für die Unterlassung des versprochenen Besuchs kennen wir im einzelnen nicht. Er ersetzte ihn jedenfalls zunächst durch einen „unter vielen Tränen" geschriebenen Brief (II 2,4) und durch die Sendung des Titus. Wegen der Mitnahme der Kollekte blieb der Plan einer Reise über Mazedonien und Achaja nach Jerusalem weiterhin bestehen. Nach dem Zwischenfall in Korinth ist es verständlich, daß der Apostel „aus großer Bedrängnis und Angst des Herzens" schrieb; denn er mußte damit rechnen, daß die Gemeinde den gegnerischen Missionaren vollends ganz erlag. Die Frage ist umstritten, ob der sog. „Tränenbrief" als ganzer verloren ging oder zum Teil im 2. Kor. erhalten ist. Zahlreiche Ausleger rechnen die vier polemischen Kapitel 2.Kor 10–13 zum Tränenbrief; manche fügen noch die sog. „Apologie des Apostelamts" (II 2,14–6,13 + 7,2–4) hinzu (R. Bultmann; E. Dinkler). Bei Annahme der Einheitlichkeit des 2.Kor oder bei Datierung von 10–13 in eine spätere Zeit als 1–9 müßte der Tränenbrief in seinem ganzen Umfang als verloren gelten. Der Angriff eines Korinthers auf Paulus wird in 10–13 nicht mehr erwähnt; auch von einer zu erwartenden Forderung des Paulus nach Bestrafung des Unrechttäters ist hier nicht die Rede. Deswegen wird meist angenommen, daß der Tränenbrief nur unvollständig in den vier polemischen Kapiteln erhalten ist. Der Versuch, hinter die ganze historische Forschung seit J.S. Semler (1776) zurückzugreifen und die beiden Korintherbriefe als einheitliche Schreiben ohne Annahme eines Zwischenbesuchs und Zwischenbriefs zu interpretieren, scheitert am Wortlaut der Texte (z.B. II 13,1). Paulus weilte insgesamt dreimal in Korinth, bei der Gemeindegründung (ca. 50–52), beim Zwischenbesuch (Frühsommer 55) und beim Winteraufenthalt (55/56).

4. Die Reisen des Titus

Paulus sandte Titus, wohl mit dem Tränenbrief, von Ephesus aus nach Korinth, um die Gemeinde für den Apostel zurückzugewinnen (II 7,6ff.); dabei vereinbarten sie, sich in Troas wieder zu treffen (II 2,13). Als Titus in Mazedonien zu Paulus kam und von der Umkehr der Korinther berichten konnte, schickte ihn der Apostel mit zwei Begleitern zurück nach Korinth, um die Sammlung der Spende zum Abschluß zu bringen (II 8,16–24); dabei überbrachte Titus wahrscheinlich auch den sog. „Versöhnungsbrief" (II 1–9). Die Zahl der Reisen des Titus hängt mit dem Problem der Einheitlichkeit zusammen und ist deshalb umstritten. Wenn sich Paulus in 2.Kor 12,18 zurückbezieht auf die in 8,18 erwähnte Sendung des Titus, dann müssen die Kap. 10–13 entweder gleichzeitig oder zeitlich nach Kap. 8 geschrieben sein. Dies ist ein sehr starkes Argument für die Einheitlichkeit des 2. Kor bzw. für die Datierung der polemischen Kapitel in eine spätere Situation als die des Versöhnungsbriefs. Bei Zugehörigkeit dieser Kapitel zum Tränenbrief besteht eine doppelte Deutungsmöglichkeit. Liegt in 12,18 Aorist des Briefstils (Gegenwart) vor, dann kann sich die hier erwähnte Sendung des Titus auf seinen Besuch zur Beilegung des Konflikts beziehen, falls er den Tränenbrief überbrachte. Ist jedoch der Aorist im Sinn der Vergangenheit zu verstehen, dann weist 12,18 auf eine frühere Reise des Titus hin, die den Zweck hatte, die Geldsammlung in Gang zu bringen. Die letztere Auffassung verdient m. E. den Vorzug, weil die Sammlung auf dem Höhepunkt der Krise schwerlich mit Erfolg vorangetrieben werden konnte. Somit ergeben sich nach der Sendung des Timotheus (I 4,17) drei Besuche des Titus in Korinth: die erste Reise mit einem Begleiter (II 12,18) im Anfang der Sammlung „vor einem Jahr" (II 8,10), die zweite zur Beilegung des Konflikts (II 7,6 ff.) und die dritte mit zwei Brüdern zum Abschluß der Sammlung (II 8,6.16–24).

Der zweite Brief

1. Veranlassung und Eigenart

Paulus war in Ephesus in eine schwere Todesgefahr geraten (1,8). Darauf zog er nordwärts nach Troas, wo er sich mit Titus verabredet hatte. Trotz guter Missionsgelegenheit geriet er dort in Unruhe, weil er Titus nicht antraf, und reiste diesem entgegen nach Mazedonien. Auch dort war er zunächst in großer Bedrängnis, bis Titus mit der erfreulichen Nachricht aus Korinth zurückkam. Daraufhin schrieb Paulus (im Frühherbst 55) den Versöhnungsbrief (1–9) bzw., bei Annahme der Einheitlichkeit, den ganzen 2. Kor, um noch bestehende Mißverständnisse auszuräumen, den Korinthern die völlige Wiederherstellung der Gemeinschaft seinerseits zu bekunden und die Jerusalemreise vorzubereiten.

Der 2. Kor ist das persönlichste Schreiben des Paulus und zugleich das theologisch wichtigste Zeugnis vom Verständnis des Apostelamts als eines Leidensdienstes in der Nachfolge Jesu. Nirgends sonst läßt uns der Apostel so tief in sein Herz und eigenes Glaubensleben hineinblicken. Provoziert von den Gegnern spricht er von visionären Erlebnissen, von denen er in der Gemeindearbeit keinen Gebrauch zu machen pflegte. Ergreifend ist der Leidenskatalog in 2. Kor 11,23 ff., aus dem wir im Stil der Chronik mehr erfahren über die apostolischen Mühen und Leiden des Paulus als in der Apostelgeschichte. Im Ringen um die Gemeinde von Korinth findet Paulus zarte, werbende Töne herzlicher Liebe und väterlicher Fürsorge; er greift aber auch leidenschaftlich die Verführer mit den schärfsten Ausdrücken als Falschapostel und Satansdiener

an. Person und Sache sind im 2. Kor aufs engste miteinander verbunden. Mit der
Abwehr der Vorwürfe gegen seine Person streitet der Apostel zugleich für die
Legitimität seines Apostolats und für die Bewahrung der Korinther beim Evangelium vom gekreuzigten Christus. Die persönlichen Bekenntnisse des Paulus
stehen ganz im Dienst der ihm aufgetragenen Botschaft. Die Darstellung des
apostolischen Wirkens geht mehrfach unvermerkt über in das „Wir" der christlichen Gemeinde. So wird die apostolische Existenz zugleich exemplarisch für
das Leben aller Christen.

2. Inhalt

Das leitende Thema des 2. Kor ist die Legitimität des Apostelamts des Paulus.
Der Brief besteht aus drei klar gegliederten Hauptteilen (1–7; 8 und 9; 10–13),
deren Zusammenhang jedoch große Probleme aufwirft. Nach dem Eingangsgruß und der Danksagung für die Errettung aus Todesgefahr (1,1–11) gibt
Paulus im ersten Hauptteil (1,12–7,16) einen Rückblick auf vergangene Vor-
fälle. Darin verteidigt er sich zunächst (1,12–2,11) gegen Vorwürfe und klärt
Mißverständnisse auf. In 2,12 beginnt die Schilderung der Reise des Paulus
von Ephesus über Troas nach Mazedonien. Dieser Bericht wird unterbrochen
durch eine breite Ausführung über das Wesen des Apostelamts (2,14–7,4). In
diesem exkursartigen Abschnitt legt Paulus seine Fähigkeit zum apostolischen
Dienst auf Grund der göttlichen Berufung dar (2,14–3,6), spricht von der
Herrlichkeit (3,7–4,6) und den Leiden (4,7–5,10) des Apostelamts und
beschreibt den Auftrag des Apostels als Dienst der Versöhnung (5,11–6,10). In
6,11–7,4 wendet sich Paulus wieder der Gemeinde zu mit der Bitte um volle
Gemeinschaft, wobei in 6,14–7,1 eine Warnung vor dem Verkehr mit Götzendienern eingeschoben ist. Im dritten Abschnitt (7,5–16) führt Paulus den Reisebericht zu Ende und bezeugt seine Freude über die Nachricht des Titus von
der Umkehr der Gemeinde. Im zweiten Hauptteil behandelt der Apostel in
zwei selbständigen Gängen (Kap. 8 und 9) die Geldsammlung für die Urgemeinde in Jerusalem. Mit völlig neuem Einsatz rechnet er im dritten Hauptteil
(Kap. 10–13) mit seinen Gegnern in Korinth ab. Zuerst weist er die Vorwürfe
der eingedrungenen Agitatoren gegen seine Person zurück (10,1–18). Dann
stellt   er   ihnen   seinen   „törichten"   Selbstruhm   als   Apostel   gegenüber
(11,1–12,13), der in Wirklichkeit ein Rühmen seiner Schwachheit ist. Schließlich blickt Paulus auf den dritten Besuch voraus (12,14–13,10) und droht mit
seiner apostolischen Vollmacht zur Bestrafung, falls die Gemeinde sich nicht
zurechtbringen läßt. Eine kurze Schlußmahnung, Gruß und Segenswunsch
beenden den Brief (13,11–13). Die den ganzen Brief beherrschende Verteidigung des paulinischen Apostolats setzt schwere Angriffe der Gegner auf die
Apostelwürde des Paulus voraus.

3. Die Gegner des Paulus im zweiten Korintherbrief

Zwischen der Abfassung des 1. und 2. Briefs müssen christliche Verkündiger nach Korinth gekommen sein, die einen „anderen Jesus" als Paulus verkündigten (11,4), Paulus abstritten, ein rechter Apostel zu sein, und versuchten, die Gemeinde auf ihre Seite zu ziehen (11,20). Dadurch ist eine neue Lage gegenüber dem 1. Kor entstanden. Bei der Auslegung muß unterschieden werden zwischen den Aussagen und Forderungen der fremden Missionare, die sich aus 2. Kor 10–13 erheben lassen, und den Erwartungen und Kriterien, mit denen die korinthischen Pneumatiker Wesen und Aufgaben des Aposteldienstes und des Christseins beurteilten, worüber beide Briefe Auskunft geben; ferner ist von diesen beiden Positionen zu unterscheiden, wie Paulus selbst sein Wirken als berufener Apostel Jesu Christi verstanden hat, was vor allem in der sog. Apologie des Apostelamts (2,14–6,13 + 7,2–4) zum Ausdruck kommt. – Die eingedrungenen Rivalen des Paulus waren zwar Judenchristen (11,22f.), aber sie können nicht wie die Gegner in Galatien als „Judaisten" bestimmt werden, weil sie offenbar von den Korinthern weder die Beschneidung noch die Einhaltung des jüdischen Gesetzes verlangt haben. Der Text enthält auch keine direkte Aussage darüber, daß sie mit Empfehlungsschreiben der Jerusalemer Urgemeinde auftraten (10,12). Die Gegner erweckten einen starken Eindruck durch ekstatische Geistesmanifestationen und Wundertaten (11,18; 12,12) und warfen Paulus vor, er sei kein echter Pneumatiker (10,2) und kein geschulter Redner (11,6). Wenn ihnen Paulus erklärt, daß er zwar in der Rede, aber nicht in der Erkenntnis ein Laie sei (11,6), so ist daraus nicht zu schließen, daß die Gegner „Gnostiker" waren. Die Abschnitte im 1. Brief, die von der Gnosis reden, beziehen sich auf die korinthischen Pneumatiker, nicht auf die Verkündiger von 2. Kor 10–13. Die Angaben des Paulus über seine Gegner in 2. Kor 10–13 legen die Auffassung nahe, daß es sich um judenchristlich-hellenistische Wanderprediger handelt, die aus dem Missionsgebiet des Petrus in Syrien, wohl aus Antiochien, nach Korinth kamen und Paulus als „falschen Apostel" bekämpften (vgl. den Exkurs nach 2. Kor 13,10).

4. Der zweite Korintherbrief als Briefkomposition

Dieser Brief macht einen sehr uneinheitlichen Eindruck. Er zeigt Brüche in der Gedankenführung, die sich nicht mehr als „Sprünge" beim Diktat erklären lassen. Darum haben sich seit langer Zeit Zweifel an der literarischen Einheitlichkeit erhoben. Es sind vor allem vier Spannungen und Nahtstellen, an denen die verschiedenen Teilungshypothesen ansetzen.

a) Die Kap. 1–7 stehen ganz im Zeichen der erfolgten Aussöhnung zwischen Gemeinde und Apostel (vgl. z. B. 7,16). Demgegenüber kämpft Paulus in Kap. 10–13 leidenschaftlich mit scharfer Polemik darum, die Gemeinde dem Einfluß der eingedrungenen Missionare zu entziehen. In 10,1 beginnt er völlig abrupt mit der Selbstverteidigung gegen die feindlichen Vorwürfe.

b) Der Bericht über die Reise des Paulus bricht in 2,13 ab und wird in 7,5 fortgesetzt. Die Apologie des Apostelamts (2,14–7,4) wirkt wie ein langer, eingeschobener Exkurs.

c) Auch der Komplex 2,14–7,4 ist nicht ganz einheitlich. Die Werbung des Apostels um Raum in den Herzen der Korinther (6,11–13 und 7,2–4) wird durch eine Warnung vor dem Verkehr mit Götzendienern (6,14–7,1) unterbrochen, in der sprachliche Wendungen der Qumrantexte begegnen.

d) Die Kap. 8 und 9 erscheinen als Dubletten. Die Einleitung 9,1 läßt nicht erkennen, daß Paulus die Kollekte bereits in Kap. 8 behandelt hat. Außerdem stellt der Apostel in 8,1–5 die Mazedonier den Korinthern und in 9,2 ff. Achaja den Mazedoniern als anspornendes Vorbild vor Augen.

Von diesen Beobachtungen aus sind zahlreiche Vorschläge zur Aufteilung des Briefs gemacht worden, wobei der sog. „Kampfbrief" (II 10–13) entweder *vor* oder *nach* dem „Versöhnungsbrief" (II 1–9) datiert wurde.

Es werden aber auch in der Gegenwart gewichtige Gründe für die Einheitlichkeit des 2. Kor geltend gemacht. Der Wechsel im Ton ab 10,1 wird damit erklärt, daß Paulus einige Zeit nach Abfassung von Kap. 1–9 dem Brief einen Schluß angefügt habe, „der seinen weiterhin bestehenden Sorgen um die Gemeinde schärferen Ausdruck gab, vor allem aber auch seine in 1–9 nicht behandelten Reisepläne für die nähere Zukunft erörterte" (W. G. Kümmel, Einl. S. 253). Außerdem ist bei jedem Aufteilungsvorschlag ein überzeugendes Motiv für die heute vorliegende Komposition eines späteren Redaktors zu fordern. In der Antike ist zwar die Kombination zweier Briefe durch Anfügung bezeugt (z. B. Philipperbrief des Polykarp), nicht jedoch durch „Verschachtelung". Bei Briefsammlungen konnte auf Präskript und Schlußgruß verzichtet werden, wie dies z. B. bei den Briefen des Isokrates und Apollonios von Tyana der Fall ist. Nach übereinstimmender Auffassung ist eine Aufteilung nur dann notwendig, wenn bestimmte Briefteile eine unterschiedliche Abfassungssituation voraussetzen. Dies ist beim 2. Kor umstritten. Völlig zwingende Beweise können weder für die Einheitlichkeit noch für den Kompositionscharakter des Schreibens erbracht werden; keine der beiden Positionen kommt ganz ohne hypothetische Faktoren aus. Paulus beurteilt jedoch die Situation der korinthischen Gemeinde im Kampfbrief 10–13 so abweichend von der in 1–7, daß m. E. eine Abfassung zu etwa gleicher Zeit kaum möglich sein dürfte. Hätte die Schärfe dieser Schlußkapitel nicht den Zweck des Versöhnungsbriefs nachträglich zunichte gemacht? Die Erklärung, daß sich 1–9 an die Gemeinde, 10–13 an die fremden Agitatoren richte, ist nicht stichhaltig, weil Paulus durchgängig die ganze Gemeinde anredet. Aus diesen Gründen halte ich es für das wahrscheinlichste, daß die polemischen Kapitel 10–13 einen Teil des Tränenbriefs darstellen, den Paulus nach den bitteren Erfahrungen des Zwischenbesuchs geschrieben hat. Möglich ist allerdings auch die spätere Abfassung (H. Windisch, C. K. Barrett), wofür 2. Kor 12,18 eine starke Stütze bietet. Der Abschnitt 2. Kor 6,14–7,1 ist m. E. als ein späterer Einschub zu betrachten (s. z. St.). Dem auf die Umkehr der Gemeinde antwortenden Versöhnungsbrief (1–8) fügte

Paulus als Begleitschreiben eine Kollektenempfehlung (Kap. 9) an die Landgemeinden von Achaja an; Kap. 8 ist zur Verlesung in Korinth, Kap. 9 zur Verlesung in den Landgemeinden bestimmt (vgl. Kol 4,16; P. Stuhlmacher).

Bei der Zusammenstellung der Paulusbriefe zur kirchlichen Verwendung hängte der Redaktor den kleineren, von ihm noch gekürzten Tränenbrief (10–13) an den längeren und gewichtigeren Versöhnungsbrief an, da er nicht nach der historischen Folge der Briefe ordnete, sondern nach sachlichen Gesichtspunkten: er wollte die theologisch bedeutsame Darlegung über das Wesen des Apostelamts im Versöhnungsbrief und die Abwehr einer die Kreuzesbotschaft verfälschenden Irrlehre durch den Apostel an die Gemeinde weitergeben.

Die Beziehung des Apostels Paulus zu der Gemeinde von Korinth umfaßt somit insgesamt folgende Vorgänge:

Gründungsaufenthalt des Paulus mit Silvanus und Timotheus (I 2,1–5; II 1,19; ca. 50–52 n.Chr.); Vorbrief (I 5,9; ca. 53/54); Sendung des Timotheus (I 4,17; 16,10); 1. kanonischer Brief (Frühjahr 55); erste Sendung des Titus mit einem Bruder zur Sammlung der Kollekte (II 12,18); Zwischenbesuch des Paulus in Korinth mit „Betrübnis" durch ein Gemeindeglied (II 2,5; 7,12; Frühsommer 55); Zwischenbrief („Tränenbrief", wohl z.T. enthalten in II 10–13; Mitte Sommer 55) und gleichzeitig zweite Sendung des Titus zur Beilegung des Konflikts (vgl. II 7,6 ff.); Versöhnungsbrief (II 1–8) mit angefügter Kollektenempfehlung (II 9) an die Landgemeinden von Achaja (Frühherbst 55) und gleichzeitig dritte Sendung des Titus mit zwei Brüdern zur Vollendung der Sammlung (II 8,16–24); dritter Besuch des Paulus zum Winteraufenthalt 55/56 in Korinth (II 13,1; Apg 20,1–3; Spätherbst 55).

Der erste Brief an die Korinther

1. Zuschrift und Gruß 1, 1–3

1 Paulus, berufener Apostel Christi Jesu durch den Willen Gottes, und der Bruder Sosthenes   2 an die Gemeinde Gottes in Korinth, an die Geheiligten in Christus Jesus, die berufenen Heiligen samt allen, die den Namen unseres Herrn Jesus Christus anrufen an jedem Ort, bei ihnen und bei uns.   3 Gnade sei mit euch und Friede von Gott, unserem Vater, und dem Herrn Jesus Christus.

Vers 2: *5. Mose 31, 30; Ps 99, 6; Joel 3, 5*   Vers 3: *2. Kor 1, 2.*

Paulus folgt in Zuschrift und Gruß (Präskript) dem zweigliedrigen orientalischen Briefformular, das nach Nennung des Absenders und Empfängers den Gruß in einen eigenen Satz faßt. Eigentümlich für Paulus ist, daß er Absender und Empfänger jeweils durch Näherbestimmungen charakterisiert und beim Gruß den jüdischen Friedenswunsch (*schalom*) in christlich umgebildeter Form aufnimmt.

Paulus schreibt nicht als Privatperson, sondern in seiner amtlichen Stellung als „berufener Apostel Christi Jesu". Der Apostel redet und handelt nicht in eigener Vollmacht, sondern im Auftrag und in der Autorität dessen, der ihn gesandt hat: Paulus ist der bevollmächtigte „Gesandte" des gekreuzigten und erhöhten Herrn Jesus Christus. Wie Gott der Vater im Wirken Jesu Christi am Werk war, so ist die Berufung des Paulus vor Damaskus durch Christus nach dem Ratschluß Gottes erfolgt, und so geschieht der ganze apostolische Dienst des Paulus nach dem Willen Gottes. Darum kann die Verpflichtung des Paulus zur Verkündigung der Christusbotschaft nicht von Menschen außer Kraft gesetzt werden.

Ein Apostel Jesu Christi ist grundsätzlich kein Einzelgänger, weil der Herr die Ausrichtung des Evangeliums auf mehrerer Zeugen Mund gestellt hat. Paulus nennt als Absender neben sich seinen Mitarbeiter Sosthenes; dieser ist als christlicher Glaubensbruder gekennzeichnet und damit zugleich von der apostolischen Autorität abgehoben. Sosthenes ist wohl ein Korinther, der mit den dortigen Verhältnissen vertraut ist und sich bei Abfassung des Briefs bei Paulus in Ephesus befindet. Es ist allerdings nicht sicher, daß er mit dem Apg 18, 17 erwähnten Synagogenvorsteher identisch ist. A. Schlatter vermutet, daß er durch Apollos für den christlichen Glauben gewonnen wurde. Sosthenes bezeugt mit Paulus zusammen die Kreuzesbotschaft, er ist jedoch nicht Mitverfasser des Briefs; denn Paulus schreibt im folgenden meist im Ich-Stil. Vielleicht hat der Apostel dem Sosthenes den Brief diktiert. Apollos befindet sich ebenfalls in Ephesus und wirkt dort im Geist der paulinischen Mission.

Paulus nennt ihn im Präskript wohl deshalb nicht als Mitabsender, weil er ihn
als einen selbständigen Missionar respektiert und ihn nicht in seinen engeren
2 Mitarbeiterkreis einbeziehen will. – Der Brief ist an die von Paulus gegründete
Gemeinde in Korinth gerichtet. „Gemeinde Gottes" ist die auf dem Alten
Testament (z. B. 5. Mose 31,30) beruhende Selbstbezeichnung der Urkirche,
mit der sie im Glauben an die abschließende Offenbarung Gottes in Jesus
Christus sich als das endzeitliche Gottesvolk zu verstehen gibt. Paulus
gebraucht den traditionellen Begriff *ekklēsía* sowohl für eine Ortsgemeinde
und Hausgemeinschaft als auch für die ganze Christenheit; darin wirkt sich
sein Verständnis der Kirche als des Leibes Christi (1.Kor 12) aus. Kirche ist
unabhängig von Ort und Zahl der Mitglieder überall da, wo Gott durch das
Evangelium von Christus Menschen in seine Gemeinschaft beruft. Die lokale
Angabe „in Korinth" bezeichnet den Ort, wo diese Gemeinschaft konkret exi-
stiert. Gesamtkirche und Einzelgemeinde haben ihre Qualität als „Gemeinde
Gottes" durch das berufende Handeln Gottes; die Gesamtkirche ist also nicht
einfach organisatorisch die Summe der Einzelgemeinden. Auffällig ist die
doppelte Näherbestimmung: „die Geheiligten in Christus Jesus" und „die
berufenen Heiligen". Heilig ist nach biblischer Auffassung, wer und was zu
Gott gehört. Heilige sind Menschen, die Gott erwählt und in seine Gemeinschaft berufen hat. „Heilige", „Erwählte", „Berufene" sind geläufige Bezeichnungen in der Urgemeinde und in der jüdischen Qumransekte für die Glieder
einer Gemeinschaft, die sich als eschatologisches Gottesvolk versteht. Mit solchen vorgegebenen Ausdrücken bezeichnet Paulus die korinthischen Christen
als „berufene Heilige" (vgl. Röm 1,7). Die an erster Stelle stehende Wendung
„die Geheiligten in Christus Jesus", die bei Paulus nur hier begegnet, ist wohl
eine vorangestellte Verdeutlichung des Apostels, durch die er die Verankerung
der Heiligung im Christusgeschehen betont: die Christen sind Menschen, die
durch den Glauben an die Heilstat Gottes in Christus geheiligt sind. Die ein
für allemal gültige Tat der Heiligung geschah durch das Versöhnungshandeln
Gottes in Jesus Christus (2.Kor 5,18); an dieser göttlichen Versöhnungstat
haben die Christen dadurch Anteil bekommen, daß sie als Glaubende durch
die Taufe in das Christusgeschehen einbezogen wurden (1.Kor 6,11; vgl.
Röm 6,3ff.). Sie verdanken ihre Aufnahme in die Gemeinschaft mit Gott nicht
ihrer eigenen religiösen oder sittlichen Leistung, sondern allein der Gnade
Gottes in Christus. Ihre Heiligkeit ist nicht erworbene, sondern geschenkte
Gerechtigkeit, oder mit Luther: „fremde Gerechtigkeit" (*iustitia aliena*). Diese
geschenkte Heiligkeit sollen die Christen durch ein Leben in der Heiligung
allezeit bewähren (1.Thess 4,3). Der Zusatz „samt allen, die ..." hat den Auslegern schon immer Schwierigkeiten bereitet, weil der Wortlaut auf die ganze
Christenheit zielt, der spezielle Inhalt des Briefs aber nicht an alle Christen
der Ökumene adressiert sein kann. Gleichwohl ist es nicht notwendig, die
Wendung als Einschub eines späteren Bearbeiters anzusehen, der den Brief bei
der Verlesung im Gottesdienst an alle Christen richten wollte. Der Zusatz
erklärt sich in der Sache aus dem paulinischen Kirchenbegriff, der alle Chri-

sten umfaßt. Da es Paulus liebt, schon im Briefeingang die besonderen Verhältnisse der Empfängergemeinde anklingen zu lassen, will er damit wohl den
auf ihre Geistesgaben stolzen Korinthern sagen, daß sie mit hineingehören in
die Gemeinschaft aller, die Glieder am Leibe Christi sind. Es gab damals noch
keine feste Bezeichnung für die Glaubenden an Christus = „Christen"; jedenfalls gebraucht sie Paulus nicht in seinen Briefen. Die in der griechischen
Übersetzung des Alten Testaments (Septuaginta) für die Verehrung Jahwes
gebrauchte Wendung „den Namen des Herrn anrufen" (z. B. Ps 99[98],6) hat
bei Joel eschatologische Bedeutung (3,5). Die prophetische Verheißung ist
nach christlichem Glauben in Jesus Christus zur Erfüllung gekommen. So
diente der Ausdruck in der Frühzeit für die Bezeichnung der Christen, die im
Gottesdienst Jesus als ihren Herrn anriefen (Röm 10,9.13). Da der erhöhte
Christus der Herr aller Menschen ist, braucht nicht eigens betont zu werden,
daß er der Herr des Absenders und ebenso der Empfänger des Briefs ist. Die
Worte „bei ihnen und bei uns" gehören zur vorausgehenden Angabe „an
jedem Ort" und unterstreichen die Universalität der Kirche in aller Welt.
Nach anderer Auslegung bezieht sich der ganze Zusatz in Analogie zu
2.Kor 1,1 auf die Christen in Achaja außerhalb Korinths, die von Paulus und
Sosthenes bekehrt und deshalb mit angeredet worden seien. Aber das universale Verständnis der Kirche bei Paulus spricht eher für die Deutung auf die
Gesamtkirche als für eine solche im Text nicht angedeutete lokale Einschränkung. Außerdem ist zu beachten, daß Paulus im 1.Brief noch nicht auf die
Kollekte in Achaja eingeht. Hinter dem dreigliedrigen Gruß des Präskripts   3
steht der jüdische Friedenswunsch. Schalom bedeutet den Zustand des völligen Wohlbefindens, der auf dem ungestörten Verhältnis zwischen Gott und
Volk beruht und nicht nur die Innerlichkeit betrifft, sondern das ganze Leben
umfaßt. An den Anfang des Grußes stellt Paulus regelmäßig den Hauptbegriff
seiner Theologie „Gnade" (cháris), der an den griechischen Gruß (chaírein)
anklingt. Mit Gnade faßt der Apostel das ganze Heilshandeln Gottes in Jesus
Christus zusammen (vgl. 2.Kor 8,9). In Christus hat Gott die sündige Menschheit mit sich versöhnt und Frieden gestiftet (Röm 5,1). Mit Frieden ist hier
nicht in erster Linie eine seelische Stimmung gemeint, sondern das durch Christus bereinigte Verhältnis zu Gott, aus dem in der Freiheit des Glaubens auch
der Friede des Herzens erwächst. Gnade und Friede kommen von Gott, der
seine Verheißung in Jesus Christus wahrgemacht hat. Gott und Christus sind
als Personen unterschieden, aber in ihrem Heilswirken als Einheit verstanden.
Der unsichtbare Gott hat sich in seinem Sohn Jesus Christus (Röm 1,3) den
Menschen zugewendet. Vater ist er als Schöpfer alles Lebens, und als „unseren
Vater" dürfen wir ihn im Namen Jesu anrufen. Jesus Christus ist durch seinen
Gehorsam bis zum Tod am Kreuz zum Herrn über alle Mächte erhöht worden (Phil 2,6–11). Die liturgische Wendung „unser Herr Jesus Christus", die
das Bekenntnis „Herr ist Jesus" (1.Kor 12,3; Röm 10,9; Phil 2,11) aufnimmt,
wird vor allem in der Gebetssprache gebraucht. – Der V.3 hat im griechischen
Text kein Verbum; er läßt sich als Indikativ und als Optativ, als Feststellung

und als Bitte, fassen. Er drückt den Dank aus für das neue Leben in Christus und die Bitte, Gott möge auch weiterhin Gnade und Frieden gewähren.

2. Danksagung für den Reichtum der Gnadengaben in der Gemeinde 1, 4–9

4 Ich danke meinem Gott allezeit euretwegen für die Gnade Gottes, die euch gegeben ist in Christus Jesus,   5 daß ihr an allem reich gemacht worden seid in ihm, an aller Rede und an aller Erkenntnis.   6 Denn das Zeugnis von Christus ist in euch kräftig geworden,   7 so daß ihr keinen Mangel habt an irgend einer Gnadengabe, die ihr auf die Offenbarung unseres Herrn Jesus Christus wartet.   8 Er wird euch auch fest erhalten bis ans Ende, daß ihr untadelig seid am Tag unseres Herrn Jesus Christus.   9 Treu ist Gott, durch den ihr berufen worden seid zur Gemeinschaft mit seinem Sohn Jesus Christus, unserem Herrn.

Vers 5: *2. Kor 8, 7*   Vers 8: *Phil 1, 6.10; Am 5, 18*   Vers 9: *10, 13.*

An Zuschrift und Gruß schließt Paulus wie im griechischen Brief das sog. Proömium an, das Danksagung und Bitte umfaßt (vgl. Phil 1, 1–11). Dabei läßt er meistens bereits das Hauptthema des Briefs anklingen. So hebt er hier den Reichtum der Korinther an Gnadengaben hervor und befiehlt die vom Enthusiasmus bedrohte Gemeinde der Treue Gottes an. Die ganze Danksagung ist im gehobenen Stil des Gebets gehalten.

4   Der Dank ist keine leere Formsache, sondern entspringt dem Wissen, daß nur Gott den Glauben schenken kann, durch den eine Gemeinde entsteht und Bestand hat. Mit der Wendung „mein Gott" (vgl. Röm 1, 8; Phil 1, 3) drückt der Beter seine persönliche Beziehung zu Gott aus. Der Apostel schließt bei seinen Gebeten regelmäßig seine Gemeinden mit ins Gebet ein. Er dankt dafür, daß Gott die Korinther aus freier Gnade in die Gemeinschaft seines Sohnes Jesus Christus berufen hat. Die empfangene Gnade äußert sich im

5 Wirken der Gnadengaben (Charismen). Damit ist die korinthische Gemeinde in besonders reichem Maß beschenkt worden. Aus der Fülle der Gaben hebt Paulus „Wort", „Rede" (*lógos*) und „Erkenntnis" (*gnōsis*) eigens hervor, weil sie in Korinth als Geisteswirkungen eine große Bedeutung hatten. Bei „jeder Art von Rede" ist wohl vorwiegend an Prophetie und Zungenrede gedacht, bei „jeder Art von Erkenntnis" an verschiedene Formen der Einsicht in den göttlichen Heilsplan. Paulus formuliert zunächst allgemein ohne konkrete Hinweise, aber er berührt damit bereits den Kern der Auseinandersetzung, insofern die Überschätzung der Geistesgaben die Korinther zur Mißachtung des

6 Kreuzes verleitet hat. In V. 6–8 geht der Blick des Apostels auf Vergangenheit, Gegenwart und Zukunft der Gemeinde, wie dies im Briefeingang öfter der Fall ist. Das in Korinth verkündigte Evangelium wird hier als „das Zeugnis von Christus" bezeichnet. Manche Ausleger verstehen Christus als Subjekt des Zeugnisses, aber von 1, 23 aus liegt die Bedeutung „das Zeugnis, das den Gekreuzigten zum Inhalt hat", näher. Mit einem abgeblaßten juristischen Ausdruck, der die rechtskräftige Bestätigung eines Zeugnisses bezeichnet, stellt

Paulus fest, daß das Evangelium in der korinthischen Gemeinde „befestigt" worden ist (vgl. 2.Kor 1,21), d.h. daß es kräftig Wurzel geschlagen und Früchte gebracht hat. Durch die Gnade Gottes sind der Gemeinde so viele 7 Gaben geschenkt, daß sie keinen Mangel an irgend einem Charisma hat. Das bedeutet nicht, daß jeder einzelne Christ alle Charismen besitzt, sondern unterstreicht den Reichtum der Gemeinde. Die Korinther leben wie Paulus in der Erwartung der baldigen Wiederkunft Christi, der machtvollen, sichtbaren „Offenbarung" des Herrn am Weltende, für die Paulus sonst den Ausdruck „Parusie" gebraucht (1.Kor 15,23; 1.Thess 3,13; 4,15; 5,23). Das nächste 8 Bezugswort für „er" am Anfang von V. 8 ist Jesus Christus, der somit grammatisch als Subjekt der Bewahrung der Gemeinde erscheint. Das schließt jedoch Gott, dessen Treue die Korinther in V.9 anbefohlen werden, als logisches Subjekt des Satzes nicht aus (vgl. 2.Kor 1,21; Phil 1,6). Das letzte Urteil über das Leben des Apostels und der Gemeinde wird der Herr Jesus Christus sprechen (1.Kor 4,5), dem Gott das Endgericht übertragen hat (2.Kor 5,10). Der unheilvolle „Tag Jahwes" der alttestamentlichen Propheten (Am 5,18) ist für die Christen zum „Tag unseres Herrn Jesus Christus" geworden, an dem sie hoffen dürfen, als in Christus Gerechtfertigte „untadelig" zu sein. An die 9 Stelle der Bitte tritt in V.9 in Form eines sog. Treuespruchs die verheißende Zusage der Treue Gottes, auf die Paulus sein Vertrauen setzt für die Bewahrung der Gemeinde. Gott, der sie berufen hat, wird das angefangene Werk auch vollenden (Phil 1,6). Als in Christus angenommene „Söhne Gottes" (Gal 4,6) verdanken die Glaubenden ihre Aufnahme in die Gottesgemeinschaft dem Sohn Gottes, der für sie gestorben ist. Der Begriff „berufen" umfaßt bei Paulus sowohl die Eingliederung in die Kirche als auch die Teilhabe an der zukünftigen Gottesherrschaft. – Der ganze Abschnitt zeigt die grundlegende Bedeutung des göttlichen Heilshandelns für das christliche Gemeindeleben und enthält damit zugleich eine Warnung der Korinther vor geistlicher Selbstsicherheit.

Erster Hauptteil:

Die Spaltungen in der Gemeinde 1,10–4,21

Die Einheit der Gemeinde liegt dem Apostel so sehr am Herzen, daß er zuerst die Gruppenbildung in Korinth bekämpft, von der ihm die Leute der Chloë berichtet haben (1,11). Dieser Abschnitt zeigt exemplarisch, wie Paulus gegen Mißstände in der Gemeinde vorgeht. Er setzt bei der konkreten Lage an, beleuchtet sie im Zusammenhang der Kreuzestheologie und deckt so die theologische Grundlage auf, von der aus er seine abschließende Stellung-

nahme trifft. In formaler Hinsicht umrahmen so die Mahnungen in 1, 10 und
4, 16 die theologische Argumentation des Apostels.

1. Mahnung zur Einheit 1, 10–17

10 Ich ermahne euch aber, Brüder, in dem Namen unseres Herrn Jesus Christus, daß ihr alle einmütig seid und keine Spaltungen unter euch aufkommen laßt,
sondern daß ihr fest geschlossen seid in *einem* Sinn und in *einer* Überzeugung.   11 Es ist mir nämlich über euch, meine Brüder, von den Leuten der Chloë
berichtet worden, daß Streitigkeiten unter euch herrschen.   12 Ich meine aber
dies, daß jeder von euch sagt: ich gehöre zu Paulus, ich zu Apollos, ich zu Kephas,
ich zu Christus.   13 Ist Christus etwa zerteilt? Ist denn Paulus für euch gekreuzigt worden? Oder seid ihr auf den Namen des Paulus getauft?   14 Ich danke
Gott, daß ich niemanden unter euch getauft habe außer Krispus und
Gajus,   15 damit nicht jemand sagen kann, ihr seid auf meinen Namen getauft
worden.   16 Ich habe aber auch das Haus des Stephanas getauft; im übrigen
weiß ich nicht, ob ich noch jemanden getauft habe.   17 Denn Christus hat mich
nicht gesandt zu taufen, sondern das Evangelium zu verkündigen – nicht mit
gewandten Weisheitsworten, damit nicht das Kreuz Christi entleert werde.

Vers 10: *Phil 2, 2*   Vers 12: *Apg 18, 24*   Vers 14: *Apg 18, 8; Röm 16, 23*   Vers 17: *Apg 9, 15.*

10   Da Paulus die Kirche als den Leib Christi versteht, deren Grund, Mitte und
Ziel der erhöhte Herr ist, bildet die Mahnung zur Einheit der Gemeinde ein
wesentliches und häufiges Motiv seiner Paränese (vgl. Phil 1, 27–2, 4). Diese
ermahnt dazu, der in Christus geschenkten Einheit Rechnung zu tragen im all-
täglichen Leben. Dem entspricht, daß Paulus seine Mahnung durch Berufung
auf den Namen des Herrn Jesus Christus verstärkt und sich mit den Angeredeten in einer brüderlichen Gemeinschaft verbunden weiß. Die Spaltungen in
der korinthischen Gemeinde geben einen konkreten Anlaß zu der Mahnung
zur Einheit. Der griechische Ausdruck „dasselbe sagen" ist eine geläufige
Wendung für die Einmütigkeit des Denkens, Redens und Handelns. Das
bedeutet, daß die Gemeinde keine Spaltungen (*schísmata*) aufkommen lassen
soll, die das Fundament der gemeinsamen Überzeugungen zerreißen. Der
Begriff „schisma" hat hier noch nicht die spätere kirchenrechtliche Bedeutung.
Paulus schreibt in der Hoffnung, daß seine Mahnung die Einheit in Korinth
wiederherstellen hilft. Die Bildung von Gruppen hat noch nicht zur völligen
Aufspaltung in isoliert organisierte Parteien geführt; denn Paulus redet durchgängig die ganze Gemeinde an; sie feiert auch das Herrenmahl noch gemeinsam (11, 17 ff.).

11   Infolge der Gruppenbildung ist es in Korinth zu Streitereien (*érides*) gekommen, die nicht nur persönlicher Streitsucht, sondern dem leidenschaftlichen
Eintreten für einzelne Missionare entsprungen sind. Darüber ist Paulus von
den Leuten der Chloë unterrichtet worden. Über Chloë erfahren wir sonst
nichts. Es ist nicht einmal sicher, ob sie selbst Christin war; der Name Chloë,

„die Blonde", ist auch in der griechischen Literatur belegt, z. B. als Beiname
der Demeter. Die „Leute der Chloë", die offensichtlich Christen waren, sind
entweder ihre Kinder oder ihr Gesinde. Es läßt sich auch nicht mehr entscheiden, ob Chloë in Korinth oder in Ephesus wohnte; unsere Stelle bezeugt nur
einen lebhaften Verkehr zwischen den beiden Hafenstädten. Es ist allerdings
wahrscheinlich, daß Chloë samt ihrem Haus zur Gemeinde von Korinth
gehörte; denn die Überbringer der Nachricht scheinen interne Kenntnisse der
dortigen Vorgänge gehabt zu haben. Auffällig ist, daß Paulus die drei bei ihm
befindlichen Korinther Stephanas, Fortunatus und Achaikus trotz 1, 16 nicht
erwähnt; dies schließt jedoch nicht aus, daß er mit ihnen über die Lage in
Korinth gesprochen hat. Vielleicht wollte er die Delegation, die einen anderen
Auftrag hatte, nicht in den Verdacht bringen, sie habe die Gemeinde denun-
ziert. Es läßt sich auch nicht mehr feststellen, ob Paulus die Nachricht vor
oder nach dem Eintreffen der Delegation erhielt, die wohl den Fragenbrief
überbrachte. Allem Anschein nach kam es in Korinth nach ihrer Abreise noch
zu neuen Streitereien; denn die Tatsache, daß Paulus gleich am Anfang auf
die Gruppenbildung eingeht, spricht stark für die Aktualität der Nachricht von
den Spaltungen. Worum es in dem Streit geht, erläutert Paulus durch die Nen- 12
nung der Gruppenparolen: „Ich gehöre zu Paulus, ich zu Apollos, ich zu
Kephas, ich zu Christus." Die Worte „jeder sagt" deuten an, daß sich die einzelnen Gemeindeglieder offenbar nur schwer der Stellungnahme entziehen
konnten. Auf die Motive der Gruppenbildung geht Paulus hier nicht ein. Drei
von den vier erwähnten Gruppenhäuptern sind Missionare, wobei Paulus und
Apollos in der Reihenfolge ihres Wirkens in Korinth genannt sind. Hat nach
ihnen auch Petrus (Kephas) persönlich in Korinth gepredigt? Eine Sonderstellung in der Reihe nimmt Christus, der Herr der Kirche, ein. Mit der Deutung
dieser Gruppenparolen hängt die seit der Alten Kirche erörterte Streitfrage
nach Zahl und Wesen der sog. korinthischen „Parteien" zusammen (s. den
Exkurs nach 1, 17). Die in V. 13 folgenden Fragen, die das Verwerfliche der 13
Gruppenbildung veranschaulichen sollen, decken auf, worin Paulus die Einheit der Gemeinde begründet sieht: sie beruht auf der Heilstat Gottes in
Kreuz und Auferweckung Christi, in die die Korinther durch ihre Taufe einbezogen worden sind. Die Fragen ergeben sich folgerichtig aus der Verankerung des Kirchenverständnisses in der Christologie. Die erste Frage setzt voraus, daß die Gemeinde als der Leib Christi ganz von Christus bestimmt ist. Er
ist *einer* als der Grund der Kirche. Wer also die Gemeinde spaltet, der greift
den Herrn selbst an. Dies gilt auch für die vierte Gruppe, die Christus für sich
allein beansprucht. Die zweite Frage zeigt den stellvertretenden Sühnetod Jesu
als Ursprung der Rechtfertigung. Einen menschlichen Verkündiger an die
Stelle des gekreuzigten Heilbringers zu setzen, das käme der Menschenvergötte-
rung gleich. Paulus nennt hier absichtlich sich selbst als Beispiel. Die dritte
Frage, die sich auf die Taufe als Akt der Eingliederung in den Leib Christi
bezieht, wehrt zugleich das Mißverständnis des Missionars, der tauft, als eines
Mystagogen (= des in das Mysterium einweihenden Priesters) ab. Der Mysta-

goge, der den Täufling durch Besprengung mit Wasser reinigt und ins Heilig-
tum zum Weiheakt einführt, gilt als der „geistliche Vater" des Mysten. Die
Formulierung in V. 13 deutet an, daß in der Frühzeit die Taufe auf den
Namen des Herrn Jesus Christus (Apg 2,38; 8,16; 10,48) vollzogen wurde.
Die trinitarische Taufformel „auf den Namen des Vaters und des Sohnes und
des heiligen Geistes" begegnet zuerst in Mt 28,19 f. gegen Ende des 1. Jahrhunderts. In der Antike steht der Name für die Person in ihrer Vollmacht. In der
Taufe geschieht ein Herrschaftswechsel: Der Täufling wird Jesus Christus zu
eigen gegeben, so daß er fortan seinem neuen Herrn gehört, der ihn teuer

14.15   erworben hat (1.Kor 7,23). Paulus kann in V. 14 darauf verweisen, daß er
selbst nur wenige getauft hat. Dafür dankt er Gott im Blick darauf, daß so
kein Anlaß gegeben ist, ihn als Mystagogen und Gruppenhaupt falsch zu verstehen. Als von ihm Getaufte nennt der Apostel zunächst Krispus und Gajus.
Krispus ist wahrscheinlich identisch mit dem Apg 18,8 erwähnten Synagogenvorsteher, der mit seinem Haus ganz im Anfang zum Glauben kam. Gajus
kann dagegen nicht mit dem Mazedonier (Apg 19,29) oder mit dem aus Derbe
stammenden Paulusbegleiter (Apg 20,4) gleichgesetzt werden. Er ist wahrscheinlich identisch mit dem Röm 16,23 genannten Gajus, dem Gastgeber des

16   Paulus und der ganzen Gemeinde. In V. 16 trägt Paulus nach, daß er auch das
Haus des Stephanas getauft hat; im übrigen weiß er nicht mehr genau, wen er
noch getauft hat. Die nachträgliche Nennung des Stephanas könnte dadurch
veranlaßt sein, daß dieser z. Z. in Ephesus ist, während Paulus mit seinen
Gedanken in Korinth weilt (vgl. 16,17). „Haus" ist ein alttestamentlicher Ausdruck für die Familie einschließlich des Gesindes. Die Taufe von „Häusern"
ist jedoch kein sicherer Beleg für die Übung der Säuglingstaufe in der frühen
Kirche. Die Angehörigen des Stephanas, des Erstbekehrten von Achaja, stellten sich bereitwillig in den Dienst der Gemeinde und gewannen dadurch großes Ansehen (16,15). Die von Paulus getauften Männer hatten alle drei eine

17   gehobene Stellung inne. Die Tatsache, daß Paulus nur wenige getauft hat, ist
keineswegs als theologische Geringschätzung der Taufe auszuwerten, sie
hängt mit dem Auftrag des Apostels zusammen. Römer 6 ist der klassische
Beleg für die grundlegende Bedeutung der Taufe für das christliche Leben in
der Theologie des Paulus. Der Hauptauftrag, den der Apostel bei Damaskus
empfing, lautet, das Evangelium von Jesus Christus unter den Heiden zu verkündigen (Gal 1,16). Die göttliche Versöhnungstat muß im „Dienst der Versöhnung" gepredigt werden (2.Kor 5,18), damit die Menschen glauben und
gerettet werden können. Darum ist die Verkündigung des Evangeliums die
zentrale Funktion des apostolischen Amtes. Wie Petrus (Apg 10,48) hat offenbar auch Paulus das Taufen häufig den Mitarbeitern überlassen, etwa Silvanus
oder Timotheus. Mit V. 17 b leitet Paulus über zum nächsten Abschnitt, in
dem das Wort vom Kreuz mit der Weisheit dieser Welt konfrontiert wird. Die
Art und Weise der Verkündigung soll ihrem Inhalt, der Kreuzesbotschaft,
gemäß sein. In dem Ausdruck „Weisheit des Wortes" sind Form und Inhalt
der Rede zugleich ins Auge gefaßt. Die Predigt soll nicht mit „ausgeklügelten

Weisheitsworten" geschehen. Der Finalsatz: „damit nicht das Kreuz Christi
entleert werde" enthüllt den hier vorliegenden negativen Sinn von „Weisheit",
nämlich der Weisheit dieser Welt; es ist also nicht das Charisma der „Weisheitsrede" (1.Kor 12,8) gemeint. Im hellenistischen Judentum ist die Weisheit
(*sophía*) ein zentraler Offenbarungsbegriff: Die wahre Weisheit ist bei Gott
und kommt von Gott. Sie steht im Gegensatz zur weltlichen Weisheit, die aus
der vorfindlichen Wirklichkeit ohne Anerkennung des göttlichen Schöpfers
gewonnen wird (vgl. Weish 9,9–18). Paulus weiß, daß das Kreuz Christi für
eine rein innerweltliche Betrachtungsweise ein törichtes Ärgernis darstellt. Die
Erkenntnisse der weltlichen Weisheit können in strenger Logik und mit kunstvollen rhetorischen Mitteln vorgetragen werden, den Ausschlag für die wahre
Weisheit gibt nach Paulus nicht die rhetorische Form, sondern der Inhalt der
Verkündigung, nämlich die von Gott in Kreuz und Auferweckung Jesu Christi
offenbarte Weisheit. Diese Aussage des Apostels bedeutet jedoch keineswegs
für den Prediger, daß er die Regeln guter Redekunst völlig mißachten dürfte;
sie besagt nur, daß die äußere Form der zu proklamierenden Sache entsprechen und die Rhetorik das Wort vom Kreuz nicht verdecken soll.

Die Gruppen in Korinth

Die Frage, ob es in Korinth drei oder vier Gruppen gegeben hat, hängt von
der Deutung der vierten Parole ab: „Ich gehöre zu Christus." Die handschrift-
liche Überlieferung gibt keinen Anlaß, sie als spätere Glosse auszuscheiden.
Wenn am Ende von V.12 Christus genannt ist, schließt V.13 besser an. Die
Aufzählung von nur drei Namen in 1.Clem 47,3 kann sich auf 1.Kor 3,22
beziehen, wo Paulus nur die drei Missionare nennt. Manche Ausleger deuten
die vierte Aussage als Gegenthese des Paulus zu den vorausgehenden Gruppenparolen. Bei diesem Verständnis spiegeln die drei Parolen die Reihenfolge
des Wirkens der Verkündiger in Korinth wider. So ließe sich die Entstehung
der Gruppen recht plausibel erklären, wenn nicht die parallele Formung der
vier Aussagen dieser Lösung entgegenstünde. Der Wortlaut des Texts spricht
für die Annahme von vier Gruppen in Korinth, und damit erhebt sich die
Frage nach der Eigenart der Gruppen, die bei der „Christuspartei" besonders
schwer zu beantworten ist.
Wenn Paulus jeweils in einem Abschnitt gegen eine bestimmte Gruppe polemisieren würde, so ließe sich daraus das theologische Gepräge der einzelnen
Gruppen ermitteln. Im Gefolge von F.C.Baur wurden früher häufig die
Kephas- und die Christuspartei der judenchristlichen und die Paulus- und die
Apollospartei der heidenchristlichen Seite zugeordnet. Es wurde vermutet, der
Abschnitt 1,18–25 richte sich gegen die Apollosgruppe, weil Apollos mit alex-
andrinischer Weisheit vertraut war, oder 3,9–11 polemisiere gegen den
Anspruch einer Vorrangstellung für Petrus (vgl. Mt 16,18). In der gegenwärti-
gen Diskussion werden bald die in der Christusgruppe dominierenden sog.

„Gnostiker", bald die Mitglieder der Kephaspartei (P. Vielhauer), bald die
Anhänger des Apollos (G. Sellin) als eigentliches Ziel der paulinischen Vorwürfe betrachtet. G. Sellin versteht Apollos als Rivalen des Paulus „vom
Schlage der Pneumatiker-Apostel" aus 2. Kor 10–13 und findet in der vierten
Parole das Selbstverständnis des Apollos als „Mittler zwischen den Seinen und
Christus" angedeutet. Aber die Ausführungen des Paulus lassen keine Polemik
gegen eine bestimmte Gruppe erkennen. Der Gegensatz zwischen göttlicher
und menschlicher Weisheit ist in der jüdisch-hellenistischen Weisheitstradition vorbereitet. Wahrscheinlich war auch Apollos mit alexandrinischen Auffassungen (vgl. Philo) vertraut, und möglicherweise haben sich die korinthischen Pneumatiker damit gerühmt, im Besitz der pneumatischen Weisheit zu
sein. Aber eine direkte Polemik liegt weder gegen Apollos noch gegen Petrus
vor. Der Text läßt auch nicht erkennen, welche Gruppe die Spaltung herbeige-
führt hat. Der Apostel redet durchgängig die ganze Gemeinde an; er polemisiert gegen die Gruppenbildung als solche (H. Conzelmann) und verwirft bei
allen vier Gruppen den exklusiven Anspruch als Verstoß gegen die Einheit des
Leibes Christi. Sein Vorwurf richtet sich nicht in erster Linie gegen die
genannten Missionare selbst, sondern gegen die falsche Einschätzung der
Gruppenhäupter durch ihre Anhänger. In 1. Kor 3, 5–15 spricht Paulus beispielhaft von sich und Apollos, um die Aufgabe der Verkündiger als Diener
und Mitarbeiter Gottes zu veranschaulichen. Petrus wird in diesem Zusammenhang wohl deshalb nicht miterwähnt, weil er nicht selbst in Korinth gepredigt hat. Andernfalls wäre zu erwarten, daß sich doch irgendwo eine Spur vom
Besuch dieses hochangesehenen Urapostels in der Überlieferung der korinthischen Gemeinde erhalten hätte. Die Entstehung der Petrusgruppe läßt sich so
erklären, daß Christen, die von Petrus im syrischen Missionsbereich (vgl.
Gal 2, 11–14) bekehrt worden waren, nach Korinth kamen und hier für Petrus
als den führenden Apostel Jesu Christi eintraten. – Bei der Gruppenbildung in
Korinth, deren Motive Paulus nicht nennt, ist m. E. sowohl die theologische
Eigenart der Verkündiger Paulus, Apollos und Petrus als auch ein schwärmerisches Verständnis der Weisheit und der Geistgabe bei den korinthischen Empfängern der Christusbotschaft zu berücksichtigen. – Am besten bekannt ist die
Theologie des *Paulus*. Der Galater- und der Römerbrief sind deutliche Belege
für die Botschaft des Apostels von der Rechtfertigung des Sünders allein
durch den Glauben an Christus ohne die Werke des jüdischen Gesetzes, und
die Korintherbriefe bezeugen eindrücklich seine Verkündigung des Wortes
vom Kreuz. – *Apollos* war nach Apg 18, 24 ff. ein alexandrinischer Jude, der
wahrscheinlich aus den Kreisen der Verehrer Johannes des Täufers hervorge-
gangen war und von Priska und Aquila (Röm 16, 3; vgl. 1. Kor 16, 19; Lukas
gebraucht die Verkleinerungsform Priszilla Apg 18, 18.26) im christlichen
Glauben unterwiesen wurde; er wird als schriftkundiger, redegewandter und
geistbegabter Prediger charakterisiert. Seine Verkündigung fand offenbar bei
den Korinthern großen Anklang (vgl. 1. Kor 16, 12). Da Paulus sein missionarisches Wirken recht positiv beurteilt und ihm zuredete, nach Korinth zurück-

zukehren, dürfen wir annehmen, daß die Theologie und Missionspraxis des Apollos dem paulinischen Verständnis des Evangeliums nahestanden. – Das Persönlichkeitsbild des Zwölfapostels Simon *Petrus* hat sich vor allem in den Evangelien und in der Apostelgeschichte niedergeschlagen. Seine Theologie muß aus dem ganzen Neuen Testament erschlossen werden. Petrus war schon zu Lebzeiten Jesu der Sprecher des Jüngerkreises; nach Ostern wurde ihm die Ersterscheinung des Auferstandenen zuteil (1. Kor 15,5; Lk 24,34). Deshalb nahm er in den ersten Jahren die führende Stellung in der Urgemeinde von Jerusalem ein (vgl. Gal 1,18 f.). In der Christenverfolgung unter Herodes Agrippa I. (um 44 n.Chr.) mußte Petrus aus Jerusalem fliehen (Apg 12,17) und wandte sich der Verkündigung in der syrischen Diaspora zu. Beim sog. Apostelkonvent (ca. 48 n.Chr.) vertraten die drei „Säulen", der Herrenbruder Jakobus, Petrus und Johannes, die Mission unter den Juden, während Paulus und Barnabas durch Handschlag als Missionare für die Heiden bestätigt wurden. Petrus selbst ist nicht zum Kreis der strengen Judenchristen, der sog. „Judaisten", zu rechnen (vgl. Gal 2,4 ff.). In der Rede Gal 2,14–21 setzt Paulus in der zentralen Frage der Erlösung der Sünder durch den Glauben an Jesus Christus eine grundsätzliche Übereinstimmung mit Petrus voraus, und in 1.Kor 15,11 betont er seine Gemeinsamkeit mit den Uraposteln in der Verkündigung von Kreuz und Auferweckung des Herrn. Allerdings geht aus der Schilderung des Zusammenstoßes zwischen Paulus und Petrus in Antiochien (Gal 2,11–14) hervor, daß Petrus nach dem Eintreffen der Abgesandten des Jakobus wieder zur Rücksichtnahme auf die jüdischen Reinheits- und Speisegebote zurückkehrte. Daraus ist zu schließen, daß Petrus bei seiner weiteren Missionsarbeit im syrischen Raum im Interesse eines friedlichen Zusammenlebens von ehemaligen Juden und Heiden in der Gemeinde das sog. Aposteldekret respektiert hat, nämlich die Abkehr vom Götzendienst, die Enthaltung vom Genuß von Blut und Ersticktem und die Vermeidung der Unzucht (Apg 15,20.29). Auf Grund dessen darf angenommen werden, daß die Petrusgruppe in Korinth ebenfalls eine solche „gemäßigte" judenchristliche Position vertrat wie Petrus selbst. Dabei stellten sie offenbar den Urapostel als ihr Gruppenhaupt in exklusiver Parteilichkeit ganz besonders heraus.

Bei der sog. „*Christuspartei*" gehen die Meinungen der Ausleger am weitesten auseinander. F.C. Baur hatte die Vertreter der Christusparole von 1.Kor 1,12 mit den Gegnern des Paulus in 2.Kor 10–13 identifiziert und sie als „Judaisten" bestimmt. Gegen diese Deutung spricht jedoch der Tatbestand, daß die Frage des Gesetzes und der Beschneidung in den Korintherbriefen keine Rolle spielt. Darum hatte W. Lütgert die Gegner des Paulus in Korinth in der entgegengesetzten Richtung als Ultrapauliner und libertinistische Pneumatiker eingestuft, die Paulus Halbheit und Schwäche vorwarfen. R. Bultmann und in seinem Gefolge E. Dinkler beurteilten die Paulusgegner beider Korintherbriefe als judenchristliche Gnostiker. Diese Auffassung vom religionsgeschichtlichen Hintergrund des korinthischen Konflikts wird weiterhin vor allem von W. Schmithals vertreten. Im Neuen Testament wird die Gnosis zuerst in 1.Tim 6,20 namentlich genannt, und die johanneischen Schriften vom Ende des 1.Jahrhunderts verraten eine beginnende Auseinandersetzung mit der gnostischen Erlöserlehre. Da in der Mitte des 1.Jahrhunderts noch keine sicheren Belege für eine dualistisch-gnostische Christologie nachzuweisen sind, hat sich in der neutestamentlichen Wissenschaft in den letzten Jahrzehnten zunehmend die Auffassung durchgesetzt, daß es sich bei den korinthischen Pneumatikern nicht um eigentliche Gnostiker, sondern allenfalls um Vorläufer der gnostischen Bewegung handelt.

Der Wortlaut der vierten Parole zeigt an, daß sich ihre Vertreter nicht auf einen Apostel, sondern allein auf den erhöhten Christus berufen haben. Sie legten offenbar das theologische Hauptgewicht auf die Gegenwart des erhöhten Herrn im Geist, nicht auf die Heilstat Gottes am Kreuz. Nun wirft Paulus den Korinthern in 1.Kor 4,6–13 vor, daß sie sich völlig zu Unrecht bereits in der vollendeten Gottesherrschaft wähnten, warnt sie in 1.Kor 10 vor der Meinung, daß der Empfang der Sakramente das Heil garantiere, und rückt in 1.Kor 12–14 ihr Pochen auf ekstatische Geisteswirkungen durch die Betonung der aufbauenden Kraft der Liebe zurecht. Nach diesen Angaben des Apostels hat sich bei den korinthischen Pneumatikern eine enthusiastische Überschätzung des Geistbesitzes mit einer naturhaft-magischen Auffassung von der Wirkung der Sakramente verbunden, wie sie in den hellenistischen Mysterienreligionen geläufig war. So wird auch verständlich, daß Paulus nach der Nennung der Gruppenparolen sogleich auf die Taufe zu sprechen kommt. Der enthusiastische Pneumatismus, das magische Sakramentsverständnis und die einseitige Erhöhungschristologie, die Paulus der ganzen Gemeinde zum Vorwurf macht, haben sich offenbar bei den Vertretern der Christusparole in besonders starkem Maße ausgewirkt und zur Abgrenzung in einer eigenen Gruppe geführt. Durch ihre exklusive Berufung auf Christus wurde der Glaube an die Gegenwart des erhöhten Herrn im Geist losgelöst vom Zeugnis der Apostel und damit von der geschichtlichen Grundlage der Kirche (A. Schlatter). – Der Vorwurf des Paulus in 1.Kor 1–4 richtet sich nicht dagegen, daß Christen dankbar der Verkündiger gedenken, durch die sie zum Glauben gekommen sind. Das Verwerfliche an allen vier Parolen ist der mit ihnen erhobene Ausschließlichkeitsanspruch. Wenn Anhänger des Paulus oder Apollos oder Petrus die von anderen Verkündigern gewonnenen Christen nicht mehr als Brüder und Schwestern im Glauben und als Glieder der einen Christenheit anerkennen, dann wird die Einheit des Leibes Christi zerrissen und der menschliche Verkündiger in einen Rang erhoben, der nur Christus als dem Herrn der Kirche zukommt.

Paulus kämpft gegen die Gruppenbildung als solche; er sieht durch die exklusive Heraushebung von Gruppenhäuptern die Einheit der Kirche bedroht und wirft allen vier Gruppen vor, daß sie das Bekenntnis zu dem einen Herrn Jesus Christus als Parteiparole mißbrauchen.

2. Die Botschaft von Christus und die Weisheit der Welt 1, 18–3, 23

Dieser Abschnitt ist „ringförmig" komponiert. Paulus thematisiert zunächst die Leitbegriffe „Weisheit" und „Torheit" in ihrer Beziehung zu Gott und den Menschen (1, 18–25) und veranschaulicht dann den im Kreuz Jesu offenbar gewordenen Widerspruch Gottes gegen die Weisheit der Welt an der Zusammensetzung der Gemeinde (1, 26–29) und an seinem Auftreten in Korinth (2, 1–5). Das Evangelium, das der Welt als Torheit erscheint, ist in Wirklichkeit die Weisheit Gottes, die nur durch den Geist Gottes im Glauben erkannt werden kann (2, 6–16). In Kap. 3 bezieht Paulus die korinthische Gruppenbildung in diesen Gedankengang ein und zeigt die wahre Aufgabe der Verkündiger an sich und Apollos. Am Schluß kehrt der Apostel wieder zu der anfänglichen Thematik von Weisheit und Torheit zurück (3, 18–23).

2.1 Das Evangelium als Torheit in der Welt 1, 18–2, 5

2.1.1 Das „törichte" Evangelium als Gottes Kraft und Weisheit 1, 18–25

18 Denn das Wort vom Kreuz ist Torheit denen, die verloren gehen; uns aber, die gerettet werden, ist es Gottes Kraft. 19 Denn es steht geschrieben (Jes 29, 14): „Zunichte machen will ich die Weisheit der Weisen, und den Verstand der Verständigen will ich verwerfen." 20 Wo ist ein Weiser? Wo ein Schriftgelehrter? Wo ein Wortfechter dieser Welt? Hat nicht Gott die Weisheit der Welt zur Torheit gemacht? 21 Denn weil die Welt in (= umgeben von) der Weisheit Gottes durch die (= ihre) Weisheit Gott nicht erkannte, gefiel es Gott wohl, durch die Torheit der Verkündigung die zu retten, die glauben. 22 Während nämlich die Juden Zeichen fordern und die Griechen Weisheit suchen, 23 verkündigen wir Christus als den Gekreuzigten, den Juden ein Ärgernis, den Heiden eine Torheit, 24 den Berufenen aber, Juden wie Griechen, (verkündigen wir) Christus als Gottes Kraft und Gottes Weisheit. 25 Denn das Törichte Gottes ist weiser als die Menschen, und das Schwache Gottes ist stärker als die Menschen.

Vers 18: *Röm 1, 16*   Vers 19: *Jes 29, 14*   Vers 20: *Jes 29, 12; 33, 18*   Vers 21: *Mt 11, 25*   Vers 22: *Mt 12, 38 p.*

Das neue Thema „Weisheit und Torheit" hängt sachlich eng mit dem Gruppenstreit in Korinth zusammen; denn die Vertreter aller vier Gruppen erliegen der weltlichen Weisheit und verkennen die im Kreuz Christi offenbarte Weisheit Gottes. Paulus deckt als tiefste Wurzel der Gruppenbildung das Weisheitsstreben der Korinther auf, das auf Selbstruhm aus ist und sich als gefährlicher Spaltpilz der Gemeinschaft auswirkt. Die Mitte der paulinischen Theologie ist die Botschaft von der Rechtfertigung der sündigen Menschen durch den Glauben an die Heilstat Gottes in Kreuz und Auferweckung Jesu Christi. Nicht der Mensch hat es im Verhältnis von Erfüllung und Übertretung der göttlichen Gebote allmählich zu einer positiven Leistungsbilanz gebracht, sondern Gott hat von sich aus die Initiative ergriffen und die Welt mit sich versöhnt (2.Kor 5,19). Diese Botschaft, die Paulus im Galater- und Römerbrief in der Begrifflichkeit der Rechtfertigungslehre formuliert, faßt er im korinthischen Konflikt gegenüber dem Streben nach weltlicher Weisheit und Erkenntnis in die Sprache der Kreuzestheologie. Kreuz und Auferweckung gehören für den Apostel theologisch unauflöslich zusammen. Paulus legt in unserem Abschnitt den Akzent auf das Kreuz, weil das Bekenntnis zur Auferweckung Jesu Christi in Korinth nicht angefochten wird. Strittig ist aber zwischen Paulus und den Korinthern die Frage, wie der erhöhte Herr in der Gemeinde sich gegenwärtig erweist, ob nur als verherrlichter Sieger oder als der Erhöhte auch zugleich als der Gekreuzigte; es geht um die Frage, ob das Kreuz nur ein Durchgangsstadium zur Herrlichkeit bildet oder ob es eine grundlegende und bleibende Bedeutung für den Christusglauben besitzt. Paulus kämpft für die *theologia crucis* (Theologie des Kreuzes) gegen die *theologia gloriae* (Theologie der Herrlichkeit) der korinthischen Pneumatiker, die dem Ärgernis des Kreuzes ausweichen.

18   Zu Beginn formuliert Paulus seine grundsätzliche These über die Begegnung des Evangeliums mit den Menschen: Das Wort vom Kreuz erscheint in gegensätzlicher Wirkung: für die einen, „die verloren gehen", ist es eine Torheit, für die anderen, „die gerettet werden", d.h. für die Glaubenden, erweist sich in ihm die Kraft Gottes (vgl. Jes 52,10; 53,1). Durch „uns" schließt sich hier der Apostel mit allen Christen zusammen. Das „Wort vom Kreuz" ist die Verkündigung des gekreuzigten Jesus Christus. Die Verkündigung hat einen grundsätzlichen Vorrang vor dem hörenden Aufnehmen; aber das Verhalten der Hörer, ob sie das Wort im Glauben annehmen oder im Unglauben ablehnen, hat entscheidenden Einfluß auf das Ergebnis dieser Begegnung. Die objektive und die subjektive Seite in diesem Vorgang sind aufs engste verbunden und dürfen theologisch nicht getrennt werden. Paulus folgt hier nicht der üblichen jüdischen Aufteilung der Menschheit in Juden und Heiden, sondern unterscheidet zwischen denen, die auf die Seite des Verderbens, und denen, die auf die Seite der Rettung gehören. Diese Scheidung vollzieht sich im Leben der Menschen durch die Annahme oder Ablehnung des Evangeliums. Dazwischen gibt es keinen neutralen Raum für eine bloße Zuschauerhaltung. „Rettung" und „Verderben" gebraucht Paulus in der Regel für die Entscheidung im Endgericht, aber sie nehmen ihren Anfang schon in der Gegenwart durch die Antwort der Menschen auf das gehörte Wort. In Phil 1,28 wird der Kampf für bzw. gegen das Evangelium als „Anzeichen" des Heils oder Verderbens beschrieben. Das heißt nicht einfach, daß alle Christen gerettet und alle Nichtchristen verworfen werden. Paulus weiß, daß auch Glaubende wieder abfallen und sogar Verfolger, wie er einer war, zum Glauben kommen können. In den Aussagen über Rettung und Verderben ist vorausgesetzt, daß Gottes Heilsplan von Anfang an auf die Erfüllung in Jesus Christus hin angelegt war. Wer sich in der Begegnung mit dem Wort vom Kreuz dem Heilshandeln Gottes verschließt, liefert sich selbst dem Schicksal der sündigen und deshalb verlorenen Menschen aus. Paulus spielt in diesem Abschnitt mit einer negativen und posi-

tiven Bedeutung der beiden Leitbegriffe und gebraucht zugleich die Gegen-
satzpaare „Weisheit-Torheit" und „Kraft-Schwachheit" in verschränkter
Weise. In V. 18 stellt Paulus der Torheit nicht die Weisheit gegenüber, sondern „Gottes Kraft". Darin kommt zum Ausdruck, daß das Evangelium nicht
nur eine theoretische Lehre ist, sondern das wirksame Rettungsangebot Gottes: es ist „die Kraft Gottes zur Rettung für alle, die daran glauben"
(Röm 1, 16; vgl. Jes 53, 1). Das Evangelium annehmen bedeutet, sich durch das
göttliche Vergebungswort in seiner ganzen Existenz verwandeln zu lassen
(2. Kor 3, 18). Wäre das Wort vom Kreuz menschliche Weisheit, „so gäbe es
Anleitung, wie sich die Gemeinde selbst helfen könne" (A. Schlatter, S. 83).

In V. 19 gibt Paulus einen Schriftbeleg für seine Aussage, daß Gott die Weis- 19
heit der Welt als Heilsweg verworfen hat. Er zitiert Jes 29, 14 nach der Septuaginta (mit der Änderung von „verbergen" in „verwerfen"). Was von den Weisen Israels gesagt ist, wird auf die Weisen der Welt angewendet. In freier 20
Anspielung auf weitere Worte des Propheten Jesaja (19, 12; 33, 18) zeigt Paulus auf, daß Gott das Versagen der Weisen schon in der Schrift vorhergesagt
hat. Die drei rhetorischen Fragen („wo") zielen auf eine negative Antwort. Mit
den Begriffen „Weiser", „Schriftgelehrter" und „Disputierer" werden die jüdischen und die griechischen Weisheitslehrer beschrieben. Weder die jüdischen
Schriftgelehrten noch die griechischen Philosophen haben den göttlichen
Heilsplan erkannt. Gott hat im Kreuz Christi einen Weg zur Rettung eingeschlagen, der in völligem Gegensatz zu aller Weisheit dieser Welt steht. In
Anlehnung an Jes 44, 25 stellt Paulus fest, daß Gott die Weisheit der Welt (dieser Welt 1. Kor 2, 6; 3, 19) durch das Christusgeschehen zur Torheit gemacht
hat. In der jüdischen Apokalyptik wird „diese Welt" der „kommenden Welt"
gegenübergestellt. Den letzteren Begriff verwendet Paulus nicht. Für ihn ist
der erwartete Messias in Jesus Christus bereits erschienen. In Christus ist eine
„neue Schöpfung" (2. Kor 5, 17) angebrochen, die in der Zukunft vollendet
wird, so daß die Glaubenden bis zur Parusie noch in „dieser" alten Welt leben.
In V. 21 begründet der Apostel, warum Gott einen so paradoxen Weg zur Ret- 21
tung eingeschlagen hat. Der unterschiedlich interpretierte Vers erhält seine
beste Deutung durch die parallelen Aussagen in Röm 1, 18–23. Gott hat sich
den Menschen durch die Erschaffung der Welt bekannt gemacht, die vor aller
Augen liegt und für die menschliche Vernunft auf den Schöpfer hinweist. Aber
die Menschen haben trotz dieser von Gott gegebenen Möglichkeit, ihn zu
erkennen, ihn nicht wirklich als lebendigen Gott, den Schöpfer, erkannt, weil
sie ihm nicht gedankt und ihn nicht als Gott verehrt, sondern die Welt als
letzte Wirklichkeit behandelt haben; damit haben sie faktisch den Schöpfer
und die Geschöpfe, Gott und die Welt, vertauscht. Paulus arbeitet in Röm 1
und 1. Kor 1 mit Begriffen und Vorstellungen der jüdisch-hellenistischen
Weisheitstradition. Danach wurde die Weisheit als die Gehilfin Gottes bei
der Schöpfung und die Welt als das Werk der Weisheit Gottes betrachtet
(Weish 9, 9). In Röm 1 sind die Aussagen in die Form einer apokalyptischen
Gerichtsrede gekleidet, wodurch die Menschen als unentschuldbar angeklagt

werden. Die griechische Wendung „in der Weisheit Gottes" (1.Kor 1, 21) kann
lokal oder instrumental aufgelöst werden. Von Röm 1 her hat m. E. die lokale
Deutung den Vorzug. Die mit Kosmos bezeichnete Menschheit lebt in der
Welt, dem Werk der göttlichen Weisheit, umgeben von den Zeugnissen der
Weisheit Gottes, und hat trotzdem Gott durch ihre (menschliche) Weisheit
nicht erkannt, d. h. ihn nicht dankbar als ihren Schöpfer und Herrn verehrt.
Deshalb hat Gott beschlossen, durch die Torheit der Christusverkündigung
die zu retten, die daran glauben. Insofern die Offenbarung in Christus eine
neue Möglichkeit der Gotteserkenntnis eröffnet hat, gewinnt die räumliche
22   Aussage auch einen zeitlich-eschatologischen Aspekt. In V. 22 geht Paulus
näher auf die Motive ein, die bei der Ablehnung des Wortes vom Kreuz mit im
Spiel sind. Nach jüdischer Denkweise wird die Menschheit in Juden und Griechen (= Angehörige und Nichtangehörige des Gottesvolks) eingeteilt entsprechend der griechischen Klassifizierung in Griechen und Barbaren (= nicht
griechisch sprechende Menschen). Beide Menschheitsgruppen wollen Beweise
für die göttliche Wahrheit. Die Juden fordern göttliche Machterweise als Zeichen für die Legitimation des erwarteten Messias. Der Messiasprätendent
wird dadurch von Gott bestätigt, daß dieser ihm zum Sieg über die Feinde und
zur Aufrichtung der Gottesherrschaft verhilft. Da Gott dem gekreuzigten
Jesus diese Legitimation versagt hat, kann er nach jüdischem Glauben nicht
der Messias sein. Die Griechen als repräsentative Erforscher des Ursprungs
der Dinge suchen Weisheit, Einsicht in die innersten Zusammenhänge der
Welt, um so zum Wesen der Gottheit vorzudringen. Aber auch die beste
Erkenntnis der sichtbaren Wirklichkeit vermag den Kreuzestod Jesu nicht für
jedermann als die entscheidende Versöhnungstat Gottes einsichtig zu machen.
So ist die Predigt des gekreuzigten Christus für die Juden ein „Ärgernis": sie
nehmen daran Anstoß, weil einer, „der am Holz hängt", für sie nicht nur als
Gescheiterter, sondern nach 5. Mose 21, 23 als Verfluchter gilt (vgl. Gal 3, 13).
Für die Griechen ist die Kreuzesbotschaft eine Torheit, weil ein schmachvoller
Verbrechertod der menschlichen Vernunft nicht als Weg zum Heil einleuchtet.
Das Kreuz galt in der antiken Welt als die grausamste und schändlichste
Todesstrafe, die in römischer Zeit vor allem gegen Sklaven, Schwerverbrecher
und Rebellen angewendet wurde. Ein gekreuzigter Gottessohn stand in radi-
kalem Gegensatz zum griechisch-römischen Gottesbild und wurde geradezu
als „Verrücktheit" empfunden. Für Paulus, der jeder Verharmlosung des
Kreuzes wehrt, bildet das Wort vom Kreuz gewissermaßen „die verletzende
Speerspitze" (M. Hengel) seiner Botschaft. Juden und Heiden erweisen sich
darin als Einheit, daß sie beide Gottes Heilstat im Kreuz von ihren eigenen
Kriterien aus beurteilen wollen.

23   In dem „wir" derer, die das Evangelium im Glauben annehmen, tritt der
alten Menschheit die Kirche als die neue Gemeinschaft der „berufenen Heiligen" (1, 2) aus Juden und Heiden gegenüber. Weil der Glaube keine menschliche Leistung, sondern Geschenk der Gnade ist, haben sie keinen Grund zum
Selbstruhm. Der Kreuzestod Jesu „durchkreuzt" die Gruppierungen, die das

Gefüge der alten Welt bestimmen; „in Christus" haben Juden und Heiden, Sklaven und Freie, Männer und Frauen die gleiche religiöse Würde und Verantwortung (Gal 3,28). Für die Berufenen ist das Evangelium Gottes Kraft 24 und Gottes Weisheit. Kraft und Weisheit nehmen Bezug auf Juden und Griechen in V. 23. Auch die Juden preisen die Kraft und Weisheit Gottes; das Neue bei Paulus ist die Zuspitzung auf das Kreuz: Gott hat seine Kraft und Weisheit nicht nur in der Schöpfung der Welt und in der Lenkung der Geschichte offenbart, sondern in einmaliger und besonderer Weise im Christusgeschehen. Darin ist die Dialektik der leitenden Begriffspaare dieses Abschnitts begründet, die sich aus dem Zusammenhang von Kreuz und Auferweckung ergibt. Für die Glaubenden hat Gott den gekreuzigten Jesus durch die Tat der Auferweckung bestätigt; dadurch wird das Kreuz zum Mittel der Sünde und Tod überwindenden Kraft und Weisheit Gottes. Von hier aus kann nun Paulus den bisher negativ bestimmten Begriff Weisheit in positiver Bedeutung verwenden. Im Heilsgeschehen von Kreuz und Auferstehung Jesu Christi ist Gott selbst 25 mit seiner Kraft und Weisheit am Werk. Zur Begründung dieser zentralen theologischen Aussage zieht Paulus in V. 25 noch eine allgemeine Sentenz heran, deren Überzeugungskraft auf der unendlichen Überlegenheit Gottes gegenüber allen Geschöpfen beruht. Danach ist alles, was von Gott kommt, dem überlegen, was Menschen vermögen. Mit dem „Törichten und Schwachen Gottes" meint der Apostel konkret das Kreuz, in dem Gott dadurch seine überlegene Kraft und Weisheit erwiesen hat, daß er gerade diesen Ort des schmachvollen Todes zur Quelle des Lebens gemacht hat.

Die Stellung des Paulus zur Weisheit in diesem Abschnitt ist dialektisch. Die 18–25 doppelte Beurteilung der Weisheit kommt dadurch zustande, daß Paulus die jüdisch-hellenistische Weisheitstradition vom Christusgeschehen aus neu interpretiert. Nach jüdischer Auffassung kommt die wahre Weisheit von Gott, in dem sie ihren Ursprung hat (Weish 7,25f.) und bei dem sie lebt (8,3f.). Gott schenkt dem Bittenden Einsicht und „den Geist der Weisheit" (7,7). Vom Christusgeschehen aus urteilt der Apostel, daß die Menschen die Gabe der von Gott geschenkten Weisheit gleichsam von ihrem Geber losgelöst und in eigene Regie genommen haben, indem sie „Gottes Wahrheit in Lüge verkehrt und das Geschöpf verehrt und ihm gedient haben statt dem Schöpfer" (Röm 1,26). Paulus reflektiert den paradoxen Tatbestand, daß der Mensch die Gaben, die er von Gott hat, Weisheit und Kraft, gegen Gott selbst gebrauchen kann; so überlegen ist Gott, daß er dem Menschen solche Freiheit läßt. Theoretisch von Gott reden, wie es die Vertreter der menschlichen Weisheit auch tun, heißt für Paulus noch nicht, den lebendigen Gott wirklich erkennen, weil für biblisches Denken die wahre Gotteserkenntnis die existentielle Anerkennung Gottes in Dank und Gehorsam einschließt. Die Aussagen über die Selbstbekundung Gottes in den Werken der Schöpfung in 1.Kor 1 und Röm 1 sind nicht im Sinn einer „natürlichen Theologie" auswertbar; denn das Subjekt der Offenbarung, auch der Offenbarung in der Schöpfung, ist für Paulus immer der in Gericht und Gnade handelnde Gott, als der er aus der Natur allein nicht erkannt werden kann, sondern nur aus dem Offenbarungshandeln Gottes in Israel und in Jesus Christus. Wenn auch stoische Motive in die von Paulus interpretierte jüdisch-hellenistische Weisheitstradition eingeflossen sind, so besteht doch ein grundlegender Unterschied zwischen der paulinischen Botschaft und der natürlichen Theologie der stoischen Philosophen. Für den Stoiker ist die Gottheit identisch mit der Weltvernunft, und der einzelne Mensch hat mit seiner Vernunft Anteil an Gott (vgl. Apg 17,28). Für Paulus ist Gott nicht nur eine Bezeichnung für die tiefste Weltwirklichkeit, sondern nach alttestamentlichem Denken der unabhängige Schöpfer und Herr der Welt und der Geschichte, der für den Menschen nur so weit erkennbar ist, als er sich selbst offenbart hat, und im Kreuz Christi hat sich Gott endgültig offenbart als der Gott der Liebe. Die unter der Schwachheit und Torheit des Kreuzes verborgene Kraft und Weisheit Gottes ist nur dem Glauben zugänglich, obwohl sie allen Menschen gilt. Darum ist der Glaube an das Wort vom Kreuz das Ende aller Ideologie und jeder Weltanschauung, die das Offenbarungshandeln des unsichtbaren Gottes ablehnt.

2.1.2 Die Zusammensetzung der von Gott berufenen Gemeinde 1, 26–31

26 Seht doch eure Berufung an, Brüder: da sind nicht viele Weise nach dem Fleisch, nicht viele Mächtige, nicht viele Hochgeborene. 27 Sondern das Törichte der Welt erwählte Gott, um die Weisen zu beschämen, und das Schwache der Welt erwählte Gott, um das Starke zu beschämen, 28 und das Niedriggeborene der Welt und das Verachtete erwählte Gott, das, was nichts ist, um das, was etwas ist, zunichte zu machen, 29 damit sich kein Mensch (Fleisch) vor Gott rühme. 30 Von ihm her aber seid ihr in Christus Jesus, der uns zur Weisheit gemacht ist von Gott und zur Gerechtigkeit und zur Heiligung und zur Erlösung, 31 damit (gilt), wie geschrieben steht (Jeremia 9, 22.23): „Wer sich rühmt, der rühme sich des Herrn!"

Vers 26: *Sir 10, 14; Lk 1, 52*   Vers 30: *6, 11*   Vers 31: *Jer 9, 22 f.; 2. Kor 10, 17.*

Die These des vorausgehenden Abschnitts, daß Gott das Heil der Menschen nicht auf die Weisheit der Welt, sondern auf das Kreuz Christi gegründet hat, veranschaulicht nun Paulus zunächst an der Zusammensetzung der korinthischen Gemeinde. Der Abschnitt 1, 26–31 ist rhetorisch gestaltet durch parallele Ausformung der Gedanken und dialogischen Stil. Die auf die Gemeindeglieder zu beziehenden neutralen Adjektive geben der Aussage einen allgemeinen, niemanden verletzenden Sinn. Die bisherigen Leitbegriffe Weisheit und Kraft mit dem jeweiligen Gegensatz werden weitergeführt, dazu kommt als neuer Gesichtspunkt die Abstammung. Diese Verse geben einen guten Einblick in die sozialen Verhältnisse der Gemeinde.

26   Der alttestamentliche Grundsatz: „Gott stößt die Gewaltigen vom Thron und erhöht die Niedrigen" (Sir 10, 14; vgl. Lk 1, 52) ist durch das Christusgeschehen zur Erfüllung gekommen; das gilt theologisch zentral für die Recht-

fertigung des Gottlosen (Röm 4,5), und das wird auch an der Berufung der Gemeinde sichtbar. Die Zusammensetzung der korinthischen Gemeinde aus Menschen, die nach irdischen Maßstäben nicht viel gelten, ist für Paulus ein Zeichen der göttlichen Gnadenwahl. Der jüdische Philosoph Celsus (2.Jh. n.Chr.) wertet denselben Tatbestand als Beweis für die Nichtigkeit der christlichen Lehre (Origenes, Contra Celsum III,44). Gott hat nicht viele Gebildete aus der intellektuellen Elite, nicht viele Mächtige, die durch ihre politische oder religiöse Stellung oder durch Geld und Reichtum Gewicht haben, und nicht viele Angesehene aus den vornehmen Adelsfamilien der Stadt in die Gemeinde berufen. Die Glieder der Gemeinde gehörten vor allem den sozial niedrigen Schichten an; sie waren vorwiegend Handwerker, kleine Händler und Sklaven. Nach 1.Kor 11 muß es auch eine geringe Anzahl von Reichen gegeben haben. Priska und Aquila und Gajus, bei denen Paulus wohnte, waren Hausbesitzer. Der ehemalige jüdische Synagogenvorsteher Krispus dürfte auch eine sozial gehobene Position gehabt haben. Erastus (Röm 16,23) war ein wohlhabender römischer Bürger; möglicherweise hatte er das Amt eines Quästors (= Finanzverwalters) bekleidet. Im allgemeinen waren die sog. Gottesfürchtigen reicher als die voll zum Judentum übergetretenen Proselyten. Die meisten der von Paulus namentlich genannten Personen hatten vermutlich eine sozial gehobene Stellung inne und setzten ihren Besitz und ihre Räumlichkeiten für die Gemeinde ein (G Theißen). Gott hat das, was die Welt für 27.28 töricht, schwach und unedel hält, zu dem Zweck auserwählt, um die irdischen Größen und die Kategorien der weltlichen Weisheit in ihrer Nichtigkeit und Wertlosigkeit für das Heil zu entlarven. Die dritte Aussage über „das Niedriggeborene der Welt" wird erweitert durch „das Verachtete"; abschließend werden alle Aussagen generalisierend und radikalisierend in den Gegensatz zusammengefaßt: „was nichts ist" und „was etwas ist". Es gehört zum Kennzeichen des schöpferischen Handelns Gottes, daß er „das Nichtseiende ruft, 29 daß es sei" (Röm 4,17). Die letzte Absicht des göttlichen Erwählens zielt auf die Überwindung der ichbezogenen Grundhaltung der Menschen und des daraus resultierenden Selbstruhms. Wer sich rühmt, als ob er aus sich selbst leben könnte, verleugnet faktisch seine ständige Abhängigkeit von Gott. Paulus hat das Motiv des Sichrühmens in besonderer Weise zur Entfaltung seiner Rechtfertigungsbotschaft verwendet. Der Glaube an das Wort vom Kreuz ist der radikale Verzicht auf allen menschlichen Selbstruhm (Röm 3,27). Der charakteristische Grundzug des Glaubens ist die Haltung des Hörens und Empfangens.

Auch die Korinther verdanken ihren Christenstand nicht den eigenen Lei- 30 stungen, sondern der göttlichen Erwählung. Von Gott kommt es her, daß sie „in Christus Jesus" sind, d.h. daß sie durch glaubende Annahme des Evangeliums in der Taufe eingegliedert wurden in die Christusherrschaft. Als Glieder am Leib Christi sind Menschen, die nach weltlichen Maßstäben als „Nichtse" gelten, im Glauben mit Christus verbunden und dadurch Kinder Gottes und Erben des zukünftigen Gottesreichs. Das Sein „in Christus" ist eine geprägte

Formel (vgl. Phil 2, 5), mit der Paulus das Einbezogenwerden des ganzen Menschen mit Leib, Seele und Geist in das Heilsgeschehen von Kreuz und Auferweckung Jesu Christi umfassend beschreibt. An den Namen Christus Jesus schließt sich eine viergliedrige christologische Aussage an, die seine Heilsbedeutung für die Gemeinde bekenntnishaft preist. Gott hat Jesus Christus für uns zur Weisheit gemacht. Die durch den Zusatz „von Gott" hervorgehobene Weisheit steht an erster Stelle, weil sie in 1, 18–25 das leitende Stichwort bildet.

In Christus „liegen alle Schätze der Weisheit und der Erkenntnis verborgen", so daß die Christen durch ihn Anteil an der Weisheit Gottes bekommen haben (Kol 2, 3.9 f.). Diese den Wertmaßstäben der weltlichen Weisheit gegenübergestellte Weisheit Gottes ist, wie die nächsten Begriffe anzeigen, auf die Rettung der Menschen bedacht. Die drei eng verbundenen Begriffe Gerechtigkeit, Heiligung und Erlösung bezeichnen hier je für sich das ganze Heilsgeschehen; es ist damit nicht ein stufenweiser Fortschritt von der Rechtfertigung über die Heiligung zur endgültigen Erlösung beschrieben. Weil wir dadurch gerechtfertigt sind, daß Christus am Kreuz für uns gestorben ist, darum ist Christus unsere Gerechtigkeit (2. Kor 5, 21; Röm 10, 4). Weil wir „Geheiligte in Christus Jesus" (1. Kor 1, 2) sind, darum ist Christus unsere Heiligung; auf dieser Grundlage ruft Paulus die Christen zur Heiligung auf (1. Thess 4, 3). Weil wir durch Christus aus der Macht der Sünde und des Todes losgekauft sind (1. Kor 7, 23), darum ist Christus unsere Erlösung. Paulus kann den Begriff „Erlösung" (*apolýtrōsis*) sowohl auf die endzeitliche Erlösung aus dem sterblichen Leib (Röm 8, 23) als auch auf die Gegenwart der Glaubenden anwenden (Röm 3, 24), weil die entscheidende Befreiungstat durch den stellvertretenden Sühnetod Jesu am Kreuz geschah. Für die bereits am Kreuz geschehene Erlösung gebraucht der Apostel auch den Ausdruck „Versöhnung" (*katallagé* 2. Kor 5, 18 f.; Röm 5, 11), so daß wir als Versöhnte durch Christus zuversichtlich auf die endzeitliche Erlösung hoffen dürfen (Röm 5, 10). Den drei Substantiven Gerechtigkeit, Heiligung und Erlösung entsprechen in 1. Kor 6, 11 in umgekehrter Reihenfolge drei verbale Aussagen: „ihr seid abgewaschen worden (das entspricht der Reinigung von der Sünde durch den Loskauf aus der Sündenknechtschaft), ihr seid geheiligt worden (entsprechend „Heiligung"), ihr seid gerecht gesprochen worden (entsprechend „Gerechtigkeit") durch den Namen des Herrn Jesus Christus und durch den Geist unseres Gottes". Wahrscheinlich steht hinter 1. Kor 6, 11 eine von Paulus übernommene Glaubensfor-

31 mel, mit der die Christen die Wirkung der Taufe beschrieben. Der Urheber des Heils ist der gekreuzigte und erhöhte Herr. Deshalb gebührt ihm der Ruhm und der Lobpreis und nicht den Menschen. Dafür zieht Paulus wieder ein Schriftzeugnis aus dem Alten Testament heran durch Anspielung auf die Verse Jer 9, 22 f., in denen Gott die Menschen vor dem Selbstruhm auf Grund von Weisheit, Kraft und Reichtum warnt. Paulus fügt das Zitat in seinen Gedankengang ein durch Zusetzung der Formel „im Herrn", die er auf Christus bezieht. Sich rühmen im Herrn ist das Gegenteil von menschlichem Selbstruhm, weil es der Sache nach bedeutet, sich des Kreuzes (Gal 6, 14) und

der Schwachheit (2.Kor 11, 30) rühmen. Ein ergreifendes Beispiel hierfür gibt
der Apostel aus seinem eigenen Leben in dem sog. „törichten Selbstruhm" in
2. Kor 11, 16–12, 10.

2.1.3 Die Predigt des Paulus in Korinth 2, 1–5

1 Und auch ich bin, als ich zu euch kam, Brüder, nicht mit überragender Beredsamkeit oder Weisheit gekommen, um euch das Geheimnis Gottes zu verkündigen.   2 Denn ich hatte mich fest dafür entschieden, unter euch nichts zu wissen
als (allein) Jesus Christus, und zwar den Gekreuzigten.   3 Und ich trat in
Schwachheit und in Furcht und mit großem Zittern unter euch auf;   4 und mein
Wort und meine Predigt bestanden nicht in überredenden Weisheitsworten, sondern in Erweisung des Geistes und der Kraft,   5 damit euer Glaube nicht auf
Menschenweisheit stehe, sondern auf Gottes Kraft.

Vers 4: *1.Thess 1, 5.*

Neben der Zusammensetzung der Gemeinde zeigt das Auftreten des Paulus
in Korinth, daß die Berufung der Gemeinde nicht nach den Maßstäben und
nicht mit den Mitteln der weltlichen Weisheit erfolgte. Die Gemeinde wurde
von Gott berufen durch das vom Apostel verkündigte Wort vom Kreuz. Wie 1
in 1.Thess 2, 1–12 erinnert Paulus die Gemeindeglieder an sein anfängliches
Wirken. Bei seinem ersten Aufenthalt in Korinth in den Jahren 50–52 n.Chr.
suchte er nicht durch geistreiche Gelehrsamkeit und rhetorische Glanzleistun-
gen, wofür die Griechen besonders empfänglich waren, Eindruck zu erwecken;
als Verwalter der göttlichen Geheimnisse (1.Kor 4, 1) legte er das Hauptgewicht nicht auf die Form, sondern auf den Inhalt seiner Verkündigung. Mit
den Begriffen „Wort" (Beredsamkeit) und „Weisheit" nimmt Paulus Bezug auf
1, 17. Der Weisheit Gottes und der Weisheit der Welt entspricht jeweils eine
bestimmte Art des Redens. Paulus vertraute bei seiner Predigt auf die Kraft
des Wortes vom Kreuz, das keiner Unterstützung durch rhetorische oder philosophische Kunstgriffe bedarf; sonst besteht die Gefahr, daß der anstößige
Charakter des Kreuzes verdeckt oder beseitigt wird. Der Inhalt der paulinischen Predigt wird hier als „Geheimnis Gottes" bezeichnet. Diese Lesart ist
der ebenfalls von alten griechischen Handschriften bezeugten Variante „Zeugnis Gottes" vorzuziehen; denn „Geheimnis" weist voraus auf 2, 6–16, während
die Lesart „Zeugnis Gottes" durch Angleichung an 1, 6 entstanden sein dürfte.
Das Evangelium, in dem Gott seinen von Uranfang her verborgenen Heilsplan
kundgemacht hat, bleibt ein Geheimnis Gottes, weil die Offenbarung der Kraft
und Weisheit Gottes im Kreuz Christi nur im Glauben ergriffen, aber nicht
rational einsichtig gemacht werden kann. Paulus hatte sich fest dazu ent- 2
schlossen, in Korinth von nichts anderem zu wissen als allein von dem gekreuzigten Jesus Christus. Der entscheidend wichtige Inhalt dieses Wissens, der
nicht verschwiegen werden darf, ist die Botschaft von dem Gekreuzigten. Paulus hat in Korinth u. a. auch von der Auferweckung und der Parusie des Herrn

und dem Weltgericht gepredigt; aber alle diese Aussagen erhalten ihre besondere Prägung und Bedeutung durch den Zusammenhang mit dem Versöhnungsgeschehen im Kreuz Jesu Christi. Deshalb steht der Gekreuzigte zu Recht in der Mitte der Botschaft von Christus (vgl. Gal 3, 1). In der Auseinandersetzung mit den korinthischen Pneumatikern ging es gerade darum, ob die Gegenwart des erhöhten Herrn im Geist bei seiner Gemeinde losgelöst werden darf von seinem stellvertretenden Tod am Kreuz. Die Trennung des sog. „historischen Jesus" vom „kerygmatischen Christus" kann sich nicht auf die Verkündigung des Paulus berufen; er bezeugt den irdischen Jesus, der am Kreuz starb, und den erhöhten Christus, der durch den Geist wirkt, als eine und dieselbe Person. Früher wurde öfter vermutet, Paulus habe nach seinem Fehlschlag in Athen beschlossen, in Korinth nicht mehr so umfassend über das Wirken Gottes in Natur und Geschichte zu predigen wie in der Areopagrede (Apg 17, 22–31), sondern sich ganz auf die Kreuzesbotschaft zu konzentrieren. Aber eine solche biographische Deutung hat keinen Anhalt in den Texten, abgesehen von der Frage, wie weit die Areopagrede die Predigt des Paulus genau wiedergibt. Nach Gal 1, 16 hatte Paulus seit seiner Berufung, bei der ihm der gekreuzigte Jesus als Verherrlichter erschien, den Auftrag, den Sohn Gottes unter den Heiden zu verkündigen. Sein Beschluß war nicht ausgelöst durch den geringen Erfolg in Athen, sondern entsprang dem Gehorsam gegen

3   seinen Auftrag. Wie die Predigt des Apostels nach Inhalt und Form ganz vom Kreuz geprägt war, so entsprach auch sein äußeres Auftreten dem Wort vom Kreuz. Dem Verkündiger eines gekreuzigten Herrn stünde ein hochfahrendes Gebaren schlecht an. Als Paulus in Korinth begann, war er noch in großer Sorge um den Bestand der mazedonischen Gemeinden (1. Thess 3, 7 f.). Er betrachtete seinen ganzen apostolischen Dienst als Leidensnachfolge Jesu (vgl. 2. Kor 4, 7–15). Der Aussage vom Auftreten in Schwachheit und in Furcht und mit großem Zittern (vgl. Jes 19, 16; 2. Kor 7, 15; Phil 2, 12) kommt grundsätzliche theologische Bedeutung zu nach der paradoxen Regel: Gottes „Kraft kommt in der Schwachheit zur Vollendung" (2. Kor 12, 9). Gott hat gerade die Anfechtungen und Leiden des Apostels zu einem Zeugnis für den gekreuzigten Christus gemacht. Deshalb beurteilt Paulus seine Schwachheit nicht als einen peinlichen Mangel, sondern als Bestandteil seines apostolischen Leidensdienstes (2. Kor 11, 29 f.). Je weniger der Prediger sich selbst emporhebt, desto

4   mehr kann er zum Werkzeug der Kraft Gottes werden. Paulus ging bei seiner Predigt in Korinth nicht mit raffinierter Überredungskunst und ausgeklügelten Werbemethoden vor, wie sie bei Geschäftemachern und Propagandisten der weltlichen Weisheit (vgl. 1. Thess 2, 3 ff.) geläufig sind, sondern vertraute auf die Überzeugungskraft seiner Botschaft. Wort und Kerygma sind ein Doppelausdruck für die Predigt des Evangeliums in ihren verschiedenen Formen; eine Differenzierung in öffentliche Verkündigung (Kerygma) und seelsorgerliches Gespräch (Wort) ist nicht zwingend darin ausgedrückt, wiewohl Paulus beides geübt hat. Zu der negierten Aussage „nicht in überredenden Worten der Weisheit" bietet die Textüberlieferung zahlreiche Varianten ohne wesentliche

Veränderung des Sinnes. Was der ursprüngliche Text war, ist schwer zu entscheiden. Die Schwierigkeit bei obiger Lesart besteht darin, daß das grammatisch richtig gebildete Adjektiv „überredend" im griechischen Schrifttum sonst nicht belegt ist. Wahrscheinlich lautete der ursprüngliche Text: „nicht in Überredung der Weisheit", was dann auf verschiedene Weise erweitert wurde; dazu bildet der folgende Ausdruck „in Erweisung des Geistes und der Kraft" eine formale Parallele und hebt den Gegensatz von weltlicher und göttlicher Weisheit heraus. Statt der Verbindung von Kraft und Weisheit Gottes (1,24) erscheint hier das Begriffspaar „Geist und Kraft". Der Geist und die Kraft Gottes stehen schon im Alten Testament in einem engen Zusammenhang (vgl. Mi 3,8; Weish 5,24). Beim Erweis des Geistes und der Kraft geht es nicht um den Unterschied zwischen rationaler Argumentation und gefühlsbetonter Überzeugungskraft. Der Ausdruck „Erweisung", der nicht den Sinn eines logischen Beweises hat, hebt die kraftvolle Wirkung des Wortes heraus. Paulus vertraut auf das Wirken des Geistes Gottes bei seiner Predigt, ohne gegen den Gebrauch der von Gott geschenkten Verstandeskräfte zu polemisieren. Sein Denken ist „gefangen in Christus" (2.Kor 10,5). Der Erweis des Geistes und der Kraft besteht auch nicht in erster Linie in der *Demonstration* des Geistes durch Wundertaten und ekstatische Zungenreden, wie die korinthischen Schwärmer meinen, denen Paulus die Kreuzesbotschaft und die aufbauende Kraft der Liebe vor Augen hält. Die Verdrängung des Wortes vom Kreuz durch ekstatische Geistesäußerungen beurteilt der Apostel als Rückfall in die Weisheit dieser Welt und in ein fleischliches Verhalten. Er gibt selbst in 1.Thess 1,5 einen Schlüssel zum Verständnis unserer Stelle, wenn er sagt, daß seine Predigt des Evangeliums „nicht allein im Wort, sondern auch in der Kraft und in dem heiligen Geist und in großer Gewißheit" geschah. Danach kommt es zur Erweisung des Geistes und der Kraft dadurch, daß die Worte des Verkündigers nicht leer und wirkungslos bleiben, sondern durch die Kraft des Wortes und des Geistes Gottes Glauben in den Herzen der Hörer erwecken (vgl. Luthers Auslegung des dritten Glaubensartikels). Denn menschliche Redekunst und philosophische Argumentation können allein nicht bewirken, daß die Empfänger der Botschaft im Kreuzestod Jesu die Offenbarung der Kraft und Weisheit Gottes erkennen. Gott hat das paradoxe Wort vom Kreuz 5 in heilsamer Absicht der Weisheit der Welt vorgezogen, um Heilsgewißheit im Glauben zu schenken. Der Glaube soll sich nicht auf Menschenweisheit, sondern auf die Kraft Gottes gründen. Alle Erkenntnisse menschlicher Wirklichkeitserforschung sind der Relativität des menschlichen Wissens unterworfen und ständig offen für die Infragestellung durch bessere Argumente und neue Erkenntnisse. Der Glaube, bei dem es um Leben und Tod im letzten Sinn geht, muß auf festem Grund stehen und Gewißheit haben. Gott ist nicht von einem raum-zeitlich bestimmten Beobachtungsstandort abhängig und nicht dem geschichtlichen Wandel unterworfen. Sein Wort bleibt in Ewigkeit (Jes 40,8; 1.Petr 2,25). Gott, „der die Toten lebendig macht und ruft das, was nicht ist, daß es sei" (Röm 4,17), hat auch die Kraft, seine Verheißung wahr zu machen

(Röm 4,21). So wird gerade durch die Zerstörung der menschlichen Selbstsicherheit (*securitas*) die Gewißheit des Glaubens (*certitudo*) begründet.

2.2 Das Evangelium als geheimnisvolle Weisheit Gottes 2,6–16

6 Und doch verkündigen wir Weisheit unter den Vollkommenen, aber nicht Weisheit dieser Welt oder der Herrscher dieser Welt, die der Vergänglichkeit unterworfen sind; 7 vielmehr verkündigen wir das Geheimnis der verborgenen Weisheit Gottes, die Gott vor allen Zeiten vorausbestimmt hat zu unserer Verherrlichung. 8 Sie hat keiner von den Herrschern dieser Welt erkannt; denn wenn sie sie erkannt hätten, dann hätten sie den Herrn der Herrlichkeit nicht gekreuzigt. 9 Sondern (wir verkündigen), wie geschrieben steht: „Was kein Auge gesehen und kein Ohr gehört hat und was in keines Menschen Herz gekommen ist: was Gott denen bereitet hat, die ihn lieben." 10 Uns aber hat es Gott offenbart durch den Geist; der Geist erforscht nämlich alles, auch die Tiefen Gottes. 11 Denn wer von den Menschen kennt den Menschen, wenn nicht der Geist des Menschen, der in ihm ist. So hat auch keiner Gott erkannt – nur der Geist Gottes. 12 Wir aber haben nicht den Geist der Welt empfangen, sondern den Geist, der aus Gott stammt, damit wir das erkennen, was uns von Gott geschenkt worden ist. 13 Davon reden wir auch, nicht mit Worten, wie menschliche Weisheit sie lehrt, sondern (mit Worten), wie der Geist sie lehrt, indem wir den Geisterfüllten das Wirken des Geistes (Geistliches) deuten. 14 Der irdisch gesinnte (psychische) Mensch aber nimmt nichts an, was vom Geist Gottes kommt; denn es ist ihm eine Torheit, und er vermag es nicht zu verstehen, weil es geistlich beurteilt werden muß. 15 Der geisterfüllte (pneumatische) Mensch aber urteilt über alles; er selbst jedoch kann von niemandem beurteilt werden. 16 Denn „wer hat den Sinn des Herrn erkannt, so daß er ihn belehren könnte" (Jes 40,13)? Wir aber haben den Sinn Christi.

Vers 7: *Röm 16,25*   Vers 9: *Jes 64,3; 65,16; Sir 1,10*   Vers 10: *Dan 2,22*   Vers 16: *Jes 40,13 LXX; Röm 11,34.*

6–16　　　Der Abschnitt 2,6–16 hat sprachlich und stilistisch eine besondere Prägung. Paulus geht vom Ich-Stil jetzt in den Wir-Stil über. Dieses „Wir" ist wohl nicht nur ein schriftstellerischer Plural, sondern bezieht sich konkret auf Paulus und seine Mitarbeiter als Verkündiger der Kreuzesbotschaft (1,18). Nachdem Paulus einige Zeit allein in Korinth gewirkt hatte, trafen Silvanus (Silas) und Timotheus aus Mazedonien bei ihm ein (Apg 18,5). Der Abschnitt ist nicht mehr dialogisch, sondern thetisch, fast bekenntnishaft gestaltet, ohne konkrete Anrede der korinthischen Gemeinde. Vor allem aber klingen die Aussagen so, als ob Paulus nun plötzlich die Position gewechselt hätte und ins Lager der enthusiastischen Pneumatiker übergetreten wäre. Denn während er bisher das elitäre Weisheitsstreben radikal ablehnte, scheint er nun eine besondere Mysterienweisheit für einen bestimmten Kreis von Eingeweihten zu vertreten: „Weisheit aber reden wir unter den Vollkommenen". Die Vollkommenen von 2,6 werden in 2,14f. als die geisterfüllten (pneumatischen) Menschen im Unterschied von den irdisch gesinnten (psychischen) Menschen charakterisiert.

Dazu kommt im folgenden Abschnitt (3,1–4) die vorwurfsvolle Feststellung des Paulus, daß er zu den Korinthern nicht wie zu Pneumatikern reden und ihnen nur Milch statt fester Speise geben konnte.

Aus dieser Eigenart des Abschnitts und seiner Stellung im Kontext erwachsen der Auslegung sehr große Schwierigkeiten, die in der Forschung noch keine eindeutige Lösung gefunden haben. Umstritten sind vor allem zwei Fragen, die den Empfängerkreis und den Gegenstand dieser Weisheitsverkündigung betreffen:

1. Sind die Vollkommenen von 2,6, denen die geheimnisvolle Weisheit Gottes zugänglich ist, nur eine besondere, mit außergewöhnlichen Geistesgaben ausgestattete Gruppe von Pneumatikern oder sind es alle Christen, die in der Taufe den Geist empfangen haben?

2. Hat die „geheimnisvolle Weisheit" einen höheren, über die Botschaft vom gekreuzigten Christus hinausgehenden Inhalt oder bezieht sie sich gerade auf das „Wort vom Kreuz" (1,18)? Beide Fragen hängen innerlich eng mit einander zusammen und sind abhängig von der Beurteilung des religionsgeschichtlichen Hintergrundes, auf dem sich diese Ausführungen erheben.

Das Stichwort „Vollkommene" (*éleioi*) wird vor allem in den hellenistischen Mysterienreligionen technisch gebraucht für die Eingeweihten und läßt darum zunächst an Mysteriensprache denken. Das Stichwort „Weisheit" (*sophía*) ist ein Leitbegriff sowohl für die griechischen Wahrheitssucher als auch für das hellenistische Judentum. Des weiteren verweisen die Begriffe „Geheimnis" (*mystérion*) und „vorherbestimmen" (*prohorízein*) in V.7 und „offenbaren" (*apokalýptein*) in V.10 auf die jüdische Apokalyptik mit ihrem Schema der beiden Äonen und der Enthüllung des Geheimnisses Gottes für die Endzeit durch die Apokalyptiker.

Einige der bei Paulus sonst nicht gebrauchten Begriffe dieses Abschnitts sowie der Gegensatz von psychischen und pneumatischen Menschen V.14f. sind typisch für das Gottes- und Menschenverständnis im Gnostizismus des 2.Jahrhunderts. Deshalb ist vielfach im Gefolge Bultmanns früher die These vertreten worden, Paulus greife in diesem Abschnitt gnostische Ausdrücke und Vorstellungen auf, um als der „wahre Gnostiker des Kreuzes" seine Gegner mit ihren eigenen Waffen zu schlagen. Bei dieser Interpretation erklären sich die „Brüche" im Gedankengang aus der Verwendung des gnostischen Sprachmaterials für die Verkündigung der Kreuzesbotschaft durch Paulus. Noch konsequenter ist von dieser Position aus die These, der Abschnitt sei gar nicht von Paulus, sondern von seinen korinthischen Gegnern als Erwiderung auf ein paulinisches Schreiben verfaßt und später in den Brief eingeschoben worden (M. Widmann). Aber ausschlaggebend ist nicht allein das Vorkommen von Vokabeln, sondern die Grundstruktur und ganze Denkweise, innerhalb derer die Begriffe verwendet werden. Die entscheidende Frage für die Bestimmung des religionsgeschichtlichen Hintergrundes lautet, ob der hier erwähnte Gegensatz von psychischen und pneumatischen Menschen sich auf zwei durch ihre Naturanlage geschiedene Menschenklassen bezieht, wie dies für die Gnosis konstitutiv ist, oder ob es sich um eine anders begründete Gegenüberstellung handelt. Bei den Vollkommenen der Gnosis beruht die Erkenntnis der göttlichen Weisheit auf der substantiellen Einheit zwischen Gott, der Licht ist, und dem durch die Erkenntnis erlösten Menschen, dessen eigentliches Selbst als ein Teil der göttlichen Lichtsubstanz verstanden wird; da die „Psychiker" den göttlichen Lichtfunken nicht haben, fallen sie wie alle vergängliche Materie im Tode der Vernichtung anheim, während die Seelen der Pneumatiker zur Gottheit aufsteigen.

Von einer naturhaften Einheit zwischen Gott und den pneumatischen Menschen kann aber in diesem Abschnitt keine Rede sein. Paulus geht hier im Gegenteil gerade davon aus, daß niemand die Entfremdung zwischen Gott und den sündigen Menschen mit seinen natürlichen Kräften überwinden kann (vgl. Röm 1–3), und legt den Akzent ausdrücklich auf den „Geschenk"-Charakter des „Geistes, der aus Gott stammt" (V. 12). Vollkommen im Sinn des Paulus ist der Glaubende, der von Christus ergriffen ist, aber weiß, daß er noch nicht am Ziel ist (Phil 3, 12–15). Angesichts der verschiedenen Grundstruktur des Verhältnisses von Gott und Mensch ist die Annahme eines gnostischen Hintergrundes m. E. nicht haltbar.

Die Gegenüberstellung von psychischen und pneumatischen Menschen ist zwar nirgends *direkt* belegt in der jüdisch-hellenistischen Weisheitstradition, sie ist aber aus der Exegese des griechischen Textes von 1. Mose 2, 7 ableitbar und hat analoge Aussagen bei Philo von Alexandria, der 1. Mose 1, 27 im Sinn des idealen und 2, 7 im Sinn des empirischen Menschen interpretiert. Die Unterscheidung der beiden Arten von irdisch gesinnten und mit dem Geist der göttlichen Weisheit begabten Menschen war Paulus aus der jüdisch-hellenistischen Weisheitsliteratur bekannt. Die Weisheitstradition betont, daß die (wahre) Weisheit dem Menschen nicht von Natur eignet, sondern daß sie ihm von Gott *geschenkt* werden muß. „Ich rief den Herrn an, und der Geist der Weisheit kam zu mir" (Weish 7, 7; vgl. auch die Weisheit von oben Jak 3, 15 im Unterschied von der irdischen, psychischen). Der natürliche Mensch gilt nichts, „wenn ihm die Weisheit fehlt, die von dir kommt" (Weish 9, 6). „Die Gedanken der sterblichen Menschen sind armselig und unsre Vorsätze hinfällig. Denn der vergängliche Leib (*sōma*) beschwert die Seele (*psyché*), und die irdische Hütte (*skēnos*) drückt den viel überlegenden Geist (*nous*) nieder. Wir erfassen kaum, was auf Erden ist, und begreifen nur schwer, was wir in Händen haben. Was aber im Himmel ist, wer hat es erforscht? Und wer hat deinen Ratschluß erkannt? Es sei denn, du hast Weisheit gegeben und deinen heiligen Geist (*pneuma*) aus der Höhe gesandt" (Weish 9, 14–17). Hier ist in der Struktur der irdische Mensch (mit Leib, Seele und Geist) dem „pneumatischen" Menschen gegenübergestellt, der „den heiligen Geist aus der Höhe" empfangen hat. Von hier aus ist m. E. die jüdisch-hellenistische Weisheitstradition, verbunden mit dem apokalyptischen Verständnis der Offenbarung, als der religionsgeschichtliche Hintergrund des Abschnitts 2, 6–16 zu betrachten. Die Verbindung von weisheitlichen und apokalyptischen Traditionen war zur Zeit des Paulus bereits geläufig.

Paulus interpretiert nun seinerseits diese jüdisch-hellenistischen Traditionen in einem neuen Sinn, nämlich von der Offenbarung der Weisheit und Kraft Gottes in Kreuz und Auferstehung Jesu Christi her. Das hat eine Reduktion und starke Konzentration der weisheitlich-apokalyptischen Vorstellungen auf das Christusgeschehen zur Folge. Aus dieser christologischen Neuinterpretation erklärt sich zur Genüge eine gewisse Spannung zwischen der theologischen Sachaussage und den sprachlichen Ausdrucksmitteln. Der Inhalt der geheimnisvollen Weisheit, die Paulus und seine Mitarbeiter nach 2,6 unter den Vollkommenen verkündigen, ist also keine höhere Weisheit, die über den Gekreuzigten hinausführt, sondern nur „eine vertiefende Interpretation des Wortes vom Kreuz" (U. Wilckens), die Paulus in dieser Weise den Korinthern noch nicht vorgetragen hat.

Nun ist zum Verständnis der Fortsetzung in 3,1–4 noch zu beachten, daß Paulus die Begriffe „Vollkommene" bzw. „Pneumatiker" in einer doppelten Bedeutung verwendet, nämlich in grundsätzlich-theologischer Weise zur Unterscheidung der glaubenden Christen von den Nichtchristen, die den Geist nicht haben (2,6), und unter pädagogisch-ethischem Aspekt zur Kennzeichnung eines Wachstums- und Reifungsprozesses, wie die Bilder von Milch und fester Speise für Unmündige und Erwachsene in 3,1–4 anzeigen. Alle Christen haben in der Taufe den heiligen Geist empfangen (1.Kor 12,13); insofern sind grundsätzlich alle getauften Christen „geisterfüllte" (pneumatische) Menschen, auch die Korinther, denen Paulus im Briefeingang ihren Reichtum an Geistesgaben bestätigt (1,7). In diesem Sinn beschreibt der Begriff „Vollkommene" in 2,6 alle Christen als „Geistträger" und „Pneumatiker" (vgl. Röm 8,9), nicht nur eine Sondergruppe von außerordentlichen Geistbegabten. Dagegen zielen die Aussagen in 3,1–4 unter pädagogischem Aspekt auf das Wachstum im Glauben und die Bewährung der Taufgabe im täglichen Leben. Da der Geist nach biblischer Auffassung kein fester Besitz ist, sondern die Kraft Gottes, die das Leben neu gestaltet, gilt es für die getauften „Geistträger", jeden Tag von neuem „nach dem Geist zu wandeln" (Gal 5,25). Auf dieser Ebene der christlichen Lebensführung gibt es Anfänger und Fortgeschrittene, Unmündige und Erwachsene. Da Paulus den Gruppenstreit in Korinth als Rückfall in die Verhaltensweise der irdisch gesinnten, „fleischlichen" Menschen beurteilt, kann er unter diesem Aspekt die Korinther nicht als „Pneumatiker" = gereifte und erwachsene Geistträger ansprechen. Es liegt eine polemische Ironie darin, daß Paulus gerade den korinthischen Pneumatikern, die sich soviel auf ihre Weisheit einbilden, ihren Eifer im Gruppenstreit als ein „fleischliches Verhalten" aufdecken muß.

Beachtet man diesen doppelten Aspekt in der Verwendung der Begriffe „Vollkommene" und „Pneumatiker", dann wird die Gedankenführung des Apostels in 1,18–3,4 ohne Annahme eines Bruchs in der Konzeption oder einer späteren Interpolation voll verständlich.

2.2.1 Die in Christus offenbarte Weisheit Gottes als Geheimnis 2,6–9

In dem Abschnitt 1,18–25 war der Gedankengang durch den Gegensatz des „Wortes vom Kreuz" und der „Weisheit der Welt" bestimmt; hierbei war der Begriff „Weisheit" als falsches menschliches Weisheitsstreben im negativen Sinn qualifiziert. Am Schluß von V. 24 und in V. 30 begegnet aber auch ein im positiven Sinn verstandener Begriff von Weisheit. Die in 1,24 nur kurz genannte „Weisheit Gottes" nimmt Paulus jetzt auf und führt sie in dem Abschnitt 2,6–16 näher aus. Insofern wird der Gedankengang folgerichtig fortgesetzt unter Beibehaltung des Gegensatzes von göttlicher und menschlicher Weisheit.

Die göttliche Weisheit ist endgültig offenbart worden in Kreuz und Auferweckung Jesu Christi. Schon in 2,1 war das von Paulus verkündigte Evangelium als „Geheimnis Gottes" bezeichnet. Nun erläutert Paulus, warum der Heilsratschluß Gottes, der von Urzeiten her verborgen war, aber in Christus offenbart worden ist und nun von den Aposteln im Evangelium verkündigt wird, trotzdem auch weiterhin eine „geheimnisvolle Weisheit" ist.

6   Die in Christus offenbarte „Weisheit Gottes " (1,24) wird unter den Menschen verkündigt, aber nur von den Vollkommenen aufgenommen. Der Begriff „Vollkommener" (téleios) hat in den verschiedenen Traditionsbereichen eine unterschiedliche Bedeutung. In der stoischen Philosophie ist es der Weise, dem es an keiner Tugend mangelt; er ist der wirklich Freie, der sich ganz von der mit der Gottheit identischen Vernunft (nous oder lógos) leiten läßt und nicht von den Affekten beherrscht wird. Auch der „Fortschreitende", der auf dem Weg zum Ziel ist, kann proleptisch zu den Vollkommenen gerechnet werden. In den hellenistischen Mysterienreligionen wird der Eingeweihte (Myste) als „Vollkommener" bezeichnet; er hat seinen neuen Status nicht durch sittliche Vervollkommnung erworben, sondern auf magisch-naturhafte Weise durch den Kontakt (Schau, Mahl, Hochzeit) mit der Gottheit erhalten. Der jüdische Religionsphilosoph Philo hat die Mysteriensprache dazu benützt, den Weisen als den vollkommenen Menschen zu charakterisieren, der die Gottheit schaut. In der Gnosis beruht die Vollkommenheit auf der naturhaften Einheit des Gnostikers mit der göttlichen Lichtsubstanz. Paulus hat den Begriff „Vollkommener" aus dem hellenistischen Judentum übernommen (vgl. z.B. 5. Mose 18,13 LXX; Weish 9,6 LXX: „Wenn jemand vollkommen wäre unter den Menschen, er würde für nichts geachtet, wenn ihm deine (Gottes) Weisheit fehlte"), aber von der Christologie her mit einem neuen Inhalt gefüllt; in Phil 3,12–15 grenzt er sich ab gegen ein schwärmerisches christliches Vollkommenheitsverständnis und betont die Vollendung in der Zukunft.

Die Weisheit, die Paulus verkündigt, wird zunächst negativ bestimmt: es ist nicht die „Weisheit dieser Welt" und nicht der „Machthaber (archónton) dieser Welt". Schon seit der Alten Kirche ist umstritten, ob mit diesem Ausdruck politische oder dämonische Mächte gemeint sind. Die dämonistische Deutung ist vor allem durch mythologisch-gnostisches Vergleichsmaterial gestützt worden.

Für die sog. politische Deutung spricht der sprachliche Befund, daß Paulus den Begriff „Herrscher", „Machthaber" (*árchontes*) immer auf irdisch-politische Gewalten und staatliche Behörden anwendet (Röm 13,3 ff.), während die „Herrschaften" (*archaí*) zu den überirdisch-dämonischen Mächten gehören (Röm 8,38). In 2.Kor 4,4 bezeichnet der Apostel zwar den Satan als den „Gott dieser Welt", aber nicht als den „Herrscher der Welt"; der letztere Ausdruck begegnet erst bei Johannes (Joh 12,31; 14,30; 16,11). Weiter wird die politische Deutung durch den Gegensatz von göttlicher und menschlicher Weisheit nahegelegt, der den ganzen Gedankengang bestimmt; Machthaber, „die der Vergänglichkeit unterworfen sind" (Partizip Präsens), gehören dem Bereich der sterblichen Menschen an. Der Hinweis auf Pilatus und Kaiphas, die Jesus zum Tod verurteilt haben, war ein geläufiger Topos in der frühchristlichen Missionspredigt (vgl. Apg 3,13; 13,27). In V.7 bestimmt Paulus die verkün- 7 digte Weisheit positiv als die „Weisheit Gottes im Geheimnis", als geheimnisvolle Weisheit. Geheimnisvoll ist sie in dem doppelten Sinn, daß sie bis zur Sendung Jesu Christi den Menschen als ein Geheimnis (*mystérion*) verborgen war, sodann daß sie auch nach der Offenbarung in Christus geheimnisvoll bleibt. Ihr letzter Ursprung ist der ewige Ratschluß Gottes. Schon vor der Grundlegung der Welt hat Gott seinen Heilsplan in Christus vorausbestimmt (vgl. Eph 1,4 f.) „zu unserer Verherrlichung" (V.7), daß wir im Glauben an Jesus Christus „dem Bild seines Sohnes gleichgestaltet werden" sollen, „damit er der Erstgeborene unter vielen Brüdern sei" (Röm 8,29 f.; 2.Kor 3,18; 4,6). Nach der Theologie des Paulus wird die ewige Erwählung (*eklogé*) geschichtlich verwirklicht durch die Berufung in die Gemeinschaft Jesu Christi (1,9; 1.Thess 1,4 f.). Gott hat durch die Versöhnung in Christus den Grund gelegt für die Aufrichtung und zukünftige Vollendung der Gottesherrschaft. In der Gemeinschaft mit dem erhöhten Herrn schauen die Glaubenden „die Herrlichkeit des Herrn und werden verwandelt in das gleiche Bild von Herrlichkeit zu Herrlichkeit" (2.Kor 3,18). Der vorzeitliche Heilsplan Gottes war den früheren Generationen verborgen, jetzt aber ist er in Christus offenbart (vgl. Röm 16,25 f.). Dies ist der hauptsächliche Inhalt des sog. „Revelationsschemas", das voll ausgebildet in den deuteropaulinischen Schriften erscheint (vgl. Kol 1,26 f.; Eph 3,5.9 f.; 2.Tim 1,9 f.; Tit 1,2 f.; 1.Petr 1,20). Die Offenbarung in Christus hebt den „Geheimnis"-Charakter der göttlichen Weisheit nicht völlig auf, weil sie „im Kreuz verborgen" ist. Sie ist durch das Christusgeschehen zwar *verkündbar* geworden im Evangelium, aber sie ist den Menschen *nicht verfügbar*, weil sie nicht allgemein einsichtig ist für die menschliche Weisheit, sondern nur im Glauben durch den heiligen Geist ergriffen werden kann (vgl. V.10–14).

In den Versen 8 und 9 argumentiert Paulus für seine Aussage, daß die Ver- 8 treter der Weisheit dieser Welt die im Kreuz Jesu offenbarte Weisheit Gottes nicht erkannt haben, mit einem doppelten Hinweis: auf das geschichtliche Ereignis der Kreuzigung Jesu und auf ein Wort der Schrift. Mit der Hinrichtung Jesu als eines politischen Messiasprätendenten haben die Vertreter der

jüdischen und der römischen Behörde bewiesen, daß sie sein wahres Wesen nicht erkannt haben. Paulus nennt hier den gekreuzigten Jesus den „Herrn der Herrlichkeit", weil er den gekreuzigten und erhöhten Jesus Christus als dieselbe Person versteht. „Herr der Herrlichkeit" ist im Judentum ein Prädikat
9 Gottes (äthHen 22, 14; 63, 2 u. ö.). Neben das geschichtliche Ereignis tritt das Zeugnis der Schrift. Die Einleitung „wie geschrieben steht" läßt ein Zitat aus dem Alten Testament erwarten. Das Zitat kann aber wörtlich weder im Alten Testament noch im außerkanonischen jüdischen Schrifttum nachgewiesen werden. Nach Origenes stammt es aus der Apokalypse des Elia, unter dessen Namen mehrere apokryphe Schriften umliefen; der Vers ist aber in den überlieferten Fragmenten dieser Schrift nicht enthalten. So bleibt die Herkunft des Zitats unsicher. Hieronymus hielt es nicht für wörtliches Zitat, sondern für eine Paraphrase von Jes 64, 3. Wahrscheinlich handelt es sich um eine Anspielung auf mehrere Stellen, nämlich Jes 64, 3; 65, 16 und Sir 1, 10 (H. Gese). Das Zitat im koptischen Testament des Jakobus ist von 1. Kor 2, 9 abhängig (O. Hofius). Die Stelle 2, 9 hat später bei den Gnostikern eine wichtige Rolle gespielt. Der Inhalt des Zitats beschreibt nicht nur die Geheimnisse der „letzten Dinge", sondern umfaßt auch den Anteil an dem Heil, das „denen, die Gott lieben" (Röm 8, 28), jetzt schon im Glauben an Christus geschenkt ist. Das nur Gott bekannte, von den alttestamentlichen Propheten verheißene eschatologische Heil ist im Christusgeschehen Wirklichkeit geworden und wird in der Parusie in Herrlichkeit vollendet werden.

2.2.2 Die Erkenntnis der göttlichen Weisheit durch den Geist 2, 10–16

10   Was vorher in keines Menschen Herz gedrungen ist, das hat Gott uns Christen offenbart durch den Geist, die wir das Wort vom Kreuz im Glauben annehmen. Zwar ist in den Ausführungen über die Erkenntnis der Tiefen Gottes durch den Geist (V. 10–15) nicht ausdrücklich die Rede von Jesus Christus, aber aus V. 16, auf den der Gedankengang zuläuft, geht deutlich hervor, daß der Geist gemeint ist, der durch die Offenbarung der Weisheit Gottes im Kreuz Jesu Christi geschenkt worden ist. Der Zusammenhang von Weisheit und Geist ist Paulus bereits aus der jüdischen Weisheitstradition bekannt (vgl. Weish 7, 7). In Christus hat Gott seinen ewigen Heilsplan enthüllt und sich „ins Herz" sehen lassen; der Geist Gottes V. 11 ist identisch mit dem Geist Christi V. 16, den die Glaubenden in der Taufe empfangen haben. Der Geist ist das Subjekt des Erforschens und Erkennens. Der Geist Gottes, des Schöpfers aller Dinge, erforscht und durchdringt alles, auch die „Tiefen Gottes". Dieser Ausdruck weist auf die letzte Rettungsabsicht Gottes hin, die er von Uranfang an in seinem Herzen hegt und in Christus offenbart hat. Der Begriff „Tiefe" (*báthos*) kommt schon im Alten Testament vor (Dan 2, 22 LXX); er ist im Gnostizismus des 2. Jahrhunderts n. Chr. zur typischen Bezeichnung für das
11 Wesen Gottes geworden. In V. 11 beschreibt der Apostel den Vorgang des

Erkennens durch den Geist bei Gott an Hand des Erkennens beim Menschen. Der menschliche Geist (*pneuma* im anthropologischen Sinn) ist das Ichzentrum und Selbstbewußtsein, durch das der Mensch weiß, was „in seinem Herzen" ist, d. h. was in seinem Denken, Fühlen und Wollen vor sich geht. Analog dazu weiß der Geist Gottes, was Gott in seinem tiefsten Herzen bewegt, und kennt seinen Heilsplan, den kein Mensch erkannt hat, bis ihn Gott in Christus enthüllt hat. Dahinter steht die biblische Auffassung, daß Gott nur erkannt werden kann, soweit er sich selbst zu erkennen gegeben hat (vgl. Joh 1,18).

Der V.12 ist geprägt durch die dankbare Freude darüber, daß Gott den 12 Glaubenden die Erkenntnis seines Heilswirkens in Jesus Christus geschenkt hat in der Gabe des heiligen Geistes, den alle Christen in der Taufe empfangen haben (1.Kor 12,13; Apg 2,38). Wenn Paulus den Ausdruck „der Geist" ohne näheren Zusatz gebraucht, meint er in der Regel den Geist Gottes und Christi, den heiligen Geist. In Analogie zum „Geist Gottes" verwendet er hier „pneuma" für den „Geist der Welt", der im Gegensatz zum Geist Gottes steht und der „Weisheit dieser Welt" entspricht (vgl. V.6). Die Christen, die sich als „neue Geschöpfe" (2.Kor 5,17) verstehen dürfen, wissen, daß sie dies nicht aus eigener Vernunft und Kraft (M. Luther) geworden sind, sondern durch den „Geist, der aus Gott stammt" (V.12). Es ist ein unauflösliches Geheimnis des Wirkens Gottes im Menschen, auf welche Weise der Geist Gottes den menschlichen Geist so durchdringt, daß der heilige Geist und der menschliche Geist psychologisch nicht mehr unterscheidbar sind. Das von Paulus bezeugte „Christus lebt in mir" (Gal 2,20) ist rational nicht erklärbar, wird aber im Glauben erfahren. Doch an den Früchten wird jeweils offenbar, wo der Geist Gottes und wo der Geist des selbstsüchtigen Menschen am Werk ist (vgl. Gal 5,19–24). Durch den von Gott empfangenen Geist kommt es bei den Glaubenden nicht nur zur Erkenntnis des Heilswillens Gottes, sondern zugleich zur Erkenntnis der wahren Situation des Menschen vor Gott. So erst erkennt der Mensch, der in seinem natürlichen Selbst-Verwirklichungsdrang aus sich selbst leben will, dankbar alle Gnadengaben, die ihm von Gott geschenkt sind. In V.13 erfolgt der Schritt vom *Erkennen* zum *Reden*. Die Art 13 und Weise des Redens soll dem Ursprung des Erkennens entsprechen. Die Weisheit Gottes kann nur durch den Geist Gottes erkannt werden nach der Regel, daß Gleiches durch Gleiches erkannt wird. Dementsprechend muß die Offenbarung Gottes in Christus verkündigt werden mit Worten, „wie der Geist (Gottes) sie lehrt", nicht „mit Worten, wie menschliche Weisheit sie lehrt". Was Paulus von seiner Predigt in Korinth berichtet (2,1–5), ist grundsätzlich auf alle christliche Verkündigung anwendbar, unabhängig davon, ob sie durch studierte Theologen oder andere Verkündiger geschieht; die Predigt des Paulus geschah „nicht mit überredenden Worten menschlicher Weisheit, sondern in Erweisung des Geistes und der Kraft". Der Schluß von V.13 kann verschieden interpretiert werden. Das hier gebrauchte griechische Verbum (*synkrínein*) bedeutet entweder „vergleichen" (2.Kor 10,12) oder in hermeneutischer Verwendung „auslegen", „deuten" (G. Dautzenberg); weiter kann der

im Dativ stehende Begriff (*pneumatikois*) maskulinisch (= für Geisterfüllte) oder neutrisch (= mit Geistlichem) aufgelöst werden. Im Anschluß an die vom Geist gelehrten Worte wird von manchen Auslegern die neutrale Fassung vorgezogen. Dabei ergibt sich entweder die Bedeutung: „Geistliches mit Geistlichem (= mit früheren Geistesoffenbarungen) vergleichen" oder „Geistliches (= Offenbarungen des Geistes) mit geistgewirkten Worten auslegen". Im Abschnitt liegt jedoch der Ton darauf, daß die Offenbarungen des Geistes Gottes nur von solchen *Menschen* aufgenommen werden können, die den Geist Gottes empfangen haben (V. 12 und 14). Darum spricht m. E. der Kontext für die maskulinische Fassung mit dem Sinn: „wir (= die christlichen Verkündiger) deuten Geistliches (= die Offenbarung Gottes in Christus) für Geisterfüllte" (= Glaubende, die den Geist Gottes in der Taufe empfangen haben). Bei dieser Interpretation sind die Redenden, die Ausdrucksmittel des Redens (Worte, wie der Geist sie lehrt) und die Empfänger des verkündigten „Wortes vom Kreuz" im Gesamtvorgang der Verkündigung des Evangeliums erfaßt. Daran schließt sich folgerichtig eine Erklärung dafür an, warum nicht alle
14 Menschen die Kreuzesbotschaft annehmen. Zu diesem Zweck stellt Paulus die irdisch gesinnten (psychischen) Menschen und die geisterfüllten (pneumatischen) Menschen einander gegenüber. Die Bezeichnung „psychischer Mensch" als Gegensatz zum „pneumatischen Menschen" ist von der griechischen Anthropologie her ganz ungewöhnlich; denn dort sind Seele (*psyché*) und Geist (*pneuma* bzw. *nous*) eng miteinander verbunden und stehen im Gegensatz zum vergänglichen, materiellen Leib (*sōma*). Die Charakterisierung des natürlichen, adamitischen Menschen als „psychisch" wird aber bei Paulus von der griechischen Übersetzung der alttestamentlichen Schöpfungsgeschichte her verständlich. Dort heißt es bei der Erschaffung Adams in 1. Mose 2, 7: Gott „blies in sein Angesicht den Hauch des Lebens, und so wurde der Mensch zu einer lebenden Seele (*eis psychēn zōsan*)", d. h. zu einem lebendigen Wesen. Von diesem Schriftwort aus kann Paulus den irdischen Menschen (mit Leib, Seele und Geist) als Nachkommen Adams einen „psychischen" Menschen nennen. In 1. Kor 15, 45–49 stellt Paulus im Anschluß an 1. Mose 2, 7 dem aus Erdenstoff gebildeten Adam als dem „irdischen" (*choikós*) Menschen den erhöhten Christus als den „himmlischen" (*epouránios*) Menschen gegenüber, der „lebendigmachender Geist" (*pneuma*) ist. In 1. Kor 2, 12–14 ist aber der adamitische Mensch in seiner Gesinnung und Funktion als erkennendes Wesen in den Blick gefaßt und wird deshalb als „psychischer Mensch" unterschieden vom „pneumatischen Menschen", dessen ganzes Verhalten von dem aus Gott stammenden heiligen Geist bestimmt wird. Der Gegensatz des irdisch gesinnten und des vom Geist geleiteten Menschen ist bei Paulus theologisch vorbereitet durch den alttestamentlichen Gegensatz von Gott, der „Geist" ist, und vom Menschen, der „Fleisch" ist (Jes 31, 3). Was vom Geist Gottes kommt, kann nur von Menschen aufgenommen und verstanden werden, die selbst vom Geist Gottes erfüllt sind. Dies hat Martin Luther in unübertrefflicher Weise in seiner Erläuterung des dritten Glaubensartikels formuliert. Für den irdisch

gesinnten Menschen ist das Geschehen von Kreuz und Auferstehung Jesu Christi eine „Torheit" (1, 18), weil es „geistlich" beurteilt werden muß und nur durch den Geist im Glauben erkannt werden kann.

„Der pneumatische Mensch urteilt über alles." Das bedeutet nicht, daß der 15 Christ ein perfekter Alleswisser in den Bereichen des menschlichen Erkennens wäre, sondern daß er alles, was ihm begegnet, von der Erkenntnis des Heilswirkens Gottes in Christus aus beurteilt und daran sein ganzes Verhalten orientiert. Die weitere Aussage: „Er selbst wird aber von niemandem beurteilt", gewinnt auf dem Hintergrund der Gegenüberstellung von psychischem und pneumatischem Menschen den Sinn: „Er kann von niemandem, der den Geist nicht hat, in richtiger Weise beurteilt werden." Der vom heiligen Geist „erleuchtete" (2.Kor 4,6) Mensch bleibt für den irdisch gesinnten (psychischen) Menschen ein undurchschaubares Rätsel, weil diesem die ganze Sphäre und Art des „Geistes aus Gott" (V. 12) unzugänglich ist. Bei dieser Interpretation enthält der Satz nicht den ausschließenden Sinn, daß ein Prophet von einem Propheten oder anderen Pneumatiker nicht beurteilt wird (vgl. dagegen 1.Kor 14,29). Die Gabe der „Unterscheidung der Geister" (1.Kor 12,10) hat es gerade mit den Geistesoffenbarungen der Charismatiker zu tun. Grundsätzlich sollen alle Äußerungen in der gottesdienstlichen Versammlung durch die Gemeinde geprüft werden (1.Thess 5,19–22); davon sind auch die Äußerungen der Propheten und Zungenredner nicht ausgenommen.

Zum Schluß bringt Paulus für seine These, daß das Wirken des Geistes Got- 16 tes dem irdisch gesinnten Menschen unverständlich bleibt, noch einen Schriftbeweis mit Hilfe des Zitats aus Jes 40,13. Dort heißt es im hebräischen Text: „Wer bestimmt den Geist des Herrn? Wer kann sein Berater sein und ihn unterrichten?" Mit der Frage wird zum Ausdruck gebracht, daß dies kein Mensch vermag. Paulus zitiert verkürzt nach der Septuaginta, die statt „Geist des Herrn" den Ausdruck „Sinn des Herrn" (nous kyríou) gebraucht, und bezieht den „Herrn" des Zitats auf Jesus Christus, in dessen Kreuz die verborgene Weisheit Gottes offenbart wurde. In Anlehnung an die Wendung des Zitats setzt Paulus „Sinn (nous) Christi" für „Geist (pneuma) Christi", der in Einheit mit dem Geist Gottes (Röm 8,9) und dem in der Taufe empfangenen heiligen Geist verstanden wird.

Der ganze Abschnitt spricht in gehobenem Stil mit solcher Gewißheit von der Erkenntnis der Weisheit Gottes, daß er als ein Ausdruck des geistlichen Hochmutes und der enthusiastischen Selbstsicherheit der korinthischen Pneumatiker gedeutet werden konnte. Aber in Wirklichkeit sind die Aussagen getragen und durchdrungen von der Freude und Dankbarkeit des Apostels über das Christusgeschehen, daß Gott uns Menschen in Jesus Christus nahegekommen ist und den Glaubenden „die Erkenntnis der Herrlichkeit Gottes auf dem Angesicht Jesu Christi" (2.Kor 4,6) geschenkt hat. Deshalb besteht auch kein sachlicher Widerspruch der hier beschriebenen Erkenntnis Gottes durch den Geist in der Zeit des Glaubens zu 1.Kor 13,8–13, wonach unser Erkennen

Stückwerk bleibt, solange wir in dieser Welt leben; dem (indirekten und fragmentarischen) Erkennen in der Gegenwart wird dort das vollkommene Erkennen und das „Schauen von Angesicht zu Angesicht" (V. 12) in der eschatologischen Vollendung gegenübergestellt.

2.3 Die Aufgabe der Verkündiger 3, 1–17

2.3.1 Die Unmündigkeit der Korinther 3, 1–4

1 Und ich, Brüder, konnte nicht zu euch reden wie zu geistlichen Menschen, sondern nur wie zu fleischlichen, wie zu unmündigen Kindern in Christus. 2 Milch gab ich euch zu trinken, nicht feste Speise; denn die konntet ihr noch nicht vertragen. Ja, ihr könnt's auch jetzt noch nicht; 3 denn ihr seid noch fleischlich. Wo nämlich unter euch Eifersucht und Streit herrschen, seid ihr da nicht fleischlich und lebt nach Menschenweise? 4 Denn wenn der eine sagt: Ich gehöre zu Paulus, ein anderer aber: Ich zu Apollos –, seid ihr da nicht (fleischliche) Menschen?

Vers 2: *Hebr 5, 12–14; 1.Petr. 2, 2*   Vers 4: *1, 12.*

Die Anrede „Brüder" markiert einen neuen Abschnitt. Paulus greift jetzt das mit dem Gruppenunwesen verbundene Konkurrenzdenken auf und stellt ihm als positive Kritik die wahre Aufgabe der Verkündiger als Diener Gottes gegenüber. Er knüpft wieder im Ichstil an seine Predigt in Korinth an (2, 1–5) und erklärt zunächst, warum er die Korinther nicht als „Geistesmenschen" (Pneumatiker), sondern nur wie „fleischliche" Menschen behandeln konnte. Bei seinem ersten Auftreten waren sie noch Neulinge im Glauben. Mit ihrem jetzigen Gruppenstreit zeigen sie, daß sie, statt Erwachsene in Christus zu werden, wieder in eine Denkweise zurückgefallen sind, die ihrer Eingliederung in den Leib Christi nicht gerecht wird, sondern dem Verhalten von ichbezogenen, natürlichen Menschen entspricht. Der Apostel redet hier pädagogisch als Seelsorger der Gemeinde. Er nimmt nicht zurück, was er im Briefeingang über den Reichtum der Korinther an Geistesgaben gesagt hat, aber er deckt ihnen den Abstand auf zwischen ihrer Aufgabe, als „neue Geschöpfe" zu leben, und ihrem tatsächlichen jetzigen Verhalten, das von Eifersucht und Streit beherrscht wird. Dabei handelt Paulus mit dem Ziel, die Korinther wieder zu einem Verhalten zurückzuführen, das sich für getaufte und mit dem heiligen Geist beschenkte Christen geziemt.

1   Eine geistlich lebendige Gemeinde ist nicht mit einem Schlage da, sondern braucht eine gewisse Zeit des Wachstums; Paulus räumt den Korinthern eine solche Phase des anfänglichen Aufbaus und der Weiterentwicklung ein. Die Anfänger im Glauben werden mit unmündigen Kindern in Christus verglichen; sie ringen noch mit dem Ablegen der früheren Gewohnheiten und haben
2   zunächst noch nicht viel Erfahrung im Gemeindeleben. Wie beim organischen natürlichen Wachstum ist auch im geistlichen Leben nur eine dem erreichten

Entwicklungsstand entsprechende Nahrung verträglich und förderlich. Paulus verwendet hier die in der griechischen Popularphilosophie gebräuchlichen Bilder von der Milch der Säuglinge für die Anfänger und von der festen Speise der Erwachsenen für die Fortgeschrittenen und Gereiften (vgl. Hebr 5, 12–14); er entfaltet aber nicht die einzelnen Stufen des Fortschreitens, sondern hebt nur auf die Gegenüberstellung von Unmündigkeit und Mündigkeit ab. Auf die anfängliche Phase kindlicher Unreife soll aber die Zeit der Mündigkeit und Reife folgen. Und damit wird die Aussage des Apostels zum Vorwurf gegen die Korinther: „Ihr seid immer noch fleischlich!" Die Adjektive „fleischern" 3 (sárkinos = aus Fleisch bestehend) und „fleischlich" (sarkikós = der Art des Fleisches gemäß) sind in V. 1 und 3 ohne Bedeutungsunterschied gebraucht für ein Verhalten, das der Art des selbstsüchtigen, natürlichen Menschen entspricht. In den Streitereien wegen der Einschätzung der Missionare erweist sich, daß die Korinther in eine solche „menschlich-allzumenschliche" Lebensweise zurückgefallen sind. In V. 4 spielt Paulus wieder konkret auf die Partei- 4 parolen an: „Wenn der eine sagt: Ich gehöre zu Paulus, ein anderer aber: Ich zu Apollos" –, führt ihr euch da nicht wie „alte Menschen" auf, die nicht vom Geist Gottes getrieben werden (vgl. Röm 8, 17)? Paulus greift hier nur die Paulus- und Apollosgruppe heraus, weil er im folgenden an sich und seinem Nachfolger in Korinth, Apollos, exemplarisch das rechte Verhältnis zwischen den Verkündigern des Evangeliums und der Gemeinde aufzeigen will.

2.3.2 Die Verkündiger als Diener und Mitarbeiter Gottes 3, 5–9

5 Was ist nun Apollos? Und was ist Paulus? Diener sind sie, durch die ihr gläubig geworden seid, und zwar jeder so, wie der Herr es ihm gegeben hat. 6 Ich habe gepflanzt, Apollos hat begossen; aber Gott hat es wachsen lassen. 7 So ist nun weder der pflanzt noch der begießt etwas, sondern Gott, der es wachsen läßt. 8 Der aber pflanzt und der begießt, sind eins; jeder aber wird seinen besonderen Lohn empfangen nach seiner besonderen Arbeit. 9 Denn Gottes Mitarbeiter sind wir; Gottes Ackerfeld, Gottes Bauwerk seid ihr.

Vers 5: 4, 1   Vers 6: Jes 5, 1 ff.; 61, 3   Vers 9: Jer 1, 10; 24, 6; Mt 13, 3–9.

Die Gruppenbildung in Korinth ist nicht nur deshalb verwerflich, weil sie die Gemeinde zerreißt, sondern auch, weil sie die grundsätzliche Stellung der Verkündiger der Christusbotschaft gegenüber Gott und der Gemeinde verfälscht. Die Verkündiger sind nicht Herrscher, sondern *Diener* (1. Kor 4, 1; 2. Kor 1, 24). Dies ist ein Hauptbegriff des Paulus im Konflikt mit den Korinthern, die in der Gefahr stehen, durch Weisheitsstreben und geistlichen Hochmut die Herrschaft einzelner außerordentlicher Geistesträger über die Gemeinde aufzurichten. Die Verkündiger handeln im Auftrag Gottes im Werk des Herrn; sie arbeiten nicht mit eigenen, sondern mit empfangenen Gaben und bilden darum eine Einheit in ihrem Wirken. Deshalb ist es sinnlos und auftragswidrig, einzelne Missionare als Gruppenhäupter gegeneinander auszu-

spielen. Paulus verteidigt mit der rechten Einschätzung der Verkündiger und
herausragenden Geistesträger zugleich die Freiheit der Gemeinde.

5   Der Chiasmus durch Voranstellung des Apollos und die rhetorischen Fragen verraten den Einfluß des Diatribenstils. Paulus exemplifiziert an Apollos
und sich selbst, was grundsätzlich für alle Verkündiger des Evangeliums gilt.
Sie sind Diener Gottes, durch die Menschen zum Glauben an Christus kommen können und Gemeinde gebaut werden soll. Dies geschieht durch den von
Gott eingesetzten „Dienst der Versöhnung", der die einmalige Versöhnungstat
Gottes im Kreuz Christi predigt (2.Kor 5, 17–21). Da das Heilswirken Gottes
und Christi an den Menschen eine Einheit bildet, sind die Gesandten Jesu
Christi auch Diener Gottes. Die Einheit der Diener in der Abhängigkeit vom
Wirken des Geistes und der Kraft Gottes bei der Ausrichtung ihres Dienstes
bedeutet aber nicht Uniformität. Jeder Verkündiger hat mit der besonderen
Gabe, die ihm der Herr zugeteilt hat, auch eine besondere Aufgabe empfangen. Was für alle Glieder am Leib Christi gilt (vgl. 1.Kor 12), das gilt erst recht
für das Verhältnis der Verkündiger und geistlichen Amtsträger, Apostel, Pro-
6   pheten und Lehrer untereinander. Mit den aus dem Alten Testament stammenden Bildern vom Anlegen und Pflegen einer Pflanzung (Jes 5, 1–7; „Pflanzung
des Herrn" Jes 61, 3) für den Aufbau der Gemeinde beschreibt der Apostel
seine Funktion als Gemeindegründer und die Aufgabe des Weiterbauens
durch seinen Nachfolger Apollos. Pflanzen und Begießen sind zwar verschiedene, aber beides sind notwendige Tätigkeiten. Mit diesen Bildern erkennt
Paulus die andersartige Aufgabe des Apollos voll als selbständigen und not-
7   wendigen Dienst in der Arbeit am Aufbau der Gemeinde an. So wichtig die
menschlichen Tätigkeiten auch sein mögen, die entscheidende Wirkung
kommt von Gott, der Wachstum und Gedeihen schenkt. Da die Verkündiger
den Glauben der Hörer nicht methodisch durch allerlei Techniken herbeifüh-
ren können, sind nicht sie die eigentlichen Urheber im Gemeindebau, sondern
Werkzeuge Gottes, der durch das Wirken seines Geistes Glaube, Liebe und
8   Hoffnung in der Gemeinde entstehen und wachsen läßt. Der Pflanzende und
der Begießende haben zwar nicht dieselbe Aufgabe, aber darin sind sie eins,
daß sie beide auf das Wirken Gottes angewiesen sind und in demselben Werk
Gottes stehen. Wie Jesus den Lohngedanken aus dem Geflecht des Leistungs-
und Anspruchsdenkens herausgelöst und zum Ausdruck der königlich schenkenden Gnade Gottes gemacht hat, so hält auch Paulus das Motiv des Lohnes
fest, aber nicht als Begleichung menschlicher Leistungen, sondern als freies
Gnadengeschenk Gottes. Jeder Verkündiger wird nach seiner eigenen missionarischen Arbeit mit ihrer besonderen Aufgabe seinen Lohn empfangen. Bei
Gott ist auch der kleinste Dienst nicht verloren, der in seinem Namen
geschieht. Paulus sieht es als seinen „Ruhm" (2.Kor 1, 14), als seinen Gnadenlohn (1.Kor 9, 16 ff.) und seine Freude (1.Thess 2, 19) an, wenn er zusammen
mit den von ihm gegründeten Gemeinden vor dem Herrn im Endgericht beste-
9   hen darf. Wie die Verkündiger als Werkzeuge des göttlichen Wirkens ganz
von Gott abhängig sind, so gilt dies auch für die Gemeinde als das Werk Got-

tes. Der betont vorangestellte Genitiv „Gottes" zeigt die Aussageintention des ganzen Satzes an. Gott wirkt alles in allem. Aber er handelt dabei durch Menschen. Er würdigt schwache, fehlsame Menschen, als Diener Gottes in seinem Heilswerk mitzuwirken. „Gottes Mitarbeiter" sind die Verkündiger gerade dann am meisten, wenn sie sich ganz in den Dienst Gottes stellen und auf allen menschlichen Selbstruhm verzichten. Der griechische Ausdruck für Mitarbeiter (*synergoí*) könnte sprachlich auch so verstanden werden, daß er die Gemeinschaft der Verkündiger untereinander beschreibt. Aber in den Versen 5–8 steht die Abhängigkeit des menschlichen Wirkens von Gott im Vordergrund, die ihrerseits die Gemeinschaft der Diener begründet. Im paulinischen Sinn verstanden bedeutet die Bezeichnung „Mitarbeiter Gottes" das Gegenteil von Synergismus, d. h. von der Auffassung, daß der Mensch durch seine religiösen und sittlichen Leistungen bei der Erlangung des Heils mit Gott zusammenwirke. Die Wendung „Mitarbeiter Gottes" muß als sachgemäßer Ausdruck der paulinischen Rechtfertigungs- und Charismenlehre verstanden werden. Die Gemeinde ist Gottes Werk, weil er den Glauben und die Gaben schenkt, durch die Gemeinde entsteht und wächst. Das Bild von Gottes Ackerwerk, der Pflanzung des Herrn, wird ergänzt durch das Bild vom Bauwerk, das eng mit dem Tempel als dem Haus Gottes zusammenhängt. Schon in Jer 1,10; 24,6 sind pflanzen und bauen im Blick auf das Volk Gottes verbunden. Auch die Qumransekte versteht sich als „ewige Pflanzung" und als „ein heiliges Haus für Israel" (1QS VIII 5). Das Bild vom Bau fand später vor allem in der Gnosis reiche Verwendung. Der in V.9 gebrauchte griechische Ausdruck (*oikodomé*) kann sowohl die Tätigkeit des Bauens (= die Auferbauung, z. B. 1.Kor 14,5) als auch das Ergebnis der Bautätigkeit (= das Bauwerk, wie hier) bezeichnen. Paulus bezieht an unserer Stelle das Bild vom Bauwerk auf die Gemeinde als Ganzes, er kann es auch auf die angeredeten Korinther anwenden (1.Kor 3,16) und den Leib des einzelnen Christen als Tempel des heiligen Geistes bezeichnen (6,12).

2.3.3 Die Verantwortung der Verkündiger im Endgericht 3,10–15

10 Nach der Gnade Gottes, die mir verliehen wurde, habe ich als ein weiser (sachkundiger) Baumeister den Grund gelegt; ein anderer baut darauf weiter. Ein jeder aber sehe zu, wie er darauf weiterbaut. 11 Denn einen andern Grund kann niemand legen als den, der gelegt ist, welcher ist Jesus Christus. 12 Wenn aber jemand auf den Grund Gold, Silber, kostbare Steine, (oder) Holz, Heu, Stroh aufbaut, 13 so wird das Werk eines jeden offenbar werden; denn der Tag (des Gerichts) wird es erweisen, weil er sich mit Feuer offenbart. Und wie das Werk eines jeden beschaffen ist, das wird das Feuer (durch Erprobung) zeigen. 14 Wenn jemandes Werk, das er darauf baute, Bestand haben wird, so wird er Lohn empfangen. 15 Wenn aber jemandes Werk verbrennen wird, so wird er Schaden erleiden (oder: bestraft werden); er selbst aber wird gerettet werden, jedoch so wie durchs Feuer hindurch.

Vers 10: *Jes 3,3 LXX* Vers 11: *Eph 2,20; 1.Petr 2,4–6* Vers 13: *Jes 66,15 f.; Mal 3,19* Vers 15: *Am 4,11.*

10–15   Paulus faßt in diesem Abschnitt konkret die auf dem Fundament weiter-
bauenden Baumeister ins Auge, weil er von sich als dem Gründer der
Gemeinde in Korinth und von Apollos als dem die Arbeit fortsetzenden Missionar ausgeht. Die Ausführungen des Apostels sind aber in der Sache auf alle
Verkündiger des Evangeliums anwendbar. Die Darstellung ist dadurch kom-
pliziert, daß zwar das Bild vom Bauwerk bestimmend bleibt, aber von diesem
Hauptmotiv aus jeweils verschiedene Nebenzüge erörtert werden, so daß es in
der Durchführung zu mehreren Verschiebungen des Bildes kommt. Im Vor-
stellungsmaterial dieses Abschnitts sind zwei Traditionsströme zusammenge-
flossen, einerseits das aus dem Alten Testament stammende Bild vom Haus
Gottes (Ri 18,31 u. ö.) und das im Judentum verbreitete Bild vom Bauwerk für
die Gemeinde Gottes (CD III 19), andererseits die in der stoischen Philosophie
geläufigen Topoi vom Fundament für die Grundlegung durch Elementarlehre
und vom Weiterbau für den Fortschritt in der geistigen Bildung. Diese verschiedenen Bildmotive sind beherrscht von der biblischen Vorstellung, daß
Gott das Endgericht mit Feuer durchführen wird (Jes 66,15). Der theologische
Skopus ist die Verantwortlichkeit der Verkündiger für ihr missionarisches
Werk im eschatologischen Gericht. Die Versöhnungsbotschaft schließt das
Gericht nicht aus, weil die Gabe des Geistes die Verantwortlichkeit des Menschen nicht aufhebt, sondern gerade die Verantwortung des aus der Knecht-
schaft von Sünde, Gesetz und Tod befreiten Menschen begründet.

10   Paulus geht vom Bauwerk über zum Baumeister. Häufig bezeichnet er sein
Apostelamt als „die Gnade Gottes, die mir verliehen wurde" (Röm 12,3; 15,15;
Gal 2,9; vgl. Eph 3,7); darin schwingt der Dank des ehemaligen Verfolgers für
seine Berufung mit und zugleich das Wissen um Gottes Gnadenwahl. Mit
einem Ausdruck der Septuaginta aus Jes 3,3 stellt er fest, daß er als „sachkundiger Architekt" das Fundament gelegt hat, d. h. daß Paulus die Gründung der
Gemeinde in Korinth in unanfechtbarer Weise durchgeführt hat. Das ist nicht
etwa ein Selbstlob im Sinne der weltlichen Weisheit, sondern ein Zeugnis des
Apostels, daß er seinem göttlichen Auftrag treu geblieben ist. Mit den Grund-
mauern sind Platz und Grundriß eines Gebäudes festgelegt; aber es ist noch
Spielraum vorhanden für die Auswahl der Baustoffe, mit denen der Bau aufgeführt wird. Dafür sind die Bauleute verantwortlich, die den Weiterbau leiten.

11   Paulus hat die Gemeinde auf die Botschaft vom Gekreuzigten gegründet. Der
gekreuzigte und erhöhte Herr Jesus Christus ist Grund, Mitte und Ziel der
Gemeinde. Wo das Fundament schon gelegt ist, kann nicht noch ein anderes
am selben Platz gelegt werden. Die Apostel stehen als Zeugen der Auferstehung Jesu Christi am Anfang der Verkündigung des Evangeliums, alle späteren
Verkündiger sind abhängig von der kirchengründenden Predigt der ersten
Zeugen. Das bedeutet, daß alle kirchliche Verkündigung ihrem Wesen nach
aktualisierende Auslegung des apostolischen Zeugnisses ist, und es begründet
zugleich den normativen Rang der Heiligen Schrift gegenüber der kirchlichen
Tradition. Die Aussage von Jesus Christus als dem Fundament der Kirche ist
in Eph 2,20 weiterentwickelt; danach ist die Kirche erbaut „auf den Grund der

Apostel und Propheten, wobei Jesus Christus der Eckstein ist". Die Formulierung in Eph 2,20 berücksichtigt in nachapostolischer Zeit, daß die Christusbotschaft für die spätere Kirche durch das Zeugnis der Apostel und (christlichen) Propheten vermittelt ist (vgl. auch Eph 4,11, wo noch Evangelisten, Hirten und Lehrer hinzugefügt sind). Der Vers 11 enthält in der Sache eine
Warnung des Apostels vor jeder Art von Verkündigung, die das Evangelium
von Jesus Christus verfälscht. Es ist aber fraglich, ob der Vers in direkter Polemik gegen die Kephaspartei formuliert ist. Wenn die Anhänger des Petrus in
Korinth gefordert hätten, daß alle Gemeinden Petrus als den Felsen der Kirche
(Mt 16,18) anerkennen müßten, dann wäre in der Tat zu vermuten, daß ein
solcher Anspruch den Gruppenstreit ausgelöst hätte; aber der unpolemische
Charakter des Texts spricht m.E. nicht für diese Interpretation. Der Begriff 12
des Weiterbauens leitet vom Fundament über zum Baumaterial, das zum Aufbau verwendet wird. Paulus zählt in zwei Dreierreihen Baustoffe auf, die nach
dem Gesichtspunkt der Kostbarkeit und Haltbarkeit gegliedert sind. Die
Reihe beginnt mit dem teuersten und beständigsten Material (Gold) und endet
mit dem billigsten und leicht brennbaren Stoff (Stroh). Wäre an reale Bauten
gedacht, dann wäre die erste Reihe auf einen mit kostbaren Marmorquadern
errichteten und mit Gold und Silber reich ausgestatteten Palast zu beziehen
und die Stoffe der zweiten Reihe auf ein billiges Holzhaus oder eine Hütte,
wie sie beim jüdischen Laubhüttenfest errichtet wurde. Die eschatologische
Situation läßt jedoch eher daran denken, daß in der apokalyptischen Literatur
die Herrlichkeit der vollendeten Gottesherrschaft durch Gold, Silber und
Edelsteine veranschaulicht wird (vgl. Offb 21). Wahrscheinlich hatte Paulus
überhaupt keine bestimmten Bauten im Auge, sondern wollte nur eine möglichst gute, teure und haltbare und eine schlechte, billige und unbeständige
Bauweise einander gegenüberstellen. Wie man die Baustoffe auch deutet, der
Grundgedanke wird durch den Kontext klargestellt: Der Apostel will ein missionarisches Werk, das im eschatologischen Gericht bestehen kann, von einer
solchen Gemeindearbeit unterscheiden, die wegen Verfälschung des Evangeliums verworfen wird. Die Bilder von den Baustoffen sollten jedenfalls nicht
gepreßt und nicht konkret auf einzelne Menschen oder bestimmte theologische Anschauungen ausgedeutet werden. Weil Menschen nicht ins Herz sehen
können, steht das letzte Urteil über Wert oder Unwert des missionarischen
Wirkens der Verkündiger allein dem Herrn zu (1.Kor 4,4 f.). Die paulinische 13
Vorstellung vom eschatologischen Gericht stimmt überein mit den Grundzügen, die im Alten Testament in der prophetischen Predigt und in der eschatologischen Erwartung ausgebildet und auch in der Verkündigung Jesu festge-
halten wurden; aber Jesus und Paulus haben die Einzelheiten des weiter ausge-
stalteten Gerichtsgemäldes der jüdischen Apokalyptik nicht übernommen.
Eine grundlegende Stelle für die Durchführung des Endgerichts mit Feuer ist
Jes 66,15 f.: „Denn seht, Jahwe kommt im Feuer, dem Sturmwind gleich sind
seine Wagen, um in Glut seinen Zorn auszulassen und sein Schelten in lodern-
den Flammen. Denn mit Feuer wird Jahwe Gericht halten und mit dem

Schwert über alles Fleisch, und zahlreich werden die von Jahwe Erschlagenen sein" (Übers. Jerusalemer Bibel; vgl. weiter Mal 3, 19; Mt 3, 10; 13, 40; 2.Thess 1, 8). Die alte prophetische Vorstellung vom „Tag Jahwes" (Am 5, 18) hat sich mit der Aussage über das Gericht Jahwes durch Feuer verbunden. Von diesem Sachverhalt aus klärt sich die verschieden deutbare Konstruktion des griechischen Satzes in V. 13a auf: „eines jeden Werk wird offenbar werden; denn der Tag (des Gerichts) wird es offenbar machen, weil er (der Tag Jahwes) sich mit Feuer offenbart". Dieser allgemeinen Aussage über das In-Erscheinung-Treten des Gerichtstages folgt in V. 13b eine spezielle Beschreibung der Erprobung der einzelnen Werke durch das Feuer: das Feuer wird die Beständigkeit eines jeden Werkes erweisen; hierbei ist der Gedanke durch das im Alten Testament relativ seltene Motiv der eschatologischen Feuerprobe bestimmt. Die sprichwörtliche Redensart von der Prüfung der Edelmetalle durchs Feuer ist sowohl in der jüdischen Weisheitsliteratur als auch in der griechischen und römischen Welt geläufig. Sie wird in der Bibel meistens auf die Prüfung der Herzen durch Gott in geschichtlichen Situationen angewendet, z.B. Spr 17, 3: „Wie der Schmelztiegel das Silber und der Ofen das Gold, so prüft der Herr die Herzen"; der Verfasser des 1. Petrusbriefs bezieht die bildliche Wendung auf die Bewährung der Christen in den Leiden der Welt (1, 7; vgl. 4, 12). In Mal 3, 2 f. ist jedoch die Vorstellung auf die Prüfung im eschatologischen Gericht übertragen: „er (der Tag Jahwes) ist wie das Feuer des Schmelzers und wie die Lauge der Walker. Dann wird er (Gott) sich hinsetzen und schmelzen und läutern, er wird die Söhne Levis reinigen und läutern wie Gold und Silber, daß sie Jahwe wieder Opfer darbringen in Gerechtigkeit." In 1.Kor 3, 13 werden aber nicht Personen für weiteren Dienst geläutert, sondern Werke auf ihren endgültigen Wert geprüft; die Verbrennung der schlechten Baustoffe veranschaulicht die Unbeständigkeit des Werks bei Rettung der Personen. Die in der persischen Eschatologie beheimatete Vorstellung vom Gottesurteil durch Feuer begegnet in dieser Form nicht im Alten Testament. Nach späterer persischer Erwartung müssen alle Menschen im Gericht durch einen glühenden Metallstrom hindurchschreiten, der die Gottlosen verbrennt und den Gerechten wie warme Milch erscheint. Die biblische Endgerichtsvorstellung konzentriert sich auf „die Offenbarung des gerechten Gerichtes Gottes, der einem jeden geben wird nach seinen Werken" (Röm 2, 5 f.). Paulus kommt es bei der Erprobung der Werke in 1.Kor 3, 13 auf

14.15 die Unbestechlichkeit und Endgültigkeit des göttlichen Gerichts an. Die Verse 14 und 15 beschreiben die Folgen der eschatologischen Feuerprobe. Der gute Baumeister, dessen Werk die Prüfung besteht, wird Lohn empfangen. Damit wird das Lohnmotiv von Vers 8 wieder aufgenommen. Der schlechte Baumeister, dessen Werk die Prüfung nicht besteht, wird einen Schaden (Verlust, Einbuße) hinnehmen müssen oder, nach anderer Bedeutung des Begriffs im Gegensatz zu Lohn, eine Strafe erleiden (so A. Stumpff, ThWNT II, S. 892). Paulus sagt hier nicht, worin der Schaden bzw. die Strafe des schlechten Baumeisters besteht. Möglicherweise ist an die Beschämung des Missionars gedacht, der nach dem Verlust seines Werkes ohne Frucht vor Gott dasteht, im Gegensatz zu dem Ruhm, den seine bis zum Endgericht treuen Gemeinden für den Apostel bedeuten (vgl. Phil 2, 16). Der Schluß des Verses macht klar, daß die Person des betreffenden Verkündigers nicht dem Vernichtungsfeuer anheimfällt, sondern gerettet wird, allerdings nicht ohne Angst und Gefährdung, sondern nur „so wie durchs Feuer hindurch". Diese Worte sind wohl eine Anspielung auf die alttestamentliche Redensart: „wie ein aus dem Brand gerissenes Holzscheit" (Am 4, 11; Sach 3, 2) für eine Rettung durch Gott, die nur „mit knapper Not" geschieht. Der Gedanke an eine Läuterung durch Feuer in einem längeren Prozeß („Fegfeuer") liegt hier nicht vor; diese Auffassung ist erst durch Clemens Alexandrinus und Origenes in die Auslegung unserer Stelle eingedrungen. Da Bild- und Sachaussage in diesem Abschnitt sich nicht immer völlig decken, ist eine konkrete Ausdeutung der einzelnen Züge nicht möglich. Mit dem verworfenen „Werk" sind nicht die Menschen gemeint, die durch die Verkündiger für den Glauben gewonnen wurden, sondern das Ganze der missionarischen Arbeit eines Verkündigers. Die Belohnung oder Verwerfung des missionarischen Werks durch Gott hebt die Grundentscheidung von Heil und Verderben nicht auf, die sich in der Annahme oder Ablehnung der Versöhnungstat Gottes im Kreuz Jesu Christi vollzieht. Paulus will mit den Bildern für die Durchführung des eschatologischen Gerichts nicht seine Rechtfertigungsbotschaft durch eine Vergeltungslehre außer Kraft setzen, sondern den Verkündigern vor Augen stellen, daß sie sich für ihre Arbeit in der Gemeinde letztlich vor Gott und Christus verantworten müssen, was für das Verhalten aller Christen in diesem irdischen Leben gilt (2. Kor 5, 10). Der in Gericht und Gnade handelnde Gott schenkt den Glaubenden in der Rechtfertigung die Vergebung der Sünden um Christi willen und stellt sie in die Verantwortung des neuen Lebens; dies schließt das endgültige Urteil des Herrn im Endgericht über den wahren Wert des menschlichen Tuns nicht aus.

2.3.4 Die Gemeinde als Tempel Gottes 3, 16 und 17

16 Wißt ihr nicht, daß ihr Gottes Tempel seid und der Geist Gottes in euch wohnt? 17 Wenn jemand den Tempel Gottes verdirbt (vernichtet), den wird Gott verderben (vernichten); denn der Tempel Gottes ist heilig; der seid ihr.

Vers 16: 6, 19; 2. Kor 6, 16   Vers 17: Ps 79, 1.

Von den Missionaren wendet sich nun der Blick des Apostels der Gemeinde 16 als Ganzer zu. Paulus erinnert die Korinther an ihren neuen Stand vor Gott als Glieder am Leib Christi. Das Bild vom Bauwerk wechselt mit dem vom Tempel, in dem Gott wohnt. Die Bezeichnung der Gemeinde als Tempel Gottes hat Paulus wohl bereits von der judenchristlichen Kirche übernommen; sie war auch in der jüdischen Sekte von Qumran üblich (1QS VIII 8 f.). Dahinter steht

die alttestamentliche Vorstellung vom Wohnen Gottes als Ausdruck für seine
Gegenwart im Gottesvolk, zunächst in der Stiftshütte, dem „Zelt der Begegnung", dann im Tempel auf dem Berg Zion; schließlich spricht der Deuterono-
mist unter stärkerer Berücksichtigung der Transzendenz Gottes speziell vom
Wohnen des Namens Gottes im Tempel. Diese alttestamentliche Vorstellung
ist später auf die Endzeit übertragen und spiritualisiert worden. Die urchristliche Gemeinde verstand sich als das eschatologische Gottesvolk, dem Gott den
Geist als Angeld der erwarteten Weltvollendung verliehen hatte; sie sah bei
sich die Verheißung vom Tempel der Endzeit (Mk 14, 58) erfüllt, der nicht von
Menschenhand gebaut ist, sondern von dem Sohn, in dem Gott unter den
Menschen Wohnung genommen hat. Während nach stoischer Auffassung
Gott durch den Logos (Vernunft) im einzelnen Menschen gegenwärtig ist,
spricht Paulus von der alttestamentlichen Tradition her vom Wohnen des Gei-
17 stes Gottes in der Gemeinde. Die Gemeinde ist Werk und Eigentum Gottes;
darum vergreift sich jeder an Gott selbst, der die Gemeinde zerstört (vgl.
Ps 79, 1). Neben den schlechten Baumeistern, die auf dem gelegten Fundament
weiter aufbauen, droht offenbar auch die Gefahr, daß das Fundament selbst,
also Jesus Christus, angegriffen und dadurch die Gemeinde in ihrem Wesen
verdorben und vernichtet wird. Paulus nennt hier keine Namen, aber er warnt
die Gemeinde nachdrücklich vor den unheilvollen Konsequenzen des Gruppenstreits und geistlichen Selbstruhms. Paulus formuliert seine Warnung im
Stil einer sog. Regel des eschatologischen Gottesrechts, wonach Gott im
zukünftigen Endgericht den vernichten wird, der hier in der geschichtlichen
Zeit die Gemeinde Gottes vernichtet, die heilig ist, weil sie Gott gehört. In diesen Sätzen spricht sich der Glaube der Urchristenheit aus, daß Menschen dem
endgültigen Urteil Gottes nicht vorgreifen sollen (Mt 7, 1–5), der im Endgericht sein Recht gegen alle seine Feinde machtvoll durchsetzen wird. E. Käsemann hat die Vermutung geäußert, daß solche „Sätze des heiligen Rechts" in
der Gemeinde von Propheten ausgesprochen und dadurch wie ein Fluch in
Kraft gesetzt worden seien. Mit dem Schlußsatz: „Der Tempel Gottes ist heilig; der seid ihr" schärft Paulus den Korinthern ein, daß nicht nur die Verkündiger im eschatologischen Gericht Rechenschaft ablegen müssen für ihr Werk,
sondern daß auch die Gemeinde als Ganze dafür verantwortlich ist, daß ihre
Einheit nicht durch Spaltungen und Streitereien zerstört wird.

2.4 Kritik der falschen Weisheit und des Selbstruhms 3, 18–23

18 Niemand betrüge sich selbst. Wenn jemand meint, unter euch weise zu sein
in dieser Welt, so werde er ein Tor, damit er (wirklich) weise werde. 19 Denn
die Weisheit dieser Welt ist Torheit bei Gott. Denn es steht geschrieben
(Hiob 5, 13): „Der die Weisen fängt in ihrer Schlauheit", 20 und wiederum
(Psalm 94, 11): „Der Herr kennt die Gedanken der Weisen, daß sie nichtig
sind." 21 Darum soll sich niemand eines Menschen rühmen; denn alles ist

**euer: 22 es sei Paulus oder Apollos oder Kephas, es sei Welt oder Leben oder
Tod, es sei Gegenwärtiges oder Zukünftiges, alles ist euer,   23 ihr aber seid Christi, Christus aber ist Gottes.**

Vers 19: *Hiob 5,13*   Vers 20: *Ps 94,11*   Vers 22: *1,12; Röm 8,38.*

Die theologischen Ausführungen über das rechte Verhältnis von Verkündigern und Gemeinden münden aus in eine knappe, eindringliche Warnung vor menschlichem Selbstruhm. Paulus kehrt damit zu seinem Ausgangspunkt mit der Thematik von Weisheit und Torheit zurück und setzt in einem krönenden Abschluß dem korinthischen Personenkult die wahre Freiheit der Gemeinde durch ihre Zugehörigkeit zu Christus entgegen.

Paulus weiß, wie leicht Menschen der Selbsttäuschung verfallen. Diese 18
Gefahr ist besonders groß, wenn jemand sich einbildet, die Weisheit gepachtet zu haben. Paulus sieht offenbar die Gefahr der Selbsttäuschung auch in dem Weisheitsstreben der Korinther, das zur exklusiven Verehrung einzelner Apostel und Missionare geführt hat. Es geht aber nicht nur um die Einsicht in die Fehlbarkeit alles menschlichen Wissens im sokratischen Sinne, sondern um die Konfrontation der Weisheit Gottes mit der Weisheit dieser Welt. Wer meint, nach den Maßstäben der weltlichen Weisheit etwas zu wissen, muß sich der Vordergründigkeit und Vorläufigkeit seiner Maßstäbe im Blick auf die Wahrheit Gottes bewußt werden. Mit dieser Mahnung will der Apostel selbstverständlich nicht der Auffassung Vorschub leisten, als müßten die Christen die Anstrengung des Denkens und der geistigen Arbeit meiden. Die in Christus offenbarte Weisheit Gottes kann nur durch die Annahme des „törichten" Wortes vom Kreuz im Glauben ergriffen werden. So wird der Mensch wirklich weise, weil er die Grenzen alles menschlichen Wissens beachtet und in Christus mit Gott als dem Ursprung der Weisheit verbunden wird. Der V. 19 a ist eine 19
knappe Zusammenfassung der Ausführungen von 1,18–25 und bildet die sachliche Voraussetzung für die Kritik des menschlichen Selbstruhms. Für die These, daß die Weisheit dieser Welt Torheit bei Gott ist, führt Paulus, seiner üblichen Argumentationsweise entsprechend, hier zwei Schriftbelege an. Das erste Zitat aus Hiob 5,13 sagt von Gott, daß er „Weise fängt in ihrer eigenen List". Paulus hat hier von der Septuaginta abweichend, vielleicht aus einer anderen Übersetzung, ein sehr anschauliches Verbum, das in etwa der deutschen Wendung entspricht: „jemanden beim Schopf packen." Gott ist so überlegen, daß die Menschen, die in ihrer eingebildeten Weisheit gegen Gott rebellieren, sich gleichsam selbst in die Falle hineinmanövrieren, die sie „schnappt". Im zweiten Zitat aus Ps 94,11 setzt der Apostel an Stelle von „die Gedanken 20
der Menschen" im Duktus seines Zusammenhangs „die Gedanken der Weisen". Mit diesen Worten hat Gott selbst in der heiligen Schrift bezeugt, daß die Weisheit dieser Welt vor Gott nicht bestehen kann. Aus diesem Tatbestand zieht Paulus die Folgerung in V. 21. Der griechische Satz kann sprachlich in 21
doppelter Weise interpretiert werden, entweder: „keiner rühme sich selbst vor dem Forum der Menschen" oder: „keiner mache viel Rühmens (= prahle) mit

Menschen". Die letztere Deutung fügt sich besser in den Zusammenhang der rühmenden Heraushebung von Gruppenhäuptern ein. Aber in der Sache besteht kein großer Unterschied, weil sowohl der Selbstruhm, der eingebildeter Weisheit entspringt, als auch das Rühmen anderer Menschen dem Grundsatz widerspricht, daß der Ruhm allein dem Herrn zukommt. Der Kampf gegen Menschenruhm und Personenkult ist zugleich ein Kampf für die Freiheit der Gemeinde. Paulus geht in V. 22 zu seiner abschließenden Stellungnahme über, in die er nochmals die Gruppenparolen einbezieht und sie im Licht der Glaubensfreiheit beurteilt. Nicht nur eine auserwählte Gruppe, sondern alle Christen gehören Jesus Christus an, den Gott zum Herrn über alle Mächte erhöht hat (Phil 2,9ff.). In der Bindung an diesen Herrn ist die Freiheit der Glaubenden von allen Mächten und Gefährdungen dieser Welt begründet. Darum gilt uneingeschränkt: „alles ist euer." Es ist wahrscheinlich, daß Paulus hier eine Maxime der stoischen Philosophie aufgreift, wonach der Weise ein König und Herr aller Dinge ist; aber Paulus füllt diesen Grundsatz vom Glauben an den gekreuzigten und erhöhten Christus aus mit einem neuen Inhalt. Der stoische Weise erreicht seine Unerschütterlichkeit gegenüber den Mächten der Welt durch bewußten Rückzug auf seine Innerlichkeit, weil die Vernunft letztlich nicht betroffen werden kann von dem, was von außen an sie herankommt. Der Apostel dagegen verankert die Freiheit der Glaubenden nicht in ihnen selbst, weder im Verstand noch im Willen noch im Gefühl, sondern in der Bindung an ihren Herrn, dem alle Macht gegeben ist im Himmel und auf Erden. Dieser Herr ist selbst durch Leiden und Anfechtung hindurchgegangen und hat durch seine Lebenshingabe die Gemeinschaft der Glaubenden mit Gott ermöglicht. Gott hat zu seinem Weg der dienenden Liebe Ja gesagt, sich identifiziert mit dem Gekreuzigten und ihn erhöht über alle überirdischen, irdischen und unterirdischen Mächte. Die stoische Maxime wird im Umfang nicht eingeschränkt, aber ganz anders verankert. Der Glaubende ist zwar der Gesetzmäßigkeit von Gegenwart und Zukunft, von Leben und Tod nicht entnommen, aber er ist durch die Vergebung seiner Schuld von seiner Vergangenheit befreit und hat in Christus eine Hoffnung, die auch der Tod nicht mehr zerstören kann. In dieser Freiheit des Glaubens hat einseitiger Personenkult keinen Platz in der Gemeinde. Die korinthische Gemeinde gehört keinem der Verkündiger zu eigen, die in ihr gewirkt haben; diese sind vielmehr Diener und Mitarbeiter Gottes, die mit ihren Gaben der Gemeinde dienen. Die Bindung an Christus bestimmt jedoch nicht nur das Verhältnis der Verkündiger zur Gemeinde, sondern auch die grundsätzliche Stellung der Christen zu den Strukturen dieser vergehenden Welt. Die Christen leben als Glaubende weiter in der „alten" Welt; sie werden aber nicht mehr beherrscht von den Mächten der Sünde und des Todes; sie ziehen sich auch nicht in die Innerlichkeit zurück, sondern sind durch ihren Herrn, der für die Menschen sein Leben hingab, befreit und berufen zum Dienst an der Welt und an den Menschen. Die Glaubenden gehören einem Herrn, der die Welt überwunden hat (vgl. Joh 16,33); in der Gemeinschaft mit diesem Herrn werden sie am Gericht über die Welt teilhaben

(1.Kor 6,2). – Der Abschluß der Kapitel 1–3 enthält in knapper Form denselben Triumph der Freiheit des Glaubens in Christus, die Paulus in Röm 8,38 f.
in einem Hymnus preist.

3. Paulus und die Gemeinde von Korinth 4,1–21

In Kapitel 3 hat der Apostel die Maßstäbe entfaltet, nach denen die Verkündiger des Evangeliums als Diener und Mitarbeiter Gottes beurteilt werden sollen. Diese Kriterien wendet er im folgenden auf sich selber (4,1–5) und auf die
korinthische Gemeinde (4,6–13) an. Am Schluß bezeugt er den Korinthern
seine Liebe als Vater der Gemeinde (4,14–23).

3.1 Kein vorzeitiges Urteil über Paulus! 4,1–5

1 So soll man uns ansehen: als Diener Christi und Verwalter der Geheimnisse
Gottes. 2 Nun wird von den Verwaltern nur verlangt, daß einer für treu befunden wird. 3 Mir aber macht es nicht das Geringste aus, daß ich von euch oder
einem menschlichen Gerichtstag beurteilt werde; ja, ich beurteile auch mich selbst
nicht. 4 Denn ich bin mir zwar keiner Schuld bewußt, aber damit bin ich noch
nicht gerechtfertigt; es ist vielmehr der Herr, der über mich das Urteil
fällt. 5 Darum urteilt nicht vor der Zeit über etwas, bis der Herr kommt: er
wird auch ans Licht bringen, was im Finstern verborgen ist, und wird die Pläne der
Herzen offenbar machen. Und dann wird einem jeden sein Lob zuteil werden von
Gott.

Vers 1: *3, 5*   Vers 3: *9, 3*   Vers 5: *Mt 7, 1.*

Paulus spricht zunächst noch im Wir-Stil von den Verkündigern des Evan- 1
geliums, aber V. 3 zeigt, daß er die richtige Beurteilung seines Dienstes als
Apostel im Auge hat. Die Ausführungen in 3,5–15 haben betont, daß die Verkündiger Diener und Mitarbeiter Gottes sind, über deren Werk erst im eschatologischen Gericht das letzte Wort gesprochen wird. Dementsprechend soll
jedermann Paulus und seine Mitarbeiter und überhaupt alle Verkündiger des
Evangeliums als „Diener Christi und Verwalter der Geheimnisse Gottes"
betrachten. Das hier für Diener gebrauchte griechische Wort (*hypērétēs*)
bezeichnet in der Regel einen Gehilfen, der jemand zur Hand geht, wie z.B.
Markus als Gehilfe des Paulus und des Barnabas auf die erste Missionsreise
mitgenommen wurde (Apg 13,5). Aber es hat an unserer Stelle denselben Sinn
wie Diener (*diákonos*) in 3,5; es unterstreicht die Verantwortlichkeit gegenüber dem Auftraggeber. Noch stärker kommt dieser Gesichtspunkt zum Ausdruck, wenn sich Paulus in seinen Briefpräskripten als „Sklave (*doulos*) Jesu
Christi" bezeichnet (Röm 1,1; Phil 1,1). Weil Gott seinen Heilsplan in Jesus
Christus offenbart hat, sind die Verkündiger des Evangeliums Diener Christi,
den sie als ihren Herrn bekennen, und handeln im Auftrag Gottes, der sich in

Christus den Menschen zugewendet hat. Als Verkündiger des Wortes vom Kreuz, in dem die verborgene „geheimnisvolle" Weisheit Gottes (2,7) offenbart ist, sind sie „Verwalter der Geheimnisse Gottes". Verwalter (*oikonómoi*) sind nicht selber Eigentümer von Häusern oder Gütern, sondern beauftragte Dienstleute, die ihrem Herrn Rechenschaft abzulegen haben. Bei der Verkündigung Jesu bestand das Geheimnis des Gottesreichs (Mk 4,11) in der Erkenntnis, daß in dem Wirken Jesu die zukünftige Gottesherrschaft schon jetzt nahekommt. Paulus blickt in der nachösterlichen Situation zurück auf die Sendung des irdischen Jesus und sieht in Kreuz und Auferstehung Jesu Christi die Geheimnisse Gottes zusammengefaßt. Die Verwaltung der Geheimnisse Gottes besteht nicht in einer über das Kreuz hinausgehenden besonderen Mysterienweisheit (vgl. 2,6–16), sondern in der Verkündigung des gekreuzigten und auferweckten Jesus Christus. Die stoischen Philosophen verstanden sich ebenfalls als Diener des Zeus, als Boten und Kundschafter der Gottheit und als Deuter des göttlichen Willens (Epiktet Diss III 22); aber das Selbstverständnis des stoischen Weisen hat schwerlich das apostolische Berufungsbe-

2 wußtsein des ehemaligen Pharisäers Paulus beeinflußt. Wenn es sich um Verwalter handelt, ist das für deren Tätigkeit übliche Kriterium anzuwenden. Paulus spielt hier auf einen sprichwortartigen Erfahrungssatz an, wonach allgemein von Verwaltern vor allem Zuverlässigkeit in der Ausführung ihres Auftrags gefordert wird. Dies ist keine geringe Forderung; es gibt zahlreiche Beispiele dafür, daß Verwalter durch Eigenmächtigkeit, Unterschlagung und Untreue ihr nicht gerecht geworden sind. Paulus spricht zwar nicht aus, setzt aber voraus, daß er den ihm bei seiner Berufung zuteil gewordenen Auftrag

3 (Gal 1,15 f.) treu erfüllt hat. In V. 3 gibt der Apostel dem Gedankengang eine neue Wendung, die über jenen allgemeinen Erfahrungssatz zwischenmenschlicher Beziehungen hinausführt: für die Beurteilung seines Dienstes als Apostel ist letztlich überhaupt kein Mensch zuständig, sondern nur der Herr, der ihn beauftragt hat, im eschatologischen Gericht. Paulus will damit nicht für sich als Apostel ein Sonderrecht beanspruchen und sich der für alle Verkündiger gültigen Prüfung und Verantwortung entziehen; er hebt vielmehr auf die Voraussetzungen für ein endgültiges und gerechtes Urteil ab. Sie sind in den Versen 3,13–15 bereits angedeutet, insofern der wahre Wert eines missionarischen Dienstes erst im Endgericht offenbar wird. Weil Menschen nur sehen, was vor Augen ist, der Herr aber auch die tiefsten Beweggründe des Herzens aufdecken wird, darum steht ihm allein das letzte Urteil über das apostolische Wirken des Paulus zu. Das Recht zu diesem Urteil kann Paulus weder der korinthischen Gemeinde noch einem anderen menschlichen Gericht zugestehen; deshalb ist es für ihn auch ganz unwichtig, wie sie über ihn urteilen; und darum verzichtet er auch selbst auf ein solches Urteil. Der Apostel argumentiert hier mit dem Unterschied von menschlichem und göttlichem Gericht, der schon den jüdischen Gelehrten geläufig war (Bill. III, S.336). Man braucht aus diesen Andeutungen nicht den Schluß zu ziehen, daß die Korinther Paulus vor ein offizielles Gericht stellen wollten, wenn dem Apostel auch nicht unbekannt

geblieben ist, daß manche Kreise in Korinth seinem Wirken kritisch gegenüberstanden und ihn zur Rechenschaft ziehen wollten. Der Akzent bei Paulus
liegt auf der grundsätzlichen Inkompetenz irgendeiner menschlichen Instanz
für ein letztgültiges Urteil über den apostolischen Dienst. Wie konsequent 4
Paulus die alleinige Zuständigkeit des Herrn auch auf seine eigene Person
anwendet, zeigt der nächste Satz: Paulus ist sich zwar keiner Untreue in der
Verwaltung seines Apostelamtes bewußt, aber er weiß, daß er damit noch nicht
gerechtfertigt ist, weil das letzte Urteil dem Herrn zusteht. Mit Kyrios meint er
den Herrn Jesus Christus, vor dessen Richterstuhl wir alle offenbar werden
müssen (2. Kor 5, 10). In Röm 2, 5 spricht Paulus mit alttestamentlichen Ausdrücken vom „gerechten Gericht Gottes". Wie Gott und Christus zwar als Personen unterschieden sind, aber in ihrem Heilswirken eine Einheit bilden, so gilt
dasselbe auch für das Handeln im eschatologischen Gericht. Gott hat die
Durchführung des Endgerichts gleichsam in die Hand seines Sohnes Jesus
Christus gelegt, der das letzte Urteil fällen wird über die Menschen, die er
durch seinen stellvertretenden Sühnetod aus der Macht der Sünde und des
Todes befreit hat. In dem griechischen Ausdruck „ich bin mir nichts bewußt"
klingt der Begriff „Gewissen" an, der kein direktes Äquivalent in der hebräischen Sprache hat. Paulus billigt dem Gewissen eine wichtige Bedeutung im
Verhalten der Menschen zu, wie vor allem aus Röm 2, 14–17 und 1. Kor 8–10
hervorgeht. Aber für Paulus ist das Gewissen kein absolutes Entscheidungsor-
gan, sondern gebunden an den Willen Gottes. Es macht dem Menschen
bewußt, wo er mit den ethischen Normen übereinstimmt oder von ihnen
abweicht; es ist nur eine kritisch urteilende und keine Recht setzende Instanz.
Wenn auch das Gewissen dem Apostel keine Schuld in seiner Amtsführung
vorwerfen kann, so ist er deshalb noch nicht gerechtfertigt, weil der Herr das
letzte Urteil zu sprechen hat, der die Voraussetzung für ein gerechtes und endgültiges Urteil besitzt. Christus wird sein Urteil bei der Parusie in Zukunft fäl- 5
len. Alle, auch die Pneumatiker, haben das eschatologische Gericht noch vor
sich; darum gilt: kein eigenmächtiges Richten vor der Zeit! Damit aktualisiert
Paulus das Wort Jesu aus Mt 7, 1: „Richtet nicht, auf daß ihr nicht gerichtet
werdet." Mit apokalyptisch klingenden Wendungen schildert der Apostel die
offenbarende Funktion des Weltrichters. Der wiederkommende Herr wird aufdecken, was im Finstern verborgen ist, und wird die tiefsten Regungen der
Herzen offenbar machen. Die zweite Aussage konkretisiert im Parallelismus
der Glieder, was die erste bildlich ausdrückt. Das alttestamentliche Motiv, daß
Gott in die Tiefe der Herzen sieht (1. Sam 16, 7; 1. Kön 8, 39; Weish 1, 6;
Sir 42, 18; vgl. 1. Thess 2, 4), ist hier eschatologisch verwendet. Im Endgericht
gibt es keine Möglichkeit der Verdunkelung der Tatbestände mehr wie in weltlichen Gerichten, weil die wahren Motive der Menschen ans Licht kommen. Im
hellenistisch-römischen Reich gab es den Brauch, politisch verdienten Männern ein öffentliches Lob auszusprechen; auch dies sind nur vorläufige Urteile
von Menschen. Entscheidend ist das Lob, das von Gott kommt, wie das
bewußt an den Schluß gestellte „von Gott" betont. Dieses Lob wird im Endge-

richt ergehen, wenn die Gesamtheit des menschlichen Handelns überschaut werden kann. Paulus vertraut in zuversichtlichem Glauben darauf, daß Gott kein kärglicher Dienstherr ist und die Arbeit der Verkündiger des Evangeliums voll anerkennen wird. Wenn Paulus an dieser Stelle nur von Lob und nicht auch von Tadel oder Strafe (vgl. 3, 13) spricht, so kommt darin zum Ausdruck, wie sehr er ganz aus der Situation und Perspektive des treuen Haushalters über Gottes Geheimnisse auf das Endgericht vorausblickt.

3.2 Geistliche Überheblichkeit als Gegensatz zur Kreuzesnachfolge 4, 6–13

Mit der neuen Anrede „Brüder" geht Paulus von den Verkündigern der Christusbotschaft zur Gemeinde über und wendet nun die in Kapitel 3 herausgestellten Maßstäbe auf die korinthischen Verhältnisse an. Hierbei benützt er zur Brandmarkung des geistlichen Hochmuts der Korinther das Mittel der Kontrastierung und stellt der Überheblichkeit der korinthischen Gemeinde die Leidensexistenz der Apostel gegenüber.

3.2.1 Gegen die Überheblichkeit der Korinther 4, 6–10

6 Dies aber, Brüder, habe ich auf mich und Apollos bezogen um euretwillen, damit ihr an uns (die Regel) lernt: Nicht über das hinaus, was geschrieben steht!, damit sich keiner (von euch) für den einen gegen den andern aufblase.   7 Denn wer gibt dir einen Vorrang? Was hast du, das du nicht empfangen hast? Wenn du es aber empfangen hast, was rühmst du dich dann, als hättest du es nicht empfangen?   8 Ihr seid schon satt geworden, ihr seid schon reich geworden, ohne uns seid ihr zur Königsherrschaft gelangt! Ja, träfe es nur zu, daß ihr zur Herrschaft gelangt seid, damit auch wir mit euch herrschen könnten!   9 Denn ich meine, Gott hat uns Apostel auf den letzten Platz gestellt, wie zum Tode Verurteilte. Denn wir sind zum Schauspiel geworden für die Welt, für Engel und Menschen.   10 Wir sind töricht um Christi willen, ihr aber seid klug in Christus; wir (sind) schwach, ihr aber (seid) stark; ihr (seid) geehrt, wir aber (sind) verachtet.

Vers 6: *Röm 12, 3*   Vers 10: *Jes 5, 21.*

6   Paulus greift jetzt wieder zurück auf 3, 5 ff., wo er von sich und Apollos mit den Bildern vom Pflanzen und Begießen sprach, die Abhängigkeit des Wachstums vom Wirken Gottes betonte und die Verantwortlichkeit der Verkündiger im letzten Gericht einschärfte. Die Aussagen im ganzen Abschnitt gelten für alle Verkündiger, aber Paulus hat um der Korinther willen sich selbst und Apollos als Beispiele herausgegriffen, damit der Gemeinde seine Warnung vor der Gruppenbildung möglichst konkret und anschaulich zum Bewußtsein gebracht wird. Die Korinther sollen am Verhältnis von Paulus und Apollos die Sinnlosigkeit und Schriftwidrigkeit der exklusiven Heraushebung von einzelnen Verkündigern lernen. In der etwas verschachtelten Ausdrucksweise des

zweiten Finalsatzes: „damit sich keiner für den einen gegen den andern aufblase" wird sowohl der Tatbestand erfaßt, daß manche Korinther für den einen
Lehrer gegen den andern Partei ergreifen, als auch das Urteil des Paulus zur
Geltung gebracht, der jedes Rühmen von Menschen als Aufgeblasenheit verwirft. Der Apostel deckt hier die geistliche Überheblichkeit der Korinther als
tiefste Wurzel der Parteibildung auf. In diesem Sinn ergibt sich ein geschlosse-
ner Gedankengang, auch wenn der erste Finalsatz nicht berücksichtigt wird.
Für das als Devise formulierte Sätzchen: „Nicht über das hinaus, was geschrieben steht!" ist bis heute keine allgemein überzeugende Deutung gefunden. Der
Sinn ist am besten aus den von Paulus angeführten alttestamentlichen Schriftstellen in der bisherigen Darlegung (1,19.20.31; 2,9.16; 3,19f.) zu erheben.
Mit diesen Zitaten hat Paulus seine These gestützt, daß Gott das Heil nicht auf
die Weisheit der Welt, sondern auf den gekreuzigten Christus gegründet hat,
und damit polemisierte der Apostel gegen den Gruppenstreit in Korinth. Paulus und Apollos haben den vom Alten Testament verheißenen Christus
(2.Kor 1,20) gepredigt. Wenn also die Korinther in ihrem Weisheitsstreben
über die Predigt dieser Verkündiger hinausgehen, dann werden sie nicht nur
der paulinischen Botschaft, sondern auch dem alttestamentlichen Schriftzeugnis untreu, das Menschenruhm verwirft; an Paulus und Apollos sollen sie lernen, die Grenzen des Schriftzeugnisses nicht zu überschreiten und die Verherrlichung von Menschen zu unterlassen. Der bestimmte Artikel vor der Wendung: „Nicht über das hinaus, was geschrieben steht!" legt nahe, daß es sich um
ein in Korinth bekanntes Schlagwort handelt, sei es, daß die Korinther in Ver-
kennung der echten christlichen Freiheit ihr schwärmerisches Freiheitsbewußtsein in die Kampfparole gefaßt haben: „Hinaus über das, was geschrieben
steht!" (A. Schlatter, S. 153 f.), oder daß Paulus selbst mündlich in Korinth vor
der Übertretung des Schriftzeugnisses gewarnt hatte. In V. 7 redet der Apostel 7
mit einer Kette von drei Fragen die Verehrer der Gruppenhäupter direkt an,
die einen Verkündiger auf den Schild heben und den andern herabsetzen, um
sich auf diese Weise selbst über die Anhänger des anderen zu erheben. Wer
zeichnet dich denn aus? Das griechische Wort heißt eigentlich „unterscheiden"; das Unterscheiden vom andern bedeutet hier „einen Vorrang einräu-
men" (vgl. Apg 15,9). Die erwartete Antwort „niemand" zeigt, daß es kein
wirklicher, sondern nur ein eingebildeter Vorrang ist. Die verschiedene Zuteilung der Gaben ist kein begründeter Anlaß zur Parteibildung in der Gemeinde.
Die zweite Frage unterstreicht, daß alles, was der Mensch hat, seien es natürliche Talente oder Geistesgaben (Charismen), nicht eigene Verdienste sind, sondern Gnadengeschenke Gottes. Es besteht immer wieder die Gefahr, daß die
Freude am Besitzen und Gebrauchen der Gaben den Geber vergessen läßt. Die
dritte Frage wendet die Konsequenz aus den beiden vorausgehenden zu einem
Vorwurf gegen jede Art von Selbstüberhebung. Wenn es wirklich so steht, daß
du alles empfangen hast, warum rühmst du dich dann, als hättest du es nicht
empfangen? Ab V. 8 stellt Paulus in zwei Gängen (V. 8 u. V. 9/10) der schwär- 8
merischen Selbsteinschätzung der Korinther die Verachtung der Apostel in die-

ser Welt gegenüber. Das enthusiastische Hochgefühl der Korinther wird mit drei knapp geformten Sätzen beschrieben. Manche Ausleger verstehen sie als rhetorische Fragen; aber der von Paulus beabsichtigte Vorwurf kommt noch schärfer zum Ausdruck, wenn man sie als ironisch gemeinte Aussagesätze faßt. Geistliche Sattheit, Reichtum und Herrschaft kennzeichnen einen Vollendungszustand, in dem der Mensch bereits am Ziel ist und nichts mehr braucht. Die Korinther wähnen, durch den Besitz des Geistes bereits in der eschatologischen Herrschaft zu leben und den Schranken der irdisch-geschichtlichen Welt entronnen zu sein. Der dritte Ausdruck „herrschen" zeigt an, daß sie glauben, bereits an der Königsherrschaft Gottes teilzuhaben, in der sie mit dem Messias Jesus Christus herrschen. Die Korinther unterscheiden nicht mehr zwischen Kirche und Reich Gottes, zwischen Glauben und Schauen (2.Kor 5,7), und ziehen die Zukunftshoffnung ganz in die Gegenwart herein; infolge ihres schwärmerischen Geistverständnisses schalten sie den Zeitfaktor aus der Zukunftshoffnung aus (präsentische Eschatologie) und wähnen sich bereits am Ziel. Dabei übersehen sie, daß sie das eschatologische Gericht noch vor sich haben. Demgegenüber betont der Apostel, auch wenn er in der Naherwartung lebt, das „Noch nicht" der leiblichen Auferstehung, die erst in der Zukunft bei der Parusie Christi erfolgt. Paulus, der den Glaubenden als einen Läufer beschreibt, der noch auf der Strecke unterwegs ist (Phil 3,12–14), bekämpft die unerlaubte Vorwegnahme der zukünftigen Herrlichkeit in Korinth als Überheblichkeit und Schwärmerei, weil sie die geschichtliche Wirklichkeit überspringt. Das „ohne uns" des Apostels weist auf den wahren Standort hin. Mit bitterer Ironie fügt er hinzu: Ja, wenn es nur so wäre, daß ihr zur Herrschaft gelangt seid, dann könnte auch ich mit euch an der zukünftigen Herrlichkeit teilnehmen und wäre den Mühen und Leiden des Apostelamtes entronnen! Er gründet seine eigene Zukunftserwartung auf die Zugehörigkeit zum gekreuzigten und verherrlichten Jesus Christus, mit dem die, die mit ihm leiden, auch zur Herrlichkeit erhoben werden (Röm 8,17). Die Gegenwart ist noch die Zeit der Kreuzesnachfolge; den Beginn der eschatologischen Vollendung bestimmt der Herr. Dem Menschen ist der eigenmächtige Vorgriff in die zukünftige Herrlichkeit verwehrt.

9   In V.9 schildert Paulus die wirkliche Situation der Apostel in der Welt; dabei hat er wohl vor allem seine eigenen Erfahrungen im Blick. Was von den Aposteln gesagt ist, gilt in einem weiteren Sinn von allen Christen, die sich nicht dieser Welt gleichstellen (Röm 12,2). Die als persönliche Meinung des Paulus eingeführte Aussage greift auf den Gegensatz der Kreuzesbotschaft zur Weisheit dieser Welt zurück. Gott hat die Apostel auf den letzten Platz gestellt; sie gleichen Menschen, die zum Tod verurteilt sind. Damit vergleicht Paulus die Verkündiger des Wortes vom Kreuz mit den Gladiatoren, die in der Arena als zum Tod Geweihte kämpfen und dem sensationshungrigen Publikum ein Schauspiel bieten. Die Verkündigung der Apostel geht alle an; der ganze aus Engeln und Menschen bestehende Kosmos verfolgt den Kampf dieser Boten

10 Gottes, die einen Gekreuzigten als Retter verkündigen. Diesem Bild der ver-

achteten Apostel werden in V. 10 mit „wir" und „ihr" die auf ihren Geistbesitz stolzen Korinther in eindrucksvollem Kontrast gegenübergestellt. Paulus nimmt hier die drei Motive Weisheit, Kraft und Ehre auf, mit denen in 1, 26 die soziologische Zusammensetzung der Gemeinde beschrieben war; jetzt dienen die Begriffe zur Charakterisierung der religiösen Überheblichkeit. Paulus und die anderen Apostel sind Toren um Christi willen; das gilt vor dem Forum der weltlichen Weisheit, die Gottes Weisheit im Kreuz Christi nicht erkennt. Die Korinther sind klug in Christus; in Wirklichkeit „halten sie sich selbst für klug" (Jes 5, 21) und verleugnen damit die Weisheit Gottes. Die Apostel sind schwach und verachtet; die Korinther dagegen sind stark und geehrt. Die Ironie liegt darin, daß Paulus auf diese Weise die vermeintlichen Vorzüge der Korinther als das Gegenteil der Kraft und Herrlichkeit Gottes aufweist.

3.2.2 Die Leidensexistenz der Apostel 4, 11–13

11 Bis zur jetzigen Stunde leiden wir Hunger und Durst und Blöße und werden mißhandelt und haben keine feste Bleibe (sind unstet) 12 und mühen uns ab mit unserer (eigenen) Hände Arbeit. Man schmäht uns, so segnen wir; man verfolgt uns, so dulden wir; 13 man beschimpft uns, so trösten wir. Wir sind gleichsam zum Abschaum der Welt geworden, zum Kehricht aller, bis heute.

Vers 11: *2.Kor 11,27; Mt 8,20*   Vers 12: *Mt 5,44; Lk 6,28.*

Die ohne Konjunktion angeschlossenen letzten Verse bringen eine konkrete Beschreibung der apostolischen Mühen und Leiden. Der Anschluß ist durch die umgestellte Reihenfolge „ihr" – „wir" im letzten Glied von V. 10 vorbereitet. Der kurze Abschnitt bildet formal einen sog. Peristasenkatalog, eine Aufzählung von Nöten und Gefahren, in denen sich der Wanderprediger zu bewähren hat (vgl. die anderen Kataloge in 2.Kor 4, 7–10; 6, 9.10; 11, 23–33). Die Verse 12 b und 13 a sind antithetisch gestaltet; zwei anschauliche Bilder schließen in V. 13 b die Darstellung wirkungsvoll ab. Die Aufzählung 11 beschreibt hauptsächlich das an Mühen und Gefahren reiche Leben des Paulus auf seinen Missionsreisen. Im Unterschied von den anderen Aposteln nahm er keinen Unterhalt von den Gemeinden an und arbeitete z. B. in Korinth bei Priska und Aquila in seinem Beruf als Zeltmacher (Apg 18, 3; vgl. 1.Thess 2, 9). Er hatte – ähnlich dem Menschensohn Mt 8, 20 – keine feste Bleibe, wurde mißhandelt und verfolgt und war oft Hunger, Durst und dem Mangel an Bekleidung unterwegs ausgesetzt. Eine noch ausführlichere Aufzählung gibt Paulus in 2.Kor 11, 23–33. In den Antithesen in V. 12 b und 13 a klingen Worte 12 Jesu an (vgl. Lk 6, 28; Mt 5, 44). Wozu der Apostel in der Nachfolge Jesu die Christen in Röm 12, 14.20 ermahnt, das hat er selbst in seinem Leben bewährt. Die griechischen Ausdrücke für „Abschaum" und „Kehricht" am Ende des 13 Abschnitts sind als Schimpfwörter für ganz elende und verachtete Menschen gebraucht worden (vgl. etwa unsere herabsetzende Redensart: „der letzte Dreck"). Paulus unterstreicht mit diesen kräftigen Bildern den Kontrast zu dem schwärmerischen Hochgefühl der Korinther. In theologischer Hinsicht zeigen die Peristasenkataloge, daß die Existenz der Prediger des Wortes vom Kreuz sich nicht trennen läßt vom Inhalt ihrer Verkündigung. „Christus erkennen" heißt nach Phil 3, 10, die Gemeinschaft seiner Leiden und die Kraft seiner Auferstehung im eigenen Leben erfahren. „Der Jünger steht nicht über dem Meister und der Knecht nicht über seinem Herrn" (Mt 10, 24). Die apostolische Existenz vollzieht sich in der Nachfolge des Gekreuzigten; die „Erweisung des Geistes und der Kraft" (1. Kor 2, 4) bei Paulus steht im Gegensatz zu der geistlichen Überheblichkeit der Korinther.

3.3 Paulus der Vater der Gemeinde in Korinth 4, 14–21

3.3.1 Ermahnung aus Liebe 4, 14–17

14 **Nicht um euch zu beschämen schreibe ich dies, sondern um euch als meine geliebten Kinder zu ermahnen.** 15 **Denn wenn ihr auch zehntausend Erzieher hättet in Christus, so (habt ihr) doch nicht viele Väter; denn in Christus Jesus habe ich euch gezeugt durch das Evangelium.** 16 **Darum ermahne ich euch: Haltet euch an mein Vorbild!** 17 **Aus demselben Grund habe ich Timotheus zu euch gesandt, der mein geliebtes und treues Kind ist in dem Herrn; er wird euch erinnern an meine Weisungen (Wege) in Christus Jesus, wie sie überall in jeder Gemeinde lehre.**

Vers 15: *Gal 4, 19*   Vers 16: *11, 1.*

14   Paulus schlägt nun zum Schluß eine freundliche Tonart an. Seine Absicht bei der harten Kritik der Überheblichkeit war nicht, die Korinther zu demütigen und zu beschämen, sondern sie aus Liebe zu ermahnen. Denn als Gründer der Gemeinde steht er in einer einzigartigen Beziehung zu ihr: er ist der geistliche Vater der Gemeinde, der sie durch das Evangelium für den Glauben an Christus gewonnen hat und deshalb in väterlicher Fürsorge seinen geliebten Kin-
15 dern zurechthelfen will. Paulus hebt das Verhältnis des Vaters zu seinen Kindern scharf ab von dem des Erziehers (Pädagogen) zu den ihm anvertrauten Zöglingen. Der *paidagōgós* war im Altertum nicht in erster Linie Lehrer und Erzieher, wie dies für den heutigen Begriff des Pädagogen gilt, sondern ein ziemlich ungebildeter Aufseher; es war meistens ein Sklave, der die Knaben vom 6. Lebensjahr an bis zur Mannbarkeit zu beaufsichtigen und in äußerer Ordnung zu halten hatte. Paulus bezieht den etwas abschätzigen Begriff wohl kaum direkt auf den nach ihm lehrenden Apollos; er redet hier in mehr allgemeiner Weise. Hättet ihr auch noch so viele andere Erzieher oder Aufseher in Christus, so habt ihr doch nur einen Vater! Wie der Mensch im biologischen Sinn nur einen Vater hat, so gilt dies ähnlich im geistlichen Sinn für eine Gemeinde. Die gefährliche Gruppenbildung in Korinth kann die Tatsache nicht außer Kraft setzen, daß Paulus die Gemeinde gegründet hat. Paulus bezeichnet sich hier als den Vater der Gemeinde, der sie durch das Evangelium

gezeugt hat; er kann für sein Verhältnis zur Gemeinde auch das Bild der Mutter verwenden, die unter Schmerzen Kinder gebiert (Gal 4, 19) und sie pflegt (1. Thess 2, 7). Die Mahnung in V. 16, die wörtlich lautet: „Werdet meine Nach- 16 ahmer!", bedeutet, daß die Korinther sich Paulus als den Verkündiger und Nachfolger des gekreuzigten und auferweckten Jesus Christus zum Vorbild nehmen sollen (vgl. 1. Kor 11, 1).

Von diesem Zusammenhang aus enthält der V. 16 den mahnenden Aufruf an die korinthische Gemeinde, abzulassen von ihrem hochfahrenden Weisheitsstreben und Ernst zu machen mit der Kreuzesnachfolge. Wie der Apostel jetzt 17 aus Liebe mahnt, so hat er aus demselben Grund schon früher seinen treuesten Mitarbeiter (Phil 2, 20) und Helfer bei der Gemeindegründung (1. Thess 3, 2), Timotheus, nach Korinth gesandt. Bei der Abfassung des Briefs war dieser offenbar schon unterwegs, sonst hätte ihn Paulus doch wohl im Präskript als Mitabsender erwähnt. Timotheus soll die Gemeinde im Glauben stärken durch die Erinnerung an das von Paulus verkündigte Evangelium. Die Bezeichnung „Wege in Christus Jesus" für die Weisungen des Paulus ist durch die jüdische Tradition bestimmt, wonach das ganze Leben durch die Auslegung der Tora (Halacha) geregelt wird. Die christliche Botschaft wurde in der Frühzeit der Kirche „Weg des Herrn" (Apg 18, 25) genannt. Nach Apg 16, 1 war Timotheus seit dem Besuch in Lystra in der Begleitung des Apostels auf der zweiten Missionsreise und kannte deshalb die Weisungen, die Paulus überall in den Gemeinden Kleinasiens und Griechenlands gegeben hatte.

3.3.2 Ankündigung des Besuchs 4, 18–21

18 Es haben aber einige den Mund voll genommen, als würde ich (selbst) nicht zu euch kommen. 19 Ich werde aber, wenn der Herr will, (recht) bald zu euch kommen und in Erfahrung bringen, wie es nicht mit dem Reden, sondern mit der Kraft bei diesen Aufgeblasenen steht. 20 Denn das Reich Gottes steht nicht in Worten, sondern in Kraft. 21 Was wollt ihr? Soll ich mit dem Stock zu euch kommen oder mit Liebe und im Geist der Sanftmut?

Vers 19: *16, 8* Vers 20: *2, 4* Vers 21: *2. Kor 13, 10.*

In Korinth hat es offenbar eine Diskussion darüber gegeben, ob ein in Aus- 18 sicht stehender Besuch des Paulus tatsächlich zustande kommt. Einige Kritiker des Apostels scheinen das Gerücht verbreitet zu haben, daß er nicht kommen werde, weil auf ihn kein Verlaß sei, vielleicht auch mit dem Vorwurf, daß er sich nicht mehr traue. Diesem böswilligen Gerede konnte die inzwischen erfolgte Sendung des Timotheus an Stelle eines eigenen Besuchs des Paulus noch Nahrung geben. Deshalb stellt der Apostel gegenüber diesen Verleum- 19 dungen mit aller Bestimmtheit seinen baldigen Besuch in Korinth in Aussicht. Der Zusatz: „wenn der Herr will" soll nichts von der festen Zusage abbrechen, er will nur klarstellen, daß ein eventuelles Scheitern nicht der mangelnden Bereitschaft des Paulus, sondern dem Eingreifen des Herrn zuzuschreiben ist.

Nach 1. Kor 16, 8 will Paulus noch bis Pfingsten in Ephesus bleiben (s. Einl. S. 7 f.). Diese Angabe braucht aber nicht als unvereinbar mit 4, 19 verstanden zu werden, wenn die Frontstellung des Apostels in unserem Abschnitt beachtet wird. Mit „bald" will Paulus in 4, 19 keine genaue Zeitangabe machen, sondern nur die *Gewißheit* seines Kommens unterstreichen. Deshalb enthalten die beiden Stellen keinen zwingenden Grund für eine Aufteilung des Briefs. Wenn Paulus nach Korinth kommt, will er prüfen, wieviel Kraft hinter dem aufgeblasenen Reden der korinthischen Enthusiasten steckt. Wie aus dem folgenden Vers hervorgeht, geht es um die Frage, wie sich die Herrschaft Gottes bei den Glaubenden in der Gegenwart auswirkt. Die Schwärmer glauben, durch den in der Taufe empfangenen Geist bereits mit Christus zu herrschen (4, 8). Aber deckt sich dieser Anspruch mit ihrer wirklichen Lage, da sie doch noch im irdischen Leib leben und das eschatologische Gericht vor sich haben? Paulus will bei seinem Besuch in Korinth die Haltlosigkeit der großen Worte seiner Kriti-

20 ker aufdecken. An den Gegensatz von Wort (*lógos*) und Kraft (*dýnamis*) schließt der Apostel begründend eine sentenzartige Aussage über das Reich Gottes an. Dabei wird keine vollständige Beschreibung gegeben, sondern nur ein gegen ein schwärmerisches Verständnis gerichteter charakteristischer Zug herausgehoben. „Das Reich Gottes steht nicht in Worten, sondern in Kraft." Der Ausdruck „in Worten" ist hier im Zusammenhang mit dem aufgeblasenen Reden der paulinischen Gegner negativ bestimmt und kommt Worten der Weisheit dieser Welt gleich. Paulus bestreitet mit diesem Satz nicht, daß die Kirche aus dem Wort von der Versöhnung lebt und daß die Verkündigung des Reiches Gottes in Erweisung des Geistes und der Kraft (2, 4) geschieht. Der Zentralbegriff der Verkündigung Jesu, „Reich Gottes" oder „Herrschaft Gottes" (*basileía tou theou*), kommt bei Paulus relativ selten vor; er kann ihn sowohl im futurischen (1. Kor 6, 9; 15, 50; Gal 5, 21) wie im präsentischen Sinn (1. Kor 4, 20; Röm 14, 17) verwenden. Wie für Jesus ist die Königsherrschaft Gottes auch für Paulus primär eine zukünftig-eschatologische Größe; da aber die Glaubenden sich jetzt schon am Herrn des zukünftigen Gottesreiches orientieren, wirkt dieses bereits in die Gegenwart herein.

21   Paulus schließt mit einer Warnung ab, die ihm ein strenges Eingreifen in der Gemeinde ersparen soll. Die leicht ironische Alternativfrage, ob er mit dem Stock oder mit Liebe kommen soll, läßt die Entschlossenheit zum Handeln durchschimmern; sie knüpft an die Bilder vom Pädagogen und vom Vater (4, 15) an und zeigt, daß Paulus als Vater zur Gemeinde kommen will. Dem Vater steht beides zu, die liebevolle Behandlung der Kinder und die Bestrafung, wobei die letztere ebenfalls aus väterlichem Herzen kommt. Jetzt liegt es ganz am Verhalten der Korinther, wie der Apostel bei seinem Besuch in Korinth auftreten muß.

Damit ist der erste Hauptteil des Briefes abgeschlossen; er ist durchgängig geprägt vom Gegensatz der Weisheit dieser Welt zum Wort vom Kreuz, in deren Rahmen Paulus die Gruppenbildung in Korinth theologisch bekämpft.

Zweiter Hauptteil:

Sittliche Mißstände in der Gemeinde 5, 1–6, 20

Der neue Hauptteil setzt ohne verbindende Partikel ein und behandelt verschiedene Fälle von sittlichen Mißständen in der Gemeinde von Korinth, wobei das Thema Unzucht vorherrscht, das mit den Abschnitten 5, 1–13 und 6, 12–20 das Problem des Rechtsverzichts in 6, 1–11 umrahmt. Wenn auch kein direkter Zusammenhang mit dem korinthischen Weisheitsstreben in Kapitel 1–4 genannt ist, so zeigen die aufgegriffenen Fälle doch mit aller Deutlichkeit, wie wenig die Korinther Grund haben, auf ihre angebliche „Weisheit" stolz zu sein. Unbewältigte Reste der heidnischen Lebensweise haben wohl im Zusammenwirken mit dem übersteigerten pneumatischen Freiheitsbewußtsein der Korinther zu den Mißständen in der Gemeinde geführt. Die sittlichen Mißstände sind auf alle Fälle Verstöße gegen die Heiligkeit der Gemeinde. In 3, 16 f. war die Gemeinde als Tempel Gottes angesprochen, und der Tempel Gottes ist heilig. Ging es dem Apostel in den Kapiteln 1–4 vorwiegend um die *Einheit* der Gemeinde, so legt er in dem neuen Hauptteil den Nachdruck auf die *Heiligkeit* der Gemeinde.

1. Warnung vor Unzucht 5, 1–13

1.1 Ein Fall von grober Unzucht 5, 1–5

1 Überhaupt hört man von Unzucht unter euch, und zwar von einer solchen Unzucht, wie es sie nicht einmal unter den Heiden gibt: daß einer die Frau seines Vaters hat.   2 Und da seid ihr aufgeblasen und seid nicht vielmehr traurig geworden, damit der aus eurer Mitte entfernt worden wäre, der diese Tat begangen hat?   3 Ich nämlich, der ich zwar nicht leiblich bei euch bin, doch mit dem Geist, habe schon, als wäre ich persönlich anwesend, das Urteil gefällt über den, der dies so getan hat: 4 in dem Namen unseres Herrn Jesus sollt ihr, wenn ihr versammelt seid und mein Geist samt der Kraft unseres Herrn Jesus bei euch ist, diesen Menschen dem Satan übergeben zum Verderben des Fleisches, damit sein Geist gerettet werde am Tage des Herrn.

Vers 1: *3.Mose 18, 8; 20, 11*   Vers 4: *Mt 18, 18*   Vers 5: *1.Tim 1, 20.*

Die antiken Juden betrachteten die Unzucht als das Kardinallaster der Heiden und verstanden sie als eine Folge des Götzendienstes. In der jüdisch-hellenistischen Weisheitstradition bildet der Zusammenhang von Götzendienst und Sittenverderbnis einen geläufigen Topos (Weish 14). Auch die Urchristenheit verwarf die Unzucht als Verstoß gegen die Heiligkeit der Gemeinde Gottes. Darum enthalten fast alle sog. Lasterkataloge eine Warnung vor der Unzucht, meistens an erster Stelle (1.Kor 6, 9; Gal 5, 19). Im vorliegenden Abschnitt handelt es sich um einen außergewöhnlichen Fall von besonders schwerer Unzucht, wie sie selbst bei den Heiden unerhört ist und deshalb auch eine besondere Art

1–5

der Ahndung erfordert. Der Ausschluß des Übeltäters aus der Gemeinde ist
nicht einfach ein juristisches Verfahren, sondern eine gottesdienstliche Handlung nach dem heiligen Gottesrecht, die in den Bereich von Segen und Fluch
gehört. Zum Verständnis dieses vom Apostel beschlossenen Verfahrens ist es
notwendig, den Gemeindebegriff des alttestamentlichen Gottesvolkes als Hintergrund heranzuziehen. Geschieht in Israel eine schwere Sünde, dann betrifft
dies die ganze Gemeinschaft, weil dadurch das Bundesverhältnis zwischen Gott
und dem Volk gestört ist. Die Ausstoßung des Sünders aus der Gemeinde und
seine Hinrichtung haben in Israel den Sinn, das gestörte Bundesverhältnis wiederherzustellen. Nach 3. Mose 18, 8 und 20, 11 soll der Geschlechtsverkehr mit
der Frau des Vaters mit dem Tod der beiden Beteiligten bestraft werden. In
5. Mose 17, 5–7 wird die Durchführung der Todesstrafe für schwere Verstöße
geregelt: „dann sollst du jenen Mann und jene Frau, die so Schlimmes getan
haben, zu deinen Toren hinausführen, den Mann oder die Frau, und sie zu
Tode steinigen. Auf die Aussage zweier oder dreier Zeugen soll der zum Tode
Verurteilte getötet werden; auf die Aussage nur eines Zeugen darf er nicht
getötet werden. Zuerst sollen die Zeugen Hand an ihn legen, um ihn zu töten,
hernach erst das ganze Volk. So sollst du das Böse aus deiner Mitte austilgen"
(Übers. Jerusalemer Bibel). Paulus versteht die christliche Gemeinde ebenfalls
als eine Einheit vom Leib-Christi-Gedanken her, nicht nur als eine Summe von
Individuen, aber der Apostel verfährt als ein im Gesetz Christi Gebundener
(Gal 6, 2) nicht wörtlich nach dem alttestamentlichen Gesetz, sondern trägt der
Heilstat Gottes in Christus Rechnung. Er verfährt nach dem Grundsatz, der
für die schlechten Missionsarbeiter in 1. Kor 3, 15 gilt: der Täter soll gerettet
werden, doch nur so „wie durchs Feuer hindurch". Allerdings besteht der
Unterschied, daß es sich dort um das eschatologische Gerichtsfeuer handelt,
während hier das Verderben des Fleisches eine zeitliche Strafe ist, die der Rettung im Endgericht dienen soll (vgl. 11, 31 f.).

1   Mit dem einleitenden „überhaupt" weist Paulus vorwurfsvoll auf einen Tatbestand hin, der im krassen Widerspruch zur Aufgeblasenheit der Korinther
steht. Mit dem Vorwurf gegen Unzucht allgemein zielt er bereits auf den speziellen Fall von so schwerer Unzucht, wie sie selbst bei den Heiden unerhört
ist. Paulus hat in Ephesus von diesem Fall erfahren; von wem, ist nicht gesagt,
wahrscheinlich weder von den Leuten der Chloë noch von den bei Paulus
befindlichen Gemeindevertretern; sonst wären diese doch wohl genannt. Welche Art von schwerer Unzucht vorliegt, läßt sich aus der Angabe des Paulus,
„daß einer die Frau seines Vaters hat", nicht ganz eindeutig klarstellen. Der
Wortlaut läßt eine doppelte Annahme zu: einerseits eine Ehe mit der leiblichen
Mutter oder mit der Stiefmutter nach Tod bzw. Scheidung des Vaters, andererseits ein nicht legalisiertes sexuelles Verhältnis mit der leiblichen Mutter oder
der Stiefmutter nach Tod bzw. Scheidung des Vaters oder schon bei bestehen-
der Ehe des Vaters. Die Wendung „haben" weist auf längere Zeit hin, auf eine
Ehe oder eine länger andauernde Geschlechtsgemeinschaft. Der Geschlechtsverkehr mit der leiblichen Mutter war in der ganzen antiken Welt verpönt,

unabhängig davon, ob der Vater noch lebte oder nicht. Da der Ausdruck „Frau des Vaters" (3.Mose 18,8; 5.Mose 27,20) sowohl in der hebräischen wie in der griechischen Bibel die Stiefmutter im Unterschied von der leiblichen Mutter bezeichnet, hat Paulus wohl ein geschlechtliches Verhältnis mit der Stiefmutter im Auge. Viele Ausleger denken an eine Ehe des betreffenden Gemeindeglieds mit der verwitweten oder geschiedenen zweiten Frau des Vaters, also an eine Ehe mit der frei gewordenen Stiefmutter. Nun ist die Ehe mit der Stiefmutter zwar im jüdischen und römischen Recht verboten, nicht jedoch in dem für Korinth gültigen griechisch-hellenistischen Recht, weshalb die Rabbinen bei Proselyten ausnahmsweise auch solche Ehen zuließen. Aber angesichts der Außerordentlichkeit des Falls und der strengen Ahndung des Fehltritts ist m.E. ein geschlechtliches Verhältnis mit der Stiefmutter, vielleicht sogar bei Lebzeiten des Vaters, wahrscheinlicher als eine Ehe. Paulus macht nur den Mann verantwortlich; möglicherweise gehörte die Frau gar nicht der Gemeinde an, da Paulus in 1.Kor 7 Mann und Frau als gleichberechtigte Partner behandelt. Der Apostel verurteilt diesen schweren Unzuchtsfall mit aller Schärfe, aber er richtet seinen Vorwurf in erster Linie gegen die Gemeinde, weil sie dies in ihrer Mitte geschehen ließ, ohne einzugreifen. Die Gemeinde ist der Tempel Gottes 2 (3,16)! Sie hätte einen solchen Verstoß beklagen müssen, statt sich mit ihrem geistlichen Reichtum zu brüsten; sie hätte den Unrechttäter, wegen der Heiligkeit der Gemeinde und um der ansteckenden Wirkung des bösen Beispiels vorzubeugen, aus ihrer Gemeinschaft ausschließen sollen. Da die Gemeinde aus 3 Gleichgültigkeit oder infolge ihres schwärmerischen Freiheitsverständnisses nichts unternommen hat, greift der Gemeindegründer, der auch während seiner persönlichen Abwesenheit doch im Geist lebhaften Anteil am Leben der Gemeinde nimmt, mit apostolischer Vollmacht ein. Er hat bei sich das Urteil über den Übeltäter bereits gefällt; weil aber die Gemeinde als Betroffene selbst handeln und ihre verletzte Heiligkeit selbst wiederherstellen muß, beschließt er ein Verfahren, das die Gemeinde in Übereinstimmung mit seinem Urteil im Namen des Herrn Jesus durchführen soll. Paulus vertraut darauf, daß die Gemeinde seine Entscheidung als eine durch den Geist Gottes bestimmte Weisung erkennt und für sich übernimmt. In den Versen 3–5 bestehen verschie- 4 dene Möglichkeiten, die einzelnen Satzteile miteinander zu verbinden. Die Aufforderung, den Übeltäter dem Satan zu übergeben, ist abhängig von dem Hauptverbum: „Ich habe das Urteil gefällt (und beschlossen)"; die autorisierende Formel „in dem Namen unseres Herrn Jesus" verbindet man besser nicht mit der Versammlung der Gemeinde, wozu sie auch paßt (Mt 18,20), sondern mit der zentralen Handlung der Übergabe an den Satan; dann nennt der Zwischensatz die gottesdienstliche Versammlung als den Ort und die Gelegenheit, bei der die Übergabe erfolgen soll. Die Korinther sollen sich also zu einem Gottesdienst versammeln, an dem auch Paulus im Geist teilnimmt; in dieser Gemeinschaft darf die betende Gemeinde den erhöhten Herrn mit der Kraft seines Geistes bei sich wissen, und in seinem Namen soll sie den Übeltäter dem Satan übergeben (vgl. 1.Tim 1,20). Dabei handelt es sich nicht nur um organi-

satorischen Ausschluß aus der Gemeinde, sondern um einen „sakral-pneumati-
schen Rechtsakt" (H. Conzelmann), hinter dem das alttestamentliche Verständnis von Fluch und Bann steht. Ein Fluch ist nicht nur ein drohendes Wort,
sondern eine fortwirkende Zerstörungsmacht, wie auch der Segen mehr ist als
ein leerer Wunsch, weil er den gnädigen Schutz Gottes zuspricht. Die Exkom-
munikation aus der Gemeinde bedeutet zugleich den Ausschluß aus dem
Bereich des Segens und die vorübergehende Auslieferung an den Satan, der die
Herrschaft über die Söhne des Zornes ausübt (vgl. 1QS IV 15 ff.) und als „Verderber" Menschen umbringt (1. Kor 10,10). Jesus hat seiner Gemeinde die
Vollmacht gegeben, „auf Erden zu binden und zu lösen" (Mt 18,18); in dieser
Vollmacht sollen die Korinther handeln und „in dem Namen unseres Herrn
Jesus" den Übeltäter dem Satan übergeben. Es muß ein scharfer Trennungs-
strich gezogen werden, damit die verletzte Heiligkeit der Gemeinde wiederher-
gestellt wird, und es muß bald gehandelt werden, damit die schwere Sünde
5 nicht weiter um sich greift. Die Übergabe an den Satan geschieht „zum Verderben des Fleisches, damit der Geist gerettet werde am Tage des Herrn". Die vorübergehende Auslieferung an die Verderbensmacht dient einem heilsamen
Zweck: der schuldig gewordene Mensch soll im Endgericht gerettet werden.
Das auf Erden am Leib vollzogene Gericht eröffnet die Möglichkeit, daß der
Übeltäter im eschatologischen Gericht nicht endgültig verurteilt werden muß
(vgl. 1. Kor 11,32).
   Die Voranstellung des Ausdrucks „zum Verderben des Fleisches" zeigt an,
daß die Vernichtung des Leibes nicht erst am Tage des Herrn, sondern schon
im irdischen Leben sich vollzieht. An eine körperliche Strafe beim Endgericht
oder an einen Läuterungsprozeß nach dem Tod im Fegfeuer ist nicht gedacht.
Gott hat dem Satan „die Gewalt über den Tod" (Hebr 2,14) gegeben, die dieser
an dem Übeltäter ausüben und ihn ins „Verderben" führen soll. Dabei geht der
„aus Fleisch und Blut" (1. Kor 15,50) bestehende Leib zugrunde, damit der
„Geist" gerettet werde. Geist steht hier für Person, die nach 1. Kor 3,15 im
Unterschied vom Werk gerettet wird; der Übeltäter soll kraft des Geistes Gottes, den er in der Taufe empfangen hat und der als Angeld der Vollendung
(2. Kor 1,22; 5,5) und als Kraft der Auferstehung (Röm 8,11) die neue Schöpfung konstituiert, bei der Parusie Christi im eschatologischen Gericht bewahrt
bleibt. So behält selbst in diesem außerordentlichen Fall von schwerer
Unzucht das „Plus der Gnade" gegenüber der Sünde (vgl. Röm 5,15) das letzte
Wort. Die Auffassung, mit dem „Verderben des Fleisches" sei nur die radikale
Abkehr des Blutschänders von seiner Sünde (*sárx* = fleischliches Vergehen)
entsprechend dem Fall des Unrechttäters von 2. Kor 2,5 ff. gemeint, trägt m. E.
der Außerordentlichkeit des Falles nicht genügend Rechnung. Die entscheidende theologische Intention des Apostels bei diesem geistlichen Urteilsspruch
besteht darin, ein klares *Nein zur Sünde* ebenso deutlich zum Ausdruck zu
bringen wie das *Ja Gottes zum Sünder* auf Grund des stellvertretenden Sühnetodes Jesu Christi. Wie die christliche Gemeinde mit Sündern bei leichteren Fehl-
tritten umgehen soll, beschreibt Paulus in Gal 6,1.

1.2 Aufruf zur Heiligung 5,6–8

6 Euer Rühmen (Ruhm) ist nicht gut. Wißt ihr nicht, daß ein wenig Sauerteig den ganzen Teig durchsäuert? 7 Schafft den alten Sauerteig weg, damit ihr ein neuer Teig seid, wie ihr ja (wirklich) ungesäuert seid; denn auch unser Passalamm wurde geopfert, Christus. 8 Darum laßt uns das Fest feiern, nicht im alten Sauerteig, auch nicht im Sauerteig der Bosheit und Schlechtigkeit, sondern mit den ungesäuerten Broten der Lauterkeit und Wahrheit.

Vers 6: *Gal 5,9*   Vers 7: *2.Mose 12,15.19*

An die Stellungnahme zu dem speziellen Fall von Unzucht schließt Paulus 6 eine grundsätzliche Mahnung zur Reinheit der Gemeinde an. Der geistliche Selbstruhm der Korinther ist angesichts ihres Versagens im Fall des Blutschänders völlig unbegründet. Schon Jesus hat das Gleichnis vom Sauerteig für die alles durchdringende Kraft der Gottesherrschaft gebraucht (Mt 13,33). Mit dem offenbar in den Gemeinden geläufigen Sprichwort, daß ein wenig Sauerteig den ganzen Teig durchsäuert (vgl. Gal 5,9), hält der Apostel den Korinthern noch einmal vor Augen, daß die von ihnen geduldete schwere Sünde eines einzelnen die Heiligkeit der ganzen Gemeinde verletzt hat. Der Sauerteig 7 gehört in den Zusammenhang des Passafestes. Vielleicht legte die Nähe des Passafestes bei Abfassung des Schreibens dieses Motiv nahe; einen sicheren Anhaltspunkt für die Datierung des Briefs gibt die Stelle allerdings nicht. Der Sauerteig als jüdisches Symbol der Unreinheit bestimmt die weitere Gedankenführung. Nach 2.Mose 12,15.19; 13,7 muß in der Passazeit sieben Tage lang aller Sauerteig aus den jüdischen Häusern entfernt sein; in dieser Woche dürfen nur ungesäuerte Brote (Mazzen) gegessen werden. Die kultische Unreinheit des Sauerteigs wird nun von Paulus auf das sittliche Verhalten übertragen. Er formuliert seine Mahnung zur Abkehr von der sittlichen Unreinheit des „alten" Menschen und seinen Aufruf zur Heiligung des „neuen" Menschen unter Anspielung auf Züge aus dem jüdischen Passafestritus und bringt zugleich den Unterschied zwischen dem jüdischen und christlichen Verständnis des Passageschehens zum Ausdruck. In der Anwendung ergeben sich kleine Verschiebungen des Bildes. „Schafft den alten Sauerteig weg!", d.h.: legt die Unreinheit ab, die sich mit eurem neuen Sein als Glieder am Leib Christi nicht verträgt. Die durch den Sühnetod Jesu gereinigte Gemeinde (vgl. 1.Petr 1,2) ist der neue Teig, der nicht von Sauerteig durchsetzt ist. Paulus nimmt nicht zurück, was er im Briefeingang geschrieben hat von den „Geheiligten in Christus Jesus" (1,2). Denn nicht nur das Passalamm der Juden ist geschlachtet worden und wird jedes Jahr geschlachtet, sondern auch das der Christen wurde ein für allemal geopfert, nämlich Jesus Christus, der am Kreuz von Golgatha sein Leben für die Sünden dahingegeben hat (vgl. die Abendmahlstradition und 1.Kor 15,3–5). Aus dieser Stelle läßt sich nicht mit Sicherheit schließen, daß in Korinth das Passafest in veränderter christlicher Form (vgl. Lk 22,15) gefeiert wurde. Der paulinische Imperativ zur Heiligung ist auf den Indikativ der durch Gottes Versöhnungstat in Christus geschenkten Heiligkeit gegründet; er

besagt, daß die Christen ihr Leben würdig des Evangeliums führen sollen (Phil 1, 27). Die Mahnung ist immer wieder nötig, weil auch die Glaubenden noch im versuchlichen Leib leben und in der Gefahr stehen, in die Lebensweise
8 des alten Menschen zurückzufallen (vgl. 1. Kor 3, 1–4). Der V. 8 erläutert, was mit den Bildern vom Sauerteig und von dem mit ungesäuerten Broten gefeierten Passafest gemeint ist. Das neue Sein in Christus wird als eine freudige, festliche Feier von der alten Existenz unter der Herrschaft der Sünde, des Gesetzes und des Todes abgehoben. Der Sauerteig veranschaulicht die Bosheit und Schlechtigkeit der Menschen, die ganz von ihren selbstsüchtigen Trieben beherrscht werden, der ungesäuerte Teig ein Leben in Aufrichtigkeit und Wahrhaftigkeit, wie es dem Evangelium als der Wahrheit Gottes (vgl. 2. Kor 4, 2) entspricht.

1.3 Warnung vor dem Verkehr mit Unzüchtigen 5, 9–13

9 Ich habe euch in dem (= meinem) Brief geschrieben, daß ihr nichts mit Unzüchtigen zu schaffen haben sollt.   10 Gemeint waren damit nicht allgemein die Unzüchtigen dieser Welt oder die Habgierigen und Räuber oder Götzendiener, da ihr ja sonst aus der Welt ausziehen müßtet.   11 Vielmehr meinte ich damit und schreibe euch jetzt, daß ihr nichts zu schaffen haben sollt mit einem, der sich Bruder nennt und (dennoch) ein Unzüchtiger oder Habgieriger oder Götzendiener oder Lästerer oder Trunkenbold oder Räuber ist; mit einem solchen sollt ihr auch nicht zusammen essen.   12 Denn was habe ich die draußen zu richten? Richtet ihr denn nicht auch die, die zu euch gehören (= die drinnen sind)?   13 Die draußen aber wird Gott richten. Schafft *ihr* den Bösen weg aus eurer Mitte!

Vers 11: *6, 9 f.*   Vers 13: *5. Mose 17, 7; 19, 19.*

9   Paulus stellt nun ein Mißverständnis richtig, das ein früherer Brief von ihm in Korinth hervorgerufen hat. Der Brief muß vor unserem ersten Korintherbrief geschrieben worden sein; er wird darum oft der „Vorbrief" genannt. Es ist umstritten, ob dieses Schreiben als Ganzes verlorengegangen ist oder ob Teile davon von einem Redaktor in die kanonischen Briefe eingefügt wurden (z. B. 2. Kor 6, 14–7, 1). In dieser Auslegung ist vorausgesetzt, daß von dem Vorbrief nichts mehr erhalten ist (s. Einl. S. 3). Paulus hatte darin wohl gemahnt: Habt nichts zu schaffen mit den Unzüchtigen! Dies wurde offenbar ganz allgemein ohne Einschränkung verstanden, so daß der Einwand laut wurde, diese Forderung sei doch gar nicht durchführbar. Wir müssen annehmen, daß entweder die Korinther in dem Brief an Paulus oder die Delegierten
10 der Gemeinde mündlich auf diese Unmöglichkeit hingewiesen haben. In V. 10 räumt der Apostel ein, daß eine prinzipielle Durchführung dieser Forderung tatsächlich in dieser Welt nicht möglich ist; sonst müßten die Christen ganz aus der Welt ausziehen. Paulus redet in seiner Verkündigung nicht einer Flucht aus der Welt das Wort, sondern der Bewährung des Glaubens in der Welt (vgl.

1.Kor 7,29–31). Er stellt nun richtig, daß er nicht die Unzüchtigen der Welt überhaupt, sondern unzüchtige Gemeindeglieder gemeint hatte, und fügt mit einem sog. Lasterkatalog („Heidenspiegel") noch andere Arten des Ungehorsams gegen den Willen Gottes hinzu: Habgier, Raub und Götzendienst. Der Habgierige, der Reichtum und Geld zu seinem „Götzen" macht, verstößt gegen das erste Gebot; der Räuber, der andern mit Gewalt wegnimmt, was ihm nicht gehört, übertritt das siebte Gebot, und die Anbeter fremder Götter verehren das Geschöpf statt des Schöpfers (Röm 1,25). In V.11 erklärt Paulus, was er **11** mit seiner Aufforderung im Vorbrief tatsächlich gemeint hat: Die Korinther sollen nichts zu schaffen haben mit Gemeindegliedern, die der Unzucht verfallen sind. Der Rückfall in die heidnische Lebensweise war eine ständige Gefahr für eine noch junge Gemeinde. Dabei schließt Paulus auch andere unchristliche Verhaltensweisen mit ein und wiederholt den Lasterkatalog in ausführlicherer Form, indem er jetzt noch den Lästerer und Trunkenbold hinzufügt. Mit solchen groben Sündern, die nach 6,9 das Reich Gottes nicht ererben können, dürfen die Christen keine Gemeinschaft pflegen. Weil gemeinsames Essen die Gemeinschaft besonders symbolkräftig bekundet und die Gemeinschaft stärkt, sollen sie mit solchen Schein-Brüdern, die sich durch ihr Verhalten faktisch von der Gemeinde getrennt haben, weder bei den Feiern des Herrenmahls und den Gemeindemahlzeiten noch im familiären Kreis zusammen essen. Es mag verwundern, daß hier im Blick auf die christliche Gemeinde auch der Götzendiener genannt wird. Aber die Kapitel 8–10 zeigen, wie leicht die Christen in Korinth mit dem Kult der heidnischen Götter in Berührung kommen konnten. Der Apostel sieht es nicht als seinen Auftrag an, Menschen, die nicht zur **12** Gemeinde gehören, zu verurteilen und die Übeltäter der Welt zu richten. In der Frühzeit trat der Unterschied zwischen Kirche und Welt sehr viel deutlicher in Erscheinung als in der modernen Gesellschaft, so daß alle, die nicht zur Kirche gehörten, als die Außenstehenden („die draußen") bezeichnet wurden; darin stand die Urchristenheit in der Tradition der jüdischen Unterscheidung von Gottesvolk und Heiden. Dies gilt auch in modernen Verhältnissen für den Unterschied zwischen Christen und Nichtchristen; die Unterscheidung zwischen Christen „erster und zweiter Klasse" innerhalb der Volkskirche ist damit nicht intendiert. Der V.12b zeigt Übereinstimmung zwischen dem Apostel und den Korinthern darüber, daß die Gemeinde die Aufgabe hat, alles, was in ihr geschieht, vom Evangelium aus zu prüfen (1.Thess 5,21), Mißstände abzustellen und grobe Sünder zur Umkehr zu bewegen oder bei hartnäckiger Unbußfertigkeit aus der Gemeinde auszuschließen (vgl. V.5). Paulus macht die ganze Gemeinde sowohl für die Lehre als auch für eine dem Evangelium gemäße Lebensführung in ihrem Bereich verantwortlich. Zur Zukunftserwartung des Apostels gehört das eschatologische Gericht, in dem über die Teilhabe an der vollendeten Gottesherrschaft entschieden wird. Nach 2.Kor 5,10 hat Gott die Durchführung des Gerichts in die Hand Jesu Christi gelegt. In 1.Kor 6,2 setzt Paulus voraus, daß auch die Glaubenden am Weltgericht ihres Herrn beteiligt sein werden. Aber solange die Kirche noch in dieser Welt lebt, soll die

Gemeinde dem endgültigen Urteil ihres Herrn nicht vorgreifen und nicht die Außenstehenden richten, sondern ihre Aufgabe wahrnehmen, in den *eigenen* Reihen zu „richten", d. h. alles zu prüfen und Maßnahmen zur Reinerhaltung 13 der Gemeinde zu ergreifen. Die Außenstehenden werden dem Gericht Gottes nicht entgehen (vgl. Ez 39, 21; Weish 12, 26; Mt 12, 36; Hebr 13, 4). Am Schluß des Abschnitts macht Paulus mit dem Zitat aus 5. Mose 17, 7 nochmals seine Hauptabsicht bei der Warnung vor dem Verkehr mit Unzüchtigen deutlich: Die Gemeinde soll grobe Sünder, die gegen die Heiligkeit der Gemeinde verstoßen, aus ihrer Mitte ausschließen, wenn sich diese nicht zur Umkehr bewegen lassen. In Fällen leichterer Fehltritte ermahnt der Apostel zu seelsorgerlicher Bemühung um die betroffenen Gemeindeglieder, um ihnen im Geist der Sanftmut zurechtzuhelfen (Gal 6, 1 f.).

2. Der Verzicht auf die Durchsetzung des Rechts vor heidnischen Gerichten 6, 1–11

2.1 Keine Rechtshändel vor Heiden! 6, 1–6

1 **Wagt es doch einer von euch, der einen Rechtsstreit mit einem andern hat, sein Recht bei den Ungerechten zu suchen und nicht bei den Heiligen!** 2 **Oder wißt ihr nicht, daß die Heiligen die Welt richten werden? Und wenn durch euch die Welt gerichtet werden soll, seid ihr dann nicht zuständig für ganz geringfügige Rechtssachen? Wißt ihr nicht, daß wir über Engel richten werden? Wieviel mehr über Dinge des täglichen Lebens.** 4 **Wenn ihr nun Streitfälle um alltägliche Dinge habt, wie könnt ihr dann jene, die in der Gemeinde nichts gelten, als Richter einsetzen?** 5 **Zu eurer Beschämung sage ich dies. Gibt es denn wirklich unter euch keinen (Sach-)Verständigen, der zwischen Bruder und Bruder richten könnte?** 6 **Statt dessen zieht ein Bruder den anderen vor Gericht, und das vor Ungläubigen!**

Vers 2: *Dan 7, 22; Lk 22, 30; 2. Mose 21, 1*   Vers 5: *4, 14.*

Die Voraussetzung des neuen Abschnitts ist eine dem Apostel bekannt gewordene Nachricht, daß einzelne korinthische Gemeindeglieder sich zur Austragung ihrer Rechtsstreitigkeiten an heidnische Gerichte wenden. Die Gedankenführung in den Kapiteln 5 und 6 wird von den Begriffen „Unzucht" und „Habgier" bestimmt, die häufig Anlaß zu Rechtshändeln geben und in dem Lasterkatalog von 5, 11 an erster Stelle genannt sind. Bei beiden Themen geht es um die Stellung der christlichen Kirche zur heidnischen Umwelt.
1   Paulus bringt schon mit der sprachlichen Form des ersten Satzes, den man als Frage oder als vorwurfsvolle Aussage fassen kann, sein ablehnendes Urteil über das Prozessieren der Christen vor heidnischen Gerichten zum Ausdruck. Durch das Verbum „wagen", „sich erkühnen" wird dies als ein unerhörter Verstoß gegen gemeindegemäßes Verhalten charakterisiert. Dabei wird theologisch auf den Wesensunterschied zwischen Kirche und Welt abgehoben. Es handelt sich in diesem Abschnitt um keine grundsätzliche Ablehnung des Rechts als

einer Institution der weltlichen Ordnung; denn Paulus schreibt auch dem heidnischen römischen Staat die Aufgabe zu, die Guten zu belohnen und die Bösen
zu strafen (Röm 13, 1 ff.). Der Apostel verbietet auch nicht ausdrücklich, in
Rechtsstreitigkeiten eines Gemeindeglieds mit Nichtchristen die Hilfe weltlicher Gerichte in Anspruch zu nehmen, wie er sich selbst als römischer Bürger
nach Apg 25, 10 f. auf den Kaiser berufen hat. Der Vorwurf des Paulus betrifft
den speziellen Fall, daß korinthische Christen Rechtshändel, die sie untereinander haben, von heidnischen Richtern entscheiden lassen. Dahinter steht die aus
2. Mose 21, 1 abgeleitete Regel, daß Juden sich nicht bei heidnischen Gerichten
Recht sprechen lassen dürfen, selbst wenn deren gerichtliches Verfahren dem
der Israeliten entspricht. In der Diaspora hat sich deshalb eine eigene jüdische
Schiedsgerichtsbarkeit entwickelt; auch manche Mysterienkulte hatten ihre
eigenen religiösen Gerichte. Paulus überträgt das Verhältnis Israels zu den
Heiden auf die Kirche als das eschatologische Gottesvolk, wie die hier
gebrauchten Bezeichnungen „Ungerechte" für die Heiden und „Heilige" für
die Christen erkennen lassen. Es verträgt sich nicht mit der Nachfolge des
gekreuzigten und auferweckten Herrn, daß Gemeindeglieder ihr Recht mit
weltlichen Mitteln durchsetzen. Zur eschatologischen Belehrung des Paulus in   2
Korinth hat offenbar auch ein (traditionelles?) Wort über die Teilnahme der
Gerechten am Endgericht gehört. Schon in der jüdischen Zukunftshoffnung
wurde erwartet, daß die Gerechten „Völker richten und über Nationen herrschen werden" (Weish 3, 8; vgl. Dan 7, 22; Lk 22, 30). Jesus hat nach Mt 19, 28
den nachfolgenden Jüngern verheißen, daß sie an seiner Herrlichkeit teilnehmen und die zwölf Stämme Israels richten werden (vgl. auch Lk 12, 32). Darauf
beruht der Glaube der Urchristenheit, daß die Nachfolger Jesu Christi in der
Autorität und Gemeinschaft ihres Herrn an dem Gericht des Menschensohnes
über die Welt (vgl. 1. Kor 15, 24) mitwirken werden. Paulus führt dieses Motiv
nicht an, um den Ablauf des Endgeschehens auszumalen, sondern um den
Korinthern von ihrer hohen Zukunftsaufgabe her ihre Verantwortung in der
Gegenwart klarzumachen. Das eschatologische Gericht Jesu Christi ergeht   3
über alle Wesen des Kosmos, Menschen und Engelmächte (vgl. 1. Kor 15, 24;
Phil 2, 10). Hinter dieser Erwartung steht wohl die jüdisch-apokalyptische Vorstellung vom Gericht Gottes über die gefallenen Engel (äthHen 6, 21; 91, 15;
syrBar 51, 12). Durch die Verbundenheit mit Christus bekommen die Christen
Anteil an dem Gericht, das Gott in die Hand des Sohnes gelegt hat. Paulus
benützt diese Vorstellung zu einem ironischen Vorwurf an die Korinther: Als
solche, die in der Zukunft am Gericht über die Engel beteiligt sein werden, soll-
tet ihr doch um so mehr in der Lage sein, jetzt in den kleinen Dingen des täglichen Lebens Recht zu sprechen. Das Einsetzen von Heiden zu Richtern ist in   4
V. 4 nicht institutionell zu verstehen. Wer einen heidnischen Richter in
Anspruch nimmt, „anerkennt" ihn als für sich zuständig. Ein solches Verhalten
steht aber im Widerspruch zum Wesen der Gemeinde als dem neuen Gottesvolk, das sich am Gesetz Christi zu orientieren hat. Die Aussage, daß die heidnischen Richter in der Gemeinde für nichts geachtet werden, soll diese nicht

moralisch herabsetzen und abwerten, sondern ihre Nichtzuständigkeit für die
5 Fragen einer christlichen Gemeinde unterstreichen. Im Unterschied von 4,14
spricht Paulus jetzt zur Beschämung der Gemeinde. Sollte in einer Gemeinde,
die so stolz ist auf ihre Weisheit und ihren Reichtum an Geistesgaben, wirklich
kein Weiser mit Sachverstand und gerechtem Urteilsvermögen da sein, der
interne Streitfälle entscheiden könnte?! Statt des Prozessierens vor heidnischen
Gerichten sollen sachverständige Gemeindeglieder bei Rechtsstreitigkeiten von
6 Christen untereinander schlichten zwischen Bruder und Bruder. Die Glaubenden sollten es nicht nötig haben, ihr Recht bei den „Ungläubigen" zu suchen,
sondern unter sich zurechtkommen. Das „Richten" der Christen untereinander
vollzieht sich in der charismatischen Gemeinde des Paulus durch den persönlichen Einsatz von geistbegabten Gemeindegliedern, noch nicht in der Institution eines kirchlichen Gerichtshofs. Aber schon die Notwendigkeit eines solchen christlichen Schiedsgerichts bedeutet für den Apostel ein Zugeständnis an
ein Verhalten, das der Kreuzesnachfolge nicht mehr voll gerecht wird. Das legt
er in den beiden nächsten Versen dar.

2.2 Mahnung zum Rechtsverzicht 6, 7 und 8

**7 Es ist überhaupt schon eine Niederlage für euch, daß ihr Rechtshändel mit-
einander habt. Warum laßt ihr euch nicht lieber Unrecht zufügen? Warum laßt ihr
euch nicht lieber übervorteilen (berauben)? 8 Statt dessen tut ihr Unrecht und
übervorteilt (übt Raub), und das unter Brüdern!**

Vers 7: *Mt 5,39f.*   Vers 8: *8,12.*

7   Gemessen an einem Verhalten, das der Forderung und dem Geist Jesu in der
Bergpredigt (Mt 5,39f.) entspricht, ist es bereits als ein Versagen zu werten,
wenn Christen überhaupt Prozesse gegeneinander führen. Paulus dringt wie
Jesus in seiner Auslegung des Gesetzes von den äußeren Symptomen zu den
Wurzeln des menschlichen Handelns vor. Wer dem Selbstbehauptungsdrang
des natürlichen Menschen nachgibt, bleibt die Liebe schuldig, die dem andern
dient. Wer sich bei Gott in Christus angenommen weiß, hat es nicht mehr
nötig, sein Recht selber mit allen Mitteln durchzusetzen. Der Verzicht auf das
Durchsetzen des eigenen Rechts ist für Paulus nicht passive Schwächlichkeit
oder ein billiges Kapitulieren vor dem Bösen, sondern eine christologisch und
eschatologisch motivierte Handlung zur Unterbrechung des Echo-Gesetzes:
„wie du mir, so ich dir", das diese Welt beherrscht im Kleinen und im Großen
und zur ständigen Ausbreitung des Bösen treibt. Wenn der Grundsatz: „besser
Unrecht leiden als Unrecht tun" schon bei den Griechen (Sokrates) Anerkennung findet, wieviel mehr sollte er für Christen gelten, die einem Herrn nachfolgen, der nicht auf sein Recht pochte, sondern für das Unrecht der Menschen
sein Leben am Kreuz hingab. Paulus veranschaulicht das Verwerfliche bei den
leidigen Streitigkeiten um mein und dein mit den kräftigen Ausdrücken

„Unrecht zufügen" und „Raub üben". Die Aussage in V. 8 ist nicht juristisch zu 8
verstehen; sie will vielmehr die Grundhaltung aufdecken, die in den Rechtshändeln zur Geltung kommt. Ein so habgieriges und händelsüchtiges Vorgehen ist
gegenüber allen Menschen verwerflich; wenn es aber gegenüber Brüdern
geschieht, die als Glieder am Leib Christi zusammengehören, ist es zugleich
auch ein Verstoß gegen den Herrn der Gemeinde (vgl. 8, 12).

2.3 Warnung vor dem Unrechttun 6, 9–11

9 Oder wißt ihr nicht, daß Ungerechte das Reich Gottes nicht erben werden?
Laßt euch nicht irreführen! Weder Unzüchtige noch Götzendiener, weder Ehebrecher noch Lustknaben noch Knabenschänder,   10 weder Diebe noch Habgierige,
nicht Trunkenbolde, nicht Lästerer, nicht Räuber werden das Reich Gottes
erben.   11 Und solche sind einige von euch gewesen. Aber ihr seid reingewaschen, ihr seid geheiligt, ihr seid gerecht geworden durch den Namen des Herrn
Jesus Christus und durch den Geist unseres Gottes.

Vers 9: 15, 50; Gal 5, 19–21; vgl. 3.Mose 18, 22   Vers 11: 1, 30.

Paulus gestaltet in diesem Abschnitt seine Paränese unter einem doppelten
Aspekt, im Blick zurück auf das Taufgeschehen (V. 11) und im Blick voraus auf
das eschatologische Gericht (V. 9 f.). Der grundlegende Ansatz bei Paulus ist
die Gründung des Imperativs auf den Indikativ des neuen Seins, das durch die
Versöhnungstat Gottes in Christus begründet ist. Da aber Gottes Gnadenhan-
deln den Gerichtsgedanken nicht aufhebt (Röm 2) und die Christen immer neu
der Versuchung ausgesetzt sind, dem Willen Gottes ungehorsam zu sein, verwendet Paulus manchmal auch den Hinweis auf das eschatologische Gericht
zur Warnung vor religiöser Selbstsicherheit und sittlicher Laxheit. Die Verankerung der Paränese im Taufgeschehen wird durch den Vorblick auf das
Gericht nur ergänzt und unterstützt. Mit der Betonung des Indikativs des
neuen Seins steht Paulus in der Tradition der Verkündigung Jesu, der die
Gerichtsbotschaft Johannes des Täufers aufgenommen, aber den Ruf zur
Umkehr auf die in ihm gegenwärtige Nähe der Gottesherrschaft gegründet hat
(vgl. Mt 3, 2).
Die konkrete Stellungnahme zum Prozessieren vor heidnischen Gerichten 9
weitet der Apostel nun noch aus zu einer grundsätzlichen Aussage über den
Stand der christlichen Gemeinde. Dabei macht er den Begriff „Ungerechte",
der jetzt im Unterschied von 6,1 stärker im ethischen Sinn verwendet wird,
zum Leitmotiv des neu aufgenommenen und erweiterten Lasterkatalogs, den er
in das aus der Bekehrungssituation erwachsene Schema von heidnischer Existenz einst und christlichem Sein jetzt einfügt. Kann man die Seligpreisungen
(Mt 5, 1–12) als die positiven Einlaßbedingungen in das Reich Gottes bezeichnen, so dient der hier herangezogene Lasterkatalog zur Markierung der negativen Einlaßbedingungen, die letztlich auf den Forderungen Gottes im Alten
Testament beruhen. Paulus spricht relativ selten und vorwiegend in traditionel-

len Ausdrücken vom Reich Gottes, weil er in der Situation der nachösterlichen Kirche steht, in der Kreuz und Auferstehung Jesu zurückliegen und die zukünftige Gottesherrschaft erwartet wird (1,7). Die Wendung „das Reich Gottes (er)erben" (6,9; 15,50; Gal 5,21), die gleichbedeutend ist mit „das ewige Leben erben" (Mt 19,29), stammt aus der Tradition der Verkündigung Jesu. Der Zusammenhang an unserer Stelle macht klar, daß mit Reich Gottes hier die Gottesherrschaft in der eschatologischen Vollendung gemeint ist. Die Doppelung durch Frage- und Ausrufesatz in V.9a und b unterstreicht den Ernst der Warnung. Der Warnruf: „Laßt euch nicht irreführen!" war auch in der

10 kynisch-stoischen Ermahnung gebräuchlich. In dem neuen Lasterkatalog in V.9b und 10, in dem wieder die Themen „Unzucht" und „Habgier" die Schwerpunkte bilden (vgl. 5,11), werden die Unzuchtsünder näher charakterisiert, indem Ehebrecher und passive und aktive Partner in homosexuellen

11 Beziehungen genannt werden (vgl. 3.Mose 18,22). Paulus blickt in V.11 zurück auf die frühere heidnische Existenz der korinthischen Gemeindeglieder; damals gehörten einige von ihnen zu dieser Art von Menschen. Aber durch den Anschluß an Jesus Christus, der die Sünden der Welt getragen hat, sind neue Menschen aus ihnen geworden. Mit drei prägnanten Aussagen, die den Wechsel vom Einst zum Jetzt begründen, beschreibt der Apostel den neuen Stand der Gemeindeglieder. Sie wurden „reingewaschen, geheiligt und gerechtfertigt durch den Namen des Herrn Jesus Christus und durch den Geist unseres Gottes". Der instrumentale und lokale Gebrauch der griechischen Präposition („durch" und „in" dem Namen) geht hier ineinander über. Die Christen sind durch den Tod Jesu mit Gott versöhnt und als Getaufte in die Christusherrschaft eingegliedert. Die Taufe wurde in dem Namen des Herrn Jesus Christus vollzogen, und seit dem Pfingstgeschehen ist mit der Taufe die Gabe des Geistes Gottes verbunden. Diese Näherbestimmungen zeigen, daß hier die „Neuschöpfung" (2.Kor 5,17) der Glaubenden im Akt der Taufe im Blick steht. Wahrscheinlich hat Paulus hier Formulierungen aus der judenchristlichen Tauftradition aufgenommen, die das Geschenk Gottes in der Taufe beschreiben. Schon die vorpaulinische Gemeinde verstand die Taufe als einen Herrschaftswechsel, bei dem der Mensch unter Vergebung der Sünden und Empfang des heiligen Geistes (Apg 2,41) seinem neuen Herrn Jesus Christus zu eigen gegeben und so in das neue eschatologische Gottesvolk der „Heiligen" und „Gerechten" (vgl. die Selbstbezeichnungen der Urgemeinde) eingegliedert wurde. Das griechische Medium bei „reinwaschen" hat passivischen Sinn, wie dieser bei den beiden anderen Verben deutlich ausgedrückt ist. „Gerechtfertigt werden" ist im Verständnis des Paulus über die übernommene Tauftradition hinaus doch wohl bereits gefüllt mit dem vollen Gehalt der Rechtfertigung des Gottlosen aus Glauben und seiner Befreiung aus der Macht der Sünde, des Gesetzes und des Todes durch die Versöhnungstat Gottes in Jesus Christus. Die drei Verben von 6,11 erscheinen in 1,30 als Substantive in umgekehrter Reihenfolge.

3. Christliche Freiheit und Unzucht 6, 12–20

12 Alles ist mir erlaubt, aber nicht alles dient zum Guten (ist förderlich). Alles ist mir erlaubt, aber ich werde mich doch nicht von etwas beherrschen lassen! 13 Die Speisen sind für den Bauch da, und der Bauch (ist) für die Speisen; aber Gott wird jenen wie diese vernichten. Der Leib aber ist nicht für die Hurerei da, sondern für den Herrn, und der Herr für den Leib. 14 Gott aber hat den Herrn auferweckt und wird auch uns auferwecken durch seine Kraft. 15 Wißt ihr nicht, daß eure Leiber Christi Glieder sind? Sollte ich nun die Glieder Christi nehmen und zu Hurengliedern machen? Das sei ferne! 16 Oder wißt ihr nicht: wer der Hure anhängt, der ist *ein* Leib mit ihr? Denn „es werden", heißt es, „die zwei *ein* Fleisch sein (1. Mose 2, 24). 17 Wer aber dem Herrn anhängt, der ist *ein* Geist mit ihm. 18 Flieht die Hurerei! Jede (andere) Sünde, die der Mensch tut, bleibt außerhalb des Leibes; wer aber Hurerei treibt, der sündigt am eigenen Leibe. 19 Oder wißt ihr nicht, daß euer Leib ein Tempel des heiligen Geistes ist, der in euch wohnt und den ihr von Gott habt, und daß ihr nicht euch selbst gehört? 20 Denn ihr seid bar (um einen teuren Preis) erkauft worden; darum verherrlicht Gott mit eurem Leibe!

Vers 12: *10, 23*   Vers 13: *Mk 7, 15 ff.*   Vers 15: *12, 12.27*   Vers 16: *1. Mose 2, 24*   Vers 17: *2. Kor 3, 17*   Vers 20: *7, 23.*

Paulus kehrt nun zum Thema der Unzucht zurück. Handelte es sich in 12–20 5, 1–13 um einen extremen Sonderfall, so geht es jetzt um die grundsätzliche Einstellung der Korinther zur Leiblichkeit und zur Sexualität, wie die herangezogenen Parolen zeigen. Strittig war in Korinth die Frage, wie sich die christliche Freiheit zum außerehelichen Geschlechtsverkehr und speziell zum Verkehr mit der Dirne verhält. Beides wird im Alten Testament als Sünde verworfen, war aber in der heidnischen Welt weit verbreitet und wurde in der Regel nicht als moralisch anstößig und verwerflich empfunden. Auch einige korinthische Gemeindeglieder hielten offenbar den Verkehr mit der Dirne nicht für verwerflich, weil der Geschlechtsverkehr nur den Leib berühre, aber den Geist nicht betreffe. Dahinter steht ein weltanschaulicher Dualismus von Körper und Geist, wie er in der griechischen Philosophie seit Plato lebendig war, aber der alttestamentlichen Tradition vom Schöpfungsgedanken her fremd ist. Die Freiheit der Korinther in sexueller Hinsicht ist jedoch nicht nur als Rückfall in griechische Denkweise und in heidnische Gewohnheiten zu beurteilen, sondern auch als Auswirkung ihres Verständnisses der christlichen Freiheit. Durch den Glauben an Christus und das Geschenk des heiligen Geistes in der Taufe wird der Mensch aus den Mächten der alten Welt befreit und bekommt Anteil an der neuen Schöpfung Gottes. Versteht man nun in Korinth den Geist als die feinste unvergängliche Substanz und nicht wie in der Theologie des Paulus als die heiligende Kraft des neuen Lebens und als die Erstlingsgabe bzw. das Angeld der eschatologischen Vollendung (s. Einl., S. 6), dann kann ein solches Geistverständnis sowohl zur Zügellosigkeit in sexuellen Fragen (Kap. 6) als auch zur völligen Geschlechtsaskese (Kap. 7) führen. Die Korinther haben die von Paulus gepredigte Freiheit des Glaubens mißverstanden als individualisti-

sche Willkürfreiheit und als schrankenlose Verfügungsgewalt gegenüber den
materiellen Dingen dieser Welt. Der Apostel hat selbst ohne jede Einschränkung gesagt: „alles ist euer" (3,22); aber diese Aussage ist bei ihm in eine neue
Beziehung gestellt durch die Bindung der Glaubenden an Christus und Gott
(3,23).

12   Die Einstellung der Korinther drückt sich in der Parole aus: „Alles ist mir
erlaubt!" Paulus greift sie zweimal auf und stellt ihr jedesmal seine eigene Antwort entgegen. Die aus der kynisch-stoischen Popularphilosophie stammende
Parole wird von den Korinthern zur Rechtfertigung ihres freizügigen Verhaltens benützt. Die Parole hat jeweils einen anderen Sinn im Verständnis derer,
die sie gebrauchen. Der stoische Weise gewinnt seine Freiheit durch den Rückzug aus den Dingen, die nicht in seiner Verfügung stehen, in die Innerlichkeit
seiner Vernunft. Die korinthischen Enthusiasten wähnen sich im Geist bereits
in der eschatologischen Vollendung (4,8) und beurteilen deshalb alle leiblich-
weltlichen Vorgänge als irrelevant für den geistlichen Menschen mit der Folgerung: Ein Geistträger kann alles mitmachen, ohne Schaden zu nehmen. Paulus
bejaht die Parole auch, legt sie aber von der Gliedschaft im Leib Christi her
aus; für ihn besagt dieses Schlagwort: Es ist mir zwar alles erlaubt, aber es dient
nicht alles zum Aufbau der Gemeinde (vgl. 10,23). Die echte Freiheit darf nicht
auf Kosten des anderen gehen. Neben die Rücksicht auf andere tritt die Rücksicht auf sich selbst: Alles ist mir erlaubt, aber ich werde mich doch nicht von
etwas beherrschen lassen. Schrankenlose Freiheit schlägt nur zu leicht um in
Knechtschaft und Süchtigkeit. Mancher wähnt sich frei, weil er tut, was er will,
und erweist sich gerade so als ein Sklave seiner Triebe. Eine Willkürfreiheit, die
immer tiefer in den Verlust der eigenen Freiheit und Verantwortlichkeit hinein-

13 führt, kann schwerlich die wahre Art der Freiheit sein. Paulus wendet im folgenden den in V. 12 genannten Grundsatz auf zwei konkrete Fälle an, auf das
Essen von Speisen und auf den Verkehr mit Prostituierten; dabei stellt er aber
die beiden Vorgänge auf verschiedene Ebenen, wie aus der Gegenüberstellung
von „Bauch" und „Leib" hervorgeht. Wahrscheinlich liegt auch hier ein korinthisches Schlagwort zugrunde: Die Speisen sind für den Bauch! Damit begründen die Korinther offenbar ihre Auffassung, daß vergängliche, materielle Dinge
den Geist nicht tangieren und deshalb frei, ethisch neutral (sog. Adiaphora)
seien. Auch Paulus rechnet im Gefolge Jesu (Mk 7,15–19) die zum natürlichen
Verbrauch bestimmten Speisen zu den von Gott freigegebenen Dingen. Gott
hat es so geordnet in der Schöpfung, daß die Speisen und auch die Verdau-
ungsorgane (der Bauch) letztlich der Vernichtung anheimfallen. Das gilt aber
für den Leib (sōma) nicht in gleicher Weise. Der Leib ist als funktionierendes
Ganzes mehr als die Summe von physischen Bestandteilen. Der Leib ist das von
Gott geschaffene Organ des Wirkens und der Kommunikation für den verantwortlich denkenden und handelnden Menschen. „Fleisch und Blut" (15,50)
können den radikalen Schnitt des Todes nicht überdauern; aber die Glaubenden werden in der Auferstehung ebenfalls einen von Gott geschaffenen neuen,
geistlichen Leib (sōma pneumatikón 15,44) erhalten; für biblisches Denken ist

ein Leben ohne Leib überhaupt nicht vorstellbar. Der Christ ist als ganzheitliche Person mit Leib, Seele und Geist Eigentum des Herrn und ein Glied am Leibe Christi geworden; deshalb gehört der Leib dem Herrn und darf nicht in die Willkür des Menschen gestellt werden. Die Aussage, der Herr ist für den Leib da, will natürlich keine theologische Legitimation für unverantwortlichen Lebensgenuß geben, sondern spricht die schenkende Fürsorge Gottes für den Leib in der alten und neuen Schöpfung an. Die Gewißheit einer neuen Leiblich- 14 keit in der vollendeten Gottesherrschaft gründet der Apostel nicht auf griechische Unsterblichkeitsvorstellungen, sondern auf die Auferweckung Jesu Christi von den Toten (vgl. Kap. 15). Die Setzung von „uns" (V. 14) statt „unsere Leiber" berücksichtigt die Sterblichkeit des natürlichen Leibs und wahrt doch die Identität der Person. Im nächsten Vers (V. 15) wird deutlich, daß Paulus seine 15 Kritik an dem schwärmerischen Geistverständnis der Korinther vom Leib-Christi-Gedanken her begründet (12,12.27). Weil die Glaubenden als ganze Menschen Glieder am Leib Christi geworden sind, darum gehören ihre Leiber dem Herrn als „Glieder Christi". In Form einer verneinten rhetorischen Frage lehnt Paulus in aller Schärfe die „Umfunktionierung" der Glieder Christi in Hurenglieder durch sittenloses Verhalten ab. Beim Essen von Speisen liegt ein dinghaft-neutrales Verhältnis vor. Der Verkehr mit einer Dirne liegt aber deshalb auf einer ganz anderen Ebene, weil es sich hier um ein zwischenmenschliches personhaftes Verhältnis handelt. Der Geschlechtsverkehr ist die innigste Form der leiblich-personalen Gemeinschaft. Eine Behandlung der Dirne als käufliche „Sache" entwürdigt die Partnerin in ihrem Personcharakter; sie läßt den Christen als Glied am Leibe Christi nicht nur gegen einen Mitmenschen, sondern zugleich auch gegen den Herrn verstoßen. Für die Beurteilung der 16 Geschlechtsgemeinschaft als einer den ganzen Menschen zutiefst ergreifenden personalen Gemeinschaft beruft sich Paulus auf das Schriftwort aus 1. Mose 2,24, wo die Verbindung von Mann und Frau zu einer neuen Einheit mit dem Ausdruck „*ein* Fleisch" beschrieben wird. Auch der Verkehr mit einer Prostituierten ist eine Gemeinschaft zweier verantwortlicher Personen, selbst wenn der Mann die Frau nur als Lustobjekt betrachtet. Gemeinschaft mit Christus und mit der Dirne schließen sich gegenseitig aus, nicht weil Paulus den Geschlechtsverkehr als solchen für sündig hält, sondern weil der Verkehr mit der Dirne die göttliche Schöpfungsordnung der Ehe mißachtet und die Personwürde der Frau verletzt. Der Christ soll seinen Leib, der Christus gehört und als „Waffe der Gerechtigkeit" (Röm 6,13) dienen soll, nicht an die Herrschaft der Sünde ausliefern. Mit Bezug auf den Ausdruck „Fleisch" im Zitat 17 1. Mose 2,24 beschreibt Paulus in V. 17 den radikalen Unterschied zwischen dem sexuellen Verhältnis mit einer Dirne und der Gemeinschaft mit Christus. Die Verbindung des Glaubenden mit dem erhöhten Herrn, der durch Wort und Geist bei den Seinen gegenwärtig ist (2. Kor 3,17), stiftet eine vom Geist bestimmte Gemeinschaft, während der Verkehr mit der Dirne eine „fleischliche" Gemeinschaft ist. „Geist" und „Leib Christi" stehen nicht im Gegensatz zueinander, weil der heilige Geist Gottes und Christi die wirkende Kraft in der

18   Kirche als dem Leib Christi ist. Die ethische Folgerung aus dem Dargelegten ist
      eine allgemeine Warnung vor der Hurerei: Flieht die Stätte und Gelegenheit
      solcher Gefährdung! Neben die Hoffnung auf die zukünftige Auferstehung
      (V. 14) und die Gliedschaft am Leib Christi in der Gegenwart stellt Paulus nun
      noch einen dritten, mehr der natürlich-rationalen Argumentation nahestehen-
      den Gedanken: Hurerei ist eine Sünde gegen den eigenen Leib, die anderen
      Sünden geschehen „außerhalb des Leibes". Man darf hier den Wortlaut nicht
      pressen. Paulus will natürlich nicht bestreiten, daß etwa Trunksucht, Völlerei
      und andere Laster den Leib des Menschen auch ruinieren können; trotzdem
      bleibt wahr, daß der Leib in der Hurerei in besonderer Weise betroffen ist. Der
      stoische Weise betrachtete den Selbstmord als die letzte Möglichkeit der selb-
      ständigen Verfügungsgewalt des Menschen über sein Leben. Für den Christen
      sind Leib und Leben Gaben des Schöpfers, über die er nicht willkürlich verfü-
      gen darf; darum ist er Gott auch dafür verantwortlich, wie er mit seinem Leib
19   umgeht. War in 3, 16 das Bild vom Tempel Gottes für die Gemeinde als Ganze
      gebraucht, so wendet es Paulus in V. 19 auf den Leib des einzelnen Christen an.
      Der heilige Geist, den die Glaubenden in der Taufe empfangen haben, wohnt
      nun in ihnen (Röm 8, 9) und regiert ihre Herzen, so daß ihr Leib zu einem
      Werkzeug des Geistes Gottes und ihre Glieder zu „Waffen der Gerechtigkeit"
20   (Röm 6, 13) und „des Lichts" (Röm 13, 13) werden können. Mit dem Verbum
      „erkaufen" (*agorázein*) begründet der Apostel in V. 20, warum die Christen sich
      nicht mehr selbst gehören: „ihr seid gegen Bezahlung erworben" (W. Bauer;
      vgl. 7, 23 und Offb 5, 9; 14, 3). In der Sache ist mit dieser Wendung die Erlö-
      sung durch das Blut Jesu Christi (*apolýtrōsis* 1. Kor 1, 30; Röm 3, 24; vgl..
      Eph 1, 7; 1. Petr 1, 18 f.) aus der Knechtschaft von Sünde, Gesetz und Tod
      gemeint. Die Herkunft des Motivs vom Loskauf ist in der Forschung noch
      umstritten. Es ist nicht vom sakralrechtlichen Sklavenloskauf abgeleitet, wobei
      ein Sklave durch Geldzahlung an den Tempel von Delphi sich aus dem Dienst
      seines bisherigen Besitzers freikaufen konnte (A. Deißmann). Die überall
      bekannte Vorstellung der Auslösung von Kriegsgefangenen (W. Elert) mag mit-
      gewirkt haben, aber der entscheidende Hintergrund dieser Vorstellung ist für
      den jüdischen Theologen Paulus doch wohl das grundlegende Motiv der Erlö-
      sung des Volkes Israel durch seinen Gott aus der Knechtschaft in Ägypten
      (Jes 52, 3; vgl. Jes 43, 3 f.). Der Akzent bei Paulus liegt ganz auf dem befreien-
      den, erlösenden Handeln Gottes im Kreuz Jesu Christi, durch das die Korin-
      ther rechtmäßig erworbenes Eigentum ihres neuen Herrn geworden sind; dabei
      wird weder der Preis des Loskaufs noch der Empfänger des Kaufpreises näher
      bestimmt. Luthers Übersetzung „teuer erkauft" betont in der Sache zutreffend
      das große Opfer Christi. Als Erlöste durch den Kreuzestod Jesu sollen die
      korinthischen Christen Gott mit ihrem Leib ehren, d. h. ihren Leib als Tempel
      des heiligen Geistes rein erhalten und ihn nicht durch Rückfall in heidnische
      Laster schänden.

Die Stellung des Paulus zu Leiblichkeit und Sexualität

Der Abschnitt 1.Kor 6, 12–20 ist theologisch besonders bedeutsam für die Auffassung des Paulus vom Leib und von der Sexualität des Menschen. Der Apostel ist in dieser Hinsicht grundsätzlich geschieden von der leibfeindlichen Haltung der späteren Gnosis. Der im jüdischen Gesetz geschulte Theologe und Bote Jesu Christi vertritt ungebrochen den alttestamentlichen Schöpferglauben, der Gott als den Schöpfer aller Dinge bekennt und von hier aus einen radikalen, die Materie verwerfenden Dualismus grundsätzlich ausschließt. Der Leib mit allen seinen natürlichen Funktionen ist nicht das Werk eines gottfeindlichen Demiurgen (Werkmeisters der Welt), sondern eine Schöpfung Gottes, des Vaters Jesu Christi. Leiblichkeit und Sexualität sind positiv gewertete und mit Dank empfangene Gottesgaben (vgl. 1.Mose 1,28). – Aber Paulus weiß auch um die Anfälligkeit des natürlichen Leibes für die versucherische Macht der Sünde und für die Auflehnung des ich-bezogenen Menschen gegen den Willen Gottes. Den Heiden wirft Paulus vor, daß sie das Geschöpf mit dem Schöpfer vertauscht haben und so in Götzendienst und Lasterhaftigkeit verfallen sind (Röm 1,21 ff.). Weil Paulus Geber und Gabe zwar unterscheidet, aber nicht trennt, kennt er weder eine Vergötzung des Leibes, wie sie teilweise in der heidnischen Welt vorkam, noch eine Verteufelung des Leibes, wie sie für die gnostische Bewegung kennzeichnend ist. Der Gnostiker betrachtet den materiellen Leib als das Gefängnis des wahren Selbst, des göttlichen Lichtfunkens. Für den „schmutzigen, stinkenden und verderblichen Körper" (Mandäer) gibt es in der Gnosis keinerlei Hoffnung; er ist nach dem Tod zur Vernichtung bestimmt, wenn die Seele durch die Sphären der himmlischen Welt auffährt in ihre göttliche Lichtheimat.

Paulus versteht unter *sōma* in der Regel den natürlichen Leib des Menschen. Gott hat bei der Schöpfung der Welt eine Fülle verschiedenartiger Leiber geschaffen. Paulus gebraucht dies als Analogie und Gleichnis für die Auferstehungswelt (1.Kor 15, 39–44). Der Leib gehört aber nicht nur zum alten, vergehenden Äon, sondern auch zur neuen Schöpfung in Christus und zur eschatologischen Vollendung. In dem Abschnitt 6,12–20 argumentiert der Apostel christologisch (der Leib gehört dem Herrn V.13 u. 15), ekklesiologisch (die Leiber sind Glieder Christi, die ihre Aufgabe in der Kirche als dem Leib Christi haben V.15), pneumatologisch (der Leib ist ein Tempel des heiligen Geistes V.19) und eschatologisch (Gott wird unsere Leiber auferwecken durch seine Macht V.14). Diese Einordnung des Leibes in das Heilshandeln Gottes in Jesus Christus ist der Grund dafür, daß Paulus nicht allein von den anthropologischen Begriffen her interpretiert werden darf, sondern von der Christologie aus verstanden werden muß.

In der Frage der Sexualität fußt Paulus auf alttestamentlichen Traditionen, ohne Bindung an den jüdischen Ritualismus. Nach dem Gesetz des Mose macht der Geschlechtsverkehr den Menschen kultisch unrein und muß deshalb in bestimmten Situationen vermieden werden (3.Mose 15). In den Reinheitsgeset-

zen (3.Mose 18; 20) wird vor allem der Geschlechtsverkehr innerhalb bestimm-
ter Verwandtschaftsgrade als Verstoß gegen das heilige Gottesrecht verurteilt.
Ursprünglich wurde durch diese Vorschriften der Schutz der Familie beim
Zusammenleben in der nomadischen Existenz gewährleistet. Der Geschlechtsverkehr eines verheirateten Mannes mit einer verlobten oder verheirateten Isra-
elitin wird als Ehebruch, mit einer ledigen als Unzucht betrachtet. Unzucht verstößt gegen die Heiligkeit des Gottesvolkes (3.Mose 19,29; 20,10 u.ö.). Hinter
der scharfen Ablehnung der Prostitution steht in Israel der harte Kampf der
Propheten gegen die Baalisierung des Jahweglaubens und gegen die kultische
Prostitution, die in der kanaanäischen Fruchtbarkeitsreligion rings um Israel
üblich war. Kultische Prostitution bedeutete für die Israeliten zugleich einen
Verstoß gegen das erste Gebot. In den jüdisch-hellenistischen Lasterkatalogen
wird die Unzucht häufig mit dem Götzendienst verbunden. – Die Grundlage
für die Stellung des Paulus zu Leiblichkeit und Sexualität ist das siebte Gebot
und seine Auslegung durch Jesus in der Bergpredigt. Der Geschlechtsverkehr
wird nicht grundsätzlich als sündig und rituell verunreinigend betrachtet. Wo
die Gabe der Enthaltsamkeit nicht gegeben ist, rät Paulus ausdrücklich zum
Vollzug der ehelichen Gemeinschaft, um der Unzucht keinen Raum zu geben
(1.Kor 7,2–5). Gegen die Gleichstellung des Geschlechtsverkehrs mit Essen
und Trinken bei den korinthischen Schwärmern betont er die ethische Relevanz der Geschlechtsgemeinschaft, da sie die Begegnung zweier verantwortlicher Personen und nicht nur der Umgang mit Sachen ist (6,14 f.). – Paulus
stimmt mit der späteren Gnosis darin überein, daß der natürliche Mensch nur
durch Erlösung aus der alten Welt gerettet werden kann; aber er sieht die Verfallenheit des Menschen nicht in der Bindung an den materiellen Körper und
seine Funktionen, sondern im Ungehorsam gegen den Willen Gottes. In den
apokryphen Apostelakten und bei den Häretikern des 2. und 3.Jahrhunderts
wurde der Geschlechtsverkehr weithin als „Befleckung" betrachtet und die Ehe
grundsätzlich verworfen. Auch Paulus ist im Laufe der Kirchengeschichte häufig im Sinn der Leibfeindlichkeit und geschlechtlichen Askese ausgelegt worden. Diese Sicht kann sich jedoch nicht auf die paulinischen Texte und das
biblische Denken berufen, sondern sie geht vorwiegend auf dualistisch-aske-
tische Einflüsse des Hellenismus und der Gnosis zurück. Die christologisch-
eschatologische Beurteilung des Leibes bei Paulus behält auch in den
veränderten technischen und gesellschaftlichen Verhältnissen der Gegenwart
ihre richtungweisende Bedeutung.

Dritter Hauptteil:

Antwort auf Fragen der Lebensführung 7,1–11,1

Von 7,1 an geht Paulus auf schriftliche Anfragen der Korinther ein, in denen sich die Meinungsverschiedenheiten innerhalb der Gemeinde widerspiegeln. Wahrscheinlich haben die Abgesandten der Gemeinde dem Apostel den Brief mit den Fragen überbracht. Der grobe Aufbau der zweiten Hälfte des 1. Kor ist durch diese Anfragen bestimmt, ohne daß sich Paulus in der Darstellung seiner Antwort sklavisch an die Fragen gebunden hat. Die mit der Formel: „was aber betrifft" (*peri dé*) eingeleiteten Abschnitte nehmen wohl direkt Bezug auf den Fragenbrief. Sie betreffen die Frage der Ehelosigkeit (7,1.25), den Genuß von Götzenopferfleisch (8,1.4), die Beurteilung der Geistbegabten und der Geistesgaben (12,1), die Kollekte für die Urgemeinde in Jerusalem (16,1) und schließlich Apollos (16,12). Die Probleme der Ehelosigkeit und des Essens von Götzenopferfleisch können wir als Fragen der Lebensführung (7,1–11,1) von den Fragen des Gottesdienstes (11,2–14,40) abgrenzen. Die Antworten des Apostels gehen durchgängig von seiner Grundposition der Kreuzestheologie aus, die bereits seine Stellungnahme zur Gruppenbildung getragen hat. Dies verleiht dem Brief seine innere Einheit trotz des relativ lockeren Aufbaus. Es besteht kein zwingender Grund zur Aufteilung auf verschiedene Briefe.

1. Christliche Freiheit und die Frage von Ehe oder Ehelosigkeit 7,1–40

Nach einer grundsätzlichen Stellungnahme zum Problem: Ehe oder Ehelosigkeit (V. 1–7) geht Paulus auf verschiedene Gruppen und Situationen ein und legt in den theologisch zentralen Abschnitten 7,17–24 und 7,29–31 das neue, durch das Christusgeschehen begründete Verhältnis der Christen zur Welt dar.

1.1 Die grundsätzliche Stellungnahme des Paulus 7,1–7

1 Was aber euer Schreiben betrifft: Es ist gut für den Menschen, eine Frau nicht zu berühren.   2 Aber um Unzuchtsünden zu vermeiden, soll jeder (Mann) seine eigene Frau haben und jede (Frau) ihren eigenen Mann.   3 Der Mann soll seine schuldige Pflicht gegenüber der Frau erfüllen, und ebenso auch die Frau gegenüber dem Mann.   4 Die Frau verfügt nicht über ihren (eigenen) Leib, sondern der Mann; ebenso verfügt auch der Mann nicht über seinen (eigenen) Leib, sondern die Frau.   5 Entzieht euch einander nicht, es sei denn im gegenseitigen Einverständnis für eine Zeitlang, damit ihr zum Beten Ruhe habt, und dann kommt wieder zusammen, damit euch der Satan nicht versucht, weil ihr euch nicht

enthalten könnt.   6 Das sage ich aber als Zugeständnis, nicht als Gebot.   7 Ich wünschte aber, alle Menschen wären (unverheiratet), wie ich bin; doch hat jeder seine eigene Gnadengabe von Gott, der eine so, der andere so.

Vers 1: *Mt 19, 10*   Vers 3: *Eph 5, 21*   Vers 7: *vgl. Mt 19, 12.*

1–7   Der genaue Zielpunkt der korinthischen Anfrage oder These muß aus dem Text erhoben werden. In Kap. 6 kämpft Paulus gegen korinthische Pneumatiker, die aus dem Geistbesitz und der christlichen Freiheit das Recht zum Verkehr mit der Dirne abgeleitet haben. Das neue Kapitel zeigt, daß in Korinth auch eine gegensätzliche Richtung vertreten war, die jeden Geschlechtsverkehr prinzipiell verwarf (V. 1). Dies bedeutete für Verheiratete entweder die Scheidung oder, angesichts des Scheidungsverbotes Jesu, die Enthaltung vom Geschlechtsverkehr innerhalb der Ehe. Aus der Schlüsselfrage: Ist der Geschlechtsverkehr theologisch vereinbar mit dem Glauben an Jesus Christus? ergibt sich sowohl die Frage, ob Christen überhaupt heiraten dürfen, als auch das konkrete Problem, wie es mit und in den bestehenden Ehen gehalten werden soll. Für das Verständnis der korinthischen Situation ist es dabei wichtig zu beachten, daß beide Haltungen, die libertinistische und die asketische, aus derselben Wurzel erwachsen, nämlich aus einem enthusiastischen, dualistischen Geistverständnis, das sich mit einer triumphalistischen Erhöhungschristologie und einer präsentischen Eschatologie verbunden hat. Aus dem Dualismus von Leib und Geist kann eine doppelte Folgerung für den praktischen Umgang mit dem Leib und seinen Funktionen gezogen werden: entweder die Überlegenheit des Geistes über die Materie wird durch Zügellosigkeit demonstriert, oder der geistliche Mensch hat jeden Kontakt mit den „unreinen" Funktionen des Leibes zu meiden (Sexualaskese); zudem entspricht das Aufhören der Ehe dem Zustand in der eschatologischen Vollendung (vgl. Mk 12, 25). Die Antwort des Apostels auf die korinthische Anfrage ist in den beiden ersten Versen enthalten und lautet: Ehelosigkeit verdient zwar den Vorzug, aber die Ehe entspricht dem Schöpferwillen Gottes und bewahrt vor Unzucht, falls das Charisma der Enthaltsamkeit nicht gegeben ist. Paulus gibt in Kap. 7 keine vollständige Darstellung der christlichen Ehe; die Frage der Nachkommenschaft wird z. B. kaum (vgl. V. 14) erörtert. Paulus greift in die konkrete Situation der korinthischen Gemeinde ein, in der durch die Forderung völliger Geschlechtsaskese Unsicherheit entstanden war. Der Apostel selbst hat die Gabe der Enthaltsamkeit (V. 7) und ist infolgedessen unverheiratet; die Vermutung, er sei Witwer gewesen (J. Jeremias), hat sich nicht durchgesetzt. Ein wichtiger Gesichtspunkt für die Beurteilung der Frage „Ehe oder Ehelosigkeit" ist für Paulus die in Bälde erwartete Parusie Christi mit der Weltvollendung (vgl. V. 29 ff.). Außerdem ist er nüchtern genug, die Macht des Geschlechtstriebs nicht zu unterschätzen (V. 2). Das eigentliche Ziel des Paulus in Kap. 7 besteht darin, die Freiheit des Glaubens in Christus nicht einer neuen Gesetzlichkeit auf dem Gebiet des Geschlechtslebens auszuliefern, wie er in Kap. 6 die christliche Freiheit gegen ihre Perversion durch Unzucht verteidigt hat. Von dieser Grundhaltung aus muß er sich gegen zwei Seiten abgrenzen, einerseits gegen das Pflichtgebot der Ehe für den Mann, wie es jüdische Gesetzesausleger vertraten (vgl. Bill. III, S. 368), andererseits gegen das Prinzip der Ehelosigkeit und die Forderung der Geschlechtsaskese bei den korinthischen Enthusiasten. Die Bewahrung der in Christus geschenkten Freiheit in den verschiedenen Strukturen der Welt ist auch der Grundtenor in dem theologisch tragenden Mittelabschnitt 7, 17–24.

Weil das Adjektiv „gut" im griechischen Text keine verbale Näherstimmung 1 hat, ist es zunächst offen, ob V.1b als Frage oder Aussage zu fassen ist und wovon er abhängig ist. Das „aber" in V.2 legt eine Aussage (These) in V.1 nahe. Stammt nun die leibfeindliche Maxime: „Es ist gut für den Menschen, eine Frau nicht zu berühren", von Paulus selbst (vgl. Mt 19, 10) oder übernimmt er hier ein korinthisches Schlagwort? In der hellenistischen Umwelt gab es ähnliche Parolen. Auch wenn der Apostel in V.8 und 26 selber ähnlich formuliert, kann dem V.1b trotzdem eine korinthische These zugrunde liegen. Wahrscheinlich hat Paulus hier wie in 6, 12 und 8, 1.4 ein Schlagwort der korinthischen Schwärmer aufgenommen, es aber in V.2 von seiner Sicht aus korrigiert und neu ausgelegt. Denn der V.7 stünde in krassem Widerspruch zu V.1, wenn V.1b als Maxime des Apostels interpretiert würde (vgl. V.9). Paulus gibt der Ehelosigkeit auf Grund der Gabe der Enthaltsamkeit entschieden den Vorzug, aber ohne dieses Charisma rät er von ihr ab, weil er sie durch Unzucht gefährdet sieht, und weil er der eingebildeten Stärke der schwärmerischen Asketen mißtraut. Dabei braucht man nicht (mit A. Schlatter, S. 213) anzunehmen, daß diese den Gang zur Dirne als Ausweg erlaubt hätten. Die Entscheidung der Frage: Ehe oder Ehelosigkeit? hängt für den Apostel vom Charisma der Enthaltsamkeit ab; weder die Ehelosigkeit noch die eheliche Geschlechtsgemeinschaft haben für ihn als solche eine soteriologische Bedeutung. Paulus war Realist genug, um den Geschlechstrieb nicht zu unterschät- 2 zen; deshalb rät er zur Ehe, um Unzucht zu vermeiden. Das Verbum „haben" in V.2 bezieht sich primär auf die Geschlechtsgemeinschaft; es ist nicht auf das Heiraten oder Behalten der Ehefrau einzuschränken, sondern umfaßt die ganze Lebensgemeinschaft der Ehe. Paulus beruft sich hier nicht direkt auf Jesus und die Schriftstellen 1. Mose 1, 27 und 2, 24, aber sein Urteil beruht vorwiegend auf der alttestamentlichen Tradition, wie sie Jesus ausgelegt hat. In der Bindung einer ehelichen Gemeinschaft sieht er den besten Schutz gegen die Gefahren der Unzucht. Wenn er gegen die korinthischen Asketen auf die Ehe als Schutzwall gegen Unzucht (*remedium concupiscentiae*) abhebt, bedeutet dies noch nicht, daß damit für ihn die ganze Bedeutungsbreite der Ehe erschöpft wäre. Gleich die beiden nächsten Verse zeigen, daß er Mann und Frau in der Ehe gleichermaßen als verantwortliche Partner wertet, womit er im Gefolge Jesu steht. Weil die geschlechtliche Enthaltsamkeit als solche keinen Heilswert besitzt, ist weder Eheverzicht noch Enthaltsamkeit in der Ehe zu fordern. Bis in die Formung der Sätze 3 und 4 hinein bringt Paulus die Gleich- 3.4 stellung von Mann und Frau und die Gegenseitigkeit von Rechten und Aufgaben der Ehegatten zum Ausdruck (vgl. Eph 5, 21). Die „schuldige Pflicht", die sie einander erweisen sollen, meint zwar primär den Geschlechtsverkehr, schließt aber die ganze Lebensgemeinschaft der Partner ein. Es entspricht der Einstellung der dienenden Liebe, daß die Ehegatten jeweils vom anderen her und nicht von sich selbst her denken und handeln. Eine solche, Mann und Frau gleichstellende, Betrachtung der Ehe findet sich weder bei den Rabbinen noch bei den stoischen Philosophen, nicht einmal bei dem Stoiker Musonius,

5 der die Ehe sehr hoch wertet. Die verheirateten Christen warnt der Apostel in V. 5 ausdrücklich davor, die Geschlechtsgemeinschaft eine zu lange Zeit zu unterbrechen, weil sonst die Versuchung zur Unzucht zu groß wird. Hier wird ganz deutlich, daß Paulus den Geschlechtsverkehr nicht als etwas Sündiges und Verwerfliches wertet, sondern als natürlichen Vorgang des geschöpflichen Lebens betrachtet. Er räumt eine Unterbrechung der geschlechtlichen Gemeinschaft nur unter den Bedingungen ein, daß sie im Einverständnis erfolgt und sich nur auf kurze Zeit erstreckt. Im Judentum waren für Gebet und Torastudium Zeiten der Enthaltung vorgesehen. Es heißt im Testament Naftali 8, 8: „Es gibt eine Zeit für das Zusammenkommen mit der Frau und eine Zeit der Enthaltsamkeit für das Gebet." Paulus denkt hier wohl nicht an die kurzen täglichen Gebete, sondern an eine längere Zeit, in der sich die Christen dem Gebet und der Beschäftigung mit dem Wort Gottes ohne Ablenkung widmen wollen. Der Text besagt nicht, daß Geschlechtsverkehr rituell verunreinigt. Die Unterbrechung der Geschlechtsgemeinschaft soll nicht zu lange dauern, damit dem Satan keine Angriffsfläche geboten wird, der versucht, Menschen, die das Charisma der Enthaltsamkeit nicht haben, in Unzucht zu verstricken.

6 Die Ausführungen des Apostels in V. 2–5 sind keine strikten Befehle, sondern situationsbedingte Weisungen. Er richtet kein neues Gesetz auf, weder ein prinzipielles *Ge*bot noch *Ver*bot der Ehe, sondern wahrt die Freiheit des Glaubens. Der Begriff „Zugeständnis" bezieht sich zunächst auf die Unterbrechung des Geschlechtsverkehrs, die in V. 5 eingeräumt wird; Paulus will ja die eheliche Gemeinschaft als Mittel zur Vermeidung der Unzucht der enthusiastischen Forderung nach völliger Geschlechtsaskese entgegenhalten. Der Bezug auf die Wiederaufnahme des Geschlechtsverkehrs in V. 5 b stünde in direktem Gegensatz zum Tenor des ganzen Abschnitts. In einem weiteren Sinn kann man V. 6 auch auf V. 2–5 anwenden, insofern Paulus kein starres Gesetz aufrichtet. Der Wunsch des Paulus, daß alle Menschen so sein sollten

7 wie er, betrifft seine Gnadengabe der Enthaltsamkeit (vgl. Mt 19, 12); er gönnt allen dieses Charisma, das die ungeteilte Hingabe an den Herrn ermöglicht (vgl. V. 32). Aber er weiß auch, daß in der Wirklichkeit die Gaben verschieden verteilt sind: „jeder hat seine eigene Gabe von Gott, der eine so, der andere so". Für den, der die Gabe der Enthaltsamkeit hat, gilt nach Paulus: Ehelosigkeit verdient den Vorzug. Wer sie nicht hat, soll in ehelicher Gemeinschaft leben, um der Unzucht keinen Raum zu geben. Paulus bezeichnet die Enthaltsamkeit als Charisma, nicht die Ehe als solche, die der geschöpflichen Ordnung angehört. Zum Wesen einer Gnadengabe gehört nach Kap. 12–14

die Funktion der dienenden Liebe. Danach ist weder Ehelosigkeit als solche noch Ehe ein Charisma. Paulus will offenhalten, daß der Glaube, der sich in der Liebe auswirkt (Gal 5,6), sowohl im ehelosen wie im ehelichen Stand verwirklicht werden kann.

1.2 Über verschiedene Fälle 7, 8–16

Paulus gliedert die folgenden Ausführungen selbst durch einleitende Stichworte, mit denen er verschiedene Gruppen nach ihrem Verhältnis zu Ehe oder Ehelosigkeit zusammenfaßt (Unverheiratete und Witwen V. 8, Verheiratete V. 10, die übrigen, d.h. die in Mischehen Lebenden V. 12).

1.2.1 Über Unverheiratete und Witwen 7, 8.9

8 **Den Unverheirateten und den Witwen (aber) sage ich: Es ist gut für sie, wenn sie (so) bleiben wie ich.** 9 **Wenn sie sich aber nicht enthalten können, sollen sie heiraten; denn es ist besser, zu heiraten als sich in Begierde zu verzehren.**

Vers 9: *1. Tim 5, 14.*

Der Rat für die nicht in ehelicher Gemeinschaft Lebenden entspricht genau 8 dem Grundsatz von V. 1–7. Für unverheiratete Frauen und Männer und für Witwen (sinngemäß auch für Witwer) hängt die Entscheidung der Frage, ob sie heiraten sollen, von der Gabe der Enthaltsamkeit ab. Auf Geschiedene geht Paulus in V. 11 gesondert ein. Der griechische Begriff *ágamoi* (masculinum) ist nicht auf Witwer (= nicht mehr Verheiratete) einzuschränken. Den noch nicht oder nicht mehr durch Ehe Gebundenen stehen in V. 10 die Verheirateten gegenüber. Den Ledigen und Witwen gibt der Apostel den Rat, nicht zu heiraten, wenn sie, wie er selbst, die Gabe der Enthaltsamkeit haben. Ebenso 9 entschieden ist aber auch sein Rat, zu heiraten, wenn die Kraft zu einem enthaltsamen Leben von Gott nicht geschenkt ist. Das Urteil: es ist besser zu heiraten als zu „brennen", d.h. sich in Begierde zu verzehren, ist ein deutlicher Beleg dafür, daß Paulus keine prinzipielle Geschlechtsaskese vertrat, sondern die Ehe als eine Ordnung des Schöpfers bejaht. Den übertragenen Gebrauch von „brennen" für das Verzehrtwerden von Liebesleidenschaft und sexuellem Verlangen teilt Paulus mit dem hellenistischem Judentum und der Profangräzität; in diesem Kontext ist der Bezug auf das Feuer des Endgerichts (3, 13) nicht wahrscheinlich.

1.2.2 Über Verheiratete 7, 10.11

10 **Den Verheirateten aber gebiete nicht ich, sondern der Herr, daß die Frau sich nicht von ihrem Mann scheiden soll** 11 **– hat sie sich aber geschieden, soll sie ohne Ehe bleiben oder sich mit ihrem Mann versöhnen – und daß der Mann seine Frau nicht verstoßen soll.**

Vers 10: *Mk 10, 9; Mt 19, 6; vgl. 5. Mose 24, 1 ff.*

10   Im Unterschied vom Rat für die Ehelosen verweist Paulus die verheirateten
Christen auf das Verbot der Ehescheidung durch Jesus. Nach Mk 10,9 und
Mt 19,6 soll der Mensch nicht scheiden, was Gott zusammengefügt hat. Ob
Paulus Worte aus der Logienquelle (Lk 16,18; Mt 19,9) gekannt hat, läßt sich
nicht mehr sicher feststellen. Wo eine Entscheidung Jesu durch ein bekanntes
Herrenwort vorliegt, da befolgt der Apostel das Gebot des Herrn ohne weitere
Erörterung und gibt es der Gemeinde bindend weiter. Die Worte des irdischen
Jesus gelten der nachösterlichen Kirche als autoritative Weisungen des erhöh-
ten Herrn. Das Verbot der Ehescheidung durch Jesus wird in Korinth nicht
unbekannt gewesen sein. Paulus verwendet es hier gegen die enthusiastische
Forderung der Geschlechtsaskese. Ob sich die pneumatischen Asketen auf die
Ehelosigkeit Jesu berufen haben, bleibt unsicher. Nach jüdischem Recht geht
die Scheidung, von wenigen Ausnahmen abgesehen, vom Mann aus, der den
Scheidebrief ausstellt (vgl. 5. Mose 24,1 ff.). Nach griechischem Recht kann
auch die Frau die Scheidung veranlassen (G. Delling, RAC IV, S. 710); sie soll
die Trennung der Behörde mitteilen, ist aber nicht auf deren Genehmigung
angewiesen. In der bei Paulus hier vorliegenden Fassung des Scheidungsverbots ist an erster Stelle die Frau als Veranlasserin (nach griech. Recht) ins
11 Auge gefaßt. Trotz der verschiedenen Ausdrücke für die Trennung (sich scheiden – wegschicken, verstoßen) stellt der Apostel auch hier Mann und Frau einander gleich (vgl. Mk 10,11 f.). In einem Zwischensatz (V. 11 a) greift er den
Fall auf, daß eine Scheidung schon vollzogen ist. Die im Griechischen auch
mögliche Beziehung der Scheidung auf die Zukunft ist für Christen angesichts
des Scheidungsverbots Jesu unwahrscheinlich. Für eine bereits geschiedene
Frau bleibt, wenn sie nicht die Gabe hat, enthaltsam zu leben, nur die Möglichkeit, sich mit ihrem Mann zu versöhnen. Die Heirat mit einem anderen Mann
bei Lebzeiten des früheren Ehegatten käme einem Ehebruch gleich (Mk 10,12;
vgl. Röm 7,2 f.). Die christliche Ehe soll nach dem Willen Jesu und seines
Boten eine unauflösliche Gemeinschaft auf Lebenszeit sein.

1.2.3 Über die in Mischehen Lebenden 7,12–16

12 **Den übrigen aber sage ich, nicht der Herr: Wenn ein Bruder eine ungläubige Frau hat und diese ist einverstanden, mit ihm zusammenzuleben, soll er sie
nicht verstoßen.   13 Und (ebenso) wenn eine Frau einen ungläubigen Mann hat
und dieser ist einverstanden, mit ihr zusammenzuleben, soll sie den Mann nicht
verstoßen.   14 Denn der ungläubige Mann ist geheiligt durch die Frau, und die
ungläubige Frau ist geheiligt durch den Bruder (= gläubigen Mann). Sonst wären
(ja) eure Kinder unrein; nun aber sind sie heilig.   15 Wenn aber der Ungläubige
sich scheiden will, so mag er sich scheiden. Der Bruder oder die Schwester ist nicht
(sklavisch) gebunden in solchen Fällen. Zum Frieden hat euch Gott berufen.   16 Denn was weißt du, Frau, ob du den Mann retten wirst? Oder was weißt
du, Mann, ob du die Frau retten wirst?**

Vers 16: *1. Petr 3,1 f.*

Die Verheirateten hatte Paulus auf ein Wort des Herrn verwiesen; für die in 12.13
heidnisch-christlichen Mischehen Lebenden gibt es keine Entscheidung Jesu,
weil die Heidenmission erst in der nachösterlichen Situation begann. Deshalb
muß Paulus nach seinem eigenen Urteil entscheiden. Sein Rat ist aber mehr als
nur eine subjektiv-persönliche Meinung des Paulus, weil er das Wort Jesu auslegt und aktualisiert für neu eingetretene Situationen. Die Verse 15 und 16 zeigen, daß der Apostel das Herrenwort des Scheidungsverbots sinngemäß
anwendet. Wie es der Gleichberechtigung der Ehegatten entspricht, führt Paulus den Fall der Mischehe mit einem heidnischen Partner sowohl für einen
christlichen Mann wie für eine christliche Frau durch, und er gibt in V. 14 eine
theologische Begründung für seinen Rat. Zur Mischehe ist es wohl so gekommen, daß ein Ehepartner sich dem Glauben an Jesus Christus anschloß und der
andere diesen Schritt nicht mitvollzog. Für Christen ist das Scheidungsverbot
Jesu bindend. Der Fortbestand einer solchen Mischehe hängt also vom heidnischen Partner ab. Die heidnisch-christlichen Ehen sind wohl in Korinth deshalb zum Problem geworden, weil die schwärmerischen Asketen ihre Auflösung forderten, um die klare Trennung der Pneumatiker von Menschen, die
den Geist Gottes nicht haben, öffentlich zu bekunden. Wie sich in 6,12–20
gezeigt hat, versteht Paulus die Ehe als eine personale, ganzheitliche Lebensgemeinschaft; eine solche Verbindung setzt ein *freiwilliges* Ja von beiden Part-
nern voraus. Wenn der heidnische Partner sein Ja durch die Bereitschaft zur
Fortsetzung der Ehe bestätigt, kann die Ehe als Gemeinschaft verantwortlicher
Partner weiter bestehen. Die Nichtzugehörigkeit eines Partners zur Kirche
hebt die Ehe nicht auf und macht sie nicht unrein. Der heidnische Partner
wird durch sein Zusammenleben mit einem Glied der christlichen Gemeinde in
vermittelter Weise in den Bereich der Christusherrschaft einbezogen. Die Auffassung mancher Korinther, daß der heidnische Partner den christlichen
„unrein" mache, ist ohne Grund; denn nach der Meinung des Paulus trifft
gerade das Gegenteil zu. Als Begründung für seine Entscheidung erklärt der 14
Apostel in V. 14, daß jeweils der nichtchristliche Ehepartner durch den christlichen „geheiligt" wird. Auch dies führt Paulus in gleicher Weise für Mann und
Frau aus; er gibt allerdings nicht an, wie er sich die Übertragung der „Heiligkeit" vermittelt denkt. Dies hat zu zahlreichen Interpretationsvorschlägen
geführt. Nach dem üblichen Sprachgebrauch des Paulus sind die glaubenden
und getauften Christen die „Heiligen" (1,2). Heiligkeit ist für ihn keine stoff-
lich wirkende Kraft und auch nicht identisch mit ritueller Reinheit. Die Heiligung ist nach 1,30 und 6,11 das im Glauben ergriffene Geschenk der Versöhnungstat Gottes in Christus und schließt für die Getauften die Verpflichtung
zu einem Leben nach dem Geist ein. Eben diese Lebensweise strahlt auf den
Ehepartner aus. Wo es jedoch ethisch um den Rückfall in heidnische Untugen-
den geht, spricht der Apostel ein klares Nein zur Gemeinschaft mit den Ungerechten (6,9–11). Da aber in unserem Fall, in dem der heidnische Partner
bereit ist, mit dem christlichen zusammenzuleben, eine solche Gefahr nicht
besteht, liegt kein Grund zu einer Scheidung vor. Der heidnische Partner ist

jedoch nicht getauft und „geheiligt in Christus Jesus" (1,2); insofern kann es
sich in V.14 nicht um den üblichen paulinischen Sprachgebrauch handeln.
Nach V.16 sind die nichtchristlichen Ehepartner trotz der „Heiligung" durch
die christlichen noch nicht gerettet, wenn sie auch noch zum Glauben kommen
und gerettet werden können. In der Frage, um welche Art von „Heiligung" es
sich in V.14 handelt, ist noch keine Übereinstimmung in der Forschung
erreicht. Die beste Lösung ist m.E. die Annahme, daß Paulus das Verständnis
einer durch leibliche Berührung übertragenen „Unreinheit", wie es sich in der
Befürchtung der enthusiastischen Asketen zeigt, im Blick hat und dies von seiner Theologie aus durch den Gedanken der ethischen Einwirkung der verbundenen Personen auf einander korrigiert. Die Existenz der Glaubenden wird
nach christlichem Verständnis nicht durch bestimmte Speisen oder leibliche
Berührung „unrein" gemacht, sondern durch den Ungehorsam gegen Gottes
Willen. Der heidnische Partner ist durch die Gemeinschaft mit dem christlichen Ehegatten in ein durch das Leben im Glauben „geheiligtes" Verhältnis
einbezogen; hierbei hat sein Heidentum nicht die „magische" Kraft, die christliche Ehe „unrein" zu machen. Die Wirkung der Gnade Gottes in Christus ist
den Mächten der alten Welt überlegen (vgl. Röm 5,15–20). Da Paulus die
„Heiligung" des heidnischen durch den christlichen Ehepartner mit der Heiligkeit der Kinder in V.14 (Ende) begründet, muß das Verhältnis der Ehegatten
zu einander in Analogie zum Verhältnis der Eltern zu den Kindern stehen.
Umstritten sind die Fragen, auf welche Kinder sich der Ausdruck „eure Kinder" bezieht und aus welchem Grund sie als „heilig" gelten. Nach dem Kontext sind die Kinder aus den Mischehen gemeint. Angesichts der historisch
offenen Frage, ob die frühe Kirche die Kindertaufe geübt hat oder nicht, ver-
wundert es nicht, daß diese Stelle der Auslegung schon immer große Schwierigkeiten bereitet hat und daß noch keine allgemein anerkannte Erklärung
gefunden ist. Der Wortlaut des Texts gibt weder positiv noch negativ einen
eindeutigen Beleg für die Übung der Taufe von Kleinkindern in der frühen
Christenheit. Bei völliger Entsprechung des gegenseitigen Verhältnisses der
Ehepartner mit dem Verhältnis der Eltern zu den Kindern ist die Begründung
der „Heiligung" des ungetauften Partners durch den christlichen nur dann
ganz schlüssig, wenn auch die Kinder ungetauft sind. Für das Nichtgetauftsein
von Kindern aus Mischehen sind mehrere Gründe denkbar. Am nächsten liegt
die Auffassung, daß die frühe Kirche die Kindertaufe noch nicht geübt hat
(K.Aland gegen J.Jeremias). Sonst müßte angenommen werden, daß der heidnische Partner die Taufe der Kinder ablehnte bzw. die schon etwas älteren
Kinder dies selbst taten. Nun bildet die These, daß die Kinder nicht unrein,
sondern „heilig" sind, die tragende Voraussetzung für die Argumentation des
Apostels. Möglicherweise steht hinter dieser These die jüdische Auffassung,
daß Kinder bereits vor der Verpflichtung der Söhne auf das Gesetz (mit ca.
13 Jahren) in das Bundesverhältnis eingeschlossen sind. Nur bei Annahme
einer durch leibliche Berührung vermittelten „Unreinheit" läge eine Übertragung von einem Ehepartner auf den anderen und von den Eltern auf die Kin-

der vor. Wenn diese Voraussetzung nicht zutrifft und die Kinder nicht unrein, sondern „heilig" sind, ist folglich auch der christliche Ehepartner durch den heidnischen nicht „entheiligt". Beruhte in V. 12–14 der Rat des Apostels auf 15 der Bedingung, daß der nichtchristliche Partner der Fortsetzung der Ehe zustimmt, so behandelt Paulus in V. 15 nun den gegenteiligen Fall. Wünscht der heidnische Partner die Scheidung, dann soll der christliche die Fortsetzung der Ehe nicht erzwingen. In solchen Fällen sind die Christen durch das Scheidungsverbot Jesu nicht wie durch ein starres Gesetz gebunden. Entscheidend für eine gute Ehe ist die freiwillig von beiden Ehegatten bejahte Lebensgemeinschaft. Der Zwang wäre in solchen Mischehen ein Herd ständiger Zwietracht. Gott hat aber die Ehegatten zum *friedlichen* Zusammenleben berufen. Der griechische Text läßt in V. 16 sprachlich eine optimistische („ob" in beja- 16 hendem Sinn) oder eine pessimistische („ob" in verneinendem Sinn) Aussicht auf die Rettung des nichtchristlichen Ehegatten zu. Weil V. 16 zusammen mit V. 15 zu dem Fall gehört, daß der *heidnische* Partner die Scheidung will, ist m. E. die pessimistische Fassung vorzuziehen. Nicht einmal der wohlgemeinte christliche Wunsch, den heidnischen Mann oder die heidnische Frau für den Glauben an Christus zu gewinnen (vgl. 1. Petr 3, 1), soll die Christen dazu veranlassen, die Weiterführung der Ehe zu verlangen. Denn der christliche Partner kann ja gar nicht wissen, ob er sein Ziel auch wirklich erreichen wird. Der Glaube ist Gottes Geschenk und steht nicht in der Verfügungsgewalt der Menschen.

1.3 *Gottes Ruf zur Freiheit und der Stand der Berufenen 7, 17–24*

17 Nur, wie es der Herr einem jeden zugeteilt hat, wie Gott einen jeden berufen hat, so soll er leben. Und so ordne ich es an in allen Gemeinden. 18 Ist jemand als Beschnittener berufen, so soll er beschnitten bleiben (nicht die Vorhaut überziehen). Ist jemand als Unbeschnittener berufen, so soll er sich nicht beschneiden lassen. 19 Beschnitten sein (die Beschneidung) ist nichts, und unbeschnitten sein (die Vorhaut) ist nichts, sondern (auf) das Halten der Gebote Gottes (kommt es an). 20 Jeder bleibe in der Berufung (in dem Stand), in der (dem) er berufen wurde. 21 Bist du als Sklave berufen, so laß es dich nicht bekümmern; wenn du jedoch sogar (auch) frei werden kannst, so mache davon um so lieber Gebrauch. 22 Denn der im Herrn berufene Sklave ist ein Freigelassener des Herrn; ebenso ist der berufene Freie ein Sklave Christi. 23 Ihr seid teuer erkauft worden; werdet nicht Sklaven von Menschen. 24 Brüder, jeder bleibe in der Berufung (in dem Stand), in der (dem) er berufen wurde, vor Gott.

Vers 17: *7, 20.24*   Vers 19: *Gal 5, 6; 6, 15*   Vers 23: *6, 20.*

In diesem Abschnitt entfaltet der Apostel in grundsätzlicher Form das Ver- 17 hältnis der Christen zu den verschiedenen Ständen der Welt. Der leitende Grundsatz lautet: Jeder Glaubende bleibe in dem Stand, in dem ihn der Ruf Gottes getroffen hat. Der Abschnitt könnte, obwohl es nicht gesagt ist, durch die Forderung der korinthischen Schwärmer nach Auflösung der weltlichen Ordnungen veranlaßt sein; gleichwohl gelten die Ausführungen des Apostels für alle Gemeinden. Paulus faßt den Menschen, den der Ruf Gottes trifft, nicht als abstraktes Wesen, sondern als konkreten Menschen in einer bestimmten Lage ins Auge. „Berufen" und „Berufung" sind bei ihm die geläufigen Bezeichnungen für die Berufung eines Menschen zum Glauben durch die Verkündigung des Evangeliums von Jesus Christus. Das Subjekt der Berufung ist Gott, der durch sein Wort und seinen Geist den Glauben schenkt. Er ist der Geber aller natürlichen und geistlichen Gaben. Paulus kann die Zuteilung der Gnadengaben von Gott (Röm 12, 3) oder von dem Herrn (Christus, wie hier) oder vom Geist (1. Kor 12, 11) aussagen; darin zeigt sich die Einheit von Gott, Jesus Christus und dem heiligen Geist im Wirken des Heils für die Menschen. In diesem Sinn sind die beiden Wie-Sätze gleichbedeutend. Die Berufung zum Glauben an Christus hebt die mannigfache Verschiedenheit der Menschen nicht auf, sondern stellt jeden einzelnen mit seinen besonderen Gaben und an seinem besonderen Ort in den Dienst für den Herrn. Die Beziehung des Glaubenden zu Christus beherrscht bei Paulus alle innerweltlichen Verhältnisse. Für die Lebensführung gebraucht er häufig das aus jüdischer Tradition stammende „wandeln" (Lebenswandel). Jeder soll in dem Stand, in dem ihn der Ruf Gottes getroffen hat, und mit den Gaben, die ihm der Herr zugemessen hat, sein Leben führen, wie es des Evangeliums würdig ist (Phil 1, 27). Diesen Grundsatz führt der Apostel nun an den beiden wichtigsten Gegensätzen der damaligen Welt aus, an dem religiösen Gegensatz: Jude – Heide und an dem

18 soziologischen Gegensatz: Sklave – Freier. Da allein der Glaube an Christus ohne die Werke des Gesetzes den Zugang zum Heil eröffnet, haben beschnitten sein und unbeschnitten sein keine Heilsbedeutung mehr. Deshalb soll der Jude sein Judesein nicht durch operatives Überziehen der Vorhaut verdecken (vgl. 1. Makk 1, 16), und der Heide soll sich nicht beschneiden lassen. Der Jude wird nicht auf Grund seiner Gesetzeserfüllung gerechtfertigt, und der Heide braucht nicht durch die Beschneidung vorher in das Volk Israel eingegliedert zu werden, um das Heil durch den Glauben an Christus erlangen zu können.

19 Ausschlaggebend für die Rettung ist weder die Beschneidung noch die Unbeschnittenheit, sondern „das Halten der Gebote Gottes", d. h. der Gehorsam gegen den Willen Gottes an dem Ort, an dem jeder steht, und mit den Gaben, die jeder empfangen hat. Die jüdisch klingende Formel wird theologisch erläu-

20 tert durch die Aussagen in Gal 5, 6 und Röm 13, 8–10. Der V. 20 nimmt V. 17 auf und faßt die Beispiele von V. 18 und 19 in den Grundsatz zusammen: Jeder bleibe in der Berufung, in der er berufen wurde. Dabei umschließt der Begriff „Berufung" (*klēsis*) sowohl den göttlichen Ruf zum Glauben als auch den Stand, in dem dieser Ruf den Menschen trifft, als Juden oder Heiden, als Skla-

21 ven oder Freien. In den Versen 21–23 geht Paulus zu dem zweiten Beispiel über, zu dem Gegensatz: Sklave – Freier. Wer als Sklave berufen worden ist, braucht darüber nicht bekümmert zu sein, weil christliche Sklaven durch Gottes Heilstat in Christus von Sünde, Gesetz und Tod Befreite sind, wie sie im

Glauben nun an ihren neuen Herrn gebunden sind. Die Freiheit als Rettung vor dem ewigen Verderben wiegt schwerer als das Fehlen der Freiheit im soziologischen Sinn. Der V. 21 b wird seit langem gegensätzlich ausgelegt. Der griechische Wortlaut läßt beide Möglichkeiten zu, entweder: auch wenn du frei werden kannst, bleibe lieber Sklave, oder: doch wenn du auch frei werden kannst, ergreife diese Gelegenheit um so lieber. Für die erste Deutung sprechen starke sachliche Argumente: der den ganzen Abschnitt beherrschende Grundsatz, die Überordnung der Glaubensfreiheit über die soziale Freiheit, die Situation des Sklaven, der die Freiheit ersehnt, die Erwartung der baldigen Parusie Christi und schließlich der begründende Anschluß des folgenden V. 22. Die Deutung: bleibe lieber Sklave! wird aus diesen Gründen von den meisten neueren Auslegern vertreten (H. D. Wendland; H. Conzelmann; E. Fascher; C. K. Barrett). Gleichwohl hat die gegenteilige Deutung Luthers, Calvins und Schlatters sowohl sprachlich als auch sachlich-theologisch ein großes Gewicht und verdient m. E. den Vorzug. Sie faßt in gut paulinischer Weise den Grundsatz von V. 17 und 20 nicht als ausnahmsloses Prinzip, sondern berücksichtigt wie bei der Frage der Ehescheidung den konkreten Sonderfall. Vorausgesetzt ist bei dieser Deutung allerdings, daß der christliche Sklave die Befreiung nicht eigenmächtig anstrebt, sondern als Geschenk von anderer Seite erhält. In einem solchen Fall ist der Christ nicht durch ein starres Gesetz gebunden; er hat die Freiheit, die gebotene Gelegenheit zu ergreifen. Diese Deutung wird vom Text gestützt durch den Aorist des Imperativs (*chrēsai*), der auf ein neu eintretendes Ereignis (in diesem Fall die Befreiung) hinweist, ferner durch die gegensätzliche Partikel (*allá*) gegenüber V. 21 a und durch die Stellung von „auch", „sogar" (*kaí*), das nicht vor, sondern nach „wenn" steht (S. Sc. Bartchy). Bei dieser Konstruktion ergibt sich der Sinn: Doch wenn sich dir auch die andere Möglichkeit, nämlich frei zu werden, bietet, dann mache um so lieber Gebrauch von ihr. Die Stellungnahme in diesem Sonderfall ist im Sinn des Apostels nicht als Aufruf zur allgemeinen Veränderung der sozialen Verhältnisse mißzuverstehen; denn Paulus ist auch bewußt, wie groß in Korinth und anderswo die Gefahr ist, die Freiheit des Glaubens durch den eigenmächtigen Griff nach der sozialen Freiheit zu diskreditieren. Die näch- 22 sten Verse bringen eine theologische Begründung für den Grundsatz, daß ein Christ in der Regel in dem Stand bleiben soll, in dem er berufen wurde. Die soziologischen Begriffe „Sklave" und „Freier" werden jetzt in den Horizont des Glaubens und der Freiheit in Christus gerückt; dabei werden beide insofern gleichgestellt, als beiden Ständen *keine* soteriologische Bedeutung zukommt. Als Glieder am Leibe Christi haben ehemalige Juden und Heiden, Sklaven und Freie, Männer und Frauen die gleiche religiöse Würde und Verpflichtung (Gal 3, 28). Der Sklave im soziologischen Sinn ist ein Freigelassener Christi, der seinem Herrn zum Dienst verpflichtet ist, und der Freie im soziologischen Sinn ist ein Sklave Christi, der seinem Herrn gehört und ihm zu gehorchen hat. Die Nachfolge des gekreuzigten Christus im Glauben kann in beiden Ständen verwirklicht werden. Den Ausschlag für die Erlangung des

Heils gibt beidemal die Treue gegenüber der Berufung durch Gott. Eine so
begründete Dialektik von Freiheit und Gebundenheit ist in der stoischen Welt-
23 anschauung nicht denkbar. In V. 23 erinnert Paulus die Korinther nochmals
wie in 6, 20 an ihre Erlösung durch den stellvertretenden Sühnetod Jesu am
Kreuz. Die Gemeinde ist gegen Barzahlung (durch die Hingabe des Sohnes
Gottes) erkauft, d. h. aus den Mächten der Welt befreit. Ein Rückfall in die
weltlichen Bindungen und die Orientierung an den Maßstäben der Weisheit
dieser Welt hieße, die in Christus geschenkte Freiheit preisgeben und sie gegen
24 Menschenknechtschaft eintauschen. In dem abschließenden V. 24 zieht Paulus
mit neuer Anrede das Fazit aus dem ganzen Abschnitt, wobei wieder der Akt
der Berufung durch Gott und der jeweilige Stand der Berufenen verbunden
sind. Jeder soll in seiner Lage der göttlichen Berufung treu bleiben. „Vor Gott"
ist im griechischen Text betont an den Schluß gestellt; es hebt die Verantwortung vor Gott im menschlichen Verhalten gegenüber der Berufung heraus und
relativiert die jeweiligen „Stände" in der Welt.

Die Stellungnahme des Paulus in diesem Abschnitt ist geprägt von seiner
christologisch begründeten Wertung der verschiedenen Gruppen der alten
Welt im Horizont der Eschatologie und von seinem Verständnis der Kirche als
dem Leib Christi. Dieser theologische Ansatz des Apostels enthält trotz des
Grundsatzes des Bleibens in den Ständen durchaus auch kräftige Motive zur
Veränderung der weltlichen Strukturen, und zwar von innen heraus durch die
Kraft und Phantasie der Liebe (vgl. den Philemonbrief).

1.4 Über die Jungfrauen 7, 25–38

1.4.1 Empfehlung der Ehelosigkeit 7, 25–28

**25 Was aber die Jungfrauen betrifft, so habe ich kein Gebot des Herrn; ich
sage aber meine Meinung als einer, dem vom Herrn die Barmherzigkeit widerfahren ist, als vertrauenswürdig zu gelten.   26 Ich meine nun dies, daß es gut sei um
der bevorstehenden Not willen, daß es gut sei für den Menschen, so (ledig) zu
sein.   27 Bist du an eine Frau gebunden, so suche keine Trennung; bist du ohne
(frei von einer) Frau, so suche keine Frau.   28 Wenn du aber doch heiratest, sün-
digst du nicht, und wenn die Jungfrau heiratet, sündigt sie nicht; doch werden solche in äußere Bedrängnis kommen. Ich aber möchte euch schonen.**

Vers 25: *1. Thess 2, 4*   Vers 26: *7, 8*   Vers 28: *7, 9*

25   Aus der Einleitung des Verses 25 ist zu schließen, daß der Gemeindebrief
auch die Frage enthielt, ob die Jungfrauen, d. h. die jungen, noch vor der Ehe
stehenden Mädchen, heiraten oder ledig bleiben sollen. Es ist nicht notwendig,
den Begriff „Jungfrauen" auf Verlobte zu beschränken. Für diese Frage kann
Paulus nicht auf ein Wort des Herrn verweisen wie bei der Ehescheidung; in
der synoptischen Tradition ist auch kein solches Herrenwort überliefert. Deshalb muß der Apostel mit seiner eigenen Meinung eingreifen. Er hebt diese

zwar ab von dem Gebot des Herrn, beansprucht aber doch die ihm von Gott zuteil gewordene Autorität; denn Paulus ist durch die Gnade Gottes zum vertrauenswürdigen Sachwalter des Evangeliums berufen worden (vgl. 1. Thess 2, 4). Der Ratschlag, den Paulus als seine Meinung gibt, stimmt mit 26 seiner Position in V. 1–7 und dem in V. 17–24 entfalteten Grundsatz überein: für den unverheirateten Menschen ist es gut, ledig zu bleiben. Hat Paulus diesen Rat in V. 8 an dem Charisma der Enthaltsamkeit orientiert, so begründet er ihn jetzt mit dem das ganze Kapitel bestimmenden eschatologischen Aspekt in der Situation der Naherwartung. „Not" ist ein apokalyptischer Ausdruck für die schwere Bedrängnis, die vor dem Endakt über die Erde kommen soll und bereits in die Gegenwart hereinwirkt; der Ausdruck ist verwandt mit der auf Dan 12, 1 beruhenden Wendung: „die große Trübsal" (Offb 7, 14). Paulus illu- 27 striert nun seinen Grundsatz zuerst im Blick auf den Mann und erläutert damit zugleich den Rat für die Jungfrauen. Angesichts der in Bälde erwarteten Parusie Christi braucht zwar der Verheiratete die bestehende Ehe nicht aufzulösen, aber der Unverheiratete soll ledig bleiben. Daß dieser Rat wiederum nicht als starres Gesetz gemeint ist, zeigt der nächste Vers. Paulus berücksichtigt hier 28 sein Urteil, daß es besser ist, zu heiraten als sich in Begierde zu verzehren (V. 9). Darum erklärt er, daß ein junger Mann oder eine junge Frau, die doch heiraten, weil es sie danach drängt, nicht sündigen. Diese Wertung ihres Verhaltens setzt nicht zwingend voraus, daß es sich in V. 25–38 um junge Männer und Frauen handelt, die entweder Jungfräulichkeit gelobt (J. Weiß) oder sich das Eheversprechen (E. Fascher) gegeben haben. Paulus will hier sein Urteil ausdrücken, daß er es nicht für eine Sünde hält, wenn junge Menschen, abweichend vom genannten Grundsatz und vom Rat des Apostels, doch heiraten. Zugleich deckt Paulus den Grund dafür auf, warum er den Unverheirateten empfiehlt, ledig zu bleiben. Es ist nicht die Forderung nach Sexualaskese, sondern der Wunsch des Apostels, die jungen Männer und Frauen angesichts der kommenden eschatologischen Notzeit vor zusätzlicher Sorgenlast zu bewahren. Denn wer heiratet, nimmt in dieser „letzten bösen Zeit" auch noch die Mitverantwortung für einen anderen Menschen und Kinder auf sich. Solch eine zusätzliche Belastung möchte Paulus den jungen Menschen ersparen.

1.4.2 Das Verhältnis des Christen zu der vergehenden Welt 7, 29–31

29 Das sage ich aber, Brüder: Die Zeit ist kurz (zusammengedrängt). Fortan sollen auch die, die Frauen haben, sein, als hätten sie keine; 30 und die weinen, als weinten sie nicht; und die sich freuen, als freuten sie sich nicht; und die kaufen, als behielten sie es nicht; 31 und die die Welt gebrauchen, als (ver-)brauchten sie sie nicht. Denn das Wesen (die Gestalt) dieser Welt vergeht.

Vers 29: *Röm 13, 12; vgl. 1. Petr 4, 7*   Vers 30: *Röm 12, 15.*

Bevor Paulus seinen Rat für die Unverheirateten weiterführt, schiebt er wie- 29–31 der wie in V. 17–24 einen grundsätzlichen Abschnitt ein, um die theologische

Grundlage aufzuzeigen, von der aus er seine Ratschläge erteilt. Der Anfang und das Ende dieses Abschnitts verweisen auf die Vergänglichkeit und Vorläufigkeit der jetzigen Weltverhältnisse angesichts der in Bälde erwarteten Parusie Christi. Die Sätze dazwischen klingen zwar in der Formulierung ganz ähnlich wie stoische Wendungen, in denen die innere Distanz des stoischen Weisen zu den Gütern und Vorgängen dieser Welt zum Ausdruck kommt, aber für Paulus sind alle Aussagen eschatologisch begründet (W. Schrage). Der knappe Abschnitt beschreibt in exemplarischer Weise das Verhältnis des Christen zu dieser Welt, das durch das eschatologisch verstandene Christusgeschehen einen Grundzug der paulinischen Theologie bildet, der auch unabhängig von der akuten Naherwartung der Parusie seine Bedeutung behält. Paulus ermahnt dazu, das Leben in der Gegenwart von der kommenden Gottesherrschaft her zu führen (vgl. 1. Thess 5, 1–11 u. Mt 24, 30–51), und steht damit im Gefolge

29 der Verkündigung Jesu. Die Zeit bis zur Wiederkunft des Herrn und zur Weltvollendung ist aus der Sicht des Paulus nur noch kurz. Das Partizip „zusammengedrängt" braucht nicht speziell mit dem Gedanken der „Verkürzung" von Mk 13, 20 ausgelegt zu werden. Der Sinn ist derselbe wie in Römer 13, 12: es dauert nicht mehr lange, bis der Tag des Herrn kommt (vgl. 1. Petr 4, 7). Daraus folgt eine völlig neue Einstellung zu den Gütern und Ereignissen dieser alten, vergehenden Welt; diese Einstellung ist letztlich in dem eschatologischen Geschehen von Tod und Auferweckung Jesu Christi begründet und gilt deshalb nicht nur für die frühe Zeit der Naherwartung. Der Christ soll alle Dinge dieser Welt im Licht des kommenden Tages beurteilen. Diese Grundhaltung wird in fünf Partizipialsätzen mit der Form: „haben als hätte man schon nicht mehr" (W. Schrage) veranschaulicht. Dem Thema des Kapitels entsprechend wird die Ehe an den Anfang gestellt. Alle, die Frauen haben, sollen sein, als hätten sie keine. Mit dieser Aussage will Paulus nicht etwa den Verzicht auf den Geschlechtsverkehr in der Ehe empfehlen; er ordnet vielmehr wie Jesus (Mk 12, 25) die Ehe ein unter die geschöpflichen Ordnungen, die mit dieser Welt ihr Ende finden. Darum soll die Orientierung an dem kommenden Herrn auch das Eheleben bestimmen und die Ehegatten zum Gehorsam gegen den

30 Willen Gottes und zur gegenseitigen Liebe bewegen. Die beiden nächsten Partizipialsätze rücken Leid und Freude in den eschatologischen Horizont. Während der Stoiker die Gemütsbewegungen möglichst bis zum Nullpunkt zurückdrängt, gilt für die Christen die Mahnung von Röm 12, 15: „Freut euch mit den Fröhlichen und weint mit den Weinenden!" Die Hoffnung auf die zukünftige Vollendung gibt Kraft und Geduld im Leiden und nimmt der Freude die selbstsüchtige Ausrichtung. Die beiden letzten Partizipialsätze lehren, die irdischen Güter und die ganze alte Welt als vorletzte, zum dankbaren Gebrauch bestimmte Größen und Werte zu betrachten, und warnen vor ihrem Miß-

31 brauch und ihrer Vergötzung. Der griechische Begriff (*schēma*) heißt wörtlich die Gestalt, hat aber im hellenistischen Denken die Bedeutung „Wesen" angenommen. Die ganze jetzige Welt in ihrer konkreten Erscheinungsform „geht vorüber"; sie wird der neuen Welt Gottes bei der Aufrichtung der vollendeten

Gottesherrschaft weichen müssen. – Dieser Abschnitt enthält trotz der negativ klingenden Formulierungen eine starke Zuversicht und Gewißheit der Heilshoffnung. Da das eschatologische Weltverständnis des Paulus am Christusgeschehen orientiert ist, wird von der Sendung Christi her nicht nur die Abkehr von der Welt, sondern auch eine positive Zuwendung zur Welt in der Liebe zum Nächsten begründet. Diese positive Seite in der paulinischen Weltsicht vermögen die Begriffe „Weltentfremdung", „Indifferenz gegenüber der Welt" oder „innere Distanz zur Welt" nicht voll zu erfassen. Das Verhältnis des Christen zur Welt ist nach der Lehre des Apostels weder Weltförmigkeit noch Weltflucht, sondern ein von Tod und Auferweckung Jesu Christi aus begründeter differenzierter Umgang mit den Gütern und Vorgängen der vergehenden Welt.

1.4.3 Bewahrung vor zusätzlichen Sorgen 7, 32–35

32 Ich möchte aber, daß ihr ohne Sorge seid. Der Unverheiratete sorgt sich um die Sache des Herrn, wie er dem Herrn gefalle; **33** der Verheiratete aber sorgt sich um die Dinge der Welt, wie er seiner Frau gefalle, **34** und so ist er geteilten Herzens (gespalten). Und die unverheiratete Frau und die Jungfrau sorgen sich um die Sache des Herrn, daß sie heilig seien an Leib und Geist; aber die Verheiratete sorgt sich um die Dinge der Welt, wie sie ihrem Mann gefalle. **35** Das sage ich aber zu eurem eigenen Nutzen, nicht um euch eine Schlinge überzuwerfen, sondern damit ihr ehrenhaft und treu beim Herrn ausharrt, ohne euch ablenken zu lassen.

Vers 32: *7, 28; Mt 6, 25 ff.*   Vers 33: *vgl. Lk 14, 20.*

Paulus nimmt nun nach dem grundsätzlichen Abschnitt den am Schluß von **32** V. 28 angedeuteten Gedanken wieder auf. Er gibt zunächst überschriftartig (V. 32 a) die theologische Intention der folgenden Ausführungen an: Ehelosigkeit bewahrt vor zusätzlichen Sorgen, und sie ermöglicht eine ungeteilte Hingabe an den Herrn (V. 32 b–34). Im Blick auf die Nöte der eschatologischen Zeit will Paulus den Korinthern seelsorgerlich zur Freiheit von der Sorge um die Bedürfnisse dieser Welt (vgl. Mt 6, 25–34) verhelfen. Die Verheirateten **33** sind stärker in die Sorgen um Nahrung, Kleidung, Wohnung u. ä. verwickelt, weil sie zusätzlich auch für den Ehepartner und die Kinder zu sorgen haben. Es ist vorausgesetzt, daß es sich bei den Unverheirateten um Ehelosigkeit auf Grund der Gabe der Enthaltsamkeit handelt; denn im anderen Fall gälte der Rat von V. 9. Der Gedanke wird wieder ganz parallel für Mann und Frau im Blick auf Ledige und Verheiratete durchgeführt. In dieser bewußt gestalteten Form akzentuiert Paulus nur *einen* Gesichtspunkt, den er herausheben will, nämlich die Verwicklung in die Sorgen der Welt; er gibt keine vollständige Beschreibung des Lebens von Ehelosen und Verheirateten, und er leugnet auch nicht die positive Seite, daß die Frau eine Gehilfin für den Mann sein soll und kann (1. Mose 2, 18). Die alternativen Aussagen dürfen nicht gepreßt werden

zu der Folgerung, daß es im Ehestand unmöglich sei, sich um die Sache des Herrn zu kümmern. Ein Leben, in dem ausschließlich die Sorge um die Dinge dieser Welt regierte, wäre Unglaube und würde von Paulus scharf verurteilt.
34 Andererseits können auch die Ehelosen „geteilten Herzens" sein, d. h. hin- und hergerissen zwischen verschiedenen Wünschen und Interessen, wie umgekehrt auch Verheiratete mit Leib und Geist ein des Evangeliums würdiges Leben füh-
35 ren können. Paulus spürt, daß seine pointierte Ausdrucksweise gesetzlich miß-verstanden werden könnte; darum formuliert er abschließend nochmals sein eigentliches Anliegen. Mit dem Bild von der Schlinge des Jägers betont er, daß er den Korinthern nicht eine drückende Fessel anlegen oder (mit Luther) „einen Strick um den Hals werfen" will; er möchte ihnen vielmehr helfen, daß sie dem Herrn ehrenhaft und beharrlich dienen können. Der Ausdruck am Schluß „ohne Ablenkung", nämlich durch die Sorgen dieser Welt, ist als Gegenstück zu der Wendung „geteilten Herzens" in V. 34 a formuliert.

1.4.4 Rat für die Verlobten 7, 36–38

36 **Wenn aber jemand meint, gegen seine Jungfrau unrecht zu handeln, wenn sein Verlangen zu stark ist und es so geschehen muß, soll er tun, was er will; er sündigt nicht, sie sollen heiraten.**   37 **Wenn er aber in seinem Herzen fest steht und nicht unter Zwang ist, sondern volle Gewalt über seinen Willen besitzt und in seinem Herzen beschlossen hat, seine Jungfrau (als solche) zu bewahren, so wird er gut daran tun.**   38 **Also, wer seine Jungfrau (Braut) heiratet, der handelt gut; wer sie aber nicht heiratet, der wird besser handeln.**

Vers 36: *7, 9.*

36–38   Der Sinn dieser Verse ist seit der Alten Kirche umstritten. Die traditionelle Auslegung (auch Luthers) ging wegen des griechischen Verbums in V. 38, das in der Regel „verheiraten" bedeutet, von dem Verhältnis eines Vaters zu seiner Tochter aus, die er verheiraten soll, wenn sie „überreif" ist. Aber diese Deutung enthält sprachlich und rechtlich große Schwierigkeiten. Eine neuere Auslegung (H. Lietzmann) nimmt auf Grund der späteren Entwicklung eine sog. „geistli-che Ehe" mit Verzicht auf Geschlechtsverkehr an (im kath. Sprachgebrauch: „Josephsehe"; „Syneisaktentum" = Zusammenleben eines Propheten mit einer Jungfrau in geistlicher Gemeinschaft bei geschlechtlicher Enthaltsamkeit). Diese Interpretation ist zwar sprachlich möglich und kann auch den in V. 38 verwendeten Ausdruck „seine Jungfrau" (statt Braut) gut erklären; aber die Sitte der erst im 2. Jahrhundert n. Chr. (Did 11, 11) oder noch später bezeugten sog. geistlichen Ehen ist in so früher Zeit noch nicht wahrscheinlich. Deshalb ist am besten an das Verhältnis eines jungen Mannes zu seiner Verlobten (Jungfrau=Braut) zu denken (W. G. Kümmel). Die Frage lautet: Soll ein junger Mann, der verlobt ist, angesichts der in Bälde erwarteten Parusie Christi seine Braut noch heiraten? Paulus führt den Fall unter doppeltem Aspekt durch, in V. 36 unter der Voraussetzung, daß der junge Mann das Charisma der Enthaltsamkeit nicht besitzt, in V. 37 unter der, daß er es besitzt. Der knapp zusammengefaßte Rat am Schluß entspricht ganz der bisherigen Stellungnahme des Apostels.

In V. 36 handelt es sich um einen jungen Christen, der mit einem christlichen 36 Mädchen verlobt ist. Im Judentum begründete die Verlobung eine feste Bindung, die nur durch den Scheidebrief gelöst werden konnte. In Griechenland gab der Brautvater dem Bräutigam das Versprechen, ihm die Tochter (unberührt) zu geben. Wenn nun ein solcher Bräutigam „übermäßig stark in der Vollkraft steht" (W. Bauer) und dem Drang zur Geschlechtsgemeinschaft mit seiner Braut nicht mehr widerstehen kann, dann soll er lieber heiraten als sich in Begierde zu verzehren (vgl. V. 9). Mit diesem Schritt begeht er keine Sünde. Das griechische Adjektiv für überreif (*hypérakmos*) kann maskulinisch oder femininisch aufgelöst werden. Das Nächstliegende ist der Bezug auf das dominierende Subjekt (jemand), also auf den jungen Mann. Wenn aber der Bräuti- 37 gam die Gabe der Enthaltsamkeit hat, so daß er sich in keiner Zwangslage befindet und sich voll in der Gewalt hat, und wenn er fest beschlossen hat, seine Braut als Jungfrau zu bewahren, dann handelt er recht, wenn er nicht heiratet. Neuere Untersuchungen haben ergeben, daß die kausative Form des grie- 38 chischen Wortes für „verheiraten" (Mt 22, 30; 24, 38) auch „heiraten" bedeuten kann. Im Vergleich der beiden in V. 36 und 37 durchgeführten Fälle ist das Ledigbleiben im zweiten Fall deshalb besser, weil es angesichts der nahen Parusie keine zusätzliche Belastung der Brautleute durch die Sorgen um die Dinge dieser Welt bedeutet (vgl. V. 32).

Auch dieser Abschnitt geht nicht von prinzipieller Geschlechtsaskese aus, sondern folgt dem Grundsatz: Wo die Gabe der Enthaltsamkeit vorhanden ist, verdient die Ehelosigkeit den Vorzug; wo nicht, ist es besser zu heiraten, als sich in Begierde zu verzehren.

1.5 *Über die Witwen 7, 39 und 40*

39 Eine Frau ist gebunden, solange ihr Mann lebt; wenn aber der Mann entschlafen ist, so ist sie frei, sich zu verheiraten, mit wem sie will; nur im Herrn (soll es geschehen). 40 Seliger aber ist sie, wenn sie so (ohne Mann) bleibt, (jedenfalls) nach meiner Meinung; ich meine aber, daß auch ich den Geist Gottes habe.

Vers 39: *Röm 7, 2*

Das Verbot der Ehescheidung durch Jesus bedeutet, daß die christliche Ehe- 39 frau an ihren Mann gebunden ist, bis er stirbt (vgl. Röm 7, 2). Ist die Ehe durch den Tod des Mannes beendet, dann kann die Witwe sich wieder mit einem Mann ihrer Wahl verheiraten. Daß dies „im Herrn" geschehen soll, meint wohl, daß sie einen Mann heiraten soll, der an Jesus Christus glaubt. Auch in diesem 40 Fall kommt der in V. 32–35 genannte eschatologische Gesichtspunkt zur Geltung wie bei dem Rat für die Jungfrauen und die Verlobten. Angesichts der nahen Parusie ist die Witwe glücklicher zu preisen, wenn sie nicht mehr heiratet, weil sie sich keine zusätzliche Verantwortung auflädt. Das ist die persönliche Meinung des Paulus, kein Gebot des Herrn. Aber als berufener Apostel nimmt Paulus auch für sich eine vom Herrn abgeleitete geistliche Autorität in Anspruch. Angesichts der Kürze des Satzes liegt hier kaum die Abwehr eines direkten Vorwurfs der pneumatischen Schwärmer in Korinth vor, Paulus habe nicht den Geist Gottes und sei deshalb kein rechter Apostel, wenn auch die Frontstellung gegen die Überschätzung der Geistgabe in Korinth den ganzen Brief bestimmt.

Die Ehe in der Auffassung des Paulus

Wie es für die Lehre des Paulus von der Kirche (die Ekklesiologie) zutrifft, so spielen die Gnadengaben auch für seine Auffassung von der Ehe eine entscheidende Rolle, bei der Ehe speziell das Charisma der Enthaltsamkeit.

In der Umwelt des Paulus waren gegensätzliche Tendenzen lebendig, was die Einschätzung der Ehe betrifft. In der hellenistischen Welt hatte sich einerseits eine gewisse Selbständigkeit der Frau auf privatrechtlichem Gebiet durchgesetzt. Die stoischen Philosophen verkündeten ein hohes Eheideal. Neben der Fortpflanzung wird auch die personale, leiblich-geistige Gemeinschaft betont, besonders bei Musonius, der den außerehelichen Geschlechtsverkehr als unsittlich verwirft und das eheliche Zusammenleben in gegenseitiger Liebe und Treue preist. Andererseits herrschte im Hellenismus eine recht laxe Sexualmoral, wie der oft zitierte Ausspruch aus der pseudodemosthenischen Rede gegen Neaira zeigt: „Die Hetären haben wir zum Vergnügen, die Konkubinen zur täglichen leiblichen Pflege, die Ehefrauen, um rechtmäßige Kinder zu erzeugen und um eine treue Wächterin für die häuslichen Dinge zu haben" (A. Oepke, ThWNT I, S.778). Die Sexualität wurde teils überschätzt, teils unterschätzt. In der Spätzeit nahmen nicht nur die Ehescheidungen und Warnungen vor der Ehe bedrohlich überhand, es machte sich auch auf dualistischer Grundlage und durch die Mysterien unterstützt eine asketische Strömung geltend, die jeden Geschlechtsverkehr ablehnte. Hatten die stoischen Philosophen noch dazu ermahnt, die Ehe „der Natur gemäß" zu führen, so forderte der Neuplatonismus des 3.Jahrhunderts n.Chr. ein völlig enthaltsames Leben von seinen Anhängern. Der Einfluß des Leiblichen auf die Seele sollte so gering wie möglich gehalten werden.

Im Alten Testament wurde die Ehe als göttliche Schöpfungsordnung betrachtet und zur Erhaltung vor allem männlicher Nachkommenschaft hoch geschätzt. In historischer Zeit herrschten patriarchalische Verhältnisse. Die Frauen waren, wie Kinder und Sklaven, kultisch und rechtlich nicht gleichgestellt. Das Recht zur Ehescheidung war dem Mann vorbehalten. Im Judentum hat sich die Benachteiligung der Frau durch das Ritualgesetz (wegen häufiger ritueller Unreinheit) und durch die Auffassung von der Frau als der Urheberin der Sünde (Sir 25,32) noch verschärft. Manche Äußerungen lassen eine

Geringschätzung und Verachtung der Frau erkennen: „Wohl dem, dessen Kinder männliche, und wehe dem, dessen Kinder weibliche sind" (bQid 82 b). In der Synagoge saßen die Frauen auf der Empore oder hinter Schranken auf besonderen Plätzen. Andererseits wird in der Spruchliteratur das Lob der tugendsamen Hausfrau gesungen (Spr 31, 10–31). Wenn im Alten Testament von der Mehrehe der Erzväter auch ohne Vorwurf gesprochen wird und ein förmliches Verbot der Polygamie erst durch R. Gerschom ben Jehuda in Mainz (um 1000 n. Chr.) erlassen wurde, so herrschte im Judentum zur Zeit Jesu doch praktisch die Einehe. Dies setzt auch die urchristliche Gemeinde voraus. Asketische Neigungen lagen dem Judentum fern; freiwillige Ehelosigkeit (Simon ben Azai) war eine Ausnahme und wurde stark getadelt. Bei dem ehelosen Teil der Essener wirkte die Übertragung der priesterlichen Reinheitsvorschriften (d. h. die Sorge vor Verunreinigung durch Pollution und Menstruation) auf die ganze Gemeinde mit, nicht eine asketische Grundhaltung. Die Rabbinen haben die Ehe nicht nur als Sitte, sondern zunehmend als Pflichtgebot für den Mann eingeschärft. R. Eleasar (um 270 n. Chr.) hat gesagt: „Jeder Mensch, der keine Frau hat, ist kein Mensch" (bJeb 63 a), und R. Jaakob (um 120 n. Chr.): „Er ist wie einer, der das Ebenbild (Gottes) vermindert" (Bill. II, S. 373).

Jesus hat die Minderbewertung der Frau in einer für die ganze Antike einzigartigen Weise durchbrochen und Männer und Frauen ohne Unterschied in die kommende Gottesherrschaft berufen (vgl. Lk 8, 1–3). Er bejaht die Ehe als lebenslängliche, ganzheitliche Gemeinschaft zwischen Mann und Frau nach dem Schöpferwillen Gottes. Gegen den Wortlaut des Mosegesetzes in 5. Mose 24, 1 ff. hat Jesus die Ehescheidung als ein dem ursprünglichen Gotteswillen widersprechendes Zugeständnis beurteilt und so durch die Aufhebung der sukzessiven Polygamie die Personwürde der Frau ebenso ernstgenommen wie die des Mannes. Andererseits hat er die Ehe der alten Schöpfung zugeordnet und gelehrt, daß es in der zukünftigen Gottesherrschaft keine eheliche Gemeinschaft mehr geben wird (Mk 12, 25 f.). Diese eschatologische Relativierung der Ehe entspringt nicht einer Geringschätzung der Frau oder Verachtung des Geschlechtlichen, sondern befreit zu einer unverkrampften Einstellung gegenüber dem geschöpflichen Leben und wehrt der Verabsolutierung der Sexualität (W. Schrage). Wo es allerdings zum Konflikt kommt zwischen der Familienbindung und dem in Jesus gegenwärtigen Reich Gottes, gilt es, der Nachfolge entschlossen den Vorrang zu geben (Lk 14, 26). Jesus selbst hat ehelos gelebt. In Mt 19, 12 spielt er mit der dritten Gruppe derer, „die sich selbst zur Ehe unfähig gemacht haben um des Himmelreichs willen", im übertragenen Sinn wahrscheinlich auf Johannes den Täufer und sich selbst an als solche, die freiwillig auf die Ehe verzichten, um sich ganz der Verkündigung der Gottesherrschaft zu widmen. So bringt Jesus den ursprünglichen Gotteswillen zur ehelichen Gemeinschaft auf Lebenszeit ebenso zur Geltung, wie er dem ehelosen Leben im Dienst Gottes sein Recht und seine Würde verleiht.

Die Auffassung des Paulus von der Ehe ist entscheidend durch den alttestamentlichen Schöpferglauben und die Verkündigung und das Verhalten Jesu

bestimmt. „Eine dualistisch begründete Askese ist bei Paulus durch den alttestamentlichen Schöpferglauben ausgeschlossen" (H. D. Wendland). Der Apostel gibt in 1. Kor 7 keine vollständige Abhandlung über die Ehe, sondern setzt
sich mit schwärmerischen Asketen in Korinth auseinander, die von allen
geschlechtliche Enthaltsamkeit forderten. Von entscheidender Bedeutung für
die Einheitlichkeit der paulinischen Stellungnahme in Kap. 7 ist die Frage, wie
das Verhältnis von V. 1 zu V. 2 beurteilt wird. Versteht man V. 1 b als grundsätzliche Position des Paulus, dann ergibt sich eine Spannung zu seinen Rat-
schlägen in den Versen 9, 28, 36, 38 u. 39. Faßt man jedoch V. 1 b als innerlich
abhängig von „wovon ihr geschrieben habt", dann enthält er eine schlagwortar-
tige These der asketischen Pneumatiker in Korinth, der Paulus in V. 2–5 seine
eigene Auffassung entgegengesetzt. In V. 6 beurteilt Paulus nicht den
Geschlechtsverkehr, sondern seine zeitweilige Unterbrechung als Zugeständnis.
In V. 7 gibt er der Ehelosigkeit den Vorzug, weil sie die Hingabe an den Herrn
nicht durch zusätzliche Sorgen belastet (vgl. V. 32), aber nicht aus asketischen
Gründen; er wünscht, daß alle die Gabe der Enthaltsamkeit hätten wie er, rät
aber, wo dies nicht der Fall ist, entschieden zur Heirat (V. 9). Wäre V. 1 b die
eigene Grundauffassung des Apostels, dann müßte er den Verheirateten konse-
quenterweise den Rat geben, in der Ehe enthaltsam zu leben (sog. „Josefsehe").
Er erinnert aber im Gegenteil in V. 2–4 die Ehepartner an ihre „Schuldigkeit"
zur leiblichen Gemeinschaft. Paulus vertritt weder ein Pflichtgebot der Ehe
noch fordert er Sexualaskese. Wie weder Beschnittensein noch Unbeschnitten-
sein eine soteriologische Bedeutung haben (7, 19), so gilt dasselbe auch für den
Stand der Ehe und der Ehelosigkeit. In V. 2–5 hält der Apostel den enthusiastischen Asketen polemisch vor Augen, daß Askese ohne das Charisma der Enthaltsamkeit nur zu leicht in Unzucht verstricken kann, wie er in Kap. 10 die
„Starken" vor der Gefahr warnt, in die Gemeinschaft mit den Dämonen zu
geraten. Paulus versteht die Ehe als unauflösliche, leibliche Gemeinschaft verantwortlicher Partner nach dem Schöpferwillen Gottes. Dies zeigt sich in der
undiskutierten Übernahme des Verbots der Ehescheidung durch Jesus (vgl. V.
10), das er für die heidnisch-christlichen Mischehen aktualisierend auslegt.
    Neben dem Kriterium der Gabe der Enthaltsamkeit ist für Paulus auch das
eschatologisch begründete Verhältnis der Christen zu der vergehenden alten
Welt (7, 29–31) von Bedeutung für die Frage von Ehe oder Ehelosigkeit. Der
Apostel hoffte, die Parusie Christi noch zu erleben, der nach apokalyptischer
Erwartung eine Zeit schwerer Bedrängnis vorangeht. Deshalb rät er den Ehelosen, sich nicht durch Heirat eine zusätzliche Verantwortung und Belastung
aufzuladen (7, 26–28). Theologisch wichtiger als das nicht eingetretene baldige
Kommen der Parusie ist der Gesichtspunkt, daß sich die Ehelosen ganz in den
Dienst des Herrn stellen können (7, 32–34).
    Somit hat auch nach dem Zeugnis des Paulus sowohl ein Leben in der Ehe,
das sich an der Liebe und am Gehorsam Christi orientiert (vgl. Kol 3, 18–21),
als auch ein Leben in Ehelosigkeit, das sich dem Dienst des Herrn widmet, sein
volles Recht in der Gemeinde Jesu Christi. Diese Doppelheit steht auch nicht

im Widerspruch zu dem von Paulus bejahten Grundsatz von Gal 3, 28, wenn
der geschöpfliche Unterschied von Mann und Frau im Sinn von 1. Kor 7, 17–24
interpretiert wird. Paulus setzt sich im Kap. 7 gegen die Forderung der pneumatischen Asketen dafür ein, daß die in Christus geschenkte Freiheit des Glaubens nicht durch eine neue Gesetzlichkeit verdrängt wird; darin erweist er sich
als ein treuer Schüler Jesu.

2. Christliche Freiheit und das Essen von Götzenopferfleisch 8, 1–11, 1

In 8, 1 nimmt Paulus eine weitere Anfrage aus dem Gemeindebrief auf. Ging
es in Kap. 5 und 6 um die Frage: Wie weit darf die christliche Freiheit gehen im
Verhältnis zur Unzucht?, so geht es in dem neuen Abschnitt um die Frage: Wie
weit darf die christliche Freiheit gehen hinsichtlich der Berührung mit dem
Götzendienst? Die Berührung der Christen mit dem Kult der heidnischen Götter erfolgte in Korinth vor allem bei zwei konkreten Gelegenheiten, beim Essen
von Fleisch, das heidnischen Göttern geweiht und auf dem Markt angeboten
war, und bei der Teilnahme an Mahlzeiten im Tempel, die im Zusammenhang
mit einem Opfer für die Götter standen. Als Götzenopferfleisch bezeichnet
man in erster Linie das bei einer Opfermahlzeit im Tempelbereich verzehrte
Fleisch, darüber hinaus aber auch alles auf dem Markt gekaufte Fleisch, bei
dessen Schlachtung heidnische Opferzeremonien vollzogen worden waren. Es
kam allerdings auch Fleisch auf den Markt, das nicht den Göttern geweiht war.
Bei dieser Sachlage waren die Christen also nie sicher, ob es sich bei dem auf
dem Markt gekauften Fleisch oder bei dem Fleisch, das sie bei der Einladung in
ein heidnisches Privathaus oder in einen Verein vorgesetzt bekamen, um Götzenopferfleisch handelte. Eine Einladung bei heidnischen Verwandten oder
Freunden kam besonders für die sozial höher gestellten heidenchristlichen
Gemeindeglieder in Frage; andererseits war für die Armen, die sich in der
Regel kein Fleisch leisten konnten, die Versuchung groß, an religiösen Festen
teilzunehmen, bei denen es eine öffentliche Fleischverteilung gab (G. Theißen).
Paulus geht auf beide Fälle, das Essen von Götzenopferfleisch und die Teilnahme an Opfermahlzeiten, ein. Da er hierbei in Kap. 8 anders zu urteilen
scheint als in Kap. 10, ist die literarische Einheitlichkeit des Abschnitts stark
umstritten. Aber der Apostel urteilt in beiden Kapiteln von derselben Sicht des
Verhältnisses von Freiheit und Liebe aus, so daß kein zwingender Grund zur
Aufteilung der Kapitel auf verschiedene Briefe besteht (vgl. die Exegese zu
10, 1 ff.).

Der Abschnitt 8, 1–11, 1 ist in Form einer Ringkomposition aufgebaut ähnlich wie die Kapitel 1–3. In Kap. 8 greift Paulus die Frage des Essens von Götzenopferfleisch auf und schärft die Rücksichtnahme auf den Bruder als Grenze
der christlichen Freiheit ein. In Kap. 9 stellt er sich selbst als Beispiel für das
rechte Verhältnis von Freiheit und Liebe dar. In 10, 1–22 warnt Paulus vor der

Teilnahme an heidnischen Opfermahlzeiten mit dem Blick auf das Herrenmahl, und in 10, 23–11, 1 nimmt er abschließend Stellung zur Frage des Götzenopferfleischs.

2.1 Liebe, nicht Erkenntnis als entscheidendes Kriterium 8, 1–13

2.1.1 Der Gesichtspunkt der Erkenntnis 8, 1–6

1 **Was aber das Götzenopferfleisch betrifft, so wissen wir, daß wir alle Erkenntnis haben. Die Erkenntnis bläht auf, aber die Liebe baut auf. 2 Wenn jemand meint, etwas erkannt zu haben, so hat er noch nicht erkannt, wie man erkennen soll (muß). 3 Wenn aber jemand Gott liebt, der ist von ihm erkannt. 4 Was nun das Essen von Götzenopferfleisch betrifft, so wissen wir, daß es keinen Götzen gibt in der Welt und keinen Gott außer dem einen. 5 Denn wenn es auch sogenannte Götter gibt, sei es im Himmel oder auf der Erde, wie es ja (tatsächlich) viele Götter und viele Herren gibt, 6 so haben doch wir nur *einen* Gott, den Vater, aus dem alles ist und wir zu ihm, und *einen* Herrn, Jesus Christus, durch den alles ist und wir durch ihn.**

Vers 1–13: *Röm 14, 1–23*   Vers 4: *5. Mose 6, 4*   Vers: 5 *10, 21; 5. Mose 10, 17*   Vers 6: *Röm 11, 36.*

Paulus beginnt mit einer Erörterung über das wahre Erkennen Gottes (V. 1–3), um daraus die Folgerungen für das Problem des Essens von Götzenopferfleisch zu ziehen. Der Begriff „Götzen Geopfertes" ist eine jüdische Bezeichnung für den heidnischen Ausdruck „für heilige Zwecke Geopfertes", weil die Juden die heidnischen Götter als „Nichtse" (3. Mose 19, 4) oder tote Götzenbilder (Jes 37, 19) betrachten. Den Juden war der Genuß von Götzenopferfleisch grundsätzlich verboten (Bill. IV, S. 366); sie dürfen auch nur geschächtetes (= bei der rituellen Schlachtung ausgeblutetes) Fleisch essen. Im sog. Aposteldekret wird von den Heidenchristen u. a. die Enthaltung vom Götzenopferfleisch gefordert (Apg 15, 29). Unter den Christen Korinths hat es offenbar zwei Richtungen gegeben, eine rigoristische, die das Essen von Götzenopferfleisch radikal ablehnte, und eine libertinistische, die es erlaubte und diese Freiheit theologisch mit der geistgewirkten Erkenntnis begründete.

1 Mit der Wendung: Wir wissen, daß wir alle Erkenntnis haben, greift der Apostel wahrscheinlich ein Schlagwort der korinthischen Pneumatiker auf (vgl. 6, 12; 7, 1; 10, 23). Paulus kann dieser Parole grundsätzlich zustimmen, er verbindet sie aber sogleich mit dem Gesichtspunkt der Liebe. „Erkenntnis" (*gnōsis*) war ein zentraler Leitbegriff, der bei den korinthischen Enthusiasten besonders hoch im Kurs stand und mit dem in Kap. 1–4 erörterten Begriff der Weisheit (*sophía*) zusammenhängt. Es geht in Korinth allerdings nicht ganz allgemein um rationales Erkennen, sondern um eine geistgewirkte Erkenntnis, die das Verhältnis des Menschen zu Gott betrifft und soteriologische Bedeutung erlangt. Auch Paulus weiß um die große Bedeutung der rechten Gotteserkenntnis für den christlichen Glauben (vgl. 2, 6–16). Die Erkenntnis führte jedoch

bei den korinthischen Pneumatikern zu individualistischer Selbsterhöhung und
zum hochmütigen Herabsehen auf die weniger geistbegabten Gemeindeglieder.
Darum stellt Paulus der korinthischen Parole in einer prägnanten Antithese die
Liebe als das entscheidende Kriterium gegenüber: „Die Erkenntnis bläht auf,
aber die Liebe baut auf." Erkenntnis ohne Liebe hat ein Gefälle zur Ichbezo-
genheit und zum Selbstruhm; sie muß von der Liebe geleitet werden, um für
den Aufbau der Gemeinde fruchtbar werden zu können. Paulus prüft in V.2   2
die Erkenntnis auf ihre Grundlagen und zeigt auf diese Weise auf, was rechte
Gotteserkenntnis ist. Alle Einzelerkenntnis ist verflochten mit der Erkenntnis
des Ganzen. Die Frage nach der Gesamtwirklichkeit stößt letztlich auf die
Frage nach dem Schöpfer und Lenker der in der Entwicklung der Welt ablaufenden Prozesse. Der lebendige Gott kann aber von uns Menschen nur
erkannt werden, soweit er sich selbst zu erkennen gegeben hat. Die wahre
Erkenntnis Gottes ist immer nur Antwort auf die Selbstoffenbarung Gottes.
Gott hat sich endgültig in Jesus Christus offenbart und in der Hingabe des   3
Sohnes seine große Liebe zu den Menschen erwiesen (Röm 5,8; 8,32). Wer auf
Grund der göttlichen Selbstoffenbarung in Christus Gott erkennt und ihn wieder liebt, der weiß um Gott nicht nur wie um einen Wissensgegenstand, sondern ist im Glauben mit seiner ganzen Existenz in den Dienst für Gott und den
Nächsten gestellt. Es ist in der Sache begründet, daß Paulus von „erkennen"
(V.2) zu „lieben" (V.3) wechselt, weil Gott sich nicht unabhängig von seiner
liebenden Zuwendung zu uns Menschen zum Objekt unsres Erkennens
machen läßt. Wer Gott erkennt und liebt, ist immer schon vorher von Gott
erkannt und geliebt; dabei meint „erkennen" von der alttestamentlichen Tradition her die liebende Zuwendung Gottes zum ganzen Menschen mit Leib, Seele
und Geist in seinem erwählenden Handeln. Formal begegnet das Wechselver-
hältnis von „erkennen" und „erkannt werden" auch in der stoischen Philosophie und in der hellenistischen Mystik; es ist später besonders ausgeprägt in
der Gnosis verwendet worden. Die paulinische Aussage beruht aber in ihrer
Substanz ganz auf dem biblischen Erwählungsglauben. Im Blick steht hier
zunächst das rechte Erkennen Gottes, das mit dem Ausdruck des Liebens verdeutlicht ist. Auf der Liebe Gottes zu uns Menschen beruht unsere Liebe zu
Gott, und daraus erwächst die Kraft zur Nächstenliebe. Als Vorbereitung für
die weiteren Ausführungen hat Paulus in V.2 und 3 die Bedeutung der Liebe
für die wahre Erkenntnis Gottes herausgestellt.

Nach dieser grundsätzlichen Klärung geht der Apostel in V.4 auf das Essen   4
von Götzenopferfleisch ein und wendet sich damit einem konkreten Inhalt der
Erkenntnis zu. Er zitiert ein weiteres Schlagwort der Korinther, das lautete:
„Es gibt keinen Götzen in der Welt." Die beiden Parolen der korinthischen
Pneumatiker in V.1 und 4 sprechen dafür, daß hinter ihrem theologischen
Denken ähnliche Vorstellungen stehen, wie sie in der hellenistischen Weisheitsliteratur und bei Philo von Alexandria zum Ausdruck kommen. Der Glaube an
den einen Gott und die Polemik gegen den Götzendienst waren zentrale The-
men des hellenistischen Judentums (vgl. Weish 13–15). Das Bekenntnis zu

Jahwe als dem alleinigen Gott war und ist zu allen Zeiten das Grundbekenntnis des jüdischen Glaubens („Höre, Israel" = das sog. Schĕma 5. Mose 6, 4). Paulus kann auch hier der These der Korinther zustimmen, er kommt aber zu anderen ethischen Konsequenzen. Ein Teil der Korinther folgert: Gibt es keine heidnischen Götter, so gibt es auch kein Götzenopferfleisch; also kann man alles Fleisch ohne Bedenken essen. Der Apostel bezieht aber die Rücksicht-
5 nahme auf den Bruder in die Überlegung ein. Zunächst legt Paulus in V. 5 sein Verständnis der korinthischen These dar. Die fremden Götter sind nach biblischem Glauben keine wirklichen Götter, die es neben dem einen wahren Gott gar nicht geben kann, aber sie sind auch nicht einfach nichts; denn hinter ihnen lauern in Wirklichkeit die Dämonen (vgl. 10, 21). Der Apostel leugnet nicht, daß die hellenistisch-römische Welt erfüllt ist mit vielen Göttern und Herren (*kýrioi*), wie dies schon in 5. Mose 10, 17 vorausgesetzt ist, wo es heißt: „Denn der Herr, euer Gott, ist der Gott aller Götter und der Herr aller Herren." Paulus ist mit der jüdischen Apokalyptik und Jesus überzeugt von der Existenz dämonischer Wesen zwischen Gott und Welt, aber er weiß sich als Glaubender in Jesus Christus befreit aus der Angst vor den kosmischen Mächten (vgl. Röm 8, 38 f.).
6   Mögen die heidnischen Götter und Herren auf viele andere Menschen noch ihre Macht ausüben, die Glieder der Gemeinde Jesu Christi sind aus dieser Abhängigkeit befreit. Für sie gibt es jedenfalls nur *einen* Gott, den Vater, und *einen* Herrn, den Kyrios Jesus Christus. Paulus gebraucht hier eine zweiteilige, auf Gott und Christus bezogene Bekenntnisformel der hellenistischen Judenchristen, in der die Einheit von Schöpfung und Erlösung im Heilshandeln Gottes in Christus bezeugt wird. Gott heißt Vater als Schöpfer der Welt und als Vater Jesu Christi. Er ist der Ursprung und das Ziel aller Dinge. Die alte und die neue Schöpfung sind von Gott her verbunden; von ihm her kommt alles, und auf ihn ist die Gemeinde Christi („wir") ausgerichtet. In den hellenistischen Mysterienreligionen wurde die jeweilige Gottheit im Kult als *kýrios* = Herr! bzw. *kyría* = Herrin! angerufen. Demgegenüber bekennen die Christen mit dem Ruf: „Herr ist Jesus!" den gekreuzigten und erhöhten Jesus Christus als den Herrn der Kirche und der Welt (vgl. Röm 10, 9; 1. Kor 12, 3; Phil 2, 11). Häufig zitiert wird der pantheistische Ausspruch von Mark Aurel: „O Natur, aus dir ist alles, in dir ist alles, auf dich hin ist alles" (IV, 23). Während die sog. stoische Allmachtsformel vorwiegend im göttlichen Lobpreis verwendet wird („von ihm und durch ihn und zu ihm sind alle Dinge" Röm 11, 36), sind in unserer Bekenntnisformel die Präpositionen anders zugeordnet. Mit Gott als Ursprung und Ziel sind „aus" und „zu" verbunden, mit Christus „durch": Christus ist der Mittler der alten und der neuen Schöpfung. Durch ihn sind alle Dinge geschaffen, und durch ihn ist der Gemeinde („wir") der Weg des Lebens und des Heils eröffnet. Gott, der Ursprung und das Ziel aller Dinge, hat durch Jesus Christus, den Mittler, in Schöpfung und Erlösung gehandelt (vgl. Kol 1, 15–20; 1. Tim 2, 5). Dieses Bekenntnis setzt den Glauben an die Präexistenz Jesu Christi bereits voraus (vgl. 1. Kor 10, 4). Dahinter steht die jüdische

Auffassung von der Weisheit Gottes als der Mittlerin der Weltschöpfung (Spr 8,27.30; Weish 7,12; 9,9; Sir 1,4–9). Da die Christen die Weisheit und das Wort Gottes (Joh 1,1) in Jesus Christus am Werk sahen, haben sie Aussagen der Schrift über die Weisheit auf ihren Herrn Jesus Christus übertragen. Für Paulus sind diese Sätze mehr als theoretische Wahrheiten, es sind Bekenntnisaussagen, die das ganze Leben der Glaubenden bestimmen.

2.1.2 Der Gesichtspunkt der Liebe 8, 7–13

7 Aber nicht alle haben die Erkenntnis. Vielmehr essen es (das Fleisch) einige infolge ihrer bisherigen Gewöhnung an den Götzen (noch) als Götzenopferfleisch, und so wird ihr Gewissen, weil es schwach ist, befleckt.   8 Aber Speise wird uns nicht vor Gottes Gericht bringen; essen wir nicht, so haben wir keinen Nachteil, essen wir, so haben wir keinen Vorteil.   9 Seht aber zu, daß nicht etwa diese eure Freiheit den Schwachen zum Anstoß werde.   10 Denn wenn jemand dich, der du die Erkenntnis hast, im Götzentempel zu Tisch sitzen sieht, wird dann nicht sein Gewissen, da er doch schwach ist, so „erbaut" werden, daß er das Götzenopferfleisch ißt?   11 Und so geht der Schwache an deiner Erkenntnis zugrunde, der Bruder, für den doch Christus gestorben ist.   12 Wenn ihr aber so an den Brüdern sündigt und ihr schwaches Gewissen verletzt, dann sündigt ihr an Christus.   13 Darum, wenn Speise meinem Bruder zum Anstoß wird, will ich nicht mehr Fleisch essen bis in Ewigkeit, damit ich meinem Bruder keinen Anstoß gebe.

Vers 7: 8,1   Vers 9: Mk 9,42   Vers 10: Röm 14,23   Vers 13: Röm 14,20; 15,7.

Paulus greift jetzt auf die Parole der Pneumatiker von V.1 zurück. Alle 7 Christen in Korinth bejahen das Bekenntnis zu dem alleinigen Gott und zu Jesus Christus als dem Herrn, aber nicht bei allen ist damit auch die darin beschlossene Erkenntnis voll lebendig und wirksam. Es gibt Gemeindeglieder, die immer noch nicht völlig frei sind von ihren früheren religiösen Bindungen. Dadurch entstanden in Korinth zwei Gruppen: die „Starken" und die „Schwachen". Diese Bezeichnungen werden in Korinth im Streit um das Essen von Götzenopferfleisch aufgekommen sein; sie begegnen auch in Röm 14,1–15,6, wo die Frage der Enthaltung von Fleisch und Wein umstritten ist. Die „Starken" sind die Pneumatiker, die durch den Geist die „Erkenntnis" haben. Aus der Erkenntnis leiten sie die Freiheit ab, Götzenopferfleisch (V.7) zu essen, ohne daß ihr (starkes) Gewissen dies verwerflich findet, und sie nehmen ebenso ohne Gewissensbedenken an Opfermahlzeiten im Tempel teil (V.10). Die „Schwachen" sind in V.7 ehemalige Heiden, die infolge ihrer Gewöhnung an den Götzendienst dem Essen von Götzenopferfleisch immer noch eine religiöse Bedeutung beimessen. „Schwache" sind aber auch ängstliche Judenchristen. Ihr Gewissen ist schwach, weil sie in der Freiheit des Glaubens noch nicht so gefestigt sind, daß sie Fleisch, das den Göttern geweiht ist, ohne Bedenken essen können; denn ihr Gewissen verurteilt eine solche kultische Handlung zu Ehren der heidnischen Götter als einen Verstoß gegen Gottes Gebot (vgl.

2. Mose 20,3 ff.). Die Schwachen werden schuldig, wenn sie sich durch das Vorbild der Starken zum Handeln gegen ihr (schwaches) Gewissen verleiten lassen. Das Gewissen kommt in 1. Kor 8–10 besonders häufig (achtmal) vor, während es in dem parallelen Abschnitt Röm 14,1–15,6, wo Paulus mit dem Glauben argumentiert, gar nicht begegnet. Dies legt die Vermutung nahe, daß sich die Starken in Korinth für ihr freies Verhalten auf das Gewissen berufen haben.

8 Den V.8 kann man als Verteidigung der Starken fassen (Chr. Wolff), da Paulus in V.9 mit der Wendung „diese eure Freiheit" darauf verweist. In der Sache entspricht der Vers aber auch dem Urteil des Apostels, das schon in 6,13 angedeutet ist (vgl. Röm 14,17). Speise beeinflußt das Gottesverhältnis weder positiv noch negativ. Die Freiheit des Glaubens erlaubt den Christen beides, Götzenopferfleisch zu essen oder nicht zu essen. Paulus verurteilt jedoch ein Essen, bei dem das Gewissen „befleckt" wird. Die Starken, die das Götzenopferfleisch essen, sind dadurch nicht besser und können sich nicht ihrer besonderen Geistbegabung rühmen, und die Schwachen, die es aus Gewissensgründen nicht essen, sind dadurch nicht benachteiligt und gelten nicht weniger.

9 Aber im nächsten Vers (V.9) schärft Paulus den Starken ein, daß sie ihre Freiheit den Schwachen nicht zum Anstoß werden lassen sollen. Ob er dabei auf das Jesuslogion Mk 9,42 anspielt, läßt sich nicht mehr sicher feststellen. Der Apostel bringt neben der Erkenntnis die Liebe als das entscheidende Kriterium des Handelns zur Geltung. Die christliche Freiheit findet ihre Grenze an der

10 Rücksichtnahme auf den schwachen Bruder. Zur Veranschaulichung des „Anstoßgebens" geht Paulus auf den konkreten Fall ein, daß ein Starker an einer Opfermahlzeit im Tempelbereich teilnimmt. Wahrscheinlich meinten die Starken, durch die demonstrative Teilnahme an Kultmahlzeiten den Schwachen ein Beispiel geistgewirkter Freiheit geben zu können. Der Starke fühlt sich selbst voll berechtigt zu seinem Verhalten, weil er ohne Gewissensbedenken handelt. Aber er mißachtet die ansteckende Wirkung seines Verhaltens auf den schwachen Bruder und verletzt so das Gebot der Liebe. Der Schwache, dessen Gewissen den Genuß von Götzenopferfleisch verurteilt, wird durch das Vorbild des Starken dazu ermutigt (ironisch sagt Paulus „erbaut"), ebenfalls Götzenopferfleisch zu essen. Damit handelt er gegen sein Gewissen und sündigt, weil alles, was nicht mit „unbeflecktem" Gewissen getan wird oder, mit Röm 14,23 ausgedrückt, „nicht aus dem Glauben kommt", Sünde ist, und die

11 Sünde zieht das Verderben nach sich. Paulus redet nun in V.11 den Starken direkt an: So geht der Schwache an deiner Erkenntnis, auf die du so stolz bist, zugrunde, er, für den Christus ebenso gestorben ist wie für dich! Die Liebe, an der Paulus alles zwischenmenschliche Verhalten orientiert, wurzelt letztlich in

12 dem Erweis der Liebe Gottes im Kreuz Jesu Christi. Zugleich kommt in V.12 das Kirchenverständnis des Apostels zur Geltung. Wer durch sein demonstratives Verhalten andere Glieder am Leib Christi zur Sünde und zum Abfall verleitet, indem er auf ihr schwaches Gewissen „einschlägt", der sündigt nicht nur an den Brüdern und Schwestern, sondern auch an Christus selbst, dem Herrn der

13 Gemeinde, der für alle Menschen gestorben ist. Schließlich (V.13) zieht Paulus

die Folgerung aus den bisherigen Ausführungen mit einer übertreibenden persönlichen Aussage, mit der er die entschiedene Ablehnung eines Verhaltens, das anderen Anstoß gibt, zum Ausdruck bringen möchte: Lieber für immer überhaupt kein Fleisch mehr essen als den Bruder zur Sünde verleiten (vgl. Röm 14,20)! Die Steigerung zum Verzicht auf Fleisch überhaupt, nicht nur Götzenopferfleisch, soll die Radikalität des Verzichts unterstreichen. Mit einem solchen Verzicht respektiert der Starke, der die Erkenntnis hat, den Schwachen, dessen Gewissen noch gebunden ist, praktisch als einen Glaubensbruder in Christus.

Paulus gibt keiner Gruppe völlig recht; er will beiden Gruppen im Streit um das Götzenopferfleisch zum rechten Gebrauch der christlichen Freiheit verhelfen. Den Schwachen bezeugt er, daß alle Speise als Gabe Gottes für den Christen rein ist. Die Starken ermahnt er, die Erkenntnis nicht von der Liebe zu trennen. Die Liebe verbietet Handlungen, die das Gewissen der Brüder und Schwestern verletzen, die in der Erkenntnis noch nicht zur vollen Freiheit des Glaubens durchgedrungen sind. Die Liebe gebietet, die anderen Gemeindeglieder mit ihrer jeweiligen Gewissensbindung als Brüder und Schwestern in Christus anzunehmen (Röm 15,7).

2.2 Das Beispiel des Apostels 9,1–27

Der Grundgedanke von Kap. 8 ist das rechte Verhältnis von Freiheit und Liebe. Das Kap. 9 wirkt zunächst wie ein Exkurs über das Apostelamt, fügt sich aber der Gedankenführung des Abschnitts 8–10 ohne Bruch ein. Es veranschaulicht das rechte Verhältnis von Freiheit und Liebe am eigenen Vorbild des Paulus in seinem missionarischen Wirken als Apostel. Der konkrete Bezugspunkt ist das Recht des Apostels auf Lebensunterhalt durch die Gemeinde. Insofern besteht auch eine gewisse gedankliche Verbindung zum Essen von Götzenopferfleisch, wenn auch die Unterhaltsfrage anders gelagert ist. Paulus knüpft an den Begriff Freiheit an (V. 1) und leitet von da aus über auf das dem Apostel zustehende Recht (*exousía*). Paulus hat freiwillig auf den Lebensunterhalt durch die Gemeinde verzichtet. Das ist von seinen Gegnern in Korinth und Syrien dahin ausgelegt worden, daß er kein rechter Apostel sei. Deshalb muß Paulus zunächst zeigen, daß er ein rechtmäßiger Apostel ist. Dies gibt der Darstellung ihren apologetischen Charakter. Eine besondere Beziehung zum Aposteldekret (C. K. Barrett) ist in Kap. 9 nicht sicher zu erkennen. Auf der Basis des Nachweises des ihm als Apostel zustehenden Rechtes führt Paulus dann in der zweiten Hälfte des Kapitels aus, daß sein Verzicht auf Lebensunterhalt nicht mangelnder apostolischer Autorität entspringt, sondern bewußte Praktizierung der Liebe ist, die freiwillig auf ein zustehendes Recht verzichtet (V. 13–18), um frei zu sein für den Dienst an allen um des Evangeliums willen (V. 19–23). Der letzte Abschnitt V. 24–27 blickt einerseits zurück auf den freiwilligen Verzicht des Apostels und bereitet andererseits die Warnung der Starken in Kap. 10 vor.

2.2.1 Das Recht des Apostels 9, 1–12

1 Bin ich nicht frei? Bin ich nicht ein Apostel? Habe ich nicht Jesus, unseren Herrn, gesehen? Seid nicht ihr mein Werk in dem Herrn? 2 Wenn ich für andere kein Apostel bin, so bin ich es doch für euch; denn das Siegel meines Apostelamts seid ihr in dem Herrn. 3 Dies ist meine Verteidigung gegenüber denen, die mich verurteilen: 4 Haben wir nicht das Recht, zu essen und zu trinken? 5 Haben wir nicht das Recht, eine Schwester als Ehefrau mitzunehmen wie auch die übrigen Apostel und die Brüder des Herrn und Kephas? 6 Oder haben allein ich und Barnabas nicht das Recht, nicht zu arbeiten? 7 Wer tut jemals Kriegsdienst um eigenen Sold? Wer pflanzt einen Weinberg und ißt nicht von seiner Frucht? Oder wer weidet eine Herde und genießt nicht von der Milch der Herde? 8 Rede ich das nur nach menschlichem Gutdünken oder sagt das nicht auch das Gesetz? 9 Denn im Gesetz des Mose steht geschrieben (5. Mose 25, 4): „Du sollst dem Ochsen, der drischt, nicht das Maul verbinden" (keinen Maulkorb anlegen). Ist es Gott etwa um die Ochsen zu tun? 10 Oder redet er nicht überall um unsertwillen? Ja, um unsertwillen steht es geschrieben, daß der Pflüger auf Hoffnung pflügen soll und der Drescher dreschen auf Hoffnung, am Erfolg teilzuhaben. 11 Wenn wir euch zugut das Geistliche gesät haben, ist es dann zuviel, wenn wir von euch das Irdische ernten? 12 Wenn andere an der Vollmacht über euch teilhaben, warum (dann) nicht viel mehr wir? Aber wir haben von diesem Recht nicht Gebrauch gemacht, sondern wir ertragen alles, damit wir nicht dem Evangelium von Christus ein Hindernis bereiten.

Vers 1: *15, 8 f.*   Vers 2: *4, 15; 2. Kor 3, 2 f.*   Vers 3: *4, 3 f.*   Vers 4: *9, 14*   Vers 9: *5. Mose 25, 4*   Vers 11: *Röm 15, 27*   Vers 12: *2. Kor 11, 7 f.*

1   Die Fragen in V. 1 erfordern von ihrer sprachlichen Form her alle vier eine bejahende Antwort. Paulus beansprucht die Freiheit, zu der uns Christus befreit hat (Gal 5, 1), wie sie allen Christen gilt und die Freiheit in bezug auf die Speisen einschließt; aber er beansprucht darüber hinaus, ein Apostel zu sein. Die beiden konstitutiven Merkmale des Apostolats sind für Paulus erstens eine Erscheinung des gekreuzigten und auferweckten Jesus Christus und zweitens eine Beauftragung zur Verkündigung des Evangeliums durch den auferstandenen Herrn. Daß diese beiden Merkmale auf seine Person zutreffen, stellt Paulus mit der dritten Frage fest (vgl. 1. Kor 15, 8; Gal 1, 15), und mit der vierten Frage hebt er darauf ab, daß er die Gemeinde in Korinth gegründet hat. Ein rechtmäßiger Apostel ist ein Diener Gottes, durch den Gott Glauben wirkt und Gemeinde baut (1. Kor 3, 5–9). Die Korinther wissen selbst, daß ihre Gemeinde eine Frucht der paulinischen Verkündigung ist. Paulus nennt in 2. Kor 3, 2 f. die

2   Gemeinde seinen Empfehlungsbrief, den Christus geschrieben hat. In V. 2 deutet Paulus an, daß es andere Christen gibt, die ihm offenbar bestreiten, ein legitimer Apostel zu sein. Der Wortlaut läßt nicht deutlich erkennen, wo sich diese Gegner befinden; wahrscheinlich sind diese „anderen" vorwiegend außerhalb Korinths zu suchen (im Missionsgebiet des Petrus), wenn Paulus auch weiß, daß er als Apostel manchen Pneumatikern in Korinth nicht pneumatisch genug ist. Er macht jedenfalls den Korinthern klar, daß *sie* ihre Existenz als christli-

che Gemeinde selbst aufheben, wenn sie Paulus nicht als Apostel anerkennen
(4, 15). Das Siegel dient als äußeres Zeichen der rechtsgültigen Beglaubigung.
So ist die korinthische Gemeinde das sichtbare Zeichen für die Legitimität des
paulinischen Apostelamts. Der V. 3 leitet die folgende Verteidigung des Apo-   3
stels gegenüber seinen Kritikern ein (vgl. 4, 3 f.). Diese „Kritiker" sind in erster
Linie enthusiastische Pneumatiker in Korinth (vgl. das den Pneumatikern
zukommende „beurteilen" in 2, 14 f.), die Paulus zur Rede stellen und prüfen
wollen, wie es mit seiner Zurüstung und geistlichen Ausstattung zum apostolischen Dienst bestellt ist. Dabei handelt es sich schwerlich um ein regelrechtes
Verhör vor einem Gericht. Die weiteren Fragen des Paulus betreffen das Son-   4
derrecht der Apostel. Die Verse 4 und 5 sind am besten bereits im Licht von
V. 6 zu interpretieren; das in V. 4 einsetzende „wir" faßt Paulus und Barnabas
in den Blick. Dann ist sinngemäß zu ergänzen: Haben wir nicht das Recht, zu
essen und zu trinken „auf Kosten der Gemeinde"? Auf Grund des Jesuswortes
Lk 10, 7 f.; Mt 10, 10; vgl. 9, 14 haben alle Apostel Anspruch auf Lebensunterhalt durch die Gemeinde. Paulus und Barnabas (vgl. Apg 4, 36 f.; 11, 22 ff.)
haben auf dieses Recht freiwillig verzichtet. Der V. 5 ist ebenfalls auf den   5
Lebensunterhalt durch die Gemeinde zu beziehen: Haben wir nicht das Recht,
eine Schwester (= christliche Glaubensschwester) als Ehefrau mitzunehmen
„auf Kosten der Gemeinde"? Für dieses Recht verweist Paulus auf die Praxis
der Apostel; er selbst war nach Kap. 7 unverheiratet. Es ist nicht sicher zu entscheiden, wer zu den „übrigen Aposteln" gehört; umstritten ist vor allem, ob
Paulus den Zwölferkreis zu den Aposteln rechnet oder nicht. Sicher zählt er
Petrus zu den Aposteln (Gal 1, 19 f.), m. E. auch die Zwölf. Möglicherweise
gehören auch die Judenchristen Andronikus und Junia (Röm 16, 7) zu den Aposteln. Aus dem Wortlaut von V. 5 ist nicht zu schließen, daß alle Apostel verhei-
ratet waren. Neben den Aposteln werden „die Brüder des Herrn" (wohl ein
Ausdruck der Urgemeinde) besonders genannt. Die leiblichen Brüder Jesu, vor
allem Jakobus, hatten in der frühen Gemeinde eine angesehene Stellung inne.
Die besondere Nennung der Herrenbrüder neben den Aposteln läßt vermuten,
daß Paulus sie nicht zum Apostelkreis rechnet; Gal 1, 19 schließt Jakobus auch
nicht mit Sicherheit in den Kreis der Apostel ein. Die betonte Heraushebung
des Petrus am Schluß hängt wohl mit seiner Funktion als Leiter der Urgemeinde in der Frühzeit zusammen; außerdem ist er der führende judenchristliche Missionar im syrischen Raum. Der Text setzt nicht voraus, daß Petrus mit
seiner Frau in Korinth gewesen ist. Paulus und Barnabas haben offenbar bei   6
ihrem gemeinsamen Wirken in Syrien und Kleinasien von ihrer eigenen Hände
Arbeit gelebt. Paulus betont mehrfach, daß er seinen Lebensunterhalt durch
sein Handwerk verdient hat (1. Thess 2, 9; 2. Kor 11, 7 ff.; vgl. Apg 18, 3;
20, 33 f.). Die wohlhabenden Griechen betrachteten Handarbeit als eine des
freien Bürgers unwürdige Tätigkeit. Die Gegner des Paulus benützten den
Verzicht des Paulus auf Unterstützung durch die Gemeinde zu dem Vorwurf,
daß er dieses Apostelrecht deshalb nicht in Anspruch zu nehmen wage, weil er
kein rechtmäßiger Apostel sei. Paulus führt nun in V. 7 den Soldaten, den   7

Weinbauern (vgl. 2. Tim 2,4.6) und den Hirten als drei allgemein bekannte und einleuchtende Beispiele für den Grundsatz an, daß der Arbeiter seines Lohnes wert ist, d. h. hier konkret, daß der Apostel das Recht hat, von der Gemeinde
8 unterstützt zu werden. Viel schwerer als diese Beispiele aus dem menschlichen Berufsleben wiegt der Hinweis auf das alttestamentliche Gesetz; denn im
9 Gesetz des Mose hat Gott seinen Willen offenbart. Als Beleg aus dem mosaischen Gesetz zieht Paulus die Stelle 5. Mose 25,4 heran (vgl. 1. Tim 5,18), die im Urtext lautet: „Du sollst einem Ochsen, wenn er drischt, nicht das Maul zubinden." Die Rabbinen haben mit einem Schluß vom Leichteren auf das Schwerere aus dieser Stelle geschlossen, daß Menschen, die auf dem Feld eines anderen arbeiten, Anteil an den eingebrachten Früchten erhalten sollen (Bill. III, S. 385). Paulus legt das Alte Testament vom Christusgeschehen her eschatologisch aus. Dabei kann er sich sowohl der typologischen (10,1–13) als auch der allegorischen Methode (Gal 4,24 ff.) bedienen. Die typologische Exegese versteht Ereignisse der Vergangenheit als „Vorausdarstellungen" von zukünftigen Ereignissen der Heilsgeschichte. Die von den Stoikern entwickelte und vom hellenistischen Judentum übernommene allegorische Auslegung setzt dagegen an die Stelle des Wortsinnes einen tieferen geistlichen Sinn. Die durch ihre sprachliche Form auf eine negative Antwort zielende Frage: Kümmert sich Gott etwa um die Ochsen? zeigt, daß Paulus die Stelle allegorisch verwendet
10 und auf die christlichen Verkündiger deutet. Gott redet allenthalben (in jedem Fall) durch die Worte des Alten Testaments mahnend und warnend zu den Christen in der Gegenwart (10,11). Das Wort vom Pflüger und Drescher ist entweder ein Zitat aus einer verlorenen apokryphen Schrift (vgl. 2,9) oder,
11 wahrscheinlicher, eine freie Auslegung von 5. Mose 25,4. In V. 11 wird die Aussage von V. 10 b auf Paulus und seine Mitarbeiter übertragen. Von den Gleichnissen Jesu her (Mt 13,3–9 par.; 24–30; 31 f. par.; Mk 4,26–29) wurde das Bild vom Säen und Ernten bei den Christen geläufig für die missionarische Verkündigung; Paulus gebraucht hier die Metaphorik vom Säen für sein Wirken als Gemeindegründer in Korinth. Er und seine Mitarbeiter haben den geistlichen Samen (das Wort vom Kreuz) ausgestreut; da ist es nichts Großes, wenn die Gemeinde dem Apostel dafür den Lebensunterhalt sichert durch irdische
12 Gaben (vgl. Röm 15,27). In V. 12 geht der Blick über auf andere Missionare, die sich bewußt von Paulus unterscheiden. Sie machen unbedenklich Gebrauch von der Vollmacht (Verfügungsgewalt) über euch, d. h. von dem Apostelrecht, auf Kosten der Gemeinde zu leben; um so mehr stünde dieses Recht dem Gemeindegründer zu. Die judenchristlichen Wandermissionare haben ihren Lebensunterhalt von der Gemeinde erhalten, da sie unterwegs als Bauern oder Fischer gar keine Gelegenheit zu eigener Arbeit hatten. Man darf die „anderen" nicht einschränken auf die Gegner von 2. Kor 10–13, die erst nach Abfassung des ersten Briefs in Korinth eingedrungen sind.

Mit den Ausführungen in V. 4–12a ist das Recht des Apostels auf Unterstützung durch die Gemeinde in mehrfacher Hinsicht bewiesen. Aber Paulus hat unter großen Mühen von dem ihm zustehenden Recht keinerlei Gebrauch

gemacht, um dem Evangelium keinen Anstoß zu bereiten. Schon in
1. Thess 2,5 f. setzt sich Paulus von den ehrsüchtigen und profitgierigen philosophischen Wanderpredigern (und vielleicht auch von judenchristlichen
Gegenmissionaren) ab. Die theologischen Motive, die ihn zu seinem Verzicht
bewogen haben, legt er im folgenden Abschnitt ausführlicher dar.

2.2.2 Der Verzicht des Paulus 9,13–18

**13 Wißt ihr nicht, daß die, die den Tempeldienst verrichten, von dem essen, was
dem Tempel gehört, und daß die, die am Altar ihres Amtes walten, ihren Anteil
vom Altar bekommen?   14 So hat auch der Herr für die Verkündiger des Evangeliums angeordnet, daß sie vom Evangelium leben sollen.   15 Ich aber habe von
alledem keinen Gebrauch gemacht. Ich schreibe dies auch nicht, damit es (von
jetzt an) so mit mir gehalten werde; denn lieber wollte ich sterben als ... – nein,
meinen Ruhm soll (mir) niemand zunichte machen!   16 Wenn ich nämlich das
Evangelium verkündige, so bedeutet das keinen Ruhm für mich; denn es liegt ein
Zwang auf mir; denn wehe mir, wenn ich das Evangelium nicht verkündigte!   17 Täte ich dies nämlich freiwillig, so hätte ich (Anspruch auf) Lohn. Tue
ich es aber unfreiwillig, so bin ich (nur) mit einem Verwalteramt betraut.   18 Was
ist denn nun mein Lohn? Daß ich als Verkündiger das Evangelium unentgeltlich
predige, um nicht von meinem Recht am Evangelium Gebrauch zu machen.**

Vers 13: *4. Mose 18,8.31*   Vers 14: *Lk 10,7; Mt 10,10*   Vers 16: *Jer 20,9.*

Paulus stellt seinen freiwilligen Verzicht auf Lebensunterhalt bewußt auf die   13
Grundlage des auf Jesus zurückgehenden Rechts der Apostel, von der
Gemeinde zu leben. Dabei verweist er auf die auch in Korinth bekannte Regel
aller Kultordnungen, daß alle, die am Heiligtum dienen, auch ihren Lebensunterhalt vom Heiligtum erhalten (vgl. 4. Mose 18,8.31; 5. Mose 18,1 ff.). Die beiden Sätze sind wohl gleichbedeutend; möglicherweise beschreibt der erste das
ganze Tempelpersonal einschließlich der Leviten, der zweite speziell die Priester, die am Altar dienen. Einen positiven Hinweis auf die christliche Gemeinde
gesteht Paulus nur der alttestamentlichen Ordnung zu, nicht den heidnischen
Kulten. Die Argumentation steigt auf von den menschlichen Vernunftgründen   14
über das Gesetz des Mose zu einem Wort des Herrn. Paulus zitiert Lk 10,7
(Mt 10,10) nicht genau im Wortlaut; er setzt wohl das Herrenwort in Korinth
als bekannt voraus. Auf der Basis des nachgewiesenen Rechts erklärt nun der   15
Apostel in V. 15 für seine Person den entschiedenen Verzicht auf dieses Recht,
und er betont seine Entschlossenheit, daß er an seinem Verzicht auch in
Zukunft festhalten will. Er schreibt nicht etwa mit dem Hintergedanken, die
Korinther willig zu machen, ihn mit einer Gabe zu unterstützen. Welch großes
Gewicht der Verzicht auf Unterhalt für Paulus hat, zeigt der folgende
beschwörende Satz: „Lieber wollte ich sterben als" – man erwartet: „von diesem
Verzicht ablassen". Aber Paulus bricht mitten im Satz ab und setzt neu ein:
„Meinen Ruhm soll mir niemand zunichte machen." In dem Anakoluth kommt

die leidenschaftliche Erregung und die feste Entschlossenheit des Apostels zum
Ausdruck, in diesem Punkt nicht zu weichen; der Verzicht hat offenkundig
eine große theologische Bedeutung für die apostolische Existenz des Paulus.
Zugleich wertet Paulus den Verzicht an dieser Stelle als einen Grund für sein
Rühmen. Verfällt er damit nun nicht entgegen seinem Grundsatz doch in den
Selbstruhm? Das wäre nur der Fall, wenn der Gegenstand des Rühmens eine
Leistung wäre, durch die sich Paulus vor Gott behaupten wollte. Er rühmt sich
aber eines Verhaltens, das ihm Mühen und Leiden bereitet; insofern rühmt er
sich letztlich des Kreuzes (Gal 6,14), in dem die Kraft Gottes zur Wirkung

16 kommt. Mit den folgenden Sätzen (V. 16) begründet Paulus, warum ihm an
dem Verzicht so viel liegt. Aus der Tatsache, daß er das Evangelium verkündigt, kann er für sich selbst keinen Ruhmestitel ableiten, weil ihm die Verkündigung als *Zwang* auferlegt ist. „Wehe" träfe sein Leben (Hos 7,13), wenn er
dem Auftrag Gottes untreu würde! Hier wird deutlich, wie sehr das Apostolatsverständnis des Paulus grundlegend durch seine Berufung geprägt ist
(Gal 1,15 f., vgl. Jer 1,6; 1. Kor 15,8). Gott hat den ehemaligen Pharisäer für
sein ganzes weiteres Leben bei Damaskus mit schicksalhafter Macht auf ein
völlig neues Gleis gestellt. Gott ist aber kein unpersönliches Schicksal wie das
hellenistisch-römische Fatum, sondern ein persönliches Gegenüber. Wo Gott
mit seiner Macht zugreift, kann der Mensch nicht mehr widerstehen (Am 3,8;
vgl. Jer 20,9); Gott hebt jedoch die Freiheit des Menschen nicht auf, sondern

17 beruft ihn zur wahren Freiheit. Nun zeigt Paulus zunächst, wie es mit dem
Lohn auf der Verdienstebene steht. Auf dieser Ebene hat der freie Lohnarbeiter einen Anspruch auf Lohn als Entgelt für seinen freiwilligen Arbeitseinsatz.
Dies gilt nicht für den Sklaven, der zur Arbeit verpflichtet ist und in keinem
Lohnverhältnis zu seinem Herrn steht. Diesen Gedanken wendet Paulus auf
seinen apostolischen Dienst als „Sklave Christi Jesu" (Röm 1,1) an. Paulus
hätte Anspruch auf Lohn, wenn er das Evangelium freiwillig, gleichsam als
freier Lohnarbeiter, verkündigen würde. (Auf Paulus bezogen hat der als Rea-
lis konstruierte V. 17 a irrealen Sinn.) Paulus ist aber nicht aus eigenem Entschluß, sondern durch Gottes Eingreifen Apostel geworden. Weil er in Wirklichkeit das Evangelium nicht aus freien Stücken predigt, ist er als mit dem
Apostelamt Betrauter in der Lage eines Sklaven, dem ein Verwalteramt übertra-

18 gen ist und der keinen Anspruch auf Lohn hat. Wenn nun Paulus in V.18 trotzdem nach seinem Lohn fragt, wechselt er hinüber auf die Ebene der Gnade
(Röm 4,4). Dieser Wechsel läßt sich in dem paradoxen Wortspiel ausdrücken:
Sein „Lohn", der zugleich sein „Ruhm" (V. 15) ist, besteht darin, daß er „ohne
Lohn" (= unentgeltlich) das Evangelium predigt. Im „Daß" seiner Tätigkeit ist
kein Spielraum für freiwilligen Einsatz, aber im „Wie", nämlich in der kostenlo-
sen Ausrichtung der frohen Botschaft. So handelt Paulus, um möglichst allen
zu dienen. Sein Verzicht auf Unterhalt ist also die Praktizierung der in Christus begründeten Liebe, die für die anderen da ist. Der „Gnadenlohn" besteht
in dem Geschenk der Freiheit des Paulus von sich selbst und den Maßstäben
dieser Welt, um andern in Liebe dienen zu können (vgl. V. 19). Diese Haltung

steht nicht im Widerspruch zur Rechtfertigungslehre, weil der Lohn nicht die Erlangung des Heils im eschatologischen Gericht betrifft, sondern das Wirken des Apostels in der Gegenwart, das im Glauben geschieht und über dessen Wert der Herr das letzte Urteil sprechen wird (3, 15). – Mit seinem Verzicht auf Lebensunterhalt aus Liebe gibt Paulus den Starken in Korinth ein nachahmenswertes Beispiel für ihren Verzicht auf demonstratives Essen von Götzenopferfleisch, um den schwachen Bruder nicht zum Abfall zu verführen, und stellt sich zugleich im Gegensatz zu den „Kritikern" den Korinthern als ihr rechtmäßiger Apostel vor.

2.2.3 *Die Freiheit des Paulus zum Dienst an allen 9, 19–23*

19 **Denn als einer, der frei ist von allen, habe ich mich allen zum Sklaven gemacht, damit ich möglichst viele gewinne.** 20 **Und ich wurde den Juden wie ein Jude, damit ich Juden gewinne; denen, die unter dem Gesetz stehen, (bin ich) wie einer unter dem Gesetz (geworden) – obwohl ich selbst nicht unter dem Gesetz stehe –, damit ich die unter dem Gesetz gewinne;** 21 **den Gesetzlosen (bin ich) wie ein Gesetzloser (geworden) – obwohl ich vor Gott kein Gesetzloser bin, sondern im Gesetz Christi lebe –, damit ich die Gesetzlosen gewinne.** 22 **Den Schwachen bin ich ein Schwacher geworden, damit ich die Schwachen gewinne; allen bin ich alles geworden, damit ich auf alle Weise einige rette.** 23 **Alles aber tue ich um des Evangeliums willen, damit ich an ihm Anteil bekomme.**

Vers 19: *Mt 20, 26*   Vers 20: *Apg 16, 3; 21, 20–26*   Vers 21: *7, 19; Gal 6, 2*   Vers 22: *2. Kor 11, 29.*

Paulus entfaltet nun die in V. 1 genannte Freiheit im Blick auf seine missionarische Tätigkeit. Die völlige Bindung des Paulus an Christus im Glauben begründet seine Freiheit von sich selbst und den Menschen, und diese Freiheit ist die Voraussetzung für seine Zuwendung zu allen Gruppen. Die Missionspraxis des Paulus ist eine Auswirkung seiner eschatologisch orientierten Christologie. Wenn das Heil nicht durch Gesetzeswerke erlangt wird, sondern durch den Glauben an Christus, dann ist die Scheidewand zwischen Juden und Heiden aufgehoben (vgl. Eph 2, 15 f.) und eine neue Offenheit gegenüber beiden Menschheitsgruppen gegeben. Diese Offenheit ist nicht zu verwechseln mit geschickter taktischer Anpassungsfähigkeit nach allen Seiten. Der V. 19 beschreibt zunächst überschriftartig den missionarischen Grundsatz des Paulus; die Verse 20–22 a wenden ihn auf die einzelnen Gruppen an; der V. 22 b faßt zusammen, und der Schlußvers hebt nochmals die leitende Intention heraus.

Weil Paulus frei ist von allen, kann er sich allen in gleicher Weise zuwenden. 19 Als „Sklave Christi" ist er dazu befreit, sich zum Knecht aller zu machen (2. Kor 4, 5). Dies entspricht dem Wort Jesu: „Wer unter euch groß sein will, der sei euer Knecht" (Mt 20, 26). Martin Luther hat dies unübertrefflich in die beiden Sätze gefaßt: „Ein Christenmensch ist ein freier Herr über alle Dinge

und niemandem untertan" (durch den Glauben). „Ein Christenmensch ist ein
dienstbarer Knecht aller Dinge und jedermann untertan" (durch die Liebe).
Der Verzicht des Paulus auf sein Unterhaltsrecht steht im Dienst seiner missionarischen Aufgabe: auf diese Weise will der Apostel möglichst viele Menschen für das Evangelium gewinnen. Dabei ist sich Paulus dessen bewußt, daß
20 der Glaube nicht jedermanns Ding ist (vgl. 2. Thess 3, 2). Vor Augen stehen die
beiden Menschheitsgruppen, Juden und Heiden. Paulus verläßt in der Darstellung seinen wirklichen Standort nicht; denn er ist von Geburt Jude. Die Wendung „unter dem Gesetz stehen" charakterisiert den Juden, der das Mosege-
setz bejaht. In dieser Hinsicht hat sich bei Paulus ein radikaler Bruch vollzogen, insofern er als Glaubender „unter der Gnade" steht (Röm 6, 15). Paulus
kann aber als vom Gesetz Befreiter aus Liebe jüdische Sitten einhalten (vgl.
Apg 16, 3; 21, 20–26) und so „wie ein Jude" werden, ohne in die Knechtschaft
21 des Gesetzes zurückzufallen. Die Heiden werden vom jüdischen Standpunkt
aus als „Gesetzlose" bezeichnet, weil sie das Gesetz des Mose nicht haben (vgl.
Röm 2, 14). Wie der Apostel vorher gesagt hat, daß er den Juden „wie ein
Jude" werde, so sagt er hier, daß er den Heiden „wie ein Gesetzloser" werde.
Paulus ist kein Antinomist; er beschreibt sogleich sein wirkliches Verhältnis
zum Gesetz. Die Freiheit vom Gesetz bedeutet für ihn nicht Gesetzlosigkeit,
sondern Bindung an Christus, in dem das Gesetz des Mose zur Erfüllung
gekommen ist. Im Glauben an Christus kommt es erst zum wahren Gehorsam,
weil eine Gesetzeserfüllung, mit der sich der Mensch selbst behaupten will,
kein kindlicher Gehorsam ist. Die Gehorsamspflicht des Paulus gegenüber
dem Willen Gottes wird dadurch erfüllt, daß er in seinem Handeln von der
Liebe Christi „gedrängt" wird (2. Kor 5, 14). Sein Verhältnis zu Gott ist nicht
mehr primär durch das Gesetz des Mose, sondern durch das „Gesetz Christi",
nämlich die Liebe, bestimmt (Gal 6, 2; vgl. Röm 13, 8–10). Als Gegensatz zu
„gesetzlos vor Gott" gebraucht Paulus nur an dieser Stelle die Wendung „dem
Christus-Gesetz einverleibt" (*ennomos Christou*). Paulus orientiert sich seit seiner Bekehrung an Christus als der „Norm" seiner Lebensführung (1. Kor 7, 19;
Gal 5, 6; 6, 2). Das Mose-Gesetz behält seine Bedeutung als Verheißung auf
Christus. Mit Recht hat Luther erklärt, daß Paulus Christus nicht zu einem
„neuen Mose" gemacht hat. Die Liebe ist für den Apostel die Erfüllung des
Gesetzes, wie Jesus das ganze Gesetz im Doppelgebot der Liebe zusammenge-
22 faßt hat (Mt 22, 37–40). Mit der Nennung der Schwachen spielt Paulus wohl
auch auf die Götzenopferfrage von Kap. 8 an. Wären mit den Schwachen nur
die heidnischen Gesetzlosen von V. 21 gemeint, dann wäre in V. 22 als Entsprechung auch eine Bezugnahme auf die Juden zu erwarten. Man braucht
den Begriff „gewinnen" nicht so zu pressen, daß er sich nur auf Bekehrung
von Nichtchristen bezieht; es kann allgemein an Schwache, auch an schwache
Christen, gedacht werden (2. Kor 11, 29). Die Starken erwähnt Paulus in V. 22
wohl absichtlich nicht, damit sie sich nicht in ihrer Rücksichtslosigkeit noch
bestätigt fühlen. Die Zuwendung des Paulus zu den Schwachen ist Ausdruck
seiner Kreuzestheologie. Zusammenfassend stellt der Apostel fest, daß er allen

alles geworden ist, um auf alle Weise (Wortspiel mit „alle") einige zu retten.
Der Anschluß an Christus im Glauben begründet die Hoffnung auf Rettung
im Endgericht. Damit die Offenheit des Paulus für Juden und Heiden nicht als 23
Anpassung um jeden Preis, als „ein Hängen des Mantels nach dem jeweiligen
Wind", mißverstanden wird, nennt er abschließend das leitende Motiv seiner
ganzen missionarischen Arbeit, nämlich um teilzuhaben am Evangelium. Weil
in diesem das Heil und das Leben beschlossen sind, fühlt er sich verpflichtet,
es noch möglichst vielen Menschen vor der Parusie Christi zu verkündigen,
und er schließt sich selbst in den Kreis der Glaubenden ein, die durch das
Evangelium auf die endzeitliche Rettung hoffen dürfen. Sein eigenes Heil
hängt davon ab, daß er seinem apostolischen Auftrag treu bleibt.

2.2.4 Entsagung im Ringen um einen ewigen Kranz 9, 24–27

**24 Wißt ihr nicht, daß die Läufer in der Rennbahn zwar alle laufen, daß aber
nur einer den Siegespreis empfängt? Lauft so, daß ihr ihn gewinnt! 25 Jeder
Wettkämpfer aber legt sich völlige Entsagung auf, jene nun, daß sie einen vergänglichen Kranz empfangen, wir aber einen unvergänglichen. 26 Ich meinerseits
laufe so, nicht wie ins Blaue hinein; ich führe den Faustkampf so, nicht wie einer,
der in die Luft schlägt, 27 sondern ich führe gezielte Schläge gegen meinen Leib
und unterjoche ihn, damit ich nicht anderen predige und selbst verwerflich werde.**

Vers 24: *Phil 3, 14*   Vers 25: *2. Tim 4, 8; 1. Petr 5, 4.*

Der stilistisch und inhaltlich einheitliche Abschnitt hat Übergangscharakter:
er nimmt Bezug auf den Verzicht des Paulus (Kap. 9) und bereitet die Warnung der Starken in Kap. 10 vor. Auch sonst wird freiwillig Verzicht geübt, um
ein bestimmtes Ziel zu erreichen. Paulus greift jetzt einige Beispiele aus dem
Sport auf. Die Bilder aus dem Wettkampf wurden bei den kynisch-stoischen
Philosophen zur Beschreibung der entbehrungsreichen Übung in den Tugenden verwendet. Die Wettkämpfe in den Stadien waren in der ganzen hellenistischen Welt bekannt. Den Korinthern waren die Isthmischen Spiele besonders
vertraut, die seit 44 n. Chr. wieder gefeiert wurden. Zum leichtathletischen
Fünfkampf gehörten: Wettlauf, Weitsprung, Diskuswerfen, Speerwerfen und
Ringen; zur Schwerathletik: Faustkampf und eine Kombination von Ringen
und Boxen (Pankration). Als erstes Beispiel zieht Paulus den Wettlauf heran, 24
bei dem alle laufen, aber nur einer den Siegespreis gewinnt. Das Bild stimmt
nur für einen bestimmten Aspekt des christlichen Glaubens (vgl. Phil 3, 14), bei
dem doch möglichst alle das Ziel des ewigen Lebens erreichen sollen. Paulus
hebt hier die zielstrebige Anstrengung des Läufers als Pointe heraus; daraus
leitet er die Ermahnung der Christen in Korinth zum Eifer im Lauf des Glaubens ab. Jeder Wettkämpfer weiß, daß ohne hartes Training kein Erfolg mög- 25
lich ist, und legt sich deshalb konsequent einen Verzicht auf von allem, was
seine Leistungskraft beeinträchtigt. Der Kranz war in der Antike das begehrte
Ehrenzeichen des Siegers (bei den Isthmischen Spielen ein Fichtenkranz, in

Athen und Olympia ein Oliven- und in Delphi ein Lorbeerkranz). Die Christen kämpfen nicht nur um einen vergänglichen Kranz, sondern um den Kranz des ewigen Lebens (vgl. 2. Tim 4, 8; 1. Petr 5, 4; Jak 1, 12; Offb 2, 10; 3, 11); um

26 so mehr sollen sie meiden, was die Erreichung des Ziels hemmt. Paulus stellt sich selbst als Vorbild im zielstrebigen Lauf des Glaubens dar; dann wechselt das Bild zum Boxkampf. Paulus ist kein ungeübter Faustkämpfer, der noch

27 nicht recht trifft und „in die Luft schlägt". Er führt vielmehr gezielte Schläge gegen seinen Körper, um ihn für den Einsatz zu stählen. Der griechische Ausdruck bedeutet wörtlich, einen Volltreffer unter dem Auge anbringen, der das Auge des Gegners schließt und ihn so kampfunfähig macht. Auch hier ist wieder die Pointe des Bildes zu beachten. Es handelt sich nicht um prinzipielle Askese und Leibfeindlichkeit, sondern um den zielbewußten Einsatz des ganzen Menschen für das ewige Ziel. Der Verzicht des Paulus geschieht nicht aus egoistischen Gründen zur Selbstvervollkommnung, sondern ist Auswirkung der dienenden Liebe. Paulus will nicht nur mit Worten, sondern mit seinem ganzen Leben ein Zeuge des Evangeliums sein. Ein Verkündiger, der anderen predigt und seine Worte ständig durch sein eigenes Verhalten Lügen straft, macht sich selbst und auch seine Botschaft unglaubwürdig. Manche Ausleger nehmen hier eine Anspielung auf den Herold (Ansager) im Stadion an. Aber dieser spezielle Bezug ist nicht wahrscheinlich; denn „verkündigen", „unbewährt" und „verwerflich" sind ganz geläufige Ausdrücke der christlichen Verkündigungssprache.

2.3 Das warnende Beispiel der Wüstengeneration 10, 1–13

1–13   Die bisherigen Ausführungen haben gezeigt, daß die korinthischen Enthusiasten ihre Freiheit zum Verkehr mit der Dirne und zur Teilnahme an heidnischen Opfermahlzeiten aus dem Besitz des Geistes und der Erkenntnis ableiteten, weil nach ihrer Meinung materielle Dinge und Vorgänge die pneumatischen Realitäten nicht beeinträchtigen können. Nun wird noch eine andere Wurzel ihres Freiheitsbewußtseins erkennbar, nämlich das Vertrauen auf die magische Wirkung der Sakramente Taufe und Abendmahl. Die korinthischen Pneumatiker waren zugleich Sakramentalisten (G. Bornkamm). Erfahrungsgemäß gehen spiritualistisches Schwärmertum und falscher Sakramentalismus öfter Hand in Hand. Paulus wendet sich jetzt den Starken zu und zeigt ihnen die Gefahr auf, in die sie sich mit ihrem libertinistischen Verhalten begeben haben. So gesehen ist der Abschnitt ein Angriff des Paulus auf die Einheit von pneumatischer und sakramentaler Selbstsicherheit (H. Conzelmann) bei den korinthischen Pneumatikern. Den Skopus der Verse 1–13 gibt Paulus selbst an in V. 12: „Wer meint, zu stehen, der sehe zu, daß er nicht falle." Paulus bereitet damit die Warnung vor dem Götzendienst in V. 14–22 vor. Die Starken in Korinth, die nicht an die Existenz von Götzen glauben und demonstrativ an heidnischen Kultmahlzeiten teilnehmen, stehen selbst in der Gefahr, dem Göt-

zendienst zu verfallen, weil hinter den Götzen die Dämonen lauern (V. 19 ff.).
Wer sich mutwillig in die Gefahr des Götzendiensts und der Unzucht begibt,
kommt darin um, wie das Beispiel der israelitischen Wüstengeneration zeigt. –
Der Abschnitt behandelt Ereignisse aus der Geschichte vom Auszug aus Ägyp-
ten, wobei sich Paulus wohl kaum an einen geschlossenen judenchristlichen
Midrasch, aber doch an einzelne Vorstellungen der jüdisch-hellenistischen
Auslegung anlehnen konnte. Mit der Wendung: „Ich will euch nicht in
Unkenntnis lassen" pflegt Paulus der Gemeinde etwas Neues mitzuteilen; das
Neue ist hier die typologische Anwendung der Exoduserzählung auf die
christliche Gemeinde. Die Gemeinde des Neuen Bundes hängt für den Apostel
eng mit der Geschichte des Alten Bundes zusammen; deshalb bildet die
Grundlegung des alten Gottesvolkes durch Gottes Wirken (Exodus und
Wüstenzug) einen Typos, eine „Voraus-Darstellung" für die Grundlegung des
neuen, eschatologischen Gottesvolks durch das Christusgeschehen (Eingliederung in der Taufe und ständige Wegzehrung durch das Abendmahl). In Christus ist die alttestamentliche Verheißungsgeschichte zur Erfüllung gekommen
(2. Kor 1, 20). Die alttestamentlichen Verheißungen sind „Vor-Bilder" des
Christusgeschehens. Paulus blickt von der christlichen Gemeinde zurück auf
die Widerfahrnisse der Wüstengeneration und zeichnet Taufe und Abendmahl
gleichsam in die Strukturen des Ursprungs Israels ein. Deshalb sind Auswahl
und Zusammenordnung der Ereignisse durch die christlichen Sakramente
bestimmt und folgen nicht streng dem alttestamentlichen Erzählungsablauf.
Taufe und Abendmahl fungieren hier theologisch bereits als Einheit, wenn
Paulus für sie auch noch nicht den Oberbegriff „Sakramente" (Mysterien) verwendet. Die Kraft der paulinischen Argumentation beruht auf dem Kontrast
zwischen dem realen Empfang der Heilsgaben bei allen Israeliten und der Tatsache, daß die Mehrheit von ihnen das Ziel trotzdem nicht erreichte, weil sie
sich dem Götzendienst und der Unzucht hingab. So wird den Korinthern eingeschärft: Der Empfang der Sakramente bewirkt keine automatische Garantie
des Heils! Ein gewisser Einschnitt liegt nach V. 5. Auf die typologische Deutung der Wüstenwanderung folgt die paradigmatische Auswertung einiger
Einzelzüge (V. 6–11) und dann der paränetische Schluß (V. 12 f.). Die typologische Deutung steht ganz im Dienst der Paraklese.

2.3.1 Die empfangenen Heilsgaben 10, 1–5

1 Ich will euch nämlich nicht in Unkenntnis darüber lassen, Brüder, daß unsere
Väter alle unter der Wolke waren und alle durch das Meer zogen   2 und alle auf
Mose getauft wurden in der Wolke und im Meer.   3 Und sie aßen alle dieselbe
geistliche Speise   4 und tranken alle denselben geistlichen Trank; sie tranken
nämlich aus dem geistlichen Felsen, der ihnen folgte; der Fels aber war Christus.   5 Doch an den meisten von ihnen hatte Gott kein Wohlgefallen; denn sie
wurden in der Wüste niedergestreckt.

Vers 1: 2. Mose 13, 21 f.   Vers 3: 2. Mose 16, 4   Vers 4: 2. Mose 17, 6   Vers 5: 4. Mose 14, 16.

1   Der Taufe entspricht bei den Vätern das Sein unter der Wolke und der Durchzug durch das Schilfmeer. Paulus kann die Exoduserzählung als bekannt voraussetzen. Nach 2.Mose 13,21 zog Jahwe vor den Israeliten her, bei Tag in einer Wolkensäule und bei Nacht in einer Feuersäule (vgl. 2.Mose 14,19f.). Das Sein „unter" der Wolke nimmt wohl Bezug auf Ps 105,39: „Eine Wolke spannte er aus, sie zu decken" (vgl. Weish 19,7). Der Durchzug durch das Meer ist in 2.Mose 14,21f. so geschildert: „Die Wasser spalteten sich, und die Israeliten zogen auf trockenem Boden mitten durch das Meer." Auch wenn die Israeliten nicht vom Wasser berührt wurden, waren sie doch von den Wasserwogen umschlossen; nach rabbinischer Auslegung bildete das Meer eine Art „Wölbung" (Bill. III, S.405). Der Einmaligkeit des Auszugs aus Ägypten, der „Voraus-Darstellung" der Erlösung durch Christus, entspricht die Einmalig-
2   keit der Taufe. In V.2 folgt die Anwendung auf die Taufe. Die Wendung „getauft werden auf Mose" ist Analogiebildung zu „getauft werden auf Christus" (Röm 6,3; Gal 3,27); dies ist wohl verkürzt aus „getauft werden auf den Namen Christi bzw. des Herrn Jesus" (Apg 8,16; 19,5; vgl. Apg 3,16; 1.Kor 1,13) und bezeichnet die Übereignung an Christus und damit zugleich die Zueignung des Heils in Christus. Die Wolke ist das Zeichen der Gegenwart Gottes; ihr entspricht in der Taufe der Geist. Die typologische Beziehung drückt einen heilsgeschichtlichen Zusammenhang aus, bedeutet aber nicht
3.4 Identität der Exoduserereignisse mit den christlichen Sakramenten. Brot und Wein im Abendmahl werden zu der Mannaspeisung (2.Mose 16,4) und der Tränkung aus dem Felsen (2.Mose 17,6; 4.Mose 20,7–11) in Beziehung gesetzt. Diese Gaben werden von der christlichen Sakramentssprache her „eine geistliche Speise" und „ein geistlicher Trank" genannt; „geistlich" bedeutet im alttestamentlichen Zusammenhang die göttliche Herkunft und überirdische Art dieser Gaben (E.Schweizer, ThWNT VI, S.435). Der Vers 4b setzt die Präexistenz Christi (vgl. Phil 2,6) voraus. Die Vorstellung vom nachfolgenden Felsen stammt aus einer haggadischen Tradition des Judentums, die aus 4.Mose 20,7–11 und 21,16 schloß, daß der Felsen über Berge und Täler mitwanderte. Der jüdische Philosoph Philo von Alexandria (ca. 25 v.Chr.–40 n. Chr.) deutete den Felsen allegorisch auf die Weisheit; Paulus bezieht ihn auf den präexistenten Christus. Wie die Schöpfung durch Christus vermittelt ist (8,6), so gilt dies ähnlich auch für das Heilshandeln Gottes in Israel. Darin ist ein Unterschied zum Abendmahl beschlossen, wo es sich nicht um den präexistenten, sondern um den gekreuzigten und erhöhten Jesus Christus handelt
5   (Ch.Wolff). Fünfmal hat Paulus betont, daß „alle" Israeliten dieselben Heilsgaben empfangen haben. Dem stellt er nun das Faktum gegenüber: Die Mehrheit von ihnen wurde trotzdem nicht gerettet; denn sie wurden infolge ihres Ungehorsams in der Wüste niedergestreckt (4.Mose 14,16; Ps 78,31). Das soll die korinthischen Pneumatiker vor einem falschen Pochen auf den Empfang der Sakramente warnen.

2.3.2 Warnung vor Selbstsicherheit 10,6–13

6 Diese Ereignisse sind Vor-Bilder für uns geworden, damit wir nicht begierig seien nach Bösem, so wie jene begehrten. 7 Werdet auch nicht Götzendiener, wie einige von ihnen es wurden; es steht ja geschrieben (2. Mose 32,6): „Das Volk setzte sich nieder, um zu essen und zu trinken, und sie standen auf, um zu tanzen". 8 Laßt uns auch nicht Hurerei treiben, wie einige von ihnen Hurerei trieben: und an einem einzigen Tag kamen dreiundzwanzigtausend um. 9 Laßt uns auch nicht Christus versuchen, wie ihn einige von ihnen versuchten und von den Schlangen umgebracht wurden. 10 Murrt auch nicht, wie einige von ihnen murrten und durch den Verderber umgebracht wurden. 11 Dies ist jenen aber vorausbildhaft geschehen und wurde zur Warnung für uns aufgeschrieben, auf die das Ende der (Welt-) Zeiten gekommen ist. 12 Darum, wer meint, zu stehen, der sehe zu, daß er nicht falle. 13 Noch hat euch keine andere Versuchung getroffen als nur eine menschliche. Gott aber ist treu; er wird nicht zulassen, daß ihr über eure Kraft hinaus versucht werdet, sondern er wird mit der Versuchung auch den Ausweg schaffen, so daß ihr sie ertragen könnt.

Vers 6: *4. Mose 11,4 ff.* Vers 7: *2. Mose 32,6* Vers 8: *4. Mose 25,1 ff.* Vers 9: *4. Mose 21,5 f.* Vers 10: *2. Mose 16,2 f.* Vers 13: *Jak 1,13 f.*

Ab V.6 wendet Paulus die Exodusereignisse auf die Lage in Korinth an. Jene 6 Vorgänge sind warnende Beispiele für die christliche Gemeinde. Typos bezeichnet „die Vorausdarstellung, die endzeitliches Geschehen ankündigt" (L. Goppelt, ThWNT VIII, S. 252). Zunächst nennt Paulus das Begehren der Wüstengeneration nach dem Bösen; damit spielt er wohl auf die Sehnsucht der Israeliten nach den „Fleischtöpfen Ägyptens" an (2. Mose 14,1–4; 4. Mose 11,4 ff.). Dann greift er mit Götzendienst und Unzucht die beiden Verhaltensweisen heraus, die in Korinth eine besondere Rolle spielten. Aus der 7 Geschichte des goldenen Kalbes (= Stierbildes) leitet der Apostel eine Warnung der Korinther vor dem Götzendienst ab. Er zitiert 2. Mose 32,6 nach der Septuaginta. Das Essen und Trinken geschah bei Opfermahlzeiten, und der kultische Tanz vor dem Kalb (Luther übersetzte das Verbum mit „spielen") veranschaulicht den Götzendienst.

In V.8 erinnert Paulus an die Unzucht der Israeliten mit den Moabiterinnen 8 in Schittim (4. Mose 25,1–9; vgl. Ps 106,28 f.) und ihre Teilnahme an den Opfermahlzeiten des Baal von Peor samt dem furchtbaren Strafgericht, das Gott darüber verhängte. Nach 4. Mose 25,9 kamen dabei 24000 durch eine Seuche ums Leben („an einem Tag" ist im alttestamentlichen Text nicht enthalten). Vielleicht ist die fälschlich genannte Zahl 23000 bei Paulus durch die Erinnerung an 4. Mose 26,62 veranlaßt. Die Teilnahme der Korinther an heid- 9 nischen Opfermahlzeiten läuft darauf hinaus, daß sie den Herrn Christus herausfordern und versuchen (vgl. V. 22). Paulus erinnert in V.9 an die Unzufriedenheit der Israeliten in der Wüste und ihren Tod durch die Schlangen (4. Mose 21,5 f.; vgl. Ps 78,18). Das Murren in der Wüste als Ausdruck für das 10 mangelnde Vertrauen der Israeliten auf Gottes Fürsorge wird mehrfach erwähnt im Alten Testament (2. Mose 16,2 f.; 4. Mose 14,2.36; 16,11; 17,6).

Paulus spielt auf eine Bestrafung des Volkes durch den Verderber an (vgl. 4. Mose 17,6–15; Weish 18,20–25). Mit dem „Verderber" ist wohl der von Gott gesandte Strafengel gemeint (wie in 2. Mose 12,23; 2. Sam 24,16;

11 1. Chr 21,12.15). In V.11 zeigt sich, daß die Typologie in das Schema Wüstenzeit- Endzeit eingeordnet ist und auf die christliche Gegenwart zielt, die als die Zeit der eschatologischen Erfüllung verstanden ist. Die Ereignisse der Auszugsgeschichte haben vorbildhaften Charakter und sind als Warnung für die Christen aufgeschrieben, die in der Endzeit leben, die durch Tod und Auferweckung Jesu Christi eröffnet worden ist. Der Plural „Weltzeiten" weist auf die verschiedenen Epochen des alten Äons hin (vgl. 1. Kor 2,7; 4. Esra 11,44).

12 In Form einer rhythmisch gestalteten Sentenz zieht Paulus die Folgerung aus dem ganzen Abschnitt mit der Warnung der korinthischen Pneumatiker vor ihrer sakramental begründeten Selbstsicherheit. „Stehen" hat hier den Sinn von „stehen im Glauben" (16,13; Röm 11,20). Mit der Warnung verbindet er

13 aber sogleich in V.13 eine tröstliche Verheißung, so daß die Versuchung für sie nicht zur Verzweiflung zu werden braucht. Paulus verweist auf die Treue Gottes, der die Grenzen unserer Kraft kennt. Das Subjekt der Versuchung ist hier nicht genannt. Nach 7,5 und 1. Thess 3,5 geht die Versuchung vom Satan aus und Gott läßt sie zu (vgl. Jak 1,13). Die Versuchung wird als menschlich charakterisiert, d.h. sie ist „für die Schwachheit der menschlichen Natur ertragbar" (J. Jeremias, ThWNT I, S.367). Der treue Gott wird zusammen mit der Versuchung auch den Ausweg aus der gefährlichen Situation schaffen, so daß niemand überfordert wird. Paulus denkt dabei wohl auch an die nahe Parusie Christi; vielleicht lehnt er sich in V.13b an einen vorgeprägten sog. „Treuespruch" an (vgl. 1,9; 2. Kor 1,18; 1. Thess 5,24).

Der Abschnitt wirft ein Licht auf das paulinische Verständnis der Sakramente. Der Apostel versteht Taufe und Abendmahl als wirksame Gnadenmittel; in ihnen wird die reale Anteilhabe an der Heilswirkung des Sühnetodes Jesu Christi vermittelt. Aber die Sakramente bewirken das Heil nicht magischnaturhaft durch den bloßen Vollzug, sondern sie verpflichten zu Glauben und Gehorsam. „Mein Glaube macht nicht die Taufe, sondern empfängt die Taufe" und „Die Sakramente sind allein durch den Glauben an Christus wirksam" (M. Luther). Für die Ungehorsamen ziehen sie die Strafe Gottes nach sich (vgl. 11,30). Sakrament und Ethik lassen sich bei Paulus nicht von einander trennen.

2.4 Die Unvereinbarkeit von Herrenmahl und heidnischem Opfermahl 10,14–22

14 Darum, meine Geliebten, flieht den Götzendienst!   15 Ich rede zu verständigen Menschen; urteilt selbst über das, was ich euch sage.   16 Der Kelch des Segens, den wir segnen, ist der nicht die Gemeinschaft des Blutes Christi? Das Brot, das wir brechen, ist das nicht die Gemeinschaft des Leibes Christi?   17 Weil es *ein* Brot ist, sind wir, die Vielen, *ein* Leib; denn wir alle haben Anteil an dem *einen* Brot.   18 Seht das irdische Israel an! Sind nicht die, welche die Opfer

essen, Genossen des Altars? 19 Was will ich nun damit sagen? Daß Götzenopferfleisch etwas sei, oder daß ein Götze etwas sei? 20 Nein, sondern was sie (die
Heiden) opfern, das opfern sie Dämonen und nicht Gott. Ich will aber nicht, daß
ihr Genossen der Dämonen werdet. 21 Ihr könnt nicht zugleich den Kelch des
Herrn trinken und den Kelch der Dämonen; ihr könnt nicht zugleich am Tisch
des Herrn teilhaben und am Tisch der Dämonen. 22 Oder wollen wir den
Herrn herausfordern? Sind wir etwa stärker als er?

Vers 16: *11, 24 f.*   Vers 18: *3. Mose 7, 6. 15*   Vers 20: *Ps 106, 37; Mal 1, 7. 12*   Vers 22: *5. Mose 32, 21.*

Paulus thematisiert nun die in V. 7 kurz angesprochene Warnung vor dem 14
Götzendienst. Er sieht die korinthischen Pneumatiker trotz ihrer Erkenntnis,
daß es keine Götzen gibt, in der akuten Gefahr, daß sie durch ihre Teilnahme
an heidnischen Kultmahlzeiten in Kontakt mit den Dämonen geraten, deren
Existenz der Apostel nicht leugnet.

Paulus schaltet die eigene Urteilsfähigkeit der Korinther in seine Argumen- 15
tation mit ein. Jedem Verständigen ist klar, daß es unmöglich ist, gleichzeitig in
zwei einander ausschließenden Gemeinschaftsverhältnissen zu stehen. Daß der
Glaube an Christus und der Götzendienst sich radikal ausschließen, bedarf für
Paulus ebensowenig eines besonderen Beweises wie die Unvereinbarkeit von
Jahweglauben und Baalsdienst für den Juden. Das zeigt Paulus konkret am
Verhältnis von Herrenmahl und heidnischen Opfermahlzeiten auf. In V. 16 16
spielt er auf eine auch den Korinthern, wohl aus der Abendmahlsunterweisung
(G. Delling), bekannte und von ihnen bejahte Tradition an, die er dann in V. 17
kommentiert. Dabei bezieht sich Paulus wohl auf die „Segnung" von Kelch
und Brot zu Beginn der Mahlhandlung; nach Did 9, 1–5 gehen Bechersegen (2)
und Brotsegen (3 f.) dem Mahl (mit Brot und Wein) voran (P. Stuhlmacher). Es
gab in der frühen Kirche keine Abendmahlsfeier, bei der die Austeilung des
Kelchs vor dem Brotbrechen erfolgte. Hinter Lk 22, 15–18 steht vermutlich
eine judenchristliche Passafeier (F. Hahn). In der V. 16 erwähnten Abendmahlstradition sind Leib und Blut Christi parallel nebeneinander gestellt wie in
Mk 14, 22–24, während in dem paulinischen Herrenmahlsbericht von
1. Kor 11, 23–25 Leib und Bund einander gegenüberstehen; das theologische
Abendmahlsverständnis der Tradition in V. 16 ist aber sachlich durchaus vereinbar mit dem Einsetzungsbericht in 11, 23–25. In der Forschung ist bis heute
noch keine Übereinstimmung erzielt in der Frage, ob die markinische oder die
paulinische Fassung der Abendmahlsworte auf der älteren Tradition beruht.
Der Ausdruck „Becher des Segens" (Dankesbecher) für den Kelch des Herrenmahls stammt aus der jüdischen Tradition. Über diesem Becher wurde bei
jedem jüdischen Mahl, bei dem Wein getrunken wurde, das Dankgebet nach
der Hauptmahlzeit gesprochen; beim Passa war dies der dritte Becher. Der
Kelch ist „die Gemeinschaft mit dem Blut Christi". Die Gemeinschaft ist hier
primär durch die Teilhabe (vgl. teilhaben V. 17) bestimmt, und mit dem Blut ist
das heilbringende Sterben Jesu am Kreuz gemeint (vgl. Röm 3, 25; 5, 9). Durch
das Trinken aus dem Kelch bekommen die Mahlteilnehmer Anteil an der
Heilswirkung des stellvertretenden Sühnetodes Jesu und werden in der

Gemeinschaft mit Christus gestärkt. Dementsprechend ist das Brotwort zu verstehen: Durch das Essen des gebrochenen und ausgeteilten Brots bekommen die Mahlteilnehmer Anteil am Leib Christi; dabei zeigt die Parallelität mit dem vergossenen Blut, daß mit dem Leib Christi an dieser Stelle der in den Tod gegebene Leib Jesu gemeint ist. Die parallel formulierten Akte mit Brot und Wein sind in ihrer Wirkung als Einheit verstanden (A. Schlatter). In V. 17

17 gibt Paulus seinen Kommentar zu der herangezogenen Abendmahlstradition und hebt hervor, daß beim Herrenmahl alle an dem *einen* Brot teilhaben; dabei hat er die Einheit der Kirche als des Leibes Christi im Blick. Indem die Mahlteilnehmer durch das Essen des Brotes Anteil an dem in den Tod gegebenen Leib Jesu Christi bekommen, werden die Vielen zusammengeschlossen zur Einheit des ekklesiologischen Leibes Christi. Diese Deutung der Kirche als des Leibes Christi ist das Neue, das Paulus in das Abendmahlsverständnis eingebracht hat. Bezeichnung und Verständnis der Kirche als „Leib Christi" sind wahrscheinlich eine Schöpfung des Paulus; jedenfalls ist er der erste, bei dem diese Konzeption greifbar wird (Röm 12 und 1. Kor 12). Die durch das Her-

18 renmahl gestiftete Gemeinschaft verdeutlicht der Apostel am jüdischen Opferkult (vgl. 9, 13). Er verweist auf die Opfermahlzeiten des durch natürliche Abstammung konstituierten Volkes Israel. Zur Zeit des Paulus wurde der Opferdienst im Tempel von Jerusalem noch ausgeübt. Die Priester, die einen Teil des Schlachtopfers erhalten (3. Mose 7,6), heißen Genossen des Altars. Beim gemeinschaftlichen Dankopfermahl (Toda) wird ein Teil des Opfertiers Jahwe geweiht, der andere wird von den Mahlteilnehmern noch am selben Tag verzehrt (3. Mose 7, 15). Durch das gemeinsame Essen wird eine enge Verbin-

19 dung zwischen Gott und den Teilnehmern hergestellt (sakrale communio). Mit V. 19f. will Paulus ein Mißverständnis abwehren. Durch die Feststellung, daß beim Opfermahl eine enge Gemeinschaft mit der jeweiligen Gottheit gestiftet wird, könnte der Eindruck entstehen, Paulus halte die Götzen für wirkliche Götter. Das lehnt er entschieden ab; es gibt in Wirklichkeit keine Götter neben

20 Jahwe und auch kein den Göttern geopfertes Fleisch (8, 4–6). Aber die Götzen stehen in Verbindung mit den Dämonen. Schon im Judentum gab es neben der Auffassung von der Kraft- und Leblosigkeit der heidnischen Götter (Jes 40) auch die Vorstellung, daß der Götzendienst in Wahrheit den Dämonen gelte (3. Mose 17,7; 5. Mose 32, 17; Jes 65, 11; Ps 106, 37). Wer als Christ an heidnischen Opfermahlzeiten teilnimmt, begibt sich mutwillig in den Bereich der Dämonen oder bösen Geister, und das ist auch für die vermeintlich Starken gefährlich; vor dieser Gefahr will Paulus die Korinther in seelsorgerlicher Für-

21 sorge bewahren. Herrenmahl und heidnisches Kultmahl sind deshalb unvereinbar, weil beidemal eine sakramentale Gemeinschaft der Teilnehmer mit dem Mahlherrn, mit Christus bzw. mit den Dämonen, hergestellt wird. Christus darf aber nicht mit den Dämonen in Verbindung gebracht werden. Der ausschlaggebende Gesichtspunkt ist hierbei die Gemeinschaft stiftende Wirkung des kultischen Mahls. Angesichts einer heidnischen Kultmahlzeit, die ihrem Wesen nach fremden Göttern gilt, kann das Bekenntnis zu Gott und Christus

(8,6) nur durch Verzicht auf Teilnahme am Tisch der heidnischen Gottheit praktiziert werden (vgl. 10,28). Im Alten Testament ist „Tisch des Herrn" Bezeichnung für den Altar Jahwes (Mal 1,7.12), im Herrenmahl für den Tisch Jesu Christi; der heidnische Opfertisch heißt oft „Tisch des Gottes" (L. Goppelt, ThWNT VIII, S. 214). Wie in 10,16 spricht Paulus von Wein und Brot in umgekehrter Reihenfolge gegenüber der Austeilung. Der V. 22 ist eine ernste 22 Warnung an die selbstsicheren Pneumatiker in Korinth, nicht in den Fehler der Wüstengeneration zu verfallen und Gott zur Eifersucht zu reizen. Paulus spielt auf 5. Mose 32,21 an, wo Gott den Israeliten ein Strafgericht wegen ihres Götzendienstes ankündigt. Es wäre eine Vermessenheit zu meinen, die Christen seien stärker als ihr Herr Jesus Christus, der zum Herrn über alle Mächte erhöht worden ist (Phil 2,10).

2.5 Abschließende Stellungnahme zum Genuß von Götzenopferfleisch 10,23–11,1

23 Alles ist erlaubt, aber nicht alles dient zum Guten (ist förderlich). Alles ist erlaubt, aber nicht alles baut auf.   24 Niemand suche das Seine, sondern (jeder) das, was dem andern dient.   25 Alles, was auf dem Fleischmarkt verkauft wird, das eßt, ohne um des Gewissens willen Nachforschungen anzustellen.   26 Denn „die Erde ist des Herrn und was darinnen ist (ihre Fülle)".   27 Wenn euch einer von den Ungläubigen einlädt und ihr wollt hingehen, so eßt alles, was euch vorgesetzt wird, ohne um des Gewissens willen Nachforschungen anzustellen.   28 Wenn aber jemand zu euch sagt: „Dies ist (heiliges) Opferfleisch", dann eßt nicht davon mit Rücksicht auf den, der den Hinweis gab, und um des Gewissens willen.   29 Ich meine aber damit nicht das eigene Gewissen, sondern das des andern. Denn warum sollte meine Freiheit von einem fremden Gewissen gerichtet werden?   30 Wenn ich etwas mit Danksagung genieße, warum sollte ich da verlästert werden um dessentwillen, wofür ich danke? –   31 Ob ihr nun eßt oder trinkt oder was ihr auch tut, tut alles zur Ehre Gottes!   32 Gebt weder den Juden noch den Griechen noch der Gemeinde Gottes einen Anstoß, so wie auch ich allen in allem zu Gefallen lebe und nicht meinen eigenen Nutzen suche, sondern den der Vielen, damit sie gerettet werden. 11,1 Seid meine Nachahmer, so wie ich Christi (Nachfolger bin)!

Vers 23: *6,12*   Vers 24: *Röm 15,2*   Vers 26: *Ps 24,1*   Vers 30: *Röm 14,14; 1. Tim 4,4*
Vers 31: *Kol 3,17*   11,1: *4,16; Phil 3,17; 4,9.*

Paulus hat bisher zwei Kriterien für das Essen von Götzenopferfleisch entwickelt. In Kap. 8 hat er herausgestellt, daß Speise vor Gott weder einen Nachteil noch Vorteil bringt. In dieser Hinsicht ist der Christ frei; aber er soll seine Freiheit aus Liebe um des schwachen Bruders willen selbst beschränken. In Kap. 10 hat Paulus dargelegt, daß die Teilnahme an kultischen Opfermahlzeiten in Kontakt mit den Dämonen bringt und deshalb um des Bekenntnisses zu Christus willen radikal zu meiden ist. Nun gibt der Apostel abschließend den Korinthern konkrete Weisungen für ihr Verhalten im täglichen Leben. Dabei bringt er beide bisher entwickelten Kriterien zur Geltung. Eine Spannung zwi-

schen Kap. 8 und 10 entsteht nur dann, wenn die Unterscheidung zwischen
kultischen und gesellschaftlichen Kontakten nicht beachtet wird. Bereits in
Kap. 5 hat Paulus richtiggestellt, daß der Christ den gesellschaftlichen
Umgang mit seiner Umwelt nicht völlig aufgeben kann und soll. Ebenso deutlich ist durch die bisherigen Ausführungen dargelegt, daß für den Christen
gegenüber dem Götzendienst nur ein klares Nein in Frage kommt. Die Grenz-
linie verläuft also bei der Frage, ob ein gemeinsames Essen mit Heiden als kultische Opfermahlzeit und damit als eine Bekenntnissituation oder als ein
gesellschaftliches Beisammensein zu betrachten ist.

23   Paulus greift in V. 23 den Grundsatz von 6, 12 wieder auf und wendet ihn
jetzt auf die Mitwirkung der Christen am Aufbau der Gemeinde an (vgl. 8, 1).
Der im Glauben an Christus Gebundene ist frei in allen Dingen (3, 23), aber er
ist von seinem Herrn zum Dienst an den anderen berufen. Selbstsüchtige
Demonstration der eigenen Freiheit zerstört die Gemeinschaft und hemmt den
24   Aufbau der Gemeinde. Paulus formuliert zunächst ganz allgemein das christliche Liebesgebot als Dienst am anderen (Röm 15, 2); die Stelle Phil 2, 4 ff. zeigt,
daß er dieses Verhalten als Bewährung der Nachfolge Jesu Christi versteht. –
In der korinthischen Gemeinde gab es schwärmerische Pneumatiker, die
demonstrativ in der Öffentlichkeit Götzenopferfleisch aßen (die „Starken"
von Kap. 8); daneben gab es Gemeindeglieder, die sich durch das Vorbild der
Starken dazu verführen ließen, gegen ihr (schwaches) Gewissen zu handeln
und ebenfalls Götzenopferfleisch zu essen (die „Schwachen" von Kap. 8);
schließlich waren auch prinzipielle Gegner des Essens von Götzenopferfleisch
vorhanden, die sich wie die Juden durch Nachforschungen vor Verunreinigung zu schützen suchten (10, 25). Für die Juden war der Genuß des Fleisches
aus der Markthalle überhaupt verboten. Der Apostel behandelt zunächst in
V. 25–27 zwei Fälle, in denen die Korinther ohne Gewissensskrupel die christliche Freiheit betätigen sollen. Dann mahnt er in einem dritten Fall (V. 28–30)
zur Selbstbeschränkung der Freiheit durch freiwilligen Verzicht auf das Essen,
wo die Rücksichtnahme auf den anderen dies erfordert.

25   Hinsichtlich des Fleisches aus der Markthalle vertritt Paulus die christliche
Freiheit in Speisefragen ohne Einschränkung, weil es sich hier nicht um ein
Essen in Gemeinschaft mit Heiden handelt. Das in Christus gebundene
Gewissen der Glaubenden verlangt in diesem Fall nicht, daß sie Nachfor-
schungen über die Herkunft des Fleisches anstellen. Damit kritisiert Paulus
die gesetzliche Ängstlichkeit der schwachen Christen. Obwohl Paulus kein
Wort Jesu zu den Speisegeboten zitiert, steht er in diesem Punkt völlig im
Gefolge der Stellungnahme Jesu in Mk 7. Damit grenzt sich der Apostel deut-
26   lich ab vom gesetzlichen Ritualismus der Juden. In V. 26 begründet Paulus die
christliche Freiheit mit dem Schöpfungsglauben durch Zitierung von Ps 24, 1:
„Jahwes ist die Erde und was sie erfüllt" (vgl. Ps 50, 12). Den Rabbinen diente
dieser Vers als Begründung dafür, daß niemand essen soll, bevor er eine Bene-
diktion gesprochen hat (TosBer IV, 1). Alle Gaben der Schöpfung gehören
Gott, und was Gott als Nahrung gibt, ist an sich rein und darf ohne Bedenken

genossen werden (Röm 14,14.20; vgl. 1.Tim 4,4). Dieselbe Freiheit gilt für die 27
Christen im Fall einer Einladung in ein heidnisches Privathaus. Auch hier
brauchen sie nicht nachzuforschen, ob Götzenopferfleisch unter den gereich-
ten Speisen ist. Sie können ohne Bedenken alles Fleisch essen, das der heidnische Gastgeber vorsetzen läßt, solang das Fleisch nicht ausdrücklich als Götzenopferfleisch angesprochen wird; denn solang ist der rein gesellschaftliche
Charakter des Mahls noch nicht angetastet. Daß die Einladung zu einer
Opfermahlzeit in einem heidnischen Tempel, bei dem der kultische Charakter
von vornherein feststeht, in diesem Fall nicht mit umfaßt sein kann, ist durch
die Ausführungen in 10,14–22 klargestellt. Die Lage in dem heidnischen Pri- 28
vathaus ändert sich jedoch in dem Augenblick, in dem das vorgesetzte Fleisch
von irgend jemand in der Tischrunde als „heiliges Opferfleisch" bezeichnet
wird. Jetzt ist für den Christen eine Situation eingetreten, in der er das
Bekenntnis zu Christus praktisch durch Nichtessen des Fleisches zu bezeugen
hat (*status confessionis*). In dieser Bekenntnissituation wird Gott dadurch die
Ehre gegeben, daß der Christ sein Nein zum Götzendienst und seine Zugehörigkeit zu Jesus Christus deutlich durch sein Verhalten bekundet. Die Szene
hat jetzt gewissermaßen Öffentlichkeitscharakter (vgl. Lk 12,8) gewonnen,
und das Essen kommt einem kultischen Mahl gleich. Das Bekenntnis zu Christus durch Verzicht auf den Genuß des so bezeichneten Opferfleisches soll
erfolgen „mit Rücksicht auf den, der den Hinweis gab, und um des Gewissens
willen". Die Ausleger haben sich viel Mühe gegeben, um zu klären, wer der
Warner ist, der den Hinweis gab (*ho mēnýsas*). Der Wortlaut läßt mehrere
Möglichkeiten offen; es kann der heidnische Gastgeber (H.Conzelmann)
oder ein heidnischer Gast (H.Lietzmann) sein, in deren Mund die Bezeichnung „heiliges Opferfleisch" (statt „Götzen"-Opferfleisch) besonders gut
paßt. Es könnte aber auch, freilich weniger wahrscheinlich, ein Christ sein, der
aus Höflichkeit die heidnische Bezeichnung gebraucht. Am nächsten liegt
m. E. die Erklärung, daß der heidnische Gastgeber den Hinweis gab; er muß ja
wissen, was er vorsetzen ließ. Paulus liegt weder etwas an der genauen Fixie-
rung des Warners noch an dessen Motiven, sondern allein an der Tatsache,
daß für den Christen durch die Äußerung eine Bekenntnissituation entstanden
ist. In V.27 hatte Paulus im Plural zu den ängstlichen Christen (mit schwachem Gewissen) gesprochen, was nicht ausschließlich auf die Einladung mehrerer bezogen werden muß, sondern auch die Einladung eines einzelnen einschließt. Bisher war das Gewissen der angeredeten (schwachen) Christen
gemeint. Nun geht Paulus in V.29 in den Singular über und erläutert, daß er 29
in dem genannten Bekenntnisfall nicht „das eigene Gewissen" (des schwachen
Christen), sondern das „des anderen" meint. Das nächste Bezugswort für den
anderen ist der vorher genannte Warner, also der heidnische Gastgeber. Allerdings ist es auch möglich, bei diesem „anderen" an einen schwachen Christen
zu denken, der später davon hört und Anstoß nimmt (H.Lietzmann; H.D.
Wendland). Doch verdient von V.29b und 30 her wohl die Deutung auf das
Gewissen eines Heiden den Vorzug. Die Fragen in V.29b und 30 werden häu- 29b.30

fig (mit H. Lietzmann) als Einwand von seiten der Starken verstanden, den sich Paulus im Diatribenstil selber mache. Gegen diese Interpretation spricht aber die Einleitung mit „denn" sowie die Funktion der Verse 31–33. Diese Verse geben nämlich keine direkte Antwort auf die gestellten Fragen, sondern sind eine verallgemeinernde Abschlußmahnung. Die kausale Verbindung mit V. 29 a zeigt, daß die beiden Fragen eine Begründung und nähere Erläuterung dafür geben sollen, daß der Verzicht auf den Genuß von Götzenopferfleisch nicht durch das eigene Gewissen des Christen veranlaßt ist, sondern durch Rücksichtnahme auf das Gewissen eines „andern", nach unserer Deutung des heidnischen Gastgebers. Der Heide soll erkennen, daß der Christ nicht bedenkenlos Götzenopferfleisch ißt, obwohl sein Glaube den Götzendienst verbietet. Paulus verteidigt hier die christliche Freiheit in Speisefragen, die er selbst auch praktiziert. Er hat schon in 4, 1–5 dargelegt, daß er sich nicht von dem Urteil der anderen abhängig macht, sondern sich an dem orientiert, was ihm sein Gewissen sagt, und das letzte Urteil dem Herrn überläßt. Das Gewissen ist für den Apostel keine autonome, normgebende Instanz, sondern die Stimme, die kritisch beurteilt, ob eine Handlung dem in Christus offenbarten Willen Gottes entspricht oder widerspricht. Warum sollte also der Christ seine Freiheit, Götzenopferfleisch zu essen oder im Bekenntnisfall nicht zu essen, von einem Heiden kritisieren und von dessen Gewissen abhängig machen lassen? Das Handeln des Christen wird nicht von einem „fremden" Gewissen bestimmt. Paulus sagt dies in der ersten Person. Würde sich der Christ von einem fremden Gewissen bestimmen lassen, dann gäbe er seine Freiheit selbst preis. Wenn er aber freiwillig aus Rücksicht auf das Gewissen eines anderen (Heiden oder schwachen Christen) auf das Essen verzichtet, dann hebt er seine Freiheit nicht auf, sondern bringt sie gerade zur Geltung im Dienst der Liebe. Paulus tritt für einen durch die Liebe geleiteten Gebrauch der christlichen Freiheit ein. In dieser Freiheit nimmt der Christ das Fleisch als gute Gabe Gottes aus der Hand des Schöpfers und spricht dafür ein Dankgebet zu Gott (vgl. 1. Tim 4, 4). Die Stelle zeigt, daß die frühe Christenheit die Sitte des Tischgebets aus der jüdischen Tradition übernommen hat. – Paulus gibt in dieser konkreten Stellungnahme weder den Starken noch den Schwachen in Korinth uneingeschränkt recht. Mit den Starken stimmt er überein in der Freiheit in Speisefragen, aber er kritisiert ihr demonstratives Essen von Götzenopferfleisch als Verstoß gegen die Liebe. Bei den Schwachen verwirft der Apostel die gesetzliche Befangenheit und Ängstlichkeit auf einem Gebiet, auf dem uns

31 Jesus Christus frei gemacht hat. In den mahnenden Schlußversen weitet Paulus das spezielle Problem des Essens auf das gesamte Verhalten aus; *alles*, was Christen tun, soll zur Ehre Gottes geschehen (vgl. Kol 3, 17). Damit stellt Paulus die Verherrlichung Gottes als das oberste Kriterium für alles christliche Handeln heraus, das die beiden in Kap. 8 und 10 entfalteten Gesichtspunkte in sich schließt. Die Regel, dem andern keinen Anstoß zu geben, gilt nicht nur im

32 Umgang mit christlichen Schwestern und Brüdern. Die korinthische Gemeinde hatte es mit Juden und Griechen (d. h. Heiden) der hellenistischen

Mittelmeerwelt zu tun, und sie stellte eine Ortsgemeinde im Rahmen der ganzen Christenheit dar. Der missionarische Auftrag des Christen gilt gegenüber allen Menschen. In V. 33 stellt sich Paulus selbst als ein Vorbild hin und greift 33 damit auf die Darlegung seiner missionarischen Praxis in 9, 20–22 zurück. Die Intention, die ihn bei seiner Freiheit zum Dienst an allen leitet, ist nicht egoistische Gefallsucht und Anpassungsfähigkeit, sondern das Bestreben, nicht den eigenen Vorteil, sondern das Beste für die anderen zu suchen, und das Beste für sie ist letztlich die Rettung im Endgericht. Christus hat sein Leben für die Menschen dahingegeben und die Nächsten- und Feindesliebe gepredigt. Pau- 11.1 lus ist Nachfolger Jesu Christi im Dienst an den anderen. In dieser Hinsicht sollen die Korinther Nachahmer des Apostels und damit auch Jesu Christi werden. Paulus macht mehrfach Gebrauch von dem Motiv des Vorbilds (Phil 3, 17; 4, 9; 1. Thess 1, 6). Aber Christus ist für die Glaubenden mehr als ein Vorbild, insofern er sie durch seinen stellvertretenden Sühnetod am Kreuz aus der Knechtschaft von Sünde, Gesetz und Tod befreit hat. Die einmalige Erlösungstat Jesu Christi am Kreuz kann auch der frömmste Mensch nicht „nachahmen".

Zur Begründung der Ethik des Paulus

Der Ansatz der paulinischen Ethik ist völlig anders geartet als etwa der der griechischen Tugendlehre. Nach der stoischen Philosophie hat der einzelne Mensch mit seiner Vernunft Anteil am Logos oder der Weltvernunft; darauf beruht seine sittliche Bildungsfähigkeit und seine Pflicht zu einem tugendhaften Leben. Der Weise, der vernunftgemäß lebt und den Affekten widersteht, vermag sich selbst durch sein Verhalten mit der Gottheit und mit dem Schicksal in Einklang zu bringen. Die Ethik des Paulus ist auch nicht nur eine Weiterentwicklung der jüdischen Ethik. Der jüdische Mensch betrachtet das Gesetz, an dem er Freude hat, als die höchste Gabe Gottes an Israel. Er erlangt das Heil durch sein Tun und vertraut darauf, daß Gott dem Sünder gnädig ist und im Gericht Gnade walten läßt, wo sich Übertretungen und Verdienste die Waage halten. Nach Paulus haben Juden und Griechen gesündigt und ermangeln alle der Herrlichkeit, die Gott ihnen zugedacht hatte (Röm 3, 23). Die entscheidende Basis der paulinischen Ethik ist das eschatologische Heilshandeln Gottes in Tod und Auferweckung Jesu Christi. Wer an Christus glaubt, erlangt die Rechtfertigung und das Heil allein durch Gnade (*sola gratia*). Auf der Ausschließlichkeit der Gnade, wobei das Heilshandeln Gottes nicht ergänzt wird durch die religiöse und sittliche Leistung des Menschen, beruht zugleich die Freiheit des Glaubens. – Durch die Heilstat Gottes in Christus sind die Glaubenden zwar befreit aus den Mächten des alten Äons, aber sie leben noch in „dieser" vergänglichen Welt. Sie existieren als „neue Geschöpfe" (2. Kor 5, 17), aber der neue Äon ist noch nicht sichtbar angebrochen, weil Tod und Auferweckung Jesu Christi noch nicht mit der Weltvollendung verbunden waren. Auf diesem „Ineinander der Äonen" beruht bei Paulus das „Zueinander von Indikativ und Imperativ", das von der Sache her als ein notwendig paradoxes Verhältnis beschrieben werden muß, dessen Spannung der Glaubende in seiner Existenz durchzuhalten hat. Das Verhältnis von Indikativ und Imperativ läßt sich veranschaulichen an 1. Kor 5,7: „Schafft den alten Sauerteig weg, damit ihr ein neuer Teig seid, wie ihr ja tatsächlich (durch Gottes Versöhnungstat in Christus) ohne Sauerteig seid." Die Mahnung zur Heiligung ist ganz im Indikativ des Christusgeschehens verankert. Jesus Christus ist durch seinen stellvertretenden Sühnetod am Kreuz und durch seinen Geist Grund, Kraft, Maßstab und Ziel des „neuen Lebens" der Glaubenden.

Die paulinische Ethik ist somit entscheidend in der *Christologie* begründet. Das wird anschaulich entfaltet in dem grundlegenden Abschnitt 2. Kor 5,14–21. Christus „ist darum für alle gestorben, damit die Lebenden nicht mehr sich selbst leben, sondern dem, der für sie gestorben und auferweckt ist" (2. Kor 5,15; vgl. Röm 14,7–9). Durch die Versöhnungstat Gottes im Kreuz Jesu werden die Glaubenden so in die heilschaffende Gerechtigkeit Gottes einbezogen, daß sie „in Christus" mit ihrer ganzen Existenz „Gerechtigkeit Gottes" werden (2. Kor 5,21). Die Aufforderung, lieber Unrecht zu leiden als zu tun (1. Kor 6,7), begründet Paulus mit dem Hinweis darauf, daß die Korinther „reingewaschen, geheiligt und gerecht gesprochen worden sind durch den Namen des Herrn Jesus Christus und durch den Geist unseres Gottes" (V. 11). Wenn der Apostel „durch die Freundlichkeit und Milde Christi" ermahnt (2. Kor 10,1), dann gründet er seine Paränese auf die Gesamtheit dessen, was Gott den Menschen durch sein Heilshandeln in Christus geschenkt hat (vgl. Röm 12,1 f.). – In der Erlösung durch Christus sind die Glaubenden Eigentum ihres neuen Herrn geworden, für den sie leben sollen und dem sie in ihrem ganzen Verhalten zu gehorchen haben. Es ist die Aufgabe des Apostels Paulus, die Heiden zum Gehorsam des Glaubens zu führen (Röm 1,7; vgl. 2. Kor 10,5). Christus hat den Willen Gottes endgültig erschlossen und das Doppelgebot der Liebe als Inbegriff des ganzen Gesetzes erklärt (Mt 22,37–40). So ruft auch Paulus zum Gehorsam gegen Gottes Willen durch ein vom Geist bestimmtes Leben in Liebe auf; denn „die Liebe ist die Erfüllung des Gesetzes" (Röm 13,8–10). Im Geist kommt es zur Erfüllung der Forderung des Gesetzes (Röm 8,4) und zum „Halten der Gebote Gottes" (1. Kor 7,19). Die Christen sollen dem Vorbild Christi folgen (11,1; Phil 2,5 ff.).

Die christologische Verankerung der ethischen Weisungen bei Paulus läßt sich im einzelnen weiter entfalten als sakramentale, pneumatologische und eschatologische Begründung der paulinischen Ethik.

Für die *sakramentale* Begründung ist in erster Linie auf die Taufe zu verweisen. Das klassische Kapitel für den Zusammenhang von Taufe und neuem Leben ist Röm 6. Die Parallelität der Ausführungen über das Taufgeschehen mit dem Christusgeschehen (6,5–7 und 8–10) zeigt auf, worin die Taufe ihren

Grund hat und woraus das Sakrament seine Kraft bezieht. Die Glaubenden werden durch die Taufe so in Tod und Auferweckung Jesu Christi einbezogen, daß der stellvertretende Sühnetod Jesu ihr Tod wird und sie von nun an ihrem neuen Herrn mit ihrem ganzen Leben gehören und als solche hoffen dürfen, daß sie in der Zukunft auch mit Christus auferstehen werden. Im zweiten Teil (Röm 6,12 ff.) schärft Paulus ein, daß an die Stelle des Sklavendienstes unter der Sünde jetzt der freie Gehorsam der Glaubenden im Dienst der Gerechtigkeit treten soll. Die einprägsame Formulierung von G. Bornkamm bringt den Zusammenhang von Taufe und neuem Leben knapp und pointiert zur Sprache: „Die Taufe ist die Zueignung des neuen Lebens, und das neue Leben ist die Aneignung der Taufe" (S. 50). In 1. Kor 6,11 ist wahrscheinlich ebenfalls auf die Taufe angespielt. – Ist die Taufe die Grundlegung des neuen Lebens, so bedeutet das Abendmahl eine oftmals wiederholte Stärkung auf dem Weg des Glaubens. Die Gegenwart des Herrn in Brot und Wein verpflichtet die Teilnehmer zu einem der Sendung Jesu Christi entsprechenden Verhalten in Liebe und Gemeinschaft (vgl. die Exegese zu 1. Kor 11,17 ff.).

Die *pneumatologische* Begründung der paulinischen Ethik kommt vor allem in Röm 8 und Gal 5 zum Ausdruck. Das in der Taufe begründete neue Leben derer, „die in Christus Jesus sind" (Röm 8,1), ist zugleich ein Leben „gemäß dem Geist" (V. 4) oder „im Geist" (Gal 5,16.25) bzw. ein „Getriebenwerden durch den Geist" (Röm 8,14), weil der erhöhte Herr bei den Seinen im Geist gegenwärtig ist (vgl. 2. Kor 3,17). Der Geist Gottes oder Christi ist Kraft und Maßstab des christlichen Lebens im Gehorsam gegenüber dem Herrn, dem die Glaubenden in der Taufe übereignet worden sind. Paulus macht in Gal 5 deutlich, daß das Geschenk des Geistes zum Ablegen der „Werke des Fleisches" verpflichtet und die Kraft zu einem Leben in Gehorsam und Liebe verleiht, welch letztere die erste „Frucht des Geistes" ist (Gal 5,19–22). „Wenn wir im Geist leben, so laßt uns auch im Geist wandeln" (V. 25). Das Leben im Geist wird in 1. Kor 12 näher konkretisiert durch das Wirksamwerden der verschiedenen Geistesgaben (Charismen), die alle derselbe eine Geist wirkt (1. Kor 12,11).

Da in der paulinischen Christologie Kreuz und Auferweckung Jesu Christi als ein eschatologisches Geschehen verstanden werden, das in der zukünftigen Parusie zur Vollendung kommt, sind die ethischen Weisungen des Paulus durchgängig auch *eschatologisch* begründet. Der präsentische Aspekt der Eschatologie kommt bereits im Taufgeschehen zum Ausdruck. Der Glaube, der auf das Wort vom Kreuz vertraut, wirkt sich aus in der Liebe (Gal 5,6); das neue Leben in der Liebe (Gegenwart) ist zugleich ein „Warten im Geist durch den Glauben auf die Gerechtigkeit, auf die man hoffen muß" (V. 5). Das Leben „im Herrn" (1. Kor 7,22; 15,58; Phil 4,1.4), das begründet ist durch das Mitsterben „mit Christus" (Röm 6,8), soll in der Zukunft bei der Parusie Christi zur Vollendung kommen in einem Sein „mit (bei) dem Herrn" (1. Thess 4,17) oder „mit (bei) Christus" (Phil 1,23) und im Mitverherrlichtwerden mit Christus (Röm 8,17).

Das Leben in der Spannung von „jetzt schon" und „noch nicht" mahnt zum Auskaufen der Zeit (vgl. Eph 5,16) und warnt davor, die vorläufigen Güter dieser Welt als endgültige Werte zu behandeln. Eine solche von der futurischen Eschatologie geprägte Einstellung zu der vergehenden Welt wird in 1. Kor 7,29–31 dargelegt und im Kontext auf die konkreten Fragen des ehelichen Lebens angewendet. Die Mahnungen in Röm 13 werden mit dem Blick auf das näher kommende Ende begründet (Röm 13,11–14). In dem Abschnitt 1. Kor 15,29–34 veranschaulicht der Apostel den Zusammenhang der zukünftigen Totenauferstehung mit dem Leben in der Gegenwart an verschiedenen Beispielen. Die Zukunftserwartung ist keine Vertröstung auf das Jenseits, sondern eine mobilisierende Kraft für die Bewährung im irdischen Leben. Paulus setzt seinen ganzen Eifer dafür ein, Christus bei der Parusie die Gemeinde heilig und rein zuzuführen (2. Kor 11,2). Gelegentlich kann Paulus zur Verstärkung der Mahnung auch auf das zukünftige Gericht hinweisen (2. Kor 5,10; vgl. 1. Kor 6,9f.; Gal 6,7f.). Das Gericht nach den Werken soll gewährleisten, daß die Rechtfertigung durch den Glauben an Christus nicht als „billige Gnade" mißverstanden wird. Die Tatsache, daß der Herr das letzte Wort im Gericht behält (1. Kor 4,4f.), unterstreicht den Ernst, mit dem Gott durch das Geschenk der Gnade in die Verantwortung stellt (Röm 2,4). Der Hinweis auf das Gericht in 2. Kor 5,10 ist getragen von der in V. 8 dargelegten Hoffnung auf das „Daheimsein bei dem Herrn" im geistlichen Leib der eschatologischen Vollendung. Wo Paulus die Gewißheit ausspricht, daß die Glaubenden im eschatologischen Gericht bestehen werden, setzt er sein Vertrauen nicht auf die Zuverlässigkeit der Menschen, sondern auf die Treue und Barmherzigkeit Gottes (Phil 1,6; 1. Kor 1,8); darum ist die Nähe des Herrn ein Grund zur Freude (Phil 4,4–6).

Zusammenfassend läßt sich die christologisch-eschatologisch begründete Paränese des Paulus als eine „Ethik der Gnade" (H. D. Wendland) kennzeichnen. Die in Christus geschenkte Freiheit (Gal 5,1) führt nicht in Bindungslosigkeit und menschliche Willkür, sondern besteht in der neuen Bindung an Christus als den Herrn (1. Kor 7,22f.; 9,21), und daraus folgt auf ethischem Gebiet ein Leben in Glaube, Liebe und Hoffnung (1. Kor 13,13).

Vierter Hauptteil:

Antwort auf Fragen des Gottesdienstes 11,2–14,40

Die Lebensführung der Christen hängt eng mit dem Gottesdienst in der Gemeindeversammlung zusammen, soll doch dieser sich auswirken als „Gottesdienst im Alltag der Welt" (E. Käsemann). Paulus geht in dem neuen Abschnitt auf Fragen des Gottesdienstes ein und berücksichtigt dabei drei

Themenkreise: das Verhalten der Frau im Gottesdienst (11, 2–16), die stiftungsgemäße Feier des Herrenmahls (11, 17–34) und die Bewertung der Geistesgaben (Kap. 12–14). Das auf eine Anfrage Bezug nehmende Stichwort „was aber betrifft" (*perì dé*) steht zwar nur in 12, 1, es ist aber sehr wahrscheinlich, daß auch die Ausführungen in Kap. 11 auf einer Anfrage der Gemeinde beruhen. Vielleicht nimmt das Lob in 11, 2 eine diesbezügliche Mitteilung der Gemeinde auf (H. Lietzmann). Paulus wäre jedenfalls in diesem Zusammenhang kaum auf die Kopfbedeckung der Frauen im Gottesdienst eingegangen, wenn es in dieser Frage nicht einige Schwierigkeiten in der Gemeinde gegeben hätte.

1. Über die Kopfbedeckung der Frauen im Gottesdienst 11, 2–16

In diesem Abschnitt greifen zwei Aspekte ineinander, einerseits das Verhältnis von Mann und Frau in der alten und in der neuen Schöpfung und andererseits das hieraus folgende Verhalten der Frau bei der aktiven Teilnahme am Gottesdienst beim (glossolalischen) Beten und prophetischen Reden.

Die Judenchristen haben die jüdische Sitte übernommen, daß die Frau in der Öffentlichkeit mit bedecktem Haupt erscheint. Auch in Griechenland war die Regel, daß die ehrenhafte Frau verschleiert ausgeht; allerdings wechselte dort die Sitte mit der Mode. In der korinthischen Gemeinde, die einen judenchristlichen Kern hatte, werden die Frauen normalerweise mit bedecktem Haupt am Gottesdienst teilgenommen haben; jedenfalls dürfte es so in der ersten Zeit gewesen sein, in der Paulus dort wirkte. Danach haben aber offenbar manche Frauen im Zug des korinthischen Enthusiasmus die christliche Freiheit so verstanden, daß darin auch der Verzicht auf die Kopfbedeckung der Frau eingeschlossen sei. Die Verse 13–16 lassen die Intention des Apostels in dieser Frage mit voller Deutlichkeit erkennen: Paulus will, daß die Frauen im Gemeindegottesdienst mit bedecktem Haupt auftreten und damit die damals allgemein in den christlichen Gemeinden geübte Sitte respektieren. Paulus schärft aber nicht einfach diese (judenchristliche) Sitte ein, sondern sucht die Korinther zum Einverständnis zu bringen, indem er die Sitte auf eine theologische Grundlage stellt. Dabei argumentiert er mit den alttestamentlichen Schöpfungsberichten und mit weltanschaulichen Vorstellungen des hellenistischen Judentums, in dem sich die jüdische Weisheitstradition z. T. mit stoischen Motiven verbunden hatte. Die Argumentation mit der Schöpfung und der Sitte war in der Weisheitstradition üblich. Da die prophetische Rede nach Kap. 14 in die gottesdienstliche Versammlung der Gemeinde gehört, geht es nicht an, den Abschnitt 11, 2–16 der Hausandacht zuzuweisen, um einen Widerspruch zu 14, 33–36 zu vermeiden. Im Text ist auch nicht direkt ausgesprochen, daß die Aussagen nur auf Ehegatten beschränkt sind, so sehr von 1. Mose 2, 24 her das eheliche Verhältnis in das Blickfeld tritt.

Die Sitte der Kopfbedeckung der Frau ist orientiert an dem, was in der antiken Welt als Anständigkeit, Schicklichkeit, Ehre bzw. als Unschicklichkeit und

Schande galt. Die Frauen sollen den Kopf bedecken, weil offenes Tragen der langen Haare als schamlos galt. Diese Auffassung von Ehre und Schande ist ein zeitgeschichtlich bedingtes und heute so nicht mehr anerkanntes Moment in der Argumentation des Abschnitts. Paulus vertritt grundsätzlich die These, daß im Leib Christi alle Glieder die gleiche religiöse Würde und Verpflichtung haben (Gal 3,28), daß aber durch den Glauben die schöpfungsmäßige Eigenart der Geschlechter nicht aufgehoben wird. Er ermahnt dazu, anderen Gemeindegliedern (mit schwachem Gewissen) um der Liebe willen keinen Anstoß zu geben durch Verletzung des Anstands und der sittlichen Ordnung (vgl. Kap. 8–10). Der Abschnitt enthält eine deutliche Kritik an dem schwärmerischen Freiheitsverständnis der korinthischen Frauen, die ohne Kopfbedeckung im Gottesdienst beteten und prophezeiten. Im ganzen besteht kein zwingender Grund, diesen Abschnitt als einen nachpaulinischen Einschub zu betrachten.

1.1 Schickliches und schändliches Auftreten im Gottesdienst 11,2–6

2 Ich lobe euch, daß ihr in allem meiner gedenkt und an den Überlieferungen festhaltet, wie ich sie euch übergeben habe.   3 Ich will euch aber wissen lassen, daß jedes Mannes Haupt (der) Christus ist, das Haupt der Frau aber der Mann, das Haupt Christi aber Gott.   4 Jeder Mann, der beim Beten oder prophetischen Reden etwas auf dem Haupt hat, der schändet sein Haupt.   5 Jede Frau aber, die mit unbedecktem Haupt betet oder prophetisch redet, die schändet ihr Haupt; denn sie ist ein und dasselbe wie die Geschorene.   6 Denn wenn eine Frau sich nicht bedecken will, so soll sie sich doch gleich die Haare abschneiden lassen! Wenn es für eine Frau eine Schande ist, sich das Haar abschneiden oder sich scheren zu lassen, so soll sie sich bedecken.

Vers 3: 3,23; Eph 5,23.

2   Der V.2 hat einen gewissen Übergangscharakter. Im Anschluß an 11,1 kann Paulus lobend feststellen, daß sich die Korinther in der Hauptsache an das gehalten haben, was er ihnen im Hinblick auf Lehre und Leben gesagt hat. Aber V.17 zeigt, daß es auch Vorgänge in der Gemeinde gab, bei denen der
3 Apostel nicht loben konnte. Relativ unvermittelt geht Paulus in V.3 mit der Neues einführenden Wendung: „Ich will euch wissen lassen" auf das Problem des Auftretens der Frauen im Gottesdienst über; das Neue ist die christologisch-eschatologische Auswertung der Schöpfungsgeschichte. An den Anfang stellt der Apostel einen theologischen Grundsatz (V.3), aus dem sich das in V.4–6 dargestellte Verhalten ergeben soll. Dieser Grundsatz enthält eine stufenmäßig geordnete Reihe, der wohl eine kosmologische Stufenfolge zugrunde liegt, wie sie in der hellenistischen Philosophie und bei Philo in verschiedener Durchführung (z.B. Gott – Welt – Mensch) üblich war. Die Reihe ist bei Paulus aber weder aufsteigend (Frau – Mann – Christus – Gott) noch in umgekehrter Folge absteigend glatt durchgeführt, sondern von Christus her

umgestaltet. Die christologische Orientierung kommt darin zum Ausdruck, daß Christus als das Haupt des Mannes am Anfang und Gott als das Haupt Christi am Ende der Reihe steht. Dabei werden Mann und Frau formal insofern gleichgestellt, als beide ein Haupt über sich haben, der Mann Christus und die Frau den Mann; als solche werden sie beide auf Christus ausgerichtet, der ebenfalls ein Haupt über sich hat, nämlich Gott, den Vater (8,6). Der Sohn ist dem Vater in Gehorsam untertan (Phil 2,8; vgl. 1.Kor 3,23; 15,27f.). An dem durch Liebe und Gehorsam bestimmten Verhältnis Christi zu Gott sollen Mann und Frau Liebe und Gehorsam in ihrem gegenseitigen Verhalten lernen. In dieser zu Gott aufsteigenden Reihe ist sowohl die Präexistenz wie die Erhöhung Christi vorausgesetzt, ebenso der Glaube an die Erfüllung der alten Schöpfung durch die Neuschöpfung in Christus (vgl. 8,6). Weiter ist zu beobachten, daß Paulus in seinen Ausführungen den Begriff „Haupt" in verschiedener Bedeutung gebraucht, in V. 3 in übertragenem und in V. 4 und 5 in eigentlichem Sinn. Im Hebräischen bezeichnet Haupt im übertragenen Sinn den Anführer einer Gemeinschaft, im Griechischen die bestimmende, andern überlegene Größe. In unserer Reihe wird ein Gefüge von Über- und Unterordnung beschrieben. Im hellenistischen Judentum spielte der philosophische Gedanke eine Rolle, daß das zeitlich Frühere (arché als Ursprung und Anfang) auch das Höhere und Bestimmende sei. Da die Frau nach 1. Mose 2,18–23 später als Adam und als „Gehilfin" für ihn geschaffen wurde (vgl. V. 8f.), ist in dieser Hinsicht der Mann das Haupt der Frau. Das hat im Judentum trotz 1. Mose 1,27, wo Mann und Frau einander gleichgestellt und beide in die Gottebenbildlichkeit des Menschen einbezogen sind, zu der patriarchalischen Auffassung geführt, die Josephus in den Satz zusammenfaßt: „Die Frau steht in jeder Beziehung unter dem Mann" (Contra Apionem 2,201). Paulus hat diese jüdische Auffassung von Jesus Christus her in den Versen 11 und 12 korrigiert, wenn er auch nicht die Aufhebung der patriarchalischen Grundstruktur proklamiert hat. Die Sündenfallgeschichte (vgl. 2.Kor 11,3) wertet er für die Unterordnung der Frau in diesem Abschnitt nicht aus. In den Versen 4–6 folgt **4** die Anwendung des theologischen Grundsatzes von V. 3 auf das Verhalten von Mann und Frau im Gottesdienst. Obwohl nur die Kopfbedeckung der Frau strittig ist, wird das Auftreten von Mann und Frau parallel dargestellt; darin zeigt sich wieder (vgl. 7,2f.) formal eine Gleichbehandlung von Mann und Frau. Paulus wertet in V. 5 die aktive Beteiligung von charismatisch begabten **5** Frauen am Gottesdienst bei schicklichem Auftreten ohne Kritik als einen Vorgang, der dem Wesen der Gemeinde Jesu Christi gemäß ist. Im Lauf der Argumentation werden Kopfbedeckung (V. 4ff.) und Haartracht (V. 14) herangezogen. Der Mann, der die Haare kurz trägt, soll im Gottesdienst mit unbedecktem Haupt auftreten; die Frau, die langes Haar trägt (V. 15), soll sich bedecken. Das offene Tragen der langen Frauenhaare wurde in der orientalischen Welt und im Judentum als anstößig empfunden und dem Ausgehen mit entblößten Schultern gleichgestellt, das als schamlos galt, weil es die Begierde erregte. Das unverschleierte Auftreten der Frau in der Öffentlichkeit, das als

Signal zur Verführung der Männer gedeutet werden konnte, war für den jüdischen Mann ein Grund zur Ehescheidung (Ket 8, 6; Bill. II, S. 162). Der eigentliche Träger des Kultus war und ist im Judentum der Mann; zehn Männer sind erforderlich zur Abhaltung eines Gottesdiensts. Frauen, Kinder und Sklaven waren kultisch und rechtlich nicht gleichgestellt. Die jüdischen Priester trugen schon seit alter Zeit eine Kopfbedeckung bei ihrem Dienst (2. Mose 28, 40). Der Prophet Elia hüllte am Berg Horeb sein Gesicht in den Mantel, als er im „stillen, sanften Säuseln" die Gegenwart Gottes wahrnahm (1. Kön 19, 13). Es war eine alte Sitte, daß der Vorbeter in der Synagoge in den Gebetsmantel gehüllt war (Bill. IV, S. 150). Die bis heute geübte Verhüllung des jüdischen Mannes beim Lesen der Tora und beim Beten ist ein Zeichen der Ehrfurcht vor Gott. Im babylonischen Talmud heißt es: „Die Männer bedecken bald ihren Kopf, bald entblößen sie ihren Kopf. Aber die Frauen bedecken ihn immer, und die Knaben entblößen ihn immer" (Ned 30 b; Bill. III, S. 424). – Paulus sieht die judenchristliche Sitte letztlich im Zusammenhang mit der göttlichen Schöpfungsordnung und dem Zeugnis des Alten Testaments. Durch die Erlösung in Christus haben die Glaubenden wieder Anteil bekommen an der Herrlichkeit (*dóxa*), die Gott den Menschen zugedacht hatte und die sie durch ihr Sündigen verloren hatten (Röm 3, 23 f.). Nach 2. Kor 3, 18 schauen die Christen mit *enthülltem* Angesicht die Herrlichkeit des Herrn wie in einem Spiegel und werden verwandelt in sein Bild von einer Herrlichkeit zur anderen (vgl. 2. Kor 4, 6; Röm 8, 30). Darum ist es im Unterschied vom Judentum christlichen Frauen erlaubt, in der gottesdienstlichen Versammlung öffentlich zu beten und zu prophezeien (V. 5). Aber die neu geschenkte Offenheit im Geist (2. Kor 3, 12–18) hebt in der Sicht des Apostels die schöpfungsmäßige Verschiedenheit der Geschlechter und die damit gebotene Wahrung des Anstands in der Öffentlichkeit nicht auf. Von diesen Grundlagen aus werden die Aussagen in V. 4–6 verständlich. Betet der Mann in der Gemeinde mit bedecktem Haupt, wie die Frau es tut, dann wird er seiner Bestimmung, „Bild und Abglanz" der Herrlichkeit Gottes zu sein (V. 7), nicht gerecht und „entehrt" sein Haupt. Betet aber die Frau mit aufgelösten Haaren im Gottesdienst, dann verstößt sie gegen die Schicklichkeit und „entehrt" ihr Haupt. Das unverhüllte Auftreten der Frau wird gleich bewertet, wie wenn sie kahl geschoren wäre. Es galt damals als der größte Schimpf, der einer Frau angetan werden konnte, wenn ihr die Haare mit der Schere abgeschnitten oder der Kopf

6 mit dem Rasiermesser kahl geschoren wurde (vgl. Jes 3, 17). Darum soll die Frau in der Öffentlichkeit mit einer Kopfbedeckung auftreten und sich nicht der Geschorenen (= Geschändeten) gleichstellen. In der Polemik gegen das enthusiastische Freiheitsverständnis in Korinth hebt Paulus hervor, daß die Freiheit des Glaubens nicht dazu mißbraucht werden darf, die mit der Eigenart der Geschlechter verbundene Schicklichkeit im Auftreten von Mann und Frau demonstrativ zu verletzen.

1.2 Theologische Begründung 11, 7–12

7 Denn der Mann braucht sich das Haupt nicht zu bedecken, weil er Bild und Abglanz Gottes ist; die Frau aber ist Abglanz des Mannes.   8 Denn nicht stammt der Mann aus der Frau, sondern die Frau aus dem Mann.   9 Denn der Mann wurde ja auch nicht um der Frau willen geschaffen, sondern die Frau um des Mannes willen.   10 Darum soll die Frau eine „Macht" (ein Zeichen ihrer Vollmacht) auf dem Haupt haben um der Engel willen.   11 Jedenfalls ist weder die Frau etwas ohne den Mann noch der Mann ohne die Frau in dem Herrn.   12 Denn wie die Frau von dem Mann, so kommt auch der Mann durch die Frau; aber alles kommt von Gott.

In V. 4–6 hat Paulus die damals gültigen Kriterien der Schicklichkeit und Ehre bzw. Unschicklichkeit und Schande im öffentlichen Auftreten für seine Darstellung verwendet. Nun sucht er im folgenden das von ihm geforderte Verhalten theologisch auf eine doppelte Weise zu stützen, zunächst mit den alttestamentlichen Schöpfungsberichten (V. 7–10) und dann mit der neuen Zuordnung von Mann und Frau im Bereich der Christusherrschaft (V. 11 f.). Er beginnt mit einer tragenden These in V. 7, die in V. 8 und 9 aus dem Alten Testament abgeleitet und in V. 10 für das Verhalten im Gottesdienst ausgewertet wird. Die schöpfungsmäßige Betrachtungsweise erfährt in V. 11 und 12 eine entscheidende Korrektur und christologische Erfüllung durch die Ordnung der neuen Schöpfung in Christus. Die für Paulus charakteristische Position kommt erst in diesen Versen zur Geltung.

Der Mann soll im Gottesdienst sein Haupt nicht bedecken, weil er „Bild und 7 Abglanz" Gottes ist. Hier bezieht sich der Apostel auf den ersten, priesterlichen Schöpfungsbericht in 1. Mose 1,27: „Und Gott schuf den Menschen nach seinem Bilde, nach dem Bilde Gottes schuf er ihn; als Mann und Frau schuf er sie." Die rabbinische Auslegung bezog jedoch nur den Mann in die Gottebenbildlichkeit ein, weil in 1,27 b der Singular „ihn" auf *einen* Menschen hindeutet, während beim Plural „sie" (Mann und Frau) in 1,27 c die Wendung „nach dem Bilde Gottes" nicht mehr eigens wiederholt wird. In 1. Mose 5,3 wird diese Wendung nur für den Mann (*Seth*) gebraucht. Bei der Frau spricht Paulus deshalb nicht vom „Bild", sondern nur vom „Abglanz" (V. 7). Der griechische Ausdruck für diesen Begriff (*dóxa*) hat eine doppelte Bedeutung: einerseits „Herrlichkeit" (Röm 1,23), vor allem eschatologische Herrlichkeit (Röm 8,18.21), andererseits „Ruhm", „Ehre" (1. Kor 10,31; 1. Thess 2,6). Der eigentliche Träger des Lichtglanzes (*kabod*) und der Herrlichkeit ist Gott. Als „Bild Gottes" spiegelt der Mann nach jüdischer Auffassung die Herrlichkeit Gottes wider; „in Christus" hat er die *dóxa* zurückgewonnen (Röm 3,23 f.) und so ist er gleichsam in direkter Weise „Abbild und Abglanz Gottes" (vgl. Weish 7,26) und soll sich deshalb nicht verhüllen und so Gott die Ehre geben. Weil Eva von Adam herstammt, ist die Frau als „Abglanz" des Mannes bezeichnet in einem abgeleiteten Sinn von Herrlichkeit, nämlich der Herkunft aus dem Mann (1. Mose 2,22; 3,16); sie „spiegelt" die Gestalt Adams „wider"

8.9 und als solcher „Abglanz" des Mannes soll sie zugleich ihrem „Haupt" (V. 3) zur Ehre gereichen (vgl. Spr 11, 16 LXX). In V. 8 f. stützt sich Paulus auf den zweiten, jahwistischen Schöpfungsbericht (1. Mose 2, 22 f.), nach dem Eva aus der Rippe Adams geschaffen und ihm als „Gehilfin" (V. 18) zugeführt wurde. Der Mann ist also nach dieser Auswertung der Schöpfungserzählung deshalb das Haupt der

10 Frau, weil sie von ihm herstammt und für ihn erschaffen wurde. Als praktische Folgerung aus V. 7–9 und in Entsprechung zu V. 7 a erwartet man in V. 10: „Darum soll die Frau eine *Decke* auf dem Haupt haben beim Beten und Prophezeien." Statt „Decke" steht aber hier ein griechischer Begriff (*exousía*), der Macht bzw. Berechtigung bedeutet. Ein Wortspiel mit einem doppeldeutigen aramäischen Begriff (G. Kittel; G. Schwarz) hätten die nicht mit der semitischen Sprache vertrauten Korinther nicht verstanden; der gemeinte Sinn muß in dem griechischen Begriff enthalten sein. Zur Erschließung des Sinnes ist auch noch die Wendung „um der Engel willen" am Schluß des Verses zu berücksichtigen. Die Exegeten haben noch keine allgemein anerkannte Erklärung für diese Stelle gefunden. Die traditionelle Auslegung betrachtete die Kopfbedeckung als Zeichen für die Unterordnung der Frau unter den Mann (vgl. 1. Mose 3, 16) und verstand die (guten) Engel als Hüter der göttlichen Schöpfungsordnung. Aber sprachlich bezeichnet der griechische Begriff nicht die Macht, die der Mann über die Frau hat, sondern eine Vollmacht, die der Frau selbst zukommt. Eine verbreitete religionsgeschichtliche Deutung versteht auf Grund von 1. Mose 6, 1–4 die Kopfbedeckung der Frau als abwehrende Schutzmacht gegen die bösen Engel (H. Lietzmann; H. Conzelmann). Von diesen gehen dämonische Einflüsse aus, denen nur entgeht, wer der Herrschaft Gottes unterstellt ist. „Und diese Geister werden sich erheben gegen die Menschenkinder und die Frauen, weil sie (von ihnen) ausgegangen sind" (äthHen 15, 12). Die „Macht" auf dem Haupt der Christin ist von hier aus ein Zeichen ihrer Zugehörigkeit zum schützenden Bereich der Christusherrschaft. Möglich ist auch eine Auslegung, die von der Gegenwart der guten Engel im Gottesdienst ausgeht. Der Gottesdienst ist der Ort der Gegenwart Gottes, an dem Gott geehrt und gepriesen wird. Dabei sind nach jüdischer Anschauung die heiligen Engel als die Umgebung Gottes (Jes 6) in der Gemeinde anwesend (vgl. 1QSa II, 5–9). Tritt die Frau im Gottesdienst mit unbedecktem Haupt auf, dann verletzt sie die Schicklichkeit vor Gott und den Engeln und gereicht Gott und ihrem Haupt, dem Mann, nicht zur Ehre, sondern zur Schande. Deshalb soll sie die Kopfbedeckung als Zeichen der Vollmacht dafür tragen, daß sie in Christus das Recht hat, öffentlich glossolalisch zu beten und zu prophezeien, wenn sie in einer unanstößigen, ihrer Eigenart als Frau entsprechenden Weise

11 auftritt (vgl. M. D. Hooker; A. Jaubert). Mit „jedenfalls", das die Erörterung abschließt und das Wesentliche hervorhebt, bringt der Apostel in V. 11 und 12 seine christliche Auffassung des Verhältnisses von Mann und Frau zur Geltung, die mit seinem Grundsatz in Gal 3, 28 übereinstimmt. In der Kirche Jesu Christi haben alle Glieder die gleiche religiöse Würde und Verantwortung „in dem Herrn". Damit wird die schöpfungsmäßige Eigenart von Mann und Frau nicht

aufgehoben, es wird vielmehr ihr gegenseitiges Auf-einander-Angewiesensein und ihre Gleichberechtigung in den Fragen des Glaubens und des Heils hervorgehoben. Auch dafür greift der Apostel auf die Schöpfungsgeschichte zurück. 12 Gott hat es so gefügt, daß Eva nach Adam erschaffen wurde, daß aber seither der Mann von der Frau (seiner Mutter) geboren wird. Im Herrschaftsbereich Jesu Christi gibt es keine einseitige Unterordnung der Frau mehr, sondern die Unterordnung von Mann und Frau unter Gott und Christus, ihren Herrn. Nach Paulus kommt der ursprüngliche Sinn von 1. Mose 1, 27 erst in Christus zur Erfüllung. Vergleichbar ist der Rückgriff Jesu auf den ursprünglichen Willen Gottes in der Frage der Ehescheidung. Es bleibt aber von 1. Kor 8, 6 her bedenklich, daß Paulus in V. 7–10 die jüdische Auslegung von 1. Mose 1, 27 übernimmt, wonach nur der Mann „Bild Gottes" ist und die Frau nur als „Abglanz des Mannes" betrachtet wird.

1.3 Appell an die eigene Einsicht der Korinther 11, 13–16

13 Urteilt bei euch selbst: Ist es schicklich, daß eine Frau unbedeckt vor Gott betet?   14 Lehrt nicht auch die Natur selbst, daß es für einen Mann eine Schande ist, wenn er langes Haar trägt,   15 daß es aber für eine Frau eine Ehre ist, wenn sie langes Haar hat? Denn das Haar ist ihr als Hülle gegeben.   16 Wenn aber jemand meint, streitsüchtig sein zu müssen (so soll er wissen): Wir haben eine solche Sitte nicht, die Gemeinden Gottes auch nicht.

Vers 13: *10, 15.*

Paulus will den Korinthern nicht von oben herab eine Sitte aufzwingen. 13 Deshalb bemüht er sich in mehreren Anläufen, ihnen zur eigenen Einsicht zu verhelfen. Die Frage in V. 13 zielt auf eine negative Antwort: Es geziemt sich nicht, daß eine Frau im öffentlichen Gottesdienst unverhüllt zu Gott betet. Die Ausnahme, daß in den hellenistischen Mysterienkulten Priesterinnen mit aufgelösten Haaren tätig waren, bestimmte die allgemeine Sitte nicht; sie kann und soll ohnehin für christliche Frauen nicht maßgebend sein. Im folgenden 14 zieht Paulus als Hilfsargument einen Gedanken heran, der nahe an die Denkweise der stoischen Philosophen herankommt. Für den Stoiker bedeutet vernunftgemäß leben soviel wie naturgemäß leben, weil Gott und Natur für ihn letztlich eine Einheit bilden. Paulus versteht jedoch die Natur als Schöpfungswerk Gottes; auch von diesem Verständnis her kann die göttliche Schöpfungsordnung manche Hinweise geben für ein Verhalten der Menschen, das dem Willen Gottes entspricht (vgl. z. B. Röm 1, 26). Insofern „lehrt" die Natur, und 15 Paulus appelliert hier an das natürliche Empfinden der Leser. Weil das offene Tragen der langen Haare der Frau in der damaligen Welt als Verletzung der Anständigkeit galt, hebt Paulus auf den Unterschied ab, daß Frauen lange Haare tragen und Männer kurze Haare. In der hellenistischen Welt war das Tragen langer Haare bei Männern ein Zeichen für sog. „Weichlinge". Der Frau dagegen sind die langen Haare als „Hülle" und auch als Schmuck gegeben; das wird offenbar als Hinweis der Natur verstanden, daß die Frau in der Öffentlichkeit nicht unverhüllt auftreten soll. Nun ist allerdings die Haartracht künstlich veränderbar und der Mode und dem geschichtlichen Wandel unterworfen. Immerhin besteht ein natürlicher Unterschied zwischen Mann und Frau in bezug auf die Haare im Wuchs des Bartes; die Stoiker ließen sich den Bart nicht scheren, um der Natur entsprechend zu leben (Epiktet Diss I 16, 9–14). Paulus wertet diese „Lehre" der Natur nicht weiter aus; sie ist für ihn nur ein Nebengedanke. Er stützt seine Auffassung primär auf das Zeugnis des Alten Testaments und auf die durch das Christusgeschehen

16   bewirkte „neue" Ordnung. Am Schluß des Abschnitts hat der Apostel selbst den Eindruck, daß noch nicht jeder Kritiker von seiner Argumentation, die mit so verschiedenen Gesichtspunkten arbeitet, überzeugt sein könnte. Außerdem gibt es Menschen, die aus Lust am Streiten ihren Standpunkt unter allen Umständen behaupten wollen. Ihnen gibt er kurz und bündig zu bedenken: Wollt ihr eure eigene Meinung höher einschätzen als die der ganzen Christenheit? Paulus und seine Mitarbeiter kennen den Brauch nicht, daß Frauen im Gottesdienst ohne Kopfbedeckung beten, und in den übrigen christlichen Gemeinden, z. B. in Syrien und Palästina, besteht diese Sitte auch nicht. Paulus appelliert hier am Schluß an die Einheit der christlichen Kirche, die er als die Einheit des Leibes Christi versteht. Es muß freilich nicht in jedem Fall so sein, daß die Wahrheit auch bei der Mehrheit ist. Nach reformatorischem Verständnis besteht die Einheit der Kirche in erster Linie im Glauben an das Evangelium von Jesus Christus und nicht in den äußeren Zeremonien. Paulus betrachtete im Kampf mit einer schwärmerischen Verfälschung der Freiheit des Glaubens die Verletzung der Schicklichkeit im Gemeindegottesdienst als ein Verhalten, das gegen die Liebe als die erste Frucht des Geistes verstößt.

Die Stellung der Frau nach Paulus und in den paulinischen Gemeinden

Die Wertung der Frau bei Paulus ist durch das Alte Testament und durch die Sendung Jesu Christi geprägt, während er der hellenistischen Emanzipationsbewegung sehr zurückhaltend gegenüberstand.

Im alten Israel war die Stellung der Frau durch die patriarchalische Ordnung bestimmt. Die Frau unterstand der Gewalt des Mannes, entweder des Vaters oder des Ehemannes, dem der Vater sie als Frau übergab. Sie galt als Eigentum des Mannes, der sie durch einen Kaufvertrag erwarb, was nicht ausschließt, daß sich ein persönliches Verhältnis der Liebe (1. Mose 24, 67) und Treue zwischen Mann und Frau entwickelte. Religiös galt die Frau als Glied der Volks- und Kultgemeinde, sie war aber vom priesterlichen Opferdienst ausgeschlossen (2. Mose 23, 17). Dagegen traten Frauen auch als Prophetinnen auf (Mirjam 4. Mose 12, 2, Debora Ri 4, 4, Hulda 2. Kön 22, 14, Noadja Neh 6, 14). Im Judentum wurde die Stellung der Frau durch Ritualismus und Klerikalismus stark eingeschränkt. Im herodianischen Tempel gab es einen eigenen Frauenvorhof, und in den Synagogen saßen Männer und Frauen getrennt. Die Rezitation des Schēma (5. Mose 6, 4) und das Anlegen der Gebetsabzeichen war nur freien männlichen Personen gestattet (Ber III, 3). Zweimal täglich dankte der fromme Jude im Lobpreis Gott dafür, daß er ihn nicht als einen Heiden, als Frau und als (rabbinisch) Unwissenden (bzw. als Sklaven) geschaffen hat (Bill. III, S. 611).

Die Stellung der Frau in Griechenland ist schwer auf einen einheitlichen Nenner zu bringen. Man tut gut, die Unterschiede zwischen Kleinasien und Athen bzw. Sparta, zwischen Stadt und Land und zwischen Ober- und Unterschicht zu beachten. In der hellenistischen Zeit haben sich im Zug der stoischen Gleichheitsbestrebungen und durch den Einfluß der Mysterienreligionen, die ursprünglich Familienkulte waren, überall freiere Verhältnisse entwickelt (K. Thraede, RAC 8, S. 198 ff.). In manchen Kulten (z. B. Artemis, Dionysos, Demeter) waren Frauen als Priesterinnen tätig; Pythia fungierte im delphischen Orakel als Offenbarungsträgerin. In hellenistischer Zeit gab es zahlreiche Dichterinnen, Gesangs- und Instrumentalsolistinnen, auch studierende und philosophierende Frauen. In der römischen Kaiserzeit eroberten die Frauen die gesamte Berufswelt.

Im Unterschied von der Geringschätzung der Frau im Judentum hat Jesus den entscheidenden Anstoß zu einer Neubewertung der Frau gegeben. Er hat Mann und Frau die gleiche religiöse Würde zuerkannt, indem er, wie Arme, Gesetzesunkundige und Verlorene, so auch Frauen zur Gotteskindschaft berufen und geheilt hat. Nicht im Zwölferkreis, aber in der Nachfolge Jesu finden wir „Jüngerinnen" (Lk 8, 1–3); eine verkrümmte jüdische Frau wird entgegen der jüdischen Tradition als „Tochter Abrahams" bezeichnet (Lk 13, 16), und eine kanaanäische Frau erhält wegen ihres großen Glaubens ein hohes Lob (Mt 15, 28). Den deutlichsten und wirksamsten Ausdruck hat die Neubewertung der Frau durch Jesus im Verbot der Ehescheidung und in der Salbungsgeschichte (Mk 14, 3 ff. par.) gefunden.

Zwei Faktoren haben die Stellung der Frau in der urchristlichen Kirche maßgeblich beeinflußt: die Neubewertung der Frau durch Jesus und die Ausgießung des heiligen Geistes auf Männer und Frauen gemäß der prophetischen Verheißung für die Endzeit (Joel 3, 1–5; Apg 2, 17 ff.). Alle Glieder der Gemeinde haben die Gabe des Geistes empfangen (1. Kor 12, 13; Röm 8) und sind damit zum Zeugnis und zum Dienst berufen. Die Töchter des Philippus hatten die Gabe der Prophetie (Apg 21, 9). Begüterte Frauen stellten ihr Haus als gottesdienstlichen Versammlungsraum zur Verfügung (z. B. die Mutter des Johannes Markus Apg 12, 12 oder Nympha Kol 4, 15). Die Apostelgeschichte berichtet mehrfach von Frauen, die in der Mission und in der Gemeindearbeit eine Rolle spielten (vgl. auch Evodia und Syntyche Phil 4, 2 f.). Das Ehepaar Priska (Priszilla) und Aquila unterwies Apollos im Weg Gottes (Apg 18, 26); Paulus nennt die beiden in Röm 16, 3 seine Mitarbeiter in Christus und Phöbe „Dienerin" (*diákonos*) der Gemeinde von Kenchreä (Röm 16, 1). In der Diaspora haben sich öfter „gottesfürchtige", für den jüdischen Glauben aufgeschlossene Frauen als erste dem Glauben an Christus angeschlossen (z. B. Lydia in Philippi Apg 16, 14, angesehene Frauen in Thessalonich Apg 17, 4). Die Grundlage für den Dienst der Frau in der Gemeinde ist die Gabe des Geistes, speziell die Charismen der Diakonie, der prophetischen Rede und des (glossolalischen) Betens. Die Anfänge eines geordneten „Amtes" oder Standes der Witwen, die vorwiegend diakonische Aufgaben erfüllten, werden in den Pastoralbriefen erkennbar (vgl. 1. Tim 5, 3–16).

Paulus beurteilt die Stellung der Frau unter den Gesichtspunkten des Schöpferwillens Gottes und der durch das Christusgeschehen eröffneten neuen Schöpfung. Als „neue Geschöpfe" in Christus (2. Kor 5, 17) sind Männer und Frauen in gleicher Weise begnadet und verpflichtet; sie sollen jeweils das ihnen geschenkte Charisma in den Dienst am Aufbau der Gemeinde stellen. Die Gleichberechtigung von Mann und Frau wird in 1. Kor 11, 11 f. ähnlich ausgedrückt wie in der grundlegenden, vielleicht von Paulus schon übernommenen Aussage von Gal 3, 28: „Hier ist nicht Jude noch Grieche, hier ist nicht Sklave noch Freier, hier ist nicht Mann und Frau; denn ihr seid alle einer in Christus Jesus." Die Wendung „Hier ist nicht" in dieser These meint keine völlige Nivellierung und Uniformierung. „Der Apostel will damit selbstverständlich nicht sagen, daß derartige Unterschiede äußerlich nicht mehr bestehen – Mann bleibt Mann und Frau bleibt Frau, auch nach der Taufe – aber sie haben jegliche Heilsbedeutung vor Gott verloren" (F. Mußner, S. 264). Paulus ist Jesus in der Betonung des ursprünglichen Schöpferwillens Gottes und in der neuen Bewertung der Frau gefolgt. Jesus hat in der Frage der Ehescheidung gegen 5. Mose 24, 1–4 den ursprünglichen Sinn von 1. Mose 1, 27 und 2, 24 wieder zur Geltung gebracht. In diesem Sinn greift auch Paulus auf die biblischen Schöpfungsberichte zurück in 1. Kor 11 und setzt sie in Beziehung zu der neuen, eschatologischen Heilsordnung „in dem Herrn" (V. 11). Das Neue, das Jesus Christus gebracht hat, führt nicht zur Zerstörung der Schöpfung, sondern dient der Erfüllung des Willens Gottes, der das Leben und das Heil für die Menschen will. In 1. Kor 11 hat Paulus allerdings die Auslegung der Schöpfungsberichte so eng mit jüdischer Auslegungstradition verbunden, daß eine widersprüchliche Spannung zwischen Vers 7 und 11 kaum bestritten werden kann. Die Wahrung der schöpfungsmäßigen Eigenart der Geschlechter auch nach der Taufe in der neuen Existenz der Glaubenden steht nicht im Widerspruch zu Gal 3, 28. Ein besonderes Problem stellt jedoch die Beurteilung dessen dar, was in der damaligen Welt als schicklich oder schändlich beim Auftreten in der Öffentlichkeit angesehen wurde. Der Apostel orientierte sich hier an dem allgemeinen Urteil seiner Zeit; er „überflog" die gegebenen Realitäten nicht in enthusiastischem Überschwang; dies warf er gerade den schwärmerischen Pneumatikern (Libertinisten und Asketen) in Korinth vor. In Phil 4, 8 ermahnt er die Gemeinde, bedacht zu sein auf das, „was wahr, was ehrbar, was gerecht, was rein, was liebenswert ist, was einen guten Ruf hat, sei es eine Tugend und ein Lob". „Was Heiden und Juden von den Ihren verlangen, was in der Welt um die Christen herum als Tugend gilt, dem sollen auch die Christen nachstreben" (G. Friedrich z. St.). Aber die Kriterien dessen, was in Kleidung und Haartracht als ehrbar oder schamlos gilt, sind dem Wandel der Geschichte unterworfen. Das bedeutet, daß wir hier die veränderten kulturellen und gesellschaftlichen Verhältnisse zu berücksichtigen haben. Es würde deshalb der theologischen Intention des Paulus gerade zuwider laufen, wollte man seine Weisung über die Kopfbedeckung der Frau direkt auf das Verhalten der Frauen im Gottesdienst in der Gegenwart übertragen. Die kultische, rechtliche und gesellschaftliche Stellung der Frau ist heute völlig verschieden von der in der Zeit des Urchristentums. Für den Dienst der Frau in der Gemeinde gibt der Apostel in 1. Kor 11,5 einen Hinweis von grundsätzlicher Bedeutung. Er beurteilt die aktive Beteiligung der Frauen am öffentlichen Gemeindegottesdienst durch Beten und Prophezeien durchaus positiv, wenn keine demonstrative Verletzung der Schicklichkeit erfolgt. Das zu dieser Stelle im Gegensatz stehende Schweigegebot für die Frauen in 1. Kor 14,33–36 (s. die Exegese z. St.) ist mit großer Wahrscheinlichkeit als ein späterer Einschub aus der aktuellen Situation des antignostischen Kampfes zu betrachten. Die Schüler des Paulus haben im Rahmen des übernommenen jüdisch-hellenistischen Haustafelschemas (Kol 3,18–4,1; Eph 5,22–6,9) die Mahnungen für Mann und Frau durch die Formel „in dem Herrn" verchristlicht; dadurch werden *Liebe* und *Gehorsam* zu den Leitbegriffen für das gegenseitige Verhalten. Die Männer sollen ihre Frauen lieben, „wie auch Christus die Gemeinde geliebt hat" (Eph 5,25). Daß die geforderte Unterordnung der Frauen (Kol 3,18; Eph 5,22) nicht als Bestätigung einer patriarchalischen Herrschaft des Mannes über die Frau gemeint ist, sondern im Sinn des gegenseitigen Angewiesenseins auf einander im Gehorsam gegenüber dem Herrn, zeigt die vorangestellte Überschrift über die ganze Haustafel: „Ordnet euch *einander* unter in der Furcht Christi" (Eph 5,21).

Paulus hat nicht zu einer grundsätzlichen Veränderung der gesellschaftlichen Ordnung seiner Zeit aufgerufen, wobei wohl auch der Gesichtspunkt der Naherwartung der Parusie von Bedeutung war.

Der Apostel ist in seinem Urteil über die Stellung der Frau weder durch die hellenistische Emanzipationsbewegung noch durch die Forderung grundsätzlicher Askese auf geschlechtlichem Gebiet noch durch eine Haltung der Geringschätzung der Frau beeinflußt; seine Stellungnahme ergibt sich folgerichtig aus seinem Verständnis der Sendung Jesu Christi und der Eschatologie.

2. *Mißbräuchliche und stiftungsgemäße Feier des Herrenmahls 11,17–34*

2.1 *Die Mißstände beim Herrenmahl in Korinth 11,17–22*

17 Das aber kann ich bei meinen Anordnungen nicht loben, daß ihr nicht zu eurem Nutzen, sondern zu eurem Schaden zusammenkommt. 18 Vor allem nämlich höre ich, daß es Spaltungen unter euch gibt, wenn ihr in der Gemeinde zusammenkommt, und zum Teil glaube ich (das auch). 19 Denn es muß ja wohl

Parteiungen unter euch geben, damit auch die Bewährten unter euch offenbar werden. **20** Wenn ihr nun in der Versammlung zusammenkommt, so ist es nicht möglich, das Herrenmahl zu essen. **21** Denn jeder nimmt das eigene Mahl vorweg beim Essen, und der eine hungert, der andere ist betrunken. **22** Habt ihr denn nicht Häuser, um zu essen und zu trinken? Oder verachtet ihr die Gemeinde Gottes und beschämt die, die nichts haben? Was soll ich euch sagen? Soll ich euch loben? Hierin lobe ich euch nicht.

Vers 18: *1, 10ff.*   Vers 22: *33f.*

17   Paulus geht nun zu dem neuen Thema „Herrenmahl" über, das ebenfalls eine Frage der gottesdienstlichen Versammlung betrifft, und schränkt zunächst das in V.2 ausgesprochene Lob mit einem allgemein gehaltenen Tadel ein. Der Apostel kann es, wenn er schon Anweisungen gibt, nicht loben, daß die gottesdienstlichen Versammlungen der Korinther nicht zum Besseren, sondern zum Schlimmeren ausschlagen; denn die Gemeinde wird dadurch nicht gestärkt, sondern gespalten. Der Text sagt nicht, wann die Gottesdienste stattfanden. In Troas versammelten sich die Christen am Sonntag zum Brotbrechen
18 (Apg 20,7; vgl. 1. Kor 16,2; Did 14,1). Dem „erstens" in V.18 entspricht kein ausdrücklich genanntes „zweitens". In der Sache bedeuten wohl die Mißstände beim Gebrauch der Geistesgaben (Kap.12–14) den zweiten hauptsächlichen Gegenstand des Tadels. Paulus hat durch mündliche Nachrichten, deren Überbringer wir nicht kennen, erfahren, daß es in Korinth auch bei den Gemeindeversammlungen zu Spaltungen kommt. Der Bericht erscheint ihm etwas übertrieben, aber einen Teil davon hält er doch für zutreffend. Der griechische Ausdruck für Spaltungen ist hier derselbe wie in 1,10; beidemal steht die Einheit des Leibes Christi auf dem Spiel. Die Spaltungen in Kap.11 sind aber auch in starkem Maß durch die sozialen Unterschiede der Gemeindeglieder veranlaßt (vgl. die Exegese zu 1,26). Die Spaltungen (*schísmata*) von V.18 nimmt
19 Paulus in V.19 mit dem anderen, aber an dieser Stelle gleichbedeutenden Begriff „Parteiungen" (*hairéseis*) auf. Möglicherweise lehnt er sich in V.19a an eine apokalyptische Aussage des Urchristentums über das Auftreten von Häretikern in der Endzeit an. In der nachapostolischen Kirche wurde Häresie zum technischen Begriff für eine Irrlehre, die im Widerspruch zum Dogma der Kirche steht, während sich das Schisma auf die Spaltung der kirchlichen Einheit bezieht. Zu Parteiungen muß es in Korinth kommen, damit sichtbar wird, wer treu und zuverlässig ist in der Gemeinde. Paulus sieht diesen notwendigen Prozeß der Scheidung von Spreu und Weizen wohl zugleich auch unter eschatologischem Aspekt; im Endgericht wird der Herr das letzte Urteil sprechen über das „Werk" der Christen (2. Kor 5,10; vgl. 1. Kor 3,13). Die Kriterien für bewährt und unbewährt ergeben sich aus dem im folgenden geschilderten Verhalten beim Herrenmahl. Die Annahme, Paulus zeige sich in 11,18ff. weniger gut informiert als in 1,10ff., weshalb unser Abschnitt einem früheren Brief angehören müsse, geht nicht zwingend aus dem Text hervor. Welche Mißstände Paulus in V.18f. im Auge hat, führt er sogleich in V.20–22 konkreter
20 aus, vgl. das einleitende „nun" (= folglich). In Korinth wurde das Herrenmahl

so gefeiert, daß die Christen gegen Abend im Haus eines begüterten Gemeindeglieds zu einer gemeinsamen Sättigungsmahlzeit zusammenkamen, an die sich am Schluß die sakramentale Feier mit der Spendung von Brot und Wein anschloß. Nun urteilt der Apostel, daß die Feier der Korinther bei ihren Zusammenkünften gar nicht mehr die Bezeichnung „Herrenmahl" verdient als Mahl, bei dem der Herr Jesus Christus der Gastgeber ist, weil es sich bei ihnen in Wirklichkeit nur um ein Nebeneinander verschiedener privater Einzelmahlzeiten handelt, aber nicht um ein Gemeinschaftsmahl. In V. 21 begründet 21 Paulus, warum es nicht möglich ist, das Herrenmahl in angemessener Weise zu feiern, so daß es dem Sinn des Todes Jesu entspricht und die durch die Selbsthingabe Jesu begründete brüderliche Gemeinschaft ausdrückt. Die Bezeichnung „Herrenmahl" für das Abendmahl war offenbar in der korinthischen Gemeinde bereits geläufig; von der Didache an hat sich von der Danksagung für die Gaben aus die Bezeichnung „Eucharistie" durchgesetzt. In Gegensatz zu „Herrenmahl" stellt Paulus den Ausdruck „das eigene Mahl", bei dem jeder die Speisen, die ihm gehören und die er mitgebracht hat, selbst verzehrt. Durch dieses egoistische Verhalten bei der Sättigungsmahlzeit wird das Herrenmahl in seinem Gemeinschaftscharakter verletzt. Paulus gibt knapp, aber doch deutlich genug an, was die Gemeinschaft beim Essen der Korinther zerstört. Die Gemeindeglieder, die zum Mahl zusammenkommen und ihre Speisen mitbringen, warten mit dem Essen nicht, bis alle versammelt sind, sondern fangen sogleich an, das Mitgebrachte zu verzehren. Aus dem Kontext geht hervor, daß Paulus hier vor allem die reichen Gemeindeglieder im Blick hat. Die Armen, Sklaven und Arbeiter, die erst spät kommen konnten, wenn sie mit ihrer Tagesarbeit fertig waren und von denen wohl auch viele gar nichts mitbringen konnten, kamen zu kurz bei der Sättigungsmahlzeit. Der Unterschied in der Zeitdauer des Essens und in den mitgebrachten Speisen ließ kein Gemeinschaftsmahl zustande kommen. Paulus nennt vorwurfsvoll die Extreme: der eine hungert, weil er nichts hat, der andere ist betrunken, weil er schon zu viel des Guten getan hat. Die Kritik des Paulus richtet sich gegen die faktische Zerstörung der brüderlichen Gemeinschaft bei der dem sakramentalen Schlußakt vorausgehenden Sättigungsmahlzeit. In den folgenden Fragen 22 des Apostels klingt seine Entrüstung über diese Mißstände und zugleich ein Vorschlag zu ihrer Behebung an. Wer zu hungrig ist, um den gemeinsamen Beginn der abendlichen Mahlzeit abwarten zu können, soll vorher daheim bei sich zu Hause den gröbsten Hunger stillen (vgl. V. 33 f.). Die Aufspaltung des Herrenmahls in private Einzelmahlzeiten kommt auf eine Verachtung der Kirche Gottes hinaus, für die Christus sein Leben hingegeben hat. Die Reichen bleiben unter sich und beziehen die Armen, die wenig oder nichts haben, nicht in die Gemeinschaft ein. So verstoßen sie gegen die Liebe und gegen den Sinn des Herrenmahls.

Wie ist es in Korinth zu diesen Mißständen gekommen? Die Annahme, die Korinther hätten Brot und Wein in der sakramentalen Feier wie gewöhnliche Speise behandelt oder die eucharistische Feier durch demonstratives Essen nebenher mit Absicht verächtlich gemacht, wird von den Textaussagen nicht gedeckt. In Kap. 10 warnt der Apostel die Korinther ganz deutlich vor religiöser Selbstsicherheit auf Grund einer naturhaft-magischen Wirkung der Sakramente (vgl. auch 15,29). Paulus wirft ihnen in Kap. 11 nicht Profanierung des sakramentalen Schlußaktes vor, sondern Verachtung der durch Jesu Tod gestifteten neuen Heilsordnung durch individualistischen und Gruppen-Egoismus und durch die mangelnde Bereitschaft der Reichen zur brüderlichen Gemeinschaft mit den Armen. Die enthusiastischen Pneumatiker in Korinth waren zugleich Sakramentalisten, die glaubten, die Sakramente garantierten das Heil. Sie nahmen an, wenn die Sklaven und die Armen am Schluß am sakramentalen Mahl teilhätten, dann empfingen sie ja die entscheidende Gabe; ihr eigenes egoistisches Verhalten bei der Sättigungsmahlzeit betrachteten sie als irrelevant für die Wirkung des Sakraments. Aber Paulus betont nachdrücklich die Einheit von Sakrament und Bewährung der Liebe in der neuen eschatologischen Heilsordnung. Christus hat aus Liebe sein Leben für die Menschen dahingegeben. Wer also beim Vollzug des Mahls die Gemeinschaft zerstört und die Liebe zu den Brüdern verletzt, der verstößt gegen den stiftungsgemäßen Sinn des Herrenmahls.

2.2 Die Überlieferung von der Einsetzung des Herrenmahls 11,23–26

23 Denn ich habe von dem Herrn empfangen, was ich euch auch überliefert habe: Der Herr Jesus nahm in der Nacht, in der er ausgeliefert wurde, Brot, 24 dankte, brach es und sprach: Das ist mein Leib für euch; das tut zu meinem Gedächtnis! 25 Ebenso nahm er auch den Kelch nach dem Essen und sprach: Dieser Kelch ist der neue Bund in meinem Blut; das tut, sooft ihr daraus trinkt, zu meinem Gedächtnis! 26 Denn sooft ihr von diesem Brot eßt und aus dem Kelch trinkt, verkündigt ihr den Tod des Herrn, bis er kommt.

Vers 23: *Mk 14, 22–24; Mt 26, 26–28; Lk 22, 19 f.*   Vers 25: *2. Mose 24, 8; Jer 31, 31*   Vers 26: *Mk 14, 25; Mt 26, 29; Lk 22, 16–18.*

23   Paulus beruft sich nun für seine Kritik am Verhalten der Korinther auf die Abendmahlsüberlieferung, die er ihnen bei seinem Gründungsaufenthalt weitergegeben hat, um die Gemeinde dadurch zu einer stiftungsgemäßen Feier des Herrenmahls anzuleiten. Die Verse 23–25 sind ein liturgisch geprägter Bericht von der Einsetzung des Abendmahls durch Jesus, der erklärt, worin die christliche Feier des Herrenmahls ihren Ursprung hat (Kultätiologie); insofern der Einsetzungsbericht bei den Abendmahlsfeiern gesprochen wurde, handelt es sich zugleich um Kultanamnese. Paulus hat diesen Bericht selbst in einer Traditionskette empfangen, die bis auf Jesus bei der Feier des letzten Mahls am Abschiedsabend zurückgeht. Die Präposition „von – her" (*apó*) bezeichnet den Urheber der Tradition (im Unterschied von *pará* Gal 1, 12). Die Begriffe „empfangen von" und „überliefern an" sind Fachausdrücke für die mündliche Überlieferung der jüdischen Lehrtradition, die hier in Frage kommt; sie waren aller-

dings auch gebräuchlich im Griechentum für die Pflege der Schultradition. Es ist nicht an eine direkte Offenbarung wie beim Damaskusereignis oder in einer Vision gedacht, sondern neben der Herleitung von Jesus allenfalls daran, daß der erhöhte Herr auch in der Verkündigung des Evangeliums durch seinen Geist wirksam ist. Paulus hat diese Abendmahlstradition wahrscheinlich aus der Gemeinde im syrischen Antiochia (oder schon in Damaskus) übernommen. Das Zitat beginnt mit dem rezitativen „Daß" in V.23b im griechischen Text und endet am Schluß von V.25; in V.26 beginnt die kommentierende Auslegung des Apostels.

Zum Bericht V.23b–25. Die Möglichkeit, daß Paulus Zusätze innerhalb der übernommenen Tradition eingefügt hat (z.B. „für euch" beim Wort zum Leib oder „neu" beim Wort vom Bund), ist zwar nicht grundsätzlich auszuschließen, aber der traditionsgeschichtliche Vergleich ergibt keine zwingende Notwendigkeit zu dieser Annahme. Nach den einleitenden Worten gab Paulus den Bericht weiter, wie er ihn übernommen hatte. Die vier Einsetzungsberichte bei den Synoptikern und bei Paulus (Mk 14,22–25; Mt 26,26–29; Lk 22,15–20 und 1.Kor 11,23–25) lassen sich in zwei Traditionstypen einteilen. Den einen Typus vertritt Markus, auf dem der liturgisch-erweiterte Bericht des Matthäus beruht, den andern vertreten Paulus und Lukas (22,19f.), die ihrerseits auf einer gemeinsamen oder doch nah verwandten Tradition beruhen. In der jetzigen Form ist keiner der vier griechischen Berichte mit dem semitischen Urbericht identisch. In der Formulierung und Ausdeutung ist mit einer traditionsgeschichtlich verschiedenen Entwicklung in drei Traditionssträngen zu rechnen, aber im Verständnis des Sinns des Abendmahls besteht eine volle Übereinstimmung bei allen vier Berichten. Der von Markus repräsentierte Traditionstypus stellt Brot/Leib und Wein/Blut nebeneinander und enthält einen eschatologischen Ausblick auf das Mahl im Reich Gottes. Der von Paulus und Lukas repräsentierte Typus stellt Brot/Leib und Kelch/neuer Bund nebeneinander und bringt den sog. Wiederholungsbefehl (Paulus bei Brot und Kelch, Lukas nur beim Brot) mit einem Hinweis auf den eschatologischen Ausblick („bis daß er kommt" V.26; vgl. bei Lukas 22,16–18). Es ist nach wie vor umstritten, welcher Überlieferungstypus traditionsgeschichtlich als der ältere zu betrachten ist. Der Begriff „Bund" ist in beiden Typen enthalten (Markus: „mein Blut des Bundes", Paulus: „der neue Bund kraft meines Blutes"). Meistens wird eine Entwicklung von Markus zu Paulus vertreten. Die Priorität des paulinischen Berichts hat m.E. deshalb eine große Wahrscheinlichkeit für sich, weil es leichter ist, das Nebeneinander von Leib und Blut als die Folge einer liturgischen Parallelisierung zu begreifen, statt der Annahme, daß dieser parallele Doppelausdruck später in das nicht gleichartige Begriffspaar „Leib" – „Bund" umgewandelt worden wäre. Der Ausdruck „der Becher nach dem Essen", der häufig als Hinweis auf den Ablauf der Herrenmahlsfeier in der Frühzeit beurteilt wird, bezieht sich doch wohl auf den dritten Becher beim Passamahl, in dessen Rahmen Jesus beim letzten Mahl den Sinn seines bevorstehenden Todes deutete. – Der paulinische Bericht bezeugt Jesus am Abend vor seiner Verhaftung und Hinrichtung als den Stifter des Abendmahls; darin stimmt Paulus mit dem synoptischen Passionsbericht überein. Das Verbum „ausliefern" (vgl. Jes 53,10.12) ist in der christlichen Tradition mit der Hingabe des Sohnes durch den Vater verbunden (Röm 4,25; 8,32) und bezieht sich auf den gesamten Vorgang des in den Tod Dahingegebenwerdens, nicht nur speziell auf den Verrat des Judas, der mit demselben Verbum bezeichnet wird. Die Synoptiker charakterisieren das letzte Mahl Jesu mit seinen Jüngern durch die Einordnung in den Kontext (vgl. Mk 14,12–16) als ein Passamahl; bei Johannes stirbt Jesus am Nachmittag des Tages, an dem abends das Passalamm gegessen wird (vgl. Joh 18,28; 19,14). Der jüdische Hausherr spricht bei jedem mit Wein verbundenen festlichen Mahl einen Lobspruch über dem Brot, zerbricht den Brotfladen und teilt die Stücke an die Tischgäste aus. Der Lobspruch über dem Brot lautete nach Ber VI, 1: „Gepriesen seist du, Jahwe, unser Gott, König der Welt, der das Brot aus der Erde hervorgehen läßt." Der Gastgeber behält ein Stück Brot für sich und eröffnet das gemeinsame Essen, indem er selbst zu essen beginnt. Nach der Hauptmahlzeit spricht der Hausherr (oder ein darum gebetener Gast) eine Danksagung über dem Becher mit Wein und schließt das Mahl ab. Der Lobspruch über dem Wein lautete nach Pes 103 a, 20: „Gepriesen seist du, Jahwe, unser Gott, König der Welt, der die Frucht des Weinstocks geschaffen hat."

23 b.24 Jesus handelte bei dem letzten Mahl mit seinen Jüngern als der gastgebende Hausherr. Er nahm den Brotfladen vom Tisch hoch, sprach darüber den Lobspruch und brach das Brot, um es an die Jünger auszuteilen. Das zur Brotausteilung gesprochene Spendewort lautet bei Paulus: „Das ist mein Leib für euch." Das in der Reformationszeit umstrittene Hilfsverbum „ist" wird von Paulus selbst in 10,16f. erläutert mit dem Ausdruck der realen Teilhabe an dem in den Tod gegebenen Leib Christi und an dem am Kreuz vergossenen Blut Christi. Das Wort zum Brot besagt also: Durch das Essen von dem einen, ausgeteilten Brot bekommen die Tischgäste Anteil an der Heilswirkung des in den Tod gegebenen Leibes Jesu und werden dadurch zusammengeschlossen zu der Gemeinschaft des (ekklesiologischen) Leibes Christi. Die den Sinn des Mahles deutenden Worte Jesu und das Essen und Trinken der Jünger gehören aufs engste zusammen; sie konstituieren die sakramentale Gemeinschaft mit dem Herrn und dadurch auch der Teilnehmer untereinander. Bei Paulus ist der ganze Bericht von der Vorstellung der Aufrichtung der neuen eschatologischen Heilsordnung durch den stellvertretenden Sühnetod Jesu beherrscht. Der gewaltsame Tod Jesu wird als ein Heilsgeschehen gedeutet, das den Jüngern bzw. den „Vielen" (Jes 53,12; Mk 14,24; „viele" inklusiv = „alle") zugutekommt. Die markinische Wendung „für viele" dürfte älter sein als das aus der Spendung bei der Herrenmahlfeier erklärbare „für euch" des Paulus. In der paulinischen Wendung „für euch" (vgl. „für unsere Sünden" 1. Kor 15,3) sind die Motive des Sühnopfers (Röm 3,25) und des stellvertretenden Sterbens (2. Kor 5,14) miteinander verbunden. Bei Markus ist der Partizipialsatz „das vergossen wird für viele" (Mt 26,28 zur Vergebung der Sünden) an „mein Blut

des Bundes" angeschlossen. Der (wohl später hinzugefügte) Wiederholungsbefehl betrifft die immer neue Austeilung von Brot und Wein samt den Spende-
worten in der Herrenmahlsfeier der christlichen Gemeinde. Dabei handelt es
sich nicht um ein sog. Totengedächtnismahl, wie es in der hellenistischen Welt,
besonders am Geburtstag des Verstorbenen, gehalten wurde, sondern um die
sakramentale Vergegenwärtigung des Handelns Jesu, der als der erhöhte Herr
bei den Seinen gegenwärtig ist (vgl. Mt 28, 20). Die Wendung „zum Gedächtnis" (zur Erinnerung an mich) stammt aus der jüdischen Tradition (2. Mose
12, 14; 13, 9 u. ö.; Ps 111, 4). Die Christen „gedenken" ihres Erlösers, indem sie
in der Feier des Herrenmahls immer neu Anteil bekommen an der Heilswirkung seines Todes und ihm dafür danken (am Herrentag Did 14, 1). Das ver-
kürzende „ebenso" in V. 25 schließt das Nehmen des Bechers, die Danksagung   25
über ihm und das Herumreichen ein. Der Kelch ist der Becher am Schluß der
Hauptmahlzeit, über dem die Danksagung gesprochen wird (beim Passamahl
ist dies der dritte Becher). In Korinth waren beide Spendeakte vereinigt an den
Schluß der Sättigungsmahlzeit verlegt. Es ist nicht unmöglich, wenn auch nicht
mehr sicher nachweisbar, daß diese Form der Feier schon in Antiochia (vielleicht auch schon in der Urgemeinde von Jerusalem) geübt wurde und so von
Paulus in Korinth eingeführt worden war. Das Spendewort zum Kelch spricht
in der paulinischen Tradition von dem durch das (sühnende und) stellvertretende Sterben Jesu aufgerichteten neuen Bund (griech. *diathḗkē* = hebr. *berit*);
Luther übersetzte: „das neue Testament". Ein neuer Bund ist notwendig, weil
es im alten Bund nicht zum vollen Gehorsam gegenüber dem Willen Gottes
gekommen ist, und die Aufrichtung der neuen eschatologischen Heilsordnung
schließt die Aufhebung der Schuld (der früheren Sünden Röm 3, 25) ein. Hier
wird deutlich, daß es sich nicht um die Identifikation von zwei Substanzen
handelt, sondern um das Einbezogenwerden der Glaubenden in die Heilswirkung des Kreuzestodes Jesu. Das am Kreuz vergossene Blut Jesu wird als das
Sühnopfer verstanden, durch das Gott die Sünden der Menschheit getilgt und
die Welt mit sich versöhnt hat. Durch Jesu Tod und Auferweckung ist die Verheißung des Propheten Jeremia (31, 31–34; LXX 38, 31 ff.; vgl. 2. Mose 24, 8)
von der Schließung eines neuen Bundes in der Endzeit in Erfüllung gegangen.
Manche Ausleger beurteilen das Adjektiv „neu" bei Bund als Interpretation der
Urkirche oder des Paulus. Das Spendewort zum Wein bei Paulus besagt also:
Durch das Trinken aus diesem Kelch bekommen die Tischgäste des Herrn
Anteil an der Heilswirkung des vergossenen Blutes Jesu und werden eingegliedert in die neue eschatologische Heilsordnung, die Gott für alle Völker (vgl.
Jes 25 und 53) verheißen hat. Der Wiederholungsbefehl ist beim Kelch etwas
ausführlicher gestaltet. Möglicherweise sind mit der Wendung „sooft ihr
trinkt" Abendmahlsfeiern ins Auge gefaßt, bei denen in ärmlichen Verhältnissen kein Wein zur Verfügung stand. In Korinth wurde das Herrenmahl regelmäßig mit Brot und Wein gefeiert. In V. 26 läßt Paulus erkennen, worin er die   26
theologische Bedeutung des Herrenmahls sieht. Jede Feier des Herrenmahls ist
eine Proklamation des Todes Jesu, der für das theologische Denken der

korinthischen Pneumatiker keine große Bedeutung mehr hatte. Sprachlich kann die Verbform von „verkündigen" als Indikativ oder als Imperativ gefaßt werden. Der Indikativ verdient den Vorzug, weil der ganze Satz (eingeleitet mit „denn") eine begründende Feststellung bildet. Die Verkündigung geschieht durch die den Tod Jesu deutenden Worte. Es ist wohl vor allem an das Sprechen des Einsetzungsberichts und an die Verkündigung des Heilstodes Jesu gedacht oder an ein Abendmahlsgebet. In der Wendung „bis (daß) er kommt", nämlich bei der Parusie, klingt wahrscheinlich der im Text des Paulus fehlende eschatologische Ausblick an. „Bis" hat hier nicht rein zeitlichen, sondern auch finalen Sinn (vgl. Jes 62, 1.6 f.) und deutet auf das eschatologische Ziel hin, das durch das Verkündigen erreicht werden soll (O. Hofius). Paulus legt den Akzent auf den Kreuzestod Jesu gegen die triumphalistische Herrlichkeitstheologie der Korinther und weist die Feier des Herrenmahls der Zeit zu, in der wir im Glauben wandeln, noch nicht im Schauen (2. Kor 5, 7); darin ist die Hoffnung begründet auf die Vollendung der Sendung Jesu Christi in der sichtbaren, universalen Herrschaft Gottes. Die Verkündigung des Sterbens Jesu ist keine traurige Totenklage, sondern die freudige Bezeugung des Sieges (15, 57), durch den Gott die eschatologische Heilsordnung aufgerichtet hat.

2.3 Die Folgerungen 11, 27–34

27 Wer also unwürdig (in unangemessener Weise) von dem Brot ißt oder aus dem Kelch des Herrn trinkt, der wird schuldig sein am Leib und Blut des Herrn.   **28** Ein jeder (Der Mensch) prüfe aber sich selbst, und so soll er von dem Brot essen und aus dem Kelch trinken.   **29** Denn wer ißt und trinkt, der ißt und trinkt sich selbst zum Gericht, wenn er den Leib nicht unterscheidet (= nicht richtig beurteilt).   **30** Darum sind unter euch viele Schwache und Kranke, und nicht wenige sind entschlafen.   **31** Gingen wir mit uns selbst ins Gericht, dann würden wir nicht gerichtet.   **32** Wenn wir aber (jetzt) von dem Herrn gerichtet werden, so werden wir zurechtgewiesen (gezüchtigt), damit wir nicht zusammen mit der Welt verdammt werden.   **33** Darum, meine Brüder, wenn ihr zusammenkommt, um zu essen, so wartet aufeinander!   **34** Hat jemand Hunger, so soll er zu Hause essen, damit ihr nicht zum Gericht zusammenkommt. Das übrige aber werde ich anordnen, wenn ich komme.

Vers 32: *Spr 3, 12; Hebr 12, 5 ff.*   Vers 34: *16, 5.*

27   Paulus zieht nun die Folgerungen für die Behebung der Mißstände in Korinth aus dem überlieferten Abendmahlsbericht und aus seinem Verständnis des Herrenmahls. Mit einem Ausdruck aus der Gerichtssprache betont er die Verantwortlichkeit der Teilnehmer am Herrenmahl beim eschatologischen Gericht. Wer am Bruder sündigt, sündigt an Christus (vgl. 1. Kor 8, 11 f.). Das Adverb „unwürdig" (*anaxíōs*) meint nicht moralische Unwürdigkeit, sondern ein unangemessenes Verhalten, das gegen den stiftungsgemäßen Charakter des Mahles verstößt. Es bedeutet eine Mißachtung der Heilswirkung des stellver-

tretenden Sterbens Jesu, wenn jemand die durch diesen Tod gestiftete Gemeinschaft des neuen, eschatologischen Bundes durch zucht- und liebloses Verhalten verletzt. Deshalb fordert der Apostel alle Teilnehmer zur Selbstprüfung 28
auf. Kriterium dieser dem Mahl vorausgehenden Selbstprüfung ist die angemessene Einstellung zu der im Herrenmahl von dem erhöhten Christus
geschenkten Heilsgabe. Der V. 29 nimmt V. 27 f. auf und beschreibt das Krite- 29
rium der Selbstprüfung noch näher im Hinblick auf die „Unangemessenheit"
des Verhaltens. Wer von dem Brot ißt und aus dem Kelch trinkt, der verstößt
dann gegen den Sinn des Abendmahls und damit letztlich gegen den Tischherrn Jesus Christus selbst, „wenn er den Leib nicht unterscheidet". Das griechische Wort für „unterscheiden" (diakrínein) hat mehrere Bedeutungsnuan-
cen. Der wesentliche Gesichtspunkt ist an dieser Stelle nicht so sehr die Unterscheidung der Abendmahlselemente von profaner Speise (dies trifft auch zu),
sondern die richtige Beurteilung und sachgemäße Berücksichtigung desjenigen
Leibes, um den es sich im Herrenmahl handelt. Dabei braucht m. E. der Begriff
Leib (sōma) nicht in strenger Alternative entweder nur auf den in den Tod
gegebenen Leib Jesu oder nur auf die Kirche als den Leib Christi eingeschränkt
zu werden; es geht vielmehr gerade darum, den theologischen Zusammenhang
dieser beiden Aspekte zu erkennen und mit der Tat zu respektieren. Die Teilnehmer am Herrenmahl sollen durch ihr brüderliches und schwesterliches Verhalten praktisch anerkennen, daß durch den in den Tod gegebenen Leib Jesu
die neue Gemeinschaft des (ekklesiologischen) Leibes Christi konstituiert ist,
dessen Glieder sie nun als Glaubende sein dürfen. Auf diese Weise sollen sie
den Leib in seiner besonderen Eigenart als Leib des Herrn erkennen und sich
dementsprechend verhalten. Wer dies nicht tut, der ißt und trinkt sich selbst
zur Verurteilung. Wenn hier auch zunächst die zeitlichen Straffolgen in V. 30
anvisiert sind, so zeigen doch die Verse 31 und 32, daß für Paulus auch der
Blick auf das eschatologische Gericht hinzugehört. Mit dem einleitenden 30
„darum" beurteilt Paulus die in der Gemeinde von Korinth aufgetretenen häu-
figen Krankheiten und Todesfälle als Folgen der Verstöße gegen das Herrenmahl. Der Apostel versteht dabei nicht die Elemente selbst in naturhaft-magi-
schem Sinn als Unheil wirkende Stoffe, was nicht ausschließt, daß die korinthischen Pneumatiker sie so verstanden (vgl. Kap. 10 und 15, 39). Paulus sieht in
diesen Vorfällen den Kyrios Christus als Richter am Werk, der auf die Mißstände beim Herrenmahl mit zeitlichen Strafen reagiert. Das zucht- und lieb-
lose Verhalten beim Mahl und die Verachtung der Armen (V. 21 f.) sind mit
dem Ernst des stellvertretenden Todes Jesu Christi nicht vereinbar. Durch ein
Wortspiel mit den Verben „richten" (krínein), „beurteilen" (diakrínein) und 31
„verurteilen" (katakrínein) deutet Paulus an, was die Korinther tun sollen, um
solche Folgen nicht auf sich zu ziehen. Wenn wir uns selbst richtig beurteilen
und selbst mit uns ins Gericht gehen würden, dann würden wir nicht „gerichtet" und schmerzlichen zeitlichen Folgen ausgesetzt. Die Mahnung gilt in
erster Linie den Korinthern; in rücksichtsvoller Weise formuliert Paulus im
Wir-Stil. Dieser Rat des Apostels, der auf die konkrete Lage in Korinth zielt,

darf nicht als handhabbare Methode in dem Sinn mißverstanden werden, als könnten Christen durch korrekte Feier des Abendmahls Krankheiten und Todesfällen entgehen. Die Kranken und Verstorbenen in Korinth waren nicht
32   alle identisch mit den „Unwürdigen". Die in Korinth bereits eingetretenen Straffolgen durch zahlreiche Krankheiten und Todesfälle wertet Paulus nicht als Vernichtungsgericht, sondern als göttliche Zurechtweisung. Er wendet einen alttestamentlichen Grundsatz auf die Christen an: „Wen der Herr liebt, den weist er zurecht" (Spr 3,12). Diese auf die Erziehung zum Besseren bedachte Sicht des Leidens der Gerechten ist in der jüdisch-hellenistischen Weisheitstradition vorbereitet (vgl. Weish 11,9f.) und von den Christen vom Kreuz Jesu her in vertiefter Weise übernommen worden (Hebr 12,5–10). Gott „erzieht" seine Kinder durch Leiden und andere Züchtigungen, damit sie als solche, die ausharren im Glauben, beim eschatologischen Gericht nicht verurteilt werden, sondern aus dem die unbußfertigen Sünder verdammenden Zorn-
33.34 gericht Gottes errettet werden können (1. Thess 1,10). Am Schluß hebt Paulus mit einem praktischen Ratschlag nochmals den springenden Punkt zur Behebung der Mißstände in Korinth heraus. Die Korinther sollen beim Essen auf einander warten, damit der Gemeinschaftscharakter des Herrenmahls nicht verletzt wird und die Beschämung der Armen aufhört. Andernfalls gereichen ihnen ihre Zusammenkünfte statt zum Segen zum Gericht. Wer von den Reichen solchen Hunger hat, daß er den gemeinsamen Beginn des Essens in der Gemeindeversammlung nicht abwarten kann, der soll vorher zu Hause essen.

Paulus hat noch andere Anordnungen zu treffen; diese will er der mündlichen Aussprache bei einem bevorstehenden Besuch (16,5) vorbehalten.

Das Abendmahl bei Paulus

1. Die Ausführungen des Paulus in Kap. 10, 11 und 16

Der erste Korintherbrief ist das einzige Schreiben, in dem der Apostel Paulus ausführlicher auf die von ihm übernommene Abendmahlstradition und die Feier des Herrenmahls eingeht. Er gibt hier keine selbständige Abhandlung über die theologische Bedeutung und den gottesdienstlichen Ablauf des Abendmahls, wie er auch in 1. Kor 7 keine vollständige Theologie der Ehe entfaltet. Paulus setzt sich vielmehr mit den bei der Herrenmahlsfeier in Korinth aufgetretenen Mißständen und Spaltungen, die auch durch soziale Unterschiede bedingt waren, kritisch auseinander und sucht die Korinther durch Verpflichtung auf die ihnen bei der Gemeindegründung überlieferte Abendmahlstradition zu einer der Stiftung Jesu entsprechenden Feier des Mahles anzuleiten. Aus den einschlägigen Abschnitten im 1. Kor sind jedoch die Grundzüge der paulinischen Abendmahlsauffassung mit hinreichender Deutlichkeit zu erkennen.

Der Apostel setzt in 1. Kor 10, 1–13 Taufe und Abendmahl in Beziehung zu den Ereignissen des Auszugs der Israeliten aus Ägypten und der Wanderung durch die Wüste, um die Korinther vor der Meinung zu warnen, daß der Empfang der Sakramente automatisch das Heil garantiere. In 10, 14–22 zeigt er den Starken, die an heidnischen Opfermahlzeiten im Tempel teilnahmen, um ihre durch Geistbesitz und Erkenntnis gewonnene Freiheit zu bekunden, die Unvereinbarkeit von Herrenmahl und heidnischem Kultmahl auf, weil beidemal eine Kommunikation mit dem jeweiligen Tischherrn zustande kommt. Das Gemeinsame bei den beiden Mahlfeiern ist nur die Teilhabe oder Gemeinschaft (*koinōnía*) mit dem im Mahl gegenwärtigen Christus beim Abendmahl bzw. mit den Dämonen beim heidnischen Opfermahl. Aus dieser Gegenüberstellung läßt sich nicht der Charakter des Herrenmahls als Meßopfer ableiten; der einmalige, stellvertretende Sühnetod Jesu Christi hat den Opferkult für die christliche Gemeinde aufgehoben (vgl. Hebr). – Im Rahmen dieses Abschnitts zitiert Paulus in 1. Kor 10, 16 eine Abendmahlstradition, die er in V. 17 im Sinn des für ihn charakteristischen Leib-Christi-Gedankens interpretiert. Diese Tradition, die den Korinthern wohl aus der Abendmahlsunterweisung bekannt war, steht mit der Parallelität von Brot/Leib und Wein (Kelch)/Blut dem markinischen Abendmahlsbericht näher als dem von Paulus und Lukas repräsentierten Traditionstypus, in dem Leib und neuer Bund einander zugeordnet sind. Im theologischen Verständnis besteht kein wesentlicher Unterschied zwischen 10, 16 und 11, 23–25. Durch das Essen von dem *einen* Brot und das Trinken aus dem *einen* Becher, der dem damaligen jüdischen Brauch nicht entsprach (H. Schürmann), der aber vorausweist auf den einen „Becher des Heils" (Ps 116, 13) beim messianischen Mahl (D. Daube; vgl. Bill. IV, S. 1164), bekommen die Tischgäste Anteil an der Heilswirkung des in den Tod gegebenen Leibes Jesu und des am Kreuz vergossenen Blutes Jesu und werden dadurch zu einer Gemeinschaft in der neuen, eschatologischen Heilsordnung zusammengeschlossen. Die beiden parallelen Abendmahlsakte mit Brot und Kelch (V. 16) bilden in ihrer Heilswirkung eine Einheit.

Der Abendmahlsbericht, den Paulus in 11, 23 b–25 als die normierende Richtlinie für eine dem Tod Jesu angemessene Feier des Herrenmahls in Korinth zitiert, ist von ihm wohl so weitergegeben worden, wie er ihn aus der Gemeinde in Antiochia (oder Damaskus) empfangen hat. Das Spendewort zum Brot lautet in dieser Tradition: „Dies (das ausgeteilte Brot) ist mein Leib für euch" (11, 24). Die Wendung „für euch" faßt die Bedeutungen „zugunsten", „um-willen" und „anstatt" zusammen und beschreibt die Hingabe des Leibes Jesu in den gewaltsamen Tod als ein stellvertretendes Sterben für die Teilnehmer am Herrenmahl. Im Verständnis des Paulus sind in der Formel „für euch" (bzw. „für unsere Sünden" 15, 3) wahrscheinlich Sühnemotiv (Röm 3, 25) und Stellvertretungsgedanke (2. Kor 5, 14) bereits verbunden. Es ist umstritten, ob die Wendung „für euch" ursprünglich zu der Aussage über den Leib gehört hat; sprachlich ist die Konstruktion mit dem nachgestellten Präpositionalausdruck (vgl. 5. Mose 28, 23 LXX) nicht unmöglich (G. Delling).

Bei Markus und Matthäus ist das Motiv der Stellvertretung und Sühne im Kelchwort mit dem vergossenen Bundesblut Jesu Christi verbunden. Wahrscheinlich ist „für euch" im Zusammenhang mit der christlichen Feier des Herrenmahls an die Stelle der älteren Wendung „für die Vielen" (Jes 53,12, „viele" inklusiv = „alle"; Mk 14,24) getreten. Das Wort zum Kelch lautet bei Paulus: „Dieser Becher (der Wein im Kelch) ist der neue Bund kraft meines Bluts" (11,25). Damit wird die Aufrichtung der neuen, eschatologischen Heilsordnung durch das Vergießen des Blutes Jesu am Kreuz beschrieben. Manche Ausleger vermuten, daß die Tradition bei Paulus und Lukas ursprünglich gelautet habe: „Dieser Becher ist der Bund in meinem Blut" (Ch. Wolff); „neu" (bzw. „neuer Bund") wird z. T. auch als Interpretation der Urgemeinde oder des Paulus betrachtet. In der Sache ist auf alle Fälle, auch bei Markus, der neue, eschatologische Bund gemeint. In der Frage, ob eine Beziehung auf 2. Mose 24,8 oder (und) auf Jer 31,31 vorliegt und wie sie theologisch zu verstehen ist, besteht keine einheitliche Auffassung bei den Exegeten. Die Wendung im Wiederholungsbefehl (tun = „feiern") „zu meinem Gedächtnis" meint nicht bloße Rückerinnerung, sondern Anerkennung der Bedeutung des heilsgeschichtlichen Ereignisses für die gegenwärtige Existenz der Feiernden; vgl. das jüdische Verständnis des Passafestes: „In jedem Zeitalter ist der Mensch verpflichtet, sich selbst so anzusehen, wie wenn er aus Ägypten ausgezogen wäre" (Pes 10,5b). Das Wort zu Brot und Wein ist nicht als Doppelgleichnis mit Hilfe des Begriffspaares „Fleisch (*sárx*) und Blut" (1. Kor 15,50) zu fassen; denn „Leib (*sōma*) und Blut" werden in der Opfersprache nicht gebraucht. – Paulus legt in seiner interpretierenden Anwendung des überlieferten Abendmahlsberichts in 11,26 den Akzent auf den Kreuzestod Jesu. Das Entscheidende in jeder Herrenmahlsfeier ist die (mit Worten erfolgende, J. Schniewind, ThWNT I, S. 70) Verkündigung des Todes Jesu Christi. Der erhöhte Herr ist im Mahl als der Gekreuzigte mit der Heilswirkung seines stellvertretenden Sühnetodes gegenwärtig.

Wahrscheinlich verwendet Paulus in 1. Kor 16,20–24 Elemente aus der Abendmahlsliturgie (G. Bornkamm), um den Korinthern zum Abschluß noch einmal ihre Verantwortung für eine stiftungsgemäße Feier des Herrenmahls einzuschärfen. Die Aufforderung zum heiligen Kuß, der nach der Verlesung des Briefs ausgetauscht werden soll als Zeichen der brüderlichen Gemeinschaft, begegnet bei Paulus öfter im Briefschluß (Röm 16,16; 2. Kor 13,12; 1. Thess 5,26). Bei Justin (Apol I 65) leitet der heilige Kuß die Feier des Abendmahls ein; vielleicht bestand diese Sitte schon zur Zeit des Paulus. Der Ruf Maranata (16,22; vgl. Did 10,6) bedeutet: „Unser Herr, komm!" (so Offb 22,20). Dieser Ruf, im Herrenmahl gebraucht, nimmt den eschatologischen Ausblick auf das Kommen des Herrn in der Parusie auf und verbindet damit den Glauben an die Gegenwart des erhöhten Christus im Mahl als des die Heilsgaben spendenden Tischherrn.

2. *Erwägungen zur überlieferungsgeschichtlichen Entwicklung der Abendmahlstexte*

Beim heutigen Stand der Forschung ist es nicht möglich, sich in diesem schwierigen Fragenkomplex auf allgemein anerkannte Ergebnisse der neutestamentlichen Wissenschaft zu stützen. Es werden verschiedene Fassungen der Spendeworte zu Brot und Wein für den Überlieferungsprozeß in den griechisch sprechenden Gemeinden als Ausgangsformen angenommen. Die semitische (hebräische oder aramäische) Urform der Worte im Munde Jesu ist nicht mehr mit Sicherheit rekonstruierbar; keiner der vier Einsetzungsberichte (Mk 14, 22–25; Mt 26, 26–29; Lk 22, 15–20; 1. Kor 11, 23–25) ist völlig identisch mit dem Urbericht. So können nur Erwägungen zur Entwicklung der Traditionen geäußert werden.

Die Frage, ob das letzte Mahl Jesu mit seinen Jüngern ein Passamahl war oder nicht, muß offen bleiben. Auf alle Fälle hat Jesus sein Abschiedsmahl in einer Zeit gefeiert, in der die Gedanken an das Passafest vorherrschten, wie man das genaue Datum auch ansetzen mag. Nach der Überlieferung in Lk 22, 7–20 hat das Mahl im Passarahmen stattgefunden. Es ist auch wahrscheinlicher, daß der Zusammenhang des Mahls mit dem Passafest ursprünglich ist als die Annahme, daß die Christen das regelmäßig (mindestens jeweils am Sonntag) gefeierte Abendmahl nachträglich mit dem nur einmal im Jahr gefeierten Passa verbunden hätten. Die johanneische Datierung des Todes Jesu auf die Zeit der Schlachtung der Passalämmer soll wahrscheinlich den theologischen Gedanken zum Ausdruck bringen, daß Jesus als das Passalamm der Christen (vgl. 1. Kor 5, 7) geopfert worden ist (vgl. auch Joh 19, 33 f.) Das Zurücktreten der speziellen Passabezüge in den Einsetzungsberichten bei Markus und Paulus hängt damit zusammen, daß der Ton bei den Christen auf die Spendeworte gelegt wurde, durch die Jesus dem Abendmahl eine neue theologische Bedeutung gegeben hat. Jesus mußte angesichts seines messianischen Anspruchs bei dem letzten Aufenthalt in Jerusalem mit seinem gewaltsamen Tod rechnen. Er verstand die stellvertretende Hingabe seines Lebens (vgl. Mk 10, 45) als die Vollendung seiner Tischgemeinschaften mit Zöllnern und Sündern (Mk 2, 15 ff.), in denen er diesen die Gemeinschaft mit Gott und die Anwartschaft auf die Teilnahme an der zukünftigen Gottesherrschaft eröffnete.

Was das Alter der Einsetzungsberichte angeht, so wird nach wie vor sowohl die Priorität der Überlieferung bei Markus wie der bei Paulus vertreten. Wer die Markustradition als eine ursprünglich zur Passionsgeschichte des Markus gehörende „berichtende Erzählung" und die Paulustradition als liturgisch geprägte „Kultätiologie" beurteilt und Lk 22, 19 f. als redaktionellen Mischtext aus Markus und 1. Kor 11, 23–25 erklärt (R. Pesch), für den stellt sich der Markusbericht als die ältere Tradition gegenüber dem (zwar früher geschriebenen) Paulustext dar. Es wird aber heute vorwiegend die Auffassung vertreten, daß alle vier Einsetzungsberichte liturgisch geprägte Texte sind und daß die drei synoptischen Evangelisten jeweils den in ihrer Gemeinde bei der Herrenmahlsfeier gebräuchlichen Text in ihre Darstellung der Passionsgeschichte eingefügt haben, wie auch Paulus den Abendmahlsbericht der Gemeinde in Antiochia (oder Damaskus) weitergegeben hat. Der Einsetzungsbericht in Mt 26, 26–29 beruht auf der Markustradition, ist an manchen Stellen stilistisch geglättet und zeigt den Einfluß der Spendung von Brot und Wein in der christlichen Feier (vgl. z. B. die Doppelung „nehmet", „esset" und die Umsetzung der markinischen Notiz: „und sie tranken alle daraus" in den Imperativ). Der Zusatz „zur Vergebung der Sünden" (Mk 1, 4) in Mt 26, 28 ist eine sachlich zutreffende theologische Weiterinterpretation der Markusvorlage.

Das Verhältnis von 1. Kor 11, 23–25 und Lk 22, 19 f., die auf einer gemeinsamen mündlichen Tradition beruhen, ist komplizierter. Dabei enthalten beide Berichte sowohl ältere als auch jüngere Traditionselemente. Der grammatikalisch harte Anschluß des Partizipialausdrucks „das für euch vergossen wird" an den im Dativ stehenden Begriff „Blut" ist z. B. jünger als die knappe paulinische Wendung „in meinem Blut". Andererseits ist diese Wendung bei Paulus gräzisiert und erweist sich dadurch als sekundär gegenüber Lukas.

Für das theologische Verständnis des Abendmahls ist es bedeutsam, daß beide Traditionsstränge, bei Markus und Paulus/Lukas, sowohl das Motiv des stellvertretenden Sterbens (Paulus beim Brotwort, Markus beim Becherwort) als auch den Gedanken des Bundesschlusses (Mk: „mein Blut des Bundes", Paulus: „der neue Bund in meinem Blut") enthalten. Für die Priorität der Paulustradition lassen sich gewichtige Argumente anführen (G. Bornkamm; E. Schweizer). Durch die Zusammenlegung von Brot- und Becherhandlung wurde die Tendenz zur Parallelisierung der Spendeworte verstärkt (vgl. die Fassung bei Justin Apol I 66: „Dies ist mein Leib"; „dies ist mein Blut"). Außerdem hat sich das Interesse in der Entwicklung zunehmend auf die Elemente Brot und Wein konzentriert (vgl. IgnEph 20, 2). Weiter ist die markinische Wendung „mein Blut des Bundes" mit der doppelten Näherbestimmung, die dem Text in 2. Mose 24, 8 nicht genau entspricht, recht auffällig und sprachlich schwierig. Die älteste Form des Spendeworts zum Brot dürfte gelautet haben: „Dies ist mein Leib für viele", und die zum Kelch: „Dieser Kelch ist der (neue) Bund in meinem Blut." Doch ist auch die markinische Fassung möglich. Der eschatologische Ausblick (Mk 14, 25) gehörte zur ältesten Tradition (vgl. Jes 25, 6 ff.; äthHen 62, 13 f.), während der Wiederholungsbefehl wohl als liturgische Erweiterung zu betrachten ist. Die Ausgangsform der griechischen Traditionsentwicklung verband den Rückblick auf den stellvertretenden Sühnetod Jesu am Kreuz mit dem Ausblick auf die zukünftige Tischgemeinschaft in der vollendeten Gottesherrschaft.

Hinter die Fassung bei Markus und Paulus zurück lassen sich nur noch Vermutungen äußern. Es ist aber m. E. nicht auszuschließen, daß das Wort von der Aufrichtung der eschatologischen Heilsordnung auf Jesus selbst (oder die Urgemeinde) zurückgeht, obwohl der Begriff „Bund" in den Worten Jesu sonst nicht vorkommt. Immerhin war die Vorstellung vom „Neuen Bund" in der Qumrangemeinde lebendig (CD 6, 19; 8, 21; 19, 33 f.; 1QS 5, 7–10), während sie im hellenistischen Judentum kaum begegnet. Da der Ausdruck „Blut des Bundes" meist das Beschneidungsblut bezeichnet (Bill. I, S. 991), ist neben 2. Mose 24,8 eine Bezugnahme auf Jer 31,31 ff. zu erwägen, auch wenn dort vom Vergießen des Blutes nicht die Rede ist. Von den Gottesknechtsliedern des Propheten Jesaja (vor allem Jes 53) her lag die Aufrichtung der eschatologischen Heilsordnung (Ps 22,26 ff.) im Blickfeld der Zukunftserwartung (vgl. auch Mt 19,28). Dazu kommt, daß „Bund" geradezu einen „Korrelatbegriff" (J. Behm, ThWNT II, S. 137,4) zu der von Jesus verkündigten Gottesherrschaft darstellt.

Die Auferweckung Jesu wurde als Bestätigung seiner messianischen Sendung durch Gott verstanden, und die Erneuerung der Tischgemeinschaft durch Jesus mit den nach der Kreuzigung geflohenen Jüngern in den Ostererscheinungen hat den auf den Abschiedsworten Jesu beruhenden Glauben gefestigt, daß der erhöhte Herr im Abendmahl mit der Heilswirkung seines stellvertretenden Sühnetods gegenwärtig ist und daß er auch die Verheißung der eschatologischen Tischgemeinschaft mit den Seinigen (Mk 14,25) wahrmachen wird.

3. Grundzüge der paulinischen Abendmahlsauffassung

3.1 In der Mitte der Herrenmahlsfeier steht für Paulus die Verkündigung des Kreuzestodes Jesu Christi, der als der erhöhte Herr im Mahl gegenwärtig ist und den Feiernden im Essen des Brots und im Trinken aus dem Kelch Anteil gibt an der Heilswirkung seines stellvertretenden Sühnetodes und sie so einbezieht in die durch sein Sterben aufgerichtete eschatologische Heilsordnung. Dieser Hauptakzent ist nicht allein durch die Polemik gegen die korinthischen Pneumatiker bedingt, sondern ist ein wesentlicher Ausdruck der Kreuzestheologie des Paulus. Eine bloß freundschaftliche Gemeinschaftsfeier verdient nach Paulus nicht die Bezeichnung „Herrenmahl".

3.2 Die Gemeinschaft mit Christus im Mahl begründet und stärkt zugleich die Gemeinschaft der Feiernden untereinander. Die Hingabe des Leibes Jesu in den gewaltsamen Tod ist das Fundament der Kirche als des „Leibes Christi". Deshalb ist die Zerstörung der brüderlichen und schwesterlichen Gemeinschaft auch ein Verstoß gegen den im Mahl gegenwärtigen Herrn. Der Apostel mißt der gemeinsamen Feier des Herrenmahls eine entscheidende Bedeutung für die Einheit der Kirche und für die Stärkung des Glaubens der Gemeindeglieder zu.

3.3 Paulus betont die enge Zusammengehörigkeit der sakramentalen Feier mit der ständigen Bewährung von Glauben, Liebe und Hoffnung im ganzen Verhalten. Die Sakramente sind nach seinem Verständnis nicht nur Symbole, sondern wirksame Gnadenmittel, aber sie garantieren nicht automatisch das Heil (vgl. 1. Kor 10). Der eigentlich Handelnde im Herrenmahl ist der Kyrios. Die Glaubenden empfangen im Mahl die Gemeinschaft mit Christus und die Vergebung der Sünden (Mt 26,28); aber nicht erst ihr Glaube bewirkt die Gegenwart des erhöhten Herrn im Mahl.

3.4 Paulus versteht das Herrenmahl im eschatologischen Horizont. Die Feier eröffnet eine Perspektive auf die Zukunft in der Tischgemeinschaft mit dem gekreuzigten und erhöhten Herrn Jesus Christus, der das letzte Urteil über die Menschen sprechen wird (2. Kor 5, 10), und stärkt die Hoffnung auf die sichtbare Aufrichtung der vollendeten Gottesherrschaft (1. Kor 15, 28).

3. Über die Geistesgaben 12, 1–14, 40

Das neue Thema der Geistesgaben betrifft ein weiteres Problem des gottesdienstlichen Lebens in Korinth, zu dem Paulus kritisch Stellung nehmen muß. Die Einleitung zeigt, daß das Thema durch eine Anfrage der Gemeinde veranlaßt ist. Die Kap. 12–14 sind die Antwort des Apostels auf die schriftlich gestellte Frage der Korinther, was von den Pneumatikern, den Geistbegabten, oder den Geistesgaben zu halten sei. Das griechische Wort kann maskulinisch oder neutrisch (= Geistesgaben) aufgelöst werden. Konkret ging es in Korinth in erster Linie um die hochgeschätzten Geistesgaben der Zungenrede (Glossolalie) und der Prophetie. Paulus geht wohl von dem Begriff der Pneumatiker aus (vgl. 2, 13) und leitet verallgemeinernd zu den Geistesgaben (*pneumatiká*) über, die er als göttliche Gnadengaben (*charísmata*) charakterisiert. In diesen Kapiteln bekommen wir im ganzen Neuen Testament den besten Einblick in einen christlichen Gottesdienst um die Mitte des 1. Jahrhunderts. Zunächst nennt Paulus das Bekenntnis zu Jesus als dem Kyrios das entscheidende Kriterium, an dem alle Geistesgaben zu messen sind (12, 1–3). Dann entfaltet er die Vielfalt der Geistesgaben in der Einheit des Geistes (12, 4–11) und die Vielfalt der Glieder in der Einheit des Leibes (12, 12–31). Damit weist er den Zusammenhang der Charismenlehre mit der Christologie und der Lehre von der Kirche (Ekklesiologie) auf. In Kap. 13 preist er die Liebe (*agápē*) als die grundlegende Frucht und Kraft des Geistes, durch die alle Charismen erst zum Aufbau der Gemeinde wirksam werden, und legt damit zugleich die Basis, von der aus er in Kap. 14 den Vorrang der prophetischen Rede vor der Zungenrede begründen kann.

3.1 Die Geistesgaben und die Kirche 12, 1–31

3.1.1 Das Kennzeichen des Geistes Gottes 12, 1–3

1 Was aber die geistlichen Menschen (oder die Geistesgaben) betrifft, Brüder, so will ich euch (darüber) nicht in Unkenntnis lassen. 2 Ihr wißt, daß ihr, als ihr Heiden wart – wie ihr da gleichsam fortgerissen zu den stummen Götzen hingezogen wurdet. 3 Darum tue ich euch kund: Niemand, der im Geist Gottes redet, sagt: Verflucht ist Jesus! und niemand kann sagen: Herr ist Jesus! außer im heiligen Geist.

Vers 1: *14, 1*   Vers 2: *Hab 2, 18; Ps 115, 5.7*   Vers 3: *Röm 10, 9; Phil 2, 11.*

Mit der Anrede „Brüder" und der Erklärung der Bereitschaft zur näheren 1
Belehrung über die Anfrage der Korinther leitet Paulus den neuen Abschnitt
ein. In den Versen 2 und 3 grenzt er zunächst grundsätzlich den Bereich ab, 2
innerhalb dessen überhaupt nur mit Recht von Pneumatikern bzw. Geistesgaben gesprochen werden kann, nämlich nur im Wirkungsbereich des Geistes
Gottes und Jesu Christi (vgl. Röm 8). Besonders hoch geschätzt waren in
Korinth die in der Ekstase lallenden Zungenredner. Für die verzückende Wirkung der Ekstase, die durch das Einwohnen des Geistes der Gottheit bewirkt
wird (Plato, Menon 99 c. d), weist Paulus die Korinther auf ihre eigene Erfahrung hin, als sie noch Heiden waren. Diese pauschale Aussage über das frühere
heidnische Verhalten schließt eine judenchristliche Minderheit in Korinth
nicht aus und will auch nicht alle korinthischen Gemeindeglieder als ehemalige Eingeweihte in eine Mysterienreligion deklarieren. Die Wirkung der
Ekstase war in der hellenistischen Welt allgemein bekannt. Die Korinther standen früher ganz im Bann ihrer heidnischen Götter, die bei Festen (z. B. des
Dionysos) in orgiastischen Umzügen gefeiert wurden. Der nicht ganz eindeutige Wortlaut legt nahe, daß in V. 2 an ekstatische Vorgänge gedacht ist, wenn
möglicherweise auch das Beherrschtwerden vom heimischen Kult und der
Macht der Gewohnheit einbezogen ist. Die heidnischen Götter nennt der Apostel mit dem traditionellen jüdischen Ausdruck (vgl. Hab 2,18; Ps 115,5.7)
„stumme Götzen", um sie als tote Gebilde aus Menschenhand und als sprach-
und wirkungslose Mächte zu kennzeichnen. In prägnanter paralleler Formulie- 3
rung beschreibt nun Paulus mit seiner grundsätzlichen Feststellung in V. 3 das
Bekenntnis zu dem Herrn Jesus als eine Wirkung des Geistes Gottes, des heiligen Geistes, und damit als das entscheidende Kriterium für die Beurteilung
aller Geistesäußerungen in der christlichen Gemeinde. Es ist umstritten, ob die
Formel: Verflucht ist Jesus! im korinthischen Gottesdienst wirklich ausgerufen
worden ist. W. Schmithals gründet u. a. hauptsächlich auf diese Stelle seine
These, die Korinther seien Gnostiker gewesen und hätten den irdischen Jesus
deshalb im Gottesdienst verflucht, weil sie auf Grund des Dualismus von
Fleisch und Geist nur den erhöhten Geist-Christus verehrt hätten. Aber für
eine ausgebildete dualistisch-gnostische Christologie gibt es in der Mitte des
1. Jahrhunderts n. Chr. keine Belege. Außerdem ist aus 1. Kor 15,3–5 zu entnehmen, daß die Korinther das christliche Urbekenntnis der Auferweckung des
gekreuzigten Jesus Christus nicht bestritten haben; in 1. Kor 12,13 bestätigt
ihnen der Apostel, daß sie bei der Taufe den heiligen Geist (vgl. V. 3) empfangen haben. Adolf Schlatter dachte an die Verfluchung Jesu in der jüdischen
Synagoge; der Kontext hat jedoch nicht den jüdischen, sondern den heidnischen (ekstatischen) Kult im Blick. Der Kaiserkult (O. Cullmann) spielte in dieser frühen Zeit noch keine Rolle. Am besten läßt sich die Formel verstehen als
eine Analogiebildung des Paulus zu der christlichen Akklamation: Herr ist
Jesus! (H. Conzelmann). Das Bekenntnis zu Jesus als dem Kyrios, das im Gottesdienst bei verschiedenen Gelegenheiten ausgesprochen wurde (Röm 10,9
wohl bei der Taufe; Phil 2,11), hat in den heidenchristlichen Gemeinden das

älteste judenchristliche Bekenntnis: Jesus ist der Messias! abgelöst; Messias=
Christus ist in den Eigennamen Jesus Christus eingegangen. Das Kyriosbe-
kenntnis preist den gekreuzigten und von Gott auferweckten und erhöhten
Jesus Christus als den Herrn der Kirche und der Welt. Das Bekenntnis wird
nach Röm 10,9 mit dem Mund und mit dem Herzen abgelegt und bezeugt das
Bestimmtsein der Glaubenden durch den Herrn (1,2) und damit auch durch
den Geist (2. Kor 3,17) in ihrem ganzen Verhalten. Dementsprechend
beschreibt die gegensätzliche Formel: Verflucht ist Jesus! eine christusfeindli-
che Grundhaltung und umfaßt den ganzen Bereich der Nichtglaubenden, in
dem Jesus nicht als Kyrios bekannt und anerkannt und damit faktisch als Gotteslästerer verworfen wird (T. Holtz). Das Wirken des heiligen Geistes und die
Verwerfung Jesu als des Herrn schließen sich gegenseitig aus. Die ekstatische
Form allein ist noch kein Zeichen für das Wirken des Geistes Gottes, weil es
ekstatische Vorgänge auch bei den Heiden gibt, wie die Korinther aus eigener
Erfahrung wissen. Entscheidend ist der Inhalt des Bekenntnisses, nämlich die
Heilstat Gottes in Kreuz und Auferweckung Jesu Christi. Wo der Geist Gottes
wirkt, da wird Christus mit Wort und Tat „verherrlicht" (Phil 1,20). Der
Glaube an Christus ist keine Möglichkeit der Weisheit dieser Welt, wie Paulus
in Kap. 1–3 dargelegt hat. Darum kann niemand Jesus als den Herrn bekennen
außer im heiligen Geist.

Bekenntnisformeln bei Paulus

In der urchristlichen Kirche gab es noch kein so umfassendes Bekenntnis
des Glaubens an den dreieinigen Gott, wie es das spätere sog. Apostolische
Glaubensbekenntnis darstellt. Aber Paulus überliefert bereits christologische
und soteriologische Glaubensformeln, mit denen die Gemeinde das Heilsge-
schehen in Christus bezeugt und mit dem Bekenntnis zur Person und zum
Heilswerk Jesu Christi im Lobpreis Gott die Ehre gibt.
    Das älteste Bekenntnis der palästinischen Urgemeinde lautete: Jesus ist der
Messias (der Gesalbte = der Christus: Mk 8,29; 14,61; Joh 9,22; vgl.
Apg 2,36; 9,22; 17,3). In den hellenistischen Gemeinden gab es auch das
Bekenntnis zu Jesus als dem Sohn Gottes (Mt 14,33; 16,16; Mk 1,11; 9,7;
14,61; Joh 1,34; 11,27; Apg 9,20; Röm 1,3; 1. Joh 4,15; 5,5; Hebr 1,2; 4,14).
Der (m. E. von Jesus selbst gebrauchte) Würdetitel Menschensohn ist nicht in
das Bekenntnis eingegangen.
    In den Bekenntnisformeln bei Paulus herrscht der Würdetitel Kyrios vor,
der Jesus Christus als den Herrn der Kirche und aller Mächte preist. Dreimal
findet sich bei Paulus die Formel: Herr ist Jesus! (Röm 10,9; 1. Kor 12,3;
Phil 2,11). Dies muß das Grundbekenntnis der hellenistischen Gemeinden
gewesen sein; denn bereits der vorpaulinische Hymnus Phil 2,6–11 läuft auf
dieses Bekenntnis zu. Röm 10,9 zeigt, daß diese Formel als Bekenntnis (wohl
bei der Taufe) gebraucht wurde. Die Christen werden dort charakterisiert als

Menschen, die „den Namen des Herrn anrufen" (Röm 10,12 f., wo auf Joel 3,5 Bezug genommen ist; vgl. 1. Kor 1,2). In 1. Kor 8,5 f. wird Jesus Christus als Sohn des alleinigen Gottes den vielen Göttern und den vielen Herren der hellenistischen Welt gegenübergestellt. In den Mysterienreligionen wurden einzelne Rettergottheiten, vor allem Serapis und Isis und auch die Artemis von Ephesus, als Herr (*kýrios*) bzw. Herrin (*kyría*) verehrt. Phil 2,9–11 nimmt Wendungen aus Jes 45,23 auf und bezeugt Jesus als den eschatologischen Herrn der ganzen Schöpfung. In der vollendeten Gottesherrschaft werden vor ihm alle Mächte ihre Knie beugen und ihm mit der Akklamation: „Herr ist Jesus Christus!" huldigen müssen zur Ehre Gottes, des Vaters. Die Glaubenden verehren ihn bereits in der Gegenwart als ihren Herrn. Das Bekenntnis ist zugleich eine Proklamation vor der Welt.

In Röm 10,9 liegen zwei verschiedene Grundformen der christologischen Bekenntnisaussage vor. Die sog. Homologie verwendet das Verbum „bekennen": Jesus als den Kyrios bekennen; sie bezeugt die Gegenwart des erhöhten Herrn bei seiner Gemeinde durch den Geist in der gottesdienstlichen Versammlung. Die sog. Pistisformel (das Credo, mit dem Verbum „glauben" und Daß-Satz) bezeugt die Heilstat Gottes in der Vergangenheit als Grundlage des Glaubens: glauben, „daß ihn (Jesus) Gott von den Toten auferweckt hat". Daran wird deutlich, daß das Bekenntnis zu Jesus Christus, dem Sohn Gottes, als dem gekreuzigten und von Gott erhöhten Herrn aller Mächte den Hauptinhalt der christologischen Formeln darstellt.

Von den Bekenntnisformeln im eigentlichen Sinn sind (in formaler Hinsicht) die Hymnen (Gotteshymnus Röm 11,33–36; Christushymnen Phil 2,5–11; Kol 1,15–20; Hebr 1,3 f.; 1. Tim 3,16) zu unterscheiden, die den Weg Christi vom Sein beim Vater durch Erniedrigung und Erhöhung bis zur eschatologischen Herrschaft beschreiben, und weiter die sog. Eulogien (Eph 1,3–14; 1. Petr 1,3–12), die mit „wir" und „ihr" von der Gemeinde reden und in ihrem Aufbau von der Benediktionsformel am Anfang geprägt sind. Die Hymnen können auch bekenntnismäßigen Charakter annehmen, wie umgekehrt die Bekenntnisse auch eine lobpreisende Funktion haben. Das hebräische Wort für bekennen (*hodah*) heißt zugleich lobpreisen (vgl. Mt 11,25); das griechische Verbum (*homologein*), wörtlich: „dasselbe sagen", zustimmen, wurde vorwiegend im Sinn von zugestehen, versprechen (vgl. Mt 14,7) gebraucht.

Die Wurzel für den christlichen Sprachgebrauch des Bekennens ist wahrscheinlich in dem Jesuslogion Mt 10,32/Lk 12,8 zu sehen (H. v. Campenhausen); hier steht dem „bekennen" das „verleugnen" gegenüber. Das Bekenntnis hat sammelnde und scheidende Funktion (vgl. 1. Kor 12,3; Joh 9,22). Im Bekenntnis zu Christus grenzt sich die christliche Gemeinde gegenüber Juden und Heiden ab. In einer späteren Phase der Entwicklung dient das Bekenntnis zur Abwehr der Irrlehrer (1. Joh 2,22; 4,2 f.; 4,15; 5,5). Dem feierlichen Bekenntnis eignet ein Moment der Öffentlichkeit (Lk 12,8: vor den Menschen), der Verbindlichkeit (Timotheus kann auf das abgelegte Bekenntnis

behaftet werden 1.Tim 6,12 ff.) und der Endgültigkeit (der eschatologischen
Relevanz Lk 12,8; vgl. O.Michel, ThWNT V, S.211). Situation und Ort des
Bekennens waren vielfältig. Der Lobpreis Gottes in der Gemeindeversamm-
lung wird in Hebr 13,15 beschrieben als „die Frucht der Lippen, die seinen
Namen bekennen". Weiter hatte das Bekenntnis seinen Platz vor allem bei der
Taufe (Röm 10,9; vgl. den später zugewachsenen Vers Apg 8,37) und bei der
Ordination (1.Tim 6,12), sodann in der Auseinandersetzung mit Andersgläu-
bigen (Joh 9,22), bei der Abwehr von Irrlehrern (1.Joh 4,15), später in der
Anklage vor Gericht (MartPol 8,2) und wahrscheinlich auch bei Dämonen-
austreibungen (Justin Dial 30,3).

In enger Verbindung mit den christologischen Bekenntnisformeln stehen
bekenntnishafte Glaubensaussagen über einzelne Akte des Heilsgeschehens,
vor allem über Tod und Auferweckung Jesu Christi (soteriologische Formeln).
Am ältesten ist die sog. Auferweckungsformel, die schon aus der aramäisch
sprechenden Urgemeinde stammt. Sie erscheint in doppelter Form, 1. als Aus-
sagesatz im Aktiv: „Gott hat Jesus von den Toten auferweckt" (Apg 3,15;
4,10; 13,30; Röm 10,9; 1.Kor 6,14; 1.Thess 1,10) bzw. im Passiv, wobei Gott
als Handelnder gedacht ist (Lk 24,34; Joh 2,22; Röm 4,25; 6,4;
1.Kor 15,4.20; mit Partizip Passiv: Röm 6,9; 7,4; 8,34; 2.Kor 5,15;
2.Tim 2,8) und 2. als Partizipialprädikation: „Gott, der Jesus, unseren Herrn,
von den Toten auferweckt hat" (Röm 4,24; 2.Kor 4,14; Gal 1,1; Kol 2,12).
Das Partizip ist im Neuen Testament zu einem Gottesprädikat (= der Erwek-
ker) geworden.

Der Kreuzestod Jesu wird in verschiedenen, noch variablen Wendungen
bezeugt. Die sog. Dahingabeformel versteht den Tod Jesu als stellvertretende
Lebenshingabe für die Sünder. In ihr kann Gott (Röm 8,32; vgl. 4,25) oder
Jesus Christus (Gal 1,4; 2,20; vgl. Eph 5,2.25; Tit 2,14) als Subjekt des Heilsgeschehens genannt werden. Denselben Sinn hat die sog. Sterbeformel: „Christus ist für uns (bzw. unsere Sünden) gestorben" (Röm 5,6.8; 1.Kor 8,11;
15,3; 2.Kor 5,14 f.; vgl. 1.Petr 3,18). In dem von Paulus übernommenen und
interpretierten judenchristlichen Traditionsstück in Röm 3,25 f. ist das Sterben Jesu, wohl mit Bezug auf 3.Mose 16, als stellvertretender Sühnetod
beschrieben (1.Joh 2,2; 4,10; Hebr 2,17). – Manchmal sind die Aussagen über
Tod und Auferweckung Jesu mit einander verbunden. Dies gilt in erster Linie
für die alte Formel in Röm 4,25: Jesus, unser Herr, „der um unserer Übertretungen willen dahingegeben und zu unserer Rechtfertigung auferweckt
wurde". Die Glaubensformel 1.Thess 4,14 hat als knapper Hinweis auf die
Heilsereignisse dieselbe Bedeutung. Eine enge Verbindung von stellvertretendem Sühnetod und Auferweckung liegt auch in der von Paulus in
1.Kor 15,3–5 zitierten Tradition vor, deren Ursprung wahrscheinlich bis in
die Urgemeinde zurückreicht. Diese älteste Zusammenfassung der christlichen
Botschaft ist nicht als eine Bekenntnisformel, sondern als ein „katechetisches
Summarium" (P.Stuhlmacher) zu charakterisieren (s. z.St.). Hinter der auf
die Erhöhung Christi hinweisenden Wendung: „der zur Rechten Gottes ist"

(Röm 8, 34; vgl. Apg 2, 33; 5, 31; 7, 55; Eph 1, 20; Kol 3, 1; 1. Petr 3, 22; Hebr 1, 3) steht die alttestamentliche Stelle Ps 110, 1.

Neben den einteiligen, nur auf Christus bezogenen Formeln überliefert Paulus auch eine zweiteilige, auf Gott und Christus bezogene Bekenntnisformel in 1. Kor 8, 6: Wir Christen haben „nur *einen* Gott, den Vater, aus dem alles ist und wir zu ihm, und *einen* Herrn, Jesus Christus, durch den alles ist und wir durch ihn" (vgl. ähnliche zweiteilige Formeln 1. Tim 2, 5; 6, 13; 2. Tim 4, 1). Solange die Urgemeinde noch ganz im Bereich des Judentums lebte, bestand keine Veranlassung, den Glauben an den einen Gott ins Bekenntnis aufzunehmen, da sich die Juden zu Jahwe als dem einzigen Gott bekennen (5. Mose 6, 4). Aber in einer Umwelt, in der auch heidnische Menschen lebten, mußte zuerst der Glaube an den einen Gott, den Vater Jesu Christi, bezeugt werden. Auch das Bekenntnis 1. Kor 8, 6 muß aus relativ früher Zeit stammen, da es Paulus bereits aus der judenchristlich-hellenistischen Gemeinde übernehmen konnte. – In den Bekenntnisformeln bekennen sich die Christen zu einer Person, zu Gott, dem Vater, und zu Jesus Christus, dem Sohn Gottes und Kyrios. Die soteriologischen Wendungen bezeugen die einzelnen Akte des Heilsgeschehens und erläutern damit zugleich den Sinn der sog. Würdetitel. Die Aussagen über das Heilsgeschehen sind später vor allem in den zweiten Glaubensartikel des Apostolikums eingegangen. Die Entwicklung zum dreiteiligen Bekenntnis des Glaubens an Gott, Jesus Christus und den heiligen Geist nahm ihren Ausgangspunkt bei den sog. triadischen Formeln (s. den Exkurs zu 2. Kor 13, 13).

Neben Bekenntnisformeln, soteriologischen Glaubensaussagen, Hymnen, paränetischen Traditionen (im Schluß der Briefe) und dem alten Traditionsstück in 1. Kor 15, 3–5 finden sich bei Paulus noch liturgisch geprägte Formeln (z. B. Doxologien Röm 1, 25; 9, 5; 2. Kor 11, 31, Segens- und Fluchformeln 1. Kor 16, 22; Gal 6, 16, Gebetsrufe wie Maranata 1. Kor 16, 22) und sakramentale Traditionen; hierbei kommt der Abendmahlsüberlieferung in 1. Kor 11, 23–25 die größte Bedeutung zu (s. z. St.).

3.1.2 *Viele Gaben – ein Geist 12, 4–11*

4 Es gibt (unterschiedliche) Zuteilungen von Gnabengaben, aber (es ist) ein und derselbe Geist; 5 und es gibt (unterschiedliche) Zuteilungen von Diensten, aber es ist derselbe Herr; 6 und es gibt (unterschiedliche) Zuteilungen von Wirkungen, aber es ist derselbe Gott, der alles in allen wirkt. 7 Einem jeden aber wird die Offenbarung des Geistes zum (allgemeinen) Nutzen gegeben. 8 Dem einen nämlich wird durch den Geist Weisheitsrede gegeben, dem anderen Erkenntnisrede nach demselben Geist, 9 einem anderen Glaube in demselben Geist, einem anderen Heilungsgaben in dem einen Geist, 10 einem anderen Wunderkräfte, einem anderen Prophetie (die Gabe der prophetischen Rede), einem anderen die Gabe, die Geister zu unterscheiden, wieder einem anderen (verschiedene) Arten

von Zungen(rede), einem anderen die Gabe, sie auszulegen.   11 Dies alles aber wirkt ein und derselbe Geist, der jedem gesondert (seine Gabe) zuteilt, wie er will.

Vers 8–10: *Röm 12, 6–8*   Vers 10: *1. Thess 5, 19–21.*

In diesem Abschnitt entfaltet Paulus die Mannigfaltigkeit der Gnadengaben in der Einheit des Geistes. Der vielfältige Reichtum der Gaben hat seinen Ursprung darin, daß Gott durch seinen Geist die Charismen nach seinem Willen verschieden zuteilt. Das hier gebrauchte griechische Wort (*dihaíresis*) enthält sowohl das Moment der Zuteilung (V. 11) als auch das der so bewirkten
4–6 Verschiedenheit der Gaben. Das Wirken Gottes wird in V. 4–6 an Hand der dreigliedrigen (triadischen) Formel Geist-Herr-Gott, deren Reihenfolge noch variabel ist (vgl. 2. Kor 13, 13), in drei parallel geformten Sätzen beschrieben. Der Zielpunkt der aufsteigenden Dreierreihe ist Gott, der das Wirken Christi und des Geistes umfaßt. Für die Geistesgaben (*pneumatiká*), die in Korinth enthusiastisch mißverstanden wurden, verwendet Paulus hier den von ihm selbst zum technischen Gebrauch erhobenen Begriff Gnadengaben (*charísmata*), um dadurch den Geschenkcharakter und die Unverfügbarkeit der göttlichen Gaben zu unterstreichen. Da es um die Geistesgaben geht, wird der Geist als Ursprung der Gaben (V. 11) an den Anfang der Reihe gestellt. Das widerspricht nicht dem Gedanken, daß Gott der letzte Urheber und Geber aller Gaben ist, weil Gott durch Jesus Christus und den heiligen Geist in unserer Welt wirkt. Die drei Begriffe, mit denen die Geistesgaben entfaltet werden, stehen in einer sachlichen Entsprechung zur Bezeichnung des jeweils genannten Spenders: Gnadengaben → Geist; Dienste → Herr; Wirkungen → Gott, der als letzter Urheber alles in allen wirkt. „In allen" ist hier vorwiegend personal zu fassen, da die Gemeindeglieder mit ihren Gaben im Blick stehen. Die Charismen sind zwar den Glaubenden in verschiedener Weise zugeteilt – und nicht nur die ekstatischen Pneumatiker, sondern alle Christen haben ihre Gnadengabe –, aber sie haben alle denselben Ursprung: sie sind Wirkungen der
7 Gnade oder des Geistes Gottes, und sie dienen alle demselben Ziel, wie V. 7 zusammenfassend feststellt: Einem jeden wird die Offenbarung des Geistes „zum Nutzen" gegeben, d. h. nicht zu seinem privaten Genuß, sondern zum Dienst an allen und zur Auferbauung der Gemeinde (Kap. 14). In den Versen
8–10 8–10 folgt eine Aufzählung von verschiedenen Geistesgaben. Ein Vergleich mit V. 28 und Röm 12, 3–8 zeigt, daß die Aufzählung nicht vollständig ist und keine strenge systematische Gliederung und auch keine grundsätzlich gemeinte Rangordnung enthält. In unserem Abschnitt fehlen z. B. die diakonischen Gaben, die in Röm 12 breiter ausgeführt sind; dafür werden in 1. Kor 12 die mit Weisheit und Erkenntnis zusammenhängenden Verkündigungsfunktionen sowie die Wundergaben und ekstatischen Fähigkeiten stärker hervorgehoben. Damit berücksichtigt Paulus die konkrete Situation in Korinth, wo die ekstatische Zungenrede als die höchste Geistesgabe geschätzt wurde. Die Auf-
8 zählung illustriert die vielfältigen Manifestationen des Geistes. Zuerst unterscheidet der Apostel in V. 8 zwischen Weisheitsrede und Erkenntnisrede. Es ist

kaum möglich, den sachlichen Unterschied zwischen diesen beiden Gaben klar zu bestimmen. Beide Begriffe beschreiben eine geistgewirkte, enthüllende und belehrende Art der Rede, sie lassen sich aber nicht alternativ einerseits den Propheten (*gnōsis*) und andererseits den Lehrern (*sophía*) zuordnen (so J. Weiß). Ein Beispiel für eine Weisheitsrede hat Paulus wohl in 1. Kor 2,6–16 gegeben, und Erkenntnisrede dürfte in den Ausführungen 8,1 ff. mit im Spiel sein, wo Paulus die Grundlagen der wahren Erkenntnis aufdeckt. Inhaltlich beziehen sich beide Formen der Rede auf das Evangelium als die in Christus offenbarte Weisheit und Kraft Gottes zur Rettung. Vielleicht hebt die Weisheitsrede mehr auf den geistgewirkten Einblick in den Heilsplan Gottes ab, während die Erkenntnisrede stärker auf die richtige Beurteilung der jeweiligen Lage hinzielt, in der es gemäß dem Geist Gottes zu handeln gilt, und entsprechende Anweisungen für die Gemeinde gibt. Wenn weiter in V. 9 in der Reihe der Charismen der Glaube genannt wird, dann ist schwerlich ein bestimmtes Maß des allgemeinen christlichen Glaubens gemeint, sondern ein solcher Glaube, wie er einzelnen besonders charismatisch begabten Menschen geschenkt wird, nämlich der wundertätige, bergeversetzende Glaube (vgl. 13,2; Mt 17,20); dies paßt gut zu den unmittelbar danach genannten Heilungs- und Wundergaben. Nach den Heilungsgaben wird in V. 10 noch von anderen Wunder bewirkenden Kräften gesprochen, wobei wohl vorwiegend an Dämonenaustreibungen (Exorzismen) gedacht ist. Krafttaten und Wunder sind gleichbedeutende Begriffe; die Verbindung dieser beiden Ausdrücke soll wohl die besonders umfassende und den Dämonen überlegene Kraft und Wirksamkeit dieser Gabe hervorheben. Über die Gabe der prophetischen Rede im Verhältnis zur Zungenrede wird in Kap. 14 ausführlich gehandelt. Der Prophetie ist formal die Unterscheidung der Geister in derselben Weise zugeordnet wie der Zungenrede die Auslegung der Zungenrede. In der Septuaginta ist das griechische Wort für unterscheiden (*diakrínein*) ein hermeneutischer Begriff im Sinn von deuten, auslegen. Von hier aus ist für die Wendung „Unterscheidung der Geister" (*diakríseis pneumátōn*) die Übersetzung: „Deutungen von Geistesoffenbarungen" (G. Dautzenberg) vorgeschlagen worden. Dann ergäbe sich der Sinn: Propheten legen Geistesoffenbarungen aus, die anderen Propheten zuteil wurden. Das genannte Verbum (*diakrínein*) und das entsprechende Hauptwort (*diákrisis*) wird aber in der Septuaginta und in der christlichen Literatur sonst nicht speziell für die Deutung der Prophetie verwendet. Deshalb ist in der Sache das in der üblichen Interpretation von „Unterscheidung der Geister" enthaltene Moment der Prüfung festzuhalten, ob der Geist Gottes oder ein anderer (dämonischer) Geist am Werk ist. Eine Beurteilung und Prüfung der Geistesmanifestationen ist notwendig, weil es auch falsche Propheten (vgl. Jer 28; Mt 7,15; Did 11,8) und dämonische Geisteswirkungen (vgl. 12,2) gibt. Röm 12,6 nennt als Kriterium für solches Prüfen, daß die prophetische Rede dem Glauben gemäß sein soll. Nach 1. Thess 5,19–21 hat die ganze Gemeinde die Aufgabe, die Äußerungen des Geistes zu prüfen; darin sind auch die Äußerungen der Charismatiker einge-

schlossen. Die Zungenrede samt der Übersetzung der Zungenrede stellt Paulus in polemischer Absicht gegen die Überschätzung in Korinth an den Schluß der Aufzählung. Der Plural „Arten von Zungen" weist darauf hin, daß die Glossolalie verschiedene Sprachen (vgl. 13, 1) und Ausdrucksformen umfaßte. Über das Auftreten der Zungenredner gibt Kap. 14 näheren Aufschluß. Mit
11 dem Schlußsatz in V. 11 unterstreicht der Apostel nochmals den einheitlichen Ursprung der Geistesgaben. Damit bestärkt er jedes Gemeindeglied im Gebrauch der ihm geschenkten Gabe und schärft den Pneumatikern ein, daß auch sie ihre besonderen Geistesgaben der Gnade Gottes verdanken und nicht sich selbst.

3.1.3 Viele Glieder – ein Leib 12, 12–26

12 Denn wie der Leib *einer* ist und doch viele Glieder hat, alle Glieder des Leibes aber, obwohl sie viele sind, doch *ein* Leib sind, so auch Christus.   13 Denn wir wurden ja auch durch *einen* Geist alle zu *einem* Leib getauft, seien wir Juden oder Griechen, seien wir Sklaven oder Freie, und wir wurden alle mit *einem* Geist getränkt.   14 Denn auch der Leib besteht nicht nur aus *einem* Glied, sondern aus vielen.   15 Wenn (nun) der Fuß sagt(e): Weil ich nicht Hand bin, gehöre ich nicht zum Leib, so gehört er deswegen doch zum Leib.   16 Und wenn das Ohr sagt(e): Weil ich nicht Auge bin, gehöre ich nicht zum Leib, so gehört es deswegen doch zum Leib.   17 Wenn der ganze Leib Auge wäre, wo bliebe das Gehör? Wenn er ganz Gehör wäre, wo bliebe der Geruch?   18 Nun aber hat Gott die Glieder eingesetzt, ein jedes von ihnen im Leib, so wie er wollte.   19 Wenn aber alle *ein* Glied wären, wo bliebe der Leib?   20 Nun aber sind zwar viele Glieder (da), jedoch nur *ein* Leib.   21 Es kann aber nicht das Auge zur Hand sagen: Ich brauche dich nicht, oder andererseits der Kopf zu den Füßen: Ich brauche euch nicht.   22 Sondern (gerade) die Glieder des Leibes, die die schwächeren zu sein scheinen, sind um so notwendiger,   23 und die Glieder des Leibes, die wir für weniger ehrbar halten, die umkleiden wir mit besonderer Ehre, und so erhalten unsere unanständigen (Glieder) besondere (Wohl-)Anständigkeit;   24 unsere anständigen (Glieder) haben das nicht nötig.   24 Aber Gott hat den Leib so zusammengefügt, daß er dem geringeren Glied größere Ehre gab,   25 damit keine Spaltung sei im Leibe, sondern die Glieder einträchtig füreinander sorgen.   26 Und wenn *ein* Glied leidet, so leiden alle Glieder mit; wenn *ein* Glied geehrt wird, so freuen sich alle Glieder mit.

Vers 12f.: *10, 17; Röm 12, 4 f.*   Vers 13: *Gal 3, 28*   Vers 26: *Röm 12, 15.*

Von den Geistesgaben geht Paulus über zu dem Lebensraum, in dem die vielfältigen Geistesgaben konkret wirksam werden, in der Kirche. Der Geist Gottes ist die wirkende Lebenskraft im „Leibe Christi". Auch hier herrscht dasselbe Verhältnis von Einheit und Mannigfaltigkeit. Die Gemeindeglieder, deren Einheit als Kirche in der Bindung an denselben Herrn in dem einen Geist begründet ist, sind die Träger der vielfältigen Geistesgaben. Der Gesamtaufbau des Abschnitts ist dadurch gekennzeichnet, daß das Bild von dem Zusammenwirken der vielen Glieder in dem einen Leib dazu dient, die Einheit der Kirche und ihre Funktion als eine lebendige, wechselseitige Glaubens- und Dienstgemeinschaft zu charakterisieren, die vom Geist Gottes und Jesu Christi getrieben wird. Grundlegend für die paulinische Gedankenführung ist die Wirklichkeit der Kirche als Gemeinschaft der Getauften, die er in V. 27 direkt als „Leib Christi" bezeichnet. Mit dem aus der stoischen Tradition stammenden Gleichnis vom Zusammenwirken der Glieder im leiblichen Organismus veranschaulicht Paulus die Einheit der Kirche in der Mannigfaltigkeit der Gaben und zeigt damit die Aufgaben der einzelnen Christen im Ganzen der Gemeinde auf. Mit dieser Veranschaulichung spricht er zugleich mahnend und tröstend in die konkrete Lage in Korinth hinein.

In V. 12 faßt der Apostel zunächst den menschlichen Leib ins Auge und 12 betont die Einheit des Leibes in und trotz der Mannigfaltigkeit der Glieder. Die Anwendung dieses Gedankens erfolgt am Schluß von V. 12 zunächst in überraschender Kürze: Wie der Leib, so auch – der (gekreuzigte und erhöhte) Christus. Der Sinn dieses knappen Vergleichs kann von V. 11 oder von V. 13 her näher bestimmt werden. Das einleitende „denn" in V. 12, das auf V. 11 zurückweist, läßt an die Ergänzung denken: so ist es auch da, wo Christus durch seinen Geist wirkt. Aber der V. 12 bildet den Auftakt zu dem neuen Abschnitt, der durch Leib (V. 12) und Leib Christi (V. 27) eingerahmt ist. Deshalb legt sich die Interpretation des Vergleichs von dem begründend angeschlossenen V. 13 aus nahe, in dem von dem „einen Leib" die Rede ist, der durch Geist und Taufe zustande gekommen ist, also von der Kirche als der Gemeinschaft der Getauften. In V. 13 fährt Paulus fort: Denn durch *einen* 13 Geist wurden wir alle (= die Glieder der Kirche) getauft – „zu *einem* Leib". Es ist umstritten, ob die Präposition (*eis*) hier lokalen (in – hinein) oder konsekutiven Sinn hat (so daß ein Leib = eine Einheit entsteht). Da „Leib Christi" von der Abendmahlstradition her ein geprägter Ausdruck ist (10, 16) und da Paulus in V. 27 die korinthische Gemeinde direkt als „Leib Christi" bezeichnet, meint „ein Leib" (*hèn sōma*) in V. 13 schwerlich nur abstrakt die Einheit, sondern die konkrete Gemeinschaft, die durch die Hingabe des Leibes Christi in den Tod und den in der Taufe geschenkten Geist Gottes bewirkt ist. Die konsekutive Fassung von *eis* in V. 13 vermag bei abstrakter Deutung von Leib = Einheit m. E. die konkrete Aussage des Paulus in V. 27 nicht voll aufzunehmen. Denn Paulus sagt in V. 27 nicht: Ihr seid eine Einheit, sondern: Ihr seid „Leib Christi" (vgl. den Ausdruck „ein Leib in Christus" Röm 12, 5 und die personal formulierte Wendung „*einer (heis)* in Christus" Gal 3, 28). Das Fehlen des Artikels bei Leib Christi in V. 27 drückt die Differenz zwischen dem (ekklesiologischen) Leib Christi und dem in den Tod gegebenen Leib Jesu Christi aus. Die Kirche als „Leib Christi" ist durch die Versöhnungstat Gottes in Christus und das Wirken des Geistes Gottes begründet (vgl. neue Schöpfung 2. Kor 5, 17); sie ist nicht nur Ergebnis eines Zusammenschlusses von glaubenden Menschen. Christus und die Kirche als die Gemeinschaft derer, die durch Taufe und Abendmahl Anteil an der Heilswirkung seines Todes haben, gehören für Paulus eng zusammen. Zu vergleichen ist auch die Zusammengehörigkeit von Messias oder Menschensohn, dem Repräsentanten der „Heiligen des Höchsten" (Dan 7, 13.22.27), den Paulus in 1. Kor 15,45 als letzten Adam interpretiert, mit dem eschatologischen Gottesvolk. Von diesem sachlichen Zusammenhang des Kirchenbegriffs mit dem Christusgeschehen aus läßt sich der knappe Vergleich von V. 12 konkretisierend so umschreiben: Wie der Leib (der alten Schöpfung) einer ist, obwohl er viele Glieder hat, so verhält es sich auch mit dem „einen Leib" (V. 13: der neuen Schöpfung), der durch die Hingabe des Leibes Jesu Christi in den stellvertretenden Tod (2. Kor 5, 14) konstituiert ist und durch den Geist Gottes als „Leib Christi" (V. 27) zu der brüderlichen Gemeinschaft der Getauften (V. 13) zusammengeschlossen wird. Durch die Taufe werden die ethnischen, sozialen und geschlechtlichen Unterschiede zwischen Juden und Heiden, Sklaven und Freien, Männern und Frauen (vgl. Gal 3,28) äußerlich nicht aufgehoben, aber es wird durch den Geist Gottes eine neue Gemeinschaft begründet, in der die Strukturen und Werte der alten Welt keine Heilsbedeutung mehr haben. Der *eine* Geist (Gottes und Christi) bestimmt die Einheit der Kirche aus Juden und Heiden. Die Aufzählung der Gruppen und Stände der alten Welt begegnet immer im Zusammenhang mit dem Taufgeschehen (1. Kor 12,13; Gal 3,27f.; vgl. das Ablegen des alten Menschen in Kol 3, 10 ff.), und das Taufgeschehen wird in Röm 6,4–11 verankert im Heilsgeschehen von Tod und Auferweckung Jesu Christi. Das Getränktwerden mit *einem* Geist (V. 13b), das manche Ausleger auf das Abendmahl beziehen, unterstreicht nochmals den Empfang des einheitstiftenden Geistes in der Taufe; dafür spricht die Aoristform, die den einmaligen Akt in der Vergangenheit betont. Die Vorstellung des Tränkens entspricht dem Bild vom Ausgießen des Geistes (Joel 3, 1; Apg 2, 17.18.33; 10, 45).

14–26   In V. 14–26 veranschaulicht der Apostel den Vergleich von V. 12 mit dem gleichnishaften Bild vom leiblichen Organismus, das in der hellenistischen Welt beliebt war. In dem alten, aus der Fabel des Menenius Agrippa (Livius, Ab urbe condita II 32 f.) am besten bekannten Gleichnis sind die Glieder auf Gruppen des Staates bezogen; die späteren Stoiker verwandten das Bild auch für die einzelnen Menschen als „Glieder" (nicht nur „Teile") der Menschheit. Soll der eine Leib, der aus vielen Gliedern besteht, als lebendiger Organismus funktionieren, dann darf keiner der beiden Pole „Einheit" und „Mannigfaltigkeit" ganz wegfallen. Der Leib als Ganzer lebt davon, daß jedes einzelne Glied seine spezielle Funktion wahrnimmt, und umgekehrt ist jedes Glied darauf
14–18   angewiesen, daß auch der Körper als Ganzer seine Aufgabe erfüllt. Paulus beurteilt die Zusammenordnung der Glieder im Leib als Werk des Schöpfers, der den Gliedern ihre Funktion im Organismus nach seinem Willen zugewiesen hat (V. 18). Das bedeutet auf die Sachhälfte der Kirche übertragen, daß die Christen dem Willen Gottes nur dann gehorsam sind, wenn jeder mit der ihm von Gott geschenkten Gabe am Aufbau der Gemeinde mitwirkt. Paulus entfaltet in V. 14–18 zuerst die *Vielheit* der Glieder in der Einheit des Leibes

und zeigt die notwendige Zugehörigkeit der einzelnen Glieder mit ihrer speziellen Funktion zum Ganzen des Leibes auf. Dies wird an wichtigen Körperteilen wie Hand und Fuß, Auge und Ohr beispielhaft verdeutlicht. (Manche Ausleger fassen die Verse 15 und 16 mit Luther als Fragesätze.) So hat auch jedes Gemeindeglied mit der ihm geschenkten Geistesgabe eine nützliche und dem Ganzen dienende Aufgabe zu erfüllen. In den Versen 19–21 entfaltet **19–21** Paulus den anderen Aspekt der *Einheit* des Leibes in der Mannigfaltigkeit der Glieder und veranschaulicht an Auge und Ohr, Kopf und Füßen, wie jedes Glied auf die anderen Glieder und damit auf das Funktionieren des ganzen Organismus angewiesen ist. Dabei wendet der Apostel das Bild vom Leib kritisch gegen das schwärmerische Geistverständnis der korinthischen Pneumatiker, die auf die anderen Gemeindeglieder herabschauten und so die Einheit der Gemeinde zerstörten. Mit den Beispielen in V. 15–17 tröstet er die Schwachen und Verachteten in der Gemeinde, die sich unnütz vorkamen und Minderwertigkeitsgefühle hatten; mit den Beispielen V. 21 ff. kritisiert er die Überheblichkeit der Starken und schärft ihnen ein, daß auch sie trotz ihres pneumatischen Hochgefühls auf die anderen angewiesen sind. In den Versen 22–26 **22–26** hebt Paulus den von Gott gewollten Ausgleich zwischen den stärkeren und schwächeren bzw. den höher geachteten und den geringer geachteten Gliedern im Leib hervor und zielt damit auf die Bereitschaft zur Verwirklichung der Gemeinschaft durch die helfende Liebe in der Kirche. Die Glieder, die als die schwächeren gelten, sind besonders notwendig, und die „unanständigen Glieder" (die Schamteile) erfahren durch die Kleidung um so höhere Ehre. Gott will, daß im Leib fürsorgliche Eintracht herrsche. In V. 26 wird deutlich erkennbar, wie das Zusammenleben der einzelnen Christen in der Gemeinde auf die Durchführung des Bildes vom Organismus einwirkt: Die Gemeinschaft soll die ganze Spannweite des menschlichen Lebens mit seinen Freuden und seinen Leiden umfassen (vgl. Röm 12, 15).

Mit diesem Gleichnis vom Leib und den Gliedern erteilt Paulus sowohl den Starken als auch den Schwachen in Korinth eine anschauliche Lektion: die Starken haben keinen Grund zum Hochmut, und die Schwachen brauchen sich keinen Minderwertigkeitsgefühlen hinzugeben, weil sie alle jeweils mit ihrer Geistesgabe einander dienen und so zum Aufbau der Gemeinde beitragen sollen.

3.1.4 *Die vielfältigen Gaben und Dienste in der Kirche 12, 27–31*

27 Ihr aber seid der Leib Christi und einzeln genommen (dessen) Glieder. 28 Und zwar hat Gott in der Gemeinde die einen eingesetzt erstens als Apostel, zweitens als Propheten, drittens als Lehrer; dann (hat er gegeben) Wunderkräfte, weiter Heilungsgaben, Hilfeleistungen, Leitungsgaben, (verschiedene) Arten von Zungen(rede). 29 Sind etwa alle Apostel? (Sind) etwa alle Propheten? (Sind) etwa alle Lehrer? Besitzen etwa alle Wunderkräfte? 30 Haben etwa alle Heilungsgaben? Reden etwa alle in Zungen? Können etwa alle ausle-

gen?   31 Strebt aber nach den größeren Gnadengaben! Und ich will euch noch darüber hinaus einen Weg zeigen.

Vers 27: *Röm 12, 5*   Vers 28: *12, 8–10*   Vers 31a: *14, 1.*

27   In V. 27 geht Paulus vom Bild zur Wirklichkeit der Kirche über, deren Einheit durch den Geist Gottes und Christi er im Rückblick auf das Organismusgleichnis mit der Bezeichnung „Leib Christi" ausdrückt. Trotz der ernsthaften Mängel, die er in Korinth zu tadeln hat, gibt er den dortigen Christen ausdrücklich das Würdeprädikat „Leib Christi"; denn ihr Sein als Gemeinde Jesu Christi hängt nicht von ihren religiösen und sittlichen Leistungen ab, sondern
28   von der göttlichen Berufung durch Wort und Geist. Bei der Anwendung des Gleichnisses vom Leib und den Gliedern auf die Gemeinde beleuchtet Paulus in den folgenden Versen den Reichtum an Gaben und Diensten, den Gott der Kirche in ihrer Gesamtheit geschenkt hat. In der Aufzählung nimmt er einen Teil der in V. 8–10 genannten Charismen wieder auf, stellt aber die sog. Gemeindeämter an den Anfang und fügt diakonische und verwaltungstechnische Funktionen hinzu. Der Apostel beginnt mit den Trägern der drei wichtigsten Verkündigungsfunktionen und nennt erstens die Apostel, zweitens die Propheten, drittens die Lehrer. Diese Verkündiger werden personal mit Zahlworten aufgeführt, weil es sich hierbei um fest an eine Person gebundene, dauernd ausgeübte Funktionen handelt. Wo keine Apostel vorhanden waren, lag die Leitung der Gemeinden meist in der Hand von Propheten und Lehrern (vgl. Apg 13, 1–3). Die Apostel sind vom auferstandenen Herrn in einer Erscheinung berufene und ausgesandte Christuszeugen und als solche die ersten Verkündiger der gemeindegründenden Predigt. Mit den Propheten sind hier christliche Propheten gemeint, die auf Grund von Offenbarung der Gemeinde in geistgewirkter Rede Weisungen für ihren Weg in Gegenwart und Zukunft geben. Die Lehrer geben in der Form der Unterweisung (*didachḗ*) die Glauben und Leben betreffenden Traditionen, welche alttestamentliche Aussagen und die Lehre Jesu vermitteln, an die Gemeinde weiter und legen sie ihr in christlichem Verständnis aus. Propheten und Lehrer waren vorwiegend in einer Ortsgemeinde tätig, während die Apostel wie z. B. Petrus und Paulus als Missionare umherzogen und mehrere Gemeinden gründeten. Alle drei Verkündigungsarten werden als pneumatische Funktionen verstanden. Diese drei Dienste mit dem Wort sind hervorgehoben als Zusammenfassung des „Dienstes der Versöhnung", den Gott eingesetzt hat (2. Kor 5, 17–21), und ohne den es überhaupt nicht zur Entstehung einer Gemeinde kommt. Dies trifft z. B. für Wunderheilungen und Zungenreden nicht in dieser Weise zu. Nach diesen drei „Ämtern" hört die Zählung auf; statt der Personen werden nun Gnadengaben aufgeführt. Den „einen" V. 28 entsprechen (ohne Nennung) andere, denen die genannten Charismen für den Dienst in der Kirche verliehen sind. In etwas anderer Auswahl und Reihenfolge als in V. 8–10 zählt der Apostel auf: Wunderkräfte, Heilungsgaben und verschiedene Arten von Zungenrede. Charakteristisch für das paulinische Verständnis der Charismen ist dabei, daß

er in diese Reihe auch Hilfeleistungen wie die Fürsorge für die Armen und
Kranken und Funktionen der Leitung (das griechische Wort ist von der Tätigkeit des Steuermanns abgeleitet) in der gottesdienstlichen Versammlung und
beim Abendmahl einschiebt. Die Qualität einer Geistesgabe hängt für Paulus
nicht von der ekstatischen Form ab, sondern vom Ursprung aus Gottes Geist
und Gnade und von der dienenden Funktion. Mit den folgenden Fragen, die   29.30
alle sieben auf eine negative Antwort zielen, erinnert Paulus nochmals an die
verschiedene Zuteilung der Gaben durch Gott. Deswegen können nicht alle
dasselbe Charisma haben und dieselbe Aufgabe erfüllen. Hinsichtlich ihrer   31
Herkunft aus dem Geist Gottes sind grundsätzlich alle Gnadengaben theologisch gleich hoch einzuschätzen. Dies hat Paulus den enthusiastischen Pneumatikern in Korinth eingeschärft, die nur außergewöhnliche Gaben und
Fähigkeiten als Geistesgaben gelten ließen und darauf ihre geistliche Überheblichkeit gründeten. Nun setzt Paulus im Vorblick auf den Vorrang der Prophetie vor der Zungenrede (Kap. 14) neu an und legt den Akzent darauf, daß
es trotz der grundsätzlichen Gleichheit eine gewisse Rangordnung unter den
Gaben gibt, nämlich im Blick auf ihre verschieden hilfreiche Wirkung für den
Aufbau der Gemeinde. Darum ruft er jetzt zunächst dazu auf, den „größeren"
Gnadengaben, d.h. den für das Gemeindeleben wichtigeren und effektiveren
Charismen nachzustreben. Aber er muß vorher noch das Kriterium klären,
von dem aus der einen Gnadengabe (der Prophetie) ein höherer Rang zugebil-
ligt werden kann als der anderen (der Glossolalie). Dieses Kriterium ist die
Liebe (*agápe*). In diesem Sinn schickt sich Paulus nun an, der Gemeinde die
Liebe als den „köstlicheren Weg" (G. Bornkamm) zu zeigen, der alle Charismen überragt. Das Verhältnis der Liebe zu den Charismen wird im folgenden
„Hohenlied der Liebe" (Kap. 13) entfaltet. V. 31 a wird von manchen Ausle-   31 a
gern (Ch. Wolff) indikativisch aufgelöst, weil sonst ein Widerspruch zu den
rhetorischen Fragen entstehe. Aber die verbindende Partikel „und" am Anfang
von V. 31 b spricht m. E. für eine imperativische Interpretation von V. 31 a.
Denn für die in V. 31 b enthaltene Gegenposition des Paulus zur Überschätzung der „sensationellen", ekstatischen Geistesgaben in Korinth müßte sonst
eine adversative Partikel („aber") gesetzt sein. Außerdem wird der Imperativ
„strebt" durch die Imperative „trachtet" und „strebt" in 14, 1 unter Berücksichtigung der inzwischen in Kap. 13 dargestellten Agape wieder aufgenommen.

Das Verständnis der Kirche und der Charismen bei Paulus

Die Aussagen des Apostels Paulus über die Kirche sind mit zwei verschiede-
nen Vorstellungskomplexen verbunden, mit der traditionellen Vorstellung von
der Kirche als dem eschatologischen Gottesvolk und mit der bei Paulus neuen
Vorstellung von der Kirche als dem „Leib Christi".
Die Jerusalemer Urkirche hat sich auf Grund von Kreuz und Auferstehung
Jesu Christi und der an Pfingsten erfolgten Geistausgießung als das *eschatolo-*

gische Gottesvolk verstanden, dem der für die Endzeit verheißene Geist (Joel 3,1; Apg 2,17) bereits als Erstlingsgabe der Vollendung (Röm 8,23) geschenkt ist. Paulus wußte sich durch seine Berufung bei Damaskus zum Apostel der Heiden berufen (Gal 1,15f.). Theologisch war die Aufnahme der Heiden bereits durch das Wirken Jesu grundgelegt und vorbereitet, insofern er die Teilhabe am Gottesreich nicht den Vertretern der pharisäischen Gesetzesgerechtigkeit, sondern den Hörern seines Rufs zusprach und durch seinen Kreuzestod allen Menschen eine neue Gemeinschaft mit Gott eröffnete. Die ersten Schritte zur Heidenmission waren praktisch schon vor der Berufung des Paulus getan; aber erst dieser Theologe aus der Diaspora (Tarsus), der als „auserwähltes Werkzeug" (Apg 9,15) rabbinische Schulung und eine gute Kenntnis der hellenistischen Welt in sich vereinigte, hat den welthistorisch bedeutsamen Übergang der Christusbotschaft in die Völkerwelt konsequent durchdacht und von der Versöhnungstat Gottes in Christus her im Licht der alttestamentlichen Verheißung theologisch begründet.

Paulus gebraucht für die Kirche und ihre Glieder mehrere Bezeichnungen, die mit dem *Gottesvolkgedanken* zusammenhängen. In den Briefpräskripten (z.B. 1.Kor 1,2) verwendet er meistens den griechischen, ins Lateinische übernommenen Begriff *ekklēsía*, mit dem die Septuaginta den hebräischen Ausdruck qahal wiedergibt. Dieser bezeichnet die Versammlung des Volkes Israel durch Gott in verschiedenen Situationen, vor allem die am Sinai zum Bundesschluß versammelte Gemeinde und im Deuteronomium das „Aufgebot Gottes". Die *Gemeinde* von Korinth repräsentiert konkret an diesem Ort das eschatologische Gottesvolk, die Gemeinde der „Berufenen" (Röm 1,6), „Heiligen" (1.Kor 1,2) oder „Erwählten" (Röm 8,33). Da in dem Begriff *ekklēsía* das berufende Handeln Gottes und das Aufgebot der Versammelten miteinander im Blick sind, kann er ebenso auf die Gesamtkirche (1.Kor 10,32; 12,28) wie auf die einzelne Ortsgemeinde (11,18) und auf eine Hausgemeinde (16,19) angewendet werden. Wie in Qumran (1QS VIII,5; CD III,19) kann die Gemeinde als *Tempel* (3,16) oder *Bau Gottes* (3,9) oder als Pflanzung und *Ackerwerk Gottes* (3,9) beschrieben werden. Das Bild vom *Ölbaum* benützt der Apostel in Röm 11 zur Warnung der Heidenchristen vor Überheblichkeit. Zum Vorstellungskreis des eschatologischen Gottesvolkes gehört die Gegenüberstellung des alten und des neuen *Bundes* in 2.Kor 3 und das stehende Bild von der *Hochzeit* (Braut) 2.Kor 11,2 für die Gottesherrschaft (vgl. bei Johannes die Vorstellungen von Hirt und Herde Kap.10, Weinstock und Reben Kap.15). – Paulus präzisiert jedoch den *Gottesvolkgedanken* neu von seiner *Rechtfertigungsbotschaft* aus. Das später gegebene Gesetz vom Sinai kann die Verheißung Gottes an Abraham nicht aufheben. Wahre Abrahamskinder sind nur die, die dem Glauben Abrahams nachfolgen und an den *einen* Nachkommen, nämlich an Christus, glauben (Gal 3,16.29). „Er ist das Ja zu allem, was Gott verheißen hat" (2.Kor 1,20). Von hier aus unterscheidet Paulus zwischen dem Israel nach dem Fleisch (1.Kor 10,18) und den Kindern der Verheißung (Röm 9,8) und bezeichnet alle, die Christus angehören, als das „Israel Gottes"

(Gal 6,16) oder die wahre „Beschneidung" (Phil 3,2). Von der Christologie aus betont Paulus den grundlegenden Zusammenhang der Botschaft von Christus mit der Offenbarung Gottes im Alten Testament; nur von hier aus konnte er die Kirche als die von Gott in Jesus Christus heraufgeführte *„neue Schöpfung"* (2.Kor 5,17) verständlich machen. Der deutlichste Beleg für diese Sicht ist neben 1.Kor 10 der Abschnitt Röm 9–11. Trotz der gegenwärtigen Verstockung eines großen Teils von Israel ist die Verheißung Gottes für sein auserwähltes Volk nicht hingefallen. In Röm 11,25 deutet Paulus in einem Geheimnis an, daß am Ende der Geschichte ganz Israel auf derselben Basis der freien Gnade Gottes gerettet werden wird wie die Christusgläubigen. Die Treue Gottes zu seiner Verheißung an Israel trägt zugleich auch die Hoffnung der Christen auf die endzeitliche Erlösung. Das Verhältnis Israel – Kirche kann von Paulus her nicht entwicklungsgeschichtlich so betrachtet werden, als habe die Kirche (auf höherer Stufe) Israel abgelöst; vielmehr soll das von Gott gesetzte Gegenüber von Israel und Kirche uns Christen ständig daran erinnern, daß wir aus Gnade gerettet werden durch den Glauben (Eph 2,9).

Das spezifisch neue Verständnis der Kirche bei Paulus kommt in seinem *Leib-Christi-Gedanken* zum Ausdruck.

Es ist theologisch bedeutsam, daß diese Vorstellung nicht etwa im dogmatischen Teil des Römerbriefs begegnet, sondern im Rahmen der Paränese in Röm 12 und im Kontext der Anweisungen für die Gottesdienstgestaltung in 1.Kor 12–14. Daran zeigt sich, wie sehr Paulus die Kirche funktional im Sinn des *Dienstes* an den Menschen versteht und sie aufs engste mit den Geistes- oder Gnadengaben, den Charismen, verbunden sieht. Mit dem Bild vom Leib und den Gliedern macht der Apostel sowohl die Einheit der Kirche im Geist als auch die Mannigfaltigkeit in den verschiedenen Gaben und Diensten anschaulich. Die *Gliedschaft* in der Kirche als dem „Leib Christi" ist wesentlich unterschieden vom Individualismus, weil der einzelne verantwortlich in eine größere Gemeinschaft einbezogen ist, und andererseits unterscheidet sich „Gliedschaft" ebenso deutlich vom Kollektivismus, weil jeder einzelne gerade mit seiner besonderen Gabe als Person ernst genommen wird. Die Aufzählung der *Charismen* in Röm 12 und 1.Kor 12 ist noch variabel und enthält keine systematische Gliederung. In 1.Kor 12,28 stehen die kerygmatischen Funktionen und Gemeinde-leitenden „Ämter" (Apostel, Propheten und Lehrer) betont am Anfang, weil der Glaube aus dem Wort Gottes kommt (Jes 53,1; Röm 10,16 f.); ohne Verkündigung des Evangeliums entsteht keine Gemeinde. Zu den Charismen im einzelnen gehören Gaben der Verkündigung (Prophetie Röm 12,6; 1.Kor 12,10; Lehre Röm 12,7; Seelsorge Röm 12,8; Weisheits- und Erkenntnisrede 1.Kor 12,8; Scheidung der Geister 12,10), Gaben der Hilfeleistung und der Fürsorge (Diakonie Röm 12,7; Wohltätigkeit 12,8; Krankenpflege 12,8; vgl. 1.Kor 12,28), Gaben der Leitung (1.Kor 12,28), weiter Gaben der Heilung (wunderwirkender Glaube, Krankenheilungen, Exorzismen 1.Kor 12,9 f.) und des ekstatischen Lobpreises Gottes (Glossolalie und

Auslegung der Zungenrede 1. Kor 12, 10). Grundsätzlich macht Paulus keinen Unterschied zwischen außerordentlichen und weniger auffälligen, „gewöhnlichen" Gaben. Alle Charismen sind Gaben des einen Geistes Gottes, der jedem zuteilt, wie er will (12,11), und alle dienen demselben Ziel, dem Nutzen aller (12,7). Paulus hat mit dem von ihm zu theologischer Bedeutung erhobenen Begriff Charisma das schwärmerische Geistesverständnis der Korinther dahin korrigiert, daß jede Geistesäußerung als ein freies Geschenk der göttlichen Gnade verstanden werden muß, das zum Dienst verpflichtet. Alle Gemeindeglieder haben den Geist empfangen (1. Kor 12,13); jedem fällt aber damit auch die Aufgabe zu, sein besonderes Charisma in den Dienst der Gemeinde zu stellen. So bedeutet Einheit des Geistes gerade nicht schematische Uniformität, sondern wechselseitiges Zusammenwirken der verschiedenen Gaben und Dienste.

In 1. Kor 12 spricht Paulus auf Grund des hellenistischen Gleichnisses vom Leib und den Gliedern die korinthische Gemeinde als „*Leib Christi*" an (V. 27). Die Aufgabe der einzelnen Christen im Ganzen der Kirche veranschaulicht er in V. 14–26 an der Funktion der Glieder im leiblichen Organismus. In Korinth wurde die Zungenrede als höchste, vielleicht sogar als einzig wirkliche, Geistesgabe hoch geschätzt. Der Apostel mißt alle Charismen an der Liebe (Kap. 13), d. h. konkret an ihrem Beitrag zur Auferbauung der Gemeinde (*oikodomé*), und gibt von diesem Kriterium aus der verständlichen Prophetie den Vorzug vor der unverständlichen Zungenrede (Kap. 14). Die ekstatische Form ist zweideutig, entscheidend ist der Inhalt, die Übereinstimmung mit dem Bekenntnis zu Jesus als dem Kyrios (12,3) und dem Glauben (Röm 12,6). Die *Charismenlehre* bringt in der Mannigfaltigkeit der Gaben die religiöse Gleichberechtigung aller Glaubenden zur Geltung, die Paulus in den Spitzensatz faßt: „Hier ist nicht Jude noch Grieche, hier ist nicht Sklave noch Freier, hier ist nicht Mann und Frau (wörtlich: männlich und weiblich); denn ihr seid alle *einer* in Christus Jesus" (Gal 3,28). Da der Mensch allein durch den Glauben an Christus gerechtfertigt wird, haben die Unterschiede und Werte der alten Welt im Bereich der Christusherrschaft keine religiöse Bedeutung zur Erlangung des Heils mehr. Die Charismenlehre ist „die Projektion der Rechtfertigungslehre in die Ekklesiologie hinein" (E. Käsemann, Amt und Gemeinde, S. 119). Neben dem polemisch gegen die Pneumatiker in Korinth gerichteten Abschnitt 1. Kor 12–14 zeigt Röm 12, daß die Charismen eine grundsätzliche Bedeutung für die paulinische Auffassung von der Kirche haben.

Die Frage nach der *religionsgeschichtlichen* Herleitung der sog. Leib-Christi-Konzeption ist in der Forschung noch offen. Die früher vielfach vertretene These vom gnostischen Urmensch-Erlöser-Mythos als Hintergrund der paulinischen Christologie ist durch die neuere Gnosisforschung in Frage gestellt worden. Der Begriff „Leib des Christus" (*sōma tou Christou*) wurde schon vor Paulus in der Abendmahlstradition für den in den Tod gegebenen Leib Jesu (10,16) gebraucht. Paulus hat als erster, soweit wir Belege haben, den Begriff

„Leib" auf die Kirche als ein Corpus aus vielen Gliedern angewendet. An die traditionelle Wendung vom Leib Christi (10,16) schließt er in V.17 seine Interpretation an: „Weil es *ein* Brot ist, sind wir, die Vielen, *ein* Leib; denn wir haben alle teil an dem *einen* Brot." In der Hingabe des *einen* (Christus) für *alle* (2.Kor 5,14) liegt m.E. die entscheidende Wurzel für die paulinische Vorstellung von der Kirche als dem Leib Christi. Die Kirche ist verstanden als der Segensbereich, der durch den stellvertretenden Sühnetod Jesu eröffnet ist, und zugleich als der Herrschaftsbereich des erhöhten und im Geist gegenwärtigen Christus, in den die Glaubenden durch die Taufe eingegliedert (inkorporiert) sind und in dem sie durch das Abendmahl immer neu befestigt und gestärkt werden (12,13; 10,16f.). Paulus hat die Hingabe des Leibes Jesu, die durch die Identifikation Jesu mit den sündigen Menschen eine stellvertretende Wirkung hat (O. Hofius), mit der sog. *Adam-Christus-Typologie* verbunden, mit der er in Röm 5,12–21 und 1.Kor 15,42–49 die Überlegenheit der Gnade Gottes über die Macht der Sünde demonstriert (vgl. die Exegese zu 1.Kor 15,45ff.). Wie die alte Menschheit in ihrer Verfallenheit an Sünde und Tod durch den ersten (irdischen) Menschen Adam begründet ist, so ist die neue, eschatologische Menschheit durch den zweiten (himmlischen) Adam, Jesus Christus, begründet. Das Judentum kannte die Vorstellung, daß im Stammvater das Schicksal der Nachkommen beschlossen ist (E. Schweizer, ThWNT VII, S.1069f.), wandte diesen Gedanken aber von den Erzvätern her vorwiegend auf Israel an. Da der Heidenapostel Paulus an der Universalität des Heils interessiert ist, stellt er dem eschatologischen Menschen Jesus Christus in 1.Kor 15 nicht Abraham, sondern den Stammvater der Menschheit, Adam, gegenüber. Paulus versteht Jesus Christus als den eschatologischen „Menschen", den „Menschensohn" von Dan 7,13, durch den in der Parusie „den Heiligen des Höchsten" der Sieg über die gottfeindlichen Mächte zuteil wird (Dan 7,22.27; 1.Kor 15,23–28). Weil dieser „Eine" „für alle" gestorben ist, darum ist „in ihm", dem Repräsentanten der eschatologischen Menschheit, für alle eine neue Gemeinschaft mit Gott eröffnet. Die Aussage des Paulus in 2.Kor 5,14 (s. z. St.) wird von 1.Kor 15,22.45–49 aus verständlich und läßt das stellvertretende Sterben Jesu als Hintergrund sowohl der Adam-Christus-Typologie als auch des Leib-Christi-Gedankens erkennen. Von diesem Zusammenhang aus konnte Paulus die Linie von dem in den Tod gegebenen Leib Christi interpretierend weiterziehen zu der Kirche als der durch Tod und Auferweckung Jesu Christi begründeten eschatologischen Gemeinschaft aus Juden und Heiden.

Die Vorstellung vom *„Leib Christi"* war geeignet, den christologisch modifizierten Gottesvolkgedanken für heidnische Menschen zu erläutern. Da Leib (*sōma*) auf den Makrokosmos als Weltleib hinwies, wurde dadurch die Universalität der Kirche aus Juden und Heiden angedeutet; der in den Tod gegebene Leib Jesu erinnert an die Rechtfertigung aus Glauben, und das Zusammenwirken der Glieder im Leib mahnt zum Gebrauch der Gaben im Dienst des Ganzen der Kirche. Die anthropologische Bedeutung von Leib als dem von Gott geschenkten Organ der Kommunikation und des Wirkens ermuntert zum

„leib-haften" Gottesdienst im Alltag der Welt (vgl. Röm 12,1 f.) und unterstreicht den „Öffentlichkeitsauftrag" der Kirche, und die gleiche religiöse
Würde und Verantwortlichkeit der Glieder ist geeignet, die Kluft zwischen
Priestern und Laien zu überwinden und das Priestertum aller Glaubenden zu
verwirklichen.

Paulus kennt noch keine *Ämter* im späteren kirchenrechtlichen Sinn. Er hat
die judenchristliche Ältestenordnung für seine Gemeinden nicht übernommen;
die Bischöfe und Diakone von Phil 1,1 sind vorwiegend Träger von Leitungs-
und Fürsorgefunktionen. Die organisierende Kraft in der charismatischen
Gemeinde ist der Geist. Aber Geist und Ordnung sind für Paulus keine
Gegensätze, sondern Korrelate; insofern kann sich Rudolf Sohm mit seiner
Alternative: Geist *oder* Recht, nicht auf den Apostel berufen. Paulus weiß, daß
eine Gemeinschaft in dem von Raum und Zeit bestimmten geschichtlichen
Äon nicht ohne Elemente der Ordnung existieren kann. 1. Kor 14 ist ein
instruktives Beispiel dafür, wie die Liebe, die auf das sieht, was dem andern
dient (Phil 2,4), Rücksichtnahme und Ordnung bewirkt (14,31–33). Die aus
dem Geist erwachsene kirchliche Ordnung, die nur regulative Bedeutung hat,
will gewährleisten, daß die verschiedenen Gnadengaben in der Kirche wirksam
werden können.

Paulus bezeichnet sein *Apostelamt* mehrfach als die ihm geschenkte Gnade
(*cháris* Röm 1,5; 12,3; 15,15; 1. Kor 3,10; 15,10; Gal 2,9). In diesem Sinn ist
der Apostel auch ein Charismatiker, aber er nimmt geschichtlich eine singuläre
Stellung unter den Charismatikern ein. Die Apostel sind die vom auferstandenen Herrn selbst berufenen und beauftragten Verkündiger des Evangeliums.
Auf Grund des Damaskusereignisses rechnet sich Paulus als letzten zu dieser
Reihe der Zeugen des auferweckten Herrn hinzu (15,8). Die kirchengrün-
dende Predigt der Apostel enthält zwar inhaltlich dasselbe Evangelium wie die
Predigt der späteren Evangelisten und Pfarrer, aber ihre geschichtliche Stel-
lung am Anfang der Kirche ist nicht wiederholbar. Darum ist die Kontinuität
des Evangeliums als der entscheidende Faktor für die Identität der Kirche in
den verschiedenen Zeiten und Kulturen zu betrachten. Der Apostel vertritt als
Diener der Versöhnung (2. Kor 5,19 f.) den erhöhten Herrn in der Gemeinde.
Darauf beruht seine Autorität, mit der er Gehorsam bei seinen Gemeinden
beansprucht. Mit solchem Anspruch verteidigt Paulus nicht seine persönliche
Ehre; er bringt vielmehr als geistlicher Vater der Gemeinden die Autorität des
Evangeliums in den Konfliktfällen zur Geltung.

Für die *Entwicklung* von der charismatischen Gemeinde des Paulus zu der
hierarchisch gegliederten *Ämterkirche* des Frühkatholizismus sind mehrere
Faktoren in Anschlag zu bringen: vor allem der Tod der Apostel und die
Abwehr der gnostischen Irrlehre, weiter auch das Schwinden der Naherwartung, die missionarische Rücksichtnahme auf die Umwelt und nicht zuletzt
das zahlenmäßige Anwachsen der Gemeinden. In den Pastoralbriefen liegen
noch keine eindeutigen Zeugnisse für die dreigestufte Ämterordnung
(Bischof-Priester-Diakon) und für die apostolische Sukzession vor. Der ent-

scheidende Schritt zum frühkatholischen Amtsbegriff erfolgte erst am Ende
des 1. Jh. im 1. Clem. und in den Briefen des Bischofs Ignatius. Dort wird die
apostolische Sukzession theologisch begründet; es setzt sich infolge der Übernahme der alttestamentlichen Priesterordnung die Unterscheidung von Priestern und Laien wieder durch, und die Kirchenordnung gewinnt als Größe
göttlichen Rechts konstitutive Bedeutung für den Glauben. Infolge dieser Entwicklung erweist sich heute das Amtsverständnis als eines der schwierigsten
Probleme im ökumenischen Gespräch. Erfreulicherweise hat das funktionale
Verständnis des Amtes seit dem zweiten Vatikanischen Konzil auch in der
römisch-katholischen Kirche stark an Bedeutung gewonnen.

3.2 Der Lobpreis der Liebe 13, 1–13

Das in sich geschlossene und kunstvoll gestaltete Hohelied der Liebe ist
formal und inhaltlich klar in drei Teile gegliedert. Die Verse 1–3 beschreiben
die Nichtigkeit aller Charismen ohne die Liebe, die Verse 4–7 das Wesen und
Walten der Liebe, und die Verse 8–13 die Unvergänglichkeit der Liebe (G.
Bornkamm). Paulus konnte sich bei diesem hymnischen Lobpreis der Liebe an
eine bestimmte Stilform (Lobpreis eines höchsten Wertes) anschließen, die im
Griechentum entwickelt und vom hellenistischen Judentum übernommen
wurde. In der griechischen Literatur begegnet die Stilform des Lobpreises der
höchsten Tugend (Aretalogie) z. B. für die Tapferkeit bei dem griechischen
Lyriker Tyrtaios (7. Jh. v. Chr.) oder für den Eros bei Plato im Gastmahl. In
der jüdisch-hellenistischen Weisheitsliteratur wird die Weisheit hymnisch
gepriesen in Spr 8, Sir 24 und Weish 7 f. Stilistisch besonders eng verwandt mit
1. Kor 13 ist ein Lobpreis der Wahrheit (= Rechtschaffenheit) im Rahmen des
Wettstreits der Pagen vor Darius in 3. Esra 4, 34–40. Dort heißt es u. a.: „Die
Wahrheit ist groß und mächtiger als alles. ... Ungerecht ist der Wein, ungerecht der König, ungerecht die Frauen; ungerecht sind alle Menschenkinder,
und alle ihre Werke sind ungerecht, alles derartige. Wahrheit ist nicht in ihnen,
und an ihrer Ungerechtigkeit gehen sie zugrunde. Die Wahrheit aber bleibt
und ist mächtig in Ewigkeit; und sie lebt und herrscht bis in alle Ewigkeiten“
(V. 35.37 f.).

Der Stil der drei Teile von 1. Kor 13 ist nicht ganz einheitlich. Im ersten und
dritten Teil werden die Charismen mit der Liebe konfrontiert, und das verbindet Kap. 13 mit den Kapiteln 12 und 14. Im zweiten Teil ist die Liebe das Subjekt; hier wird ihre Tätigkeit im Stil jüdischer Aufzählungen in der Testa-
mentsliteratur charakterisiert (G. v. Rad). Die Vermutung, Paulus habe diesen
Lobpreis der Liebe bei anderer Gelegenheit gestaltet und als passendes Argument in unseren Zusammenhang eingefügt, läßt sich zwar nicht beweisen, ist
aber als Möglichkeit, jedenfalls für den Mittelteil, auch nicht auszuschließen.

Der Name Christus wird in dem ganzen Hymnus nicht direkt genannt. Aber
die Liebe, von der Paulus hier spricht, ist die Liebe Gottes, die durch die Hin-

gabe Jesu Christi für die Menschen in unserer Welt wirksam geworden ist (Röm 5,5–8; 8,38 f.; 13,8–10). Sie ist die grundlegende Frucht des Geistes (Gal 5,22), ohne die auch die höchsten Charismen nichts wert sind.

3.2.1 Die Nichtigkeit der Charismen ohne die Liebe 13, 1–3

1 Wenn ich mit den Zungen der Menschen und der Engel rede, habe aber die Liebe nicht, so bin ich ein tönendes Erz oder eine lärmende Pauke. 2 Und wenn ich Prophetengabe habe und alle Geheimnisse und alle Erkenntnis weiß und wenn ich allen Glauben habe, so daß ich Berge versetzen kann, habe aber die Liebe nicht, so bin ich nichts. 3 Und wenn ich alle meine Habe als Almosen verteile, und wenn ich meinen Leib hingebe, damit ich verbrannt werde, habe aber die Liebe nicht, so nützt es mir nichts.

Vers 1: *14,6*   Vers 2: *Mk 11,23 par.*   Vers 3: *Dan 3,19f.*

In kunstvoller Weise werden in den fünf bedingenden Vordersätzen, die nicht irreal konstruiert sind, aber irrealen Sinn haben, möglichst vollkommene geistliche Gnadengaben und sittliche Leistungen aufgeführt und dreimal mit der Wendung: „habe aber die Liebe nicht" wirkungsvoll konfrontiert, um so die Bedeutungslosigkeit aller Charismen ohne die Liebe zu veranschaulichen. Das für die Liebe gebrauchte Wort ist ein Begriff der griechischen Übersetzung des Alten Testaments (*agápē*), der in der Profanliteratur kaum verwendet wird. Liebe ist ein biblisches Grundwort, das von der Erwählung Israels an (5. Mose 7,6–11) das Handeln Gottes an seinem Volk bestimmt und das die Liebe beschreibt, die das Bundesvolk seinem Gott und dem Nächsten schuldet (5. Mose 6, 5; 3. Mose 19, 18). Ihren stärksten Ausdruck hat die Liebe Gottes in der Sendung Jesu Christi gefunden (Röm. 5, 8; Joh 3, 16).

1   Die in Korinth am höchsten geschätzte Zungenrede stellt Paulus bewußt an den Anfang. Das „ich", das sich nicht nur auf Paulus bezieht, hat typisierende Bedeutung. Die verständlichen Sprachen der Menschen werden durch die unverständliche Zungenrede überhöht, die als Sprache der Engel, als „himmlische Sprache", charakterisiert wird. Wenn ich Gott nicht nur mit menschlichen Worten, sondern sogar – in einer Art Vorgriff auf die eschatologische Vollendung – in der Sprache der Engel lobpreisen könnte, so wäre dies, ohne die Liebe, doch nur leerer Schall und gellendes Getöse. Paulus spielt hierbei auf Instrumente an, die in den orgiastischen Mysterienkulten gebraucht wurden, auf das hallende, einem Gong ähnliche Becken aus Erz und auf die den Rhythmus unterstützende Handpauke oder Zimbel, die im Kybelekult üblich

2   war (vgl. auch Ps 150,5). Nach der Glossolalie nennt Paulus die Gabe der prophetischen Rede, mit der er die Geheimnisse Gottes und die pneumatische Erkenntnis verbindet, weil diese den Inhalt der Prophetie bilden. Der Prophet redet auf Grund göttlicher Offenbarung durch den Geist, der ihm Einblick in den Heilsplan Gottes gewährt und situationserhellende Weisungen für den Weg der Gemeinde schenkt (12,8). Paulus faßt hier ein Höchstmaß an pro-

phetischem Wissen und Erkennen ins Auge und verbindet es mit der herausragenden Gabe des wundertätigen Glaubens, der Berge versetzen kann (12, 9). Die bei den Rabbinen nicht übliche Verbindung des Ausdrucks „Berge entwurzeln" oder „ausreißen" mit dem Glauben (Bill. I, S. 759) macht es wahrscheinlich, daß dem Apostel eine Tradition des Jesuswortes Mk 11, 23 p. bekannt war. Auch der größte Prophet und Wundertäter wäre nichts, wenn ihm die Liebe fehlte.

In V. 3 geht Paulus von den herausragenden Geistesgaben zu außerordentli- 3
chen ethischen Verhaltensweisen über. Er nennt „Spitzenleistungen" des Opferwillens und der Hingabe, nämlich die Verteilung des ganzen Vermögens als Almosen zur Speisung von Armen und die Hingabe des Leibes in den besonders schmerzvollen Feuertod. Hier ist textkritisch umstritten, ob die Lesart „damit ich verbrannt werde" (*hína kauthḗsomai*, ind. fut.) oder „damit ich Ruhm (für mich) gewinne" (*hína kauchḗsōmai*) ursprünglich ist. M. E. verdient die erste Lesart den Vorzug, weil sich von ihr aus alle anderen Varianten als grammatikalische (alexandrinische) oder sachliche Korrekturen von Abschreibern erklären lassen. Paulus will ein extremes Beispiel für eine opfervolle Hingabe nennen und spielt dafür auf den verbreiteten Topos von den drei jungen Männern im Feuerofen an (Dan 3, 19 f.; Hebr 11, 34). Das bei Paulus häufige Wort „sich rühmen" wäre von einem Abschreiber schwerlich durch das bei Paulus sonst nicht vorkommende „verbrennen" ersetzt worden. Außerdem bildet der von Paulus stets verurteilte Selbstruhm einen so deutlichen Gegensatz zur Nächstenliebe, daß hierbei die Wendung „habe aber die Liebe nicht" unnötig wäre. Dem Einwand, daß mit „Ruhm gewinnen" im positiven Sinn der Ruhm bei Gott (vgl. Phil 2, 16) gemeint sei, ist entgegenzuhalten, daß die mediale Form des intransitiven Verbums „sich rühmen", „prahlen" (W. Bauer) bedeutet. Auch die höchsten sittlichen Leistungen wären nichts nütze ohne die Liebe. Dabei ist deutlich, daß die Liebe nicht nur als ein Charisma unter anderen Gnadengaben verstanden ist, sondern als die vom Geist Gottes bewirkte Grundhaltung, ohne die weder die staunenswertesten Geistesgaben noch die höchsten sittlichen Leistungen einen heilsamen Dienst zum Aufbau der Gemeinde leisten könnten.

3.2.2 Das Wesen und Walten der Liebe 13, 4–7

4 Die Liebe ist langmütig, gütig ist die Liebe, die Liebe eifert nicht, die Liebe prahlt nicht, sie bläht sich nicht auf, 5 sie handelt nicht unanständig, sie sucht nicht das Ihre, sie läßt sich nicht erbittern, sie rechnet das Böse nicht zu, 6 sie freut sich nicht über die Ungerechtigkeit, sie freut sich vielmehr an der Wahrheit; 7 alles deckt sie, alles glaubt sie, alles hofft sie, alles trägt sie.

Vers 4: *Röm 13, 8*   Vers 6: *Röm 12, 9*   Vers 7: *Spr 10, 12*.

In den Versen 4–7 ist die Liebe Subjekt der Aussagen. Mit fünfzehn Verben wird entfaltet, was die Liebe tut bzw. was sie nicht tut. Dieser Stil ist mehr lehrhaft aufzählend als hymnisch und erinnert an ähnliche negative Aufzählungen in der jüdisch-hellenistischen Paränese (vgl. TestIss 4,2–6; TestBenj 6,1–4). Die Liebe als radikaler Verzicht auf jegliches Sichrühmen und als das Gegenteil der Selbstsucht tut das nicht, was der ichbezogene Mensch, meist in der ersten emotionalen Reaktion, tut. Auch in dieser Aufzählung bei Paulus herrschen die negativen Wendungen vor; acht negative Glieder werden von sieben positiven Aussagen eingerahmt.

4   „Die Liebe ist langmütig." Sie gibt nicht nach dem ersten Fehlschlag auf, sondern ist geduldig und hat den langen Atem, um Provokationen zu überwinden und Abhilfe auf Dauer zu schaffen. Neben der Langmut wird im Neuen Testament häufig die Güte genannt (2.Kor 6,6; Gal 5,22; Kol 3,12). In chiastischer Stellung fährt Paulus fort: „Gütig ist die Liebe". Ein freundliches und gütiges Verhalten gegenüber allen Menschen entspricht der in Jesus Christus erschienenen Freundlichkeit und Güte Gottes (Röm 2,4; Tit 3,4). Nach diesen beiden positiven Aussagen beginnen die negativen Bestimmungen. „Die Liebe eifert nicht." Sie geht nicht fanatisch vor und zerstört die Gemeinschaft nicht durch Scheuklappenmentalität und Gruppenegoismus (vgl. 1.Kor 3,3). „Die Liebe prahlt nicht" (Luther: „treibt nicht Mutwillen"). Der Prahlhans (W. Bauer: „Windbeutel") gaukelt den anderen mit schöngeistigen Worten etwas vor, was er in Wirklichkeit selbst nicht ist und nicht leisten kann; dagegen ist die Liebe für den anderen da. „Sie bläht sich nicht auf." Sie stellt nicht aus Eitelkeit die eigene Weisheit und Tüchtigkeit in den Mittelpunkt. Prahlen und Sich-Aufblähen sind Äußerungen der Überheblichkeit, wie sie bei den korinthischen Pneumatikern vorherrschte. Damit kritisiert der Apostel in einem polemischen Seitenhieb das Weisheitsstreben und den geistlichen Selbstruhm

5   der Korinther. Die Liebe „handelt nicht unanständig". Sie setzt sich nicht taktlos und selbstherrlich über die Grenzen von Anstand und Sitte hinweg wie die auf ihre Erkenntnis und Freiheit stolzen Korinther, die auf das Gewissen der schwachen Brüder „einschlagen" (8,12; vgl. 6,15). Die Liebe „sucht nicht das Ihre". Sie ist nicht auf den eigenen Vorteil aus, sondern sucht wie Christus und sein Nachfolger Paulus das Wohl und Heil der anderen (10,33; 11,1; Phil 2,4). Die Liebe „läßt sich nicht erbittern". Sie läßt sich nicht durch die Streitsucht der anderen selbst zum Zorn reizen, sondern überwindet das Böse mit dem Guten (Röm 12,21). „Die Liebe rechnet das Böse nicht zu." Der Ausdruck „zurechnen" ist durch alttestamentliche Wendungen bestimmt (vgl. 1.Mose 15,6; Ps 32,2). Wer dem andern die Schuld nicht vergibt, sondern anrechnet, der läßt den Menschen fallen und hält das Böse fest; die Liebe dagegen läßt das Böse fallen und hält den Menschen fest; dadurch erweist sich

6   die Liebe als Kraft der Gemeinschaft. Die Liebe „freut sich nicht über die Ungerechtigkeit, sie freut sich vielmehr an der Wahrheit". Die Gegenüberstellung von Ungerechtigkeit und Wahrheit (im Sinn des Tuns der Wahrheit bzw. des Rechten) erklärt sich aus der jüdischen Tradition, nach der die Ungerechtigkeit aller Menschen mit der Wahrheit konfrontiert wird (vgl. 3.Esra 4,37), und nach der die Wahrheit sich hält zu denen, „die sie tun" (Sir 27,10; vgl.

Joh 3, 21). Der mit dem vierfachen „alles" formulierte V. 7 faßt das ganze Mit- 7
telstück abschließend zusammen. Er nimmt den Sinn der beiden, durch die
zahlreichen Negationen profilierten, positiven Aussagen von V. 4 wieder auf
und drückt ihn mit Hilfe der urchristlichen Trias Glaube, Liebe, Hoffnung
(vgl. 1. Thess 1, 3; 1. Kor 13, 13) aus. Das erste griechische Verbum (*stégein*)
kann „zudecken", „mit Schweigen bedecken" oder auch „ertragen", „aushal-
ten" bedeuten. Die Bedeutung „bedecken" ist hier vorzuziehen, damit die
Tautologie mit dem vierten Verbumm „ertragen" vermieden wird. „Die Liebe
deckt auch der Sünden Menge" (1. Petr 4, 8; vgl. Spr 10, 12; Jak 5, 20). Sie
trägt angetanes Unrecht nicht nach, sondern ermöglicht einen Neuanfang
durch Vergebung, die aus der göttlichen Liebe und Vergebung erwächst (vgl.
Mt 6, 12; Kol 3, 13). Die Liebe „glaubt alles"; dies meint nicht kritiklose
Gutgläubigkeit, sondern vom hebräischen Begriff des Glaubens her die Kraft,
dem andern auch über Fehlschläge hinweg das Vertrauen zu bewahren. Die
Liebe „hofft alles". Sie ist nicht in erster Linie anch rückwärts orientiert,
sondern durch die neue Schöpfung in Christus auf die kommende Gottesherrschaft ausgerichtet und deshalb offen für die Zukunft. Die Liebe „erträgt
alles". Sie hat die geduldige Standfestigkeit und Tragkraft derer, die sich von
Gott getragen wissen; sie findet sich nicht in schwächlicher Resignation mit
allem und jedem ab, sondern schöpft aus dem Vertrauen auf Gottes Beistand
die Geduld und den Mut, auch unter dem Druck der gottwidrigen Mächte
dieser Welt im Glauben auszuharren.

Diese Beschreibung läßt deutlich erkennen, daß sich das geschilderte Walten
der Liebe aus der Nachfolge Jesu Christi ergibt, auch wenn sein Name nicht
erwähnt ist. Paulus hält damit zugleich den in Gruppen zerstrittenen und auf
ihre Weisheit und Erkenntnis stolzen Korinthern einen entlarvenden Spiegel
vor Augen.

3.2.3 Die Unvergänglichkeit der Liebe 13, 8–13

8 Die Liebe hört niemals auf (wird niemals hinfällig). (Seien es) Prophetenga-
ben – sie werden abgetan werden; (seien es) Zungenreden – sie werden aufhören;
(sei es) Erkenntnis – sie wird abgetan werden.   9 Denn Stückwerk ist unser
Erkennen, und Stückwerk ist unser prophetisches Reden.   10 Wenn aber das
Vollkommene eintreten (kommen) wird, dann wird das Stückwerk abgetan werden.   11 Als ich ein Kind war, da redete ich wie ein Kind, dachte ich wie ein
Kind, überlegte ich wie ein Kind. Als ich jedoch ein Mann geworden bin, da habe
ich das Kindliche abgetan.   12 Denn wir sehen jetzt durch einen Spiegel in rätselhafter Weise; dann aber (werden wir) von Angesicht zu Angesicht (sehen). Jetzt
erkenne ich stückweise; dann aber werde ich ganz erkennen, wie ich auch ganz
erkannt worden bin.   13 Nun aber bleiben Glaube, Hoffnung, Liebe, diese drei;
doch am größten unter ihnen ist die Liebe.

Vers 8: *3. Esra 4, 38*   Vers 11: *Eph 4, 13*   Vers 12: *4. Mose 12, 6–8*   Vers 13: *1. Thess 1, 3.*

8   Stilistisch erfolgt in V. 8 wieder ein Wechsel zur Konfrontation der Liebe mit den Charismen. Paulus zieht hier drei Charismen heran, Prophetie, Glossolalie und geistgewirkte (visionäre) Erkenntnis; in 13,2 ist die Erkenntnis mit der Prophetengabe verbunden. Der V. 8 a bildet eine These, deren Sinn durch den in 8 b–d enthaltenen Gegensatz bestimmt wird. Prophetie, Zungenrede und Erkenntnis werden aufhören, beseitigt werden. Fragen wir, wann dies geschehen wird, so macht die folgende Begründung in V. 9–12 klar, daß an die Zeit des Vollkommenen, d. h. an die eschatologische Vollendung in der sichtbaren Gottesherrschaft gedacht ist. Damit erweist sich die Gegenüberstellung von jetziger geschichtlicher Existenz in der Kirche und zukünftiger eschatologischer Existenz im Reich Gottes als Leitfaden der paulinischen Aussagen. In diesem dritten Teil des Lobpreises wird die Unvergänglichkeit der Liebe beschrieben. Die Liebe „bleibt" (V. 13) und reicht bis in die eschatologische Vollendung hinein. Ihr kann der Einschnitt, der Kirche und Reich Gottes trennt, nichts anhaben; sie wird nicht aufhören. Von der Verkündigung Jesu her ist die Liebe als zentraler Begriff der zukünftigen Gottesherrschaft geläufig; deshalb ist das „Bleiben" wohl nicht nur als logischer Gegensatz zum Abgetanwerden zu fassen, sondern im zeitlich-eschatologischen Sinn zu verstehen. Paulus schildert die Liebe nicht nur innergeschichtlich als Größe, die als Jesu „neues Gebot" (Joh 13,34) bis zum Weltende ihre Gültigkeit behält, sondern auch als die das Wesen der Vollendung bestimmende „Macht der Gottesherrschaft" (E. Jüngel). In 3. Esra 4,38 wird auch von der Wahrheit gesagt: „sie lebt und herrscht bis in alle Ewigkeiten". Demgegenüber ist die Funktion der drei genannten Charismen auf die geschichtliche Zeit der Kirche und des Glaubens beschränkt. Das geschichtlich Begrenzte wird abgelöst vom Vollkommenen. Die Charismen sind vorläufige Geistesmanifestationen; die Liebe, das „Band der Vollkommenheit" (Kol 3,14), bleibt auch in der Zeit des Schauens von Angesicht zu Angesicht. Das Aufhören der Prophetie im zukünftigen Reich Gottes ist ohne weiteres verständlich. Wenn die eschatologische Vollendung Wirklichkeit geworden ist, braucht es keine Voraussagen, Bußpredigten und ethischen Weisungen von Propheten mehr. Schwieriger ist das Aufhören der Zungenrede zu erklären. Man sollte denken, als „himmlische Sprache" der Engel sei sie der Vollendung gerade angemessen. Dieser Zusammenhang wird auch nicht direkt bestritten. Paulus faßt hier wohl vor allem die ekstatische Form der Glossolalie, das Zusammentreffen der pneumatischen göttlichen Kraft mit der irdischen Wirklichkeit, ins Auge. Das „Hereinbrechen" des Gottesgeistes wird gegenstandslos, wenn der irdische Leib in den unvergänglichen, geistlichen Leib verwandelt ist. Dasselbe gilt für die (visionäre) Erkenntnis der Propheten; das unmittelbare Schauen in der Vollendung

9   macht prophetisches Erkennen überflüssig. Nun erfolgt in V. 9 eine nähere Bestimmung des vorläufigen Vergänglichen gegenüber dem eschatologisch Bleibenden: alles Erkennen und Prophezeien in der geschichtlichen Existenz ist „Stückwerk", aspektgebunden, gebrochen, fragmentarisch; es ist noch kein unmittelbares und vollkommenes Erkennen. Die quantitativ-qualitative und

die zeitlich-eschatologische Betrachtungsweise gehen hier ineinander über. Die Glossolalie wird in V. 9 nicht mehr erwähnt.

Wenn das Vollkommene Wirklichkeit geworden sein wird, dann fallen die 10 gebrochenen Teilerkenntnisse der geschichtlichen Zeit dahin. Die umfassende Erkenntnis des Ganzen ist unterwegs auf der Strecke des Lebens noch nicht möglich. Das vorläufige, bruchstückhafte Erkennen und das bleibende, voll- 11 kommene Erkennen veranschaulicht Paulus in V. 11 mit einem Bild aus dem Leben, das im Griechentum und im hellenistischen Judentum für die Entwicklung vom Kind zum erwachsenen Mann gebraucht wurde. Paulus stellt dem unmündigen Kind den „vollendeten Mann" (vgl. Eph 4, 13) gegenüber. Im kindlichen Stadium ist das Reden, Trachten und Überlegen noch kindlich; beim mündig gewordenen, erwachsenen Mann ist das Kindliche überholt und abgetan. Besteht bei dem Bild vom Kind und vom Mann der entscheidende 12 Gegensatz in der Unreife bzw. Reife des Erkennens, so besteht er beim Bild vom Spiegel in der Mittelbarkeit des Erkennens während des irdischen Lebens gegenüber dem unmittelbaren Schauen „von Angesicht zu Angesicht" in der eschatologischen Vollendung. Die *fragmentarische* Erkenntnis (V. 9–11) wird in V. 12 als *indirekte* charakterisiert; im Spiegel erscheint nur ein Abbild der betrachteten Gestalt (vgl. auch Jak 1, 23 f.). Den Hintergrund der paulinischen Aussage bildet die Stelle 4. Mose 12, 6–8 (G. Dautzenberg). Danach redete Gott mit den Propheten in Visionen oder Träumen, mit seinem Knecht Mose dagegen „von Mund zu Mund", nicht durch dunkle Worte oder Gleichnisse, und er (Mose) sah den Herrn in seiner Gestalt. Die Septuaginta übersetzt V. 6–8: „Ich werde von Mund zu Mund mit ihm reden, in der Gestalt (*en eídei*) und nicht durch Rätsel (*di' ainigmátōn*), und er sah die Herrlichkeit des Herrn." Dem Gottesmann Mose war im Unterschied von den Propheten eine unmittelbare Begegnung mit Jahwe zuteil geworden. Das hebräische Wort für Gestalt bedeutet in anderer Vokalisation „Spiegel" (2. Mose 38, 8). Plato gebraucht das Bild vom Spiegel sowohl für die Klarheit, in der ein nicht verunreinigter Spiegel eine Gestalt reflektiert (Tim 72 c), als auch für die Indirektheit des Sehens (das Abbild einer Gestalt im Spiegel Tim 71 b). Beide Aspekte kamen in der Exegese von 4. Mose 12, 6–8 zur Geltung. Die Rabbinen erklärten, Mose habe Gott in einem klaren Spiegel gesehen, die Propheten dagegen in einem trüben (G. Kittel, ThWNT I, S. 177). Paulus sagt: „Wir sehen jetzt durch einen Spiegel in rätselhafter Weise" (*en ainígmati*). Er deutet das auf Deutung angewiesene Sehen der Propheten in Visionen oder Träumen als ein rätselhaftes Sehen im Spiegel und bezieht es auf das unvollkommene Erkennen im irdischen Leben, während er das unmittelbare Sehen des Mose „in der Gestalt" bzw. „von Angesicht zu Angesicht" (5. Mose 34, 10) auf das Schauen in der eschatologischen Vollendung (2. Kor 5, 7) bezieht. Jetzt im irdischen Leben kommen die Menschen, auch Propheten und Visionäre, über ein mittelbares, auf Deutung angewiesenes Erkennen nicht hinaus; das vollkommene Erkennen ist dem Leben in der vollendeten Gottesherrschaft vorbehalten. Jesus hat aus diesem Grund von dem zukünftigen Gottesreich vorwiegend in

Gleichnissen gesprochen. Solange wir in dieser Welt leben, ist unser Erkennen nur bruchstückhaft; aber in der Vollendung werden wir in umfassender Weise, *ganz* erkennen, so wie wir von Gott *ganz* erkannt wurden, als er uns in Liebe erwählte und in die Gemeinde Jesu Christi berief (vgl. 8, 3).

13   Den drei speziellen Geistesgaben: Prophetie, Zungenrede und Erkenntnis (V. 8), die nicht jeder Christ zu haben braucht und die aufhören werden, stellt nun der Apostel am Schluß die drei für das Sein des Christen konstitutiven Geisteswirkungen gegenüber: Glaube, Hoffnung und Liebe. Da der Duktus des ganzen Abschnitts auf die Liebe hinführt, stellt er entgegen der traditionellen Reihenfolge (1. Thess 1, 3) die Liebe an den Schluß. Paulus nimmt hier vorpaulinische Begriffe auf und bringt mit dieser Trias die wesentlichen und sachlich zusammengehörenden Strukturmomente des „Seins in Christus" zum Ausdruck. Der Glaube ist Vertrauen auf den gekreuzigten und erhöhten Jesus Christus; er ist nur echt, wenn er sich auswirkt in der Liebe (Gal 5, 6), und er hofft auf die Vollendung bei der Parusie des Herrn (Röm 8, 24 f.). Das Bleiben drückt gegenüber dem Aufhören eine weiterbestehende Gültigkeit aus. Glaube, Liebe und Hoffnung sind bei jedem Glied der Kirche ausschlaggebend für die Erlangung des ewigen Heils. Aber die Liebe ist unter den dreien die größte, weil sie als „Macht der Gottesherrschaft" auch dann noch bleibt, wenn der Glaube ins Schauen und die Hoffnung in die Erfüllung übergegangen sein werden. Da aber die Christen in der Vollendung nicht in der Gottheit aufgehen, sondern dem Herrn als die von ihm Erlösten gegenüberstehen, behalten auch Glaube (= Gehorsam) und Hoffnung (= ständiges Angewiesensein auf den Herrn) als Strukturmomente des „Seins bei dem Herrn" (1. Thess 4, 17) eine der Vollendung entsprechende Bedeutung.

Die Liebe bei Paulus

Die Liebe (*agápē*) ist bei Paulus ein zentraler theologischer Begriff, der die ganze christliche Existenz in ihrer Beziehung zu Gott und den Mitmenschen umfaßt. Dabei ist die Auffassung des Paulus durch die alttestamentliche Tradition und die Verkündigung und das Verhalten Jesu Christi geprägt. Der Zusammenhang mit dem Alten Testament kommt bereits durch den Sprachgebrauch zum Ausdruck. Die profane griechische Literatur kennt mehrere Verben für das eine deutsche Wort „lieben". Das allgemeinste griechische Verbum für ein fürsorgliches Zugeneigtsein ist *philein* (daher *phílos* = Freund). Der Eros ist die leidenschaftliche Liebe, die den anderen für sich begehrt (E. Stauffer, ThWNT I, S. 34). Das Verbum *agapān* kann mit *philein* und *erān* wechseln und bedeutet „gerne haben", „in Ehren behandeln", „sich zufrieden geben". Während dieses Verbum schon seit Homer begegnet und in der Septuaginta auch die Liebe zwischen Mann und Frau bezeichnen kann (z. B. 1. Mose 24, 67; Ri 16, 4; Hld 3, 1 u. ö.), kommt das Hauptwort *agápē* außerhalb der Bibel fast gar nicht vor. Dieser zentrale biblische Begriff hat seinen Ursprung in der griechischen Übersetzung des Alten Testaments (Septuaginta), die das hebräische Wort für Liebe fast durchgängig mit *agápē* wiedergab und das Hauptwort *érōs* fast völlig (bis auf Spr 7,18; 30,16) vermied. Die Selbstvervollkommnung des Menschen durch das Aufwärtsstreben zur Idee des Wahren, Guten und Schönen war nicht geeignet, die auf dem erwählenden Handeln Gottes beruhende Liebe auszudrücken. Die alttestamentlichen Propheten beschreiben das Motiv der göttlichen Erwählung als Liebe (Jes 49,15; Jer 31,3), und das Deuteronomium leitet daraus die Mahnung an die Erwählten ab, Gott wiederum zu lieben (5. Mose 6,5). Die Liebe zu Gott erweist sich im bundesgemäßen Verhalten (2. Mose 20,6) und in der Liebe zum Nächsten (3. Mose 19,18). So besteht ein enger Zusammenhang zwischen der Liebe Gottes zu den Menschen und der Liebe des Menschen zu Gott und zum Nächsten.

Jesus sieht im Doppelgebot der Liebe den Sinn des ganzen Gesetzes zusammengefaßt (Mt 22,37–40). Aber Jesus ist nicht nur Lehrer, sondern der Bringer des Heils, in dem die Liebe Gottes den Menschen begegnet und der ihnen durch sein stellvertretendes Sterben ein neues Leben eröffnet hat.

Die Grundlage für den paulinischen Liebesbegriff ist der Taterweis der Liebe Gottes durch die Sendung seines Sohnes zum Heil der Menschen. Der in Christus begegnenden Liebe Gottes antworten die von ihm erwählten Menschen (= die Geliebten Röm 1,7; 1. Thess 1,4) mit der Liebe zu Gott und Christus und mit der Bruder- und Nächstenliebe. Wenn in 1. Kor 13 von *der* Liebe (ohne Näherbestimmung) geredet wird, dann sind alle diese Aspekte mit umfaßt. Auch wenn Jesus Christus nicht erwähnt wird, so scheint doch seine dienende, sich für die anderen hingebende Liebe in dem ganzen Kapitel durch. – Die Liebe Gottes (2. Kor 13,13) hat sich im Kreuz Jesu Christi offenbart (Röm 5,5–8; 8,32–35; vgl. Joh 3,16). Als Subjekt des Heilsgeschehens kann auch Christus genannt werden, der sich selbst erniedrigt hat bis zum Tod am Kreuz (Phil 2,6ff.) und der darin seine Liebe zu den Menschen erzeigt hat (Gal 2,20). Die Liebe Gottes (Röm 8,39) und die Liebe Christi (Röm 8,35; 2. Kor 5,14) bilden eine Einheit, insofern uns die Liebe Gottes in Christus begegnet.

Die Antwort, die Gottes Heilstat bei den Menschen findet, beschreibt der Apostel vor allem durch Glaube (*pístis*) und Erkenntnis (*gnōsis*); relativ selten spricht er auch von der Liebe der Christen zu Gott (Röm 8,28; 1. Kor 2,9; 8,3) und zu Christus (1. Kor 16,22). In 1. Kor 8,3 wird entfaltet, wie unser Erkennen und Lieben Gottes im Erkannt- und Geliebtwerden durch Gott in der Erwählung wurzelt (vgl. Gal 4,9). Der Glaube wird in der Liebe tätig (Gal 5,6); darum werden Glaube und Liebe häufig miteinander verbunden (1. Thess 1,3; 3,6; 5,8; 1. Kor 13,13; 14,1; 2. Kor 6,6; Phlm 5). Die Nächstenliebe wird bei Paulus als Bruderliebe im Glauben begründet (Röm 12,9f.). Paulus nimmt das von Jesus als Feindesliebe ausgelegte Gebot der Nächstenliebe auf und sieht darin die Erfüllung des Sinaigesetzes (Röm 13,8–10; Gal 5,14). Das „Gesetz Christi" (Gal 6,2) wird verwirklicht in der Liebe. Als Liebender ist der Glaubende ein „neues Geschöpf" (2. Kor 5,17), das sich der

Liebe Christi (V. 14) verdankt. Die Agape kann nicht als eine Tugend des natürlichen Menschen charakterisiert werden, weil sie eine „Frucht des Geistes" ist (Gal 5, 22). „Die Liebe Gottes ist ausgegossen durch den heiligen Geist, der uns gegeben ist" (Röm 5, 5). Die Liebe ist „Liebe des Geistes" (Röm 15, 30; vgl. Kol 1, 8). Geist und Liebe beschreiben dieselbe göttliche Kraft, aber von zwei verschiedenen Seiten betrachtet. Ein Leben gemäß dem Geist ist vor allem ein Leben in der Liebe (Röm 14, 15; 1. Kor 16, 14; Gal 5, 13.25). Die Liebe ist die Kraft, die die Kirche als den Leib Christi aufbaut und zusammenhält (1. Kor 12, 14–27; Phil 2, 1–4). Apostel und Gemeinde sind in der Liebe Gottes und Christi miteinander verbunden (2. Kor 2, 4; 12, 15). Aus all dem ergibt sich, daß die Liebe nicht nur als ein Charisma unter anderen Gnadengaben zu verstehen ist. In 1. Kor 13 zeigt Paulus, daß die Liebe die Kraft ist, die den einzelnen Charismen erst ihre aufbauende Wirkung verleiht. Glaube, Liebe und Hoffnung sind integrierende Verhaltensweisen eines jeden christlichen Lebens, ohne die es kein „Sein in Christus" gibt. Prophetie, Zungenrede und Erkenntnis hören mit dem alten Äon auf, aber Glaube, Hoffnung und Liebe bleiben. Die Liebe ist die größte unter ihnen; denn sie ist ein Vorschein der eschatologischen Vollendung (1. Kor 13, 13).

3.3 Prophetie und Zungenrede im Gottesdienst 14, 1–40

Mit Kap. 13 ist der entscheidende Gesichtspunkt für die Beurteilung der Geistesgaben gewonnen: die Liebe. In Kap. 14 wird die Rangordnung der Charismen an der Auferbauung der Gemeinde als dem ausschlaggebenden Kriterium orientiert.

Paulus greift im folgenden die beiden in Korinth besonders beliebten Geistesgaben, Zungenrede und Prophetie, heraus. Die Mahnung in V. 1b läßt bereits erkennen, daß die Korinther die ekstatische Zungenrede höher einschätzten als die prophetische Rede. Diese Wertung kehrt sich für den Apostel vom Kriterium der Erbauung der Gemeinde her um. Er wertet die Geistesgaben nicht nach ihrer äußeren Erscheinungsform wie die Korinther, die den Einbruch des Geistes Gottes in den Menschen in der Ekstase als die höchste Geistesmanifestation betrachteten, sondern nach ihrem Nutzen für alle (12, 7). Für Paulus erweist sich das Wesen des göttlichen Geistes in der Kraft der dienenden Liebe.

3.3.1 Der Vorrang der prophetischen Rede vor der Glossolalie 14, 1–19

1 Trachtet nach der Liebe, doch strebt auch nach den Geistesgaben, am meisten aber nach dem prophetischen Reden. 2 Denn wer in Zungen redet, der redet nicht für Menschen, sondern für Gott; denn niemand versteht (es), er redet vielmehr im Geist Geheimnisse. 3 Wer aber prophetisch redet, der redet für Menschen zur Erbauung und Ermahnung und Tröstung. 4 Wer in Zungen redet, der

erbaut sich selbst; wer aber prophetisch redet, der erbaut die Gemeinde. 5 Ich will aber, daß ihr alle in Zungen reden könntet, noch viel mehr aber, daß ihr prophetisch redet. Größer aber ist der Prophet (der Prophezeiende) als der Zungenredner (der in Zungen Redende), außer wenn er übersetzt (seine Zungenrede auslegt), damit die Gemeinde Erbauung empfange.

6 Nun aber, Brüder, wenn ich zu euch komme und in Zungen rede, was werde ich euch nützen, wenn ich nicht zu euch rede mit (in Form) einer Offenbarung oder Erkenntnis oder Prophetie oder Lehre? 7 So verhält es sich mit den leblosen Instrumenten, die Töne hervorbringen, sei es eine Flöte, sei es eine Zither: wenn sie nicht unterschiedliche Töne von sich geben, wie wird man da erkennen, was auf der Flöte geblasen oder auf der Zither gespielt wird? 8 Und wenn die Trompete einen undeutlichen Ton gibt, wer wird sich da zum Kampfe rüsten? 9 So auch ihr: wenn ihr durch die Zungenrede kein deutliches Wort hervorbringt, wie wird man verstehen, was gesprochen wird? Ihr werdet nämlich in den Wind reden. 10 Es gibt doch so viele Arten von Sprachen in der Welt, und nichts ist ohne Sprache. 11 Wenn ich nun die Bedeutung der Sprache nicht kenne, so werde ich für den Redenden ein Fremder (ein „Barbar") sein, und der Redende (wird) für mich ein Fremder (sein). 12 So auch ihr: da ihr eifrig nach Geistesgaben strebt, so sucht, daß ihr sie zur Erbauung der Gemeinde in Fülle erlangt!

13 Darum, wer in Zungen redet, der soll beten, daß er es auch übersetzen (auslegen) könne. 14 Denn wenn ich in Zungen bete, so betet mein Geist, aber mein Verstand ist ohne Frucht. 15 Was folgt daraus? Ich werde beten mit dem Geist, ich werde aber auch beten mit dem Verstand; ich werde Psalmen singen mit dem Geist, ich werde aber auch Psalmen singen mit dem Verstand. 16 Denn wenn du den Lobpreis sprichst im Geist, wie soll dann der, der die Stelle des Laien einnimmt, das Amen auf dein Dankgebet sprechen, da er ja nicht weiß, was du sagst? 17 Du magst zwar ein gutes Dankgebet sprechen, aber der andere wird (dadurch) nicht auferbaut. 18 Ich danke Gott; mehr als ihr alle rede ich in Zungen. 19 Aber in der Gemeinde(versammlung) will ich lieber fünf Worte mit meinem Verstand reden, damit ich auch andere unterweise, als zehntausend Worte in Zungen.

Vers 1: 12,10; 1. Thess 5,19ff. Vers 6: 12,8.10 Vers 16: 2. Kor 1,20 Vers 19: Gal 6,6.

Paulus führt zunächst in V.1–5 Gründe an, die den Vorrang der prophetischen Rede vor der Glossolalie aufzeigen. Dann bringt er im nächsten Abschnitt (V.6–12) erläuternde Beispiele für die Verständlichkeit der prophetischen Rede und die Unverständlichkeit der Zungenrede. Aus den bisherigen Ausführungen zieht er in V.13–19 die Folgerungen für das Verhalten in der gottesdienstlichen Versammlung.

Da die Liebe nicht nur ein Charisma unter anderen ist, das eine mit anderen 1 vergleichbare Funktion ausübt, sondern die Grundhaltung, die allen Charismen erst ihren Wert für den Aufbau der Gemeinde gibt, begründet das Nebeneinander der Mahnung zum Trachten nach der Liebe und zum Streben nach den Geistesgaben keinen Gegensatz. Die Liebe kann der Mensch nicht durch Anstrengung seiner natürlichen Kräfte hervorbringen; sie ist eine Frucht des

Geistes (Gal 5,22; Röm 5,5). Auf Grund der Gabe des Geistes ruft Paulus im Anschluß an Kap. 13 dazu auf, nach der Liebe zu trachten, zugleich nimmt er den V. 12,31 a wieder auf und ermahnt dazu, nach den größeren, d.h. den Gemeinde bauenden Geistesgaben zu streben. Unter dem Gesichtspunkt der Förderung des Gemeindelebens verdient die prophetische Rede den Vorzug vor der unverständlichen Glossolalie. Mit dieser Wertung hält sich Paulus an die Weisungen, die er der Gemeinde in Thessalonich gegeben hat: „Den Geist dämpft nicht (Die speziellen Geistesäußerungen unterdrückt nicht). Prophetische Rede verachtet nicht. Prüft alles, (und) das Gute behaltet" (1. Thess 5,19 ff.). Paulus erkennt alle Charismen, auch die Zungenrede, als echte Geistesgaben an; er legt aber besonderen Wert auf die verständliche pro-

2 phetische Rede. In den Versen 2–4 stellt der Apostel den Zungenredner und den Propheten einander gegenüber im Hinblick auf ihr Verhältnis zu Gott und ihre Wirkung auf die Gemeinde. Er will die beiden Phänomene nicht vollständig beschreiben, sondern nur die für seine Argumentation wichtigen Aspekte herausstellen. Gleichwohl enthält das Kap. 14 die ausführlichste Darstellung der Zungenrede im Neuen Testament, aus der wir eine annähernde Vorstellung von dieser urchristlichen Erscheinung gewinnen können. Der Zungenredner ist in der Ekstase nicht auf Menschen ausgerichtet, sondern ganz Gott zugewandt. Niemand kann seine stammelnde Rede verstehen; denn er spricht im Geist Geheimnisse, die das eschatologische Heilshandeln Gottes betreffen. Im Testament Hiobs (1. Jh. n. Chr.) heißt es von der ersten der drei Töchter: „Und sie bekam ein anderes Herz, so daß sie nicht mehr an irdische Dinge dachte. Sie redete begeistert in engelhafter Sprache und schickte ein Lied zu

3 Gott empor gleich dem Gesang der Engel" (48,2 f.). Der Prophet dagegen spricht zu der Gemeinde mit verständlichen Worten. Er teilt der Gemeinde die ihm zuteil gewordene Offenbarung mit (V. 30) und fördert ihre Auferbauung durch Mahnung und Tröstung. Diese beiden Momente schließt die Verkündigung des Evangeliums von ihrem Ursprung her in sich; darin kommt das Ineinander von Indikativ und Imperativ zum Ausdruck. In dem Abschnitt, in dem Paulus den Korinthern die Weisheit Gottes als Geheimnis verkündigt hat

4 (2,6–9), redete er mit verständlichen Worten wie der Prophet. Von Erbauung wird zwar auch bei dem ganz Gott zugewandten Zungenredner gesprochen; aber dieser erbaut sich selbst, während der Prophet die Gemeinde auferbaut. Gottesliebe und Nächstenliebe lassen sich bei Jesus und Paulus nicht trennen.

5 Die Liebe zu Gott muß Frucht tragen im Dienst an den anderen. Der V. 5 macht deutlich, daß Paulus die Zungenrede keineswegs völlig unterbinden will. Er gönnt den Korinthern den Reichtum ihrer Gaben (1,5). Aber er will, daß sie die Auferbauung der Gemeinde als entscheidendes Kriterium für die Rangordnung der Charismen erkennen und danach handeln. Denn nach diesem Kriterium ist der Prophet größer als der Zungenredner. Allerdings kann die Zungenrede ebenfalls eine aufbauende Funktion erlangen, wenn der Zungenredner auch die Gabe besitzt, seine Rede zu übersetzen (= die gestammelten Worte und Laute in verständliche Rede zu übertragen).

In den Versen 6–12 erläutert Paulus die Unverständlichkeit der Glossolalie mit mehreren Beispielen und weist die Notwendigkeit des verständlichen Redens auf. Zunächst verdeutlicht er den Unterschied der beiden Redeweisen 6 mit einem hypothetischen Beispiel aus seinem missionarischen Wirken. Bei der Gemeindegründung hat der Apostel den gekreuzigten Christus mit verständlicher Rede verkündigt (2,2). Wenn er nun in Korinth als Zungenredner aufträte, so hätte die Gemeinde keinerlei Nutzen davon, weil sie ihn nicht verstehen könnte. In diesem Zusammenhang stellt Paulus der Zungenrede die verständlichen Formen der Evangeliumsverkündigung gegenüber. Die drei Begriffe Offenbarung, Erkenntnis und Prophetie gehören eng zusammen. Der Prophet redet auf Grund von Offenbarung (einer Eingebung des Geistes) und gibt in der Erkenntnisrede (12,8) und der prophetischen Rede (12,10) der Gemeinde mit verständlichen Worten weiter, was der Geist ihm eingegeben hat. In 2. Kor 12,1.7 ist die Offenbarung mit einer visionären Entrückung verbunden. Daneben wird noch die Lehre genannt, die kerygmatische und paränetische Traditionen der Urkirche einprägt und im Geist Jesu Christi auslegt. Alle diese verständlichen Formen spielen im Wirken des Apostels und im Leben der Gemeinden eine wichtige Rolle. Danach nennt Paulus als Beispiele 7f. drei Instrumente, mit denen Töne erzeugt werden: aus dem Bereich der Musik die Flöte (W. Bauer; vgl. Mt 11,17) und als Saiteninstrument die Kithara (Zither oder Laute), und aus dem militärischen Bereich die Trompete als Signalinstrument. Nur durch deutlich unterscheidbare Töne kommt auf Flöte und Zither eine erkennbare Melodie zustande, und nur wenn die Trompete das Signal zum Angriff erkennen läßt, tritt die Truppe zum Kampf an. Dies wendet Paulus in V.9 auf die Zungenrede an. Die Glossolalie ist ein lallendes Ausstoßen 9 von Lauten und Worten, die keine verstehbare Aussage ergeben. Die Gemeinde kann nicht verstehen, was gesprochen wird; deshalb geht die Rede, mit einer sprichwörtlichen Redensart ausgedrückt, „in den Wind" oder „in die Luft" (9,26). Schließlich zieht Paulus in V.10f. die Vielfalt der Sprachen bei 10f. den verschiedenen Völkern als Beispiel heran. Kein Volk ist ohne Sprache. Aber ohne Kenntnis der betreffenden Sprache ist keine Verständigung möglich. Vom griechischen Standpunkt aus wird der eine andere Sprache sprechende Fremde als „Barbar" (= unverständlich Redender) bezeichnet. Dies 12 bedeutet in der Anwendung auf die beiden Charismen, daß die auf sensationelle, ekstatische Geistesäußerungen versessenen Korinther Gott um zahlreiche Gnadengaben bitten und ihren Eifer durch verständliches Reden für die Auferbauung der Gemeinde einsetzen sollen.

In dem nächsten Abschnitt (V.13–19) zieht der Apostel die Folgerungen für die gottesdienstliche Versammlung. Weil nur verständliche Rede zum Aufbau 13 der Gemeinde beiträgt, darum soll der Zungenredner auch um die Gabe der Auslegung seiner Rede beten. In 12,10.30 und 14,28 sind die beiden Gaben der Glossolalie und der Auslegung verschiedenen Trägern zugeordnet; nach unserer Stelle kann der Glossolale selbst seine Zungenrede in verständliche Sätze übertragen wie in V.5. Der private Lobpreis Gottes in ekstatischer Rede gehört nur dann in den Gemeindegottesdienst, wenn ein Ausleger da ist. In V.

14f. 14–17 vergleicht Paulus die prophetische Rede und die Glossolalie unter dem Gesichtspunkt der jeweiligen Beteiligung des Verstandes, durch den „verständliche" Aussagen zustandekommen. Er spricht zunächst im Ichstil und redet ab V. 16 den Zungenredner direkt an. Dieser ist bei seinem Reden zu Gott in der Ekstase so sehr vom Geist ergriffen, daß die Verstandestätigkeit ruht und deshalb nichts zum Aufbau der Gemeinde beitragen kann, wenn auch das Subjekt des Zungenredners nicht völlig ausgelöscht ist und keine eigentliche Bewußtlosigkeit vorliegt. Paulus will mit dieser Aussage nicht den menschlichen Verstand als selbständige Erkenntnisquelle dem Wirken des Geistes überordnen, er will nur die hilfreiche Funktion des Verstandes für das verständliche Reden in der Gemeinde hervorheben. Der Begriff „Geist" steht in diesem Zusammenhang für das ekstatische Beten. Aus V. 14f. ergibt sich: ekstatisches Reden und Psalmensingen und verständliches Reden und Psalmensingen haben beide ihr Recht im Gottesdienst, nur soll die Zungenrede in eine für die Gemeinde verständliche Aussage übertragen werden. Die frühe Christenheit hat Gebet und Psalmensingen aus dem jüdischen Synagogengottesdienst übernommen. Die Stelle zeigt, daß die Zungenrede in erster Linie Gebet, ein Reden zu Gott in Lobpreis und Danksagung, war und auch psalmodierendes Singen umfassen

16f. konnte. In V. 16f. begründet Paulus, warum die Zungenrede ohne Auslegung nicht in den Gottesdienst gehört. Es ist vom Judentum her üblich, daß die Gemeinde auf das Gebet mit „Amen" antwortet (vgl. 2. Kor 1, 20). Die direkte Anrede des Glossolalen legt die Annahme nahe, daß hier mit dem, der die Stelle des Laien einnimmt, ein Gemeindeglied gemeint ist, das die Zungenrede nicht verstehen kann und deshalb als Unkundiger bzw. Laie charakterisiert ist. Diese Deutung fügt sich besser in die Argumentation ein als die andere Auffassung, wonach die nicht zur Gemeinde gehörenden Gäste im Gottesdienst bestimmte Plätze einnahmen (vgl. V. 23). Alle Gemeindeglieder, die die

17 Zungenrede nicht verstehen, sind ihr gegenüber in der Rolle von Laien. Mag das vom Geist gewirkte Lob- und Dankgebet des Zungenredners noch so gut

18f. sein, die anderen Gemeindeglieder werden dadurch nicht erbaut. Zum Schluß veranschaulicht der Apostel nochmals das von ihm gewünschte Verhalten im Gottesdienst an seiner eigenen Person. Er redet selber auch in Zungen, sogar noch mehr als die Korinther alle, und er dankt Gott für diese Gnadengabe; seine Kritik an der Glossolalie entspringt nicht dem Neid des Besitzlosen. Aber in der Gemeinde macht Paulus keinen Gebrauch von dieser Gabe, weil er mit ihr niemanden im Glauben unterweisen kann (vgl. Gal 6, 6; aus dem griechischen Verbum ist der Begriff „Katechese" entstanden). Paulus bringt seine grundsätzliche Einstellung und feste Entschlossenheit in diesem Punkt mit einer übertreibenden Wendung zum Ausdruck: lieber will ich in der Gemeinde fünf Worte in verständlicher Sprache reden als zehntausend Worte in Zungenrede! So wichtig ist nach Paulus die Verständlichkeit des Redens im Gottesdienst für den Aufbau der Gemeinde.

3.3.2 Die Wirkung von Zungenrede und Prophetie auf Ungläubige 14,20–25

20 Brüder, seid nicht Kinder in der Einsicht, sondern seid (unmündige) Kinder in der Bosheit; in der Einsicht aber seid Erwachsene! **21** Im Gesetz steht geschrieben: „Durch Menschen fremder Zunge und durch Lippen von Fremden will ich zu diesem Volk reden, und sie werden auch so nicht auf mich hören, spricht der Herr" (Jes 28,11.12). **22** Darum dient die Zungenrede zum Zeichen nicht für die Gläubigen, sondern für die Ungläubigen; die Prophetie aber (dient zum Zeichen) nicht für die Ungläubigen, sondern für die Gläubigen. **23** Wenn sich nun die ganze Gemeinde versammelt und alle in Zungen reden, es kommen aber auch Laien oder Ungläubige herein, werden sie nicht sagen, daß ihr von Sinnen seid? **24** Wenn aber alle prophetisch reden, und es kommt ein Ungläubiger oder Laie herein, so wird er von allen überführt, von allen ins Verhör genommen; **25** das Verborgene seines Herzens wird offenbar, und so wird er niederfallen auf sein Angesicht, Gott anbeten und bekennen: Wahrhaftig, Gott ist unter euch.

Vers 21: *Jes 28,11f.*   Vers 25: *Jes 45,14; Sach 8,23.*

Mit neuer, versöhnlicher Anrede geht Paulus über zur Kritik an der Über- **20** schätzung der Zungenrede in Korinth. Der Gegensatz von Kindern und Erwachsenen wird in dieser Mahnung auf die Einsicht und den Gebrauch der Vernunft bezogen. Im Umgang mit dem Bösen sollen die Korinther unerfahren sein wie unmündige Kinder, was aber die Einsicht und das Vernünftigsein (im Sinn der erneuerten Vernunft Röm 12,2) angeht, Erwachsene (*téleioi*). In der Zungenrede ist der Verstand untätig (V. 14). Paulus will, daß sich die Korinther durch eigene Einsicht von der aufbauenden Kraft der prophetischen Rede überzeugen. Dafür beruft er sich zunächst (V. 21) auf ein Wort des Propheten Jesaja (28,11 f.) und wendet dies in V. 22 auf Zungenrede und prophetische Rede an. Dann erläutert er seine Meinung durch zwei hypothetische Fälle, wobei das Beispiel in V. 23 den V. 22 a und das Beispiel in V. 24 f. den V. 22 b aufnimmt und konkretisiert. In V. 21 ist nach dem Sprachgebrauch **21** der Rabbinen, die die Propheten als Ausleger der Tora verstanden, mit „Gesetz" das ganze Alte Testament oder doch Gesetz und Propheten gemeint. Der paulinische Wortlaut des Jesajazitats weicht sowohl vom hebräischen Text als auch von der Septuaginta ab; vielleicht folgt Paulus hier einer anderen griechischen Übersetzung, die auch der spätere Übersetzer Aquila gekannt hat. Das Zitat besagt, daß selbst das Reden Gottes durch Menschen fremder Zunge (= die Sprache der assyrischen Eroberer) bei den Angeredeten (= dem Volk Israel) kein Gehör findet und sie also in ihrem Unglauben und Ungehorsam beläßt. Nun bezieht der Apostel in V. 22 die „fremde Zunge" des Zitats **22** auf die christliche Zungenrede, wobei die Unverständlichkeit das Gemeinsame ist, und deutet die Zungenrede als ein Zeichen für die Ungläubigen, die prophetische Rede als ein Zeichen für die Gläubigen. Zeichen (*sēmeion*) ist nach allgemeiner Bedeutung ein „Kennzeichen, das jemand oder etwas identifiziert und damit erkennbar oder feststellbar macht" (K. H. Rengstorf, ThWNT VII,

S. 218). Die Zungenrede ist ein Zeichen für die Ungläubigen, weil diese in der Konfrontation mit der Zungenrede in ihrem Unglauben verbleiben. Dagegen ist die prophetische Rede ein Zeichen für die Gläubigen, weil sie die Kraft hat, Glauben zu wecken und zu befestigen. Der Akzent liegt jeweils auf der Wirkung von Zungenrede und Prophetie auf die angeredeten Hörer, wie die konkreten Beispiele in V. 23–25 zeigen. Man braucht aus V. 22 nicht den Schluß zu ziehen, daß die korinthischen Pneumatiker nur den Glossolalen das Ehren-
23 prädikat „Gläubige" zugebilligt hätten. Die Beispiele sind hypothetisch, beruhen aber im Blick auf die Wirkung der beiden Charismen wohl auf Erfahrungen der Gemeinde. Wenn in der gottesdienstlichen Versammlung alle in Zungen reden, dann werden eintretende Nichtchristen, die wie in der Synagoge als Gäste teilnehmen können, aus dem unverständlichen Durcheinander den Eindruck gewinnen, daß alle von Sinnen sind. Der Begriff „Laie" bezeichnet hier neben Ungläubiger (anders als in V. 16) einen Außenstehenden; Laien und Ungläubige stehen an dieser Stelle in gleichbedeutendem Sinn für Nichtmit-
24 glieder der Gemeinde. Dagegen hat die verständliche prophetische Rede die Kraft, die hörenden Gäste in ihrem Gewissen zu treffen und zur Umkehr zu bewegen. Wenn alle prophetisch reden und ein nichtchristlicher Zuhörer kommt herein, dann wird er von allen ins Verhör genommen und beurteilt (vgl. 2, 15), d. h. er wird auf sein Verhältnis zu Gott angesprochen, im Stil der Gerichtsrede zur Buße gerufen und durch die Kraft des göttlichen Wortes in seinem Gewissen von seiner Schuld vor Gott überzeugt. Die prophetische Rede ist Gerichts- und Gnadenpredigt zugleich; sie durchschlägt die selbstgemachten Fassaden des Menschen und bringt ihm seine wahre Situation vor
25 Gott zum Bewußtsein. Gott allein ist der wahre Herzenskenner. „Das Wort Gottes ist lebendig und kräftig und schärfer als jedes zweischneidige Schwert" (Hebr 4, 12). Der Herr vermag auch das Verborgene der Menschenherzen aufzudecken (vgl. 4, 5). Von Gottes Wort getroffen wird der in seinem Gewissen überführte Gast anbetend niederfallen und bezeugen, daß Gott wahrhaftig in der Gemeinde gegenwärtig ist. Paulus gebraucht für diese Aussage eine biblische Wendung (vgl. Jes 45, 14; Sach 8, 23). Die Verse 24 und 25 beschreiben die Umkehr aus dem Unglauben zu Glauben und Bekenntnis, geben aber keine Anhaltspunkte für eine feste Stufenfolge des Bekehrungsvorgangs. Mit diesen Beispielen veranschaulicht Paulus, daß die Zungenrede im Unterschied von der Prophetie keine missionarische Wirkung auf Außenstehende ausübt. Die Prophetie ist der Zungenrede in doppelter Hinsicht überlegen: nach innen baut sie die Gemeinde auf, nach außen vermag sie Nichtglaubende für Christus zu gewinnen.

3.3.3 Anweisungen für die Ordnung des Gottesdienstes 14, 26–40

26 **Was soll also geschehen, Brüder? Wenn ihr zusammenkommt, dann hat jeder (etwas): der hat ein Lied, der hat eine Lehre, der hat eine Offenbarung, der hat eine Zungenrede, der hat eine Auslegung; alles geschehe zur Auferbau-**

ung! 27 Wenn jemand in Zungen redet, so seien es zwei oder höchstens drei, und zwar der Reihe nach; und einer soll es auslegen. 28 Wenn aber kein Ausleger da ist, soll er (der Zungenredner) in der Gemeinde(versammlung) schweigen, er soll aber für sich selbst und für Gott reden. 29 Propheten aber sollen zwei oder drei reden, und die anderen sollen (darüber) urteilen. 30 Wenn aber einem anderen, der dabei sitzt, eine Offenbarung zuteil wird, so soll der erste schweigen. 31 Denn ihr könnt alle einer nach dem andern prophetisch reden, damit alle lernen und alle ermahnt werden. 32 Und Geister von Propheten ordnen sich Propheten unter; 33 denn Gott ist nicht ein Gott der Unordnung, sondern des Friedens.

Wie in allen Gemeinden der Heiligen 34 sollen die Frauen in den Gemeindeversammlungen schweigen; denn es ist ihnen nicht gestattet zu reden, sondern sie sollen sich unterordnen, wie auch das Gesetz sagt. 35 Wenn sie aber etwas lernen wollen, dann sollen sie zu Hause ihre Männer fragen; denn es ist unschicklich für eine Frau, in der Gemeinde(versammlung) zu reden. 36 Oder ist von euch (etwa) das Wort Gottes ausgegangen, oder ist es allein zu euch gekommen?

37 Wenn einer meint, er sei ein Prophet oder ein Pneumatiker, der erkenne, daß das, was ich euch schreibe, des Herrn Gebot ist; 38 wenn das aber einer nicht erkennt, so wird er nicht erkannt (von Gott). 39 Darum, meine Brüder, strebt danach, prophetisch zu reden, und das Reden in Zungen hindert nicht! 40 Alles aber geschehe anständig und in (guter) Ordnung!

Vers 26: *12, 8–10*   Vers 29: *1. Thess 5, 19–21*   Vers 33: *Röm 15, 33*   Vers 34: *1. Mose 3, 16; 1. Tim 2, 11 f.*

Paulus zieht nun in V. 26 ff. die Folgerungen aus der grundsätzlichen Darstellung und gibt konkrete Anweisungen für das Auftreten von Zungenrednern und Propheten in der Gemeindeversammlung. Oberstes Ziel ist die Auferbauung der Gemeinde. Dazu kommt es aber nicht durch ekstatischen Überschwang und durch unverständliches Lallen, sondern nur durch verständliche Rede. Zu diesem Zweck ist ein geordneter Ablauf des Gottesdienstes notwendig. Die Kraft, die der rücksichtslosen Selbstdarstellung wehrt und dem Wohl und Heil der anderen dient, ist die Liebe. So erwächst die Ordnung des Gottesdiensts aus dem Geist der Liebe. Der Apostel geht auch in V. 26 davon aus, 26 daß die korinthische Gemeinde einen ungewöhnlichen Reichtum an Geistesgaben besitzt; das kommt in der Wendung „jeder hat" zum Ausdruck. Paulus nennt beispielhaft einige Geistesgaben, mit denen die Gemeindeglieder den Gottesdienst bereichern. Die Aufzählung berührt sich mit V. 6 und 12, 8–10, strebt aber keine Vollständigkeit an und spiegelt auch nicht genau den Ablauf des Gottesdienstes wider. Sie zeigt allerdings neben V. 15, daß außer Wortverkündigung und Gebet auch das Lied (im griechischen Text: Psalm) zu den elementaren Bestandteilen des urchristlichen Gottesdiensts gehörte. Es läßt sich nicht sicher klären, ob jeder Wortgottesdienst mit einem Abendmahl verbunden war. In Kol 3, 16; Eph 5, 19 werden Psalmen, Hymnen und Oden genannt. Beispiele für Psalmen sind etwa Lk 1, 46 ff. und 1, 68 ff., für Hymnen Phil 2, 6–11; Kol 1, 15–20 und für Oden die Lieder der Offenbarung (4, 8 ff.; 5, 9 ff.)

u. a.). Die Lehre hat häufig auf Worte des Alten Testaments zurückgegriffen und sie im Licht des Christusgeschehens ausgelegt. Während die Aufzählung der verständlichen Verkündigungsformen in V. 6 der Zungenrede gegenübersteht, wird hier die Zungenrede samt der Auslegung in einer Reihe mit der Offenbarung genannt, die dem Propheten durch den Geist zuteil wird. Im folgenden werden die Grundgedanken von Kap. 12–14 in knappe Anweisungen

27 f. für die Gestaltung des Gottesdiensts umgesetzt. Die Verse 27.28 betreffen zunächst die Zungenredner. Es sollen nur zwei oder höchstens drei reden, und zwar einer nach dem andern, und einer soll auslegen. In Korinth hat offenbar jeder zu reden begonnen, wenn der Geist über ihn kam, ohne Rücksicht auf die anderen. Aus der Anordnung des Paulus wird deutlich, daß der Zungenredner, wie Paulus selbst auch einer war (V. 18), in der Ekstase nicht völlig bewußtlos und nicht ohne jegliche Selbstkontrolle war. Wenn kein Ausleger da ist oder wenn der Zungenredner seine Rede selbst nicht auslegen kann (vgl. V. 5.13), dann soll er von vornherein in der Gemeinde schweigen und zu Hause ekstatisch zu Gott beten (V. 2). Ähnlich lautet die Anordnung für die

29 f. Propheten V. 29 f. Auch hier sollen, wohl mit Rücksicht auf die Aufnahmefähigkeit der Gemeinde, nur zwei oder drei („höchstens" ist nicht mehr genannt) reden, und die anderen sollen es beurteilen. Das Kriterium des Prüfens ist in 12, 3 und Röm 12, 6 enthalten. Mit den „anderen" sind hier wohl nicht alle Gemeindeglieder gemeint, sondern andere Propheten oder andere Charismatiker, die das Charisma der Unterscheidung der Geister haben (G. Friedrich, ThWNT VI, S. 857); in 12, 10 sind die Träger der Gabe, die Geister zu unterscheiden, von den Propheten unterschieden. Das hebt die Ermahnung der ganzen Gemeinde zur Prüfung nicht auf (1. Thess 5, 19–21). Manche Zungenredner können ihre ekstatische Rede selbst übersetzen, aber der Prophet kann sich nicht selbst prüfen; entsprechend dürfte dies dann auch für die ins Verständliche übertragene Rede des Glossolalen gelten. Der Prophet und ebenso auch der Zungenredner ist kein solistischer Virtuose des Geistes; sie stehen in einer Reihe mit anderen Charismatikern, die ihren Beitrag zum Aufbau der Gemeinde leisten. Der Prophet spricht mit klarem Bewußtsein verständliche Sätze und kann sofort abbrechen, wenn einem anderen Propheten eine Offenbarung zuteil wird. „Das verantwortliche Personsein" (G. Friedrich, ThWNT VI, S. 852) bleibt beim Propheten erhalten; er ist kein „Besessener", sondern Offenbarungsempfänger und Wortverkündiger zur Mahnung und Tröstung der Gemeinde. Hierin unterscheidet sich die urchristliche Prophetie grundlegend von der Mantik (= Wahrsagekunst) und dem Enthusiasmus des Helle-

31 nismus (vgl. 12, 2). Paulus will keinen Propheten vom Reden ausschließen; sie können nacheinander zu Wort kommen, so daß die ihnen geschenkten Offenbarungen alle für die Gemeinde fruchtbar werden. Der Prophet ordnet sich

32 dem Wirken des Geistes unter. Das Ergriffensein vom Geist schaltet sein Ichbewußtsein und seine Fähigkeit zur Selbstkontrolle nicht völlig aus; der Geist der Liebe befähigt ihn, sich freiwillig einzufügen in die für die Auferbauung

33 der Gemeinde notwendige Ordnung. Ein solches Verhalten entspricht dem

Geist Gottes; denn Gott ist der „Gott des Friedens" (Röm 15,33; 1.Thess 5,23). Daß Paulus in V. 33 der Unordnung nicht die Ordnung, sondern den Frieden (vgl. 1,3) gegenüberstellt, der auch das Zusammenleben bestimmen soll, zeigt, wie stark er von der durch das Christusgeschehen bewirkten neuen Heilsordnung aus denkt. Das regulative Prinzip für die Ordnung des Gottesdiensts ergibt sich in 1.Kor 14 aus dem Geist der Liebe, die in 1.Kor 13 gepriesen wird.

Die Verse 33b–36 haben das Schweigegebot für die Frauen in der gottes- **33b–36** dienstlichen Versammlung zum Thema. Der Abschnitt unterbricht die Anweisungen für die Propheten, die in V. 37 fortgesetzt werden. Er steht sachlich im Widerspruch zu 11,5, wo Paulus das Beten und Prophezeien von Frauen anerkennt, wenn sie mit bedecktem Haupt auftreten. Sprachlich enthalten diese Verse Ausdrücke, die in den späteren Haustafeln (z.B. Eph 5,24) und in 1.Tim 2,11 f. verwendet werden. In der Textüberlieferung wird der Abschnitt zwar von allen alten griechischen Handschriften bezeugt. Die Schreiber der wichtigsten Handschriften des sog. westlichen Texts und lateinischer Übersetzungen haben aber offenbar die Unterbrechung der Prophetenthematik empfunden und V. 34 f. hinter V. 40 eingeordnet. Angesichts dieses Befundes ist die Herkunft dieses Abschnitts von Paulus stark umstritten.

Es gilt zunächst knapp zu skizzieren, was die umstrittenen Verse inhaltlich aussagen.

Der einleitende Satzteil (V. 33b) erinnert die Korinther an ihre Gliedschaft **33b** in der ökumenischen Kirche. In allen Gemeinden gilt die Regel, daß den **34** Frauen das Reden in der gottesdienstlichen Versammlung nicht gestattet ist, „wie auch das Gesetz sagt". Möglicherweise ist mit der Unterordnung Bezug genommen auf 1.Mose 3,16, obwohl es dort nicht um das Schweigen geht. Der Wortlaut des Texts bringt in V. 34 ein uneingeschränktes Redeverbot für die Frauen im Gottesdienst zum Ausdruck, das auch das inspirierte Reden mit einschließt. Denn im ganzen Kapitel wird dasselbe Verbum für „reden" gebraucht (*lalein*), das sich in V. 2.5.6.13.18 u.ö. auf die Zungenrede, in V. 3.6.29 auf die prophetische Rede und in V.19 auf das Reden mit dem Verstand bezieht. In der jüdischen Synagoge gab es zwar kein prinzipielles Redeverbot für Frauen; aber es war Sitte, daß die Frauen in der Gemeinde schweigend zuhörten. Aus 5.Mose 22,16 leiteten die Rabbinen ab, „daß die Frau nicht das Recht hat, am Ort des Mannes zu reden" (Bill. III, S. 467). Wenn die Frauen **35** etwas „lernen" wollen, dann sollen sie zu Hause ihre Ehemänner fragen; auf Unverheiratete und Witwen ist dabei nicht reflektiert. Begründet wird das Redeverbot (neben dem Gesetz V. 34) mit der damaligen Sitte (vgl. 11,2 ff.), daß es unschicklich ist für eine Frau, in der Gemeindeversammlung zu reden. Das betrifft das Reden generell. Der V. 36 schärft ein, daß die Korinther keine **36** Monopolstellung haben und nicht eigene Sitten einführen können. Die Christusbotschaft hat weder bei ihnen ihren Ausgang genommen, noch sind sie die einzige Gemeinde, die durch die Verkündigung des Evangeliums entstanden ist (vgl. 11,16).

In der Auslegung sind verschiedene Deutungsvorschläge gemacht worden, um den Widerspruch dieser Verse zu 11,5 zu vermeiden.

1) Manche Ausleger (z. B. Ph. Bachmann) weisen das Beten und Prophezeien von 11,5 nicht dem Gemeindegottesdienst, sondern der Hausandacht zu. Ähnlich auch A. Schlatter, der das Schweigen der Frauen mit dem Verzicht des Paulus auf ekstatisches Reden in der Gemeinde vergleicht. Aber nach 14,4 erbaut die Prophetie die Gemeinde; sie muß also auch in der Gemeinde vorgetragen werden.

2) Die Vermutung H. Lietzmanns, Paulus habe in 11,5 das Prophezeien nur widerwillig geduldet und bringe in 14,33–36 seine wahre Meinung zum Ausdruck, traut dem Apostel eine taktische Konzession zu, die im Widerspruch zu seiner eigentlichen theologischen Auffassung steht.

3) Zahlreiche Ausleger entnehmen dem V. 35, daß das Redeverbot nicht das inspirierte Beten und Prophezeien, sondern nur ein störendes Dazwischenfragen im Gottesdienst betreffe (G. Delling; H. D. Wendland; Ch. Wolff). Dabei bleibt schwierig, daß einmal das Verbum „reden" nicht näher in diesem Sinn gekennzeichnet ist (vgl. den übrigen Gebrauch im Kapitel), und zum anderen, daß auch die (jüdische) Sitte das Reden der Frau in der Versammlung *generell* als Schande betrachtet.

4) Aus den genannten Gründen verdient m. E. die Annahme den Vorzug, daß der Abschnitt V. 33 b–36 als Einschub eines Schreibers aus der Situation der Pastoralbriefe zu beurteilen ist (H. Conzelmann; G. Dautzenberg; G. Fitzer).

Die Tatsache, daß der Text in keiner neutestamentlichen Handschrift fehlt, wiegt allerdings schwer. Sie muß dann so erklärt werden, daß die ganze spätere Überlieferung auf einer bereits erweiterten Vorlage beruht. Auch die Interpolation läßt sich nicht mit Sicherheit beweisen. Die paulinische Herkunft läßt sich aber ohne Widerspruch zu 11,5 nur festhalten, wenn „reden" auf den speziellen Sinn des störenden Dazwischenfragens eingeschränkt wird. Die Beachtung der Sitte und ein freiwilliges Sicheinfügen in die Ordnung muß nicht dem Grundsatz von Gal 3,28 widersprechen. Andererseits spricht für die Annahme eines Einschubs der sachliche Gesichtspunkt, daß ein situationsbedingtes generelles Redeverbot für die Frauen im Gottesdienst im antignostischen Kampf am Ende des Jahrhunderts einen sehr plausiblen Sitz im Leben hat, weil damals von der Gnosis erfaßte Prophetinnen die Gemeinde verwirrten, während es dafür in der Zeit des Paulus noch keine Belege gibt.

Wie man die Verfasserschaft auch beurteilen mag, so ist für die theologische Auswertung des Abschnitts zu beachten, daß das Redeverbot in V. 35 mit der damaligen Sitte begründet wird wie das Tragen der Kopfbedeckung der Frau in Kap. 11. Die allgemeine Auffassung dessen, was schicklich ist, hat sich heute in beiden Punkten verändert. Die theologische Intention des Paulus, daß Mann und Frau „in Christus" die gleiche religiöse Würde und Verantwortung haben, kommt in 1. Kor 7,3 f.; 11,11 f. und in Gal 3,28 klar zum Ausdruck. Diese theologische Intention muß für die Gestaltung des Gottesdiensts und

des kirchlichen Lebens den Vorrang behalten gegenüber einer situationsbe-
dingten Einzelanordnung, deren Grundlage durch den Wandel der Geschichte
weggefallen ist.

In V. 37 führt Paulus die Anweisungen für die Propheten fort; der Apostel 37
redet hier als Geistträger zu Geistträgern. Es gab offenbar auch Pneumatiker,
die sich zu Unrecht als Propheten ausgaben und Paulus kritisch gegenüberstanden. Ein Prophet oder ein anderer Charismatiker, der wirklich vom Geist
Gottes erfüllt ist, erkennt auch, daß die Weisungen des Paulus für die
Gemeinde vom Geist Gottes bestimmt sind (vgl. 7, 40) und die Autorität eines
(abgeleiteten) Herrengebots haben. Wenn ein Pneumatiker dies nicht erkennt 38
– so stellt Paulus in Form eines Wortspiels fest –, dann zeigt er damit, daß er
von Gott nicht erkannt wird, d. h. daß der Geist Gottes nicht in ihm wohnt.
Hier liegt ein ähnlicher Zusammenhang von erkennen und erkannt werden
vor wie in 8, 1–3. Die abschließenden Verse 39 und 40 fassen den Inhalt des 39 f.
ganzen 14. Kapitels zusammen und bringen den nun theologisch begründeten
Vorrang der prophetischen Rede vor der Glossolalie zur Geltung. Die Korinther sollen eifrig nach der Gemeinde bauenden Gabe der Prophetie streben
und zugleich die von Paulus als echte Geisteswirkung anerkannte Zungenrede
nicht unterdrücken. Die Glossolalie erfüllt ihre Aufgabe im Gemeindegottesdienst nur dann, wenn sie in verständliche Rede übersetzt wird; andernfalls
gehört sie in den privaten Lobpreis Gottes zu Hause (V. 28). Das anständige
und ordentliche Verhalten ist in V. 40 vom Kontext her zunächst auf die gottesdienstliche Versammlung bezogen, die Mahnung gilt aber auch ganz allgemein. Die Liebe ist die Kraft, die ein rücksichtsvolles Verhalten im Zusammenleben bewirkt.

Prophetie und Zungenrede in den paulinischen Gemeinden

Die Kapitel 1. Kor 12–14 vermitteln eine lebendige Anschauung von der
Vielfalt der Wirkungen des *einen* Geistes in der Gemeinde. Die enthusiastischen Pneumatiker in Korinth sahen die Wirkung des Geistes nur in außerordentlichen Phänomenen wie Wundertaten und ekstatischen Vorgängen, vor
allem in der Zungenrede. Demgegenüber betont Paulus das Wirken des Geistes in seiner ganzen Fülle, so daß der Geist das ganze Leben der Christen in
Gottesdienst (Kap. 14) und Alltag (Röm 12, 1 ff.), im kerygmatischen
(1. Kor 2), sakramentalen (12, 13) und ethischen Bereich (1. Kor 6;
Gal 5, 22–25) umfaßt. Wenn Pneuma bei Paulus gelegentlich auch anthropolo-
gisch für den Geist des Menschen gebraucht wird (z. B. Röm 8, 16;
1. Kor 2, 11; neben Leib 1. Kor 5, 3 f.; 7, 34; trichotomisch nur 1. Thess 5, 23), so
bezeichnet der Begriff doch in der Regel den Geist Gottes (Röm 8, 9; 15, 19;
1. Kor 3, 16; 7, 40; 12, 3; Phil 3, 3) oder Christi (Röm 8, 9; 1. Kor 3, 17; Gal 4, 6)
oder den heiligen Geist (Röm 5, 5; 14, 17; 15, 13.16; 1. Kor 6, 19; 12, 3;
2. Kor 13, 13; 1. Thess 1, 5 f.; 4, 8), der als göttliche Kraft im Menschen wohnt

(Röm 8,9; 1. Kor 6,19) und sein ganzes Verhalten bestimmt (Gal 5,25), so daß alle, die den Geist haben, Christus angehören (Röm 8,9) und „Söhne" (Gal 4,6) oder „Kinder Gottes" (Röm 8,16) genannt werden. Mit der Antithese von Fleisch und Geist stellt Paulus Art und Verhalten des natürlichen Menschen in Gegensatz zu den Gaben und zu dem Wirken Gottes im Menschen (Röm 8,1–14; Gal 5,19–25; Phil 3,3 f.).

Aus der Vielfalt der Geistesgaben greift Paulus in Kap. 14 die Prophetie und die Zungenrede heraus, um den Vorrang der verständlichen prophetischen Rede vor der unverständlichen Glossolalie für den Aufbau der Gemeinde aufzuzeigen. Obwohl Paulus keine systematische Darstellung der beiden Charismen gibt, werden aus seinen Ausführungen doch Wesen und Erscheinungsformen der frühchristlichen Prophetie und Glossolalie deutlich.

Im Griechentum ist der für seinen Dienst von Menschen erwählte Prophet der Sprecher im Namen eines Gottes, „der göttlichen Willen und Rat im Orakel verkündet" (H. Krämer, ThWNT VI, S. 795). Das Wort bezeichnet jemand, der den Willen Gottes „in die Öffentlichkeit hinaus ausspricht" (*pro-phḗtēs*). Der Prophet spricht etwas aus, was er nicht von sich selbst hat. Er wird deutlich unterschieden vom Wahrsager (*mántis*), der die Zukunft erhellt; erst in späterer Zeit bekam der Begriff Prophet die Bedeutung „Verkünder der Zukunft". In dem wichtigsten griechischen Orakel von Delphi saß die Pythia auf einem Dreifuß über einem Erdspalt, aus dem ein Hauch aufstieg, der sie inspirierte. Der zum Orakel gehörige Prophet hatte die Aufgabe, die geistgegebenen Äußerungen der Pythia (in Worten) in eine offizielle Form, meist Hexameter, zu bringen und dem Ratsuchenden zu verkünden. Die Antworten betrafen den ganzen Bereich des privaten, politischen und kultischen Lebens. In einem weiteren Sinn konnten auch Dichter und Philosophen als „Propheten" bezeichnet werden.

Im Alten Testament traten vor dem Prophetismus im eigentlichen Sinn Scharen von herumziehenden Propheten auf, die sich durch Musikinstrumente in Verzückung versetzten und in der Ekstase Mitteilungen lallten (vgl. „Saul unter den Propheten" 1. Sam 10,5 ff.). Daneben gab es Prophetengruppen, die sich um eine hervorragende Gestalt (z. B. Elisa 2. Kön 2,3 ff.) scharten, zusammen wohnten und in Verbindung mit einem Heiligtum standen (Gilgal 2. Kön 4,38). Aus diesen Kreisen sind Worte überliefert, während die Ekstase bei ihnen keine Rolle spielte. Bei Elisa äußerte sich die Geistbegabung in seiner Wunderkraft (2. Kön 2,19–25; 4,1–7.18–35). Von den sog. Schriftpropheten sind die am Staatsheiligtum tätigen „Kultpropheten" zu unterscheiden, die neben dem Priester ihres Amtes walteten und Orakel verkündigten; sie wurden von den Schriftpropheten heftig bekämpft (vgl. z. B. Jes 3,1–3; Mi 3,5–7; Jer 27,14–16). Das entscheidende Charakteristikum der Propheten von Amos bis Maleachi besteht darin, daß sie das Wort Jahwes, das sie empfangen haben, an König und Volk weitergeben. Sie leiten ihre Worte mit der Formel ein: „So spricht der Herr". Der Prophet versteht sich somit als Botschafter Jahwes, der das Jahwewort, das meistens ein bevorstehendes Handeln Gottes (Gericht oder Heil) ankündigt, an die Menschen auszurichten hat. Die Propheten bedienten sich in ihrer Gerichts- und Heilsverkündigung verschiedener Formen der Rede (Droh- bzw. Verheißungswort, wobei das Drohwort weit überwiegt, Scheltwort, Mahnwort, Gerichtsrede, auch Lieder). Neben dem Empfang des Wortes (Auditionen) werden auch Visionen erwähnt, die meistens auf ein Wort hinzielen, so daß die Annahme naheliegt, daß die Propheten das Wort Jahwes oft in Visionen erhielten.

Auch im Neuen Testament ist der Prophet „seinem Wesen nach der Verkündiger des Wortes Gottes" (G. Friedrich, ThWNT VI, S. 829). Die alttestamentlichen Propheten werden hier als Männer beurteilt, die im voraus (pro:zeitlich) geweissagt haben, was sich in Christus erfüllt hat (2. Kor 1,20). Die urchristlichen Propheten sagen zwar auch die Zukunft voraus (vgl. Agabus Apg 21,10 f.), aber ihre Hauptaufgabe besteht darin, die Gemeinde auf Grund von Offenbarung zu ermahnen und zu trösten und ihr durch den Geist Gottes autorisierte Weisungen für ihren Weg zu geben. Während die Lehrer kerygmatische und paränetische Traditionen vermitteln, reden die Propheten auf Grund von Offenbarung spontan zu der Gemeinde und sagen ihr konkret als Seelsorger, was sie in bestimmten Situationen zu tun hat. Der Prophet bekommt im Geist Einblick in die göttlichen Geheimnisse (13,2; vgl. Röm 11,25 ff.; 1. Kor 15,51). Auch Weisheitsrede und Erkenntnisrede (12,8) vermitteln Erkenntnis (*gnōsis*) von Geheimnissen zur Erbauung der Gemeinde (vgl. 14,6); aber die Träger dieser Charismen gewinnen ihre Erkenntnis „durch nachdenkendes Versenken in die Geheimnisse des Glaubens" (Friedrich, ThWNT VI, S. 855), während die Prophetie auf Inspiration beruht. Die korinthischen Pneumatiker haben die christliche Erkenntnis im Sinn der „Weisheit der Welt" (1,20) mißbraucht, so daß ihre „Gnosis" „aufbläht" (8,1) und die Gemeinde spaltet. Im Verständnis des Paulus redet der Prophet zwar als Inspirierter und gibt die ihm zuteil gewordene Offenbarung (14,30) weiter, aber er ist nicht besessen wie die heidnischen Ekstatiker (1. Kor 12,2). Das Ergriffenwerden vom Geist bewirkt inhaltlich das Bekenntnis zu Jesus als dem Herrn (12,3). Hier besteht ein grundsätzlicher Unterschied zur hellenistischen Mantik (= Wahrsagekunst). Paulus geht auf seine visionären Erlebnisse (2. Kor 12,1 ff.) nur ein, weil ihn seine Gegner dazu provozierten; der entscheidende Inhalt der Verkündigung ist für ihn das offenbarte Geheimnis Gottes im Kreuz Christi (1,24; 2,7). Wenn der urchristliche Prophet auch ganz vom Geist erfüllt und bestimmt ist, so wird doch sein verantwortliches Personsein nicht ausgelöscht; er kann abbrechen, wenn einem andern eine Offenbarung zuteil wird (14,30). Der echte Prophetengeist ordnet sich dem Wirken des Geistes Gottes durch andere Propheten unter (14,32).

Bei der Zungenrede, der in Korinth besonders hoch geschätzten Geisteswirkung, fällt vor allem die ekstatische Form ins Auge. Das in Glossolalie enthaltene griechische Hauptwort (*glōssa*) hat drei Bedeutungen: 1. Zunge als Organ des Sprechens, 2. Sprache, 3. dunkler, erklärungsbedürftiger Ausdruck. Welches dieser Bedeutungsmomente bei der Wendung „in Zungen reden" aus-

schlaggebend war, ist nicht ganz sicher auszumachen. Nach Apg 2 ist das
Sprechen fremder Sprachen mit im Spiel. Aber Paulus identifiziert nicht, sondern vergleicht die Glossolalie mit dem Reden in fremden Sprachen
(1. Kor 14,10 ff.; vgl. auch 14,21 f.). Die Zungenrede kann als Sprache der
Engel charakterisiert werden (13, 1). Andererseits paßt die Bedeutung „fremd-
artiges, unverständliches, geheimnisvolles Wort" (J. Behm, ThWNT I, S. 725)
gut zu den „unaussprechlichen Worten", die Paulus bei seiner Entrückung in
den dritten Himmel gehört hat (2. Kor 12,3 f.). In beiden Fällen ist die Glossolalie als eine wunderbare Geist- und Himmelssprache verstanden, die für
gewöhnliche Menschen unverständlich ist. Sie hatte wohl verschiedene Ausdrucksformen, wie auch Paulus von verschiedenen „Arten von Zungen"
(12,10.28) spricht. Die Glossolalie ist ein geistgewirktes, ekstatisches Reden
(14,2), Beten (14,14.17) und Singen (V. 15) in unartikulierten Lauten (vgl. V.
7 f.), geheimnisvollen Worten und Wortgebilden, die ohne Auslegung nicht
verstanden werden können. In der Apostelgeschichte ist die Zungenrede eng
mit der Prophetie verbunden (Apg 19,6). Nach Apg 2 verlieh der vom Himmel
kommende Geist, der sich in Zungen auf die einzelnen verteilte, die Fähigkeit,
in fremden Sprachen zu sprechen (2,8 ff.). Das Reden „in anderen Zungen"
wird in V. 17 f. als Erfüllung der Joelverheißung (3,1 f.) beschrieben, wonach in
den letzten Tagen Söhne und Töchter, Junge und Alte, Knechte und Mägde
„prophezeien" werden.

Paulus hebt die Zungenrede deutlich ab von der Prophetie. Er erkennt sie
zwar durchaus als eine echte Geisteswirkung an und warnt davor, sie zu unterdrücken (14,39; 1. Thess 5,19), aber unter dem Gesichtspunkt der Auferbauung der Gemeinde gibt er der prophetischen Rede entschieden den Vorrang.
Beide Charismen haben es mit göttlichen Geheimnissen zu tun (14,2), aber die
Prophetie ist deshalb höher zu schätzen, weil sie die Geheimnisse des eschatologischen Heilshandelns Gottes mit verständlichen Worten für die Gemeinde
fruchtbar macht. Der menschliche Verstand ist am Zustandekommen der
ekstatischen Rede nicht beteiligt; er bleibt „fruchtlos" (V. 14), so daß die
durcheinanderredenden Glossolalen bei Unkundigen den Eindruck von Ver-
rückten erwecken (V. 23). Allerdings hat auch der Glossolale so viel Selbstkontrolle, daß er schweigen kann, wenn andere reden oder kein Ausleger da ist
(V. 27 f.). Die Glossolalie geschieht zum Lobpreis Gottes (V. 16); aber der
Glossolale erbaut nur sich selbst, nicht die Gemeinde (V. 4). Das unverständliche ekstatische Reden hat nicht die Kraft, Nichtglaubende im Gewissen zu
treffen und zur Anbetung Gottes zu führen (V. 24 f.). Deshalb weist der Apostel der Zungenrede ihren Ort nur dann im Gottesdienst zu, wenn sie ausgelegt wird, d. h. vom Zungenredner selbst oder einem andern Charismatiker in
verständliche Rede übersetzt wird. Propheten und Zungenredner sollen sich
beide freiwillig in die für die Auferbauung der Gemeinde notwendige Ordnung des Gottesdiensts einfügen (V. 40).

Der Gottesdienst in den paulinischen Gemeinden

Das Wirken des irdischen Jesus, das eschatologische Heilshandeln Gottes in Kreuz und Auferweckung Jesu Christi und die Ausgießung des für die Endzeit verheißenen Geistes hatten zur Folge, daß die Christen bereits früh in der nachösterlichen Zeit damit begannen, ihren eigenen, gegenüber Tempelkult und Synagoge neuartigen Gottesdienst zu feiern, der ihrem Selbstverständnis als Kirche Jesu Christi entsprach.

Die palästinische Urgemeinde verstand sich als das neue, durch den stellvertretenden Sühnetod Jesu Christi begründete, eschatologische Gottesvolk. Sie bejahte das jüdische Grundbekenntnis zum Glauben an den alleinigen Gott und verblieb im jüdischen Kultverband. Aber sie betrachtete den Tempel vorwiegend als Stätte des Gebets (Mk 11, 17; Apg 2, 46); denn der Opferkult hatte durch den Opfertod Jesu Christi seine Bedeutung verloren. Die urchristlichen Gottesdienste waren nicht mehr an einen sakralen Ort gebunden. Die Gemeinde versammelte sich im Namen Jesu (Mt 18, 20) in (geräumigen Privat-)Häusern (Apg 2, 46; 12, 12), pflegte das Gebet, wie Jesus sie im Vaterunser beten gelehrt hatte, taufte auf den Namen Jesu Christi (Apg 2, 38) und hielt reihum in den Häusern die Mahlfeier als Vergegenwärtigung des letzten Mahles Jesu (Mk 14, 22–24) in eschatologischem Jubel (Apg 2, 46) und im Ausblick auf das baldige Kommen des Herrn (Mk 14, 25; vgl. den Ruf Maranata 1. Kor 16, 22). Die Gemeinde erfuhr die Gegenwart des erhöhten Herrn in ihrer gottesdienstlichen Versammlung (Mt 28, 20) und im Abendmahl. Sie wußte sich erfüllt und getrieben vom heiligen Geist (Apg 2, 4); Prophetie (Apg 2, 17) und Zungenrede (Apg 10, 46; vgl. 2, 4 ff.) spielten offenbar in der Frühzeit eine wichtige Rolle (vgl. Apg 11, 27 f.; 15, 32). Die Gemeinde wurde in ihren Zusammenkünften gestärkt durch das Zeugnis der Apostel von der Heilstat Gottes in Christus (Apg 2, 42); sie gebrauchte das Alte Testament als heilige Schrift, als ihre „Bibel", und deutete den Tod Jesu im Licht der prophetischen Verheißung (vgl. Lk 24, 26 f.). Feste liturgische Formen gab es noch nicht für die regelmäßigen Versammlungen. Später hat die judenchristliche Gemeinde von Jerusalem unter der Leitung des Herrenbruders Jakobus offenbar die Einhaltung des Sinaigesetzes und die Bindung an den jüdischen Kult wieder stärker betont.

In den judenchristlich-hellenistischen Gemeinden der Diaspora hat der Gebrauch der griechischen Übersetzung des Alten Testaments eine große Bedeutung für das theologische Denken und gottesdienstliche Handeln der Christen gewonnen. Die Distanzierung vom Tempel und von dem jüdischen Gesetz ermöglichte es, die kultischen Begriffe in übertragenem Sinn auf die Verkündigung und missionarische Arbeit der Kirche anzuwenden. Manche Ausdrücke (Abba, Amen, Halleluja, Hosianna, Maranata) wurden aus der palästinischen Tradition übernommen. Auch der jüdische Synagogengottesdienst mit seinen Grundformen Gebet, Schriftlesung, Predigt und Segen dürfte von Einfluß gewesen sein.

In den paulinischen Briefen und im übrigen Neuen Testament ist nirgends der vollständige Ablauf eines urchristlichen Gottesdienstes beschrieben, obwohl in allen Gemeinden regelmäßig Gottesdienst gefeiert wurde. Aber Paulus nimmt im 1. Kor ausdrücklich Stellung zu der gottesdienstlichen Versammlung der dortigen Heidenchristen, so daß wir aus seinen Ausführungen die wesentlichen Bestandteile des Gottesdienstes in den paulinischen Gemeinden erheben können. Es ist zwar zu berücksichtigen, daß die korinthische Gemeinde einen besonders großen Reichtum an Geistesgaben besaß und infolge ihres enthusiastischen Freiheits- und Geistverständnisses die ekstatischen Phänomene überaus hoch schätzte. Aber die konstitutiven Elemente des christlichen Gottesdiensts werden in allen paulinischen Gemeinden in etwa die gleichen gewesen sein. Gemeinsam war der Gebrauch „der Schriften" (d. h. des Alten Testaments) und das Bekenntnis zu Gott, dem Vater, und zu Jesus als dem Kyrios (1. Kor 8,6), mit dem sich die Christen gegenüber den Juden und vor allem gegenüber den heidnischen Kulten abgrenzten. Gemeinsam waren auch die grundlegenden Glaubensaussagen, wie sie die alte Christus-Formel in 1. Kor 15,3–5 enthält. Gemeinsam war die Taufe auf den Namen Jesu Christi (vgl. 1. Kor 1,13) und die Überlieferung von der Einsetzung des Abendmahls, wie sie Paulus in 1. Kor 11,23–25 als verbindliche Norm für die Feier des Herrenmahls einschärft, sowie die in Bälde erwartete Parusie des Herrn (1,8; 7,29–31; 16,22). Der Apostel erinnert mehrfach an das, was „in allen Gemeinden" üblich ist (4,17; 7,17; 11,16).

In Korinth standen aus der Fülle des Geistesgaben die beiden Charismen Prophetie und (ekstatische) Zungenrede im Mittelpunkt des gottesdienstlichen Geschehens. Paulus gibt trotz grundsätzlich gleicher Einschätzung der Geistesgaben der prophetischen Rede den Vorrang, weil sie die Gemeinde aufbaut (14,4) und eine missionarische Wirkung ausübt (14,23–25).

Im einzelnen nennt Paulus im 1. Kor folgende Elemente des charismatischen gottesdienstlichen Lebens: pneumatisches Beten und Prophezeien von Frauen (11,5), sodann die verschiedenen verständlichen Formen der Wortverkündigung, nämlich Weisheitsrede und Erkenntnisrede (12,8; vgl. 1,5; 13,2; 14,6), ferner mit besonderer Hervorhebung die Prophetie = prophetische Rede (12,10; 13,2.8; 14,6.22), sodann Beten mit dem Verstand (14,15), das Dankgebet sprechen und Amen sagen (14,16), die Mitteilung einer empfangenen Offenbarung (*apokálypsis* 14,26), das Vortragen eines (selbst gedichteten) psalmartigen Liedes (14,26) und, allem übergeordnet, die Gabe der Unterscheidung der Geister (12,10); weiter nennt er neben den kerygmatischen Funktionen die Lehre (*didaché*) mit besonderem eigenen Gewicht (1,5; 12,28 f.; 14,6.26) und schließlich, öfter zuletzt genannt, die ekstatischen Geistesgaben, nämlich die Zungenrede (12,10.28; 13,1.8; 14,2 ff.; 14,13.18.26.39) und, ihr zugeordnet, die Auslegung der Glossolalie (12,10.30; 14,5.13.26.28) sowie ekstatisches (= im Geist) Beten (14,14) und ekstatisches, psalmodierendes Singen (14,15). Obwohl die Schriftlesung nicht eigens genannt wird, hat sie angesichts von 1. Kor 10 und 2. Kor 3 doch wohl ebenfalls ihren Platz im

Gottesdienst gehabt, wie auch der bekenntnisartige Ruf: Herr ist Jesus! (12,3). All dies geschieht noch ohne festes liturgisches Schema. In der Polemik gegen den pneumatischen Überschwang in Korinth zeigt Paulus auf, wie aus dem Geist der Liebe, die nicht das Ihre sucht (13,5) und Rücksicht auf den anderen nimmt, sich die Ordnung des Gottesdienstes und des friedlichen Zusammenlebens durch ein dem Geist entsprechendes Verhalten ergibt.

In der Frage, ob jeder urchristliche Gottesdienst mit einer Feier des Abendmahls verbunden war (so O. Cullmann; H. D. Wendland), läßt sich keine sichere Antwort geben. Der Tatbestand, daß das Herrenmahl in Kap. 11 für sich behandelt wird und in Kap. 14 nicht mehr erwähnt wird, macht es eher wahrscheinlich, daß es auch eigene Wort- und Gebetsgottesdienste gab.

Die Leiter des Gottesdiensts in Korinth sind nicht eigens genannt. In der jüdischen Synagoge lag die Leitung in der Hand des Synagogenvorstehers (Lk 13,14; Apg 13,15), dem der Synagogendiener (Lk 4,20) zur Seite stand. Paulus erwähnt in 1. Kor 12,28 die Gabe der Leitung, die den Gottesdienst wohl ebenso betraf wie die Feier des Abendmahls (vgl. auch die Episkopen Phil 1,1 und die Vorstehenden 1. Thess 5,12; Röm 12,8). Am Schluß des Gottesdienstes stand ein Segenswunsch. Der heilige Kuß, das Anathema und der Ruf: Maranata (1. Kor 16,22) gehören wahrscheinlich in den Eingang der Abendmahlsliturgie (vgl. Did 10,6). Die Feier des Sonntags am ersten Tag der Woche, dem Tag der Auferstehung Christi, war zur Zeit des Paulus bereits feste Sitte (16,2). Dagegen ist es nicht sicher, ob das Passafest in christianisierter Gestalt (vgl. Lk 22,15–20) gefeiert wurde.

Paulus beurteilt den Gottesdienst unter zwei zentralen Gesichtspunkten, unter dem beherrschenden Aspekt der Auferbauung der Gemeinde durch die dienende Funktion der verschiedenen Charismen und unter ständiger Berücksichtigung des missionarischen Charakters der Kirche in der Welt.

Fünfter Hauptteil:
Die Auferstehung der Toten 15,1–58

Ohne Überleitung führt Paulus das neue Thema ein, bei dem das Zentrum der christlichen Botschaft auf dem Spiel steht. Theologisch läuft der ganze bisherige Brief auf die eschatologische Frage zu, insofern Paulus den korinthischen Enthusiasten immer wieder entgegenhalten mußte, daß Glaube und Geistbesitz noch nicht den Eintritt in die eschatologische Vollendung bedeuten. Bereits im Briefeingang begegnet ein Hinweis auf die Parusie (1,7). Der Anlaß für die Behandlung des Themas wird erst in V. 12 erkennbar: Paulus hat erfahren (ohne daß wir wissen, von wem), daß einige Leute in Korinth behaupten, es gebe keine Auferstehung der Toten. Die Auferweckung Jesu von den

Toten wurde in Korinth nicht geleugnet. Die Korinther haben bei der Gemeindegründung die Überlieferung von Tod und Auferweckung Jesu Christi (15, 3–5) angenommen; die Enthusiasten wiegen sich jetzt sogar in dem Hochgefühl, im Geist bereits an der Herrschaft Christi teilzuhaben (4, 8); aber sie anerkennen nicht die zukünftige Auferstehung der inzwischen verstorbenen Christen, weil sie grundsätzlich eine leibliche Auferstehung der Toten ablehnen. Wahrscheinlich haben die Leugner der Totenauferstehung sich auch die Auferweckung Jesu als eine „pneumatische" vorgestellt. Paulus gibt keine philosophisch-weltanschauliche Beweisführung für ein allgemeines Fortleben des Menschen oder der Seele nach dem Tod, sondern verankert die Erwartung der leiblichen Totenauferstehung ausschließlich in der Auferweckung Jesu Christi aus den Toten. Darum sind in diesem Kapitel in erster Linie die Entschlafenen „in Christus" in seinem Blick, wenn auch der Glaube an den Gott, der Christus von den Toten auferweckt hat, die Hoffnung auf die Aufrichtung der universalen Gottesherrschaft über alle Menschen in sich schließt.

1. Die Auferweckung Christi als Fundament der Argumentation 15, 1–11

1 Ich tue euch aber, Brüder, das Evangelium kund, das ich euch verkündigt habe, das ihr auch angenommen habt, in dem ihr auch feststeht,   2 durch das ihr auch gerettet werdet, wenn ihr an dem Wort festhaltet, wie ich es euch verkündigt habe; es sei denn, ihr wäret vergeblich zum Glauben gekommen.   3 Denn vor allem habe ich euch überliefert, was ich auch empfangen habe, nämlich daß Christus gestorben ist für unsere Sünden nach der Schrift   4 und daß er begraben wurde und daß er auferweckt (worden) ist am dritten Tage nach der Schrift   5 und daß er dem Kephas erschienen ist, dann den Zwölfen.   6 Danach erschien er mehr als fünfhundert Brüdern auf einmal, von denen die meisten bis jetzt leben; einige aber sind (bereits) entschlafen.   7 Danach erschien er dem Jakobus, danach den Aposteln allen.   8 Zuletzt aber von allen erschien er, gleichsam als der Fehlgeburt, auch mir.   9 Denn ich bin der geringste unter den Aposteln, der ich nicht wert bin, Apostel genannt zu werden, weil ich die Gemeinde Gottes verfolgt habe.   10 Aber durch Gottes Gnade bin ich, was ich bin, und seine Gnade an mir ist nicht vergeblich gewesen, sondern ich habe viel mehr gearbeitet als sie alle; doch nicht ich, sondern die Gnade Gottes mit mir.   11 Ob nun ich (es bin) oder jene, so verkündigen wir, und so seid ihr zum Glauben gekommen.

Vers 1: *Gal 1, 11; Jes 53, 1*   Vers 3: *Jes 53, 4 f.; 3. Mose 16*   Vers 4: *Hos. 6, 2*   Vers 8: *9, 1*   Vers 10: *2. Kor 11, 23.*

1   Paulus eröffnet den Korinthern mit neuer Anrede in einer gewissen Feierlichkeit das Evangelium (vgl. Targum zu Jes 53, 1, wo „Kunde" durch *besorah* = Evangelium wiedergegeben wird, O. Betz), das er ihnen bei seinem Gründungsaufenthalt verkündigt hat und dem die Gemeinde ihre Existenz verdankt. Damit macht er ihnen klar, daß die Auferweckung Jesu neben dem Kreuzestod zur Mitte der christlichen Botschaft und zur Grundlage des Glau-

bens gehört. Das Evangelium ist eine Kraft Gottes zur Rettung für jeden, der 2
glaubt (Röm 1, 16). Die Korinther haben das Evangelium im Glauben angenommen und stehen darin fest; sie stehen allerdings in der Gefahr, durch ihr
jetziges Verhalten davon abzuweichen. Sie werden das Heil nur dann erlangen, wenn sie an dem „Wort von der Versöhnung" (2. Kor 5, 19) festhalten, das
ihnen Paulus gepredigt hat. Da der Glaube kein fester Besitz ist, muß er immer
neu bewährt werden. Würden die Korinther von dem paulinischen Evangelium
abfallen, das das Evangelium aller Apostel ist (vgl. V. 11), dann wären sie vergeblich zum Glauben gekommen. Entscheidend ist nach Paulus das Festhalten
an dem Inhalt des Evangeliums, wie ihn der Apostel in Röm 1, 17 ff. mit der
Rechtfertigung des Sünders allein durch den Glauben an die Heilstat Gottes in
Christus entfaltet, nicht das Bewahren des genauen Wortlauts einer festge-
prägten, stereotypen Formel. Immerhin dürfte Paulus hier den Wortlaut des
Traditionsstücks 15, 3 b–5 im Auge haben. Zur Zeit des Paulus gab es mehrere
Glaubensformeln, welche die Heilsbedeutung des Todes und der Auferwek-
kung Jesu Christi bezeugten und in der Formulierung noch variabel waren
(vgl. den Exkurs „Bekenntnisformeln bei Paulus" nach 12, 3). Für Paulus
kommt der Glaube aus dem Hören der Predigt (= „Kunde", akoé von
Jes 53, 1), das Predigen aber aus dem Wort Christi (Röm 10, 17). Das hält er
den korinthischen Schwärmern vor Augen, die in der Gefahr stehen, durch
ihre Hochschätzung des erhöhten Herrn und der Geisteswirkungen das „Wort
vom Kreuz" (1, 18) zu verdrängen. Der Apostel hat den Korinthern in erster 3
Linie, als Hauptsache, eine Überlieferung über Christus weitergegeben, die er
selbst auch empfangen hat. Der ehemalige Verfolger der christlichen
Gemeinde gehörte nicht zu den Jüngern des irdischen Jesus, er ist selbst ein
Traditionsempfänger; aber durch die Christuserscheinung bei Damaskus ist er
zum Zeugen des Auferstandenen berufen worden und gehört somit – als letzter – in die Reihe der Apostel hinein. Die technischen Ausdrücke, die für die
jüdische Lehrtradition gebräuchlich waren, zeigen wie in 11, 23 an, daß Paulus
hier geprägtes mündliches Traditionsgut zitiert, das er wohl aus der Gemeinde
in Antiochien empfangen hat. Das übernommene Überlieferungsstück beginnt 3 b–5
mit dem rezitativen „Daß" in der Mitte von V. 3 und endete in einem früheren
Stadium nach V. 5 mit der Erscheinung vor den Zwölfen, wie aus dem zwei-
teiligen Aufbau der Formel in vier Gliedern und dem Fehlen von „daß" in V. 6 zu
erschließen ist. Manche Ausleger lassen die Formel schon nach „er erschien"
enden; aber die Zeugen der Erscheinung durften schwerlich fehlen. Eine völlig
parallele formale Gestaltung ist in den urchristlichen Glaubensformeln und
Liedern nirgends vorhanden, wenn auch der jüdische, aus den Psalmen
bekannte Parallelismus der Glieder eingewirkt hat. Der Tatbestand, daß V. 6 a
nichtpaulinische Ausdrücke („auf einmal", vgl. Röm 6, 10: „ein für allemal")
enthält und V. 7 parallel zu V. 5 gestaltet ist, spricht für die Wahrscheinlichkeit, daß die Formel 3 b–5 schon in vorpaulinischer Zeit zu einem „katechetischen Summarium" erweitert worden war, in das Paulus V. 6 b eingefügt und
dann noch V. 8 angeschlossen hat (P. Stuhlmacher). Der Wortschatz der For-

mel V. 3 b–5 weicht vom sonstigen Sprachgebrauch des Paulus in manchen Stücken ab (vgl. J. Jeremias, Abendmahlsworte S. 96). Paulus spricht z. B. von der Sünde im Singular und gebraucht die Wendung „nach den Schriften" und den Ausdruck „die Zwölf" sonst nicht. Das passive Perfekt von „auferwecken" begegnet außer hier nur noch in 2. Tim 2,8, ebenfalls in einer Glaubensformel. Über die Herkunft des Traditionsstücks V. 3 b–5 bzw. des heilsgeschichtlich strukturierenden, erweiterten katechetischen Summariums ist noch keine einheitliche Auffassung erreicht. Die griechische Formel stammt sicher aus einer griechisch sprechenden, judenchristlich-hellenistischen Gemeinde („Hellenisten" Apg 6,1?), was aber nicht ausschließt, daß eine aramäische Vorlage aus der Jerusalemer Urgemeinde am Anfang der traditionsgeschichtlichen Entwicklung stand. Das Traditionsstück V. 3 b–5 ist die älteste Zusammenfassung der Botschaft von Christus, die im Neuen Testament überliefert ist; sie hat wahrscheinlich eingliedrige Formeln über den Tod bzw. über die Auferweckung Jesu schon in sich aufgenommen. Vielleicht wurde die bekenntnisartige Glaubensformel (V. 3 b–5) auch bei der Taufe verwendet. Ob die einzelnen Glaubensaussagen Bezug nehmen auf mündliche Erzählungen von Passion, Begräbnis, Auferweckung und Erscheinungen (U. Wilckens), läßt sich nicht mehr mit Sicherheit klären, ist aber bei einem Summarium (s. o.) nicht unwahrscheinlich.

3   Die Struktur der Verse 3 b–5 ist gekennzeichnet durch zwei Aussagen, die durch die Wendung „nach den Schriften" hervorgehoben werden, nämlich: „Christus ist gestorben für unsere Sünden nach den Schriften" und: „Er ist auferweckt worden am dritten Tag nach den Schriften." Auf jede dieser beiden Aussagen folgt ein Daß-Satz, der die vorausgehende Hauptaussage bestätigt. Der Tod wird bestätigt durch das Begräbnis, die Auferweckung wird bestätigt durch die Erscheinung Christi vor Petrus und dem Zwölferkreis. Durch die vierfache Setzung des „daß" liegt jetzt eine sukzessive Darstellung der Heilsereignisse vor; zugleich wird dadurch die Identität des gekreuzigten Jesus und des auferweckten Christus bezeugt. Für die Argumentation des Paulus kommt es auf die Auferweckung Jesu an, die er nicht ausführlich zu beweisen braucht, weil die Korinther sie nicht direkt bestritten haben. Die Auferweckung Jesu ist das Ja Gottes zu dem stellvertretenden Tod Jesu am Kreuz, und dieser Tod ist nicht ein Tod als Sold der Sünde (Röm 6,23), sondern als der Sieg über Sünde und Tod (1. Kor 15,55). Die Sünde ist die Schranke, die den Eintritt in die Gottesherrschaft verwehrt; die Aufhebung dieser Schranke bildet die notwendige Voraussetzung für die Teilhabe an der zukünftigen Vollendung. Insofern dient das Zeugnis von Tod und Auferweckung Christi als Basis für die folgenden Ausführungen bis zum Schluß des Kapitels.

Das Subjekt der Aussage (V. 3) ist Christus (ohne Artikel), das hier nicht als Eigenname, sondern als Titel gebraucht ist. Der jüdische Messiastitel ist im hellenistischen Christentum Teil des Namens Jesus Christus geworden; dabei wurde aber von Judenchristen wie Paulus der Titel Messias immer noch mitgehört. Die Hoheitsbezeichnung „Christus" ist besonders gebräuchlich in Glaubensformeln, die das Leiden und Sterben Jesu bezeugen (vgl. z. B. Röm 5, 6.8; 14, 9.15; 1. Kor 5, 7; 8, 11; Gal 2, 21; 1. Petr 3, 18), weil Jesus als Messiasprätendent gekreuzigt wurde. Es besteht kein Widerspruch zwischen den Aussagen, nach denen Gott in Tod und Auferweckung Christi gehandelt hat, und den christologisch formulierten Aussagen, daß Christus gestorben und auferstanden ist (z. B. 1. Thess 4, 14; vgl. Röm 14, 9). Denn Jesus hat den Tod nicht wie ein fremdes Schicksal erlitten, sondern ihn als den Willen des Vaters gehorsam auf sich genommen. Der Tod Jesu ist in der Formel als stellvertretender Sühnetod für die Sünden der Menschheit charakterisiert, wobei die aus dem Alten Testament stammenden Motive der Stellvertretung (Jes 53) und der Sühne (3. Mose 16) bereits zu einer Einheit verbunden sind. Mit den „Schriften" ist das ganze Alte Testament gemeint. Die Wendung „für (hypér) unsere Sünden" kommt zwar wörtlich weder im hebräischen noch im griechischen Text von Jes 53 vor; gleichwohl ist die Aussage durch dieses Lied vom leidenden Gottesknecht beeinflußt, der „durchbohrt wurde um unserer Sünden willen" (V. 5) und „der sein Leben in den Tod dahingegeben hat und unter die Übeltäter gezählt ward, während er doch die Schuld der Vielen trug und für die Sünder eintrat" (V. 12; Übers. Jersualemer Bibel). Das Begrabenwerden bestätigt die Realität des Todes Jesu; es lag kein Scheintod vor. Wahrscheinlich sah Paulus in dieser Aussage zugleich einen indirekten Hinweis auf die leibliche Auferweckung Jesu. Ob sie allerdings eine knappe Zusammenfassung des Berichts von der Grablegung Jesu (Mk 15, 42–46) darstellt, ist umstritten.

Die zweite Hauptaussage bezeugt die Auferweckung Jesu am dritten Tage. Das Passiv beschreibt das Handeln Gottes, und das Perfekt enthält zugleich einen präsentischen Sinn. Die einmalige Auferweckung Jesu bestimmt ständig das Leben der Glaubenden. Die eingliedrigen Formeln sind meist aktivisch konstruiert nach der alten Formel: „Gott hat ihn (Jesus) von den Toten auferweckt" (2. Kor 4, 14). Die Auferweckung Jesu schließt hier die Erhöhung ein. Gott hat Jesus zum Herrn über alle Mächte eingesetzt (Phil 2, 9 ff.); erst bei Lukas sind Auferstehung und Himmelfahrt Jesu durch vierzig Tage getrennt. Die beiden Wendungen „nach drei Tagen" (Mk 8, 31; 9, 31; 10, 34; die jüdische Zählung rechnet Freitagabend und die Nacht zum Auferstehungstag mit) und „am dritten Tag" (Lk 9, 22 und durchgängig bei Lukas) bezeichnen gleichbedeutend den dritten Tag, den die Christen später als Sonntag (Tag des Herrn Offb 1, 10) feierten. Diese Datierung ist wahrscheinlich entweder durch die erste Erscheinung des auferstandenen Christus entstanden, wobei diese allerdings in Jerusalem angenommen werden müßte, oder durch den Bericht der Frauen von der Auffindung des leeren Grabes (H. von Campenhausen). Es ist zwar wahrscheinlich, daß Paulus den Kern der Erzählung vom leeren Grab (Mk 16, 1–8) gekannt hat, aber es läßt sich nicht mehr zwingend beweisen. Die Wendung vom dritten Tag nimmt wohl theologisch Bezug auf die alttestamentliche Stelle Hos 6, 2: „Er wird uns ... am dritten Tag aufrichten, daß wir leben vor ihm", die im Judentum auf das rettende Eingreifen Gottes für die Gerechten bezogen wurde (K. Lehmann).

Die Glaubensformel V. 3 b–5 bezeugt ebenso wie die Passions- und Osterge-
schichte der synoptischen Evangelien den Tod und die Auferweckung Jesu
5 Christi als die zentralen Heilsereignisse. Die Auferweckung wird bestätigt
durch die Selbstbekundung des auferweckten Jesus Christus vor seinen Jüngern. Die erste Erscheinung wurde Kephas (Petrus) zuteil; sie begründete dessen führende Stellung in der Urgemeinde in der ersten Zeit. Das hier
gebrauchte griechische Verbum für „erscheinen" ist in der Septuaginta technischer Ausdruck für die Offenbarungsgegenwart Gottes in der Theophanie, bei
der Gott die Initiative zum Erscheinen ergreift, und bezeichnet von hier aus
nicht nur einen innerseelischen oder visionären Vorgang, sondern ein sichtbares In-Erscheinung-Treten des Auferstandenen als Widerfahrnis für die Jünger in der Begegnung mit dem Herrn (vgl. 1. Kor 9, 1), was eine Beauftragung
durch ein Wort des Herrn nicht ausschließt (vgl. die durchgängige Verbindung der Erscheinung mit der Sendung in den Evangelien). Von der Erscheinung vor Petrus berichtet nur Joh 21, 4 ff.; sie hat sich aber in einer alten Glaubensformel niedergeschlagen: „Der Herr ist wirklich auferweckt worden und
dem Simon erschienen" (Lk 24, 34). Zeitlich nach Petrus empfing auch der
Zwölferkreis eine Christuserscheinung (Mt 28, 16–20; Lk 24, 36 ff.; vgl.
Mk 16, 14 f.). Die Nennung von zwölf statt elf Jüngern erklärt sich daraus, daß
„die Zwölf" eine durch die vorösterliche Berufung der zwölf Jünger festge-
prägte Gruppenbezeichnung war. Die Annahme, daß der Zwölferkreis erst
nach Ostern durch die Erscheinung des Auferstandenen konstituiert worden
sei, hat das Argument gegen sich, daß Judas später, nachdem er Jesus bereits
verraten hatte, schwerlich noch in diesen Kreis eingefügt worden wäre. Die
zwölf Jünger Jesu repräsentierten in der Frühzeit der Kirche das eschatologische Gottesvolk entsprechend den zwölf Stämmen Israels (vgl. Mt 19, 28). Für
den Verräter Judas wurde in den Anfangsjahren Matthias nachgewählt
(Apg 1, 26); dagegen wurde nach dem Tod des Zebedaiden und Zwölfapostels
Jakobus im Jahr 44 n. Chr. keine Nachwahl mehr vorgenommen (Apg 12, 2).
Mit der Erscheinung des erhöhten Herrn war für die Apostel eine Beauftragung zur Verkündigung Jesu Christi verbunden (vgl. Mt 28, 16–20).

Die Erscheinung vor dem Zwölferkreis schließt das ursprüngliche Traditionsstück ab; damit waren die ersten grundlegenden Christuszeugen berufen.

6–8   In die von Paulus bereits übernommene und wohl durch andere Überlieferungen bereits erweiterte Aufzählung von Empfängern einer Christuserscheinung fügt Paulus den Hinweis auf die noch Lebenden als Zeugen der Auferstehung (V. 6 b) ein und hebt am Schluß die ihm selbst widerfahrene Erscheinung des Herrn vor Damaskus in V. 8 heraus. Die Aufzählung der genannten
Erscheinungen geschieht in zeitlicher Reihenfolge, wobei die erste Erscheinung vor Petrus und die letzte vor Paulus eine gewisse Sonderstellung einneh-
men: durch sie wird die gesamte, nunmehr abgeschlossene, Zeitstrecke der
Erscheinungen des Auferstandenen und damit der Apostelberufungen markiert.

Die Erscheinung vor mehr als fünfhundert Brüdern „auf einmal" ist schwer- 6
lich mit dem Pfingstereignis (Apg 2) gleichzusetzen, da dort von der Ausgießung des heiligen Geistes und nicht von einer Erscheinung Jesu die Rede ist.
A. Schlatter vermutet, daß diese Gruppenerscheinung nicht in Jerusalem, sondern in Galiläa stattgefunden habe. Diese fünfhundert Brüder sind wohl nicht
alle später missionarisch tätig gewesen; deshalb wurden sie nicht in den weiteren Kreis der Apostel (= „die Apostel alle") einbezogen. Die in V. 6b folgende Bemerkung des Paulus legt den Akzent zunächst darauf, daß die noch
Lebenden die Auferstehung bezeugen können, weist aber mit der eigens
betonten Feststellung am Schluß, daß einige von ihnen bereits gestorben sind,
wohl auch auf die zukünftige Auferstehung hin. Sollten Brüder, die sogar
einer Christuserscheinung gewürdigt worden waren, für immer im Tode bleiben? Paulus bereitet damit zugleich die das Folgende beherrschende These
vor, daß die Entschlafenen „in Christus" in Zukunft auch (leiblich) auferstehen
werden wie der Herr selbst. „Danach erschien er dem Jakobus, danach den 7
Aposteln allen". Der Herrenbruder Jakobus gehörte zu Lebzeiten Jesu nicht
zu seinen Anhängern; vielleicht hängt damit die spätere Zeit der ihm zuteil
gewordenen Erscheinung zusammen. Eine genaue örtliche und zeitliche
Datierung ist nicht mehr möglich. Durch die Christuserscheinung gewann
Jakobus (neben der Verwandtschaft mit Jesus?) eine hohe Autorität in der
Jerusalemer Urgemeinde (Gal 1, 19; 2, 6) und wurde später ihr Leiter bis zu
seinem Tod im Jahre 62 n. Chr. Auch diese Erscheinung ist im Neuen Testament nicht erzählt; erst das apokryphe Hebräerevangelium bringt einen kurzen Bericht davon (Hieronymus, De viris illustribus 2). Der Begriff „alle Apostel" ist m. E. nicht identisch mit dem Zwölferkreis (A. Harnack) und umfaßt
auch nicht die Zwölf samt Jakobus (K. Holl), sondern bezeichnet einen weiteren Kreis von Judenchristen, die eine Christuserscheinung hatten und dadurch
zur Verkündigung des auferstandenen Herrn berufen wurden; Paulus rechnete zu ihnen auch die Judenchristen Andronikus und Junia (Röm 16, 7). Möglicherweise gehörte auch Barnabas zum Apostelkreis (vgl. Apg 14, 14). Ob der
Herrenbruder Jakobus den Aposteltitel führte, ist nicht mit Sicherheit zu entscheiden; Paulus (9, 5) zählte ihn wahrscheinlich nicht zum Apostelkreis (vgl.
F. Mußner zu Gal 1, 19). Die Annahme, daß V. 7 als sog. Legitimationsformel
einer rivalisierenden Gemeindegruppe entstamme, die Jakobus die Ersterscheinung und damit die höchste Autorität in der Gemeinde zuschrieb, wird von
der ganz unpolemisch ein Nacheinander aufzählenden Darstellungsform nicht
gestützt. Für den Ort der Erscheinungen gibt Paulus (anders als die Evangelien) keinerlei Anhaltspunkte. Während Lukas das Damaskusereignis nicht zu 8
den Ostererscheinungen rechnet, fügt sich Paulus in V. 8 als letzten in die
Reihe der Empfänger einer Erscheinung des auferstandenen Herrn ein und
begründet damit seinen Anspruch, ein legitimer Apostel zu sein, der den Herrn
gesehen (9, 1) und von ihm den Auftrag zur Verkündigung des Evangeliums
bei den Heiden empfangen hat (Gal 1, 12.16). Paulus unterscheidet seine Berufung zum Apostel grundsätzlich von visionären Offenbarungen, die er nach

2. Kor 12, 1 ff. auch gehabt hat. Die Christuserscheinung bei Damaskus macht Paulus zu einem selbständigen Zeugen des auferstandenen Jesus Christus und damit zu einem mit den Jerusalemer Uraposteln gleichrangigen Apostel. Dies war aber nicht sein eigenes Verdienst, sondern ein Geschenk der Gnade, die ihm Gott zuteil werden ließ. Das Außergewöhnliche seiner Apostelberufung, die zeitlich als letzte erfolgte und einem Verfolger der Gemeinde widerfuhr, drückt Paulus mit dem bildlichen Begriff „Fehlgeburt" aus. Das Wort kann zwar auch Frühgeburt bedeuten, bezeichnet aber das Ungewöhnliche und Mißratene einer Fehlgeburt, die nur ein totes Kind zur Welt bringt. Der Beginn der Existenz des Paulus als Christ und als Apostel in einem gleicht der Lebendigmachung eines Toten. Den Sinn des Ausdrucks „Fehlgeburt" erläu-

9 tert und begründet der Apostel selbst im nächsten Vers. Paulus ist der geringste der Apostel und verdient von sich aus gar nicht, Apostel genannt zu werden, weil er die Gemeinde Gottes, d.h. die Christen als das eschatologische Gottesvolk, vor allem die sog. Hellenisten Apg 6, 1 (M. Hengel), verfolgt hat (Gal 1, 23; Apg 9, 1). Aber das hebt seine Autorität als Apostel nicht im geringsten auf; denn das Apostelamt des Paulus ist nicht sein eigenes Werk, sondern durch das Eingreifen Gottes begründet (vgl. 9, 16). Wer die Beauftragung des Paulus durch den Herrn bestreitet, der greift letztlich den Herrn selbst an.

10 Der Apostel ist Zeuge der Auferstehung und Diener Gottes und der Gemeinde. Paulus verdankt diese Aufgabe allein der vergebenden und neuschaffenden Gnade Gottes, die im missionarischen Wirken des Apostels reiche Früchte getragen hat. Er hat in seinem Dienst mehr gearbeitet, d. h. größere Mühen und Leiden auf sich genommen (vgl. 2. Kor 11, 23 ff.) und auch mehr Erfolg gehabt als jeder der anderen Apostel. Und nochmals betont Paulus, um jede Mißdeutung seiner Aussage als Selbstruhm auszuschließen, daß dies alles

11 die Gnade Gottes, die mit ihm war, durch ihn gewirkt hat. Der V. 11 gibt in gewisser Weise den Skopus des Abschnitts 1–11 an. So verschieden die Vorgeschichte und das missionarische Werk bei Paulus und den anderen Aposteln auch sein mögen, als Apostel verkündigen sie alle dieselbe Christusbotschaft, wie sie in dem Traditionsstück V. 3b–5 enthalten ist. Die Verkündigung des Paulus von der zentralen Heilsbedeutung des Todes und der Auferweckung Jesu Christi ist keine Sonderlehre, sondern das gemeinsame Zeugnis aller Apostel, und auf diese Botschaft ist der Glaube der Korinther gegründet. Daraus läßt sich allerdings nicht zwingend folgern, daß die Leugner der Totenauferstehung die Auferweckung Jesu ebenso wie Paulus als leibliche Auferstehung verstanden haben.

Mit dem bisherigen Abschnitt (V. 1–11) hat nun Paulus das gemeinsam anerkannte Fundament dargelegt, auf das er seine weiteren Ausführungen aufbauen kann.

Die paulinische Osterüberlieferung
und die Auferstehungsberichte der Evangelien

Paulus und die Evangelien bezeugen gemeinsam Tod und Auferweckung Jesu Christi als die zentralen Heilsereignisse, die das Fundament der Kirche bilden. Sie verstehen gemeinsam den Kreuzestod Jesu als stellvertretenden Sühnetod für die Sünden der Menschen und die Auferweckung Jesu als eine auf das Kreuzesgeschehen folgende eigene Heilstat Gottes, in der Gott den gekreuzigten Jesus aus dem Tod zu sich in seine Machtsphäre erhoben und auf diese Weise sich mit ihm identifiziert hat. Damit hat Gott den stellvertretenden Sühnetod Jesu in Kraft gesetzt und so die neue, von den Propheten des Alten Testaments verheißene, eschatologische Heilsordnung heraufgeführt und durch die Ausgießung des heiligen Geistes die Kirche begründet. Der Auferstehungsakt selbst ist nirgends im Neuen Testament beschrieben, was seinem Wesen als Tat Gottes entspricht; es hat ihn auch niemand beobachtet (die Grabeswächter waren „wie tot" Mt 28,4). Der Glaube an die Auferstehung Jesu beruht auf der Selbstbekundung des auferweckten und erhöhten Jesus Christus. Paulus und die Evangelisten überliefern gemeinsam, daß der erhöhte Herr nur denen erschienen ist, die Gott dazu auserwählt hat (Apg 10,40f.; vgl. Gal 1,15) und die als Zeugen seiner Auferstehung gewirkt haben. Darin ist beschlossen, daß keine Beweisführung für die Auferstehung möglich ist, die bei Faktoren ansetzt, die außerhalb des Glaubens liegen. Die historische Rückfrage endet bei den Zeugen der Erscheinungen des Herrn bzw. bei der leer aufgefundenen Grabstätte (Mk 16,6), der so viel Gewicht beigemessen wurde, daß sie die jüdische Tradition vom Diebstahl der Jünger (Mt 27,62–66; 28,11–15) hervorrief.

Im Blick auf die Erscheinungen selbst besteht keine völlige Übereinstimmung zwischen der Aufzählung bei Paulus und den Berichten der Evangelisten. Die bei Paulus zeitlich am Anfang stehende Erscheinung des Herrn vor Petrus hat offenbar grundlegende Bedeutung gehabt, obwohl die Evangelien (bis auf Joh 21,4ff.) keinen ausführlichen Bericht darüber enthalten. Sie hat sich in der alten Glaubensformel Lk 24,34 niedergeschlagen; möglicherweise steht auch hinter Mt 16,16–18 der Kern eines Erscheinungsberichts. Jedenfalls wird in der Apostelgeschichte Petrus als die führende Apostelgestalt in der Frühzeit dargestellt. Der Ort dieser Ersterscheinung ist umstritten. Zahlreiche Ausleger lokalisieren sie auf Grund von Mk 16,7; Mt 28,16–20 und Joh 21,15–17 in Galiläa, während nach Lukas und Johannes Jesus den Jüngern noch am Abend des Ostertages in Jerusalem erschienen ist. Häufig wird angenommen, Petrus sei auf Grund der Erscheinung des Auferstandenen von Galiläa wieder nach Jerusalem zurückgekehrt; nach Mk 16,7 sollen die Jünger Jesus in Galiläa sehen, wie er in Mk 14,28 vorausgesagt hat. Die bei Paulus als zweite aufgeführte Erscheinung des Herrn vor dem Jüngerkreis (= den als Zwölfergruppe bezeichneten elf Jüngern) wird in allen Evangelien ausführlicher erzählt, wobei allerdings die Berichte im einzelnen variieren (Mk 16,7;

16,14ff.; Mt 28,16–20; Lk 24,36–49; Joh 20,18–29). Bei Matthäus ist mit der Erscheinung der Missionsbefehl verbunden, bei Lukas, neben der Identifikation mit dem Irdischen und der Öffnung für das Verständnis der Schrift, die Verheißung des Geistes (vgl. Apg 1,8) und bei Johannes neben der Sendung die Begabung mit dem heiligen Geist (Joh 20,21.22). Die dritte Erscheinung vor den mehr als fünfhundert Brüdern ist im Neuen Testament nirgends berichtet, wenn man sie nicht in der Pfingstgeschichte angedeutet sehen will. Es wird vermutet, diese Gruppenerscheinung habe entweder in Jerusalem, wegen der großen Zahl nach Pfingsten (H. Graß), oder in Galiläa bei den Anhängern Jesu (A. Schlatter) stattgefunden. Paulus weiß um sie aus der Überlieferung; die noch lebenden Zeugen gewährleisten, daß sie sich tatsächlich ereignet hat. Im Judentum sind nur Visionen von einzelnen bekannt. Die an vierter Stelle genannte Erscheinung vor Jakobus (Gal 1,19; 2,9), dem Bruder Jesu (Mk 6,3), ist ebenso wie die vor Petrus im Neuen Testament nicht ausführlich dargestellt. Wahrscheinlich hat die Erscheinung des auferweckten Jesus den Herrnbruder zum Glauben an Christus geführt und seine spätere Autorität in der Jerusalemer Gemeinde begründet. Bei der an fünfter Stelle erwähnten Erscheinung Christi vor „allen Aposteln" denken manche Ausleger wegen des Fehlens der Wendung „auf einmal" an mehrere Widerfahrnisse einzelner. Da Petrus sicher und die Zwölf wohl ebenfalls zum Apostelkreis gehörten, handelt es sich hier um eine Erscheinung, die zum *erweiterten* Apostelkreis (vgl. Röm 16,7) geführt hat. Die an den Schluß der Reihe gestellte Erscheinung vor Paulus ist durch seine eigene Aussage bezeugt (Gal 1,15–17); sie ist in der Apostelgeschichte in drei (in den Einzelheiten variierenden) Berichten (Apg 9,3–18; 22,6–21; 26,12–18) weiter ausgestaltet. Bei Damaskus ist der auferweckte Jesus Christus dem eifernden Pharisäer und Verfolger der christlichen Gemeinde Paulus als der erhöhte und von Gott in seiner Sendung als der eschatologische Heilbringer bestätigte Herr schienen und hat ihn zum Glauben und zugleich zum Apostel für die Heiden berufen. Die Aussage des Paulus über seine Berufung ist ein starkes und selbständiges Zeugnis für die Wirklichkeit der Auferstehung und der Erscheinungen des Herrn; denn Paulus unterscheidet als geschulter Theologe die ihm widerfahrene Begegnung mit Christus bei Damaskus ganz klar von seinen visionären Entrückkungserlebnissen (2. Kor 12,1–10). Nach Paulus ist mit dieser Erscheinung die Zeit der Apostelberufungen abgeschlossen (15,8). Von dieser Sicht des Apostels aus kann den später auftretenden Wanderaposteln am Anfang des zweiten Jahrhunderts n. Chr. (Did 13,3–6) nur der Rang von durch die Gemeinde beauftragten „Gesandten" (vgl. 2. Kor 8,23; Phil 2,25) bzw. von Propheten zuerkannt werden.

2. Die Folgen einer Leugnung der Totenauferstehung für den Glauben 15,12–19

12 Wenn aber von Christus verkündigt wird, daß er von den Toten auferweckt ist, wie können dann einige unter euch sagen: es gibt keine Auferstehung der

Toten?   13 Wenn es keine Auferstehung der Toten gibt, dann ist auch Christus nicht auferweckt.   14 Wenn aber Christus nicht auferweckt ist, so ist (folglich) auch unsere Predigt leer, leer auch euer Glaube.   15 Wir stehen aber auch als falsche Zeugen Gottes da, weil wir gegen Gott bezeugten, daß er Christus auferweckte, den er (dann doch gar) nicht auferweckte, wenn wirklich die Toten nicht auferweckt werden.   16 Denn wenn die Toten nicht auferweckt werden, dann ist auch Christus nicht auferweckt.   17 Wenn aber Christus nicht auferweckt ist, dann ist euer Glaube nichtig, dann seid ihr noch in euren Sünden.   18 Folglich sind auch die in Christus Entschlafenen verloren.   19 Wenn wir nur in diesem Leben unsere Hoffnung auf Christus gesetzt haben, sind wir bemitleidenswerter als alle Menschen.   20 Nun aber ist Christus von den Toten auferweckt als Erstling der Entschlafenen.

Vers 12: *2. Tim 2, 18*   Vers 18: *1. Thess 4, 14.*

Der V. 20 gehört für die logische Schlüssigkeit als tragender Obersatz eigentlich noch zu V. 12–19; aber er bildet zugleich auch die Grundlage und den Auftakt zu den folgenden Ausführungen.

In der Hafenstadt Korinth mit ihrer synkretistischen Frömmigkeit werden recht unterschiedliche Vorstellungen geherrscht haben bezüglich der Frage, ob es ein Fortleben nach dem Tod gibt. Die Anhänger einer von Plato herkommenden philosophischen Weltanschauung vertraten die Auffassung, daß die unsterbliche Seele aus dem Kerker des Leibes befreit werde durch den Tod. Für die vom Atomismus ausgehenden Epikureer löste sich im Tod die Persönlichkeit des Menschen total auf. Die Anhänger der Mysterienreligionen erhofften für sich von der Einweihung vor allem den Schutz und die Hilfe der Gottheit für ein glückliches Leben im Diesseits, wenn auch manchmal bezeugt ist, daß die Einweihung Leben im Hades verleihe (Sophokles, Fragm. 837; Apuleius, Metamorphosen XI 21, 6). Auf das Ganze gesehen herrschte im Hellenismus eine große Zurückhaltung gegenüber einem Leben im Jenseits. Auf alle Fälle war der Gedanke an eine leibliche Auferstehung der Toten ein schweres Ärgernis für griechisches Denken, wie die Szene in Apg 17, 32 deutlich macht. Dagegen hat die Auferstehung der Toten eine wichtige Rolle gespielt in den (späteren) Zeugnissen der persischen Eschatologie. Im Alten Testament begegnet der (auf älteren Traditionen beruhende) Auferstehungsglaube direkt erst in den späten Schriften (Jes 25, 8; 26, 19; Dan 12, 1.2) und gewann eine große Bedeutung in der jüdischen Apokalyptik. Die Pharisäer haben auf Grund der prophetischen Verheißungen eine allgemeine Totenauferstehung am Ende der Weltzeit erwartet, während die sadduzäische Priesteraristokratie, die nur die Tora anerkannte, die Auferstehung der Toten als eine Neuerung ablehnte. Jesus hat den Auferstehungsglauben gegen die Sadduzäer verteidigt (Mk 11, 18–27 par.); durch Jesus ist er auch ein fester Bestandteil der christlichen Zukunftshoffnung geworden. Paulus hatte bereits als Pharisäer den Auferstehungsglauben geteilt, aber Tod und Auferweckung Jesu haben ihm ein neues und zuverlässiges Fundament für diese Hoffnung gegeben und seine ganze Eschatologie neu geprägt.

Der Apostel hat in Korinth die Botschaft von Tod und Auferweckung Jesu Christi und der im Glauben geschenkten Anwartschaft auf die Teilhabe an der zukünftigen Gottesherrschaft (6, 9) verkündigt. Möglicherweise stand in der Frühzeit des paulinischen Wirkens die Verkündigung der Parusie stärker im Mittelpunkt als ein breiteres Eingehen auf die leibliche Auferstehung der Toten (vgl. 1. Thess 4, 13–17), die vor allem durch die Auseinandersetzung mit den schwärmerischen Pneumatikern notwendig wurde. Wahrscheinlich haben bei den korinthischen Christen auch noch frühere Vorstellungen nachgewirkt. Obwohl Paulus in V. 12 nur von einigen Leugnern der Totenauferstehung spricht, wirft er doch der ganzen Gemeinde enthusiastischen Pneumatismus vor.

12 ff.   An den Anfang stellt Paulus die These „einiger" korinthischer Gemeindeglieder: „Totenauferstehung gibt es nicht!" Der Wortlaut dieses Schlagworts läßt verschiedene Auslegungen zu. Ist damit von platonischen Vorstellungen aus die Unsterblichkeit der Seele bejaht und nur die leibliche Auferstehung geleugnet? Aber Paulus stellt nirgends die leibliche Auferstehung der Unsterblichkeit der Seele gegenüber, von der er überhaupt nie spricht. Oder meinen die korinthischen Vertreter dieser These ähnlich wie die durch Todesfälle in Sorge geratenen Thessalonicher, daß nur solche Christen, die bei der Parusie Christi noch leben, auch am ewigen Leben teilhaben?

Von urchristlich-apokalyptischen Vorstellungen aus könnte auch lediglich an den Ausschluß von der (tausendjährigen) Christusherrschaft gedacht sein, die nach Offenbarung Kap. 20 und 21 dem letzten Sieg über den Teufel, der allgemeinen Totenauferstehung, dem Weltgericht und der vollendeten Gottesherrschaft vorangeht. Aber der Wortlaut von 15, 12 negiert die Totenauferstehung generell, und Paulus läßt nirgends die Vorstellung eines messianischen Zwischenreichs deutlich erkennen (vgl. die Exegese zu 15, 24).

Nun wissen wir aus dem bisherigen Brief, daß die korinthischen Pneumatiker eine naturhaft-magische Sakramentsauffassung vertraten (Kap. 10), und daß sie in dem Hochgefühl lebten, jetzt schon mit dem erhöhten Christus zur Herrschaft gelangt zu sein (4, 8). Das Mitherrschen mit Christus setzt den Glauben an eine (von den Korinthern wohl pneumatisch vorgestellte) Auferstehung Jesu Christi voraus. Diese Angaben im Text legen die Annahme nahe, daß die Auferstehungsleugner in Korinth glaubten, durch die Taufe und den Geistempfang bereits mit Christus auferstanden und in den Zustand der Vollendung versetzt zu sein (vgl. die Formulierungen in Kol 2, 12; Eph 2, 6). Sie vertraten also eine ähnliche Auffassung wie die gnostischen Häretiker gegen Ende des Jahrhunderts in 2. Tim 2, 18, die lehrten, daß die Auferstehung bereits geschehen sei (J. Schniewind). Die von manchen Auslegern vertretene Meinung, Paulus habe die Position der korinthischen Auferstehungsleugner nicht oder nicht voll verstanden, hat im Text nirgends deutliche Anhaltspunkte. Die Differenz zwischen Paulus und den Korinthern liegt vorwiegend im verschiedenen Verständnis der Wirkung des Geistempfangs. Ist die Auferstehung bereits durch die Taufe im Geist vorweggenommen, dann gibt es in der Zukunft keine Auferstehung der Toten mehr, es sei denn, man nehme eine doppelte Auferstehung an, eine geistliche in der Gegenwart und eine leibliche in der Zukunft. Die Vertreter der These V. 12b haben m. E. die zukünftige Totenauferstehung bestritten, weil es für sie eine leibliche Auferstehung überhaupt nicht gibt. Nach ihrer Auffassung bildet entweder Jesus eine singuläre Ausnahme von ihrer generell formulierten Bestreitung der Totenauferstehung, oder, was wahrscheinlicher ist, sie verstanden die traditionelle Wendung von der Auferstehung im Sinn einer Auferstehung Jesu Christi im Geist. Wie die Pneumatiker über das Schicksal von getauften Christen dachten, die vor der Parusie Christi sterben, sagt zwar der Text nirgends direkt, aber es liegt im Zug ihres Denkens, daß sie annahmen, der in der Taufe geschenkte Geist könne als eine Substanz der vollkommenen Gotteswelt durch das Sterben des materiellen Leibes nicht zerstört werden (vgl. 15, 29).

Paulus greift in V. 12 auf die in V. 4 bezeugte Auferweckung Christi zurück, wie das Perfekt zeigt, und läßt durch den Fragesatz sogleich erkennen, daß er in dieser Tat Gottes eine durchschlagende Gegeninstanz gegen die These der korinthischen Auferstehungsleugner (am Ende von V. 12) sieht. In den Versen 13–19 zieht der Apostel in zwei Gängen (V. 13–15 und V. 16–19) logische Folgerungen aus der These der Auferstehungsleugner (V. 12c). Dabei wird aus der generellen Bestreitung der Auferstehung in einem hypothetischen Gedankengang gefolgert, daß auch Christus nicht auferweckt wäre (V. 13 und 16), wenn es keine Totenauferstehung gibt, was dann die in V. 14f. und V. 17–19 genannten negativen Folgen für die Glaubenden nach sich zöge. Nun stellt aber Paulus in V. 20 der These der Auferstehungsleugner (V. 12c) und den daraus abgeleiteten negativen Folgerungen (V. 13–19) einen neuen Obersatz als positive Prämisse entgegen, der die nur hypothetisch durchgeführten negativen Folgerungen aus V. 12c aufhebt: „Nun aber ist Christus auferweckt von den Toten" (vgl. Th. G. Bucher). Nach V. 20 ist Christus von den Toten auferweckt „als Erstling der Entschlafenen". Darin ist die eschatologische Bedeutung der Auferweckung Jesu beschlossen. Seine Auferweckung ist nicht nur die Lebendigmachung eines einzelnen Menschen innerhalb der Geschichte, der dann wieder stirbt, sondern das eschatologische Geschehen der Auferweckung des letzten Adam (1. Kor 15, 45), des „Menschensohnes" (Dan 7, 13) als des Repräsentanten der „Heiligen des Höchsten" (Dan 7, 18.27) und der neuen Schöpfung, in der die zukünftige Auferstehung der Toten bei der Parusie Christi begründet ist. Die in der Vergangenheit durch Gottes Kraft vollzogene Auferweckung Jesu Christi *aus* den Toten ist das grundlegende Geschehen, das die zukünftige Auferstehung *der* Toten trägt und mit Gewißheit nach sich zieht. Die negative Folgerung: „*Wenn* es keine Auferstehung der Toten gibt, dann ist auch Christus nicht auferweckt", ist für Paulus vom Handeln Gottes her in der Wirklichkeit aufgehoben in den positiven Folgezusammenhang: *Weil* Christus auferweckt ist, werden auch die Toten auferstehen. In V. 14 und 15 werden hypothetisch die Folgerungen aus dem negativen Obersatz: „Christus ist nicht auferweckt" (V. 14a) gezogen. Dabei zeigt sich, wie

12

13 ff.

14

eng die Versöhnungstat Gottes in Christus, die Verkündigung des Evangeliums und der Glaube der Christen in der Sache zusammengehören (vgl. 2. Kor 5,14–21). Auf dem Christusgeschehen von Kreuz und Auferweckung Jesu beruht die Verkündigung der Apostel, und durch den „Dienst der Versöhnung" (2. Kor 5,18) wird der Glaube der Gemeinde ermöglicht. Ohne das Ja Gottes zum stellvertretenden Sühnetod Jesu durch die Tat der Auferweckung wäre Jesus ein gescheiterter und nach 5. Mose 21,23 verfluchter Messiasprätendent, der gar nicht verkündigt und nicht als Herr und Bringer des Heils im Glauben anerkannt würde. Das Heilshandeln Gottes in Kreuz und Auferweckung Christi ist der zentrale Inhalt des von allen Aposteln verkündigten Evangeliums. Ohne diesen Inhalt ist die Verkündigung der Prediger leer, sinnlos, und der Glaube der Gemeinde hohl, unbegründet. Von der Botschaft geht
15 der Gedanke in V. 15 über zu den Verkündigern. Ist der Inhalt der Botschaft falsch, dann werden die Verkündiger dieser Botschaft als falsche Zeugen entlarvt, weil sie mit ihrem Zeugnis von der Auferweckung Christi sich gegen Gott gewendet und ihn als Lügner hingestellt haben. Denn wenn es sich so verhält, daß es keine Totenauferstehung gibt, dann hat Gott auch Christus nicht auferweckt. Es braucht nicht eigens gesagt zu werden, daß Paulus dies irreal versteht. Eine geprägte Formel „Zeugen Gottes" kommt bei Paulus nirgends vor; sie ist als Hintergrund für die paulinische Formulierung „falsche Zeugen Gottes" auch nicht notwendig. Der Begriff „falsche Zeugen"
16 (Mt 26,60) begegnet in der Septuaginta nur in Susanna 60. In V. 16 wiederholt Paulus die negative Folgerung aus der These der Auferstehungsleugner für die
17 Auferweckung Christi. Wenn aber Christus nicht auferweckt ist, fällt auch die im Glauben geschenkte Vergebung der Sünden dahin. Damit wird V. 14 weiter entfaltet. Ohne die Bestätigung des stellvertretenden Sühnetodes Jesu durch Gott in der Auferweckung Christi wäre der Glaube der Christen an ihre Befreiung aus der Knechtschaft von Sünde, Gesetz und Tod (Röm 8,1–3) nichtig. Die Glaubenden stünden dann noch unter der Herrschaft der Mächte der alten Welt. Die pluralische Wendung „in euren Sünden" nimmt den Plural
18 aus der Christusformel V. 3 auf. In V. 18 beschreibt Paulus die Folge der Auferstehungsleugnung für die Entschlafenen, d. h. für die bereits verstorbenen Christen. Sie hätten dann irrtümlich an Christus als ihren Erlöser aus Sünde und Tod geglaubt und wären „verloren" im eschatologischen Sinn (vgl. 1,18). Ein toter, nicht in die Machtsphäre Gottes aufgenommener Jesus könnte sie nicht aus der Macht des Todes befreien und sie nicht aus dem kommenden Zorngericht Gottes erretten (1. Thess 1,10), das im Weltgericht über die Ungerechten und Sünder ergeht. Mit dem V. 19 faßt Paulus die genannten logi-
19 schen Folgen einer Leugnung der Auferstehung der Toten nochmals in eine abschließende Folgerung zusammen. Dabei wird dem Glauben an Christus in diesem Leben die volle Gemeinschaft mit Christus in der Zukunft auf Grund der Totenauferstehung gegenübergestellt (vgl. 2. Kor 5,6–8). Wenn die Hoffnung, die die Christen auf ihren Herrn gesetzt haben, nur auf das irdische Leben beschränkt wäre, dann wären sie bemitleidenswerter als alle Menschen

in dem Fall, daß es keine Auferstehung der Toten gibt. Sie würden sich dann nicht nur täuschen in ihrer Hoffnung auf die zukünftige volle Gemeinschaft mit Christus, sondern sie nähmen auch die Mühsale und Leiden der Kreuzesnachfolge jetzt in dieser Welt vergeblich auf sich. Die Stelle zeigt eindrücklich, daß Paulus den irdischen, gekreuzigten und begrabenen Jesus und den auferweckten, erhöhten und in die Macht Gottes eingesetzten Christus als eine und dieselbe Person versteht. Der christliche Glaube ist für den Apostel weit mehr als die Überzeugung, daß „die Sache Jesu weitergeht" (W. Marxsen), also mehr als nur eine innerweltliche Haltung, die sich an den ethischen Forderungen des irdischen Jesus orientiert. Der Glaube an die Rechtfertigung des Sünders durch die Heilstat Gottes in Christus schließt für Paulus die Gewißheit der Erlösung in der zukünftigen Vollendung ein. Die Vollendungshoffnung ist keine Vertröstung auf die Zukunft; sie erweist sich vielmehr bereits in diesem Leben als motivierende und tragende Kraft (Röm 5, 1–5).

3. Die Folgen der Auferstehung Christi für die Zukunft 15, 20–28

20 Nun aber ist Christus von den Toten auferweckt als Erstling der Entschlafenen. **21** Denn da durch einen Menschen der Tod gekommen ist, wird auch durch einen Menschen die Auferstehung der Toten kommen. **22** Denn wie in Adam alle sterben, so werden auch in Christus alle lebendig gemacht werden. **23** Ein jeder aber in seiner (eigenen) Ordnung: als Erstling Christus; dann die, die zu Christus gehören, bei seiner Ankunft; **24** danach (ist) das Ende (da), wenn er die Herrschaft Gott, dem Vater, übergeben wird, nachdem er alle Herrschaft und alle Gewalt und Macht vernichtet hat. **25** Denn er muß herrschen, bis „er alle Feinde unter seine Füße gelegt hat" (Ps 110, 1). **26** Der letzte Feind, der vernichtet wird, ist der Tod. **27** Denn „alles hat er unter seine Füße getan" (Ps 8, 7). Wenn es aber heißt: „Alles ist unterworfen", so ist klar, daß der ausgenommen ist, der ihm alles unterworfen hat. **28** Wenn ihm aber alles unterworfen sein wird, dann wird auch der Sohn selbst sich dem unterordnen, der ihm alles unterworfen hat, damit Gott sei alles in allem.

Vers 20: *Kol 1, 18*   Vers 21: *Röm 5, 12.18*   Vers 22 f.: *Dan 7, 13.27*   Vers 25: *Ps 110, 1*   Vers 27: *Ps 8, 7.*

3.1 Der Ausgangspunkt 15, 20

An den Anfang stellt Paulus die Tatsache der Auferweckung Jesu Christi als 20 des Erstlings der Entschlafenen und betont damit den Zusammenhang der zukünftigen Auferstehung der Toten mit der durch Gottes Eingreifen bereits erfolgten Auferweckung Jesu. Paulus stellt sich jetzt auf das in 15, 1–11 gelegte Fundament und gibt noch eine Näherbestimmung zu Christus: er ist der „Erstling der Entschlafenen". Das griechische Wort für Erstling (*aparché*) bezeichnet im Alten Testament die Erstlingsfrucht, die Gott für die ganze Ernte dargebracht wird (2. Mose 23, 19; 5. Mose 26, 1 ff.). Paulus kann das Wort auf die

Erstbekehrten einer Gemeinde anwenden (Röm 16,5; 1. Kor 16,23); aber an unserer Stelle ist deutlich der Erstling der Auferstehung gemeint, wie der beigefügte Genitiv zeigt. Im gleichen Sinn heißt Christus in Kol 1,18 „der Anfang, der Erstgeborene aus den Toten". Der Ausdruck hat nicht nur zeitliche, sondern auch sachlich-kausale Bedeutung: die Auferweckung Jesu wird als eschatologisches Ereignis verstanden, als der Auftakt der endzeitlichen Vollendung, der die Auferstehung der in Christus Entschlafenen in der Zukunft nach sich ziehen wird. Von diesem Zusammenhang her wird der Geist als die „Erstlingsgabe" (Röm 8,23) oder das „Angeld" (2. Kor 1,20; 5,5) der eschatologischen Vollendung bezeichnet.

Die Folgen der Auferweckung Jesu Christi werden zunächst für die Zukunft entfaltet (V.21–28); dann wird die Bedeutung der zukünftigen Totenauferstehung für das Leben in der Gegenwart bedacht (V.29–34). Der Apostel kämpft in V.21–28 gegen die Vorwegnahme der Auferstehung in der Taufe und deckt zugleich die Bedeutung des in V.3–5 zitierten Kerygmas für die Zukunft auf (U. Luz). Dabei verwendet er in V.21 f. die Adam-Christus-Entsprechung und argumentiert in V.23–28 mit der endgültigen Vernichtung aller gottfeindlichen Mächte einschließlich des Todes, der trotz der Versöhnungstat Gottes seine Macht über die Menschen noch bis zur Weltvollendung ausübt.

3.2 Die Begründung der Totenauferstehung im Rahmen der Adam-Christus-Typologie 15,21 und 22

21   Paulus faßt die Entsprechung von Adam und Christus in V.21 f. in eine knappe, sentenzartige Aussage zusammen. Diese sog. Adam-Christus-Typologie hat eine formale Verwandtschaft mit dem mythischen Schema von Urzeit und Endzeit. Paulus versteht wohl die Entsprechung von Adam und Christus von dem jüdischen Gedanken aus, daß eine Stammvaterpersönlichkeit das Handeln und das Schicksal derer bestimmt, die zu ihr gehören (E. Schweizer, ThWNT VII, S. 1069 f.). Er versteht Jesus Christus als den „Menschensohn" (Dan 7,13), der „die Heiligen des Höchsten" (Dan 7,27) repräsentiert. Dem ersten, irdischen Adam stellt Paulus in 15,45–49 Jesus Christus als den zweiten, eschatologischen Adam (den Menschen aus dem Himmel) gegenüber. Der erste Adam ist der Repräsentant der natürlich-geschichtlichen Menschheit, der zweite Adam Jesus Christus ist der Repräsentant der eschatologischen Menschheit. In dieser Gegenüberstellung ist sowohl die positive Entsprechung von Adam und Christus enthalten als auch der radikale Gegensatz zwischen dem irdischen und dem himmlischen Menschen. Die Entsprechung der beiden Gestalten besteht darin, daß jeweils der Repräsentant eine bestimmende Wirkung ausübt auf die zu ihm Gehörenden (V.22). Das gegensätzliche Verhältnis wird in V.45–48 näher entfaltet. Die Auswirkung des Einen auf die Seinen wird in V.21 – im Griechischen ohne Verben – so beschrieben: „Weil durch einen Menschen der Tod (gekommen ist), (wird) auch durch einen Menschen

die Auferstehung der Toten (kommen)." Adam ist insofern Repräsentant der
alten Menschheit, als durch ihn Sünde und Tod in die Welt gekommen sind
(Röm 5,12). Der Verursachung des Todes durch einen Menschen entspricht
die Besiegung des Todes durch einen Menschen. Von der betonten Fassung
des *einen* Menschen in Röm 5,12.18 her ist anzunehmen, daß auch in 15,21
trotz der unbestimmten Ausdrucksweise die singuläre Stellung von Adam und
Christus kraft ihrer Wirkung auf die Ihren zur Geltung kommen soll (vgl. die
Artikel in V. 22). Die begründende Erläuterung in V. 22 weicht durch das
Futur im Nachsatz auffällig von der parallelen Form ab: „Denn wie in Adam
alle sterben, so *werden* auch in Christus alle lebendig gemacht *werden*." Dieses
Futur ist notwendig, weil die Totenauferstehung erst zur Zukunft bei der
Parusie gehört (1. Thess 4,16; vgl. Röm 6,5). Zugleich drückt sich in ihm die
Korrektur des Apostels an der schwärmerischen Vergegenwärtigung der Auf-
erstehung bei den korinthischen Pneumatikern aus. Die Wendung „in Adam"
ist Analogiebildung zu der christlichen Formel „in Christus", die mehrere
Aspekte umfaßt. Der darin mitenthaltene kausale Sinn wird in V. 21 mit
„durch" verdeutlicht. Der V. 22 ist so formuliert, als handle es sich um einen
die ganze Menschheit umfassenden, naturhaft-kausal ablaufenden Prozeß.
Die Sünde als Verstoß gegen das Gebot Gottes und der Tod als Sold der
Sünde (Röm 6,23) sind nicht erwähnt und auch nicht das letzte Gericht Gottes
über die Gottlosen. Paulus hebt im Zug seiner Argumentation hier nur die
Auswirkung des jeweiligen Repräsentanten auf die Seinen für Tod und Leben
heraus, weil es darum in der Auferstehung geht. Wie Paulus den Sinn der
Adam-Christus-Typologie theologisch versteht, zeigt der Abschnitt
Röm 5,12–21, den man als einen authentischen Kommentar des Apostels zu
unserer Stelle bezeichnen kann. Danach ist der Tod für die Glieder der alten
Menschheit nicht nur die schicksalhafte Folge der Gebotsübertretung Adams,
sondern auch die Folge ihres eigenen Sündigens (Röm 5,12). Das mythische
Schema von Urzeit und Endzeit wird bei Paulus vom biblischen Verständnis
der Menschheitsgeschichte her interpretiert und geschichtlich modifiziert. Für
den Apostel wird das Schicksal der Menschen entscheidend durch ihr Verhalten gegenüber dem Willen Gottes bestimmt. Das wird daran deutlich, daß
Paulus die beiden Pole „Tod" und „Leben" in Röm 5,12ff. in ihrem engen
Zusammenhang mit Gesetz und Sünde und mit der Rechtfertigung durch
Christus beschreibt. Dies beeinflußt auch den Sinn des zweiten „alle" in V.
22b. Die formale Entsprechung zum Todesschicksal aller Menschen wäre eine
allgemeine Totenauferstehung. Nun wird aber in V. 23 von Dan 7,13.27 her
nur von der Auferstehung derer gesprochen, die zum Menschensohn Christus
gehören, und in V. 24–28 läuft der Gedankengang auf den Sieg Christi über
alle gottfeindlichen Mächte und auf die Übergabe der Herrschaft an den
Vater zu, während Totenauferstehung der Nichtchristen und Weltgericht
nicht erwähnt werden. Deshalb muß „alle" in V. 22 auf alle bezogen werden,
die an Christus glauben; Christus hat für alle Menschen den Zugang zum Heil
im ewigen Leben eröffnet, aber nicht alle nehmen die Heilsbotschaft an. Das

Schicksal der Nichtchristen liegt in diesem Abschnitt nicht im Blickfeld des Apostels. Aus unserer Stelle läßt sich weder eine Lehre von der Allversöhnung ableiten noch die These begründen, daß die Christen dem Weltgericht entnommen seien (dagegen 2. Kor 5, 10).

3.3 Die Vollendung der Sendung Jesu Christi in der universalen Gottesherrschaft 15, 23–28

23   Zwischen der Auferweckung Jesu und der Auferstehung der Toten liegt eine längere Zeitstrecke. Das futurische Verbum von V. 22 b wirkt in V. 23 noch nach. Die Lebendigmachung geschieht in einer zeitlichen Abfolge und Ordnung. Am Anfang steht die Auferweckung Christi; danach kommt bei der Parusie, die Paulus noch zu seinen Lebzeiten erwartet (V. 52), die Auferstehung derer, die zu Christus gehören; danach, gleichsam in der dritten Ordnung, ist das „Ende" da. Der Ausdruck für „Ordnung" (*tágma*) bezeichnet in der profangriechischen Literatur meist eine geordnet aufgestellte militärische Abteilung. Von hier aus begründen manche Ausleger eine Betrachtungsweise in Gruppen: zuerst Christus, der eschatologische Mensch, danach die Christen, und drittens der „Rest", also die nichtchristliche Menschheit. Aber die zeitliche Abfolge wird nicht nur durch „danach" und „dann" markiert, sondern auch durch das griechische Wort *télos*, das nicht Rest, sondern Ende oder Ziel bedeutet. Dazu kommt als Sachargument, daß in V. 24–28 die allgemeine Totenauferstehung nicht erwähnt wird. Der Begriff *tágma* kann auch den Sinn von „Rang", „Stellung", „Ordnung" haben (vgl. 1. Clem 41, 1); deshalb verdient hier die zeitliche Interpretation von telos = Ende den Vorzug: Jeder wird auferstehen in der für ihn geltenden Ordnung. Die Korinther beachten die ihnen geltende Ordnung (nämlich erst bei der Parusie Christi) nicht. Parusie heißt wörtlich „Anwesenheit", wird aber in 1. Thess 2, 19; 3, 13; 4, 15; 5, 23 auf die Wiederkunft Jesu Christi in der Zukunft bezogen, die in 1. Kor 1, 7 als die „Offenbarung unseres Herrn Jesus Christus" bezeichnet wird.

24   Wenn Christus in Herrlichkeit mit den heiligen Engeln erscheinen wird (1. Thess 3, 13), dann ist das „Ende" da, das in V. 24–28 als ein Vollendungsgeschehen beschrieben wird. Weil sich die korinthischen Pneumatiker jetzt schon für vollendet halten, obwohl sie den leiblichen Tod noch vor sich haben, betont Paulus in V. 23 die Zukünftigkeit der Auferstehung und entfaltet in V. 24–28 die zur Vollendung gehörende Niederwerfung aller gottfeindlichen Mächte und das Ziel des Christusgeschehens in der universalen Gottesherrschaft. Dabei entspricht die Abfolge 1. Christus, 2. die zu Christus Gehörenden, 3. das „Ende" (V. 23 f.) der Reihenfolge in Daniel 7 mit den Versen 13 f. (Erscheinung des Menschensohns), 18 (die „Heiligen des Höchsten"), 27 (ewiges Reich; vgl. auch Mt 24, 27–31, P. Stuhlmacher). Der volle Auftrag Jesu Christi ist erst mit dem Sieg über den letzten Feind, den Tod, erfüllt. Wer die Totenauferstehung leugnet, leugnet damit auch den endzeitlichen Sieg Christi.

Was am Ende geschieht, erläutert Paulus durch zwei temporale Nebensätze in V. 24b und c. Der erste Nebensatz betrifft die Übergabe der Herrschaft an den Vater (Verb im Präsens), der zweite die Vernichtung aller Herrschaft, Gewalt und Macht (Tempus der Vergangenheit). Zeitlich geht die Besiegung der Mächte der Übergabe der Herrschaft an den Vater voraus; denn die Ausschaltung der gottfeindlichen Mächte und des Todes (V. 26) ist die Voraussetzung dafür, daß Gott alles in allem ist (V. 28). Es sind somit drei zeitliche Phasen ins Auge gefaßt: 1. von der Auferweckung Christi bis zur Auferweckung der Toten bei der Parusie, 2. von der Parusie bis zur Übergabe der Herrschaft Christi an Gott, 3. als Ziel des Christusgeschehens und aller Geschichte die universale, ewige Herrschaft Gottes, des Vaters. Der Text sagt nicht ausdrücklich, *wann* das Herrschen Christi beginnt, mit der Erhöhung oder der Parusie, und legt auch nicht eindeutig fest, in welcher Zeitphase die Vernichtung der gottfeindlichen Mächte erfolgt. Nach der jüdisch-apokalyptischen Zweiäonenlehre folgt auf den jetzigen Äon die Herrschaft Gottes in der zukünftigen Welt; die Rabbinen haben das Schema entwickelt: jetzige Welt–Herrschaft des Messias–Herrschaft Gottes. Die Vorstellung von einem vierhundertjährigen messianischen Zwischenreich ist zuerst nach der Zerstörung Jerusalems in 4. Esra 7, 26 ff. bezeugt, was nicht ausschließt, daß diese Vorstellung älter sein kann. Die Frage der von Paulus in unserem Abschnitt verwendeten Traditionen ist noch in der Diskussion. Ob Paulus die vorpaulinische Tradition von der Unterwerfung der Mächte bei der Erhöhung Christi (Phil 2, 9 ff.; Eph 1, 21; 4, 8 ff.; 1. Petr 3, 22) mit einer christlich-apokalyptischen Tradition von der Übergabe des Reiches Christi an den Vater (U. Luz) bzw. mit der Ablösung des (tausendjährigen) Reiches Christi durch den neuen Himmel und die neue Erde (Offb 20 f.) verbunden hat, läßt sich nicht mehr mit Sicherheit aufhellen, ist aber von Dan 7 her nicht auszuschließen. In Offb 20 folgt auf die Herrschaft Christi mit den zu ihm Gehörenden nach einer nochmaligen kurzen Satansherrschaft die allgemeine Totenauferstehung, das Weltgericht und der Sturz des Todes in den feurigen Pfuhl. Paulus läßt aber nirgends die Erwartung eines messianischen Zwischenreichs deutlich erkennen (H.-A. Wilcke). Für die Herrschaft Christi ist von der bei Paulus bejahten Tradition Röm 1, 3 f.; 8, 34 auszugehen, wonach Christus durch seine Auferweckung „zur Rechten Gottes" (Ps 110, 1) erhöht worden ist. Von hier aus legt es sich nahe, das „Herrschen" Christi auf die Zeit von der Erhöhung bis zur Übergabe der Herrschaft an den Vater zu beziehen. Die final ausgedrückte Anbetung der Mächte und ihr Bekenntnis zu Jesus als dem Kyrios (Phil 2, 9–11) geschieht „zur Ehre Gottes des Vaters". Die Herrschaft Christi vollzieht sich in der Zeit von der Erhöhung bis zur Parusie im Bekenntnis und Glaubensgehorsam der Kirche und in der Befreiung der Christen aus der Knechtschaft von Sünde, Gesetz und Tod (vgl. Röm 8). Christus gebraucht die ihm in der Erhöhung verliehene Macht (vgl. Mt 28, 18) sichtbar erst in der Zeit von der Parusie bis zur Niederwerfung aller gottfeindlichen Mächte. Als letzter Akt vor der Übergabe der Herrschaft an Gott erfolgt die Vernichtung des Todes

(V. 26). Wie Gott durch Christus das All geschaffen hat (8,6), so ist er in der Zeit von der Erhöhung bis zum Beginn der universalen Gottesherrschaft wirksam durch die Herrschaft Christi, der auch in der Vollmacht Gottes das letzte Gericht durchführt (2. Kor 5,10). Bis zur Parusie ist die Herrschaft Christi irdisch gleichsam noch unter dem Kreuz verborgen; es ist die Zeit der angefochtenen und kämpfenden Kirche, die sich für den Apostel in der Dialektik von Sterben und Leben auswirkt (2. Kor 4,8–12). Bei der Parusie werden alle, auch die Feinde Christi, seine Herrschaft anerkennen oder seine Macht erfahren müssen. In dem mit der Parusie beginnenden Vollendungsgeschehen gilt die „Zeit Gottes", die nicht mehr mit irdischen Zeitmaßstäben gemessen werden kann; darum verzichtet Paulus bewußt darauf, innerhalb des „Endes" den Ablauf nach irdischen Zeitstrecken festzulegen (vgl. 15,52). Die Ausschaltung und endzeitliche Vernichtung der gottfeindlichen Mächte durch Christus ist nach Paulus bereits in den beiden messianisch gedeuteten Psalmen 110 und 8 bezeugt. Die erste herangezogene Schriftstelle ist Psalm 110,1, wo Gott zum jüdischen König spricht: „Setze dich zu meiner Rechten, bis ich deine Feinde als Schemel unter deine Füße lege". Es ist umstritten, ob die Juden diesen Psalm in vorchristlicher Zeit auf den erwarteten Messias gedeutet haben. Die Christen haben ihn jedenfalls schon sehr früh auf die Auferweckung und Erhöhung Jesu Christi bezogen (vgl. Röm 8,34; Eph 1,20 f.; Kol 3,1; Hebr 1,3.13; 8,1; 10,12). In dem in die dritte Person umgesetzten Zitat des Paulus ist „alle" hinzugefügt, um die Vernichtung aller gottfeindlichen Mächte zu betonen. Nach dem Heilsplan Gottes muß Christus (königlich) herrschen, bis „er" alle seine Feinde unterworfen hat. Nach der Konstruktion bei Paulus ist „er" zu beziehen auf das Subjekt des Herrschens, also auf Christus, der nach V. 24 jede Herrschaft, jede Gewalt und Macht beseitigt. In Psalm 110 ist es Gott, der dem Kyrios die Feinde unter die Füße legt. In der Sache besteht kein wesentlicher Unterschied, wenn man die funktionale Einheit im Wirken Gottes und Christi berücksichtigt. Der letzte und mächtigste Feind, der vernichtet wird, ist der Tod; damit erfüllt sich die prophetische Verheißung von Jes 25,8. Die Personifizierung des Todes (vgl. den mit dem Satan in Verbindung gebrachten Todesengel) drückt, wie bei der Sünde, seine Macht über die Menschen aus. Über den auferweckten Christus hat der Tod keine Macht mehr (Röm 6,9); der Tod hat auch seinen *Rechts*anspruch auf die in Christus Gerechtfertigten verloren (Röm 8,38 f.), aber er übt trotz der Versöhnungstat Gottes im Kreuz Christi seine *Macht* über die Menschen noch bis zum Weltende aus. Nach jüdischer Auffassung ist der Tod durch den Neid des Teufels in die Welt gekommen (Weish 2,24; vgl. Hebr 2,14); Paulus führt die Macht des Todes in Röm 5,12 auf die Sünde der Menschen zurück. Die Auferstehung der Toten hängt ihrem Wesen nach eng mit der Aufhebung der Todesmacht zusammen. Paulus sagt jedoch in V. 26 nichts über den Zusammenhang der Vernichtung des Todes mit der allgemeinen Totenauferstehung aus. Der Vers redet nicht von den Nichtchristen und gibt auch keine Antwort auf die Frage, ob die Gottlosen im Tode bleiben oder auferstehen zum

Gericht. Die zweite im voraus die Christusherrschaft verheißende Schriftstelle 27
ist Psalm 8,7, in der die Herrschaft des Menschen über die Schöpfung
beschrieben wird: „Alles hast du (Gott) unter seine (des Menschen) Füße
getan" (vgl. die Verbindung von Ps 110,1 mit Ps 8,7 in Mk 12,36). Die Christen haben diesen Psalm auf Jesus Christus als den eschatologischen Menschen bzw. Menschensohn bezogen (Eph 1,22); wahrscheinlich gab dabei der
Ausdruck „Menschensohn" (Ps 8,5) den Ausschlag. Auch in diesem zweiten
Zitat ist strittig, ob Gott oder Christus als Subjekt der Unterwerfung anzusehen ist. Nach V. 28 ist hier Gott der Unterwerfende. In Ps 8,7 sieht Paulus die
universale Gottesherrschaft angedeutet, wobei das betonte „alles" die gedankliche Brücke bildet. Wenn Gott dem Christus „alles" unterworfen hat, dann ist
Gott als der Unterwerfende selbstverständlich aus dem „alles" ausgenommen.
Der vorliegende Text wird von manchen Auslegern übersetzt: „Wenn er (Christus) aber erklärt haben wird (nach seinem Sieg über alle feindlichen Mächte):
Alles ist (jetzt) unterworfen!". Bei dieser Deutung kommt aber nicht genügend
zur Geltung, daß Paulus mit dem Schriftwort argumentiert, nicht einfach das
Zukunftsgeschehen beschreibt. In V. 28 spricht Paulus von der vollendeten 28
Gottesherrschaft, die auf die in V. 24 erwähnte Übergabe der Herrschaft Chri-
sti an den Vater folgt. Wenn Christus die mit seiner Herrschaft gesetzte Aufgabe der Niederwerfung der gottfeindlichen Mächte erfüllt hat, dann wird
auch der Sohn selbst sich dem unterordnen, der ihm alles unterworfen hat.
Diese Art der freiwilligen Unterordnung des Sohnes unter den Vater hebt die
Einheit des Wirkens von Vater und Sohn nicht auf. Die mystisch klingende
Wendung „damit Gott alles in allem sei" besagt nicht, daß Christus, die Kirche
und die Welt in Gott „aufgehen", sondern legt den Akzent auf den alles
umfassenden und durchdringenden Charakter der Gottesherrschaft. In ihr
sind die ersten drei Bitten des Vaterunsers Wirklichkeit geworden und ist der
Zwiespalt zwischen Kirche und Welt, Immanenz und Transzendenz, Zeit und
Ewigkeit aufgehoben. „Die Vollendung besteht ... darin, daß kein Streit mehr
darüber bestehen kann, daß ‚der Christus Gott gehört', wie es schon 3,23 formuliert hat" (E. Schweizer, FS Kümmel, S. 312; vgl. auch ThWNT VIII, S.
373). Das Verhältnis Vater-Sohn drückt eine durch Liebe und Gehorsam
bestimmte Beziehung aus. Vielleicht hat Paulus den Gehorsam Christi bei seiner Erniedrigung über die Erhöhung (Phil 2,8–11) hinaus weiter durchge-
dacht bis zur Unterordnung unter den Vater in der vollendeten Gottesherrschaft. Wie Christus vor dem Heilsgeschehen „in göttlicher Gestalt" Gott
gleich war (Phil 2,6), so ist er am Ziel seiner Sendung in der Herrschaft mit
dem Vater eng verbunden; das Herrschen Christi ist in die universale Herrschaft des Vaters aufgenommen (Phil 2,11 c). So kann auch von denen, die zu
Christus gehören, gesagt werden, daß sie – nicht jetzt schon, wie die Korinther
meinen (4,8), sondern erst in der Zukunft – mit Christus herrschen (vgl.
2. Tim 2,12) und die Welt richten werden (6,2; vgl. Dan 7,27). Die Sendung
Christi und die Bestimmung des Menschen finden in der Gottesherrschaft ihre
letzte Erfüllung. Paulus beschreibt hier das Vollendungsgeschehen als Schrift-

theologe mit Hilfe der beiden messianisch gedeuteten Psalmen. In Ps 110, 1 ist die Rede vom Kyrios und im V. 5 von der Vernichtung der Könige am Tag des Zornes Gottes. In Ps 8, 5 steht der Begriff „Menschensohn", der dem aramäischen Ausdruck in Dan 7, 13 entspricht. Das legt den Gedanken nahe, daß das Motiv der Übergabe der Herrschaft des Sohnes an den Vater (V. 24) der Übergabe der Macht an den Menschensohn durch den „Alten der Tage" (= Gott) in Dan 7, 13 f. korrespondiert.

Nach einem neuen Lösungsvorschlag (O. Betz, Jesus u. das Danielbuch, S. 121 ff.) bildet der Begriff „Parusie" den Schlüssel für den Bezug auf Dan 7, 13, wo die Septuaginta das gleiche Verbum gebraucht, aus dem das Substantiv „Parusie" gebildet ist. Aus der Verbindung von Ps 110, 1 und Ps 8, 7 mit Dan 7, 13 ff. läßt sich auch die sonst in der Schrift nicht bezeugte Übergabe der Herrschaft des Messias an Gott erklären.

Die Verse 23–28 geben keine vollständige Darstellung des Ablaufs der Endereignisse. Der Abschnitt zeigt, wie stark Paulus die jüdische Enderwartung in schöpferischer Umgestaltung seiner christologisch verankerten Eschatologie dienstbar gemacht hat.

4. Beispiele für den Zusammenhang der Totenauferstehung mit dem Leben in der Gegenwart 15, 29–34

29 Denn was werden sonst die tun, die sich für die Toten taufen lassen? Wenn Tote überhaupt nicht auferweckt werden, weshalb lassen sie sich dann noch für sie taufen? 30 Weshalb stehen dann auch wir jede Stunde in Gefahr? 31 Tag für Tag sterbe ich, so wahr ihr, Brüder, mein Ruhm seid, den ich habe in Christus Jesus, unserm Herrn. 32 Wenn ich (nur) nach Menschenweise (= für dieses Leben) in Ephesus mit wilden Tieren kämpfte, was nützt es mir? Wenn Tote nicht auferweckt werden, dann „laßt uns essen und trinken, denn morgen sind wir tot" (Jes 22, 13). 33 Irrt euch nicht! „Schlechter Umgang verdirbt gute Sitten." 34 Werdet (doch einmal) rechtschaffen nüchtern und sündigt nicht! Denn einige haben keine Erkenntnis Gottes; zur Beschämung sage ich es euch.

Vers 31: *2. Kor 4, 10 f.* Vers 32: *Jes 22, 13* Vers 34: *1. Thess 5, 6–8.*

Die bisherigen Ausführungen des Apostels über die Entsprechung von Adam und Christus und den endgültigen Sieg Christi über alle gottfeindlichen Mächte sind getragen von dem unlöslichen Zusammenhang der Totenauferstehung mit der Auferweckung Jesu Christi. Nun zeigt er mit einigen Beispielen die Bedeutung der zukünftigen Totenauferstehung für das Leben in der Gegenwart auf. Dafür zieht er eine unpaulinische Taufsitte in der korinthischen Gemeinde, seine apostolische Leidensexistenz und das Leben in ethischer Verantwortung heran. Die Frucht der Auferweckung Christi für die Gegenwart ist eine lebendige Hoffnung (1. Petr 1, 3) der Christen auf ihre Auferstehung bei der Parusie, die sich in christlichem Gehorsam bewährt.

Zunächst spricht Paulus davon, daß es in Korinth „einige" Gemeindeglieder 29
gibt, die sich für die Toten taufen lassen. Die Präposition „für" (*hypér*) hat
hier den Sinn: an Stelle, zugunsten der Toten, wie der folgende Satz ausweist:
wenn die Toten überhaupt nicht auferweckt werden, dann kann ihnen doch
der Segen der Taufe gar nicht mehr zugute kommen, und dann ist diese Taufsitte völlig sinnlos. Die stellvertretende Taufe (die sog. „Vikariatstaufe") für
die Toten setzt den Glauben an eine magische Wirkung der Taufe voraus.
Durch sie sollen Angehörige oder Verwandte, die für die christliche Botschaft
aufgeschlossen waren, aber vor ihrer Taufe starben, des Segens der Taufe teilhaftig werden. In den dionysischen Mysterien gab es einen stellvertretenden
Vollzug der Einweihungsriten für ungeweiht Verstorbene. Die Kirchenväter
berichten, daß einige christliche Sekten (Marcioniten, Kerinthianer, Monta-
nisten) im 2. und 3. Jahrhundert die sog. „Vikariatstaufe" geübt haben, wohl
auf Grund von 1. Kor 15, 29. Joh Chrysostomus erzählt von den Marcioniten,
daß sie an einem verstorbenen Katechumenen die Taufe vollzogen, indem sie
jemand unter dem Totenbett verbargen, diesen die an den Toten gerichtete
Frage, ob er die Taufe begehre, beantworten ließen und dann den Lebenden
für den Toten tauften. Es ist schwer, genau zu bestimmen, welche Zukunftserwartung die korinthischen Vertreter der Vikariatstaufe für ihre Toten hatten.
Sie müssen mit irgend einer Form von Leben nach dem Tod gerechnet haben,
wenn den Toten die Taufe etwas nützen soll. Nach V. 12 leugnen „einige" die
Totenauferstehung, und nach V. 29 lassen sich „einige" für die Toten taufen.
Der Wortlaut zwingt zwar nicht dazu, die beiden gleichzusetzen, schließt aber
ihre Identität, die große Wahrscheinlichkeit hat, auch nicht aus. Bei Spiritualisten, die in der Gabe des Geistes bei der Taufe die entscheidende Begründung
eines neuen, unvergänglichen Lebens sehen und der Taufe eine magische Wirkung zumessen, ist die Vikariatstaufe durchaus sinnvoll. Paulus, der die magische Wirkung der Sakramente ebenso ablehnt wie die Vorwegnahme der
Totenauferstehung in der Taufe, heißt die korinthische Sitte weder gut noch
tadelt er sie; er zieht sie lediglich als Beispiel heran, um den Widerspruch zwischen dieser Praxis und der Leugnung der Totenauferstehung aufzudecken.
Der V. 29 gehört zu den schwierigsten und umstrittensten Stellen des Briefes,
für die noch keine einhellige Erklärung gefunden ist. Es sind zahlreiche Versuche gemacht worden, den Vers anders als im Sinn der Vikariatstaufe verständlich zu machen. Schlatter deutet „getauft werden" von Mk 10, 39; Lk 12, 50 aus
als „sterben" und denkt an Verkündiger, die in der Nachfolge Christi den Tod
auf sich nehmen, um den Verstorbenen mit ihrem Zeugnis zu dienen, wie dies
Christus tat (vgl. 1. Petr 3, 19). Andere (z. B. M. Raeder) deuten die Stelle auf
Nichtchristen, die in die Gemeinde eintreten, um in der Auferstehung mit
ihren verstorbenen christlichen Angehörigen vereinigt zu werden. Aber es ist
sehr fraglich, ob „für" (*hypér*) diese finale Bedeutung der erhofften Vereinigung mit den Toten haben kann. Nach dem Wortlaut des Textes ist an die
Vikariatstaufe zu denken (W. G. Kümmel; H. Conzelmann). Neben die Taufe 30
für die Toten stellt Paulus in V. 30 die Gefahren, denen er selbst Stunde um

Stunde bei seinem apostolischen Dienst ausgesetzt ist (vgl. 2. Kor 11, 26),
31 wobei er oft mit tödlichem Ausgang rechnen mußte. Ohne Auferstehung der
Toten verlöre diese apostolische Leidensexistenz ihren Sinn. Die Verfolgungen, Mühsale und Leiden, die Paulus täglich zu ertragen hat, nennt er ein „täg-
liches Sterben" (vgl. Röm 8, 36; 2. Kor 4, 10 f.; 6, 9; 11, 23). „Ständig werden wir
mitten im Leben in den Tod dahingegeben, damit auch das Leben Jesu an
unserem sterblichen Fleische offenbar werde" (2. Kor 4, 11). Der Apostel hat
nicht übertrieben, wenn er von einem täglichen Sterben redet. Dies bezeugt er
mit einer Art Schwurformel bei dem Ruhm, den die korinthische Gemeinde
für ihn bedeutet. Paulus spricht mehrfach davon, daß ihm seine Gemeinden
bei der Parusie zum Ruhm gereichen werden (Röm 15, 17; 2. Kor 1, 14;
Phil 2, 16; 1. Thess 2, 19). Dieser Ruhm ist ihm durch das Wirken Christi zuteil
geworden. Sprachlich möglich, aber von den genannten Stellen her nicht wahrscheinlich, wäre es auch, den griechischen Begriff für Ruhm (*kaúchēsis*) aktivisch als das Rühmen des Paulus über die Korinther (vgl. 2. Kor 7, 8) zu fassen.
32 In Fortsetzung der realen Beispiele handelt es sich in V. 32 nicht um einen
irrealen Bedingungssatz, sondern um die Anspielung auf ein einzelnes in
Ephesus erfahrenes Ereignis. Aus der ständigen Bedrohung greift Paulus jetzt
einen besonders schweren Fall von Todesgefahr heraus. Worin die Gefährdung konkret bestand und bei welcher Gelegenheit sie auftrat, wird nicht
gesagt. Die große Bedrängnis von 2. Kor 1, 8–11 ist noch nicht im Blick. Der
Ausdruck „mit wilden Tieren kämpfen" ist hier bildlich gebraucht für einen
Kampf, bei dem es um Leben und Tod geht (vgl. Röm 16, 4). Gegen die
Annahme eines wirklichen Tierkampfs in der Arena spricht einmal, daß Paulus
in 2. Kor 11 einen solchen nicht erwähnt, sodann daß die zum Tierkampf Verurteilten das römische Bürgerrecht verloren (vgl. Apg 22, 25). Die Wendung
„nach Menschenweise" bekommt ihren Sinn durch den Gegensatz zur Auferstehungshoffnung. Wer nur mit den menschlichen Möglichkeiten im irdischen
Leben rechnet, für den ist die Auferstehung der Toten ein leerer Wahn. Ohne
die Auferstehung wäre das Durchstehen schwerster Gefahren letztlich vergeblich. Die Bereitschaft der Märtyrer zum Leiden ist getragen von der Hoffnung
auf ein Leben nach dem Tod (vgl. 2. Makk 7, 9). Paulus ist es hier nicht um ein
egoistisches Spekulieren auf einen himmlischen Lohn zu tun, sondern um den
Zusammenhang, daß wir, wenn wir hier mit Christus leiden, dann auch mit
ihm verherrlicht werden (Röm 8, 17). Wenn Tote nicht auferweckt werden,
dann hat es nicht nur keinen Zweck, so viele Leiden auf sich zu nehmen, sondern dann ist es geradezu folgerichtig, nach dem Motto aus Jes 22, 13 LXX
(vgl. Weish 2, 6) zu leben. Wenn mit dem Tod alles aus ist, dann läßt in der
Regel die Kraft der Menschen zu einer verantwortlichen Lebensführung nach;
dann gilt es, das irdische Leben möglichst zu genießen. Aus der Zitierung von
Jes 22, 13 ist nicht zu folgern, daß die Auferstehungsleugner dieses Motto auch
33 selbst praktiziert haben. Paulus hält es am Schluß für notwendig, die
Gemeinde vor Selbsttäuschung und Irrtum zu warnen (6, 9; Gal 6, 7). Dazu
gebraucht er ein geflügeltes Wort, das damals weit verbreitet war: „Schlechter

Umgang verdirbt gute Sitten." Ob Paulus wußte, daß es sich dabei um einen jambischen Vers aus der Komödie „Thais" des attischen Dichters Menander (um 300 v. Chr.) handelt, läßt sich nicht mehr entscheiden. Das Sprichwort warnt allgemein vor schlechtem Umgang, weil er eine ansteckende Wirkung hat; durch den Kontext ist die Warnung vor dem trügerischen Gerede der Auferstehungsleugner eingeschlossen. Das schwärmerische Hochgefühl der 34 korinthischen Pneumatiker, in dem sie wähnen, bereits mit Christus auferstanden zu sein (vgl. 4, 8) und in dem einige die zukünftige Totenauferstehung leugnen, ist in den Augen des Apostels ein religiöser Rauschzustand. Der wahre eschatologische „Realismus" besteht für Paulus darin, das jetzige Leben im Licht des kommenden Tages zu führen (1. Thess 5, 1–11). Er fordert die Korinther auf, ihre wahre Situation zu erkennen, auf den Boden der Nüchternheit zu treten und die Sünde nicht zu verharmlosen. Die negativen Folgen ihres schwärmerischen Geistverständnisses für die Lebensführung (Kap. 5–7) zeigen, daß sie auf falschem Wege sind. Sie sind stolz auf ihre Erkenntnis (8, 1); es haben aber einige in Wirklichkeit keine Erkenntnis des Gottes, „der die Toten lebendig macht" (Röm 4, 17), sondern sie praktizieren nur ihre Unkenntnis des lebendigen Gottes. Diese beschämende Feststellung kann der Seelsorger Paulus den Korinthern nicht ersparen.

Mit dem Begriff „einige", der auch in V. 12 verwendet ist, schließt sich der Ring um den Abschnitt 15, 12–34.

5. Die Art und Weise der Auferstehung 15, 35–49

35 Nun wird jemand sagen: Wie werden die Toten auferweckt? Mit was für einem Leib kommen sie? 36 Du Tor! Was du säst, wird nicht lebendig gemacht, wenn es nicht (zuvor) stirbt. 37 Und was (immer) du säst, du säst ja nicht den Leib, der werden soll, sondern ein nacktes Samenkorn, etwa von Weizen oder einem der anderen Gewächse. 38 Gott aber gibt ihm einen Leib, so wie er gewollt hat, und zwar einem jeden der Samen einen ihm eigenen Leib. 39 Nicht alles Fleisch ist dasselbe Fleisch, sondern anders ist das der Menschen, anders das Fleisch des Viehs, anders das Fleisch der Vögel, anders das der Fische. 40 Und es gibt himmlische Leiber (Körper) und irdische Leiber; aber anders ist der Glanz der himmlischen, anders der der irdischen. 41 Anders ist der Glanz der Sonne und anders der Glanz des Mondes und anders der Glanz der Sterne; denn ein Stern unterscheidet sich vom anderen durch seinen Glanz. 42 So verhält es sich auch mit der Auferstehung der Toten: Gesät wird in Vergänglichkeit; auferweckt wird in Unvergänglichkeit; 43 gesät wird in Niedrigkeit (Unehre), auferweckt wird in Herrlichkeit; gesät wird in Schwachheit, auferweckt wird in Kraft; 44 gesät wird ein natürlicher Leib, auferweckt wird ein geistlicher Leib.
Wenn es einen natürlichen Leib gibt, dann gibt es auch einen geistlichen. 45 So steht doch auch geschrieben: Es wurde der erste Mensch Adam „zu einem lebendigen Wesen" (Seele, *psychế*; 1. Mose 2, 7), der letzte Adam zu lebendigmachendem Geist (*pneuma*). 46 Aber nicht das Pneumatische (kommt) zuerst, sondern das Psychische, danach erst das Pneumatische. 47 Der erste

Mensch ist von der Erde, irdisch; der zweite Mensch ist vom Himmel. 48 **Wie**
(beschaffen) der irdische (Mensch) ist, so sind auch die irdischen, und wie
(beschaffen) der himmlische (Mensch) ist, so sind auch die himmlischen; 49 und
wie wir das Bild des irdischen (Menschen) getragen haben, so werden wir auch das
Bild des himmlischen (Menschen) tragen.

Vers 36: *Joh 12, 24*   Vers 38: *1. Mose 1, 11*   Vers 45: *1. Mose 2, 7; Dan 7, 13f.*   Vers 49: *Röm 8, 29.*

5.1 Die Mannigfaltigkeit der Leiber in der alten Schöpfung 15, 35–41

35   Wurde bisher der Zweifel am „Daß" der Auferstehung abgewiesen, so geht
es jetzt um das „Wie". Paulus greift hier im Fragestil einen gewichtigen Einwand auf, der wahrscheinlich in Korinth lebhaft diskutiert wurde. Die Frage
nach dem „Wie?" wird sogleich dahin präzisiert: „Mit was für einem Leib
kommen die Auferweckten (aus den Gräbern hervor)?" Mit dieser doppelt
ausgedrückten Frage (wie = mit welchem Leib) soll die Unmöglichkeit der
leiblichen Auferstehung dargetan werden. Die Argumentation des Paulus richtet sich gegen zwei verschiedene irrtümliche Auffassungen von der Auferstehung, in erster Linie gegen den Spott der spiritualistischen Auferstehungsleugner, die eine leibliche Auferstehung für unmöglich halten, nachdem der Leib
verwest ist, sodann auch gegen die in pharisäischen Kreisen herrschende Vorstellung, daß in der Auferstehung die frühere Leiblichkeit in gleicher Art und
Erscheinung wiederhergestellt werde (Bill. III, S. 474). Deshalb betont der
Apostel die *Wirklichkeit* eines neuen geistlichen Leibes ebenso wie die *Ver-*
36 *schiedenheit* des zukünftigen Auferstehungsleibes vom irdischen Leib. Wie
Jesus den Menschen die zukünftige Gottesherrschaft mit Gleichnissen aus dem
Naturleben nahebrachte, so gebraucht auch Paulus hier das Gleichnis vom
Samenkorn, das in die Erde gesät wird und aus dem Gott eine neue Pflanze
schafft. Der moderne Entwicklungsgedanke ist dem Apostel völlig fremd; er
versteht das Wachstum als Wirkung der wunderbaren Schöpferkraft Gottes.
Die überaus mächtige und an Formen reiche Schöpferkraft Gottes, wie sie in
der alten Schöpfung wahrgenommen werden kann, gilt nach Paulus ebenso für
die neue Schöpfung in der eschatologischen Vollendung. Der Auferstehungsleugner wird als Tor, Narr angeredet, nicht wegen eines intellektuellen Man-
gels, sondern weil er die wunderbare Kraft Gottes (vgl. Mk 12, 24) in der alten
und der neuen Schöpfung nicht erkennt. Die erste Antwort des Paulus in V. 36
betont das Lebendiggemachtwerden durch den Tod hindurch. Das Samenkorn
muß vorher sterben, wenn daraus die neue Pflanze entstehen soll (vgl.
Joh 12, 24). „Es gibt ein Sterben, das die Voraussetzung des Lebens ist" (A.
Schlatter, S. 433). Was am Samenkorn wahrzunehmen ist, das gilt analog auf
Grund von Tod und Auferweckung Jesu auch für die Glaubenden, die „in
Christus" sind. Paulus behält für die neue Leiblichkeit die doppelte Möglichkeit im Auge, daß bei der Parusie die Verstorbenen auferweckt und die noch
37 Lebenden verwandelt werden (V. 51). Die zweite Antwort des Paulus in V. 37

unterstreicht die Verschiedenheit des neuen zukünftigen Leibs vom irdischen
Leib. In die Erde gesät wird ein bloßes Samenkorn von Weizen oder einem
anderen Gewächs. Da Leib und Kleid gern synonym gebraucht werden, wird
vom „nackten" Samenkorn gesprochen. Für Paulus ist der irdische Leib
„nackt" im Verhältnis zum neuen Leib, der mit Herrlichkeit bekleidet ist. Das
Samenkorn hat noch nicht die Art und Gestalt (= Leib) des Halms und der
Ähre, die Gott aus ihm wachsen läßt. Ein Leben ohne Leib ist für Paulus vom
Alten Testament her unvorstellbar. Der irdische Mensch hat einen natürlichen,
vergänglichen Leib; der Auferweckte lebt ebenfalls in einem Leib, der aber von
völlig anderer Art ist. Die dritte Antwort, die der Apostel in V. 38 gibt, weist   38
auf die große Mannigfaltigkeit der Leiber in der alten Schöpfung hin. Die
wunderbare Schöpferkraft Gottes gibt jedem Samen „einen eigenen Leib".
Paulus erinnert an die Fülle der Arten und Lebensformen in der Natur, wie sie
Gott bei der Schöpfung nach seinem Willen geschaffen hat (vgl. 1. Mose
1, 11 f.). Da im folgenden Vers die irdischen Lebewesen nach Arten gegliedert
werden, ist auch die Aussage über die Pflanzenwelt entsprechend zu interpretieren: Gott gibt jeder Samenart eine für sie eigentümliche Gestalt der Pflanzen. Die im Bild vom Samenkorn angesprochene Mannigfaltigkeit der Leiber   39
wird nun in der Schöpfungswirklichkeit veranschaulichend aufgezeigt. Die
irdischen Lebewesen haben einen fleischlichen (sarkischen) Leib. Mit der griechischen Unterscheidung von Stoff und Form, Substanz und Gestalt ist die alt-
testamentlich-biblische Anthropologie nicht voll zu erfassen. Für jüdisches
Denken sind bei jedem Lebewesen Substanz und Gestalt in einer lebendigen,
organischen Einheit verbunden. Die irdischen Lebewesen in Tier- und Menschenwelt haben einen Leib von „Fleisch und Blut" (V. 50), aber sie haben
nicht dieselbe Gestalt. Mit „Fleisch" kann das ganze Lebewesen in seiner konkreten Gestalt bezeichnet werden, wenn die Schwachheit, Versuchlichkeit und
Vergänglichkeit des irdischen Wesens ausgedrückt werden soll. Die irdischen
Lebewesen werden auf Grund der Schöpfungsgeschichte (1. Mose 1, 20 ff.) eingeteilt in Menschen, Landtiere, Vögel und Fische; diese Arten unterscheiden
sich von einander in ihrer „fleischlichen" Gestalt. Von den irdischen Leibern   40
sind die Himmelskörper zu unterscheiden, die nicht aus Fleisch und Blut
bestehen, sondern von himmlischer Art sind. Darum wechselt Paulus hier von
Fleisch (*sárx*) über zur Rede von den Leibern (*sōmata*). Der Begriff *dóxa*
bezeichnet in der Anwendung auf himmlische und irdische Leiber den Glanz
oder die Pracht (G. Kittel, ThWNT II, S. 240). Da jedoch die äußere Erscheinung mit dem Wesen zusammenhängt, klingt auch der Unterschied zwischen
der fleischlichen Natur der irdischen Lebewesen und der „Lichtnatur" der
himmlischen Leiber an. Die Himmelskörper strahlen einen hellen Glanz (*dóxa*
Sir 43,9 LXX) aus. Die irdischen Leiber haben die ihnen eigentümliche
„Pracht" in ihrer äußeren Erscheinung. Auch die Himmelskörper strahlen   41
nicht alle in gleichem Glanz und leuchten nicht mit derselben Helligkeit.
Sonne, Mond und Sterne haben eine jeweils verschiedene Leuchtkraft, und die
Sterne unterscheiden sich von einander durch ihren Glanz.

5.2 Der neue Leib in der Auferstehung 15,42–49

Die alte Schöpfung, in der Gott immer wieder so mannigfaltige Leiber schafft, faßt Paulus nun als Analogie und Gleichnis für die neue Schöpfung. Dabei hebt er zunächst auf die völlige Andersartigkeit des Auferstehungsleibes gegenüber dem irdischen Leib ab. Die alte Schöpfung ist durch Vergänglichkeit, Schwäche und Unvollkommenheit gekennzeichnet. Soll die neue Schöpfung ewigen Bestand haben und der vollendeten Gottesherrschaft entsprechen, so muß sie verschieden sein von der alten Welt (vgl. Offb 21). Sie ist nicht nur von anderer, sondern von gegensätzlicher Art. In der präsentischen Aussageform der Sentenz bringt Paulus diesen grundsätzlichen Unterschied zur Sprache; mit drei knappen, rhetorisch geformten Antithesen stellt er in V. 42 ff. das Wesen der alten und der neuen Schöpfung einander gegenüber, wobei jetzt die Menschen in dieser und in der zukünftigen Welt ins Auge gefaßt werden. Derselbe Gott, der in der alten Schöpfung Leben aus dem Tod

42 hervorbringt, ist auch am Werk in der eschatologischen Auferstehung. In V. 42 wird das Bild des Säens aus der Metaphorik vom Samenkorn auf den Menschen angewendet, der so ins irdische Leben gerufen wird, daß er der Vergänglichkeit unterworfen bleibt. „Auferweckt wird in Unvergänglichkeit"; den tiefen Bruch zwischen vergänglichem und unvergänglichem Leben vermag die natürliche Entwicklung nicht zu überwinden, sondern nur die wunderbare

43 Schöpferkraft Gottes. „Gesät wird in Niedrigkeit" (atimía). Der Gegensatz zu Herrlichkeit ist Unansehnlichkeit im Sinn von Jämmerlichkeit. Paulus denkt an den Menschen in seiner Anfälligkeit und Versuchlichkeit, der der Herrlichkeit Gottes ermangelt (Röm 3,23). „Auferweckt wird in Herrlichkeit." Das hierfür gebrauchte griechische Wort (dóxa) bezeichnet die eschatologische Auferstehungsherrlichkeit im Gegensatz zum hinfälligen, irdischen Menschen. „Gesät wird in Schwachheit." Gemeint ist der Mensch, der Anfechtungen, Krankheit und Leiden ausgesetzt ist und der das Gute nicht zu tun vermag, das er will (Röm 7,19). „Auferweckt wird in Kraft." Der griechische Ausdruck für Kraft (dýnamis) steht häufig im Wechsel mit pneuma (vgl. Röm 1,4), dem schöpferischen Geist Gottes. Gott, der Christus von den Toten auferweckt hat, wird auch die sterblichen Leiber der Glaubenden lebendig machen durch

44 seinen Geist, der in ihnen wohnt (Röm 8,11). Die vierte Antithese (V. 44 a) faßt die drei vorausgehenden zusammen im Blick auf die Leiblichkeit: „Gesät wird ein natürlicher (psychischer) Leib, auferweckt wird ein geistlicher (pneumatischer) Leib." Der Begriff „psychisch" hat hier nichts zu tun mit der griechischen Lehre von der Unsterblichkeit der Seele, er beschreibt vielmehr den Leib des irdischen Menschen (vgl. 2,14). Der psychische Leib ist der aus Fleisch und Blut bestehende Leib des natürlichen Menschen, wie er durch Adam geprägt ist; er wird in V. 47 als „irdisch" bezeichnet. Da Paulus auf die Erschaffung des Menschen vor dem Sündenfall blickt, ist mit dem Ausdruck „natürlicher Leib" das Beherrschtwerden durch die Sünde nicht eigens betont. Wie der psychische Leib nicht aus seelischem Stoff besteht, so besteht auch der pneumatische Leib nicht aus geistlichem Stoff, sondern ist ein Leib, der

ganz und gar vom Geist Gottes bestimmt wird (W. G. Kümmel). Der geistliche Leib ist in den Getauften noch nicht unter dem irdischen Leib verborgen vorhanden, sondern wird den Glaubenden erst in der Zukunft von Gott geschenkt. Paulus wendet gegen die korinthischen Pneumatiker ein, daß es kein durch die Sakramente gewirktes, pneumatisches „Innerstes" des Menschen gibt, „in dem himmlisches Leben schon zum Besitz des Menschen geworden wäre, so daß er nicht mehr auf Gottes Schöpferkraft angewiesen bliebe" (E. Schweizer, ThWNT VII, S. 1059). Die Gestalt des Leibes bildet auch nicht das Kontinuum, das nur die sarkische Substanz mit der pneumatischen tauscht; vielmehr schenkt Gott demselben Ich in diesem und im zukünftigen Leben einen der jeweiligen Seinsweise entsprechenden Leib. Der entscheidende Faktor der Kontinuität zwischen der alten und der neuen Schöpfung ist die wunderbare Kraft des treu zu seinem ursprünglichen Schöpfungsplan und zu seinen Verheißungen stehenden Gottes. In dem Vorschlag, den geistlichen Leib als den von Gott schon bei der Schöpfung dem „vollendeten" Menschen zugedachten „eigentümlichen Leib" (ídion sōma) zu fassen (Ch. Burchard), kommt die Einheitlichkeit des göttlichen Handelns in der alten und der neuen Schöpfung besonders stark zur Geltung.

Mit der These in V. 44 b gibt Paulus die entscheidende Antwort auf die Frage von V. 35. Die Existenz des natürlichen Leibes kann niemand bestreiten; ihm entspricht eschatologisch ein geistlicher Leib. Die These, die logisch bereits in der antithetischen Entsprechung in den Versen 42 b–44 a enthalten ist, wird von Paulus noch theologisch begründet mit dem Alten Testament und der Christologie. Paulus verbindet in V. 45 die Stelle 1. Mose 2,7 mit der Auf-   45 erweckung und Erhöhung Jesu Christi. Er stützt sich in der ersten Hälfte auf den griechischen Text von 1. Mose 2,7 LXX, in dem er das Subjekt „der Mensch" durch „erster" und „Adam" ergänzt, um die Entsprechung des ersten, irdischen und des zweiten, eschatologischen Adam (= Christus) zu verdeutlichen. Gott blies dem aus Erdenstaub gebildeten Adam einen „Lebenshauch" ein; dadurch wurde dieser „zu einer lebenden Seele", d. h. zu einem lebendigen Wesen. Adam ist als irdisches Geschöpf durch die „Seele" belebt. Mit diesem Zitat verbindet Paulus in V. 45 b eine christologische Aussage, die für ihn aus 1. Mose 2,7 nach dem göttlichen Heilsplan auf Grund der Adam-Christus-Typologie folgt: der letzte Adam wurde „zu lebendigmachendem Geist". Damit beschreibt der Apostel den auferweckten und erhöhten Jesus Christus, der durch den Geist wirksam ist (vgl. Röm 1,4; 2. Kor 3,17). Bei dem präexistenten Christus ist nicht die Rede von Pneuma, und der Mensch gewordene war „in der Gestalt des sündigen Fleisches" (Röm 8,3). Durch den Geist Gottes und Christi wird der Schöpfer den Glaubenden, die bereits bei der Taufe die „Erstlingsgabe" des Geistes (Röm 8,23) empfangen haben, in der zukünftigen Auferstehung auch einen geistlichen Leib schenken, der der eschatologischen Seinsweise entspricht. Die Gewißheit dieses eschatologischen Geistleibes erwächst für Paulus nicht allein aus der typologischen Auswertung von 1. Mose 2,7; sie ist für ihn so gewiß wie seine apostolische Existenz; denn der in die himmlische Seinsweise erhöhte und durch den Geist wirkende Jesus Christus ist ihm bei Damaskus erschienen und hat ihn zum Apostel berufen.

46 Die Ausdrücke „das Psychische" und „das Pneumatische" in V. 46 entsprechen dem psychischen und dem pneumatischen Leib von V. 44. Die Ergänzung „Leib" ist somit möglich und in der Sache zutreffend; aber Paulus hat wohl bewußt eine allgemeine Formulierung gewählt, weil die Korinther einen pneumatischen „Leib" gerade nicht anerkennen. Nach dem typologischen Verständnis von 1. Mose 2,7 ist nicht die durch Christus geprägte eschatologisch-pneumatische Wesensart die erste, sondern die durch Adam geprägte psychische, die das irdische Leben bestimmt. Das durch die Taufe bewirkte neue Leben der Christen steht noch im Schatten des Kreuzes, und der Leib der Glaubenden muß noch durch den Tod hindurch. Außerdem liegt der Tatbestand vor Augen, daß Christus in der Geschichte viel später aufgetreten ist als Adam.

Es ist umstritten, welche religionsgeschichtliche Konzeption Paulus bei der korrigierenden Zwischenbemerkung in V. 46 im Auge hat. Der jüdisch-hellenistische Philosoph Philo von Alexandria, der vielleicht, aber nicht sicher einen alten Urmenschenmythus bzw. zwei antithetische Urmenschen voraussetzt – die Gnosis hat 1. Mose 2,7 dann ganz spekulativ ausgewertet –, spricht von zwei Arten (*génē*) von Menschen, von dem himmlischen und dem irdischen Menschen (All I 31 f.), und deutet den in 1. Mose 1,27 genannten, nach dem Bild Gottes gewordenen Menschen (dem platonischen Dualismus entsprechend) auf den Idee-Menschen und den später in 2,7 genannten, aus Erdenstaub gebildeten Menschen auf den irdischen Adam (Op 134). Bei Paulus wirkt aber in „1. Kor 15,45–49 wahrscheinlich die urchristliche Menschensohn-Tradition ein" (U. Wilckens, Röm 5, S. 313). Der V. 46 wird zugleich als kritische Korrektur an der Position der korinthischen Pneumatiker verständlich, die sich durch die Geistgabe bei der Taufe jetzt schon in der eschatologischen Existenz, d. h. „auferstanden" und den irdischen Bedingungen entnommen wähnen. Ihnen hält Paulus vor, daß das Erste, das jetzt schon da ist, nicht die ganz vom Geist bestimmte Existenz ist, bei der auch der Leib verwandelt ist, sondern das Leben der Glaubenden unter irdischen Bedingungen. Das

47 Auferstehungsleben im geistlichen Leib kommt erst bei der Parusie. In V. 47 geht der Apostel auf die beiden in V. 45 genannten Menschheitsrepräsentanten Adam und Christus näher ein. Den ersten Menschen charakterisiert er als irdisch: er besteht aus Erdenstoff und ist von irdischer Art. Der zweite Mensch wird nach seiner Herkunft beschrieben: er ist „vom Himmel". Seit seiner Erhöhung ist Christus im Himmel und wird von dorther bei der Parusie als der Retter erwartet, „der den Leib unserer Niedrigkeit umformen wird, daß er dem Leibe seiner Herrlichkeit gleichgestaltet werde" (Phil 3,20 f.). Der Mensch vom Himmel ist gekennzeichnet durch Unvergänglichkeit, Herrlichkeit und Kraft (vgl. V. 42 b–44 a). Ob die Rede vom himmlischen „Menschen" im Zusammenhang mit dem Menschensohn aus Dan 7,13 f. steht, der in der jüdischen Apokalyptik (äthHen; 4. Esra) mit dem Messias identifiziert wurde,

ist in der Forschung umstritten. Paulus spielt mehrfach auf Stellen aus Daniel an (z.B. in Röm 5,13 auf Dan 7,10, in Röm 9,28 auf Dan 5,28 LXX, in 1. Kor 6,2 auf Dan 7,22, in 1. Kor 13,3 auf Dan 3,19f. und in Phil 2,15 auf Dan 12,3); er hat m.E. die Menschensohnvorstellung von Dan 7,13ff. gekannt und in 1. Kor 15,45–49 theologisch ausgewertet, wenn er auch den Begriff „Menschensohn" nicht direkt nennt. Auf alle Fälle versteht Paulus Christus als den eschatologischen Menschen, der in der Endzeit nach der Parusie alle gottfeindlichen Mächte vernichten wird (vgl. V. 24 und 28). Adam und Christus sind nicht nur als Einzelpersönlichkeiten vorgestellt, sondern als Repräsentanten der alten und der neuen Menschheit. Die individualistisch-persönliche Sicht der Auferstehung wird von einer kosmisch-universalen umfaßt. Die Art des jeweiligen „Adam" bestimmt die Art derer, die zu ihm gehören. Die natürlichen Menschen gehören zum irdischen Adam kraft leiblicher Abstammung. Die Menschen, die „in Christus" sind, gehören zu dem erhöhten Jesus Christus durch die vom Geist bewirkte Verbundenheit mit ihrem Herrn im Glauben. So greifen auch hier Entsprechung und Verschiedenheit ineinander. „Wie beschaffen der irdische (Adam) ist, so beschaffen sind auch die irdischen (Menschen), und wie beschaffen der himmlische (Adam) ist, so beschaffen sind auch die himmlischen (Menschen)." Adam hat einen durch die Seele (hebr. *näphäsch*; griechisch *psyché*) belebten Leib; so haben auch die Nachkommen Adams einen lebendigen, irdischen Leib. Christus ist in den Himmel erhöht und wirkt durch den Geist; so werden auch die zu ihm Gehörenden in der eschatologischen Auferstehung mit Leib und Geist ganz und gar vom Geist Gottes und Christi geprägt sein. Wenn die Christen in diesem Zusammenhang als „himmlische" Menschen bezeichnet werden, so gilt dies für sie als Hoffende, die zwar schon jetzt im Glauben mit dem erhöhten Christus verbunden sind, aber erst in der Zukunft den neuen Leib erhalten und mit Christus „in die Himmel versetzt" (vgl. Eph 2,6) werden. Der Vers besagt nicht, daß die Christen in ihrem ethischen Verhalten Christus gleichkommen, so sehr sie ihm nachfolgen sollen, und schreibt ihnen auch kein solches Heilswerk zu, wie es Jesus Christus durch seinen Kreuzestod vollbracht hat. Die „Geheiligten in Christus Jesus" (1,2) sind glaubende Empfänger der Versöhnungstat Gottes in Christus. Worauf es Paulus ankommt, erläutert er näher in V. 49. Die Aussage (im Aorist): „wie wir das Bild des irdischen (Adam) getragen haben", ist vom Standort der eschatologischen Vollendung aus formuliert. Wir tragen in dieser Welt noch das Bild des irdischen Adam als sterbliche Menschen. „Bild" nähert sich hier „Gestalt", die getragen wird wie ein Gewand, es bezeichnet aber zugleich die Wesensart des Trägers: „man ist eben, was man trägt" (E. Brandenburger). Im Unterschied von einem zeitlosen Urbild-Abbild-Schema setzt Paulus im Nachsatz bewußt das Futur: „so *werden* wir auch das Bild des himmlischen (Menschen = Christus) tragen", nämlich in der eschatologischen Geistleiblichkeit. Paulus denkt hier offenbar an die Gleichgestaltung „des Leibes unserer Niedrigkeit" mit dem „Leib seiner Herrlichkeit" (Phil 3,21; vgl. Röm 8,29).

Die Ausführungen des Apostels in V. 44b–49 setzen nicht voraus, daß die Korinther eine gnostische Urmensch-Erlöser-Christologie vertreten haben. Paulus betont die Zukünftigkeit und Gewißheit des neuen Auferstehungsleibes gegen die Vergegenwärtigung der Auferstehung in der Taufe und gegen die Überschätzung des Geistes bei den korinthischen Pneumatikern.

6. Die Verwandlung der Glaubenden und der Sieg über den Tod in der vollendeten Gottesherrschaft 15, 50–58

50 Dies versichere ich aber, Brüder: Fleisch und Blut können das Reich Gottes nicht erben, und die Vergänglichkeit erbt nicht die Unvergänglichkeit. 51 Siehe, ich sage euch ein Geheimnis: alle werden wir nicht entschlafen, alle aber werden wir verwandelt werden, 52 im Nu, in einem Augenblick, bei der letzten Posaune. Denn es wird (die Posaune) erschallen, und die Toten werden als Unverwesliche auferweckt werden, und wir werden verwandelt werden. 53 Denn dieses Vergängliche muß Unvergänglichkeit anziehen, und dieses Sterbliche muß Unsterblichkeit anziehen. 54 Wenn aber dieses Vergängliche Unvergänglichkeit anziehen wird und dieses Sterbliche Unsterblichkeit anziehen wird, dann wird erfüllt werden das Wort, das geschrieben steht (Jes 25,8; Hos 13,14): „Verschlungen wurde der Tod in den Sieg. 55 Wo ist (nun), Tod, dein Sieg? Wo ist (nun), Tod, dein Stachel?" 56 Der Stachel des Todes aber ist die Sünde, die Kraft aber der Sünde ist das Gesetz. 57 Gott aber sei Dank, der uns den Sieg gibt durch unseren Herrn Jesus Christus! 58 Darum, meine geliebten Brüder, seid fest, unerschütterlich und nehmt immer zu in dem Werk des Herrn, weil ihr wißt, daß eure Mühe nicht vergeblich ist in dem Herrn.

Vers 51: *1. Thess 4,15–17* Vers 52: *Mt 24,31; 1. Thess 4,16* Vers 53: *2. Kor 5,4* Vers 54: *Jes 25,8* Vers 55: *Hos 13,14* Vers 56: *Röm 5,13; 7,8* Vers 57: *Röm 7,25* Vers 58: *16,13.*

50   Der V. 50 erfüllt eine Überleitungsfunktion; einerseits schließt er mit der Betonung des Unterschieds zwischen dem natürlichen und dem geistlichen Leib die Argumentation von V. 36–49 ab, andererseits leitet er mit der neuen Anrede zu der Schilderung des eschatologischen Vollendungsaktes über. Paulus bezeugt gegen das spiritualistische Auferstehungsverständnis der korinthischen Schwärmer die Leiblichkeit der eschatologischen Existenz, weil es Leben ohne Leib für sein Denken nicht gibt. Aber er betont ebenso entschieden die völlige Andersartigkeit des Auferstehungsleibes gegenüber der irdischen Leiblichkeit. Der Apostel vertritt nicht die genaue Wiederherstellung des früheren Leibes, wie dies von den Rabbinen im Interesse der Identifizierung der Personen angenommen wurde; hierin steht Paulus im Gefolge Jesu, der im Streitgespräch mit den Sadduzäern die eschatologische Existenzweise mit der der Engel verglichen hat (Mk 12,18–27 par.). Der scharfe Schnitt zwischen dem irdisch-geschichtlichen und dem eschatologisch-pneumatischen Leben ist bereits in V. 42–44 zum Ausdruck gekommen. Diese Zäsur betrifft alle, nicht nur die in Christus Verstorbenen, sondern auch die Christen, die den Tag der Parusie noch erleben. Mit dem Leib „aus Fleisch und Blut" (vgl.

Gal 1,16), in dem wir Menschen in dieser Welt leben, kann niemand an der vollendeten Gottesherrschaft teilhaben. Paulus gebraucht hierfür die urchristliche Formel „das Reich Gottes erben" (Mt 25,34; 1.Kor 6,9f.; Gal 5,21), die mit der Vorstellung vom Erbe des verheißenen Landes zusammenhängt (vgl. 5.Mose 19,14). Die beiden Sätze in V.50a und b sind nicht im Sinn eines synthetischen Parallelismus der Glieder auf Lebende und Verstorbene aufzuteilen (J.Jeremias); sie beschreiben im gleichen Sinn die Vergänglichkeit. „Fleisch und Blut" ist ein geläufiger jüdischer Ausdruck für den Menschen in dieser Welt, dessen Leben durch das Blut als Lebenssaft erhalten wird. Der sterbliche Mensch ist als Ganzer der Vergänglichkeit unterworfen, die sich nicht zur Unvergänglichkeit weiter entwickeln kann.

In dem feierlichen Ton einer bedeutsamen Eröffnung gibt Paulus in V.51 **51** Antwort auf die Frage, was mit denjenigen Christen geschieht, die bei der Parusie noch am Leben sind. Er tut dies mit einer Aussage, die er ein „Geheimnis" nennt, weil sie das Heilshandeln Gottes in der Zukunft betrifft, nicht ein Ereignis der zurückliegenden Geschichte. Es ist eine prophetische Voraussage, die Paulus (oder einem anderen Propheten) im Geist offenbart worden ist (vgl. Röm 11,25). Die genaue Abgrenzung dieser Offenbarung ist kaum noch möglich; die doppelte Verwandlungsaussage (V.51 und 52 Ende) macht es wahrscheinlich, daß mit der Wendung: „denn die Posaune wird erschallen" die erläuternde Formulierung des Paulus beginnt (Ch.Wolff); vergleiche die ähnliche Vorstellung in 1.Thess 4,16 und Mt 24,30f. Der Satz in V.51b will schwerlich besagen, daß alle Christen die Parusie noch erleben werden; der Sinn ist vielmehr: „nicht alle werden wir entschlafen, alle aber werden wir verwandelt werden" (H.D.Wendland). Der Ton in dem mitgeteilten „Geheimnis" liegt darauf, daß niemand ohne Verwandlung, so wie er ist, an der eschatologischen Gottesherrschaft teilhaben kann. Nach der Erläuterung des Apo- **52** stels in V.52 werden die Verstorbenen „als Unverwesliche", also mit dem neuen Geistleib, auferstehen, und die dann noch Lebenden werden „verwandelt" werden. Hierbei bringt Paulus mit dem betonten „wir" seine Erwartung zum Ausdruck, daß er die Parusie noch erleben wird (vgl. 1.Thess 4,15–17). Diese nicht in Erfüllung gegangene Erwartung wird in manchen Handschriften durch Textänderung korrigiert. Paulus teilt die apokalyptische Auffassung nicht, wonach alle mit dem alten Leib zum Gericht auferstehen, danach aber das Aussehen der Gerechten in Herrlichkeit verwandelt und das der Frevler zum Schlimmeren verändert werden wird (syrBar 50f.; vgl. Dan 12,2). Der Akzent liegt in 1.Thess 4 und 1.Kor 15 auf der grundsätzlichen Gleichwertigkeit des Verwandeltwerdens in den neuen Leib für Verstorbene und für die bei der Parusie noch Lebenden. Wer vor der Wiederkunft Christi stirbt, hat keinen Nachteil, wie die Thessalonicher befürchteten, und auch keinen Vorteil; Paulus sagt nirgends, daß die Ausstattung des Christen mit dem neuen Leib sofort bei seinem Tod erfolgt. In V.52a wird mit traditionellen apokalyptischen Motiven die Plötzlichkeit und der Wundercharakter des Anbruchs der Vollendung beschrieben. Die Verwandlung der alten Welt geschieht „im Nu, in einem Augenblick, beim Erschallen der letzten Posaune". Am Ende des geschichtlichen Lebens versagen die uns geläufigen Maße von Raum und Zeit zur Darstellung des Geschehens. Mit der letzten Posaune ist nicht die letzte einer Siebenerreihe gemeint (vgl. Offb 11,15), sondern die eschatologische Posaune, die den Endakt einleitet (Jes 27,13; Zef 1,16; Sach 9,14). „Die Posaune wird mit Schall ertönen; alle werden sie plötzlich hören und erschrecken" (4. Esra 6,23). Ähnlich wird der Anbruch des Endgeschehens bei der Parusie in 1. Thess 4,16 beschrieben: „Der Herr wird beim Befehlsruf, bei der Stimme des Erzengels und der Posaune Gottes vom Himmel herabsteigen" (vgl. Mt 24,31). In diesen Wendungen kommt zum Ausdruck, daß Gott den Termin des Endes bestimmt (Mk 13,32). In der Apokalyptik ist es meist ein Engel, der die letzte Posaune bläst; Paulus formuliert unpersönlich: „es wird trompeten" (W. Bauer). Dann werden die Toten auferweckt werden als Unver-

53 wesliche, und „wir" werden verwandelt werden. In V. 53 spricht der Apostel bei dem, was nach Gottes Heilsplan geschehen muß, zusammenfassend von den Verstorbenen und denen, die die Parusie erleben. Er beschreibt die Verwandlung in die eschatologische Leiblichkeit mit dem in der Antike verbreiteten Bild vom Anziehen eines Gewandes (2. Kor 5,4), das schon in V. 49 angedeutet war. Die Glaubenden, die Christus in der Taufe angezogen haben (Gal 3,27), dürfen hoffen, daß sie in der Vollendung durch Gottes Schöpferkraft mit dem geistlichen Leib bekleidet werden. Nach der apokalyptischen Erwartung werden die Gerechten und Auserwählten bekleidet mit dem „Gewand der Herrlichkeit" und dem „Gewand des Lebens" (äthHen 62,15 f.). Paulus verzichtet auf eine nähere Ausmalung des Vollendungszustandes, betont aber gegen die korinthischen Pneumatiker die Zukünftigkeit des escha-

54 tologischen Verwandlungsprozesses. Wenn die irdische Wesensart mit Unvergänglichkeit und der sterbliche Leib mit Unsterblichkeit bekleidet sein wird, dann wird die in der Schrift verheißene Überwindung des Todes Wirklichkeit werden. Dafür bezieht sich Paulus auf zwei Prophetenworte. Das erste, Jes 25,8, lautet im hebräischen Text: „Er (Gott) wird den Tod auf immer vernichten." Paulus folgt hier einer von der Septuaginta abweichenden griechi-

55 schen Übersetzung. Im zweiten Wort, Hos 13,14, heißt es im Urtext: „Wo sind deine Seuchen, Tod? Wo ist deine Pest, Unterwelt?" Hier, in V. 55, berührt sich das paulinische Zitat mit der Septuaginta, die aber liest: „Wo ist dein Recht, Tod? Wo ist dein Stachel, Unterwelt?" Luther hat auf Grund anderer Überlieferung übersetzt: „Tod, wo ist dein Stachel? Hölle, wo ist dein Sieg?" Während im hebräischen Text Gott die Pestseuchen des Todes als Drohung gegen das ungehorsame Volk herbeiruft, nimmt Paulus die Fragen in der Zusammenschau mit Jes 25,8 als Ausdruck des Sieges über den Tod auf. Gott bleibt seinen Verheißungen treu und wird durch Christus auch den letzten und mächtigsten Feind, den Tod, besiegen. „Siehe nun die Worte, wie gewaltig er aus der Schrift redet vom Tode und ihn so vormalet, als sei er gar verschlungen und rein ausgesoffen, daß nichts mehr davon bleiben soll, der doch alle Menschen gefressen und verschlungen hat" (Luther).

Der V. 56 wirkt wie eine erläuternde Glosse; es besteht aber kein Grund, ihn 56 als Einschub zu betrachten. Paulus hat in V. 35–49 von dem für ihn konstitutiven Zusammenhang des Todes mit Gesetz und Sünde abgesehen; nun zeigt er hier mit zwei knappen, thesenartigen Sätzen an, daß nach seiner Theologie die Totenauferstehung nicht von Sünde und Gesetz und von der Rechtfertigung durch den stellvertretenden Sühnetod Christi getrennt werden kann. Der Begriff „Stachel" wird für den spitzen Treiberstecken (Spr 26,3; Si 38,25) und den tödlich wirkenden Stachel des Skorpions (Offb 9,10) gebraucht; in übertragenem Sinn symbolisiert er eine despotische Herrschaft (vgl. 1. Kön 12,11). Nach Paulus ist es die Sünde der Menschen, die dem Tod sein Recht auf die Sünder und seine despotische Macht über die Menschen verleiht. Das Gesetz ist die Kraft der Sünde, weil es der Sünde zur Ausübung ihrer Herrschaft verhilft; „denn ohne das Gesetz war die Sünde tot" (Röm 7,8). Die Sünde macht sich das Gebot zunutze, gebraucht es als Sprungbrett und bewirkt die Begierde. Das Gesetz macht die Sünde anrechenbar (Röm 5,13) und klagt den Sünder an im eschatologischen Gericht (Röm 2,12). Aus diesem unheilvollen 57 Zusammenhang von Sünde, Gesetz und Tod hat uns Gott durch das Heilsgeschehen in Jesus Christus befreit (Röm 8). Im Vorblick auf den endgültigen Sieg des Lebens über den Tod bricht Paulus in einen Ruf des Dankes an Gott aus (vgl. Röm 7,25). In dem präsentischen Relativsatz: „der uns den Sieg gibt" kommt zur Geltung, daß die Glaubenden jetzt schon durch Christi Tod mit Gott versöhnt sind. In der eschatologischen Auferstehung werden sie auch erlöst werden von ihrem todverfallenen Leib. Mit dem jubelerfüllten Dankes- 58 ruf schließt der Apostel noch nicht ab. Es ist charakteristisch für die Auferstehungshoffnung bei Paulus, daß er aus ihr Folgerungen für das Leben in der Gegenwart zieht. Unter Betonung seiner Verbundenheit mit den „geliebten Brüdern" und Schwestern ermahnt er die korinthische Gemeinde, sich nicht abbringen zu lassen von dem Evangelium, das er ihr verkündigt hat (V. 3–5) und das mit der Auferweckung Jesu Christi die Hoffnung auf die zukünftige Auferstehung der Toten begründet. Die Auferstehungshoffnung bewährt sich im tätigen Glauben. Die Gemeinde ist das Bauwerk Gottes; die Verkündiger treiben als Mitarbeiter Gottes das „Werk des Herrn" (3,9; 16,10); an diesem Werk des Aufbaus der Gemeinde sollen alle Glieder der Gemeinde mitwirken und darin zunehmen. Der letzte Satz im Kapitel von der Auferstehung der Toten ist dem zuversichtlichen Ausblick auf das Ziel in der vollendeten Gottesherrschaft gewidmet. Die mühevolle Arbeit im Dienst des Herrn, der Sünde und Tod überwunden hat, wird ihre Anerkennung finden in der zukünftigen Herrlichkeit der durch Gottes Schöpferkraft verwandelten Welt.

Die paulinische Auferstehungshoffnung

Paulus steht mit seiner Erwartung der zukünftigen leiblichen Auferstehung bzw. Verwandlung in der Tradition der prophetischen Verheißung des Siegs über den Tod, der Verkündigung Jesu und der jüdischen Apokalyptik; aber die Verankerung der Auferstehungshoffnung in Tod und Auferweckung Jesu Christi trennt ihn von der jüdischen Zukunftserwartung und noch stärker von den griechisch-hellenistischen Jenseitsvorstellungen.

In Griechenland galt die Totenauferstehung als unmöglich (Homer, Ilias 24,551; Aeschylus, Eumeniden 648) oder als vereinzeltes Wunder (Plato, Symposion 179c). Eine allgemeine Totenauferstehung am Ende der Geschichte war den Griechen fremd. Paulus grenzt sich deutlich vom griechisch-hellenistischen Ewigkeitsgedanken ab. Mit der philosophischen Lehre von der Unsterblichkeit der Seele setzt er sich nirgends direkt auseinander; sie ist für Paulus, der die Auferstehung als Neubelebung des *ganzen* Menschen durch einen schöpferischen Akt Gottes versteht, gar keine wirkliche Hoffung (vgl. 1.Thess 4,13). Einem völligen Aufgehen des menschlichen Geistes in der Gottheit wie in der hellenistischen Mystik oder der Verwandlung und Vergottung des Menschen durch einen kultischen Weiheakt wie in den Mysterienreligionen hält der Apostel entgegen, daß nichts im Menschen den radikalen Abbruch des Lebens durch den Tod als Gericht über die Sünde überdauert.

Im Alten Testament werden aus der früheren Zeit einzelne wunderbare Totenerweckungen bei den Propheten Elia und Elisa berichtet (1.Kön 17,17–24 und 2.Kön 4,18–37; 13,20f.), die aber keinen Einfluß auf die alte Vorstellung hatten, daß die Toten ein Schattendasein führen im Grab oder in der Scheol (Unterwelt), wo Gott nicht ist (anders Ps 139) und wo man ihm nicht dankt (Ps 6,6). Jedoch das Vertrauen auf die Bundestreue Gottes, die auch an der Grenze des Todes nicht haltmacht, führte zum „Dennoch" des Glaubens an die Geborgenheit bei Gott (Ps 73,23f.; vgl. Ps 16,10; Hiob 19,25ff.). Der eigentliche Auferstehungsglaube bricht aber erst in der Jesaja-Apokalypse Jes 24–27 (um 300 v.Chr.) auf (Jes 26,19) und ist eindeutig bezeugt in Dan 12,2f. (ca. 165 v.Chr.), wo die Rede ist von einer Auferstehung „zum ewigen Leben" und „zu ewiger Schmach und Schande". In der Frage des Einflusses der persischen Eschatologie auf den Auferstehungsglauben ist die neuere Forschung viel zurückhaltender geworden. – Der Glaube an die Auferstehung ist vor allem durch den Vergeltungsgedanken unterstützt worden, der auf eine Auferstehung der Gerechten drängt (die Märtyrer des makkabäischen Kampfes können nicht von der Gottesherrschaft ausgeschlossen bleiben, vgl. 2.Makk 7,9.14), und durch den Gedanken der Gerechtigkeit (alle müssen zur Verantwortung gezogen werden). Die Sadduzäer (Mk 12,18–27) und die Samaritaner lehnten die Auferstehung als Neuerung ab. Dagegen haben die Pharisäer den Auferstehungsglauben im Gebet verankert (2.Benediktion des Achtzehngebets) und nach der Zerstörung Jerusalems zum Dogma erhoben: „Wer die Auferstehung leugnet, hat keinen Anteil an der zukünftigen Welt" (Sanh 10,1; Bill. I, S.923). – In der jüdischen Apokalyptik wird die Auferstehung der Toten vor allem in der äthiopischen Henoch-Apokalypse (z.B. 51,1), in der 4.Esra-Apokalypse (z.B. 7,32) und in der syrischen Baruch-Apokalypse klar bezeugt und im einzelnen beschrieben (syr-Bar 50f.). Die Unterscheidung einer Auferstehung der Gerechten vor dem messianischen Zwischenreich von der allgemeinen Totenauferstehung am Weltende (vgl. Offb 20) hat sich in der Synagoge erst zu Anfang des 3. Jahrhunderts n. Chr. durchgesetzt (Bill. III, S. 827 f.).

Jesus begründet in Mk 12, 18–27 die Auferstehung der Toten mit dem Gottesgedanken von 2. Mose 3, 6 her und beschreibt das Leben der Auferstandenen als ein „Sein wie die Engel im Himmel" (vgl. Dan 12, 3; syrBar 51, 10: „sie werden Engeln gleichen und den Sternen ähnlich sein").

Der Apostel Paulus hat den Auferstehungsglauben entscheidend von der Christologie aus begründet und neu gestaltet. Wie Jesus grenzt er sich ab von der pharisäischen Vorstellung, daß die Toten genau so auferstehen, wie sie ins Grab gelegt wurden (vgl. syrBar 50, 2: „Dabei wird sich an ihrem Aussehen nichts ändern. Denn wie sie (= die Erde) sie empfangen hat, so wird sie sie auch wiedergeben"; damit ist in Kap. 51 die Veränderung zur Schönheit und Häßlichkeit gemäß Dan 12, 2 kombiniert). Andererseits hat Paulus in der Auseinandersetzung mit dem enthusiastischen Heilsverständnis der korinthischen Pneumatiker die *Leiblichkeit* und die *Zukünftigkeit* der Totenauferstehung nachdrücklich herausgestellt. Das Einbezogenwerden der Glaubenden in den Tod und die Auferweckung Jesu Christi in der Taufe begründet den neuen Wandel der Christen (Röm 6, 4); aber die Gleichgestaltung mit dem erhöhten Christus in der Auferstehung wird erst in der Zukunft erfolgen (Röm 6, 5.8). Für den Auferstehungsglauben des Paulus sind folgende Züge wesentlich:

1. Paulus versteht die Auferweckung Jesu Christi als die *Basis* und den *Auftakt* der eschatologischen Totenauferstehung. Jesus ist der „Erstling der Entschlafenen" (1. Kor 15, 20). Durch die Auferweckung ist Christus zum Erretter (Phil 3, 20; Apg 5, 30 f.), Richter (2. Kor 5, 10; Apg 10, 40–42) und zum Kyrios (Phil 2, 9 ff.) eingesetzt worden. Diese Auffassung herrscht im ganzen Neuen Testament. Jesus ist „der Anfang, der Erstgeborene aus den Toten" (Kol 1, 18), der Erstgeborene unter vielen Brüdern (Röm 8, 29), der Fürst des Lebens (Apg 3, 15), der Erste aus der Auferweckung der Toten (Apg 26, 23), der Urheber des Heils (Hebr 2, 10).

2. Paulus versteht die Auferstehung nicht als einen Vorgang, der sich durch Evolution aus der Naturanlage des Menschen ergibt, sondern als ein *schöpferisches Handeln* Gottes am Menschen (vgl. Röm 4, 17). Wie Jesus „durch die Herrlichkeit des Vaters" (Röm 6, 4) auferweckt wurde, so wird Gott, der Christus von den Toten auferweckt hat, die sterblichen Leiber lebendig machen durch seinen Geist (Röm 8, 11) „vermöge der Kraft, mit der er sich alles zu unterwerfen vermag" (Phil 3, 21; vgl. 1. Kor 6, 14; Eph 1, 19 f.; Mk 12, 24). Herrlichkeit, Geist und Kraft umschreiben im gleichen Sinn das wunderbare, dem Tod überlegene, schöpferische Handeln Gottes (vgl. den alttestamentlichen Ausdruck vom ausgereckten oder starken Arm Gottes 2. Mose 6, 6; Jes 53, 1; 62, 8).

3. Das schöpferische Handeln Gottes in der Auferstehung betrifft den *ganzen* Menschen. Da Paulus nach alttestamentlichem Denken Leben ohne Leib sich nicht vorstellen kann und den Menschen ganzheitlich als lebendiges

Wesen mit Leib, (Seele) und Geist versteht, nimmt er das Sterben des Leibes ernst als radikales Ende des ganzen Menschen, während es die Spiritualisten nur auf den materiellen Leib bezogen, und beurteilt den Tod als den „Sold der Sünde" (Röm 6,23). Dem entspricht, daß die Auferstehung nicht primär die Wiedervereinigung von Leib und Seele ist, sondern die Neuschöpfung des ganzen Menschen in einem neuen, der eschatologischen Existenzweise entsprechenden, geistlichen Leib (*sōma pneumatikón*). Die Identität der verantwortlichen Person wird erhalten durch die Verheißungstreue Gottes, nicht durch stoffliche Bestandteile, durch die Gestalt oder einen geistigen Kern im natürlichen Menschen.

4. Paulus verbindet die Totenauferstehung mit der *Parusie* Christi und der Weltvollendung in der Zukunft. Gegenüber der jüdischen Zukunftserwartung betont er die Gegenwart des Heils, weil der Messias in Jesus Christus bereits erschienen ist (2. Kor 6,2). Aber gegenüber dem präsentischen Heilsverständnis der korinthischen Pneumatiker betont er entschieden, daß die Auferstehung noch aussteht (15,22 u. ö.; 2. Kor 4,14). Paulus hofft, die baldige Parusie noch zu erleben (15,51 f.). Er stellt die Totenauferstehung hinein in einen kosmischen Erneuerungsprozeß, in dem zuletzt die Macht des Todes vernichtet wird. Nach Röm 8,18–25 seufzen nicht nur die Glaubenden in der Erwartung der Erlösung des Leibes, sondern die ganze Schöpfung harrt auf das Offenbarwerden der Kinder Gottes. Die Annahme einer ersten Auferstehung zur Teilnahme am messianischen Zwischenreich und einer allgemeinen Totenauferstehung zum Weltgericht ist bei Paulus weder in 1. Kor 15,24 noch in Phil 3,11 direkt bezeugt, aber von Dan 7 her auch nicht auszuschließen (s. die Exegese zu 15,24). Paulus ist sich bewußt, daß die Existenz in der eschatologischen Vollendung nicht mit Begriffen der raumzeitlichen Welt objektivierend beschrieben werden kann. Darum verzichtet er wie Jesus auf die Ausmalung des ewigen Lebens in den Einzelheiten und legt den Akzent auf das „Sein bei dem Herrn" (1. Thess 4,17; Phil 1,23; vgl. 1. Kor 13,12; 15,49).

5. Paulus verwendet zwar nirgends den Begriff „Auferstehung aller Menschen" oder „Auferstehung der Gerechten und Ungerechten" (Apg 24,15) oder „Auferstehung zum Gericht" (Joh 5,29). Seine direkten Aussagen sind auf „die Toten in Christus" konzentriert; er versteht Auferstehung vorwiegend als Heilsgeschehen. Gleichwohl ist von Dan 12,2 f. her anzunehmen, daß der Apostel mit einer allgemeinen Totenauferstehung gerechnet hat (Röm 2,5 f.; 2,12; 2. Kor 5,10; vgl. 2. Tim 4,1; 1. Petr 4,15). Daß das schöpferische Handeln Gottes in der eschatologischen Vollendung die *ganze Menschheit* betrifft, ist indirekt auch in Römer 8 mit enthalten.

Briefschluß:
Mitteilungen und Grüße 16, 1–24

1. Die Kollekte für die Gemeinde in Jerusalem 16, 1–4

1 Was aber die Sammlung für die Heiligen betrifft, so sollt auch ihr tun, wie ich es für die Gemeinden von Galatien angeordnet habe.   2 An jedem ersten Tag der Woche lege jeder von euch bei sich (etwas) zurück und sammle an, soviel er erübrigen kann, damit nicht erst dann Geldsammlungen stattfinden, wenn ich komme.   3 Wenn ich aber eintreffe, werde ich diejenigen, die ihr für geeignet haltet, mit Briefen absenden, damit sie eure Liebesgabe nach Jerusalem bringen.   4 Wenn es aber die Mühe lohnt, daß auch ich hinreise, sollen sie mit mir reisen.

Vers 1: *Gal 2, 10*   Vers 2: *Apg 20, 7; Offb 1, 10.*

Wie üblich hat Paulus am Schluß noch einige Angelegenheiten zu regeln 1 und Mitteilungen zu machen, bis er mit Mahnungen, Grüßen und dem Segenswunsch den Brief abschließt. Zum Dienst am Aufbau der Gemeinde gehört auch die Geldsammlung für die Urgemeinde in Jerusalem. Ob die Kollekte im Gemeindebrief angesprochen war, ist zwar aus der Einleitung (vgl. 7, 1) nicht sicher zu erschließen, aber doch wahrscheinlich (2. Kor 8, 4). Die Sammlung ist keine der jüdischen Tempelsteuer entsprechende, auf einem Rechtsanspruch beruhende Abgabe (K. Holl), sondern eine freiwillige Liebesgabe für die Gemeinde von Jerusalem. Paulus gebraucht die Bezeichnung „Heilige" für alle Christen; aber hier liegt ein geprägter Ausdruck für die Urgemeinde vor, vielleicht deren Selbstbezeichnung (2. Kor 8, 4; 9, 1.12; Röm 15, 25 f.); sie hatte mit wirtschaftlichen Schwierigkeiten zu kämpfen und bedurfte der Hilfe (vgl. Apg 11, 27 ff.). Paulus lag die beim Apostelkonvent vereinbarte Kollekte immer sehr am Herzen (Gal 2, 10). Sie ist für ihn nicht nur eine finanzielle Unterstützungsaktion, sondern Ausdruck der Einheit der Kirche aus Juden und Heiden und ein Zeichen der Verbundenheit mit dem Ursprungsort der Christusbotschaft und dem heiligen Ölbaum Israel (Röm 11, 17). Die Sammlung wurde im ganzen Missionsgebiet des Paulus durchgeführt; auch die Korinther hatten ihre Bereitschaft zur Teilnahme erklärt. Nun gibt der Apostel der Gemeinde dieselben Ratschläge für die Durchführung, die er schon den galatischen Gemeinden erteilt hatte. Der Galaterbrief enthält allerdings keine solche Anordnung; vielleicht hat sie Paulus mündlich gegeben (vgl. Apg 18, 23). Der erste Tag der Woche nach jüdischer Zählung ist der christli- 2 che Sonntag, der Tag der Auferstehung am dritten Tag nach dem Tod Jesu. Zwar erwähnt Paulus nicht direkt, daß sich die Gemeinde zum Gottesdienst versammelt; doch ist dies trotzdem anzunehmen. Die Sonntagsfeier geht bis in die früheste Zeit zurück (F. Hahn), wenn auch die Bezeichnung „Tag des Herrn" erst in Offb 1, 10 begegnet. Jeder soll an diesem Tag bei sich zu Hause soviel zurücklegen, wie er vermag; die Kollekte wird also nicht im Gottesdienst eingesammelt. In der Frühzeit gab es noch keine speziellen Amtsträger für das Geldwesen. Der Apostel wünscht, daß das angesparte Geld bei seiner Ankunft in kurzer Zeit und ohne große Mühe zu einer gemeinsamen Spende

3 zusammengelegt werden kann. Die Art der Überbringung steht noch nicht ganz fest. Der Apostel legt zur Vermeidung von Verdächtigungen großen Wert darauf, daß die Kollekte durch Abgeordnete der spendenden Gemeinden überbracht wird, wie es dann auch geschah (Apg 20,4). Den Überbringern will er nach seinem Eintreffen Empfehlungsschreiben mitgeben. Die Spende wird mit demselben Wort bezeichnet, das für die göttliche Gnade gebraucht wird (*cháris*), und dadurch als eine freiwillige Gabe der Liebe und der Dankbarkeit

4 gegen Gott charakterisiert. Paulus weiß noch nicht, ob er selbst reisen kann und soll (in Röm 15,25 ist er zur Reise entschlossen). Wenn es die Sache wert ist und Paulus es für angebracht hält, will er selbst mit den Überbringern reisen. Über den weiteren Fortgang der Kollektensache handelt Paulus ausführlich in 2. Kor 8 und 9. In Apg 20,4 ist kein Korinther unter den Reisebegleitern des Apostels genannt.

2. Reisepläne und Empfehlungen 16, 5–12

5 Ich werde aber zu euch kommen, sobald ich durch Mazedonien gezogen bin; denn durch Mazedonien werde ich nur durchreisen.   6 Bei euch aber werde ich, wenn möglich, eine Weile bleiben oder sogar den Winter zubringen, damit ihr mir dann dahin das Geleit gebt, wohin ich auch reisen werde.   7 Denn ich will euch jetzt nicht nur auf der Durchreise sehen; ich hoffe nämlich, einige Zeit bei euch zu bleiben, wenn der Herr es zuläßt.   8 Ich will aber in Ephesus bleiben bis Pfingsten;   9 denn es hat sich mir eine Tür geöffnet zu reichem Wirken, und es sind viele Widersacher da.   10 Wenn aber Timotheus kommt, so seht zu, daß er ohne Furcht bei euch sein kann; denn er treibt das Werk des Herrn wie auch ich.   11 Es soll ihn also niemand verachten! Gebt ihm aber in Frieden das Geleit, damit er zu mir komme; denn ich erwarte ihn mit den Brüdern.   12 Was aber den Bruder Apollos betrifft: Ich habe ihn oft gebeten, daß er mit den Brüdern zu euch kommen soll. Aber es war durchaus nicht sein Wille, daß er jetzt komme; er wird aber kommen, sobald er Gelegenheit findet.

Vers 5: *4,19*   Vers 9: *2. Kor 2,12*   Vers 10: *4,17.*

5   Gegenüber den Prahlern, Paulus werde überhaupt nicht nach Korinth kommen, hatte der Apostel von einem baldigen Besuch gesprochen (4,19); jetzt legt er seinen Reiseplan ausführlicher dar und teilt mit, daß er doch noch einige Zeit in Ephesus bleiben werde. Das ist kein zwingender Grund, die Stellen verschiedenen Briefen zuzuweisen. Bei dem bevorstehenden Besuch will Paulus nicht die direkte Schiffsroute von Ephesus nach Korinth nehmen, son-

6 dern über Mazedonien nach Korinth reisen. Er hat sich dafür entschieden, nicht in Verbindung mit einem kurzen Zwischenaufenthalt in Korinth nach Mazedonien zu gehen, sondern umgekehrt durch Mazedonien nur durchzureisen, um in Korinth längere Zeit bleiben zu können. Er will vielleicht sogar

den ganzen Winter dort zubringen, weil da die Schiffahrt brachliegt. Der Apostel ist bemüht, den Korinthern keinerlei Grund zur Unzufriedenheit zu geben. Darum will er nach seinem jetzigen Plan die Gemeinde nicht nur im 7 Vorübergehen sehen, sondern eine längere Zeit in ihr verweilen und in ihr wirken. Aber wie über allen Reiseplänen, so steht auch darüber der Wille des Herrn (2. Kor 1, 17; vgl. Jak 4, 15; in Apg 18, 21; Hebr 6, 3 lautet die Formel: „wenn Gott es will"). Was Paulus danach unternehmen wird, ist noch nicht sicher (V. 4). Die Gemeinde soll ihm das Geleit geben, wohin er dann auch reisen mag. Den hier dargelegten Reiseplan hat der Apostel in späterer Zeit tatsächlich ausgeführt (vgl. Apg 20, 1–3; 2. Kor 2, 12 f.), nachdem er inzwischen einen anderen Reiseweg geplant hatte. Nach diesem zweiten Reiseplan (2. Kor 1, 15 f.) wollte er in Korinth durchreisen und zunächst Mazedonien besuchen, dann von dort wieder nach Korinth zurückkehren, um sich von der Gemeinde das Geleit nach Judäa geben zu lassen. Paulus will noch in Ephesus 8 bleiben bis zum jüdischen Pfingstfest, dem „Fest des fünfzigsten Tages" (Tob 2, 1 LXX) nach dem Passa. Von Ephesus ist der 1. Kor geschrieben, vielleicht um die Osterzeit (vgl. 5, 7 f.). Das Bild von der geöffneten Tür für die 9 Möglichkeit wirksamer Verkündigung gebraucht Paulus auch in 2. Kor 2, 12. Wo aber das Wort vom Kreuz verkündigt wird, da fehlt es nie an Widersachern von heidnischer und von jüdischer Seite. In V. 10 f. fügt Paulus noch 10 f. eine Empfehlung für seinen jungen Mitarbeiter Timotheus an, der im Präskript und in der Grußliste nicht genannt ist; dieser ist offenbar zur Zeit der Abfassung des Briefs noch unterwegs nach Korinth (vgl. Apg 19, 22). Der Aorist in 4, 17 zeigt die früher erfolgte Absendung des Timotheus an. Die apostolische Autorität hindert Paulus nicht, den jungen Mitarbeiter eng mit sich zusammenzuschließen; sie arbeiten beide am „Werk des Herrn" (15, 58). Die Gemeinde soll Timotheus freundlich aufnehmen, ihm einen furchtlosen Aufenthalt ermöglichen und ihn für die Rückreise zu Paulus mit dem Nötigen ausrüsten. Über mögliche Motive der Furcht des Timotheus läßt sich nichts Sicheres sagen, vielleicht Scheu vor den hochmütigen Pneumatikern. Paulus erwartet den Mitarbeiter zusammen mit anderen Brüdern nach der Reise zurück; die christlichen Missionare reisen wegen der Gefahren nicht gern allein (vgl. auch Mk 6, 7). Schließlich teilt der Apostel noch mit, daß Apollos, 12 der sich ebenfalls in Ephesus befindet, seinem Drängen, mit den Brüdern nach Korinth zu reisen, nicht nachgegeben hat. Wahrscheinlich hatten die Korinther im Gemeindebrief um einen Besuch des Apollos gebeten. Welche persönlichen Gründe oder welche äußeren Umstände Apollos zu diesem Zeitpunkt von der Reise abgehalten haben, wissen wir nicht; er will jedenfalls Korinth besuchen, sobald er Gelegenheit dazu findet; im 2. Kor wird er nicht mehr erwähnt. Die Stelle zeigt, daß die Korinther Apollos sehr hoch geschätzt haben und daß zwischen Paulus und seinem Nachfolger ein gutes Verhältnis bestand.

3. Ermahnungen und Grüße 16, 13–24

13 **Wachet, steht fest im Glauben, seid mutig und seid stark!** 14 **Laßt alles bei euch in Liebe geschehen!** 15 **Ich ermahne euch aber, Brüder: Ihr wißt, daß das Haus des Stephanas Erstling von Achaja ist, und daß sie sich selbst in den Dienst für die Heiligen gestellt haben.** 16 **Ordnet nun auch ihr euch solchen unter und überhaupt jedem, der mitarbeitet und sich müht.** 17 **Ich freue mich aber über die Ankunft des Stephanas und Fortunatus und Achaikus, weil sie mir euch, die ihr nicht hier sein könnt, ersetzt haben.** 18 **Denn sie haben meinen Geist erquickt und den euren. Erkennt also solche (Leute) an!**

19 **Es grüßen euch die Gemeinden in der Provinz Asien. Es grüßen euch im Herrn vielmals Aquila und Priska samt der Gemeinde in ihrem Hause.** 20 **Es grüßen euch alle Brüder. Grüßt euch untereinander mit dem heiligen Kuß!** 21 **Dieser Gruß ist von meiner, des Paulus, Hand.** 22 **Wenn einer den Herrn nicht liebt, sei er verflucht. Maranata!** 23 **Die Gnade des Herrn Jesus sei mit euch!** 24 **Meine Liebe ist mit euch allen in Christus Jesus.**

Vers 13: *Ps 31, 25*   Vers 15: *1, 16; Röm 16, 5*   Vers 16: *1. Thess 5, 12 f.*   Vers 20: *Röm 16, 16*   Vers 22: *Offb 22, 20.*

13   Die Verse 13 und 14 klingen wie der Auftakt zum Schluß. Paulus trägt aber noch einige Mahnungen nach, die an den Schluß des 1. Thess erinnern (5, 12 ff.). Die Gemeinde soll wachsam und nüchtern (1. Thess 5, 6) sein in der Erwartung der baldigen Parusie, unerschütterlich auf dem Fundament des Evangeliums feststehen (V. 15, 3–5) und getrost und unverzagt des Herrn harren (Ps 31, 25). In V. 14 faßt Paulus den „köstlicheren Weg" von Kap. 13 in einen
14
15 knappen Aufruf zusammen. Die Gemeindeglieder, die schon in der Anfangszeit zum Glauben gekommen sind, stehen in besonders hohem Ansehen (Röm 16, 5); ihnen fällt meistens auch eine leitende Funktion in der Gemeinde zu. In der senatorischen Provinz Achaja (Mittel- und Südgriechenland), deren Hauptstadt Korinth ist, sind Stephanas und sein Haus die ersten, noch von Paulus selbst getauften (1, 16) Christen. Sie haben sich freiwillig in den Dienst der Gemeinden gestellt und durch ihren Einsatz für das Evangelium Autorität
16 gewonnen. Nicht nur dem Apostel und seinen Abgesandten, sondern auch den in der Gemeinde sich besonders mühenden Brüdern (1. Thess 5, 12) und Schwestern sind die Korinther Anerkennung schuldig; zu ihnen gehört auch Phöbe im benachbarten Kenchreä (Röm 16, 1). Der durch Dienst erworbenen Autorität entspricht in der charismatischen Gemeinde die freiwillige Unterord-
17 nung; eine institutionelle Organisation gibt es noch nicht. Die Erwähnung des Erstlings Stephanas führt Paulus zur freudigen und dankbaren Bestätigung der Ankunft der dreiköpfigen Gemeindedelegation, die sich bei Paulus in Ephesus befindet und einen persönlichen Kontakt und Austausch mit der Gemeinde vermitteln kann; Fortunatus und Achaikus sind sonst im Neuen
18 Testament nicht mehr genannt. Paulus läßt die Korinther in V. 18 spüren, daß er sich Sorgen um sie gemacht hat. Der Besuch der Gemeindevertreter, die wahrscheinlich den Fragenbrief der Korinther überbracht haben, hat Paulus erfreut und gestärkt, und das ist wiederum ein Grund zur Beruhigung für die Gemeinde.

In V. 19 ff. folgen die am Briefschluß üblichen Grüße. Vom Missionszentrum   9
Ephesus aus sind weitere Gemeinden im westlichen Kleinasien entstanden
(2. Kor 2, 12; Kol 4, 13; Offb 2 und 3). Der Apostel steht mit allen in Verbindung und grüßt in ihrem Namen. Das Ehepaar Priska und Aquila war Paulus
schon von Korinth her bekannt, wo er bei ihnen gewohnt und gearbeitet hatte
(Apg 18, 2 f.); sie befinden sich zur Zeit in Ephesus. Die Gemeinde in ihrem
Hause ist der große Haushalt dieses gutsituierten Ehepaars oder wahrscheinlicher die Hausgemeinde, die sich hier zum Gottesdienst versammelt. „Alle Brü-   20
der" in V. 20 bezieht sich nach der Nennung der Gemeinden in der Umgebung
und der Hervorhebung des Hauses von Aquila und Priska (in dieser Reihenfolge in V. 19) auf die übrigen Christen in Ephesus (oder die unmittelbar bei
Paulus befindlichen Mitarbeiter). Die Briefe des Apostels wurden in der
Gemeindeversammlung verlesen (Kol 4, 16), worauf sich die Gemeindeglieder
mit dem heiligen Kuß grüßten (1. Thess 5, 26; 2. Kor 13, 12; Röm 16, 16). Es
war allgemeine Sitte, die Begrüßung mit einem Kuß zu verbinden. Der heilige
Kuß der Christen ist jedoch Ausdruck der vom heiligen Geist gewirkten brüderlichen und schwesterlichen Gemeinschaft, in der auch Absender und Empfänger der Briefe mit einander verbunden sind. Im 2. Jahrhundert n. Chr. war
der heilige Kuß beim Beginn der Abendmahlsfeier üblich (Justin Apol I 65);
diese Sitte bestand wahrscheinlich schon zur Zeit des Paulus. Von hier aus
gewinnen die knappen Aussagen in V. 20–22 als mahnender Abschluß des einzigen Briefs, in dem Paulus ausführlich auf das Herrenmahl eingeht, einen ein-
leuchtenden Zusammenhang, wenn die Verse auch ohne Annahme liturgischer
Elemente verstanden werden können (so A. Schlatter). Paulus setzt in V. 21   21
unter den diktierten Brief noch einen eigenhändigen Gruß (Gal 6, 11;
Phlm 19; Kol 4, 18), der den Schlußsätzen einen besonderen Nachdruck verleiht. In V. 22 verwendet Paulus wohl geprägte Formulierungen aus dem Ein-   22
gang der Herrenmahlsliturgie (G. Bornkamm). In Did 10, 6 wird vor der unbe-
fugten Teilnahme am Abendmahl mit dem Aufruf gewarnt: „Wenn jemand
heilig ist, komme er; wenn er es nicht ist, tue er Buße! Maranata. Amen." Die
Wendung: „Wer den Herrn nicht liebt", die nur hier bei Paulus begegnet, bildet inhaltlich ein Gegenstück zu dem Bekenntnis zu Jesus als dem Kyrios
(12, 3). Wer Christus im Unglauben verwirft, lehnt sich auf gegen Gott und
wird deshalb vom Apostel mit der Fluchformel „Anathema" dem Zorngericht
Gottes ausgeliefert (vgl. 3, 17). Das ist auch eine Warnung an korinthische
Gemeindeglieder, die den Herrn herausfordern (10, 22). Der aus der palästinischen Urgemeinde übernommene Ruf „Maranata!" bedeutet imperativisch:
„Unser Herr, komm!" (vgl. H. P. Rüger, TRE III, 607). Da bei Paulus der
eschatologische Ausblick (Mk 14, 25) beim Herrenmahl lebendig ist (11, 26), ist
der in Offb 22, 20 bezeugte Bittruf um das eschatologische Kommen des
Herrn bestimmend. Andererseits betont Paulus die Gegenwart des Herrn im
Mahl so stark, daß sich die Berücksichtigung beider Momente nahelegt; bei
diesem Verständnis bittet der Ruf den im Mahl gegenwärtigen Kyrios um sein
baldiges Kommen in der Parusie. Alle Briefe des Paulus beginnen und schlie-   23

ßen mit dem Zuspruch der Gnade. Der Wunsch: „Die Gnade unseres Herrn Jesus Christus sei mit euch" begegnet auch in Röm 16,20; 1. Thess 5,28; ähnlich in 2. Kor 13,13; Gal 6,18; Phil 4,23; Kol 4,18; Phlm 25; vgl. Offb 22,21.

24 An den üblichen Gnadenwunsch schließt Paulus hier ausnahmsweise noch eine Versicherung seiner persönlichen Liebe an. Wenn der Apostel der korinthischen Gemeinde auch kritische Worte sagen mußte, so bleibt sein Verhältnis zu ihr doch bestimmt durch die in Kap. 13 gepriesene Liebe, die ihre Kraft aus der Liebe Gottes in Jesus Christus bezieht.

Der zweite Brief an die Korinther

Briefeingang 1, 1–11

1. Zuschrift und Gruß 1, 1–2

**1 Paulus, Apostel Christi Jesu durch den Willen Gottes, und der Bruder Timotheus an die Gemeinde Gottes in Korinth samt allen Heiligen in ganz Achaja:
2 Gnade sei mit euch und Friede von Gott, unserem Vater, und dem Herrn Jesus Christus.**

Vers 1: *1. Kor 1, 1 f.; 16, 10*   Vers 2: *1. Kor 1, 3.*

Zuschrift und Gruß entsprechen dem 1. Brief. Auch hier ist die apostolische 1
Autorität des Paulus betont. Sosthenes befindet sich nicht mehr bei Paulus; er
blieb in Ephesus zurück. Statt dessen ist jetzt der den Korinthern von der
Gemeindegründung (1, 19) und einem Besuch (1. Kor 16, 10) her bekannte
Timotheus als Mitabsender genannt; dieser muß also aus Korinth nach Ephe-
sus zurückgekehrt und dann mit Paulus nach Mazedonien gereist sein. Auf
Verlauf und Ergebnis der weiter zurückliegenden Sendung des Timotheus
geht Paulus nicht mehr ein. Die Bezeichnung der Empfänger ist zwar knapper,
aber inhaltlich erweitert. Der Brief ist nicht nur an die Gemeinde in der Stadt
Korinth gerichtet, sondern auch an alle Christen in der ganzen Provinz
Achaja. Offenbar sind vom Missionszentrum Korinth aus auch kleine Hausge-
meinden in der Umgebung entstanden, die in enger Verbindung mit der
Gemeinde der Provinzhauptstadt standen; auch dort soll der Brief verlesen
werden (vgl. Kol 4, 16). Daraus hat sich die spätere Metropolitanverfassung
entwickelt. Der Gruß ist wörtlich gleich wie in 1. Kor 1, 3. S. die Auslegung dort. 2

2. Dank für den Trost Gottes in schwerer Bedrängnis 1, 3–11

**3 Gepriesen sei der Gott und Vater unseres Herrn Jesus Christus, der Vater der
Barmherzigkeit und Gott allen Trostes, 4 der uns tröstet in aller unserer
Bedrängnis, damit wir die trösten können, die in allerlei Bedrängnis sind, mit dem
Trost, mit dem wir selber getröstet werden von Gott. 5 Denn wie die Leiden
Christi reichlich über uns kommen, so wird uns auch durch Christus reicher Trost
zuteil. 6 Sei es, daß wir bedrängt werden, so geschieht es euch zu Trost und
Heil; sei es, daß wir getröstet werden, so geschieht es zu eurem Trost, der sich aus-
wirkt im geduldigen Ertragen derselben Leiden, die auch wir erleiden. 7 Und**

unsre Hoffnung für euch steht fest, weil wir wissen: wie ihr an den Leiden teilhabt, so werdet ihr auch am Trost teilhaben.   8 Denn wir wollen euch, Brüder, nicht in Unkenntnis lassen über die Bedrängnis, die in (der Provinz) Asien über uns kam, wo uns im Übermaß, über unsere Kraft hinaus, eine Last auferlegt wurde, so daß wir sogar am Leben verzagten.   9 Doch wir hatten selbst das Todesurteil für uns bereits gesprochen, damit wir unser Vertrauen nicht auf uns selbst setzten, sondern auf Gott, der die Toten auferweckt.   10 Er hat uns aus solcher Todesnot errettet und wird uns erretten. Auf ihn haben wir unsre Hoffnung gesetzt, daß er auch ferner erretten wird.   11 Dabei helft auch ihr mit durch eure Fürbitte für uns, damit aus dem Munde vieler für die uns geschenkte Gnade ein vielstimmiger Dank gesagt werde um unsertwillen.

Vers 3: *Eph 1,3; 1.Petr 1,3*   Vers 4: *7,6*   Vers 5: *4,10*   Vers 8: *vgl. 1.Kor 15,32*   Vers 9: *Röm 4,17*   Vers 11: *4,15.*

Der sog. Versöhnungsbrief umfaßt die Kap. 1–8; ihm ist in Kap. 9 eine Kollektenempfehlung für die Landgemeinden in der Umgebung von Korinth angegliedert (s. Einl., S. 14).

In der Regel dankt Paulus im Briefeingang für den Glaubensstand der Gemeinde; nur im Galater- und 2. Korintherbrief weicht er davon ab. Statt der Danksagung beginnt Paulus in unsrem Brief mit einem Lobpreis Gottes für seine Rettung, die auch der Gemeinde wieder zugute kommt. Darin zeigt sich bereits die Eigenart des Schreibens, das der persönlichste Brief des Paulus ist und zugleich sein Apostelamt zum Thema hat; Person und Amt bilden bei Paulus eine unlösliche Einheit.

Die Form dieses Lob- und Dankgebets ist durch den jüdischen Lobspruch (hebr. *berakha,* griech. *eulogía*) bestimmt, wie er besonders in den Toda-Psalmen und in Gebeten gebraucht wird. Als Eingang begegnet er in Dan 3,28 und Ps 144,1, als Schluß in Ps 41,14; 72,18; 106,48 und als Refrain im Achtzehngebet. Die Struktur des Lobspruchs, der die V. 3 und 4 unmittelbar bestimmt, ist z. B. an Ps 66,20 erkennbar: „Gelobt sei Gott, der mein Gebet nicht verwirft noch seine Güte von mir wendet." Der Grund des Lobpreises wird mit Partizipien beschrieben, die hier mit Relativsätzen wiedergegeben sind. Diese Form der Eulogie ist in Eph 1,3–14 und 1.Petr 1,3ff. für die Erlösung durch Christus verwendet. Der Beter dankt in der Gemeinde, daß Gott ihn auf seinen Hilferuf hin aus dem Machtbereich des Todes oder sonstiger Gefahr errettet hat. Paulus nennt in V. 8–11 die Errettung aus schwerer Todesgefahr in Ephesus. Der ganze Abschnitt ist rhetorisch kunstvoll auf die polaren Leitbegriffe „Bedrängnis" und „Tröstung" aufgebaut.

2.1 Lobpreis Gottes, der den Apostel tröstet und zum Tröster macht 1,3–7

3   Die jüdische Formel „Gepriesen sei Gott" ist durch den Zusatz verchristlicht: „und der Vater unseres Herrn Jesus Christus". Jesus, der in einem besonderen Verhältnis zum Vater stand, hat seine Jünger zu Gott als Vater beten

gelehrt; durch Christus sind wir als Kinder Gottes angenommen. Gott wird im Stil der Gebetssprache näherbestimmt als „Vater der Barmherzigkeitserweise" und „Gott der Tröstungen"; er ist der Urheber des Erbarmens (Ps 103,3) und ein Herr, der in jeder Lage zu trösten vermag. Den stärksten Ausdruck hat die barmherzige Zuwendung Gottes zu den Menschen in der Errettung aus Sünde und Tod durch das Christusgeschehen gefunden (vgl. Röm 12,1). Dies drük-ken ähnliche Gottesprädikationen im Neuen Testament aus: „der Gott der Geduld und des Trostes" (Röm 15,5), „der Gott des Friedens" (Röm 15,33; Phil 4,9; 1. Thess 5,23), „der Gott der Liebe und des Friedens" (2. Kor 13,11).

Die allgemein gehaltene Formulierung in V.4 entspricht dem liturgischen 4 Stil. Paulus sieht sich als Beter sofort in Gemeinschaft mit den anderen Chri-sten; die Verbundenheit des Apostels mit seinen Gemeinden klingt meistens schon im Briefeingang an. Gott tröstet Paulus und macht ihn dadurch zum Tröster für seine Gemeinden; so kommt es zu einer engen Leidens- und Trost-gemeinschaft zwischen ihnen (1. Kor 12,26). Die Verse 5–7 zeigen den leiden-den und verherrlichten Jesus Christus als den Spender der Kraft, die Paulus zum Tröster der Gemeinde macht. Die Entsprechung von Leiden und Trost 5 beim Apostel beruht auf dem Zusammenhang von Kreuz und Erhöhung Jesu Christi. Paulus versteht die Leiden, die er in seinem missionarischen Dienst durchzustehen hat, als Teilhabe an den Leiden Christi. Er erfährt „die Gemeinschaft seiner Leiden" und „die Kraft seiner Auferstehung" (Phil 3,10). Die Leiden Christi strömen in reichem Maß auf ihn über. Dies gilt im Grund für alle, die im Glauben mit Christus verbunden sind; doch bekommen die Verkündiger und Apostel den Druck der Welt besonders stark zu spüren. Das Leiden in der Kreuzesnachfolge ist keine äußerliche Nachahmung des Kreu-zestodes Jesu und hat auch nicht dessen soteriologische Bedeutung, aber es ist Ausdruck der existentiellen Verbundenheit der Glaubenden mit ihrem Herrn. Gerade im Leiden darf der Christ die Gemeinschaft mit dem gekreuzigten und auferweckten Christus in besonderer Weise erfahren. Der erhöhte Herr schenkt den Angefochtenen Kraft und Zuversicht durch seinen Geist und läßt ihnen dadurch reichen Trost widerfahren. Die Sendung Christi ist gekenn- 6 zeichnet durch seine Hingabe für die anderen. Dem entspricht, daß auch Bedrängnis und Tröstung des Apostels der Gemeinde dienen. Als selbst Getrö-steter kann er die Gemeinde im geduldigen Ertragen der Leiden stärken. Es ist nicht notwendig, hier den Gedanken von Kol 1,24 heranzuziehen; an unserer Stelle ist nur betont, daß das Leiden und die Tröstung des Apostels auch eine Wirkung auf die Gemeinde ausüben. Die Gemeinde soll ihre Leiden ebenfalls in der Gemeinschaft mit den Leiden Christi sehen und geduldig und getrost ertragen. Es läßt sich im einzelnen nicht mehr feststellen, wodurch die Korin-ther bedrängt wurden; junge christliche Gemeinden mußten dem Druck von heidnischer und von jüdischer Seite standhalten. Paulus blickt mit Zuversicht 7 auf das weitere Ergehen der Gemeinde; dabei setzt er seine Hoffnung nicht auf die Beständigkeit der Korinther, sondern auf den Trost und die Kraft Christi, durch die er sich selbst getragen weiß.

2.2 Die Errettung des Paulus aus Todesgefahr 1, 8–11

8   Es entspricht der Verbundenheit von Apostel und Gemeinde, daß Paulus die
Korinther an seinem persönlichen Erleben teilnehmen läßt. Die allgemeine
Formulierung in V. 8 erlaubt es nicht, die dem Apostel widerfahrene Bedrängnis genau zu bestimmen. „Asien" ist die römische Provinz Asia im westlichen
Kleinasien, deren Hauptstadt Ephesus ist. Das in 1. Kor 15, 32 genannte Ereignis kann hier nicht gemeint sein, da es schon weiter zurückliegt. Die Einleitung
in V. 8 läßt an eine erst in letzter Zeit durchlittene Todesgefahr denken. Viele
Ausleger bringen die Bedrängnis in Zusammenhang mit dem Aufstand des Sil-
berschmieds Demetrius in Ephesus (Apg 19, 23); aber wenn dies zutreffen soll,
müßte der Aufstand gefährlicher verlaufen sein als in der Darstellung des
Lukas. Andere Exegeten denken an eine schwere Krankheit. Es handelt sich
jedoch wahrscheinlich um eine von außen kommende Gefährdung, die Paulus
in Ephesus oder auf dem Weg nach Troas zustieß (vgl. 11, 26). Die Gefahr war
jedenfalls so groß, daß Paulus mit dem Tod rechnete, was seine eigene Kraft
9   anging. Der V. 9 schildert die innere Einstellung des Apostels in dieser lebens-
gefährlichen Lage. Er hatte bereits selbst das Todesurteil über sich gesprochen
und sein Sterben als Fügung Gottes akzeptiert; denn er sah darin die göttliche
Absicht, daß er sein Vertrauen ganz von sich weg allein auf Gott setzen sollte.
Die Formel „der die Toten auferweckt" (Röm 4, 17) ist eine jüdische Gottes-
prädikation, die im Achtzehngebet begegnet. Paulus hatte darauf vertraut, daß
Gott ihn auch aus dem Rachen des Todes herausreißen kann; die Macht Gottes zur Auferweckung der Toten ist für ihn vor allem am gekreuzigten Jesus
10   offenbar geworden. Dieses Vertrauen des Paulus ist nicht enttäuscht worden:
Gott hat mit seiner wunderbaren Macht eingegriffen und ihn aus der Todesgefahr errettet. In den Psalmen kann die Wendung „aus dem Tod erretten" die
doppelte Bedeutung haben: „vor dem Tod bewahren" oder „aus der Machtsphäre des Todes heraus lebendig machen". Die erfahrene Hilfe begründet die
Hoffnung auf weitere Errettung in der Zukunft. Paulus hat die feste Zuversicht gewonnen, daß Gott ihm auch fernerhin mit seiner rettenden Macht bei-
11   stehen wird. Auch dabei wird die Gemeinschaft zwischen Apostel und
Gemeinde wirksam werden. Paulus fordert die Korinther indirekt zur Fürbitte
für seinen Dienst auf, wie auch die anderen Gemeinden betend für den Apostel
eintreten. Weil Gott durch sein rettendes Eingreifen das Weiterwirken des
Paulus ermöglicht hat und auch weiterhin ermöglichen wird, darum gebührt
ihm der Dank. Im Gottesdienst soll von vielen Gemeindegliedern ein vielstimmiger Dank zu Gott aufsteigen für die Errettung des Apostels, die hier als
„Gnadengabe" (chárisma) bezeichnet wird. Auch die schwere Bedrängnis des
Paulus muß mithelfen zur Vermehrung des Dankes an Gott. Mit dem Dank in
V. 11 und dem Lobpreis in V. 3 wird der Abschnitt zu einer sprachlichen und
theologischen Einheit zusammengeschlossen.

Erster Hauptteil:
Rückblick auf vergangene Vorfälle
1,12–7,16

1. Klärung von Mißverständnissen 1,12–2,13

Nach dem im Gebetsstil gehaltenen Briefeingang kommt Paulus sofort auf Vorwürfe zu sprechen, die ihm in Korinth gemacht worden sind. Sie betreffen vor allem zwei Punkte: Paulus sei unaufrichtig im Wandel und im Briefverkehr, und er sei unzuverlässig in seinen Reiseplänen. Die Bereinigung aller Streitpunkte ist die notwendige Voraussetzung für die endgültige Aussöhnung zwischen Apostel und Gemeinde.

1.1 Die Aufrichtigkeit des Apostels 1,12–14

12 Denn dies ist unser Ruhm: das Zeugnis unseres Gewissens, daß wir in Aufrichtigkeit und göttlicher Lauterkeit, nicht in fleischlicher Weisheit, sondern in der Gnade Gottes unser Leben in der Welt geführt haben, und das vor allem bei euch. 13 Denn wir schreiben euch nichts anderes, als was ihr lest und auch versteht; ich hoffe aber, daß ihr es noch völlig verstehen werdet, 14 wie ihr uns ja auch zum Teil schon verstanden habt, nämlich daß wir euer Ruhm sind, so wie auch ihr unser Ruhm seid am Tage unseres Herrn Jesus.

Vers 12: *2,17; Apg 23,1*   Vers 14: *Phil 2,16.*

Paulus hat von dem aus Korinth zurückgekehrten Titus erfahren, daß die Mehrheit der Gemeinde wieder auf die Seite ihres Gründungsapostels getreten ist. So will er jetzt im Auftakt des sog. Versöhnungsbriefes die noch verbliebenen Mißverständnisse vollends aufklären. Die Verbundenheit zwischen Paulus und den Korinthern hat nur Bestand, wenn beide in voller Aufrichtigkeit miteinander umgehen. – In Korinth ist dem Apostel der Vorwurf der Unlauterkeit gemacht worden (vgl. 2,17; 10,2). Paulus weist diesen Vorwurf zurück, indem er für seine lautere Lebensführung das Zeugnis seines Gewissens anruft. Das Gewissen weiß um die Taten der Menschen und wird so zum Zeugen dafür, ob diese dem Willen Gottes entsprechen oder widerstreben. Paulus betrachtet es als seinen Ruhm, daß er mit gutem Gewissen sagen kann, sein Leben ohne zwiespältige Absichten, in Aufrichtigkeit und Lauterkeit, wie Gott es haben will, nicht in menschlicher Eigensucht und Schlauheit geführt zu haben. Dies gilt für sein ganzes Leben als Heidenapostel vor den Augen der Welt (1. Kor 4,13; Phil 2,16), besonders aber für seinen Umgang mit der korinthischen Gemeinde, von der er keinen Unterhalt angenommen hat. Paulus ist sich dessen bewußt, daß er die Kraft zu diesem unanstößigen Lebenswandel der Gnade Gottes verdankt, nicht seinem eigenen Vermögen; darum ist sein Ruhm

13 kein Eigenlob, sondern letztlich ein Rühmen des Herrn (1. Kor 1,31). In V. 13
geht Paulus von der Lauterkeit im allgemeinen Verhalten speziell zur Aufrichtigkeit in seinen Briefen über. In Korinth ist ihm offenbar vorgeworfen worden, er verfolge im Grund ganz andere Absichten, als er in den Briefen nenne.
Es geht hier nicht darum, daß der tiefe theologische Gehalt der paulinischen
Briefe manchmal schwer zu verstehen ist (vgl. 2. Petr 3,16); die Korinther warfen Paulus vielmehr eine absichtliche Unklarheit und bewußte Irreführung vor.
Ob dieser Vorwurf auch mit der Änderung des Reiseplans (1,15 f.) zusammen-
hing, ist, obwohl naheliegend, nicht ganz sicher, weil nicht feststeht, ob Paulus
diesen 2. Reiseplan brieflich mitgeteilt hat. Der Vorwurf in 10,10 hebt auf die
Diskrepanz zwischen Kraft in den Briefen und Schwäche bei persönlicher
Anwesenheit ab. Paulus versichert den Korinthern, daß er in seinen Briefen
keineswegs verschleiernde Wendungen gebrauche, sondern genau das meine,
was die geschriebenen Worte dem Leser zu verstehen geben. Der Apostel handelt im Auftrag Gottes; deshalb braucht er seine wahren Absichten nicht in
14 undurchsichtigen Formulierungen zu verstecken. Paulus hofft, daß die Korinther ihn in Zukunft vollends ganz verstehen werden, wie sie ihn jetzt schon
zum Teil verstanden haben. Mit dieser Anerkennung bezeugt er der Gemeinde
sein Vertrauen zu ihr und bittet sie um ihr völliges Vertrauen zu ihm für die
Zukunft. Dann werden sie auch ganz verstehen, was Apostel und Gemeinde im
tiefsten Grund verbindet. Im eschatologischen Gericht wird offenbar werden,
was Paulus für die Gemeinde bedeutet, und die Gemeinde wird dort dem Apostel zum Ruhm gereichen. Bei der Parusie Christi wird die Gemeinde Gott
dafür danken und preisen, daß Paulus ihr das Evangelium verkündigt hat, und
der Apostel wird auf die Gemeinde als das ihm von Gott geschenkte Werk hinweisen dürfen (1. Thess 2,19; Phil 2,16). Die Verbundenheit zwischen ihnen
gründet letztlich in dem gemeinsamen Beschenktsein durch die Gnade Gottes
in Jesus Christus.

1.2 Die Zuverlässigkeit des Apostels 1, 15–22

15 Und in diesem Vertrauen wollte ich zuerst zu euch kommen, damit ihr einen
zweiten Gnadenerweis empfinget,   16 und über euch nach Mazedonien weiterreisen und wiederum aus Mazedonien zu euch kommen und mir von euch das Geleit
nach Judäa geben lassen.   17 Bin ich etwa, als ich dies wollte, mit Leichtsinn verfahren? Oder beschließe ich, was ich beschließe, auf fleischliche Weise, so daß bei
mir das Ja, Ja auch ein Nein, Nein ist?   18 Bei Gottes Treue, unser Wort an euch
ist nicht Ja und Nein zugleich.   19 Denn der Sohn Gottes, Jesus Christus, der
unter euch durch uns verkündigt wurde, durch mich und Silvanus und Timotheus,
der war nicht Ja und Nein zugleich, sondern das Ja ist in ihm Wirklichkeit geworden.   20 Denn für alle Verheißungen Gottes ist in ihm das Ja; deshalb erklingt
auch durch ihn das Amen, Gott zum Preise, durch uns.   21 Der aber, der uns
samt euch in Christus fest macht und uns gesalbt hat, ist Gott,   22 der uns auch
versiegelt und als Unterpfand den Geist in unsere Herzen gegeben hat.

Vers 16:   *1. Kor 16, 5 f.*   Vers 17:   *Jak 5, 12;*   *Mt 5, 37*   Vers 18:   *1. Kor 1, 9*   Vers 20:
1. Kor 14, 16   Vers 22: *5, 5; Eph 1, 13 f.*

Im folgenden geht Paulus auf den gegen ihn erhobenen Vorwurf ein, man könne sich auf seine Zusagen nicht verlassen. Dieser Vorwurf konnte sich darauf stützen, daß Paulus einen angekündigten Besuch in Korinth offenbar nicht in der versprochenen Weise ausgeführt hat. Es ist charakteristisch für die Argumentationsweise des Apostels, wie er diesen Vorwurf zurückweist. Zunächst hebt er auf die grundsätzliche Verankerung seines missionarischen Dienstes in seinem apostolischen Auftrag ab (V. 17–22). Von dieser Grundlage aus kann er einsichtig machen, daß er gerade mit der Änderung seines Vorhabens in einer veränderten Situation seinem Auftrag als Apostel treu geblieben ist (1, 23–2, 4). Der in V. 15 f. genannte Reiseplan wird hineingestellt in die Predigttätigkeit des Apostels, die auf die Versöhnungstat Gottes in Christus gegründet ist. Aus der Treue Gottes, der seine Verheißungen alle wahrmacht in Jesus Christus, wird zurückgeschlossen auf die Zuverlässigkeit des Evangeliums und derer, die darin feststehen. Die Verkündigung des Paulus bezeugt das Handeln Gottes in Kreuz und Auferweckung Jesu Christi. Darin hat Gott nicht Ja und Nein zugleich gesagt, sondern ein eindeutiges, heilsames Werk vollbracht durch die Erlösung in Christus. Bei der Formulierung dieser Gedanken wurde Paulus wahrscheinlich dadurch beeinflußt, daß dem hebräischen Wort „Amen", das mit dem Verbum „Bestand haben", „wahr und zuverlässig sein" zusammenhängt, im Griechischen der Ausdruck „Ja" (*naí*) entspricht. In 15 f. der Zuversicht, daß die Korinther ihn voll verstehen werden, hatte Paulus beschlossen, die Gemeinde zu besuchen. Der Reiseplan, den er hierfür nennt in V. 15 f., weicht ab von dem Plan, den er in 1. Kor 16, 5–9 mitgeteilt hat; nach der dortigen Notiz wollte Paulus zuerst Mazedonien besuchen und dann nach Korinth weiterreisen, um dort längere Zeit bleiben zu können. Mit dem neuen zweiten Reiseplan (1, 15 f.) wollte er den Korinthern eine noch größere Freude machen; nach diesem Plan hatte er die Absicht, zunächst auf dem Seeweg von Ephesus nach Korinth zu reisen, dann Mazedonien zu besuchen, von dort wieder nach Korinth zu kommen, um sich von den Korinthern für die Reise nach Judäa ausstatten zu lassen. Die viel erörterte Wendung: „damit ihr einen zweiten Gnadenerweis empfinget" (V. 15), bezieht sich wahrscheinlich nicht auf den zweiten Aufenthalt im Verhältnis zum Gründungsbesuch, sondern auf den doppelten Aufenthalt in Korinth gemäß dem zweiten Reiseplan. Dies wäre ein zweifacher Gnadenerweis gewesen, weil Paulus beidemal der Gemeinde mit dem Evangelium dienen wollte.

Die Wendung verrät, wie sehr sich Paulus als Werkzeug und Verkündiger der göttlichen Gnade verstand. Den zweiten Reiseplan muß der Apostel in der Zeit zwischen der Abfassung des ersten Briefs und dem in 2, 1 erwähnten „betrüblichen" Besuch, dem sog. Zwischenbesuch, gefaßt haben; denn das Vertrauensverhältnis war noch ungestört, und Paulus rechnete (anders als in 1. Kor 16, 3 f.) bereits fest damit, daß er die Kollekte persönlich überbringen werde.

Die Frage, wann und in welcher Form Paulus den zweiten Reiseplan der Gemeinde mitgeteilt hat, ist leider nicht mehr sicher zu beantworten. In der

Auslegung wurden mehrere Möglichkeiten erwogen: die Mitteilung kann durch Titus bei seiner ersten Kollektenreise (vgl. 12,18) erfolgt sein oder mündlich durch Paulus beim Zwischenbesuch (s. Einl., S.8); sie kann im sog. Tränenbrief gestanden haben oder mündlich durch Titus bei seinem Aufenthalt zur Beilegung des Konflikts gemacht worden sein; es ist auch möglich, daß Paulus erst jetzt im Versöhnungsbrief den zweiten Reiseplan genau entfaltet. Ein Schreiben des Apostels nach dem 1. Kor und vor dem Zwischenbesuch ist nirgends angedeutet. Der Vorwurf der Korinther setzt voraus, daß Paulus die Zusage eines Besuchs nicht eingehalten hat. Bei der Abfassung des Tränenbriefs war Paulus bereits entschlossen, selbst nicht nach Korinth zu reisen, sondern statt seiner Titus zu senden. Am wahrscheinlichsten ist deshalb die Annahme (A. Schlatter), daß Paulus bei der Abreise vom erfolglosen Zwischenbesuch den Korinthern versprochen hatte, sie bald auf dem Seeweg wieder zu besuchen. Warum er dies dann doch nicht tat, erläutert er in 2,1–4. Als Paulus dann später von Ephesus abreiste, hat er wieder auf den ersten Reiseplan

17 (1. Kor 16,5–7) zurückgegriffen (vgl. Apg 20,1–3). Als Paulus den zweiten Reiseplan ins Auge faßte, verfuhr er nicht leichtsinnig, er wollte im Gegenteil die Korinther mit einem doppelten Besuch erfreuen. Mit der zweiten Frage in V.17 spricht er sein grundsätzliches Verhalten an: Paulus ist nicht ein Mensch, der seine Beschlüsse auf „fleischliche Weise" faßt, d.h. ohne die Rücksicht auf seinen Auftrag und ohne die Leitung durch den Geist Gottes. Als „fleischlich" werden solche Beschlüsse charakterisiert, bei denen das Ja zugleich ein Nein ist; ihnen fehlt die Eindeutigkeit, so daß man nicht weiß, woran man mit ihnen ist. Die Verdoppelung von Ja und Nein dient nach jüdischem Sprachgebrauch zur Verstärkung einer Zu- oder Absage (vgl. Mt 5,37). Nach V.18 macht das gleichzeitige Vorhandensein von Ja und Nein das Verwerfliche solcher

18 „fleischlichen" Beschlüsse aus. Paulus ruft Gott zum Zeugen dafür an, daß sein Wort eindeutig und zuverlässig ist. Die Treueformel „treu ist Gott" (vgl. 1. Kor 1,9; 10,13; 1. Thess 5,24) hat hier die Funktion eines Schwurs (vgl. Gal 1,20). Das Wort des Apostels, das seine Verkündigung und seine Zusagen umfaßt, gewinnt seine Eindeutigkeit und Zuverlässigkeit aus dem Heilshandeln

19 Gottes in Christus. In der Begründung greift Paulus in V.19 vom Wort der Verkündigung zurück auf seinen Inhalt, den Gekreuzigten (1. Kor 2,2). Die gefüllte Formel „der Sohn Gottes, Jesus Christus" faßt das Christusbekenntnis von Röm 1,3f. zusammen und zeigt, daß der Würdetitel „Sohn Gottes" einen festen Bestandteil der paulinischen Christologie bildet (Röm 5,10; 8,32; 1. Kor 1,9; Gal 1,16; 2,20; 1. Thess 1,10); er ist besonders verankert in den sog. Sendungsformeln (Röm 8,3; Gal 4,4). Die Christusverkündigung des Paulus ist keine Sonderbotschaft, sondern die Verkündigung aller Apostel. Paulus erwähnt deshalb auch seine Mitarbeiter Silvanus und Timotheus, die ihn auf der zweiten Missionsreise in Kleinasien und Griechenland begleitet haben. Silvanus hat später im Kreis des Petrus gewirkt (1. Petr 5,12). Die Sendung Jesu Christi hat ein eindeutiges Gepräge: Jesus Christus ist das „verkörperte Ja" der Verheißungen Gottes. In ihm ist alles zur Erfüllung gekommen und wird in

Zukunft vollendet werden, was Gott im Alten Testament verheißen hat. Der 20
V. 20 ist von zentraler Bedeutung für die Stellung des Paulus zum Alten Testament. In Christus sind die Verheißungen Gottes, so viele es gibt, Wirklichkeit geworden, die Verheißung des Segens an Abraham (1. Mose 12, 3), die Verheißung des Messias und seiner Königsherrschaft (2. Sam 7, 13 ff.; Jes 11, 1–5; Sach 9, 9), die Verheißung des Neuen Bundes (Jer 31, 31–34; Ez 37, 26 u. ö.), die Verheißung des Gottesknechts, der die Sünden der Vielen trägt (Jes 53, 12), und die Verheißung des Menschensohns und seines endgültigen Siegs über die gottfeindlichen Mächte (Dan 7, 13 ff.). Neben dem Gegensatz von Gesetzesgerechtigkeit und Glaubensgerechtigkeit, von altem und neuem Bund (2. Kor 3), steht bei Paulus der positive Zusammenhang von Verheißung und Erfüllung durch das Christusgeschehen, und *beides* sieht er bezeugt vom Gesetz und den Propheten (vgl. Röm 3, 21). Zum „Ja" der Heilstat Gottes in Jesus Christus sprechen die Glaubenden das „Amen" zum Lobpreis Gottes. Die urchristliche Kirche hat vom jüdischen Gottesdienst die Sitte übernommen, auf die Verlesung der Schrift oder auf ein Gebet mit Amen zu antworten. Paulus gebraucht das Amen gern am Ende eines Segenswunsches (Röm 15, 33; Gal 6, 18; Phil 4, 23?) oder einer Doxologie (Röm 1, 25; 9, 5; 11, 36; 16, 27; Gal 1, 5; Phil 4, 20). Unsere Stelle ist ein Beleg dafür, daß im christlichen Gottesdienst das Amen als Responsorium gesprochen wurde (vgl. 1. Kor 14, 16). In Christus sind alle Christen zu einer Gemeinschaft zusammengeschlossen. Paulus nimmt in V. 21 f. traditionelle Wendungen auf, die den Segen der Taufe beschreiben 21 (E. Dinkler). Das vorangestellte erste Partizip im Präsens drückt zusammenfassend aus, was die Taufe für die Christen in der Gegenwart bedeutet: durch sie ist den Glaubenden ein fester Stand in Christus geschenkt (vgl. 1. Kor 1, 6.8); das Verbum „festmachen" bedeutet im juristischen Gebrauch „rechtskräftig bestätigen". Der Ausdruck „festmachen in Christus (hinein)" ist wahrscheinlich durch die Formel „taufen auf Christus" (Röm 6, 3) beeinflußt. Die nächsten drei Partizipien beziehen sich auf den zurückliegenden Akt der Taufe; sie umschreiben, was Gott an den Glaubenden in der Taufe getan hat. Zunächst wird die Taufe als „Salbung" bezeichnet, weil in ihr der heilige Geist verliehen wird; mit dem „Chrisma", dem Salböl, ist der Geist gemeint (1. Joh 2, 20). Im Alten Testament werden Könige, Priester und Propheten für ihr Amt mit Öl gesalbt. Gott hat Jesus durch den Geist für seine messianische Aufgabe gesalbt (Lk 4, 18; Jes 61, 1 f.); so werden die Christen durch den Empfang des Geistes in der Taufe für ihre Aufgabe als Zeugen Jesu Christi „gesalbt". Die Sitte der Ölsalbung im Rahmen des Taufakts ist erst im 2. Jahrhundert (bei Theophilus von Antiochia) bezeugt; sie war besonders bei den Gnostikern und Mandäern üblich.

Die Taufe wird weiter als „Versiegelung" beschrieben, weil die Glaubenden 22 durch sie ihrem neuen Herrn Jesus Christus übereignet werden. Im Rechtsleben bedeutet versiegeln „mit einem Eigentumszeichen versehen". Im christlichen Sprachgebrauch hat der Ausdruck einen eschatologischen Aspekt (Offb 7, 3), der durch das alttestamentliche Motiv der Versiegelung für die

Bewahrung im Endgericht (Ez 9,4 ff.; vgl. 4. Esra 6,5) vorbereitet ist. Die durch Christus teuer erkauften Glieder der Gemeinde (1. Kor 7,23) sind in der Taufe „versiegelt worden durch den heiligen Geist, der verheißen ist" (Eph 1,13), und dadurch Eigentum Jesu Christi geworden. Im Judentum war die Beschneidung das Siegel des Bundes (vgl. Röm 4,11); an die Stelle der Beschneidung ist bei den Christen die Taufe getreten (Kol 2,11). Die Taufe selbst wird erst im 2. Jahrhundert als „Siegel" (*sphragís*) bezeichnet (Herm sim IX 16,3–5; 2. Clem 7,6). Eine Wassersignierung mit dem Kreuzeszeichen (vgl. Mk 8,34; E. Dinkler) ist in neutestamentlicher Zeit noch nicht nachzuweisen. Schließlich wird von der Taufe gesagt, daß Gott durch sie den Geist als „Unterpfand" oder „Angeld" in unsere Herzen gegeben hat (2. Kor 5,5; Eph 1,14; vgl. 4,30). Rechtlich wird ein Kaufvertrag durch eine Anzahlung in Kraft gesetzt; das ist übertragen auf den Zusammenhang des jetzt schon geschenkten Geistes mit der endgültigen Erlösung. Drei der für die Taufe hier gebrauchten Ausdrücke haben juristisch die Bedeutung der Vergewisserung; sie unterstreichen im religiösen Bereich die Gewißheit der Hoffnung auf das eschatologische Heil. Alle vier Aussagen sind bezogen auf den heiligen Geist, der die „Erstlingsgabe" der Vollendung ist (Röm 8,23). Nach dieser urchristlichen Beschreibung der Taufe handelt in der Taufe der „dreieinige" Gott, der die Glaubenden zum Eigentum Jesu Christi macht und ihnen die Gabe des heiligen Geistes verleiht.

1.3 Der wahre Beweggrund für die Änderung des Besuchsplans 1,23–2,4

23 Ich aber rufe Gott zum Zeugen an bei meiner Seele (= gegen mein Leben), daß ich, um euch zu schonen, nicht mehr nach Korinth gekommen bin.   24 Es ist nicht so, daß wir Herren wären über euren Glauben, sondern wir sind Mitarbeiter an eurer Freude; denn im Glauben steht ihr fest.   2,1 Ich hatte nämlich dies bei mir beschlossen, nicht wieder in Betrübnis zu euch zu kommen.   2 Denn wenn ich euch betrübe, wer soll mich dann noch erfreuen außer dem, der von mir betrübt wird?   3 Und so schrieb ich eben deshalb, damit ich nicht bei meinem Kommen Betrübnis erführe von seiten derer, von denen ich Freude erleben sollte; habe ich doch zu euch allen das Vertrauen, daß meine Freude euer aller Freude ist.   4 Denn aus großer Bedrängnis und Angst des Herzens schrieb ich euch unter vielen Tränen, nicht damit ihr betrübt würdet, sondern damit ihr die Liebe erkennt, die ich in besonders reichem Maße zu euch habe.

Vers 23: *Röm 1,9*   Vers 24: *4,5*   Vers 2,1: *12,21*   Vers 4: *7,8*.

23   Nun erst gibt Paulus den wahren Beweggrund für die Änderung seines Besuchsplanes an: es ist das seelsorgerliche Motiv des Apostels, daß er die Gemeinde *schonen* wollte. Paulus ist nach dem Zwischenbesuch deshalb nicht mehr nach Korinth gekommen, weil er nicht genötigt sein wollte, dort von seiner apostolischen Vollmacht strafend (vgl. 1. Kor 4,21; 2. Kor 13,2 f.) Gebrauch machen zu müssen. Für dieses Motiv seines Ausbleibens ruft er ähnlich wie in 1,18 mit einer Beteuerungsformel Gott als Zeugen an: Gott möge

ihm das Leben nehmen, wenn seine Aussage nicht wahr ist. Der V. 24 begrün- 24
det das Motiv der Schonung. Es steht doch nicht so zwischen Apostel und
Gemeinde, daß der Apostel Herr über den Glauben der Gemeinde wäre. Vielmehr ist der Apostel ein Diener Gottes und der Gemeinde; „Herr" ist in der
Kirche allein Jesus Christus. Damit weist Paulus zugleich den Vorwurf zurück,
er tyrannisiere die Gemeinde (vgl. 4, 5; 10, 8). Der Apostel hilft mit, daß in der
Gemeinde die „Freude in dem Herrn" (vgl. Phil 3, 1) wächst, die eine Frucht
des Geistes ist (Gal 5, 22). Die Verkündigung der frohen Botschaft dient ihrem
Wesen nach der Freude der Menschen; Paulus hat also gerade aus Treue zu
seinem Auftrag den Besuch unterlassen. Er will die Gemeinde nicht bevormun-
den; die Korinther sind durch seinen Dienst „mündige" Christen geworden
und haben ihren eigenen Stand im Glauben gewonnen.

Paulus hatte sich fest vorgenommen, nicht wieder so in Korinth aufzutreten, 2, 1
daß er Betrübnis verursachen und erfahren müßte. Mit dem unter Betrübnis
verlaufenen Besuch kann nicht der Gründungsaufenthalt gemeint sein; die in
V. 5 erwähnte Betrübnis muß also bei einem zweiten Besuch erfolgt sein, dem
sog. „Zwischenbesuch" zwischen der Gemeindegründung und dem in 12, 14;
13, 1 angekündigten dritten Besuch (s. Einl., S. 8). Die Gemeinde ist die Freude 2
und der „Ruhm" des Apostels (1, 14). Paulus würde die Quelle seiner eigenen
Freude zunichte machen, würde er die Gemeinde in Trauer versetzen; in dieser
gegenseitigen Bezogenheit kommt die Liebe des Paulus zur Gemeinde zum
Ausdruck. In V. 3 verweist Paulus auf einen Brief, in dem er den Korinthern 3
eben dies geschrieben hat, damit er bei seinem Kommen nicht an denen Betrübnis erlebe, die seine Freude sein sollten; denn er hat das Vertrauen zu allen
Gemeindegliedern, daß seine Freude auch ihre Freude ist, wie es bei Gliedern
am Leibe Christi sein soll (1. Kor 12, 26). Mit der Betonung von „alle" wirbt er
um eine ihm eventuell noch kritisch gegenüberstehende Minderheit. Das
genannte Schreiben kann weder mit dem 1. Kor noch mit dem sog. „Versöhnungsbrief" identisch sein; es muß sich um den sogleich in V. 4 erwähnten sog. 4
„Tränenbrief" handeln, den Paulus nach dem Zwischenbesuch geschrieben hat.
Nach unserer Auslegung ist dieser Zwischenbrief zum Teil in den polemischen
Kapiteln 10–13 erhalten (vgl. Einl., S. 13). Dieser Brief wird auf Grund der
Beschreibung in V. 4 als „Tränenbrief" (s. Einl., S. 9) bezeichnet. Paulus hat ihn
„aus großer Bedrängnis und Herzensangst" geschrieben; nach dem peinlichen
Zusammenstoß beim Zwischenbesuch war der Apostel in größter Sorge um die
Erhaltung der Gemeinde. In dieser bedrängten Lage hatte er sich dazu durch-
gerungen, entgegen seinem Versprechen zunächst nicht nach Korinth zu reisen,
sondern Titus zu senden und durch einen Brief auf die Gemeinde einzuwirken;
wahrscheinlich hat Titus den Tränenbrief nach Korinth mitgenommen. Dieser
für Paulus schmerzliche, „unter vielen Tränen" geschriebene Brief war nicht
dazu bestimmt, die Gemeinde zu betrüben, obwohl er sie vorübergehend tatsächlich betrübt hat (7, 8), sondern sollte ihr im Gegenteil die besonders große
Liebe des Apostels zu ihr zeigen. Paulus handelte nicht aus gekränkter Eitelkeit oder Rachsucht; vielmehr wollte er als geistlicher Vater der Gemeinde

diese auf den rechten Weg zurückbringen. Der „Tränenbrief" ist an die Stelle eines aus schonender Liebe unterlassenen „Besuchs in Betrübnis" getreten.

1.4 Die Bereinigung des Zerwürfnisses zwischen Apostel und Gemeinde 2, 5–11

5 **Wenn aber jemand Betrübnis verursacht hat, so hat er nicht mich betrübt, sondern zum Teil – damit ich nicht zu viel sage – euch alle.** 6 **Für den Betreffenden genügt diese von der Mehrheit verhängte Strafe,** 7 **so daß ihr nun im Gegenteil ihm desto mehr Verzeihung und Tröstung gewähren sollt, damit er nicht von allzu großer Betrübnis verzehrt wird.** 8 **Darum ermahne ich euch, Liebe gegen ihn walten zu lassen.** 9 **Denn zu diesem Zweck habe ich ja auch geschrieben, daß ich eure Bewährung erkenne, ob ihr gehorsam seid in allen Stükken.** 10 **Wem aber ihr etwas verzeiht, dem verzeihe auch ich; denn auch ich habe, was ich verziehen habe, wenn ich überhaupt etwas zu verzeihen hatte, um euretwillen (verziehen) vor dem Angesicht Christi,** 11 **damit wir nicht vom Satan überlistet werden; denn seine Anschläge sind uns nicht unbekannt.**

Vers 6: *7, 11 f.*   Vers 7: *Kol 3, 13.*

5   Wie das Verhältnis des Apostels zur Gemeinde in der Vergangenheit von der Liebe bestimmt war, so gilt dies auch für die Gegenwart und die Zukunft. Seit der Nachricht des Titus von der Umkehr der Korinther ist das Vertrauen wiederhergestellt (7, 16). In V. 5 geht Paulus auf die in 2, 1 nur kurz angedeutete „Betrübnis" etwas näher ein, indem er vom Urheber derselben spricht. Paulus gibt allerdings weder hier noch in 7, 8 ff. eine so konkrete Beschreibung, daß der betrübende Vorfall genau rekonstruiert werden könnte; den Korinthern war er bekannt, und Paulus hebt nur das heraus, was sein Verhältnis zur Gemeinde berührt. Der schmerzliche Zusammenstoß kann sich nicht auf den sog. Blutschänder (1. Kor 5) beziehen, da dieser Paulus nicht persönlich betrübt hat; die in V. 6 erwähnte Bestrafung ist außerdem milder als die Übergabe an den Satan. Vermutlich hat ein korinthisches Gemeindeglied beim Zwischenbesuch den Apostel persönlich angegriffen und schwer beleidigt, ohne daß die Gemeinde für ihn eintrat. Die von Paulus (im Tränenbrief) geforderte Bestrafung des „Übeltäters" (7, 12) ist offenbar von der Mehrheit der Gemeinde inzwischen vollzogen worden; deshalb bittet Paulus jetzt im Versöhnungsbrief (s. Einl., S. 13), Liebe gegenüber dem Bestraften walten zu lassen. Nachdem dieser sein Unrecht eingesehen und seine Strafe empfangen hat, soll er nicht weiter bedrängt werden. Paulus nennt in schonender Absicht seinen Namen nicht und geht auch nicht mehr näher auf den Inhalt der Kränkung ein. Aus V. 5 b wird deutlich, daß das Verhalten des „Übeltäters" die ganze Gemeinde betroffen hatte. Dies spricht für die Annahme, daß der Betreffende vor versammelter Gemeinde die Legitimität des paulinischen Apostolats bestritten hat; denn dadurch wurde nicht nur Paulus in der Mitte seines Sendungsbewußtseins getroffen, sondern auch die Rechtmäßigkeit der Gemeindegründung in Frage gestellt. Mit dem durch den Vorfall nicht betrübten Teil der Gemeinde hat Paulus wohl jene Minderheit im Auge, die auch der Bestrafung des Beleidigers

nicht zugestimmt hat (V. 6). Da Paulus die Bestrafung um der Autorität seines
Apostelamts willen gefordert hat, liegt ihm auch daran, daß die Gemeinde den
Vorfall nicht nur als eine Kränkung seiner Person behandelt. Die Art und 6
Weise der Bestrafung wird Paulus der Gemeinde überlassen haben; worin sie
bestand, ist nicht gesagt. Es kann sich aber weder nur um eine einmalige Rüge
noch um einen endgültigen Ausschluß aus der Gemeinde handeln; wahrscheinlich wurde für eine bestimmte Zeit der Umgang mit dem Schuldigen gemieden.
Paulus hat wohl von Titus erfahren, daß der Bestrafte inzwischen seine Tat 7
bereut. Deshalb soll jetzt die Zeit der Bestrafung durch um so größere Liebe
abgelöst werden, indem die Gemeinde dem reuigen Sünder vergibt und ihn tröstet. Dem Apostel ist bewußt, daß ein Übermaß an Trauer einen Menschen
vollends in die Verzweiflung treiben kann. Die der Vergebung Christi entspre- 8
chende Vergebung der Gemeinde (Kol 3,13) bedeutet konkret, daß der
Bestrafte wieder voll in die brüderliche Gemeinschaft aufgenommen werden
soll. In V.9 nennt Paulus als ein weiteres Motiv seines Schreibens, daß er mit 9
ihm erproben wollte, wie weit der Gehorsam der Gemeinde reicht. Er konnte
damals noch nicht wissen, wie die Korinther seine Forderung der Bestrafung
des Übeltäters aufnehmen würden. Inzwischen hat er von Titus erfahren, daß
die Gemeinde diese Bewährungsprobe bestanden hat. Der Gehorsam gegenüber Paulus erwächst aus dem Gehorsam gegenüber dem vom Apostel verkündigten Evangelium (Röm 10,16). Paulus betont in V.10 seine volle Überein- 10
stimmung mit den Korinthern in der Bereitschaft zur Vergebung. Wem sie
verzeihen, dem verzeiht er auch. Im Fall der Beleidigung beim Zwischenbesuch
hat auch er um der Gemeinde willen dem „Unrechttäter" verziehen im Gehorsam gegenüber dem erhöhten Herrn. Mit der einschränkenden Bemerkung:
„wenn ich überhaupt etwas zu verzeihen hatte", gibt er zu erkennen, daß er
nicht aus persönlichen Motiven handelt; da er sich nicht *persönlich* gekränkt
fühlte, hat er in dieser Beziehung auch nichts zu verzeihen. Die Christen haben 11
sich am Liebesgebot und Verhalten Jesu Christi zu orientieren. Würde die
Gemeinde die göttliche Vergebung in Christus nicht auch ihrerseits mit der
Bereitschaft zur Vergebung beantworten, dann gäbe sie dem Widersacher Christi Raum. Der Satan lauert überall darauf, wie er Menschen vom Gehorsam
gegen Gottes Willen abbringen und für seine Ziele der Zwietracht und Zerstörung einspannen kann. Jesus hat sein ganzes Wirken als einen Kampf gegen
den Satan verstanden (Lk 10,18). Auch Paulus sieht den Widersacher Gottes
ständig darauf bedacht, seine Missionsarbeit zu stören und die Christen mit
listigen Anschlägen vom Glauben abzuwenden (vgl. 1. Kor 7,5; 2. Kor 11,2;
1. Thess 2,18).

1.5 Das sehnsüchtige Warten auf Titus 2, 12 und 13

12 Als ich aber nach Troas kam zur Verkündigung des Evangeliums von Christus und sich mir eine Türe auftat in dem Herrn,   13 da hatte ich keine Ruhe in meinem Geist, weil ich Titus, meinen Bruder, nicht antraf; sondern ich nahm Abschied von ihnen und fuhr weiter nach Mazedonien.

Vers 12: *1. Kor 16, 9; Apg 20, 6 f.*   Vers 13: *7, 5.*

12   In V. 12 beginnt der Bericht der Reise von Ephesus über Troas nach Mazedonien, der in 7, 5 fortgesetzt wird.

Nach der Bitte um Milde für den „Unrechttäter" lenkt Paulus den Blick wieder zurück in die Vergangenheit. Er will nicht einfach einen Reisebericht geben, sondern der Gemeinde vor Augen führen, wie sehr ihn die Sorge um sie in der ganzen Zwischenzeit umgetrieben hat. Nach dem Zwischenbesuch in Korinth blieb Paulus noch einige Zeit in Ephesus; danach verließ er dieses Zentrum seines fast dreijährigen Wirkens und reiste nach Troas im Nordwesten Kleinasiens, um dort zu missionieren. Der Anlaß und der genaue Zeitpunkt für die Abreise aus Ephesus sind nicht genannt; sie ist wahrscheinlich erst nach der in 1, 8–11 erwähnten Todesgefahr erfolgt. In der Hafenstadt Troas gab es möglicherweise bereits eine kleine Anzahl von Christen, die Paulus bei der zweiten Missionsreise für den Glauben gewonnen hatte (vgl. Apg 16, 8 ff.; 20, 7). Dort bot sich für den Apostel eine günstige Möglichkeit zu reichem Wirken. Dies drückt er mit einer geläufigen Wendung der Missionssprache aus (1. Kor 16, 9; Kol 4, 3; Apg 14, 27; Offb 3, 8). Das Bild von der sich öffnenden Türe wird übertragen gebraucht für die Gelegenheit zu erfolgreicher Missionsarbeit. Dabei sind sich die christlichen Missionare dessen bewußt, daß nicht sie selbst den Zugang zu den Herzen der Menschen öffnen können, sondern daß Gott das Wort vom Kreuz durch seinen Geist wirksam werden lassen muß.

13   Trotz der guten missionarischen Möglichkeiten in Troas wartete Paulus dort nicht die Ankunft des Titus ab, mit dem er ein Zusammentreffen in Troas verabredet hatte. Er wollte möglichst bald durch dessen Bericht aus Korinth erfahren, wie die Gemeinde seinen Brief aufgenommen hatte. Als er in Troas seinen Mitarbeiter und Glaubensbruder Titus nicht antraf, wurde er so sehr von innerer Unruhe erfaßt, daß er es nicht mehr länger aushielt, sich von den Christen dort verabschiedete und dem Titus nach Mazedonien entgegenreiste. Die Spannung des Apostels war so groß, daß er sogar auf die günstige Missionsgelegenheit in Troas verzichtete; daran mögen die Korinther ermessen, wie viel ihm an der Gemeinde liegt. Titus war Heide von Geburt, gegen dessen Beschneidung sich Paulus beim Apostelkonvent gewehrt hatte (Gal 2, 3). An der Gründung der korinthischen Gemeinde war er nicht beteiligt; trotzdem ist es ihm gelungen, die Wirkung des Tränenbriefs kräftig zu unterstützen und die Korinther wieder für Paulus zu gewinnen. Er brachte die Sammlung für Jerusalem in Korinth zum Abschluß (2. Kor 8, 6). Nach dem Titusbrief wirkte er später als Gemeindeleiter auf Kreta.

2. Das Wesen des Apostelamtes 2, 14–7, 4

Nach 2, 13 bricht der Bericht plötzlich ab; relativ unvermittelt beginnt Paulus mit dem Lobpreis Gottes eine breitere Ausführung über seinen apostolischen Verkündigungsdienst. In 7, 5 nimmt er mit ähnlichen Worten wie in 2, 13 den Erzählungsfaden wieder auf und berichtet von der Ankunft des Titus in Mazedonien und seiner befreienden Nachricht von der Umkehr der Gemeinde.

Nach den meisten neueren Teilungshypothesen beginnt mit 2, 14 ein Schreiben des Paulus über das Apostelamt, das 2, 14–7, 4 (ohne 6, 14–7, 1) umfaßt und zeitlich *vor* dem sog. Versöhnungsbrief (Kap. 1–8) einzuordnen ist. Diese sog. „Apologie des Apostelamts" wird entweder zusammen mit den polemischen Kapiteln 10–13 als Teil des Tränenbriefs betrachtet (R. Bultmann; E. Dinkler) oder als ein eigener Brief verstanden, den Paulus schon vor dem Zwischenbesuch nach Korinth sandte (G. Bornkamm). Nach der ersten Auffassung hat Paulus beim Zwischenbesuch die Position seiner Gegner näher kennengelernt und den Angriff auf die Legitimität seines Apostolats mit dem Tränenbrief (2, 14–7, 4; 10–13) beantwortet. Nach der Auffassung G. Bornkamms erfuhr Paulus vom Auftreten gegnerischer Missionare in Korinth, die Paulus nicht als rechtmäßigen Apostel anerkannten. Daraufhin legte er sein Verständnis des apostolischen Dienstes in einem Brief ausführlicher dar und hoffte auf diese Weise, die neu entstandene Lage in Korinth bereinigen zu können. Aber die Unruhe verschärfte sich, so daß sich Paulus genötigt sah, selbst auf dem Seeweg nach Korinth zu reisen (Zwischenbesuch). Nach dem erfolglosen Verlauf desselben schrieb Paulus die polemischen Kapitel 10–13, die einen Teil des Tränenbriefs darstellen. Sie sind die Reaktion des Apostels auf den Zusammenstoß beim Zwischenbesuch. – Es gibt aber auch gewichtige Gründe für die Zusammengehörigkeit des Abschnitts 2, 14–7, 4 mit dem Versöhnungsbrief (W. G. Kümmel; C. K. Barrett). Durch die Erinnerung an das sorgenvolle Bangen in Troas wurde Paulus m. E. dazu veranlaßt, nachträglich die theologische Grundlage seines apostolischen Wirkens, um die es bei dem schmerzlichen Konflikt in Korinth gegangen war, ausführlicher zu entfalten, um seine Motive nun aus größerer Distanz in sachlicher Darlegung für die Gemeinde verständlich zu machen. Deshalb wirkt der Abschnitt jetzt wie ein umfangreicher Exkurs.

2.1 Die Befähigung des Paulus zum apostolischen Dienst 2, 14–3, 6

Der Lobpreis 2, 14 bildet einen neuen Einsatz. Nach 1, 12 wurde dem Apostel in Korinth vorgeworfen, daß er sein Amt mit unlauteren Motiven ausübe. Deshalb setzt sich Paulus nun von 2, 14 an mit jenen Gegnern auseinander, die ihm bestreiten, ein legitimer Apostel zu sein (P. Stuhlmacher). Der Grundtenor dieser Verteidigung ist in 2, 17 enthalten: Paulus hat sich das Apostelamt nicht selbst angemaßt, vielmehr hat Gott den ehemaligen Christenverfolger berufen und für seinen Dienst fähig gemacht. Das erste Wort des Paulus über sein Amt ist deshalb ein Lobpreis der Gnade Gottes, die ihm widerfahren ist (vgl. 1. Kor 15, 10). Von sich aus ist kein Mensch für den „Dienst der Versöhnung" (5, 18) geeignet. Die Befähigung des Paulus zum apostolischen Dienst kommt von Gott, und Christus hat ihm die Gemeinde in Korinth als sichtbares Zeichen für die Legitimität seines Apostolats geschenkt (3, 1–6).

2.1.1 Der Lobpreis Gottes für den apostolischen Dienst des Paulus 2, 14–17

14 Gott aber sei Dank, der uns allezeit im Triumphzug herumführt in Christus und den Duft seiner Erkenntnis offenbar macht durch uns an jedem Ort. 15 Denn ein Wohlgeruch Christi sind wir für Gott unter denen, die gerettet werden, und unter denen, die verloren gehen; 16 den einen (sind wir) ein Geruch des Todes zum Tode, den anderen ein Duft des Lebens zum Leben. Und wer ist dazu fähig? 17 Wir sind ja nicht wie die vielen (anderen), die mit dem Wort Gottes ein Geschäft machen, sondern aus lauterer Gesinnung, wie sie von Gott kommt, reden wir (in der Verantwortung) vor Gott in Christus.

Vers 15: *1. Kor 1, 18*   Vers 16: *3, 5 f.*   Vers 17: *1, 12; 4, 2.*

14   Die liturgische Wendung „Gott sei Dank" (Röm 6, 17; 7, 25; 1. Kor 15, 57; 2. Kor 8, 16; 9, 15) entspricht dem Lobspruch „Gepriesen sei Gott" und wird ebenfalls mit Partizipien verbunden. Paulus dankt Gott dafür, daß er ihn allezeit im Triumphzug herumführt in Christus. Bei diesem Bild hat er seine ganze Verkündigungstätigkeit seit seiner Berufung im Blick und bringt mit „allezeit" und „an jedem Ort" den universalen Horizont seines Apostolatsverständnisses zum Ausdruck. Im Bild vom Triumphzug ist Gott der Triumphator, der den ehemaligen Verfolger Paulus bei Damaskus „besiegt" und in demselben Berufungsakt zum glaubenden Christen und zugleich zum Heidenapostel und Verkündiger der Kreuzesbotschaft gemacht hat und ihn als solchen nun im Triumphzug herumführt. Dies trifft auf die anderen Apostel (z. B. Petrus, trotz seiner Verleugnung Jesu) nicht in derselben Weise zu. Paulus geht auf die „Erleuchtung zur Erkenntnis der Herrlichkeit Gottes im Angesicht Jesu Christi" und auf die doppelte Wirkung des Wortes vom Kreuz (1. Kor 1, 18) in 4, 1–6 noch näher ein. Eine andere Auslegung des Bildes versteht Gott als den Sieger, der in Christus die Mächte der alten Welt besiegt hat (Kol 2, 15) und die Apostel als Herolde in seinem Triumphzug mitführt. Das folgende Bild vom süßen Duft der Erkenntnis Gottes beschreibt die Offenbarung der Weisheit und Kraft Gottes im Kreuz Christi (vgl. 4, 6); Paulus breitet diesen Duft durch die Verkündigung des Wortes vom Kreuz aus. Im hellenistischen Judentum wurde die Weisheit mit dem Duft wohlriechender Pflanzen und des Weihrauchs verglichen (Sir 24, 20 f.). Das Bild vom „Duft" des Lichtgesandten und der Erkenntnis war im Gnostizismus des 2. Jahrhunderts n. Chr. weit verbreitet. Was hier mit dem Bild des Duftes ausgedrückt ist, wird in 4, 6 mit dem vom

15   aufleuchtenden Lichtglanz beschrieben. In V. 15 bezeichnet Paulus sich selber in seiner apostolischen Funktion als den „Wohlgeruch Christi" für Gott. Der

Wohlgeruch geht von Christus aus, in dem „alle Schätze der Weisheit und Erkenntnis" verborgen sind (Kol 2,3). Die Wendung „ein Wohlgeruch für Gott" wird in der alttestamentlichen Opfersprache gebraucht (1. Mose 8,21 u. ö.). Der Opferduft steigt zu Gott empor, der daran Wohlgefallen hat. Aber die im Kreuz offenbarte Weisheit Gottes ist in Christus von Gott zu den Menschen herabgekommen. Paulus vergleicht gelegentlich seinen Verkündigungsdienst mit einem Opfer (vgl. Phil 2,17; Röm 15,16); an unsrer Stelle liegt jedoch der Akzent nicht auf dem Gedanken, daß der Apostel geopfert wird, sondern darauf, daß er als Apostel im Dienste Gottes die Erkenntnis der Herrlichkeit Gottes in Christus den Menschen verkündigt. Die Verkündigung des Paulus (und seiner Mitarbeiter) hat eine verschiedene Wirkung unter denen, die gerettet werden, und unter denen, die verloren gehen. Das Evangelium ist eine Heilsbotschaft für alle, aber seine Wirkung ist verschieden für die, die es im Glauben annehmen, und für die, die es im Unglauben ablehnen. „Das Wort vom Kreuz ist Torheit denen, die verloren gehen; uns aber, die gerettet werden, ist es Gottes Kraft" (1. Kor 1,18). Der Apostel als Verkündiger und Repräsen-   16 tant des Wortes vom Kreuz ist für die einen ein „Todesgeruch", der Tod bringt, für die anderen ein „Lebensduft", der Leben verheißt. Die Scheidung vollzieht sich in der Stellung zu der vom Apostel verkündigten Botschaft von der Erkenntnis der Herrlichkeit Gottes im Angesicht Jesu Christi (4,6). Gegenüber der Sinaitora vollzieht sich die Scheidung zwischen Leben und Tod durch die Erfüllung der Gebote (Gal 3,12), aber gegenüber dem Evangelium als der „Kraft Gottes zur Rettung" (Röm 1,16) durch den Glauben an die Versöhnungstat Gottes in Christus (5,19). Das Ineinander von göttlicher Bestimmung und menschlicher Entscheidungsfreiheit bleibt für unser begrenztes menschliches Denken ein unauflösbares Geheimnis. Der vorzeitliche Heilsplan Gottes kommt geschichtlich zur Verwirklichung in der Berufung zum Glauben (1. Thess 1,4 f.) durch die Verkündigung der Botschaft von Kreuz und Auferweckung Jesu Christi. Die göttliche Vorherbestimmung ist bei Paulus theologisch eng verbunden mit dem Heilshandeln Gottes in Jesus Christus (vgl. Röm 8,30). Welcher Mensch wäre von sich aus fähig, eine solche Botschaft auszurichten, an der sich Leben und Tod entscheidet? Mit dem Begriff „fähig" (*hikanós*, vgl. 2. Mose 4,10 LXX) ist das Stichwort genannt, das die Gedankenführung bestimmt in der Auseinandersetzung des Paulus mit Gegnern, die ihm die Rechtmäßigkeit seines Apostelamts bestreiten. In V.17 ist vorausgesetzt,   17 daß Paulus von Gott zum apostolischen Dienst „fähig" gemacht worden ist. Als solcher grenzt sich der Apostel ab von den „vielen (anderen), die mit dem Wort Gottes ein Geschäft machen". Dabei spielt Paulus wohl auf die judenchristlichen Wanderprediger an, die mit Empfehlungsbriefen arbeiten (3,1; 10,12.18) und sich von der Gemeinde den Lebensunterhalt geben lassen (vgl. 11,7–12). Er sieht offenbar in seinen Gegnern Missionare, die den religiösen und philosophischen Wanderpredigern (vgl. 1. Thess 2,3–7) gleichen, die damals von Stadt zu Stadt zogen und sich ihre Lebensweisheit reichlich mit irdischen Gütern bezahlen ließen. Paulus nützt als Apostel das Wort Gottes nicht zu seinem eigenen Vorteil aus, er „verschachert" das Evangelium nicht, sondern verkündigt die Botschaft vom Kreuz aus lauterer Gesinnung, aufrichtig und ohne Nebenabsichten (vgl. 1, 12), als ein Botschafter an Christi Statt (5, 20), der durch die Wahrheit Gottes gebunden und befreit ist. Er steht in seinem ganzen apostolischen Wirken vor Gottes Angesicht und redet in der Verantwortung vor Gott (12, 19). Paulus ahnt, daß ihm dies seine Kritiker in Korinth sogleich wieder als Selbstempfehlung auslegen werden.

2.1.2 Die Gemeinde als Empfehlungsbrief Christi für Paulus 3, 1–3

1 Fangen wir schon wieder an, uns selbst zu empfehlen? Oder brauchen wir etwa, wie gewisse Leute, Empfehlungsbriefe an euch oder von euch? 2 Unser (Empfehlungs-)Brief seid ihr, eingeschrieben in unser(e) Herz(en), verstanden und gelesen von allen Menschen! 3 Wird doch an euch offenbar, daß ihr ein Brief Christi seid, durch unseren Dienst zubereitet, geschrieben nicht mit Tinte, sondern mit dem Geist des lebendigen Gottes, nicht auf steinerne Tafeln, sondern auf fleischerne Tafeln, nämlich eure Herzen.

Vers 1: *5, 12; 10, 12*   Vers 2: *1. Kor 9, 2*   Vers 3: *2. Mose 24, 12; Ez 11, 19; 36, 26; Jer 31, 33.*

1   Die erste rhetorische Frage, deren Form auf eine verneinende Antwort hinweist, macht deutlich, daß der Vorwurf der Selbstempfehlung dem Apostel schon öfter gemacht worden ist (vgl. 5, 12; 10, 12.18). Die zweite Frage, die für Paulus ebenfalls negativ zu beantworten ist, enthält in der Wendung „wie gewisse Leute" eine polemische Spitze gegen die gegnerischen Missionare, die von den Empfehlungsbriefen Gebrauch machen (10, 12.18). Sie lassen sich von den Gemeinden, in denen sie gewirkt haben, ihre pneumatischen Kraftwirkungen bestätigen, um dies als Empfehlung zu benützen bei den Gemeinden, in denen sie neu auftreten. Empfehlungsbriefe waren in der Antike allgemein üblich, im Griechentum ebenso wie im Judentum (vgl. Apg 9, 2) und auch im Christentum (Apg 15, 23; 18, 27). Auch Paulus lehnt sie nicht grundsätzlich ab (Röm 16, 1 f.); er schreibt gelegentlich selbst einen Empfehlungsbrief, wie der Philemonbrief als Beispiel zeigt. Im Text weist nichts darauf hin, daß die Gegner mit Empfehlungsbriefen der Jerusalemer Urgemeinde ausgestattet waren. Die Wendung „an euch oder von euch" spricht deutlich gegen diese Annahme; denn die Korinther könnten den Gegnern auch eine Empfehlung ausstellen. Wären die Missionare von Kap. 10–13 Abgesandte aus Jerusalem, so ließen sie sich schwerlich von der Gemeinde in Korinth mit einem Empfehlungsbrief ausstatten. Im Unterschied von den Gegnern hat Paulus für seinen apostolischen Dienst keine Empfehlungsbriefe nötig. Er braucht sich auch nicht durch Eigenlob selbst zu empfehlen; denn er wird vom Herrn selbst empfohlen durch das Werk, das Christus durch Gottes Geist ihm geschenkt hat. Paulus überträgt

2 nun das Motiv des Empfehlungsschreibens auf die Gemeinde selber. Der von Christus verfaßte Empfehlungsbrief für den Apostel Paulus ist die Gemeinde in Korinth, die durch den Geist Gottes zum Glauben gekommen ist. Sie ist ihrem

geistlichen Vater ins Herz eingegraben (vgl. 7, 3). Der Plural in 2, 14–3, 6 bezieht sich auf Paulus allein. Die schwächer bezeugte Lesart: „in eure Herzen geschrieben" (statt „in unsere Herzen") ergäbe zwar auch einen verständlichen Gedanken, ist aber doch wohl als Angleichung an das Subjekt „ihr" zu beurteilen. Das Bild wird hier durch sachliche Bezüge bestimmt und z. T. durchbrochen, wie auch das Ende von V. 3 zeigt. Die eng mit Paulus verbundene Gemeinde von Korinth liegt als offenkundige und erkennbare Frucht seines apostolischen Wirkens vor aller Augen; die Kunde von der Entstehung der Gemeinde ist weit über die Stadt hinausgedrungen (vgl. 1. Thess 1, 7–9); so kann dieser Brief Christi von jedermann verstanden und gelesen werden. An 3 den zum Glauben gekommenen Korinthern wird offenbar, daß die Gemeinde der von Christus verfaßte Brief ist, den Paulus als Verkündiger des Wortes vom Kreuz ausgefertigt hat. Wirkliche Briefe wurden damals mit Tinte auf Papyrus geschrieben. Damit steht es bei der Gemeinde ganz anders: sie wurde ins Leben gerufen durch den Geist des lebendigen Gottes (vgl. 5. Mose 9, 10), der Glauben und Leben schenkt (Röm 8, 10). Von jetzt ab bestimmen Bezüge auf Stellen des Alten Testaments den Gedankengang, wobei mit den aufgenommenen Begriffen der Unterschied von Sinaitora und Christusbotschaft herausgestellt wird. Das Gesetz des Mose war auf steinerne Tafeln geschrieben (2. Mose 24, 12; 31, 18; 32, 15 f.). Dem steht gegenüber der von Jeremia verheißene und in Jesus Christus erfüllte neue Bund, in dem Gott seinen Geist in die Herzen der Menschen gibt (Jer 31, 31–33). Die Erneuerung der Herzen durch den Geist wird bei Ezechiel beschrieben als die Ersetzung der steinernen Herzen durch fleischerne Herzen (Ez 11, 19; 36, 26). Die Gemeinde ist dadurch entstanden, daß Gott seinen Geist in die Herzen der Korinther gegeben hat (vgl. Röm 5, 5). Die jüdische Weisheitstradition redet von der „Tafel des Herzens" (Spr 7, 3). Von diesen Zusammenhängen her werden die Herzen der Korinther als „fleischerne Tafeln" bezeichnet. Dabei bedeutet „fleischern": durch den Geist erneuert (Ez 11, 19), also gerade das, was in der Antithese von Fleisch und Geist als „geistlich" bezeichnet wird. Mit der Bezugnahme auf den „neuen Bund" ist das Leitmotiv für den weiteren Gedankengang eingeführt.

2.1.3 Paulus als Diener des neuen Bundes 3, 4–6

4 Solches Vertrauen aber haben wir durch Christus zu Gott. 5 Nicht daß wir befähigt sind, etwas zu ersinnen als wäre es aus uns selbst, sondern unsere Befähigung stammt von Gott, 6 der uns auch fähig gemacht hat zu Dienern des neuen Bundes, nicht des Buchstabens, sondern des Geistes. Denn der Buchstabe tötet, der Geist aber macht lebendig.

Vers 5: *2, 16 f.*   Vers 6: *Röm 7, 6; 1. Kor 11, 25.*

In V. 4 f. greift Paulus wieder auf die in 2, 16 aufgeworfene Frage zurück und 4 bezeichnet seine Befähigung zum apostolischen Dienst ausdrücklich als ein Geschenk Gottes. Die Gemeinde ist die sichtbare Frucht seines Wirkens.

Durch Christus setzt Paulus sein ganzes Vertrauen auf Gott, der durch seinen Geist der Verkündigung des Evangeliums zum Erfolg verhilft. Dieses Vertrauen entspringt nicht dem gesteigerten Selbstbewußtsein eines stolzen Menschen, sondern wird bewirkt durch Christus, der das neue Leben des Apostels ganz beherrscht (Gal 2,20). Paulus ist sich dessen bewußt, daß er alles, was er durch sein Denken und Überlegen zu leisten vermag, nicht sich selber zuschreiben kann, sondern Gott verdankt. Als „Sklave Christi Jesu" (Röm 1,1) kann er nicht eigenmächtig planen; er hat auch aus sich selbst nicht die zum apostolischen Dienst nötige Kraft. Was er ist, ist er durch Gottes Gnade (1. Kor 15,10).

Gott selbst hat ihn zum Apostel berufen und fähig gemacht, „Diener des neuen Bundes" zu sein. Darin leuchtet die ganze Größe des apostolischen Dienstes auf. Der neue Bund ist die neue, eschatologische Heilsordnung, die Gott durch das Christusgeschehen aufgerichtet hat. In dem griechischen Begriff *diathḗkē* kommt der Charakter der göttlichen Setzung und Verfügung stärker zum Ausdruck als in dem deutschen Wort „Bund". „Dienen", „Diener" und „Dienst" sind Begriffe, die Paulus besonders häufig im 2. Kor gebraucht (zusammen 20mal); die in Korinth eingedrungenen Missionare bezeichneten sich nämlich ebenfalls als „Diener Christi" (11,23). Das Dienen kennzeichnet die Sendung Jesu, und wer unter seinen Jüngern groß sein will, der soll ein Diener sein (Mk 10,43–45). Paulus wendet den Begriff „Diener" (*diákonos*) auf Jesus Christus selbst (Röm 15,8; Gal 2,17), auf die Apostel (1. Kor 3,5) und auf diakonisch tätige Gemeindeglieder (Röm 16,1) an. Der Ausdruck „Diener des neuen Bundes" begegnet aber nur hier: damit kennzeichnet Paulus die besondere Eigenart seines Apostolats im Unterschied vom alten Bund. Der Begriff „neuer Bund" stammt aus Jeremia 31,31 (38,31 LXX); er wurde schon von der vorpaulinischen Kirche für die durch den stellvertretenden Sühnetod Jesu Christi aufgerichtete neue Heilsordnung gebraucht (1. Kor 11,25; Lk 22,20). Der neue Bund hat eschatologischen Charakter; er ist nicht durch den Buchstaben des Gesetzes, sondern durch den von Gott für die Endzeit verheißenen Geist bestimmt (Ez 36,26; Joel 3,1–5).

Auf dem Heilswerk Jesu Christi, der die prophetischen Verheißungen für die Endzeit erfüllt hat, beruht die Gabe des Geistes, die in der Taufe empfangen wird. Gottes Geist ist die lebendigmachende Kraft, die in der Zukunft die „neue Schöpfung" vollenden wird (Röm 8,10f.; 1. Kor 15,45). Die Gegenüberstellung des alten und des neuen Bundes ist bei Paulus an der im Christusgeschehen verankerten Äonenwende orientiert. Weil der vom Geist bestimmte neue Bund durch die Selbsthingabe Jesu die eschatologische Heilsordnung des Lebens ist, darum kann Paulus als Begründung hinzufügen: „denn der Buchstabe tötet, der Geist aber macht lebendig". Diese Antithese bezieht sich nicht auf den Gegensatz von Form und Inhalt oder von fixiertem Wortlaut und spontaner, schöpferischer Geistestätigkeit, auch nicht von innerer Gesinnung und äußerer Tat oder von Idee und Verwirklichung; sie ist vielmehr Ausdruck des Gegensatzes von Gesetzesgerechtigkeit und Glaubensgerechtigkeit. Die dem Volk Israel durch Mose gegebene Sinaitora (*nómos*) stammt nach Paulus von Gott (Gal 3, 19), enthält den Willen Gottes und ist deshalb „heilig, gerecht und gut" (Röm 7, 12). Dieses Gesetz des Mose bezeichnet der Apostel mit „Buchstabe" (*grámma*), insofern es vom Menschen zur Selbstrechtfertigung vor Gott mißbraucht wird. Die Bemühung, durch Erfüllung des Gesetzes das Heil zu erlangen, führt zwangsläufig zum Tod, nicht nur deshalb, weil der Mensch gar nicht die Kraft hat, alle Gebote vollständig zu erfüllen, sondern vor allem deshalb, weil die Zweckentfremdung des Gesetzes zur Selbstbehauptung des Menschen Gott die Ehre raubt und das Gericht nach sich zieht. Das in Buchstaben niedergelegte Gesetz qualifiziert den Sünder als Übertreter der Gebote Gottes, klagt ihn an im eschatologischen Gericht und liefert ihn so dem Tod aus. Der Begriff „Gesetz" hat aber für Paulus auch den Sinn von „Schrift" (*graphé*) des Alten Testaments. Die Wendung „das Gesetz und die Propheten" (Röm 3, 21) meint das ganze Alte Testament. Paulus sieht von der Schrift des Alten Testaments nicht nur die tötende Funktion des Gesetzes bezeugt, sondern auch die auf Christus vorausweisende Verheißung des Geistes und des Lebens (vgl. Röm 8, 2) und die von Gott in seinem ewigen Heilsplan vorgesehene Glaubensgerechtigkeit (vgl. 1. Mose 15, 6; Hab 2, 7).

2.2 Die Herrlichkeit des apostolischen Dienstes 3, 7–4, 6

2.2.1 Der Dienst im alten und im neuen Bund 3, 7–11

7 **Wenn aber schon der Dienst, der zum Tod führt und dessen Buchstaben in Stein gemeißelt waren, mit Herrlichkeit in Erscheinung trat, so daß die Israeliten das Angesicht des Mose nicht anschauen konnten wegen der Herrlichkeit auf seinem Angesicht, die vergänglich war,** 8 **wie sollte nicht viel mehr der Dienst des Geistes in Herrlichkeit sein?** 9 **Denn wenn schon der Dienst, der zur Verurteilung führt, Herrlichkeit hatte, um wieviel mehr ist der Dienst, der zur Gerechtigkeit führt, überreich an Herrlichkeit.** 10 **Ja, jenes Verherrlichte ist in dieser Hinsicht gar nicht herrlich zu nennen gegenüber dieser überragenden Herrlichkeit.** 11 **Denn wenn schon das Vergängliche in Herrlichkeit erstrahlte, um wieviel mehr wird in Herrlichkeit sein, was bleibt.**

Vers 7: *2. Mose 34, 28 f.*   Vers 10: *2. Mose 34, 29–35.*

Die Ausführungen in 3, 7–18 nehmen Bezug auf die alttestamentliche Erzählung 2. Mose 34, 29–35. Dort wird berichtet, daß ein strahlender Glanz auf dem Gesicht Moses lag, als er mit den Gesetzestafeln vom Berg Sinai herabkam, so daß sich die Israeliten zunächst fürchteten, ihm zu nahen. Mose rief sie herbei und teilte ihnen mit, was Gott zu ihm geredet hatte. Danach legte Mose eine Decke auf sein Gesicht. Sooft Mose in die Stiftshütte hineinging, um mit Gott zu reden, nahm er die Decke ab; wenn er herausging, legte er sie wieder auf sein Gesicht. Dabei sahen die Israeliten, daß sein Gesicht strahlte. In dieser Erzählung ist der Glanz auf dem Angesicht des Mose als Abglanz der Herrlichkeit Gottes verstanden infolge des 40tägigen Zusammenseins mit Gott (2. Mose 34, 28). Im Alten Testament ist von einem Aufhören dieses

Glanzes nichts gesagt. Die Rabbinen nahmen an, daß der Glanz bis zum Tode Moses, ja sogar im Grab, fortdauerte. – In der Exegese ist umstritten, mit welcher Auslegungstradition dieses Textes sich Paulus in diesem Abschnitt auseinandersetzt. Es wurde angenommen, Paulus habe eine von ihm selbst früher gehaltene Synagogenpredigt benützt (Moule) oder einen judenchristlichen Midrasch in seinem Sinn korrigiert (S. Schulz) oder eine schriftliche Vorlage seiner Gegner aus Kap. 10–13 polemisch interpretiert (D. Georgi). In dieser Vorlage seien Mose und Jesus Christus in sich steigernder Entsprechung als sog. „göttliche Menschen" dargestellt gewesen, durch die Gottes Kraft zur Wirkung kommt. Aber es ist nicht wahrscheinlich, daß Paulus eine Schrift seiner Gegner, die er als Satansdiener bezeichnet, als Grundlage benützte; dies läßt sich auch sprachlich nicht zwingend nachweisen. Der Apostel polemisiert hier nicht gegen die Judaisten oder andere christliche Irrlehrer, auch nicht gegen Glieder der Qumrangemeinde; er vergleicht vielmehr Judentum und Christentum an Hand des Dienstes des Mose einerseits und seines Apostelamts andererseits auf Grund der jüdischen Auslegungstradition von 2. Mose 34. Der Abschnitt 3,7–18 ist durch die Logik der Gedankenführung und leitende Begriffe eng mit dem vorausgehenden und folgenden Text verbunden. Der Text enthält keine Aussage, die zu der Annahme zwingt, Paulus habe diese Verse nicht selbst in diesem Zusammenhang formuliert. Der Gedanke vom Aufhören des Glanzes, der vordergründig aus der Situation nach dem Tod Moses abgeleitet werden könnte, entspricht sachlich der paulinischen Gegenüberstellung von Gesetzesgerechtigkeit und Glaubensgerechtigkeit (vgl. Röm 10, 4).

7   Paulus fährt weiter fort, seine Zuverlässigkeit und Aufrichtigkeit als Apostel aus der Eigenart des ihm verliehenen Amtes zu erweisen. Er vergleicht nun die Dienste im alten und im neuen Bund, nämlich das Amt des Mose und das Amt des christlichen Apostels. Diese Gegenüberstellung bestimmt auch die Form der Sätze. Auf drei parallele Wenn-Sätze (V. 7, 9 und 11) folgt nach der Regel des Schlusses vom Geringeren auf das Größere jeweils eine die Überlegenheit des neuen Bundes kennzeichnende Aussage mit „um wieviel mehr". Dem Dienst des Todes, der Verurteilung und des Vergänglichen steht der Dienst des Geistes, der Gerechtigkeit und des Bleibenden gegenüber. Das Amt des Mose wird in V. 7 als „Dienst des Todes" charakterisiert, weil das Gesetz als tötender Buchstabe (V. 6) den Sünder als Übertreter der Gebote Gottes anklagt und dem Tod ausliefert. Die Wendung „mit Buchstaben in Steine eingemeißelt" macht klar, daß an die Gesetzestafeln des Mose gedacht ist. Nach 2. Mose 34 war die Übergabe des Gesetzes an die Israeliten durch den Glanz auf dem Gesicht Moses von Herrlichkeit (dóxa) begleitet. Die Israeliten konnten auf das Gesicht Moses nicht hinsehen, weil sündige Menschen nicht einmal den Abglanz der Herrlichkeit Gottes ertragen können. Paulus nennt diese Herrlichkeit von seinem Standort aus vergänglich; denn das Gesetz als Heilsweg gehört für ihn zum alten, vergehenden Äon (Gal 3, 21–25). Andererseits kann er auch von der Herrlichkeit des Gesetzes reden, insofern in ihm (als

DIE THEMATISCHEN AUSFÜHRUNGEN IM NTD

Band 1, Markus

zu Mk

Band 2, Matthäus

zu Mt

Band 3, Lukas

zu Lk

Band 4, Johannes

Band 5, Apostelgeschichte

Band 10, "Katholische" Briefe

zu Jak

2,26	Glaube und Werke bei Paulus und Jakobus
5,16	Krankenheilung

zu 1.Petr

1,16	"Heilig" im Alten und Neuen Testament
2,9-10	"Auserwähltes Geschlecht"
3,13-17	Die Christen und das Leid
3,20a	Die Höllenfahrt Jesu Christi

zu 2.Petr

3,13	Parusieverzögerung

zu 1.Joh

1,5	Licht und Finsternis
1,7-12	Das sog. "Comma (=Satz) Johanneum"

Band 11, Offenbarung des Johannes

zu Offb

1,2	Zeuge und Märtyrer
1,9-20	Apokalyptische Zahlen in der Offb.Joh.
3,14-22	Die Botschaft der sieben Sendschreiben
5,1-14	Das Lamm
5,1-14	Christologische Hoheitstitel in der Offb.Joh
7,9-17	Liturgische Stücke in der Offb.Joh
11,1-14	Die zwei Zeugen
12,6	Die Geburt des Kindes
13,11-18	Der römische Kaiserkult
13,11-18	Die Zahl 666
14,6-20	Das Geschichtsverständnis der Offb.Joh
20,6	Die Erwartung des Tausendjährigen Reiches
22,6-21	Die Botschaft der Offb.Joh

Stand: April 1991

Band 8, Die Briefe an die Galater, Epheser, Philipper, Kolosser, Thessalonicher und Philemon

Band 9, Pastoralbriefe und Hebräerbrief

Band 6, Römerbrief

zu Röm

1,1-7	"Apostel Jesu Christi"
	Evangelium bei Paulus
1,8-17	Gottes Gerechtigkeit bei Paulus
2,12-16	Natürliche Gotteserkenntnis
	Das Endgericht nach den Werken
3,21-26	Rechtfertigung bei Paulus
4,1-25	Glaube bei Paulus
5,1-11	Rechtfertigung und Versöhnung
6,15-23	Das Verständnis der Taufe
7,7-8,1	Das "Ich" in Röm 7,7-25
8,(1)2-11	Die paulinische Lehre vom Gesetz
11,33-36	Paulus und Israel
13,1-7	Das Leben der Christen unter der
	Staatsgewalt
13,11-14	Zur paulinischen Gemeindeermahnung
	(Paraklese)
Kap. 16	Gehört Kap. 16 zum Römerbrief?

Band 7, Korintherbriefe

zu 1.Kor

1,10-17	Die Gruppen in Korinth
6,12-20	Die Stellung des Paulus zu Leiblichkeit und
	Sexualität
7,39-40	Die Ehe in der Auffassung des Paulus
10,23-11,1	Zur Begründung der Ethik des Paulus
11,13-16	Die Stellung der Frau nach Paulus und in den
	paulinischen Gemeinden
11,27-34	Das Abendmahl bei Paulus
12,1-3	Bekenntnisformeln bei Paulus
12,27-31	Das Verständnis der Kirche und der Charismen
	bei Paulus
13,8-13	Die Liebe bei Paulus
14,20-25	Prophetie und Zungenrede in den paulinischen
	Gemeinden
14,26-40	Der Gottesdienst in den paulinischen Gemeinden
15,1-11	Die paulinische Osterüberlieferung und die Auf-
	erstehungsberichte der Evangelien
15,50-58	Die paulinische Auferstehungshoffnung

zu 2.Kor

5,1-10	Das Problem einer Entwicklung der paulinischen
	Eschatologie
5,11-6,2	Paulus und der irdische Jesus
12,1-10	Die Krankheit des Paulus
13,1-10	Die Gegner des Paulus im zweiten Korintherbrief
13,11-13	Dreigliedrige (triadische) Formeln bei Paulus

Schrift) die Verheißung enthalten ist. Wenn schon die Übergabe des Gesetzes 8
mit Herrlichkeit verbunden war, wie sollte dann der durch Christus ermöglichte Dienst des Geistes, den Paulus und seine Mitarbeiter ausrichten, nicht
noch viel herrlicher sein! Der direkte Gegensatz zum Tod ist das Leben; Paulus nennt hier den Geist, weil er die Kraft Gottes ist, die ein Leben schenkt,
dem auch der Tod nichts mehr anhaben kann. In dem jüdischen Begriff
„Herrlichkeit" (*kabod*), der für den majestätischen Lichtglanz Gottes in der
Theophanie gebraucht wird, sind sprachlich die beiden Momente des
Gewichts und der „Klarheit" (Luther) sowie sachlich-theologisch des Gerichts
und der Gnade enthalten. Daß die Herrlichkeit des apostolischen Dienstes
zunächst noch „unter dem Kreuz verborgen" ist, bestimmt den Gedankengang
in Kap. 4–6. Das Amt des Mose wird weiter als „Dienst der Verurteilung" cha- 9
rakterisiert. Die Nichterfüllung des Gesetzes zieht die Verurteilung im eschatologischen Gericht nach sich. Der Gegensatz zum Todesurteil ist der Frei-
spruch zum Leben. Die Verkündigung des Evangeliums heißt „Dienst der
Gerechtigkeit", weil die Glaubenden durch die Versöhnungstat Gottes in
Christus in die „Gerechtigkeit Gottes" einbezogen werden (2. Kor 5, 21). Paulus unterstreicht die Überlegenheit der Herrlichkeit des neuen Bundes hier mit
dem Ausdruck „überfließen" (*perisseúein*), den er im 2. Kor besonders häufig
gebraucht (10mal). In V. 10 verschärft der Apostel die Gegenüberstellung 10
durch die Aussage, daß das Verherrlichte (das Gesetz Moses) im Vergleich mit
der überragenden Herrlichkeit des neuen Bundes (des Evangeliums) eigentlich
gar nicht mehr herrlich genannt werden kann. „Wenn die Sonne aufgeht, ver-
blassen die Sterne." Schließlich wird dem alten Bund als dem „Vergänglichen" 11
der neue Bund als das „Unvergängliche" konfrontiert. Wo der Glaube an
Christus beginnt, hat das Gesetz sein Ende gefunden (Röm 10, 4). Glaube,
Hoffnung und Liebe bleiben auch in der eschatologischen Vollendung
(1. Kor 13, 13); deshalb ist die Herrlichkeit des neuen Bundes unüberbietbar.

2.2.2 *Die Offenheit und Freiheit im Geist 3, 12–18*

12 Weil wir nun eine solche Hoffnung haben, treten wir mit großem Freimut
auf   13 und machen es nicht wie Mose, der eine Decke auf sein Angesicht legte,
daß die Israeliten nicht das Ende des Vergänglichen (Glanzes) sahen.   14 Doch
ihre Gedanken wurden verstockt. Denn bis zum heutigen Tag bleibt die gleiche
Decke über dem alten Bund (liegen), wenn daraus vorgelesen wird, ohne aufgedeckt zu werden, weil er nur in Christus sein Ende findet.   15 Aber bis heute
liegt, soft Mose vorgelesen wird, eine Decke auf ihren Herzen.   16 „Sobald er
(einer) sich aber dem Herrn zuwendet, wird die Decke weggenommen."   17 Der
Herr aber ist der Geist, und wo der Geist des Herrn ist, da ist Freiheit.   18 Wir
schauen aber alle mit aufgedecktem Angesicht die Herrlichkeit des Herrn im Spiegel und werden so in dasselbe Bild (des Herrn) verwandelt, von Herrlichkeit zu
Herrlichkeit, wie es vom Herrn aus geschieht, der im Geist wirkt.

Vers 13: *2. Mose 34, 33.35*   Vers 14: *Jes 6, 10*   Vers 16: *2. Mose 34, 34*   Vers 17: *1. Kor 6, 17*   Vers
18: *2. Mose 24, 17; Röm 8, 29; 1. Kor 13, 12.*

12   Paulus zieht weitere Folgerungen aus der bisherigen Argumentation; dabei
wertet er die Erzählung von der Decke Moses typologisch aus, indem er die in
Christus geschenkte Offenheit und Freiheit der Verhülltheit im alten Bund
gegenüberstellt. Der unvergängliche neue Bund begründet Zuversicht und
Hoffnung auf die Vollendung in der Zukunft. Wer solche Hoffnung hat, kann
mit großem Freimut auftreten. Der hier verwendete Begriff (*parrhēsía*) bedeutet im Griechischen ursprünglich das Recht des freien Bürgers zur Rede in der
Volksversammlung, dann ethisch den Mut, alles zu sagen, und schließlich die
Offenheit und Öffentlichkeit der ganzen Lebensführung. Im hellenistischen
Judentum wurde der Ausdruck für die Offenheit gegenüber Gott und den
Mitmenschen gebraucht. Möglicherweise war Paulus bewußt, daß der im Ara-
mäischen als Lehnwort gebrauchte Begriff bedeuten kann: „das Gesicht auf-
decken" = frei und kühn auftreten, wie umgekehrt das Motiv des verdeckten
Gesichts mit der Verstockung verbunden wird (vgl. Röm 11,7 f.). Die Christen
haben im Glauben freudige Zuversicht und den Zugang zum Vater (Röm 5,2;
Eph 3,12). In V.12 liegt der Akzent zunächst auf der Offenheit des Paulus im
Umgang mit den Korinthern im Gegensatz zu der Verhülltheit des Mose beim
Reden mit den Israeliten; in V.18 werden alle Christen in diese Freiheit einbe-
13 zogen. Der V.13 zeigt, daß Paulus von 2. Mose 34,33–35 aus argumentiert.
Der Apostel braucht nicht wie Mose eine Decke auf sein Gesicht zu legen; er
tritt der Gemeinde unverhüllt in voller Offenheit gegenüber. Paulus deutet die
Furcht der Israeliten, das Gesicht des Mose anzuschauen, in dem Sinn, daß sie
die Vergänglichkeit des Glanzes nicht sehen sollten. Der Apostel sieht die alttestamentlichen Vorgänge im Zusammenhang des göttlichen Heilshandelns,
14 das in Christus zur Erfüllung kommt. Gott hat die Sinne der Israeliten verstockt und ihre Herzen verhärtet. In Röm 11,8 zieht Paulus für die Verstok-
kung ein kombiniertes Zitat aus 5. Mose 29,3 und Jes 29,10 heran, in dem der
„Geist der Betäubung" mit den verschlossenen Augen und dem verhüllten
Haupt verbunden ist. Röm 11,8 schließt mit der Wendung „bis zum heutigen
Tag", die Paulus auch hier in V.14 gebraucht. Der Gedanke geht von den Israeliten der Wüstenzeit weiter zu den Juden bis in die Zeit des Paulus, wobei die
Decke des Mose als Typos für das Unverständnis der Glieder der Synagoge
beim Vorlesen aus dem (hier zuerst genannten) „alten" Testament dient. Die
Juden erkennen nicht, daß der Sinaibund durch Christus zum „alten" Bund
gemacht wird. Die Hülle bleibt über der Verlesung des Alten Testaments,
ohne aufgedeckt zu werden, weil es in seiner Funktion als tötender Buchstabe
(V.6) erst durch Christus sein Ende findet (oder: damit nicht enthüllt wird,
daß er (der alte Bund) in Christus ein Ende nimmt, vgl. Röm 10,4). Nach Paulus ist Jesus Christus der hermeneutische Schlüssel zum rechten Verstehen der
Schrift des Alten Testaments. Der V.14 kann grammatikalisch auch so aufgelöst werden, daß die Hülle als Subjekt des Nebensatzes gefaßt wird: „weil sie
(nur) durch Christus beseitigt wird" (H.D.Wendland mit Luther); aber im
Zitat V.16 wird von der Hülle ein anderes Verb gebraucht: sie wird „weggenommen", nicht vernichtet. Der Sinn bleibt derselbe, nämlich daß es nur von

Christus aus zum rechten Verständnis des alten Bundes kommt. In V. 15 geht 15
der Blick von der Verlesung der Mosetora hinüber auf die Seite der Hörer;
hier dient die Decke als Typos für ihre verfinsterten, unverständigen Herzen.
Die Glieder der Gemeinde des alten Bundes öffnen ihre Herzen nicht für die
neue, durch Christus gestiftete Heilsordnung; sie sehen nicht „die Herrlichkeit
Gottes auf dem Angesicht Jesu Christi" (4,6). In 2. Mose 34,34 wird berichtet, 16
daß Mose jedesmal, wenn er hineinging vor den Herrn (Jahwe), sich die Decke
abnahm. Paulus gewinnt durch die Umsetzung der Verben ins Präsens die
Möglichkeit, die Stelle auf das zukünftige Christusgeschehen zu deuten. Er
bezog die „Zuwendung zum Herrn" wohl zunächst auf das Volk des alten
Bundes (vgl. Röm 11,25 ff.): wenn sich Israel zu Christus bekehrt, wird ihm
von Gott die Decke abgenommen. Faßt man „er" im Zitat (2. Mose 34,34 =
Mose) im Sinn von „einer", dann gilt die Aussage allen, die zum Glauben an
Christus kommen.

„Der Herr aber ist der Geist, und wo der Geist des Herrn ist, da ist Frei- 17
heit." In diesem vielverhandelten Vers legt Paulus den „Herrn" des Zitats auf
Christus und den Geist aus. Kyrios kann sowohl für Gott als auch für Christus gebraucht werden. Mit dem „Kyrios" im Zitat wird auf den „Geist" verwiesen. Das „ist" hat hier Deutungsfunktion; es identifiziert nicht Herr und
Geist, so sehr sie zusammengehören. „Wer sich zum Geist wendet, dem wird
die Hülle weggenommen" (W. G. Kümmel). Gott öffnet denen, die an Christus
glauben, durch den Geist das Herz für den wahren Sinn der Schrift und die
Herrlichkeit Christi (4,6). Die paulinische Deutung von 2. Mose 34,34 zeigt
den engen Zusammenhang von Theologie, Christologie und Pneumatologie
(Geistlehre) beim Apostel. In V. 17b ist mit dem „Geist des Herrn" der Geist
Christi gemeint. Der Empfang des Geistes in der Taufe ist im Christusgeschehen begründet. Gott und Christus sind als Personen unterschieden; sie wirken
aber als Einheit durch den Geist, so daß in Röm 8,9 der Geist Gottes und der
Geist Christi synonym gebraucht werden. Paulus identifiziert Herr und Geist
nicht direkt, bindet aber die Wirksamkeit des Geistes an die Verbundenheit
mit Christus im Glauben. Der Geist Christi ist die Quelle der Freiheit des
Glaubens (vgl. Gal 4,6; 5,1). Die durch Christus aus der Knechtschaft von
Sünde, Gesetz und Tod befreiten Menschen können mit Freimut auftreten; sie
sind offen für Gott und die Mitmenschen. Damit wird die Darstellung auf alle
Christen ausgeweitet. Mit „wir alle" faßt Paulus die ganze Gemeinde in den 18
Blick. Die Glaubenden *schauen* mit aufgedecktem Angesicht die Herrlichkeit
des Herrn. Das hier für „schauen" verwendete Wort wird von manchen Auslegern als „widerspiegeln" interpretiert. Wie Mose durch den Glanz auf seinem
Gesicht die Herrlichkeit Gottes „reflektierte", so „spiegeln" die Christen die
Herrlichkeit des Herrn „wider". Aber aus sprachlichen und sachlichen Gründen ist m. E. mit den alten Übersetzungen die Bedeutung: „schauen im Spiegel" vorzuziehen (G. Kittel, ThWNT II, S. 693 f.). Das Aktiv des Verbs (*katop-
trízein*) heißt „widerspiegeln"; das hier gebrauchte Medium bedeutet: „etwas
für sich selbst wie in einem Spiegel auffangen", „etwas beschauen" (W. Bauer).

Dieses durch den Geist ermöglichte „Schauen" in der Zeit des Glaubens ist ein vorläufiges Schauen „im Spiegel", noch nicht das zukünftige Schauen „von Angesicht zu Angesicht" (1. Kor 13,12); es hat aber jetzt schon eine verwandelnde und erneuernde Kraft (vgl. Röm 12,2). Durch das Schauen der Herrlichkeit des Herrn werden die Glaubenden verwandelt in das gleiche Bild, nämlich in das Bild Christi (Röm 8,29), der das Ebenbild Gottes ist (4,4). Die Verwandlung „von Herrlichkeit zu Herrlichkeit" ist nicht als ein innerweltlicher Aufstiegsprozeß von einer Stufe der Herrlichkeit zu einer höheren zu verstehen; sie bildet den fortdauernden Erneuerungsprozeß des inneren Menschen (4,16) im Glauben durch die Verbundenheit mit Christus, bis dieser in der zukünftigen Vollendung „den Leib unserer Niedrigkeit umformen wird, daß er dem Leibe seiner Herrlichkeit gleichgestaltet werde" (Phil 3,21). Der eigentlich Handelnde bei dieser Verwandlung ist der „Herr des Geistes". Damit ist nach V. 17 Christus gemeint, der durch den Geist die Freiheit bewirkt. Faßt man den Artikel vor Kyrios in V. 17 im anaphorischen Sinn und bezieht Kyrios ohne Artikel in V. 16 und 18 auf Jahwe, dann wird durchgängig Gott als der Spender und Herr des Geistes beschrieben, der durch Christus wirkt (J. D. G. Dunn). – Die Verwandlung durch Schau ist eine zentrale Vorstellung der hellenistischen Mysterienreligionen. Im Unterschied zu der Verwandlung bei der Parusie (1. Kor 15,51 f.) ist in V. 18 von der Verwandlung in der Gegenwart die Rede; dadurch hat die Ausdrucksweise des Paulus eine formale Nähe zu den Mysterien. In der Sache ist die Aussage aber scharf geschieden von der hellenistischen Verwandlungsvorstellung. Die paulinische Aussage ist geschichtlich-eschatologisch bestimmt (vgl. 4,16–18). Die Verwandlung in der Zeit des Glaubens ist erst ein zeichenhafter Vorschein der zukünftigen Vollendung; sie geschieht nicht magisch-naturhaft, sondern vollzieht sich durch eine dem Geist gemäße Lebensführung. Ihr Ziel ist nicht das Versinken der Seele in die Gottheit oder die Vergottung des Mysten, sondern der Lobpreis des Herrn in der vollendeten Gottesherrschaft.

2.2.3 Die Bewährung der Offenheit im apostolischen Wirken 4, 1–6

1 **Darum, weil wir diesen Dienst haben** nach der Barmherzigkeit, die uns widerfahren ist, verzagen wir nicht; 2 **wir haben uns vielmehr von aller schändlichen Heimlichkeit losgesagt,** die wir nicht handeln (wandeln) in Verschlagenheit und das Wort Gottes nicht verfälschen, sondern durch die offene Darlegung der Wahrheit empfehlen wir uns jedem menschlichen Gewissen (in der Verantwortung) vor Gott. 3 **Wenn aber unser Evangelium dennoch verhüllt ist, so ist es nur bei denen verhüllt, die verlorengehen,** 4 **bei den Ungläubigen, denen der Gott dieser Weltzeit die Sinne verblendet hat,** daß sie nicht sehen das Leuchten des Evangeliums von der Herrlichkeit Christi, der das Ebenbild Gottes ist. 5 **Denn wir verkündigen nicht uns selbst, sondern Jesus Christus als den Herrn,** uns aber als eure Knechte um Jesu willen. 6 **Denn Gott, der sprach: „Aus Finsternis leuchte Licht hervor!", der ist aufgeleuchtet** (hat es Licht werden lassen) in unseren Her-

zen, damit wir erleuchtet werden zur Erkenntnis der Herrlichkeit Gottes auf dem Angesicht Jesu Christi (und sie ans Licht bringen).

Vers 2: *2, 17*   Vers 3: *1. Kor 1, 18*   Vers 4: *Kol 1, 15; Hebr 1, 3*   Vers 6: *1. Mose 1, 3; 2. Kor 3, 18.*

Paulus kehrt in Anknüpfung an 3, 12 wieder zu seinem apostolischen Dienst 1 zurück. Wie in 3, 6 betont er, daß er sein Apostelamt der Barmherzigkeit Gottes verdankt, die ihm in reichem Maß widerfahren ist (vgl. 1. Kor 7, 25). Darum wird er nicht „mutlos" in seinem Dienst. Das seltene griechische Wort bezeichnet hier nicht so sehr das Erlahmen der Kraft und des Eifers als vielmehr den Mut, den Auftrag getrost zu erfüllen; es beschreibt das Gegenteil von Resignation. Paulus ist nicht auf versteckte Maßnahmen angewiesen; sein 2 Wandel ist lauter (1, 12) und frei von hinterhältiger Arglist. Der Apostel gehört auch nicht zu den „vielen", die mit dem Wort Gottes ein Geschäft machen und es verfälschen, sondern er verkündigt die Heilsbotschaft unverfälscht aus lauterer Gesinnung (2, 17). Damit grenzt er sich zugleich ab von seinen Gegnern. Paulus empfiehlt sich jedem menschlichen Gewissen durch die Verkündigung der Wahrheit (des Evangeliums) vor dem Angesicht Gottes. Das Wort Gottes hat die Kraft, die Menschen in ihrem Gewissen zu treffen und mit der göttlichen Wahrheit zu konfrontieren. Paulus vertraut darauf, daß dadurch auch die Korinther von der Lauterkeit seines Wirkens überzeugt werden, wie ihm sein Gewissen bezeugt, daß er seinen Dienst auftragsgemäß ausübt (vgl. 1. Kor 4, 4). Das von Paulus verkündigte Evangelium ist allerdings in einer 3 bestimmten Beziehung verhüllt, nämlich bei denen, die verlorengehen. Hier wirkt das Motiv von der Decke (3, 13 ff.) noch nach. So sehr das Evangelium offen verkündigt und an die Öffentlichkeit gerichtet wird, so sehr liegt es doch im Wesen des Wortes vom Kreuz, daß es nur durch den Geist Gottes erkannt und aufgenommen werden kann (1. Kor 2, 10 ff.). In V. 4 werden die Ungläubi- 4 gen näher charakterisiert in Gegenüberstellung zu den Glaubenden in 3, 18. Paulus beurteilt die Verschlossenheit gegenüber der Heilsbotschaft nicht nur als ein intellektuelles Defizit oder als menschlichen Irrtum, sondern sieht in ihr die geheimnisvolle Macht des Satans am Werk: der „Gott dieser Weltzeit" hat das Denken der Ungläubigen verblendet, so daß bei ihnen das Licht des Evangeliums die Finsternis nicht durchdringt und ihre Herzen nicht erleuchtet werden zur Erkenntnis der Herrlichkeit Christi. Hier kommt wieder die doppelte Wirkung der apostolischen Verkündigung zur Geltung (vgl. 1. Kor 1, 18 ff.; 2. Kor 2, 15 f.). Wer das Evangelium als „Kraft Gottes zur Rettung" (Röm 1, 16) verwirft, holt sich an ihm den Tod. Der Apostel will aber nicht den Ungläubigen die Verantwortung für die Entscheidung des Glaubens durch eine dualistische, deterministische Theorie abnehmen, er will ihnen vielmehr den Glauben an Christus als den einzigen Weg zum Heil bezeugen und sie einladen, „sich versöhnen zu lassen mit Gott" (5, 20). In der Regel bezeichnet Paulus den Widersacher Gottes als „Satan" (Röm 16, 20; 1. Kor 5, 5; 7, 5; 2. Kor 11, 14; 12, 7; 1. Thess 2, 18); nur hier spricht er vom „Gott dieser Weltzeit" (vgl. Joh 12, 31; 14, 30; 16, 11; Eph 2, 2) und beschreibt ihn damit als eine überpersönliche, transzendente Macht, die Einfluß auf Menschen gewinnen kann und sie zum Abfall von Gott verführt und in das Verderben treibt. Die alleinige Herrschaft Gottes wird durch den Satan nicht eingeschränkt. In dem Ausdruck „Gott dieser Weltzeit" klingt an, daß der Bereich und die Dauer des satanischen Wirkens auf die alte, vergängliche Welt beschränkt sind. Wie in der jüdischen Apokalyptik ist das Wirken des Satans dem Heilswillen und der Herrschermacht Gottes eingeordnet. Die vom Satan verblendeten Menschen nehmen „das helle Licht des Evangeliums" (Luther) nicht wahr. Das hier gebrauchte griechische Verbum (*augásai*) wird bei Dichtern und bei Philo von Alexandria (VitMos II 139) transitiv im Sinn von „sehen" gedeutet (so auch Luther; H. Lietzmann; W. Bauer). Aber die alten Übersetzungen fassen es intransitiv = „erstrahlen". Von hier aus kann auch übersetzt werden: „so daß (ihnen) der Glanz des Evangeliums von der Herrlichkeit Christi nicht erstrahlt". Nach 3, 18 schauen die Christen mit aufgedecktem Angesicht die Herrlichkeit des Herrn im Spiegel; dem wird hier gegenübergestellt: den Ungläubigen geht „das helle Licht des Evangeliums von der Herrlichkeit Christi" nicht auf. Weil in Christus, dem „Ebenbild Gottes" (1. Kor 11,7; Kol 1,15; Hebr 1,3), das wahre Wesen Gottes offenbar wird (Joh 1,18), kommt durch die Christusbotschaft letztlich die Herrlichkeit Gottes ans Licht. Gott hat in Kreuz und Auferweckung Jesu Christi seine Weisheit und Kraft und seine Herrlichkeit offenbart, so daß auch der Gekreuzigte als „Herr der Herrlich-

5 keit" (1. Kor 2,8) bezeichnet werden kann. Paulus nützt das Evangelium nicht für seinen persönlichen Vorteil aus; er verkündigt nicht sich selbst, sondern Jesus Christus als den Herrn. Der Knecht und Diener Jesu Christi (Röm 1,1; 1. Kor 3,5) ist auch ein Knecht, der mit der Verkündigung des Evangeliums der Gemeinde dient, um „Gehilfe ihrer Freude" (2. Kor 1,24) zu sein. Dies

6 wird in V.6 begründet durch den Vergleich der Erkenntnis der Herrlichkeit Gottes in Christus mit der Erschaffung des Lichts bei der Weltschöpfung. Gott ließ das Licht aus dem Chaos hervorgehen mit dem Befehlswort: „Es werde Licht!" (1. Mose 1,3), das hier in freiem Zitat wiedergegeben ist (vgl. Ps 112,4). Paulus spricht im Plural von „unseren" Herzen, hat aber primär seine Berufung zum Apostel bei Damaskus im Blick. Dies gilt im weiteren Sinn für die Erleuchtung der Herzen aller Christen zur Erkenntnis des Glaubens an Jesus Christus. Gott, der das Licht geschaffen hat, ist „aufgeleuchtet" (hat es Licht werden lassen) im Herzen des Paulus. Die Wirkung und das Ziel dieses „Aufleuchtens" werden ebenfalls mit Ausdrücken des Lichtglanzes beschrieben. Da es um die Berufung des Apostels geht, hat „Erleuchtung" in V.6 zunächst (passivisch) die Bedeutung: das Herz des Paulus wurde erleuchtet zur Erkenntnis (bzw. im Herz des Paulus ging die Erkenntnis als Licht auf). Der Begriff „Erleuchtung" (*phōtismós*) bezeichnet aber nach seiner Wortbildung auch die Tätigkeit des „Anslichtbringens" (W. Bauer; vgl. 1. Kor 4,5). Die Präposition „zu" (*prós*) kann konsekutiven (= so daß) oder finalen (= damit) Sinn haben. Nach Gal 1,16 hat Gott dem Apostel seinen Sohn offenbart, damit er ihn verkündige unter den Heiden. Im Wortlaut des Textes sind

somit beide Bedeutungskomponenten der „Erleuchtung" umfaßt, das „Ans-
lichtkommen" und das „Anslichtbringen" der Erkenntnis. Bei dieser Interpretation ergibt sich als Sinn: Gott hat es Licht werden lassen im Herzen des Paulus, so daß (in seinem Herzen) die Erkenntnis der Herrlichkeit Gottes auf dem
Angesicht Jesu Christi als Licht aufging, damit er (Paulus durch seine Verkündigungstätigkeit als Apostel) diese Erkenntnis ans Licht bringe (unter den Heiden), wie er nach 2,14 den Duft der Gotteserkenntnis ausbreitet. Gott hat
seine Herrlichkeit in Jesus Christus offenbart; deshalb kann die Herrlichkeit
Gottes in der Person und in dem Werk Jesu Christi erkannt und zum Heil der
Menschen verkündigt werden.

Paulus beschreibt in diesem Vers die Erleuchtung zur Erkenntnis der Herrlichkeit Gottes im Heilswerk Jesu Christi als schöpferische Tat Gottes und
vergleicht sie mit der Erschaffung des Lichtes. Die schöpferische Kraft Gottes
ist sowohl in der alten wie in der neuen Schöpfung am Werk. Dies ist vorbereitet durch die jüdische Weisheitstradition, in der die Weisheit mit der Tora
gleichgesetzt wurde (Sir 24,32 ff.). Die Weisheit war an der Weltschöpfung
durch Gott beteiligt (Spr 8,22 ff.; Weish 8,4 f.); und sie zeigt sich in der
Erkenntnis und Furcht des Herrn (Sir 1,16.22.25).

2.3 Das Leiden im apostolischen Dienst und die Vollendungshoffnung als Kraft im Leiden 4,7–5,10

Gott hat seine Herrlichkeit in Tod und Auferweckung, in der Erniedrigung
und Erhöhung Jesu Christi offenbart; sie ist in der Zeit des Glaubens noch
„unter dem Kreuz verborgen". Dem entspricht, daß auch die Herrlichkeit des
apostolischen Dienstes in paradoxer Gestalt erscheint. Da die Auferweckung
das Ja Gottes zum Kreuzestod Jesu ist, hebt das Leiden die Offenbarung der
Herrlichkeit Gottes nicht auf. Die Kraft Gottes kommt gerade in der
Schwachheit (12,9) und im Leiden des Apostels zur Vollendung.

Stand in 3,7–4,6 die *Herrlichkeit* des apostolischen Dienstes im Mittelpunkt,
so legt Paulus jetzt den Akzent auf seine *Niedrigkeit*. Zunächst werden die
Bedrängnisse des Apostels entfaltet (4,7–18), dann wird die Hoffnung auf den
zukünftigen Herrlichkeitsleib als tragende Kraft im gegenwärtigen Leiden
aufgewiesen (5,1–10).

2.3.1 Die Gemeinschaft mit Christus im Sterben und im Leben 4,7–12

**7 Wir haben aber diesen Schatz in tönernen Gefäßen, damit (erkennbar wird,
daß) die Überfülle der Kraft von Gott kommt und nicht von uns. 8 Von allen
Seiten sind wir bedrängt, aber nicht erdrückt; ratlos, aber nicht verzweifelt; 9 verfolgt, aber nicht verlassen; niedergeworfen, aber nicht vernichtet. 10 Allezeit tragen wir das Sterben Jesu am (an unserem) Leib (umher),
damit auch das Leben Jesu an unserem Leibe offenbar werde. 11 Denn immer-**

fort werden wir, die da leben, in den Tod dahingegeben um Jesu willen, damit auch das Leben Jesu an unserem sterblichen Fleisch offenbar werde. 12 So ist nun der Tod mächtig in uns, das Leben aber in euch.

Vers 8: *1. Kor 4, 11–13*   Vers 10: *Gal 6, 17*   Vers 11: *Röm 8, 36.*

7   Die Gemeinschaft des Paulus mit Christus im Sterben und im Leben (V. 7–11) kommt durch das Wirken des Apostels der Gemeinde als Leben zugute (V. 12). Paulus verteidigt seine apostolische Leidensexistenz gegenüber den in Korinth eingedrungenen Missionaren, die bei ihm die pneumatischen Kraftwirkungen vermissen (10, 2.10). Der Dienst des neuen Bundes schenkt den Glaubenden Anteil an der Gerechtigkeit Gottes und an dem neuen Leben im Geist. Die Verkündiger tragen aber diesen „Schatz" (Weish 7, 14) in schwachen, sterblichen Körpern, die mit zerbrechlichen Tonkrügen (Jes 64, 7 f.; Klgl 4, 2) verglichen werden. Dieser Vers wird oft – in etwas anderer Bedeutung – auf die Heilige Schrift angewendet, in der das Wort Gottes in den Worten von Menschen zur Sprache kommt. Daß Gott schwache Menschen als Werkzeuge zur Ausrichtung der Heilsbotschaft gebraucht, hat einen tiefen Grund und einen heilsamen Zweck: auf diese Weise soll deutlich werden, daß die über menschliche Möglichkeiten hinausgehende Kraft von Gott kommt und nicht von den Aposteln. Die heilsame Wirkung der Verkündigung beruht nicht auf der faszinierenden Ausstrahlung des menschlichen Trägers, sondern auf der Wahrheit des Wortes Gottes und der Kraft des Geistes (1. Kor 2, 4). Paulus beschreibt die überlegene Kraft des göttlichen Geistes hier mit dem in diesem Brief bevorzugten Begriff „Übermaß" (*hyperbolé* 1, 8; 4, 7.17; 12, 7; vgl.
8   Röm 7, 13; 1. Kor 12, 31; Gal 1, 13). In V. 8 wird das Wirken der Kraft Gottes in einer Antithesenreihe konkretisiert, bei der jeweils im ersten Glied der Druck der Verfolgung, an zweiter Stelle das Gehaltenwerden durch die Kraft Gottes geschildert wird. Die sog. Peristasenkataloge der griechischen Literatur sind Aufzählungen bedrängter Situationen, in denen der Herold der Gottheit oder der Philosoph durch seine innere Unerschütterlichkeit triumphiert (vgl. z. B. Epiktet Diss II 19, 24). Antithesen der Bedrückung und der Befreiung durch das Eingreifen Gottes sind in der jüdischen Tradition beheimatet (Test Jos 1 f.). Die paulinischen Antithesen sind rhetorisch kunstvoll, z. T. mit Wortspielen, ausgestaltet und sind darin formal mit den stoischen Peristasenkatalogen verwandt.

„Bedrängt werden" war neben „Trost" das Leitmotiv in 1, 3–7; der Ausdruck erinnert an die große eschatologische Bedrängnis vor der Aufrichtung der Gottesherrschaft (Mt 24, 21). Die Apostel sind „bedrängt", aber nicht „erdrückt", d. h. nicht bis zur Vernichtung in die Enge getrieben; sie sind „ratlos", wissen weder aus noch ein, sind aber nicht „verzweifelt". Daß Paulus am Leben verzweifelte, ist dazu kein Widerspruch, weil er dort von den menschlichen Möglichkeiten spricht, denen Gottes rettende Kraft gegenüberstand
9   (1, 8 f.). Die Apostel sind „verfolgt, aber nicht verlassen". Dies ist ein geläufiges Motiv der alttestamentlichen Tradition (vgl. z. B. 5. Mose 31, 6; Sir 2, 12). Die

nächste Antithese veranschaulicht die Situation des Kampfes und der Verfolgung noch stärker: sie sind „niedergestreckt", aber nicht „umgebracht". In solchen Bedrängnissen besteht der Stoiker kraft seiner Vernunft und der Gerechte der Psalmen durch die Hilfe Gottes; ebenso weiß sich der Apostel getragen von der Kraft Gottes. Die Quelle der Kraft zum Durchhalten wird in 10 V. 10 aufgezeigt: es ist die Glaubensverbundenheit mit dem gekreuzigten und erhöhten Jesus Christus. Paulus lebt in der Leidensgemeinschaft mit Christus und in der „Kraft seiner Auferstehung" (Phil 3,10). Er beurteilt alle Entbehrungen, Mühen und Verfolgungen in seinem Dienst als existentielle Teilhabe an den Leiden Christi. Der apostolische Dienst ist ein fortwährender Sterbeprozeß, in dem der Tod Jesu im leiblichen Leben des Paulus offenbar wird; im Leiden erfährt der Apostel die im Sterben Jesu wirksame Todesmacht. Nach Gal 6,17 trägt Paulus die „Wundmale Jesu" an seinem Leibe; an unsrer Stelle sagt er, er trage allezeit „das Sterben Jesu" am Leibe mit umher. Der griechische Begriff (nékrōsis) bezeichnet im medizinischen Sprachgebrauch das Absterben des Körpers. Paulus wählt diesen Ausdruck, weil er hier nicht den einmaligen Tod in der Taufe (Röm 6,5), sondern sein Leiden als einen andauernden Abtötungsprozeß des „äußeren Menschen" (4,16) beschreiben will. Tod und Auferweckung Jesu, Karfreitag und Ostern gehören für Paulus eng zusammen. Zur Teilhabe am Leiden Christi gehört auch die Teilhabe an der Kraft seiner Auferstehung. Sie wirkt sich in der Gegenwart darin aus, daß Paulus im Leiden nicht verzagt und zuversichtlich die Heilsbotschaft verkündigt; in der Zukunft wird sie als Teilhabe an der Verherrlichung Christi offenbar werden (Röm 8,17). Der Bezug auf die Gegenwart kommt in V. 11 noch stär- 11 ker zum Ausdruck. Solang der Apostel in dieser Welt lebt, wird er ständig in den Tod dahingegeben, wie Jesus dahingegeben wurde (Röm 4,25). Der Zusatz „um Jesu willen" stellt klar, daß es sich dabei nur um die Leiden in der Nachfolge Jesu handelt.

In diesem ständigen Sterben des Apostels wird das Leben Jesu offenbar an dem sterblichen Fleischesleib durch die Kraft der Auferstehung, die getrost macht im Leiden und die Hoffnung auf unvergängliches Leben begründet. Der Zusammenhang von Tod und Leben gilt grundsätzlich für alle Glaubenden; das Leiden tritt aber im Dienst der Verkündiger in besonderem Maße in Erscheinung. Die Kraft der Auferstehung bewährt sich im Dienst am Aufbau 12 der Gemeinde. So erweist der Tod an Paulus, das Leben dagegen an der Gemeinde seine Macht. Dadurch, daß der Träger des Wortes vom Kreuz ständig in den Tod gegeben wird, empfangen die Korinther im Glauben das Leben. Die rhetorische Aufteilung des Todes auf Paulus, des Lebens auf die Gemeinde verdeutlicht nur die Herkunft des Lebens aus der von Paulus verkündigten Botschaft, schließt ihn selber aber nicht von der Hoffnung auf das Leben in der Vollendung aus.

2.3.2 *Das Reden aus der Gewißheit der Auferstehung 4, 13–15*

13 Da wir aber denselben Geist des Glaubens haben, von dem es in der Schrift heißt: „Ich habe geglaubt, darum habe ich geredet" (Ps 116, 10; 115, 1 LXX), glauben auch wir; darum reden wir auch. 14 Denn wir wissen, daß der, welcher den Herrn Jesus auferweckt hat, auch uns mit Jesus auferwecken und zusammen mit euch vor sich (vor sein Angesicht) stellen wird. 15 Denn alles geschieht um euretwillen, damit die Gnade sich mehre und durch eine immer größere Zahl (der Begnadeten) die Danksagung überreich mache zur Ehre Gottes.

Vers 13: *Ps 116, 10*   Vers 14: *1. Kor 6, 14*   Vers 15: *1, 11.*

13   In diesen Versen tritt die Gewißheit der zukünftigen Auferstehung in den Vordergrund, die den Gegenwartsaspekt von V. 10–12 sachgemäß ergänzt und der präsentischen Eschatologie der korinthischen Pneumatiker entgegenwirkt. Die apostolischen Leiden finden ihr Ende mit dem Tod des sterblichen Leibes und führen zur Teilhabe an der eschatologischen Vollendung. Wie bei Jesus Christus selbst, so geht auch bei denen, die zu ihm gehören, der Weg durch das Leiden zur Herrlichkeit. Inmitten aller Bedrängnis reden die verfolgten Apostel aus der Kraft und Zuversicht des Glaubens, der durch den neuen Bund begründet ist, und verkündigen das Evangelium im Wissen um die zukünftige Auferstehung bei der Parusie Christi. Dieses Wissen kommt nicht aus dem Denken der Menschen, sondern wird dem Glauben durch den heiligen Geist geschenkt. Die Diener des neuen Bundes haben denselben Geist des Glaubens, den das Schriftwort Ps 116, 10 bezeugt, das hier mit einer bei den Rabbinen gebräuchlichen Formel zitiert wird. Dieser Glaubensgeist treibt zum Reden. Der lebendige Glaube betrachtet das Heil nicht als Privatbesitz, sondern verkündigt die Heilsbotschaft weiter, damit auch andere zum Glauben kommen.

14 In V. 14 beschreibt Paulus die Gewißheit der Auferstehung mit Hilfe der ältesten christlichen Glaubensformel: „Gott hat Jesus auferweckt" (Röm 10, 9; 1. Thess 1, 10; Apg 3, 15 u. ö.; vgl. die Partizipialprädikation wie hier in Röm 4, 24; 8, 11; Gal 1, 1). Bei der Parusie Christi werden Apostel und Gemeinde zusammen vor dem Angesicht Gottes stehen dürfen als Geheiligte in Christus (vgl. Kol 1, 22). Hier wird ein kultischer Ausdruck auf die Situation der eschatologischen Vollendung übertragen. Diese Zukunftshoffnung

15 bestimmt das Leben der Glaubenden in der Gegenwart. Das Glauben, Reden und Leiden der Verkündiger geschieht um der Gemeinde willen. Das letzte Ziel des apostolischen Dienstes ist der Lobpreis der Ehre Gottes. Durch die Predigt wächst die Gnade Gottes und steigert durch die immer größere Zahl von Glaubenden die Danksagung im Gottesdienst zur Ehre Gottes (vgl. 1, 11; 9, 11).

2.3.3 Die Erneuerung im täglichen Sterben 4, 16–18

16 **Darum verzagen wir nicht, sondern, wenn auch unser äußerer Mensch aufgerieben wird, so wird doch unser innerer (Mensch) von Tag zu Tag erneuert.** 17 **Denn die leichte Last unserer gegenwärtigen Bedrängnis erwirkt uns in maßloser Fülle ein ewiges Gewicht an Herrlichkeit,** 18 **(uns), die wir nicht sehen auf das Sichtbare, sondern auf das Unsichtbare; denn das Sichtbare ist vergänglich, das Unsichtbare aber ist ewig.**

Vers 17: *Röm 8, 17 f.* Vers 18: *Röm 8, 24 f.; Hebr 11, 1.*

In diesem Abschnitt nimmt Paulus 4, 1 neu auf und bringt das Kap. 4 zum Abschluß; andererseits bilden diese Verse sprachlich und sachlich bereits die Basis für den folgenden Abschnitt 5, 1–10. Das tägliche Aufgeriebenwerden des irdischen Leibes erweckt die Sehnsucht nach dem geistlichen Leib in der eschatologischen Vollendung.

Die Gewißheit der Auferstehung gibt dem Apostel die Kraft, trotz aller 16 Bedrängnis seinen aufreibenden Dienst getrost weiterzuführen. Das ständige „in den Tod Gegebenwerden" von V. 11 wird nun als das Aufgeriebenwerden des „äußeren Menschen" und die tägliche Erneuerung des „inneren Menschen" beschrieben (vgl. Eph 3, 16).

Die Redeweise vom äußeren und inneren Menschen stammt aus dem hellenistischen Dualismus von Leib und Geist. Plato gebraucht den Ausdruck „der inwendige Mensch" für den Geist des Menschen im Unterschied vom materiellen Körper. Die stoischen Philosophen sprechen mit den Begriffen „innen" und „außen" von der Vernunft des Menschen gegenüber dem von den Affekten beherrschten, sinnlichen Leib. Diese Redeweise ist auch in das hellenistische Judentum übergegangen. Bei Philo heißt es z. B.: „Der (innere) Mensch, der in der Seele eines jeden wohnt, ... überführt uns von innen" (*Quod deterius potiori insidiari soleat* 22 f.). Die Gnosis gebraucht den Ausdruck „innerer Mensch" für den göttlichen Lichtfunken, der das „eigentliche Selbst" des Menschen darstellt. Für Paulus, der die Redeweise aus dem hellenistischen Judentum kennt, ist der innere Mensch nicht die vernünftige Geistigkeit des Menschen, die im Gegensatz zur sinnlichen Leiblichkeit steht wie im Hellenismus, sondern der im Glauben mit dem erhöhten Christus verbundene Mensch, der als „neues Geschöpf" (5, 17) vom alten, natürlichen Menschen unterschieden wird. Der Gegensatz ist bei ihm nicht in vergänglichen bzw. unvergänglichen Bestandteilen des Menschen begründet, sondern eschatologisch bestimmt (vgl. 1. Kor 15, 44–49). Paulus betrachtet von der jüdischen Anthropologie aus den Menschen ganzheitlich, wie seine Aussage in Gal 2, 20 zeigt. Weil mit der Auferweckung Jesu Christi noch nicht die Vollendung gekommen ist, ergibt sich in der Zeit des Glaubens ein Ineinander des alten und des neuen Äons bzw. des äußeren und inneren Menschen. Im Röm 7, 21–23 wendet Paulus den Begriff „innerer Mensch" allerdings auf den alten Menschen an, der sich bemüht, das Gesetz Gottes zu erfüllen. In dem Verzehrtwerden des äußeren Menschen vollzieht sich zugleich die Erneuerung des inneren Menschen. Jetzt

wird die *Verwandlung* von 3,18 als tägliche *Erneuerung* beschrieben (vgl. Röm 12,2). Dabei handelt es sich um das eschatologisch „Neue", das von den Propheten für die Endzeit verheißen worden ist (z. B. Jer 31,31 ff.; Jes 65,17). Die tägliche Erneuerung geschieht in der Gemeinschaft mit dem erhöhten Herrn, der durch seinen Geist den Glaubenden neue Kraft und Zuversicht
17 schenkt. Das Verhältnis von Gegenwart und Zukunft beherrscht auch die Verse 17 und 18, in denen Paulus das gegenwärtige Leiden mit der zukünftigen Vollendung vergleicht. Dabei stellt er der geringen Last der jetzigen Bedrängnis mit der Vorstellung des im hebräischen Ausdruck für Herrlichkeit enthaltenen „Schwerseins" ein alle Maße sprengendes Übergewicht der ewigen Herrlichkeit gegenüber. Die auf das irdische Leben begrenzten Leiden der Apostel sind wirklich schwer; aber gegenüber der zukünftigen, unvergänglichen Herrlichkeit fallen sie fast gar nicht ins Gewicht. Diese Herrlichkeit „verdient" der Mensch nicht durch das Erdulden der Leiden; sie ist ebenso ein Geschenk der Gnade Gottes wie das Leiden für Christus in der Gegenwart
18 (Phil 1,29). In V.18 charakterisiert Paulus die Existenz der Glaubenden in dieser Welt mit den sowohl im Hellenismus als auch im Judentum geläufigen Gegensatzpaaren: „sichtbar-unsichtbar" und „zeitlich (vergänglich)-ewig", die für sein eschatologisches Denken den Unterschied des Lebens im sterblichen Leib von der zukünftigen Auferstehungsherrlichkeit zum Ausdruck bringen. Die Glaubenden gehören nicht mehr den Mächten der alten Welt, sondern Christus, der sie durch sein Sterben aus der Knechtschaft von Sünde, Gesetz und Tod befreit hat; sie sehen nicht auf das Sichtbare, sondern auf das Unsichtbare, d. h. sie orientieren sich nicht mehr an den Maßstäben der sichtbaren Welt, sondern an dem erhöhten Herrn, der in der Zukunft die vollendete Gottesherrschaft aufrichten wird (1. Kor 15,24–28), die unvergänglich ist.

2.3.4 Die Vollendungshoffnung als Kraft im Leiden 5,1–10

1 Denn wir wissen, daß wir, wenn unsere irdische Zeltwohnung abgebrochen wird, einen Bau von Gott haben, ein nicht mit Händen gemachtes ewiges Haus im Himmel.   2 Denn darum seufzen wir auch voll Sehnsucht danach, unsere Behausung vom Himmel darüber (wie ein Kleid) anzuziehen,   3 wenn wir wirklich, nachdem wir (den geistlichen Leib) angezogen haben, nicht als nackt befunden werden.   4 Solange wir nämlich noch (hier) in der Zeltwohnung leben, seufzen wir unter schwerem Druck, weil wir nicht entkleidet, sondern überkleidet werden möchten, damit das Sterbliche vom Leben verschlungen werde.   5 Der uns aber dazu bereitet hat, (das) ist Gott, der uns den Geist als Angeld (Unterpfand) gegeben hat.   6 So sind wir nun allezeit zuversichtlich, auch wenn wir wissen, daß unser Daheimsein im Leibe Fernsein vom Herrn bedeutet;   7 denn wir wandeln im Glauben, nicht im Schauen;   8 wir sind aber zuversichtlich und ziehen es vor, aus dem Leib auszuziehen und daheim zu sein bei dem Herrn.   9 Darum setzen wir auch unsere Ehre darein, sei es daheim oder in der Fremde, ihm wohlgefällig zu sein.   10 Denn wir alle müssen vor dem Richterstuhl Christi offenbar werden,

damit jeder seinen Lohn empfange für das, was er durch den Leib (im irdischen Leben) getan hat, es sei gut oder böse.

Vers 2: *Röm 8, 23*   Vers 4: *1. Kor 15, 53*   Vers 6: *Phil 3, 20*   Vers 10: *Röm 14, 10.*

Dieser vielverhandelte Abschnitt ist von entscheidender Bedeutung für die 1–10 Einheitlichkeit der paulinischen Eschatologie; er wird je nach dem angenommenen religionsgeschichtlichen Hintergrund (jüdische Apokalyptik, hellenistischer Dualismus, Gnosis) ganz unterschiedlich interpretiert. Die Spannungen innerhalb des Abschnitts und sein Verhältnis zu 1. Thess 4, 13 ff. und 1. Kor 15 haben der historischen Auslegung schon immer große Schwierigkeiten bereitet.

Es lassen sich drei Grundmodelle unterscheiden an Hand der Frage, *wann* sich die hier beschriebene Verwandlung in die neue Leiblichkeit ereignet. Auf diese Frage sind i. w. drei Antworten möglich: sogleich beim Tod des einzelnen Christen, oder: bei der zukünftigen Parusie, oder: im gegenwärtigen Leben der Glaubenden. Ausschließlich und konsequent durchgeführt wird keines dieser Grundmuster den Aussagen des Textes voll gerecht. Die Festlegung der Verwandlung auf den Tod der Christen hat zur Folge, daß eine Änderung der Zukunftserwartung gegenüber 1. Kor 15 angenommen werden müßte, die von den übrigen Paulusbriefen nicht gestützt wird. Die exklusive Beziehung aller Aussagen auf die zukünftige Auferstehung bzw. Verwandlung bei der Parusie Christi kann das mit den Bildern vom „Abbrechen der Zeltwohnung" (V. 1) oder vom „Ausziehen aus dem Leib" (V. 8) anvisierte Sterben nicht voll einordnen. Die unter Berufung auf die Bildsprache vorgeschlagene Deutung des ganzen Abschnitts auf den in 4, 16–18 beschriebenen Sterbe- und Erneuerungsprozeß der Glaubenden in der Gegenwart bringt nicht genügend zur Geltung, daß Paulus zur Begründung des erhofften herrlichen Ziels der gegenwärtigen Leidensexistenz auf die zukünftige Vollendung verweisen mußte. So ist es nicht verwunderlich, daß auch kombinierte Formen der Auslegung vertreten wurden. Die Annahme, Paulus spreche in V. 1 vom Sterben und in V. 2–4 von der Verwandlung bei der Parusie, hat einen sog. „Zwischenzustand" zur Folge, wobei die „Nacktheit" als Grund zur Furcht oder auch zur Hoffnung beurteilt wird. Vielfach wird V. 3 als Polemik gegen die Erwartung der Befreiung aus dem materiellen Leib bei den angeblich gnostischen Gegnern des Paulus verstanden. Bei dieser Lage der Forschung gilt es streng auf die Formulierungen des Paulus zu achten, um eine in den Text eingetragene Systematisierung zu vermeiden, die Fragen berücksichtigt, die sich Paulus in der Zeit der Naherwartung noch gar nicht gestellt hat.

In den Versen 1–5 wird zunächst das Seufzen der Glaubenden, die in der Taufe den Geist als „Angeld" der Vollendung empfangen haben, und die daraus erwachsende Sehnsucht nach dem Überkleidetwerden mit dem neuen Leib beschrieben. Die zeitliche Begrenztheit der gegenwärtigen Bedrängnis, die ein Übergewicht an Herrlichkeit erwirkt (4, 17), ist ein Hinweis auf die kommende Vollendung, wie sich andererseits die Vollendungshoffnung bereits jetzt als Kraft im Leiden auswirkt.

1   Die Aussage in V. 1 begründet die Verse 4, 17 f. mit dem Hinweis auf das in Aussicht stehende himmlische Haus. Mit der Wendung „Wir wissen" führt Paulus eine allgemein anerkannte christliche Glaubensüberzeugung an; hier kann schwerlich eine Zukunftserwartung folgen, die in völligem Gegensatz zu 1. Kor 15 steht. Die Christen hoffen, daß für sie nach dem Abbruch der irdischen Zeltwohnung eine ewige Behausung im Himmel bereitet ist (Joh 14, 2; Kol 1, 5; 1. Petr 1, 4). Paulus betont hier nur die *Gewißheit* des Bereitetseins, ohne den Abbruch der irdischen Zeltwohnung zeitlich mit der Inbesitznahme des himmlischen Hauses gleichzusetzen. Das Präsens „wir haben" besagt weder: sofort beim Tod, noch: erst bei der Parusie; in der Sache hat es für die Lebenden in beiden Fällen einen futurischen Sinn, weil ihnen sowohl der Tod als auch die Parusie noch bevorstehen. Im verwendeten Bildmaterial steht dem abbrechbaren Nomadenzelt das feste, stabil gebaute Wohnhaus gegenüber. Mit der Zeltwohnung ist der irdische Leib gemeint. Die Bezeichnung des Leibes als Zelt (2. Petr 1, 13 f.), die in der griechischen Literatur ganz geläufig ist, kommt auch schon im Alten Testament (Jes 38, 12) und im hellenistischen Judentum (Weish 9, 15) vor. Bei den Mandäern steht der materielle Leib als das „mangelhafte Haus" dem „vollkommenen" himmlischen Haus gegenüber; dort findet sich auch die Verbindung des Bildes vom Haus mit dem vom Kleid. Das „Abbrechen der irdischen Zeltwohnung" beschreibt zunächst den Tod des irdischen Leibes; die Formulierung schließt aber das Verschlungenwerden vom „Leben" (= dem Überkleidetwerden mit dem neuen Leib V. 4) in der Verwandlung bei der Parusie nicht aus. In Entsprechung zum irdischen Leib ist mit dem „ewigen Haus im Himmel" nicht das Gottesreich, sondern der neue Leib der Vollendung gemeint, der durch die schöpferische Kraft des Geistes Gottes geschaffen wird. Die Wendung „nicht mit Händen gemacht" drückt den wunderbaren Charakter des neuen Leibes aus. Sie wird zwar in Mk 14, 58 auf den Tempel bezogen (vgl. Joh 2, 21); aber die Verbindung des Bildes vom Haus mit dem vom Anziehen eines Kleides (vgl. 1. Kor 15, 49) spricht für die Beziehung auf die neue eschatologische Leiblichkeit. Während Paulus in der Regel den Begriff „Bau" oder „Auferbauung" (*oikodomḗ*) im ekklesiologischen Sinn auf die Kirche anwendet, ist „Bau" an unserer Stelle gleichbedeutend mit dem himmlischen „Haus" (*oikía*) und bezeichnet den neuen eschatologischen Leib, der in 1. Kor 15, 44 als „pneumatischer Leib" beschrieben wird. Mit der Gegenüberstellung der Zeltwohnung und des ewigen Hauses im Himmel legt Paulus den Akzent auf den tiefgreifenden Unterschied zwischen dem jetzigen Leben im irdischen Leib und der zukünftigen Existenz im pneumatischen Leib. Dieser Gegensatz beherrscht durchgehend den Gedankengang von 4, 16–5, 10. Die Antwort auf die Frage, wann das Überkleidetwerden mit dem neuen Leib erfolgt, bleibt in V. 1 noch offen. In 1. Thess 4, 17 ist das immerwährende „Sein bei (oder *sýn* = mit) dem Herrn" mit der Parusie Christi verbunden. Ebenso erfolgt der Empfang des pneumatischen Leibs nach 1. Kor 15 in der Zukunft bei der allgemeinen Weltvollendung. Paulus will in 5, 1 wohl den beiden, in seiner Lage gegebenen Möglich-

keiten Rechnung tragen, dem Sterben vor der Parusie (1. Thess 4, 13 ff.) und dem Überleben bis zur Parusie (1. Kor 15, 51 f.). Paulus selbst hofft auch im 2. Kor, die Parusie noch zu erleben. Der Brief enthält keine Stelle, die belegt, daß Paulus seit der Todesgefahr in Ephesus (1, 8 ff.) fest mit seinem Tod vor dem Kommen des Herrn gerechnet hätte. Wenn er in 4, 14 von der zukünftigen „Auferweckung" der Christen durch Gott spricht, führt er die Formel von der „Auferweckung Jesu" weiter, ohne die Verwandlung der Lebenden bei der Parusie auszuschließen. Aus dem Wissen von V. 1 erwächst die in V. 2–4 **2** beschriebene seufzende Sehnsucht nach dem Überkleidetwerden mit der himmlischen Behausung. Dabei geht die Aussage vom himmlischen Haus unvermittelt über in das Bild vom Anziehen des Himmelsgewandes. Die Vorstellung vom „Kleid der Herrlichkeit" begegnet sowohl in der jüdischen Apokalyptik (äthHen 62, 15 f.) wie bei den Rabbinen (MidrQoh 1, 7; Bill. II, S. 752) und in der späteren Gnosis. Das Seufzen der Christen ist Ausdruck des „Noch nicht" der eschatologischen Vollendung infolge des Geistempfangs. In Röm 8, 22–27 wird das Seufzen in aufsteigender Reihe von der Schöpfung, den Christen und dem Geist ausgesagt. Die alte Schöpfung seufzt, weil sie der Vergänglichkeit unterworfen ist. Die Christen sind als „neue Schöpfung" davon zwar unterschieden; sie seufzen aber auch, weil ihnen die Geistgabe bewußt macht, daß ihr vergänglicher Leib noch nicht in die „Neuheit" der eschatologischen Existenz einbezogen ist. Der Geist kommt den Glaubenden in ihrer Gebetsnot zu Hilfe und tritt für sie ein vor Gott. Demnach ist das „Seufzen" nicht Ausdruck der Todessehnsucht oder eines allgemeinen Weltschmerzes, sondern die Folge der Hoffnung auf die Vollendung durch die Erstlingsgabe des Geistes (Röm 8, 23). Die Christen sehnen sich danach, den neuen Leib „darüber anzuziehen", wie das Medium wiedergegeben werden kann, wobei klar bleibt, daß es sich um die schöpferische Tat Gottes handelt. Diese Wendung paßt bei wörtlicher Fassung von „über" (*epí*) am besten zu der Verwandlung der noch Lebenden bei der Parusie, in der dieses Verwesliche (der irdische Leib) Unverweslichkeit anziehen wird (1. Kor 15, 53; 2. Kor 5, 4). Allerdings kann das mit „über" zusammengesetzte Verbum auch einfach „anziehen" bedeuten, so daß der Ausdruck auch die Auferstehung der vor der Parusie verstorbenen Christen mit umfassen kann. Es liegt also keine Änderung der bisherigen Zukunftserwartung vor. Auf die Art und Weise des Seins der Verstorbenen zwischen Tod und Parusie reflektiert der Apostel hier nicht. Er denkt und formuliert von seiner persönlichen Erwartung des Erlebens der Parusie aus wie in 1. Thess 4, 17 und 1. Kor 15, 51 f. In V. 3 ist der Text nicht **3** einheitlich bezeugt; zu dem Partizip „nachdem wir angezogen haben" ist die Variante überliefert: „nachdem wir ausgezogen haben"; diese ist aber schwächer bezeugt und dürfte eine spätere Änderung sein, um die banale Gleichung: „angezogen = nicht nackt" zu vermeiden. Die Vertreter der Lesart „ausgezogen" verstehen den Vers meist im Gefolge R. Bultmanns als Polemik gegen die Zukunftserwartung der Gnostiker, die sich danach sehnen, den Leib abzulegen, in folgendem Sinn: „wenn es wenigstens richtig ist, daß wir, nachdem wir

das irdische Gewand abgelegt haben, nicht nackt dastehen werden". Der Kontext läßt aber keine aktuelle Polemik erkennen. Der Bedingungssatz schließt bei der Lesart „angezogen" folgerichtig an das in V. 2 genannte Überkleidetwerden mit dem himmlischen Haus an: „wenn wir wirklich, nachdem wir (das himmlische Haus = den neuen Leib) angezogen haben, nicht nackt dastehen werden". Paulus bringt mit V. 3 die für biblisches Denken selbstverständliche Voraussetzung zur Geltung, nach der – im Unterschied vom griechischen Dualismus – Leben ohne Leib nicht vorstellbar ist. Die Hoffnung der Christen richtet sich auf die neue Leiblichkeit, so daß sie bei der Parusie dem Herrn nicht „nackt", sondern im pneumatischen Leib begegnen. Manche Ausleger beziehen das Partizip auf das Angezogenhaben Christi in der Taufe (Gal 3, 27) mit dem Gedanken: als solche, die Christus angezogen haben, werden wir bei der Parusie nicht nackt befunden werden. Das trifft in der Sache zu; in V. 2–4 steht jedoch als Objekt des Anziehens durchgängig die himmlische Behausung
4   = der neue Leib im Blick. In V. 4 nimmt Paulus den V. 2 wieder auf und erläutert ihn noch näher. Solang die Christen im irdischen Leib leben, seufzen sie und sind beschwert, weil ihre Sehnsucht nach dem eschatologischen Leib jetzt noch nicht erfüllt ist. Der Apostel sehnt nicht den Tod herbei, sondern die volle geistleibliche Gemeinschaft mit Christus. Die Wendung: „damit das Sterbliche vom Leben verschlungen werde" macht deutlich, daß hier ebenso wie in 1. Kor 15, 53 f. an die endzeitliche Situation der Parusie und Weltverwandlung gedacht ist, nicht an den Tod der einzelnen Christen. In V. 5 deckt
5   Paulus den Empfang des Geistes als die Grundlage auf, die das Wissen und Verhalten von V. 1–4 trägt. Gott hat den Glaubenden in der Taufe den Geist als Unterpfand dafür gegeben, daß seine Verheißung des Heils in Christus für den ganzen Menschen mit Leib und Geist zum Ziel kommen wird. Wie in 1, 22 ist der Geist als „Angeld" oder „Vorschuß" (P. Stuhlmacher) der eschatologischen Vollendung gekennzeichnet im gleichen Sinn wie die „Erstlingsgabe" in Röm 8, 23.
6   In V. 6–8 wird die in V. 1–5 beschriebene Sehnsucht nach dem Überkleidetwerden mit dem neuen Leib personal auf die unmittelbare Gemeinschaft mit Christus in der Vollendung ausgerichtet. Aus der Gabe des Geistes erwächst die getroste Zuversicht der Christen. Paulus ringt sich nicht vom Seufzen in V. 2 und 4 im Lauf der Darstellung zu der Zuversicht von V. 6 und 8 durch; vielmehr ist das Seufzen ebenso wie die Zuversicht eine Auswirkung des Geistes. Die Christen sind zwar als Glaubende und Getaufte bereits „in Christus" und orientieren sich jetzt schon am erhöhten Herrn (4, 18); aber das Leben im irdischen Leib bedeutet noch ein Fernsein vom Herrn, weil in ihm die volle geist-leibliche Gemeinschaft mit Christus noch nicht möglich ist. Dies wird nun mit dem Begriffspaar: „in der Fremde sein" – „daheim sein" veranschaulicht, das in der Bibel nur hier begegnet. Die gemeinte Sache ist jedoch in der Struktur der paulinischen Eschatologie enthalten, insofern die Christen als „neue Geschöpfe" zwar schon mit Gott versöhnt, aber noch nicht aus dem todverfallenen Leib erlöst sind (Röm 5, 8–10; 8, 23). Das wahre Bürgerrecht

der Christen (vgl. Hebr 13, 14) ist bei dem erhöhten Herrn Jesus Christus, der vom Himmel her als der Retter erwartet wird, „der unseren armseligen Leib verwandeln wird in die Gestalt seines verherrlichten Leibes" (Phil 3, 20 f.). Der im Bild enthaltene ausschließende Gegensatz: *entweder* „in der Fremde" *oder* „daheim" ist in der Sache relativ zu fassen, weil es sich, wie V. 7 zeigt, um das Verhältnis des Glaubens in der Gegenwart zum unmittelbaren Schauen in der zukünftigen Vollendung handelt. Die Glaubenden „schauen" schon jetzt die Herrlichkeit des Herrn (3, 18), aber sie schauen noch nicht „von Angesicht zu Angesicht" (1. Kor 13, 12). Der V. 7 begründet, warum das Leben im irdischen   7 Leib ein Fernsein vom Herrn bedeutet. „Denn (jetzt und hier) führen wir unser Leben im Glauben, nicht im Schauen." Der Sinn dieser im Gedankengang ganz klaren Aussage ist deshalb umstritten, weil das hier für „Schauen" gebrauchte griechische Wort (*eidos*) nur im passivischen Sinn von „Gestalt" (= das Geschaute) belegt ist. Die Bedeutung „unmittelbares Schauen" ergibt sich jedoch aus dem Bezug auf 4. Mose 12, 8 LXX. Dort wird das unmittelbare Reden Gottes mit Mose als ein Reden „in der wahren Gestalt (*en eídei*) und nicht durch Rätselrede" beschrieben. Paulus hat das Reden „von Mund zu Mund" mit dem unmittelbaren Schauen „von Angesicht zu Angesicht" (1. Kor 13, 12) in der eschatologischen Vollendung gleichgesetzt. Der V. 7 unterscheidet also die jetzige Existenz im Glauben von der zukünftigen Existenz in der vollendeten Gottesherrschaft. Das vorläufige „Schauen" von 3, 18 wird vollendet im unmittelbaren zukünftigen „Schauen" von 5, 7. Die Deutung von V. 7 auf die unterschiedlichen Lebenseinstellungen in der Gegenwart gemäß 4, 18 (F. G. Lang) wird der Gegenüberstellung von Gegenwart und Zukunft nicht gerecht. Durch die gegenwärtige Bedrängnis wird die Vollen-   8 dungshoffnung nicht erschüttert, sondern eher noch gestärkt. Das Wissen um das „Noch nicht" der vollen Gemeinschaft mit Christus (V. 6) nährt die Sehnsucht, lieber den irdischen Leib zu verlassen, um ganz beim Herrn daheim sein zu können. Die Verben beschreiben jetzt die Bewegung hin zum zukünftigen Ziel der unmittelbaren Gemeinschaft mit Christus im pneumatischen Leib. Ein leibloser Zustand zwischen Tod und Parusie wäre noch nicht im vollen Sinn „Heimat" bei dem Herrn. Auch dieser Vers umfaßt beide Möglichkeiten, die Auferstehung der Verstorbenen und die Verwandlung der noch Lebenden bei der Wiederkunft Christi. Paulus spricht hier nicht direkt von dem Wunsch, noch vor der Parusie zu sterben. Die Vollendungshoffnung hat Folgen für die   9 Lebensführung im irdischen Leib. Paulus und die Christen setzen ihre Ehre darein, dem Herrn in allen Situationen zu gefallen. Die Ausdrücke „ob in der Heimat, ob in der Fremde" entsprechen den Wendungen: „ob wir wachen oder schlafen" (1. Thess 5, 10) und „ob wir leben oder sterben" (Röm 14, 8). Sie beschreiben das jetzige Leben und die eschatologische Existenz im neuen Leib; an eine Läuterungsphase zwischen Tod und Parusie ist nicht gedacht. Das Leben in der Vollendung ist vor allem durch die Liebe bestimmt, zu der als Strukturmomente die Empfängerhaltung des Glaubens (*pístis*) und das immer neue Offensein (*elpís*) gehören (1. Kor 13, 13). Auch die unmittelbar

„Schauenden" (V. 7) sind ständig auf Gott angewiesen und leben dem Herrn
10 zu Gefallen im dienenden Lobpreis. Das Bemühen um ein Gott wohlgefälliges
Leben ist notwendig, weil alle im Endgericht Rechenschaft ablegen müssen für
ihr Tun. „Wir alle" faßt zunächst die Apostel und alle Christen in den Blick,
schließt aber bei Paulus den Gedanken des allgemeinen Weltgerichts ein. Die
Rechtfertigung durch den Glauben an Christus hebt das Gericht nach den
Werken nicht auf (vgl. Röm 14,10.12; 1. Kor 3,12 ff.; 2. Kor 11,15). Der gnädige Gott bleibt auch der heilige; der Versöhner ist auch der gerechte Richter.
Der Empfang des Geistes, der zu einem neuen Leben befähigt, stellt die noch
in einem versuchlichen Leib lebenden Christen erst recht in die Verantwortung
vor Gott. Das Bild vom Richterstuhl Christi (Gottes: Röm 14,10) macht deutlich, daß an das eschatologische Gericht gedacht ist, das Christus im Auftrag
Gottes bei der Parusie durchführen wird (vgl. Röm 2,6.16; 14,10;
1. Kor 3,13 ff.; 4,4 f.; Apg 17,31). Dort wird jeder Lohn oder Strafe empfangen für das, was er durch seinen Leib (das Organ des Wirkens und der Kommunikation in der Welt) getan hat, sei es gut oder böse. Die Wendung kann
auch temporal verstanden werden: während des Lebens im irdischen Leib
(Luther: „bei Leibesleben"). Auch der Blick auf das Endgericht ist getragen
von der Zuversicht des Apostels, angetan mit dem Kleid der in Christus
geschenkten „Gerechtigkeit Gottes" (V. 21) im Gericht bestehen und dann
allezeit im neuen Leib „daheim beim Herrn" sein zu dürfen (V. 8; vgl.
1. Thess 4,17).

Das Problem einer Entwicklung der paulinischen Eschatologie

In der Mitte des theologischen Denkens steht bei Paulus die Heilstat Gottes
in Kreuz und Auferstehung Jesu Christi. Der Apostel versteht Kreuz und Auferstehung als „eschatologische Ereignisse"; darin ist sowohl das Verhältnis
zum vorausgehenden Heilshandeln Gottes in der alttestamentlichen Offenbarung mitgesetzt als auch das Verhältnis zum zukünftigen schöpferischen Handeln Gottes in der Weltvollendung. In dem messianischen Menschen- und
Gottessohn Jesus Christus hat Gott den eschatologischen Heilbringer
gesandt, in dem alle Verheißungen Gottes zur Erfüllung kommen
(2. Kor 1,20). Dies steht zunächst noch unter dem Grundsatz von 12,9, daß
Gottes Kraft sich gerade in der Schwachheit vollendet. Auf diese Weise ist und
bleibt die Schaffung des Heils allein die Tat Gottes, die im Glauben ergriffen
wird, und nicht das Werk der Menschen (vgl. 4,7). Gott hat schon in der
Erwählung vor aller Zeit das Heil für die Menschen in Jesus Christus vorgesehen (Röm 8,29); die Erwählung des Volkes Israel ist diesem universalen Heilsplan Gottes eingeordnet (Röm 9–11). Was Gott verheißen hat, wird auch sein
volles Ziel erreichen, für Israel ebenso wie für die Völker; denn Gottes Zusagen können nicht hinfallen (Röm 9,6). In Kreuz und Auferweckung Jesu Christi hat Gott die Welt mit sich versöhnt (5,19), aber noch nicht die sichtbare

Gottesherrschaft aufgerichtet. Der erhöhte Christus wird als Menschensohn in seiner Wiederkunft alle gottfeindlichen Mächte vernichten (1. Kor 15, 24), und dann wird Gott „alles in allem sein" (V. 28). Für Paulus ist in der göttlichen „Vorgabe" der *Versöhnung* in Christus und in der Erstlingsgabe des Geistes die *Gewißheit* der endgültigen *Erlösung* (Röm 5, 8–11) und der vollen geist-leiblichen Gemeinschaft mit dem Herrn verbürgt. „Auferstanden ist Christus allein, wir haben im Geist die Anwartschaft der Auferweckung und bekunden das im neuen Gehorsam" (E. Käsemann, Exegetische Versuche II, S. 127). So leben die Glieder der „neuen Schöpfung" jetzt schon als Glaubende „in Christus", sind aber noch nicht „daheim" beim Herrn. Das hierin begründete Nebeneinander von Gegenwarts- und Zukunftsaussagen ist getragen von dem zielgerichteten Heilshandeln Gottes, der durch Christus die eschatologische Weltvollendung heraufführen wird. Während der Mensch in der jüdischen Apokalyptik rechnend und planend der zukünftigen Aufrichtung der Gottesherrschaft entgegensieht, blickt Paulus aufgrund der von Gott bereits vollzogenen Versöhnung mit voller Gewißheit der Vollendung der neuen Schöpfung entgegen. Daraus erklärt sich der Verzicht des Apostels auf einen genauen chronologischen Plan des Endgeschehens sowie die konkrete Verankerung seiner eschatologischen Aussagen in der Anfechtung (1. Thess 4) oder Skepsis (1. Kor 15) der angeredeten Christen (U. Luz). Mit dieser Grundstruktur der paulinischen Eschatologie ist ein apokalyptisch-kosmologischer Rahmen verbunden, der sowohl das Schicksal des einzelnen Menschen (Phil 1, 21 ff.) wie das der ganzen Schöpfung (Röm 8, 18 ff.) umfaßt. Paulus lebt in der Gewißheit, daß die Glaubenden von der Liebe Gottes in Christus nicht mehr getrennt werden können, ob sie nun vor der Parusie sterben oder bis dahin am Leben bleiben (Röm 8, 38 f.; 1. Thess 4, 14 f.).

Seit dem Anfang unseres Jahrhunderts herrschte bei einem großen Teil der Forscher die Auffassung, daß in der Eschatologie des Paulus zwei Linien von Aussagen begegnen, die im Sinn einer Entwicklung von einer kosmologisch-apokalyptischen Zukunftserwartung in 1. Thess 4, 13 ff. und 1. Kor 15 zu einer individuellen Vereinigung mit Christus beim Sterben (2. Kor 5, 1–10; Phil 1, 23) zu verstehen seien. Dieser Wandel wurde religionsgeschichtlich durch eine zunehmende Anpassung der jüdisch-apokalyptischen Eschatologie des Paulus an die hellenistische Geist- und Unsterblichkeitslehre erklärt. Als ausschlaggebendes Ereignis für diesen Wandel wurde häufig die in 2. Kor 1, 8 ff. erwähnte Todesgefahr angesehen. Vorher habe Paulus noch gehofft, die Parusie selber zu erleben; aber von da an habe er mit seinem Tod vor der Parusie gerechnet. Aber nach 1. Kor 15, 30 ff.; 2. Kor 11, 24 ff. war Paulus schon vor der schweren Bedrängnis in Ephesus öfter mit dem Tod konfrontiert, und er läßt im 2. Korinther- und im Römerbrief keine grundsätzliche Veränderung seiner Zukunftserwartung erkennen. Zugleich ist die Datierung der Paulusbriefe eng mit dem vermuteten Wandel verbunden.

Diese These einer Entwicklung der paulinischen Eschatologie hat sich in der neueren Forschung nicht allgemein behauptet. Es müßte ein *doppelter* Umschwung im Denken des Paulus angenommen werden, der angesichts der Grundstruktur der paulinischen Eschatologie völlig unhaltbar ist. Paulus tröstet in 1. Thess 4, 13 ff. die durch Todesfälle angefochtene Gemeinde damit, daß die Verstorbenen keinen Nachteil haben gegenüber denen, die bei der Parusie noch leben werden. Die V. 15–17 sind auf die Glaubensformel von Tod und Auferstehung Christi (V. 14) gegründet. Die Auferstehung der Toten wird in V. 16 eigens genannt, und die Verwandlung der Lebenden vor der „Entrük-kung dem Herrn entgegen" ist vorausgesetzt. In V. 17 schließt sich Paulus aus-drücklich unter die „Übrigbleibenden" ein. Die Erfüllung der Zukunftshoff-nung wird als ein fortwährendes „Mit dem Herrn sein" beschrieben (V. 17). In 1. Kor 15 legt Paulus gegenüber dem Zweifel der Auferstehungsleugner den Akzent auf die leibliche Auferstehung der verstorbenen Christen und auf die Verwandlung der noch Lebenden in die neue Leiblichkeit im Rahmen der mit traditionellen Motiven beschriebenen Parusie des Herrn. Auch hier rechnet sich Paulus zu denen, die noch leben und verwandelt werden (15, 51 f.). Die Zukunftserwartung in 2. Kor 5, 1–10 steht im Einklang mit 1. Kor 15 (Motiv des „Anziehens" V. 53 f.) und mit Röm 8, 18–30 (Motiv des „Stöhnens" V. 22 f.). Der Abschnitt ist umrahmt von Aussagen der futurischen Eschatologie. In 4, 14 ist die Rede von der zukünftigen Auferweckung, in 4, 19 von der zukünftigen Herrlichkeit und in 5, 10 vom eschatologischen Gericht. Die Erwartung der in übersehbarer Zeit eintretenden Parusie des Herrn herrscht ungebrochen in allen Paulusbriefen (P. Stuhlmacher; vgl. 1. Thess 2, 19; 3, 13; 4. 13 ff.; 5, 1 ff.; Phil 2, 12 ff.; 3, 20 f.; Gal 5, 5; 6, 7 ff.; 1. Kor 15, 20 ff.; 2. Kor 5, 1–10; Röm 13, 11 ff.; 14, 10).

Die einzige Stelle, in der das „Sein mit Christus" nach dem Tod als Alterna-tive dem Am-Leben-Bleiben gegenübergestellt wird, ist Phil 1, 23. Hier ist Pau-lus im Gefängnis und hat die Möglichkeit der Hinrichtung unmittelbar vor Augen; hier kann er nicht mehr sicher damit rechnen, daß er die Parusie noch erleben wird. In dieser Lage gibt Paulus seiner persönlichen Hoffnung Aus-druck, daß auch der Tod ihn nicht von der Liebe Gottes in Christus scheiden kann (Röm 8, 38 f.). Das durch den „Vorschuß" des Geistes begründete neue Leben „in Christus" kann auch durch das Sterben des irdischen Leibes nicht mehr zerstört werden. Paulus weiß sich auch im Sterben bei dem Herrn gebor-gen (Röm 14, 8). Er deutet auch in Phil 1, 23 nicht an, daß er beim Tod sogleich die neue Leiblichkeit empfangen werde. Er macht hier über das „Wie" des „Seins mit dem Herrn" überhaupt keine Aussage und reflektiert auch nicht über einen leiblosen Zwischenzustand, sondern blickt hoffnungsvoll voraus auf das Ziel der endgültigen Gemeinschaft mit Christus. Gegen die Deutung der Stelle im Sinn einer „besonderen Gnade", die den Märtyrern zuteil werde (E. Lohmeyer), spricht der Tatbestand, daß Paulus nirgends ein solch unter-schiedliches Schicksal der Glaubenden erkennen läßt (vgl. die Betonung der „Gleichheit" in 1. Thess 4, 13–18). Außerdem gelangen die Märtyrer nach Offb 20, 4 erst durch die „erste Auferstehung" zur Herrschaft mit Christus. Möglicherweise steht in Phil 1, 23 die jüdische Vorstellung im Hintergrund, daß die Gerechten schon vor dem Weltgericht im „zwischenzeitlichen Paradies" weilen (vgl. 2. Kor 12, 4). Die individuelle Perspektive schließt aber die apokalyptisch-kosmologische Erwartung nicht aus, vielmehr wird die Gewißheit der persönlichen Hoffnung durch sie gerade mitgetragen. Daß Paulus auch im Philipperbrief die Erwartung der Gemeinschaft mit dem Herrn am zukünftigen „Tag Christi" festhält, bezeugt er selbst in 1, 6.10; 2, 16. Falls der Gefangenschaftsbrief Phil 1, 1–3, 1 a und 4, 10–23 aus Ephesus stammt und der sog. Kampfbrief (Phil 3, 1 b–4, 9) später abgefaßt wurde (G. Friedrich, NTD 8), könnte Paulus durch den Konflikt mit den korinthischen Auferstehungsleugnern veranlaßt worden sein, die „ungeschützte" Formulierung von Phil 1, 23 zu verdeutlichen und in 3, 20 f. mit Hilfe traditioneller Wendungen unmißverständlich von der zukünftigen Verwandlung der Lebenden bei der Parusie zu sprechen. Allerdings hat die Einheitlichkeit des Philipperbriefs eine große Wahrscheinlichkeit für sich.

2.4 Das Angebot des Heils durch den apostolischen Dienst 5, 11–6, 10

Paulus kehrt in 5, 11 wieder zum Verkündigungsdienst der Apostel zurück und geht näher auf Inhalt und Ausrichtung der Kreuzesbotschaft ein. Dieser Abschnitt bildet den theologischen Höhepunkt der Ausführungen über das Apostelamt. Er faßt 3, 7–5, 10 zusammen und legt die Herrlichkeit in der Niedrigkeit dar (G. Friedrich). Hat der Dienst des alten Bundes die Herrschaft der Sünde und des Todes nicht brechen können, weil das Gesetz nur fordern, aber die Kraft zur Erfüllung des Willens Gottes nicht geben kann, so verkündet der Dienst des neuen Bundes die Versöhnung mit Gott aufgrund der Heilstat Gottes in Christus und verbürgt damit Heil und neues Leben für die Glaubenden.

2.4.1 Das Apostelamt als Dienst der Versöhnung 5, 11–6, 2

11 Weil wir also vertraut sind mit der Furcht des Herrn, suchen wir Menschen zu gewinnen; aber vor Gott sind wir offenbar. Ich hoffe aber, auch in euren Gewissen offenbar zu sein. 12 Damit empfehlen wir uns nicht wieder selbst bei euch, sondern geben euch (nur einen) Anlaß, euch unser zu rühmen, damit ihr etwas (zur Erwiderung) habt gegen die, die sich zwar äußerer Vorzüge rühmen können, jedoch nicht ihres Herzens. 13 Denn wenn wir außer uns (in Verzückung) gerieten, so geschah es für Gott; sind wir aber bei klarem Verstand, so geschieht es für euch.

14 Denn die Liebe Christi drängt uns, da wir zu der Überzeugung gekommen sind: Einer ist für alle gestorben, also sind sie alle gestorben. 15 Und er ist für alle gestorben, damit die Lebenden hinfort nicht mehr für sich selbst leben, sondern für den, der für sie starb und auferweckt wurde. 16 Daher kennen wir von jetzt an niemanden mehr auf fleischliche Weise; und auch wenn wir Christus (früher) auf fleischliche Weise gekannt haben, so kennen wir ihn doch nicht mehr

so.   17 **Darum: Ist jemand in Christus, so ist er eine neue Schöpfung; das Alte ist vergangen, siehe, Neues ist geworden.   18 Aber das alles kommt von Gott, der uns mit sich selber versöhnt hat durch Christus und uns den Dienst der Versöhnung gegeben hat.   19 Denn Gott war in Christus, die Welt mit sich selber versöhnend, indem er ihnen ihre Verfehlungen nicht anrechnete, und er hat unter uns aufgerichtet das Wort von der Versöhnung.   20 So sind wir nun Botschafter an Christi Statt, wobei Gott durch uns ermahnt; wir bitten an Christi Statt: Laßt euch versöhnen mit Gott!   21 Er hat den, der keine Sünde kannte, für uns zur Sünde gemacht, damit wir in ihm Gerechtigkeit Gottes würden.**

6,1 Als Mitarbeiter aber ermahnen wir euch auch, daß ihr die Gnade Gottes nicht vergeblich empfangt.   2 Denn es heißt: „Zur Zeit der Gnade (zur willkommenen Zeit) habe ich dich erhört und am Tage des Heils habe ich dir geholfen" (Jes 49,8). Siehe, jetzt ist die Zeit der Gnade (die hochwillkommene Zeit), siehe, jetzt ist der Tag des Heils!

Vers 14:   *3. Mose 4–5,13; Jes 53,4f.; Röm 6,3ff.*   Vers 15:   *Röm 14,7f.*   Vers 17:   *Röm 8,1; Gal 6,15*   Vers 18:   *Röm 5,10*   Vers 19:   *Röm 3,24ff.*   Vers 21:   *Gal 3,13*   Vers 6,2:   *Jes 49,8; Lk 4,21.*

11   Der Ausdruck „Furcht des Herrn" knüpft an 5,10 an. Paulus ist sich dessen bewußt, daß alle Menschen im Endgericht Rechenschaft ablegen müssen über ihr Tun; so übt er seinen apostolischen Dienst in Ehrfurcht und Verantwortung vor dem Herrn aus. Die Christen sind durch den Geist der Sohnschaft aus der knechtischen Furcht befreit (Röm 8,15; vgl. 2. Tim 1,7); der Glaube der Söhne bewährt sich aber im Wissen um die ständige Abhängigkeit vom Vater (Phil 2,12) und schließt deshalb die wahre Gottesfurcht ein. Es ist die Aufgabe der Boten Christi, Menschen zu gewinnen (1. Kor 9,19–22). Wahrscheinlich greift Paulus hier einen Vorwurf der Gegner auf, er verstehe zwar Menschen zu „beschwatzen" (Gal 1,10), könne aber vor den Augen Gottes nicht bestehen, weil er unaufrichtig sei (2. Kor 1,12). Paulus erwidert, daß sein ganzes Wirken vor Gott offen daliegt (2,17): Gott kennt die Lauterkeit seines Redens und Handelns. Darum hofft er, daß auch die Korinther durch das

12   Zeugnis ihres Gewissens von seiner Lauterkeit überzeugt werden. In V. 12 wehrt der Apostel noch einmal wie in 3,1 den Vorwurf der Selbstempfehlung ab. Er hat es nicht nötig, sich selbst anzupreisen; aber die Gemeinde soll sich ihres Apostels rühmen. Paulus will den Korinthern Argumente liefern, damit sie die Angriffe der Gegner auf seine Apostelwürde sachgemäß abwehren können. Wenn die Korinther die Kreuzesbotschaft wirklich verstehen, dann erkennen sie auch, daß das Leiden des Paulus ihn gerade als einen legitimen Apostel des Gekreuzigten ausweist. Die Konkurrenten des Paulus werden hier als Verkündiger charakterisiert, die sich äußerer Vorzüge rühmen, aber in ihrem Verhalten anfechtbar sind. Was im Herzen ist, bleibt den Menschen verborgen, es ist aber entscheidend vor Gott, der ins Verborgene sieht. Die Gegner stützen ihr Ansehen offenbar auf Vorgänge, die ins Auge fallen. Sie rühmen sich ihrer pneumatischen Kraftwirkungen und Wundertaten, um die Berechtigung ihrer Sendung zu demonstrieren. Paulus beurteilt solchen Selbst-

13   ruhm als „fleischliches" Verhalten. Auch Paulus könnte auf ekstatische Erleb-

nisse und Wunder in der Kraft des Geistes Gottes verweisen (Röm 15,19; 1. Kor 14,18; 2. Kor 12,12). Aber er setzt solche Erfahrungen für die Erbauung der Gemeinde nicht ein; hier bedint sich der Apostel der verständlichen Rede in Predigt und Seelsorge. Wenn Paulus in Ekstase war, so war er hier allein Gott zugewendet (1. Kor 14,2); aber sein Dienst mit vernünftiger Rede kommt voll und ganz der Gemeinde zugute.

Der Abschnitt 2. Kor 5,14–21 bildet eine theologische Einheit, in der Paulus 14–21 den Kreuzestod Jesu als das ein für allemal vollzogene und durch das Wort von der Versöhnung proklamierte göttliche Versöhnungsgeschehen für die ganze sündige Menschenwelt entfaltet. Hinter den Ausführungen steht das alttestamentliche Verständnis der Sühne als ein „Zu-Gott-Kommen durch das Todesgericht hindurch" (H. Gese, Die Sühne, S. 104) in einem Akt „einschließender Stellvertretung" (vgl. 3. Mose 4,13–18) sowie die Verheißung vom Leiden des Gottesknechts (Jes 52,13–53,12) und die Adam-Christus-Typologie (1. Kor 15,22.44 ff.). Die Aussagen über die Versöhnungstat Gottes und über den Dienst der Versöhnung in V.18–20 sind eingerahmt von Aussagen über den stellvertretenden Sühnetod Jesu in V.14–17 und V.21 (O. Hofius).

In der Begründung seiner Zuwendung zur Gemeinde deckt Paulus die 14 „Liebe Christi" als das tiefste Motiv seines missionarischen Wirkens auf. Die Liebe Christi ist die Liebe, die Jesus Christus uns Menschen erwiesen hat durch die Hingabe seines Lebens am Kreuz, und Gott hat seine Liebe zu uns darin erwiesen, daß Christus für uns gestorben ist, als wir noch Sünder waren (Röm 5,8). Gott und Christus sind im Sühne- und Versöhnungsgeschehen des Kreuzes eine wesenhafte Einheit (V.19). Von der Liebe Gottes und Christi ist der Apostel bei der Ausübung seines Dienstes ganz beherrscht und geleitet, und durch sein Wirken bewährt er die Liebe zu Gott und zu Christus in der Zuwendung zu den Mitmenschen. Derselbe Beweggrund des Handelns gilt für alle, die an Jesus Christus glauben. Paulus gleitet bei den Aussagen über das Apostelamt immer wieder von der Beschreibung des apostolischen Dienstes in die des christlichen Lebens über (3,12 ff.; 4,16 ff.; 5,6 ff.). Die Existenz der Glaubenden („wir") beruht auf einem grundsätzlichen theologischen Urteil über die Heilsbedeutung des Todes Jesu Christi, zu dem Paulus bei seiner Berufung vor Damaskus dadurch gekommen ist, daß Gott ihm den als Gotteslästerer verfolgten Jesus von Nazareth als den verherrlichten Messias und Gottessohn offenbart hat (Gal 1,16). Das Urteil, von dem die Christen im Glauben überzeugt sind, lautet: „Einer ist für alle gestorben, also sind sie alle gestorben." Diese Folgerung, die unserer Logik zunächst nicht einleuchtet, ist vom stellvertretenden Sühnetod des Menschensohnes Jesus Christus am Kreuz aus zu verstehen. Nach Paulus sind alle Menschen ihrer Bestimmung, von Gott her und für Gott zu leben, nicht gerecht geworden, indem sie sich gegen den Willen Gottes auflehnten und dadurch von Gott entfremdet wurden (Röm 1–3). Sie haben ihr Leben verwirkt, nicht nur durch ihr Tun, sondern auch in ihrem Sein: sie sind (als Personen) Sünder, „verkauft unter die Macht der Sünde" (Röm 7,14). Alles Leben gehört Gott, und das Leben hat seinen

Sitz (nach alttestamentlicher Auffassung) im Blut. „Des Leibes Leben ist im Blut, und ich habe es euch für den Altar gegeben, daß ihr damit entsühnt werdet. Denn das Blut ist die Entsühnung, weil das Leben in ihm ist" (3. Mose 17, 11). Im Akt der Sühne geschieht nicht eine Abladung der Sünde auf das Opfertier mit nachfolgender Straftötung – das wäre nur eine ausschließende Stellvertretung –, sondern die Identifizierung des sündigen Menschen mit dem Opfertier, so daß sich im Sterben des Opfertiers die Lebenshingabe des Sünders selbst vollzieht („einschließende Stellvertretung"). Die Sprengung des Blutes an den Altar bedeutet die Hingabe des Lebens an Gott (vgl. H. Gese, Die Sühne). Der entsühnte, „durch den Tod hindurchgegangene Mensch" darf ein neues Leben in der Gemeinschaft mit Gott führen, er ist ein „neues Geschöpf" (V. 17). Jesus hat sich als der Menschensohn (Lk 12, 8; vgl. den „Menschensohn" von Dan 7, 13, der die „Heiligen des Höchsten" Dan 7, 18.26 f. vertritt) durch die Zuwendung zu den Sündern ganz mit den sündigen Menschen identifiziert. In seinem stellvertretenden Sühnetod sind deshalb alle mit ihm gestorben und haben dadurch den Zugang zu Gott in einem neuen Leben (Röm 5, 1). Durch das Sühnemittel des Blutes Jesu (Röm 3, 25) sind wir gerecht geworden (Röm 5, 9) und versöhnt mit Gott (Röm 5, 10; 2. Kor 5, 18). Dasselbe Verständnis vom Sterben des Einen für alle steht hinter den Aussagen über die Taufe in Röm 6. In der Taufe auf den Tod Christi sind die Glaubenden mit Christus gestorben und begraben worden, so daß *sein* Tod ihr (sakramentaler) Tod geworden ist (V. 6), damit sie jetzt „in der Neuheit des Lebens wandeln" (V. 4) = „für den Herrn leben", um bei der Parusie auch an der Auferstehung Christi teilzuhaben (V. 5). Der stellvertretende Sühnetod Jesu am Kreuz ist „eschatologisches" Geschehen: er ist ein für allemal geschehen und bedarf keiner Wiederholung wie die Sündopfer im israelitischen Kult; er gilt allen Menschen, nicht nur dem Volk Israel. Darin ist m. E. auch der Ansatz der sog. Adam-Christus-Typologie begründet. In dem *einen* Menschen, dem „Menschensohn" Jesus Christus, dem Repräsentanten der eschatologischen Menschheit, ist für alle die Möglichkeit des Lebens eröffnet (1. Kor 15, 22; Röm 5, 17). Als Schrifttheologe sieht Paulus das stellvertretende Leiden des Einen für die Vielen (= alle) in Jes 52, 13–53, 12 (vor allem 53, 4 f.11 f.) verheißen (O. Betz). Menschensohn- und Gottesknechttradition sind schon in Mk 10, 45 par. und Mk 14, 17–21 par. verbunden (P. Stuhlma-
15 cher). Das Ziel des Sühnegeschehens ist ein neues, Gott geweihtes Leben im Gehorsam gegen den Herrn Jesus Christus: „Er ist darum für alle gestorben, damit die Lebenden hinfort nicht mehr für sich selbst leben, sondern für den, der für sie starb und auferweckt wurde." Durch den stellvertretenden Sühnetod Jesu ist allen Menschen die Möglichkeit der Gemeinschaft mit Gott angeboten, aber sie wird nur verwirklicht bei denen, die das Wort vom Kreuz im Glauben annehmen und für den Herrn leben. In V. 16 zieht Paulus eine erste
16 Folgerung aus V. 14 für das Erkennen und Urteilen der Glaubenden aufgrund der Erkenntnis Jesu Christi. Dieser Vers ist in der Exegese heftig umstritten, weil die Formel „nach dem Fleisch" entweder mit dem Objekt „Christus" oder

mit dem Verbum „erkennen" verbunden werden kann. Bei der Verbindung mit
Christus wurde der Vers oft so verstanden, als sage hier Paulus, daß er seit seiner Berufung kein Interesse mehr am irdischen Jesus habe, wogegen jedoch die
grundlegende Bedeutung des Kreuzestodes Jesu für die Theologie des Paulus
spricht. Die Stellung vor dem Objekt zeigt, daß die Formel hier adverbial
gebraucht ist und die Art und Weise des Erkennens bezeichnet (O. Michel).
Aus der rechten Erkenntnis Jesu Christi als des von den Menschen verachteten, aber von Gott anerkannten Gottesknechts (Jes 53, 3–4) ergibt sich ein
neues Erkennen und Urteilen über die Menschen (O. Betz). Solange Paulus
Jesus als den nach dem Gesetz „Verfluchten" (5. Mose 21, 23) beurteilt und die
Christen verfolgt hat, hat er Christus „auf fleischliche Weise" erkannt; seit der
Offenbarung des Gottessohnes bei Damaskus erkannte er die wahre Bedeutung des Schriftworts vom „verfluchten" Gekreuzigten als dessen, den Gott
„für uns" zum Fluch gemacht hat (Gal 3, 13). Für die Frage, ob Paulus den
irdischen Jesus persönlich gekannt hat, gibt der Vers weder einen positiven
noch einen negativen Anhaltspunkt.

Paulus und der irdische Jesus

Die Frage nach dem Verhältnis des Paulus zu dem geschichtlichen Jesus
umspannt mehrere Ebenen der Fragestellung. Sie schließt in sich die historische Frage, ob Paulus eine persönliche Begegnung mit dem Menschen Jesus
von Nazareth hatte, weiter die überlieferungsgeschichtliche Frage, welche
Worte und Geschichten des irdischen Jesus Paulus als Apostel aus der Tradition der Urgemeinde überliefert bekommen hat, und schließlich die mehr-
schichtige theologische Frage, wie sich die Lehre des Paulus über Gott, Welt
und Menschen zu der Verkündigung Jesu verhält und was die Person und das
Wirken Jesu für das ganze theologische Denken des Paulus bedeuten.

Paulus bezeugt den irdischen Jesus und den erhöhten, verkündigten Christus als ein und dieselbe Person. Schon das in dem Namen „Jesus Christus"
enthaltene Bekenntnis zu Jesus als dem Messias zeigt den verschiedenen
Standort des auf Erden wirkenden Jesus, den die Evangelien auf seinem Weg
zum Kreuz schildern, und des Paulus, der in der Zeit nach Karfreitag, Ostern
und Pfingsten auf das Wirken des irdischen Jesus als des von Gott gesandten
Messias, Gottesknechts und Menschensohns zurückblickt und den Sinn seiner
Sendung in den zentralen Ereignissen von Kreuz und Auferweckung zusammengefaßt sieht. Aber auch die Evangelien sind nicht einfach historische
Berichte von einer als Lehrer und Vorbild wichtigen religiösen Persönlichkeit,
sondern Glaubenszeugnisse von Jesus Christus, die zeigen, wer der gekreuzigte und erhöhte Herr ist, der bei seiner Gemeinde durch Wort und Geist
gegenwärtig ist.

Für die zuerst genannte Frage, ob Paulus den irdischen Jesus persönlich
kennengelernt hat, gibt uns 2. Kor 5, 16 keinen Anhaltspunkt. Wenn Paulus bei

Gamaliel II. in Jersualem studiert hat, wie Lukas in Apg 22, 3 berichtet, dann ist nicht grundsätzlich auszuschließen, daß Paulus Jesus in Jerusalem, etwa in der Passionswoche, gesehen haben könnte. Dies ist aber nicht wahrscheinlich, weil sonst zu erwarten wäre, daß Paulus dies auch einmal angedeutet hätte. Die Stelle 2. Kor 5, 16 bedeutet aber keineswegs, daß Paulus als Apostel kein Interesse am irdischen Jesus hatte. Aus der Tatsache, daß der pharisäische Gesetzeseiferer die (hellenistische) Urgemeinde verfolgt hat (1. Kor 15, 9; Gal 1, 13), geht hervor, daß Paulus damals annahm, Jesus sei wegen seines gotteslästerlichen Vollmachtsanspruchs (Mk 2, 5; 14, 62) als Gesetzesbrecher und Verführer am Schandpfahl (5. Mose 21, 23) hingerichtet worden. Aber Gott hat Paulus vor Damaskus die Augen dafür geöffnet (2. Kor 4, 6), daß Jesu Reden und Handeln nicht dem Anspruch angemaßter Gottgleichheit entsprang, sondern nach dem Willen Gottes als Erfüllung der Aufgabe des leidenden Gottesknechts (Jes 53, 4 f. 11 f.; 2. Kor 5, 21) geschah.

Bei der Frage, welche Worte und Taten Jesu dem Apostel Paulus bekannt waren, ist zunächst zu beachten, daß wir kein direktes Zeugnis der Missionspredigt des Paulus haben. Die Briefe des Paulus sind an Gemeinden gerichtet, die durch die paulinische Missionspredigt für den Glauben an Jesus Christus gewonnen worden sind. Wollte der Apostel den gekreuzigten Jesus als den von Gott bestätigten Heilbringer verkündigen, dann mußte er auch sagen, wer Jesus war und wie es zu seinem Kreuzestod gekommen ist. In den Briefen nimmt Paulus jedoch Stellung zu konkreten Fragen des Gemeindelebens. Es ist also anzunehmen, daß er wesentlich mehr Worte und Geschichten Jesu gekannt hat, als er in den Briefen erwähnt.

Direkte Zitate von Worten Jesu sind selten bei Paulus. Er beruft sich unter Nennung des „Herrn" auf das Verbot der Ehescheidung durch Jesus in 1. Kor 7, 10.12.25 (vgl. Mk 10, 11 f.; Mt 19, 9; Lk 16, 18; Mt 5, 32). In 1. Kor 9, 14 (vgl. Gal 6, 6) spricht er von dem Gebot des Herrn, daß die Verkündiger des Evangeliums vom Evangelium leben sollen (vgl. Lk 10, 7; Mt 10, 10). Paulus schärft das Liebesgebot Jesu ein und nimmt in Röm 13, 8–10 und Gal 5, 14 Bezug auf die Erfüllung der Gebote durch die Nächstenliebe nach dem „Gesetz Christi" (vgl. 5. Mose 5, 17–21; 3. Mose 19, 18; Mt 5, 43 ff.; Mt 22, 37–40; Gal 6, 2). Die Mahnung Röm 12, 14 nimmt Lk 6, 28 (vgl. Mt 5, 44) auf. Die Aussage des Apostels in 1. Thess 4, 15 (en lógō kyríou = „im Auftrag und in der Autorität des Herrn"; vgl. O. Hofius, TRE II 104) entspricht dem „Geheimnis" (*mystérion*) in 1. Kor 15, 51, und die Motive in 1. Thess 4, 16 (vgl. 1. Kor 15, 52) berühren sich mit Mt 24, 30 ff. – Außerdem enthalten die Paulusbriefe zahlreiche *Anspielungen* und sachliche Bezugnahmen auf Worte des irdischen Jesus in der synoptischen Tradition (Röm 2, 19: Mt 15, 14; Lk 6, 39; Röm 8, 15 (vgl. Gal 4, 4–6): Mk 14, 36; Röm 13, 7: Lk 20, 25; Mt 22, 21; Röm 14, 10 (vgl. 1. Kor 4, 5): Mt 7, 1; Röm 15, 7: Lk 15, 2; Röm 15, 8: Mt 15, 24; 1. Kor 5, 4: Mt 18, 20; 1. Kor 6, 7: Mt 5, 39 f.; 1. Kor 6, 13: Mt 15, 17; 1. Kor 9, 19: Mt 20, 26 f.; 1. Kor 10, 16: Mk 14, 24; 1. Kor 13, 2: Mt 17, 20; 1. Kor 15, 52: Mt 24, 30 f.; 2. Kor 1, 17:

Mt 5,37; 2. Kor 5,14: Mk 10,45; 2. Kor 6,2: Lk 4,19.21; 2. Kor 12,8: Mt 26,44; 2. Kor 13,1: Mt 18,16; Gal 6,1: Mt 18,15; Phil 2,15: 5. Mose 32,5; Mt 17,17; 1. Thess 2,16: Mt 23,13; 1. Thess 4,15 f.: Mt 24,31 ff.; 1. Thess 5,2: Mt 24,43; Lk 12,39). – Aus der Einleitung der Abendmahlstradition in 1. Kor 11,23 geht hervor, daß Paulus die Passionsgeschichte in ihren Grundzügen gekannt und in Korinth gelehrt hat (vgl. Gal 3,1; Phil 3,10). Da die in 1. Kor 15,3 ff. zitierte Überlieferung als ein katechetisches Summarium zu betrachten ist, liegt die Annahme nahe, daß zu den einzelnen Stichworten dieser Tradition in der Unterweisung auch die dazu gehörenden Ereignisse (Passions- und Ostergeschichten) erzählt wurden.

Aus dem Leben Jesu ist dem Apostel bekannt, daß Jesus von einer Frau geboren wurde und als wahrer Mensch unter dem jüdischen Gesetz gelebt hat (Gal 4,6; Phil 2,7), daß er aus dem Geschlecht Davids stammte (Röm 1,3) und unter den Juden die Gottesherrschaft verkündigte (Röm 15,8). Paulus spricht mehrfach vom zukünftigen Reich Gottes (1. Kor 6,9; 15,50; Gal 5,21), wenn auch für ihn vor allem die nachösterliche Kirche im Blick stand (Röm 14,17; 1. Kor 4,20). Auffällig ist, daß Paulus keine Heilungsgeschichte Jesu erwähnt. Der Apostel spielt auf die Machthaber an, die Jesus zum Kreuzestod verurteilten (1. Kor 2,8), und spricht von der Schwachheit, in der Jesus gekreuzigt wurde (2. Kor 13,4); er weiß also um die entscheidenden Vorgänge im Wirken des einmaligen, geschichtlichen Menschen Jesus von Nazareth und hält Christus nicht nur für ein mythisches Wesen.

Die Lehre des Paulus nimmt den wesentlichen Inhalt der Botschaft Jesu auf. Der Apostel wiederholt zwar nicht einfach die Verkündigung des irdischen Jesus, aber sein Glaube an Gott und sein Verständnis des Menschen und der Welt sind dieselben wie in der Predigt Jesu. Paulus verkündigt wie Jesus Gott als den Schöpfer aller Dinge (1. Kor 8,6), als den barmherzigen Vater (2. Kor 1,3), der dem bußfertigen Menschen aus unumschränkter Freiheit und Macht als der Gnädige begegnet und doch der gerechte Richter bleibt (Röm 2,5 f.). Der Mensch ist bei Jesus und Paulus der durch seinen Ungehorsam gegen Gottes Willen von Gott entfremdete Sünder, der auf Vergebung angewiesen ist und zur Umkehr und zum Glauben aufgerufen wird. Paulus erweist sich in seinen Aussagen über die Leiblichkeit des Menschen, über die Ehe und die Stellung der Frau, über die Güter dieser Welt und die politischen Gewalten und hauptsächlich über die zentrale Bedeutung des Dienens und der Liebe im ethischen Verhalten als ein treuer Schüler Jesu.

Die Person Jesu, der predigend, heilend und Sünde vergebend die in seinem Wirken und Sterben anbrechende eschatologische Gottesherrschaft verkündigt, von sich selbst aber nur verhüllt als dem Menschensohn gesprochen hat, steht als der von Gott gesandte Bringer des eschatologischen Heils für alle Menschen in der Mitte der paulinischen Theologie. In ihm bringt Gott alle Verheißungen zur Erfüllung (2. Kor 1,20). Paulus bezeugt Jesus Christus als den gekreuzigten, auferweckten, erhöhten und wiederkommenden Messias (Röm 6,3 ff.), Kyrios (Röm 10,9), Gottesknecht (vgl. 2. Kor 5,21; Gal 3,13),

Gottessohn (Röm 1,3 f.; 8,3) und Menschensohn (1. Kor 15,23–28). Jesus Christus ist der Mittler der alten und der neuen Schöpfung (1. Kor 8,6). In seinem stellvertretenden Sühnetod hat Gott die neue Heilsordnung (1. Kor 11,25; vgl. 2. Kor 5,17) aufgerichtet, die in der Zukunft zur Vollendung kommt in der universalen Gottesherrschaft. So beherrscht der gekreuzigte und erhöhte Jesus Christus das ganze theologische Denken des Paulus, seine Theologie (Gott verwirklicht seinen Heilsplan durch Christus), die Christologie (Christus ist der Retter Phil 3,20; 1. Thess 1,10 und der Richter im Endgericht 2. Kor 5,10), die Pneumatologie (Christus wirkt durch den Geist in der Gemeinde 2. Kor 3,17 f.), die Soteriologie (Christus ist „für unsere Sünden gestorben" 1. Kor 15,3), die Ekklesiologie (Die Kirche ist der Leib Christi 1. Kor 12,27) und die Eschatologie (Christus ist der Weltvollender 1. Kor 15,24–28).

17   In V. 17 zieht Paulus die Konsequenz aus V. 14 nicht nur für die neue Art und Weise des Erkennens, sondern für das neue *Sein* des Menschen: „Ist jemand in Christus, so ist er eine neue Schöpfung; das Alte ist vergangen, siehe, Neues ist geworden." Das vom Propheten Jesaja verheißene eschatologisch „Neue" (Jes 43,18 f.) ist im stellvertretenden Sühnetod Jesu Wirklichkeit geworden. Paulus ist aber kein wirklichkeitsfremder Schwärmer, der die Tatsache überspringt, daß mit Tod und Auferweckung Jesu noch nicht die völlige Welterneuerung eingetreten ist. Darum betont er gegen die enthusiastischen Pneumatiker die Zukünftigkeit der Auferstehung und der Weltvollendung bei der Parusie Christi. Gott hat durch das Christusgeschehen dem alten Äon den Todesstoß versetzt und eine „neue Schöpfung" (eschatologische Menschheit) begründet, die „Frieden mit Gott" hat (Röm 5,1). Wer „in Christus" ist, hat Anteil an dem von Gott verheißenen, eschatologischen Bund des Friedens (Jes 54,10). Die eschatologisch-ekklesiologische Formel „in Christus" bezeichnet umfassend das Einbezogenwerden des ganzen Menschen in das Heilsgeschehen von Tod und Auferweckung Jesu Christi (vgl. Röm 6,1–11). Als Glieder der „neuen Schöpfung", deren Urheber derselbe Gott ist, der auch die alte Schöpfung geschaffen hat, leben die Glaubenden zwar noch in der alten, vergänglichen Welt (Gal 1,4), sind aber durch Christus aus der Knechtschaft der Mächte des alten Äons befreit (Röm 7,6). Die Rabbinen gebrauchen den Ausdruck „neue Schöpfung" für die messianische Zeit, individuell für einen Heiden, der zum jüdischen Glauben übertritt. Paulus bezeichnet damit die Gemeinschaft der neuen, durch das Christusgeschehen begründeten eschatologischen Heilsordnung (Mk 14,24; 1. Kor 11,25).

18   In den Versen 18–21 beschreibt Paulus das Heilshandeln Gottes durch den stellvertretenden Sühnetod Jesu als göttliches *Versöhnungs*geschehen. In der alttestamentlichen Sühne gibt der Mensch das Opfertier, und der Priester vollzieht die Sühneriten. Im Kreuzesgeschehen hat Gott Jesus Christus mit den Sündern identifiziert und das Blut seines Sohnes „für sie" dahingegeben. Gott hat die Initiative von sich aus ergriffen und die sündigen Menschen mit sich selber versöhnt: „das alles kommt von Gott" (V. 18). Im folgenden wird das

Versöhnungsgeschehen in drei Gängen entfaltet (V. 18, 19, 20 f.), wobei jeweils die Versöhnungs*tat* Gottes von dem *Wort* der Versöhnung unterschieden wird (O. Hofius). Beide Aspekte werden zunächst in V. 18 b und c genannt: „Gott hat uns mit sich selber versöhnt durch Christus und hat uns den Dienst der Versöhnung gegeben." Von der Versöhnung spricht Paulus auch in Röm 5, 10: „Als wir noch Feinde waren, wurden wir mit Gott durch den Tod seines Sohnes versöhnt." Nicht wir Menschen haben Gott versöhnt; vielmehr hat er aus freier Gnade sich uns zugewendet und uns mit sich versöhnt, als wir ihm noch feindlich gegenüberstanden. Hier wird der grundlegende Unterschied des paulinischen Versöhnungsgedankens zu den mannigfaltigen Versöhnungsvorstellungen und -riten der Religionsgeschichte ganz deutlich. Dort versuchen die schuldig gewordenen Menschen die Gottheit durch Opfer und Bußleistungen gnädig zu stimmen. Aber der Gott und Vater Jesu Christi braucht nicht beschwichtigt und „versöhnt" zu werden, weil seine Liebe zu den Menschen auch durch deren Ungehorsam nicht aufgehoben wurde; denn der „Zorn Gottes" ist keine Gefühlsregung, sondern Ausdruck für das eschatologische Gericht (1. Thess 1, 10). Paulus versteht die Versöhnung auch nicht so, daß der strafenden Gerechtigkeit Gottes durch den Tod des sündlosen Jesus Genugtuung geleistet wurde; denn die „Gerechtigkeit Gottes" ist für Paulus die „heilschaffende Macht", mit der Gott den Seinen zu Hilfe kommt (P. Stuhlmacher). Versöhnung bedeutet, daß ein Verhältnis der Feindschaft in neue Gemeinschaft verwandelt wird. Der personale Begriff der Versöhnung beruht bei Paulus auf dem kultischen Begriff der Sühne als der dem Menschen von Gott geschenkten Möglichkeit, durch die Verbindung mit Christus in dessen stellvertretendem Sühnetod durch das (sakramentale) Sterben hindurch (Röm 6, 4 f.) neu in die Gemeinschaft mit Gott aufgenommen zu werden. Die Versöhnung mit Christus ist in der Sache dasselbe Geschehen, das Paulus im Galater- und Römerbrief als die Rechtfertigung des Sünders durch den Glauben an Christus ohne des Gesetzes Werke entfaltet. Wie Gott das handelnde Subjekt im Versöhnungsgeschehen war, so hat er selbst auch dafür gesorgt, daß die Versöhnungstat den Menschen zugänglich gemacht wird: „er hat uns den Dienst der Versöhnung (*diakonía tēs katallagēs*)" gegeben (Luther: „das Amt, das die Versöhnung predigt"). Damit weist Paulus auf die Verkündigung der Apostel hin, die in Kap. 3 als „Dienst des neuen Bundes" beschrieben wird. Gott selbst hat Paulus vor Damaskus seinen Sohn offenbart und ihn damit zum Heidenapostel berufen, wie er auch die anderen Apostel berufen hat. Das Zeugnis der Apostel wird in der Predigt der Kirche immer neu aktualisiert, damit die glaubenden Menschen des im Kreuz Christi geschenkten Heils teilhaftig werden können. In V. 19 werden die Aussagen von V. 18 b und c näher erläutert. Die Einleitung (*hōs hóti*) hat nicht vergleichenden oder hypothetischen Sinn („wie wenn"), sondern betont kausal die Tatsächlichkeit des göttlichen Handelns. Die erste Hälfte bezieht sich auf die Versöhnungstat: „Denn Gott war in Christus, die Welt mit sich selber versöhnend." Das Verbum „war" ist nicht nur als Hilfsverb mit dem Partizip zu verbinden; es hat selb-

19

ständige Bedeutung und drückt die Einheit von Gott und Christus im Sühne-
geschehen am Kreuz aus. Als Objekt des versöhnenden Handelns Gottes wird
hier der „Kosmos", d. h. die ganze sündige Menschheit, genannt. Schon in der
frühesten Abendmahlstradition wird der Tod Jesu als universales Heilsgeschehen gedeutet (Mk 14, 24). Das zweite Partizip im griechischen Text erläutert,
wodurch die Versöhnung der Welt mit Gott geschah: „indem er (Gott) ihnen
(den sündigen Menschen) ihre Verfehlungen nicht anrechnete". Alle Menschen, die Juden, die das Gesetz des Mose haben, und die Heiden, denen ihr
Gewissen Zeugnis gibt, sind durch ihren Ungehorsam schuldig geworden vor
Gott (Röm 1–3). Aufgrund der im Kreuz Christi geschehenen Sühne hat
ihnen Gott ihre Verfehlungen vergeben und sie in das rechte Verhältnis des
Friedens (Jes 53, 5; Röm 5, 1) und der Gemeinschaft mit sich versetzt. Der
Schluß von V. 19 (Partizip Aorist) setzt den Hauptsatz fort und beschreibt die
Einsetzung des Dienstes der Versöhnung: „und er (Gott) hat unter uns aufge-
richtet das Wort von der Versöhnung". Das „Wort von der Versöhnung" ist
das Evangelium, das den Aposteln zur Verkündigung aufgetragen ist; es ist
identisch mit dem „Wort vom Kreuz" (1. Kor 1, 18), das Paulus verkündigt.
Eine den Aposteln bei der Berufung vom auferstandenen Herrn selbst im
Wortlaut anvertraute Glaubensformel für den Inhalt des Evangeliums wird im
Neuen Testament nirgends erwähnt.

20   Im dritten Gang der Entfaltung des Versöhnungsgeschehens (V. 20 f.)
beschreibt Paulus in chiastischer Stellung zunächst den Verkündigungsdienst
der Apostel, um in V. 21 auf die Sühnetat zurückzugreifen. Diese Reihenfolge
hebt das sachliche Verhältnis nicht auf, daß Gott durch seine Versöhnungstat
den Grund für die Verkündigung gelegt hat. Die mit der Verkündigung des
Evangeliums beauftragten Apostel sind „Botschafter an Christi Statt". Das
hier gebrauchte Verb (*presbeúein*) bezeichnet die Funktion der Gesandten; es
wird auch für die kaiserlichen Legaten verwendet. Der Botschafter handelt im
Auftrag und in der Autorität seines Herrn und tritt für dessen Sache ein. Hier-
nach sind die Apostel nicht „Stellvertreter" Christi auf Erden, sondern seine
beauftragten Zeugen. Dabei redet Gott selbst als Urheber der Versöhnung
durch das Wort der Verkündiger zu den Menschen und ermahnt sie zur
Annahme des Evangeliums. Der allmächtige Gott zwingt aber die Menschen
nicht in sein universales Heilswerk hinein; er respektiert ihre Entscheidungsfreiheit und begegnet in Christus als Bittender. Die Apostel bitten im Namen
Christi: „Laßt euch versöhnen mit Gott!", d. h. Nehmt im Glauben an, was
Gott durch den stellvertretenden Sühnetod Jesu für euch getan hat! Als dankbare Empfänger des Geschenks der Versöhnung mit Gott sollen die Glaubenden ihrerseits als „Friedensstifter" wirken (Mt 5, 9). – In V. 18–20 wird die
Verkündigung der Apostel nicht als „Fortsetzung" der göttlichen Offenbarung in Christus beschrieben, sondern als „Dienst der Versöhnung", in dem sie
das „Wort von der Versöhnung" durch ihr Zeugnis an die Menschen ausrichten. Paulus versteht seinen Dienst als Heidenapostel im Rahmen des göttlichen Heilsplans, wonach Gott alle Völker in das Reich Gottes ruft, um dann

auch die dem erwählten Volk Israel gegebene Verheißung wahrzumachen (Röm 11). In V.21 führt Paulus die Versöhnungstat Gottes und die in V.19 genannte „Vergebung der Verfehlungen" noch näher aus, indem er von der Person Christi spricht. Auch hier ist Gott das Subjekt des Handelns, das für uns einen „seligen Tausch" (Luther) bedeutet: „Den, der Sünde nicht kannte, hat er (Gott) für uns zur Sünde gemacht, damit wir in ihm Gerechtigkeit Gottes würden." Dies ist die einzige Stelle, an der Paulus direkt von der Sündlosigkeit Jesu spricht; sie ist aber in der Sache in mehreren Aussagen (z.B. Röm 5,19; 8,3; Phil 2,8) vorausgesetzt. Jesus hat die Sünde nicht aus eigenem Tun kennengelernt, weil er sein Leben ganz im Gehorsam gegen den Willen des Vaters geführt und ihn Gott deshalb erhöht hat (Phil 2,6–11). Den sündlosen Jesus hat Gott „für uns" zur Sünde gemacht, damit wir in neuer Gemeinschaft mit Gott leben können. Nach Gal 3,13 hat uns Christus losgekauft aus dem Fluch des Gesetzes, indem er für uns zum Fluch gemacht wurde, weil geschrieben steht (5.Mose 21,23): „Verflucht ist jeder, der am Holze aufgehängt ist." Hier ist der stellvertretende Sühnetod Jesu im Rahmen der Auseinandersetzung von Glaubens- und Gesetzesgerechtigkeit formuliert. Paulus sieht im Tod Jesu die Aussagen über den Gottesknecht (Jes 53,5.12) erfüllt. Möglicherweise hat sich Paulus in V.21 an eine judenchristliche Glaubensformel angelehnt, in der Jesus als Sündopfer beschrieben war (vgl. Sünde = Sündopfer 3.Mose 4,21.24; 5,12; 6,18 LXX). Die „Gerechtigkeit Gottes" ist hier das Resultat der göttlichen Versöhnungstat und bezeichnet „die Qualität des den Glaubenden kraft des Sühnopfers Jesu gewährten neuen Lebens" (P. Stuhlmacher, Versöhnung, S.100; vgl. auch U.Wilckens zu Röm 3,25). Die Setzung der abstrakten Begriffe „Sünde" und „Gerechtigkeit Gottes" statt der konkreten Ausdrücke „Sünder" und „Gerechtfertigte", die den Gedanken der neuen Schöpfung von V.17 aufnehmen, hat ihren tiefsten sachlichen Grund in der „einschließenden Stellvertretung" des Sühnegeschehens, in dem die sündigen Menschen in ihrem Sein mit dem gekreuzigten und auferstandenen Jesus Christus aufs engste verbunden sind (O. Hofius).

Die ersten Verse des neuen Kapitels stehen sachlich noch im Zusammenhang mit dem vorausgehenden Abschnitt. Der Ausdruck „Mitarbeiter", zu dem im Sinn von 1.Kor 3,9 „Gottes" zu ergänzen ist, greift auf 5,20 zurück, wonach Gott durch die Apostel ermahnt. Deshalb gehört es auch zur apostolischen Aufgabe des Paulus, die Korinther zu ermahnen, daß sie dem Wort von der Versöhnung nicht untreu werden. Die Korinther hätten die Gnade Gottes vergeblich empfangen, wenn sie wieder in eine Haltung zurückfielen, in der sie sich selbst, statt dem Herrn, leben (5,15). Die empfangene Heilstat in Christus verpflichtet zu einer Lebensführung in Liebe und Gehorsam. Paulus begründet seine Mahnung in V.2 mit dem Schriftwort Jes 49,8 (LXX). Die rabbinische Zitationsformel besagt, daß Gott selbst durch die Schrift spricht. Paulus deutet die Zeit des göttlichen Wohlgefallens im Zitat als die für die Menschen hochwillkommene Zeit der Gnade und betont damit die Gegenwart des Heils in Christus (vgl. Lk 4,17ff.). Für den einzelnen verwirklicht sich das durch das

Christusgeschehen begründete „Jetzt" (*nȳn*) der eschatologischen Heilszeit, wenn er das „Wort von der Versöhnung" (5, 19) im Glauben annimmt.

2.4.2 Die Bewährung des Paulus im apostolischen Dienst 6, 3–10

3 Dabei geben wir in nichts irgend einen Anstoß, damit der Dienst nicht verlästert werde, 4 sondern in allem erweisen wir uns als Diener Gottes, in viel Geduld, in Bedrängnissen, in Nöten, in Ängsten, 5 in Schlägen, in Gefängnissen, in Zeiten der Unruhe, in Mühen, in durchwachten Nächten, im Fasten, 6 in Lauterkeit, in Erkenntnis, in Langmut, in Güte, im heiligen Geist, in ungeheuchelter Liebe, 7 in dem Wort der Wahrheit, in der Kraft Gottes; mit den Waffen der Gerechtigkeit zur Rechten und zur Linken, 8 unter Ehre und Schande, unter Lästerung und Lobrede, als Verführer und doch wahrhaftig, 9 als Unbekannte und doch bekannt, als Sterbende und siehe, wir leben, als Gezüchtigte, und doch nicht getötet, 10 als Betrübte, doch allezeit fröhlich, als Arme, die doch viele reich machen, als solche, die nichts haben und doch alles haben.

Vers 4–10: *1. Kor 4, 11–13*   Vers 6: *Gal 5, 22 f.*   Vers 7: *Röm 13, 12*   Vers 9: *Ps 118, 17 f.*

Das Verhalten der Verkündiger soll der Art der Versöhnungsbotschaft entsprechen. Deshalb legt Paulus jetzt dar, daß diese Regel bei ihm in Kraft ist. Der Abschnitt V. 3–10 ist syntaktisch (mit den griechischen Partizipien in V. 3 f.) an das Hauptverbum „wir ermahnen" (V. 1) angeschlossen. Das Ganze ist eine Charakterisierung des apostolischen Dienstes im Stil eines sog. Peristasenkatalogs, ähnlich den Abschnitten 4, 8–10, 11, 23–29 und 1. Kor 4, 11–13. Daß Paulus seinen „Ruhm" im Leiden der Kreuzesnachfolge sieht, unterscheidet ihn von seinen Gegnern, die sich der äußeren Vorzüge rühmen (5, 12).

Die literarische Form des Peristasenkatalogs ist eine lose, oft antithetisch gestaltete, Aneinanderreihung von Bedrängnissen, in denen sich der Weise oder Gottesmann bewährt. Diese Form begegnet sowohl in der griechischen Literatur (Dio Chrysostomus, Or VIII 15 ff.) als auch in der jüdischen Apokalyptik (z. B. slHen 66, 6). Paulus lehnt sich an diese Form an, stellt sie aber inhaltlich ganz in den Dienst seiner Christologie. Die Verse 3 und 4 a bilden eine Art thematische Überschrift: sie stellen die Bewährung des Paulus als Diener Gottes heraus. Der Katalog wird eröffnet mit der Wendung „in viel Geduld"; danach werden die Situationen aufgezählt, in denen der Apostel große Geduld beweist. Dabei kommen, eingeleitet mit „in", zunächst drei Dreierreihen in V. 4 c, 5 a und b und dann vier Zweierreihen in V. 6 und 7 a. Von V. 7 b bis 8 b werden die Waffen und Lagen entfaltet, mit denen und in denen der Dienst sich vollzieht, im Griechischen eingeleitet mit „dia" (durch). Von dem Ausdruck „als Verführer" an (V. 8 c) treten Adjektive und Partizipien an die Stelle der Substantive. Den Bedrängnissen in V. 4 und 5 stehen in V. 6 und 7 die Kräfte gegenüber, mit deren Hilfe Paulus die Leiden besteht. Mehrere der hier gebrauchten Begriffe erscheinen auch in den sog. Tugendkatalogen; Paulus versteht die „Tugenden" als Charismen. In den zusammenfassenden letzten Versen (8 c–10) sind die Antithesen jeweils in demselben Satzteil enthalten. – In dem ganzen Abschnitt kommt zum Ausdruck, daß Paulus die Apostel nicht als „Tugendkämpfer" versteht, sondern als Werkzeuge Gottes, die sich durch die Kraft und den Geist Gottes in den Anfechtungen und Nöten ihres Dienstes getragen wissen.

Paulus ist sich dessen bewußt, daß die persönlichen Schwächen und Fehler 3 eines Verkündigers dem Dienst angelastet werden können; deshalb ist er in jeder Hinsicht darauf bedacht, daß durch sein persönliches Verhalten keinerlei Tadel auf den apostolischen Dienst fällt (vgl. 1. Kor 9,12; 1. Thess 5,22). Er 4 verhält sich mit Wort und Wandel so, wie es einem Diener Gottes geziemt. Auch die Gegner des Paulus haben den Anspruch erhoben, „Diener Christi" zu sein (11,23); Paulus erweist sich als wahrer Diener Gottes durch seinen apostolischen Leidensdienst.

Die große Geduld des Apostels (vgl. Jes 40,31) bewährt sich in den vielfältigen Anfechtungen seines Amtes. Zunächst werden allgemeine Bedrängnisse, Nöte und Ängste (vgl. Röm 8,35) genannt (V.4), dann (V.5a) Schläge bei 5 Verfolgungen, z.B. die jüdische Synagogenstrafe (vgl. 11,24) und die römische Rutenstrafe (vgl. 11,25; Apg 16,22), Gefängnisse (vgl. 11,23) und Zeiten der Unruhe mit der Gefahr der Lynchjustiz (vgl. Apg 14,19). Dann kommen Nöte, die aus dem Verkündigungsdienst erwachsen: Mühen, die verstärkt sind, weil Paulus auf den Unterhalt durch die Gemeinde verzichtet, durchwachte Nächte und häufiges Fasten; beim „Fasten" ist nicht an asketische Leistungen gedacht, sondern an die situationsbedingte Entbehrung von Speise und Trank auf den Reisen (vgl. 11,27). Ab V.6 werden die Kräfte genannt, in denen Pau- 6 lus seinen Dienst versieht: Lauterkeit (1,12) und Erkenntnis (vgl. 1. Kor 12,8), Langmut (Kol 3,12) und Güte (Röm 2,4). All dies ist eine Frucht des heiligen Geistes (Gal 5,22.25), der die ungeheuchelte Liebe (Röm 12,9) schenkt, die nicht das Ihre sucht (1. Kor 13,5). In V.7 erscheinen die Waffen, mit denen 7 Paulus seinen geistlichen Kampf führt. Das „Wort der Wahrheit" (vgl. Ps 119,43) ist das Evangelium (4,2; Kol 1,5; Eph 1,13), das von Paulus verkündigte Wort von der Versöhnung (5,19). Die Kraft Gottes wird in Wort und Geist durch die Apostel wirksam (1. Kor 2,4). Die Diener der Versöhnung streiten nicht mit Macht und List, sondern mit den „Waffen der Gerechtigkeit" (Röm 6,13; 13,12). Rechts führt der römische Soldat das Schwert als Angriffswaffe, links den Schild zur Verteidigung (vgl. die christliche Waffenrüstung 1. Thess 5,8 und Eph 6,14–17). Durch Wort und Geist sind die Apostel von Gott ausgerüstet zu Angriff und Abwehr im Kampf des Glaubens (10,4f.). In V.8 schildert Paulus zunächst mit zwei Gegensatzpaaren die posi- 8 tive und negative Reaktion der Menschen auf die apostolische Verkündigung: er bleibt seinem Auftrag treu, sei es unter Ehre oder Schande, unter Lästerung (1. Kor 4,12f.) oder Lobrede (Gal 4,14). Nicht nur Verleumdung, sondern auch Lob kann zur Anfechtung werden, wenn Gott nicht die Ehre gegeben wird. Dann wechselt der Stil: durch antithetische Aussagen über die Apostel bringt Paulus den paradoxen Charakter seines Apostolats zur Geltung, der darin besteht, daß die Herrlichkeit des Dienstes sich gerade in der Niedrigkeit

und im Leiden offenbart. Dabei steht jeweils das Urteil der Welt gegen das Urteil Gottes. Das bedeutet in der ersten Antithese (8 c): Vom Standpunkt der Menschen aus werden die Apostel als Verführer beurteilt, in Wirklichkeit vertreten sie die Wahrheit Gottes, die nur der Glaube erkennt. Die Juden haben Paulus wegen seiner Verkündigung der Freiheit vom Gesetz verfolgt; aber
9 auch die judenchristlichen Gegner hielten ihn für einen Verführer. „Als Unbekannte und doch bekannt" bedeutet entsprechend: in den Augen der Menschen „obskure", unbekannte Leute, aber bei Gott und in der Gemeinde wohl bekannt. Zugleich soll aber wohl nicht nur die Bekanntschaft, sondern auch die Anerkennung ausgedrückt werden: Männer, die von der großen Welt nicht anerkannt werden, die aber in der Gemeinde als Beauftragte Gottes anerkannt sind. Die beiden nächsten Antithesen nehmen den Gegensatz von Leben und Sterben aus 4,10 f. auf und schließen sich an Psalm 118,17 f. an: „Ich werde nicht sterben, sondern leben und des Herrn Werke verkündigen. Der Herr züchtigt mich schwer, aber er gibt mich nicht dem Tode preis." Im täglichen Sterben des Apostels (1. Kor 15,31) wird das Leben Jesu offenbar (2. Kor 4,11). Er wird zwar gezüchtigt (12,7), aber nicht getötet (vgl. z. B.
10 Apg 14,19). Paulus hat wahrlich keinen Mangel an Betrübnis; die Korinther tragen dazu durch ihren Enthusiasmus auch einen beträchtlichen Teil bei, aber die Freude des Apostels kann dadurch nicht zerstört werden, weil sie in Christus ihren Grund hat (Röm 14,17; Phil 4,4). Äußerlich ist er arm, aber als ein von Christus reich Beschenkter (8,9) kann er viele reich machen; dem, „der nichts hat" (vgl. Phil 4,12), gehört doch alles (1. Kor 3,21 f.).

Der ganze Abschnitt ist eine lebendige Veranschaulichung des Grundsatzes, daß die Kraft Gottes in der Schwachheit zur Vollendung kommt. Im Unterschied zu den stoischen und apokalytischen Parallelen sind die Antithesen bei Paulus von der Theologie des Kreuzes bestimmt.

2.5 Bitte um volle Aussöhnung 6,11–7,4 (ohne 6,14–7,1)

6,11 Unser Mund hat sich euch gegenüber aufgetan, ihr Korinther, unser Herz ist weit geworden.   12 Engen Raum habt ihr nicht in uns, engen Raum habt ihr vielmehr in euren (eigenen) Herzen.   13 Nun vergeltet Gleiches mit Gleichem – wie zu meinen Kindern rede ich – und macht auch ihr euer Herz weit! – 7,2 Gebt uns Raum in euren Herzen! Niemand haben wir Unrecht getan, niemand haben wir zugrunde gerichtet, niemand haben wir übervorteilt.   3 Ich sage das nicht, um (euch) zu verurteilen; denn ich habe schon zuvor gesagt, daß ihr in unseren Herzen seid, um mitzusterben und mitzuleben.   4 Groß ist mein Vertrauen zu euch; groß ist mein Rühmen über euch; ich bin erfüllt mit Trost; ich habe überschwengliche Freude in aller unserer Bedrängnis.

Vers 6,11: *Ps 119,32*   Vers 13: *1. Kor 4,14*   Vers 7,2: *12,17*   Vers 3: *6,11 f.*

In dem Abschnitt 6,11–7,4 ist eine apokalyptisch geprägte Warnung vor Gemeinschaft mit Götzendienern enthalten, die das Thema „Raum geben im

Herzen" (6, 13; 7, 2) unterbricht. Deshalb wird der paränetische Abschnitt 6, 14–7, 1 von den meisten Auslegern als späterer Einschub eines Redaktors beurteilt. Die Auslegung dieses (eingeschobenen) Abschnitts folgt nach 7, 4.

Auf die sachlichen Ausführungen, die das apostolische Amt als Dienst der Versöhnung beschreiben, folgt ab V. 11 die persönliche Bitte des Paulus um volle Aussöhnung mit den Korinthern. Auf seiner Seite ist nach all den Zerwürfnissen jetzt das volle Vertrauen zur Gemeinde wiederhergestellt. Die Entfaltung des Wortes vom Kreuz hat den Korinthern klargemacht, daß zum Wesen des apostolischen Dienstes auch Niedrigkeit und Leiden gehören. Nun bittet Paulus zuversichtlich darum, daß auch die Gemeinde ihm wieder ihr volles Vertrauen schenke.

Paulus deckt in V. 11–13 auf, aus welcher Haltung und Einstellung heraus 11 er die Verteidigung seines Apostolats durchführt. Dabei redet er die Leser zum ersten Mal ausdrücklich als „Korinther" an und zeigt ihnen, wie sehr er sich ihnen persönlich verbunden weiß. Sein Mund hat sich ihnen gegenüber aufgetan; er hat sich ihnen gegenüber ganz offen ausgesprochen, ohne etwas zurückzuhalten. Die Offenheit seiner Rede kommt aus einem aufgeschlossenen Herzen. Die Korinther haben wieder einen vollen Platz im Herzen ihres Gründungsapostels. An Paulus liegt es nicht, wenn das gegenseitige Vertrauen 12 noch nicht völlig hergestellt ist, sondern an der Engherzigkeit der Korinther. Offenbar ist sich Paulus dessen bewußt, daß ein Teil der Gemeinde ihm noch immer mißtrauisch gegenübersteht. So braucht es aber nicht zu bleiben. Pau- 13 lus ruft in V. 13 die Gemeinde dazu auf, sich ihm mit derselben Versöhnungsbereitschaft und mit demselben Vertrauen zu öffnen, wie er sie der Gemeinde entgegenbringt. Dabei redet er mit der vertrauensvollen Liebe zu ihnen, mit der ein Vater zu seinen Kindern spricht (1. Kor 4, 14). Sein Herz erschließt sich hier völlig; er wirbt um die Korinther mit einer „seelsorgerlichen Liebeserklärung" (O. Schmitz). Der eingeschobene Abschnitt 6, 14–7, 1 wird nach 7, 4 für sich erklärt. In V. 2 des neuen Kapitels nimmt Paulus 6, 13 wieder auf: 7, 2 „Gebt uns Raum in euren Herzen!" Schenkt mir doch dasselbe Vertrauen und dieselbe Liebe, mit denen ich euch begegne! Die Liebe vertuscht die Wahrheit nicht, sondern freut sich an ihr (1. Kor 13, 6). Knapp und bestimmt weist Paulus die Vorwürfe zurück, die in Korinth gegen ihn erhoben wurden. „Wir haben niemand Unrecht getan." Der Apostel gebraucht hier dasselbe Verbum wie in 7, 12, wo er auf das Unrecht hinweist, das er von einem Korinther erlitten hat (wahrscheinlich durch einen schweren Angriff auf sein Apostelamt). „Wir haben niemand zugrunde gerichtet", d. h. zum ewigen Verderben verführt (vgl. 1. Kor 8, 11). „Wir haben niemand übervorteilt"; auf diesen Hauptvorwurf geht Paulus in 12, 14–18 noch näher ein. Wenn die Kap. 10–13 früher geschrieben wurden als Kap. 1–9 (s. Einl., S. 13), dann kann sich Paulus jetzt mit einem kurzen Hinweis auf seine früheren Ausführungen begnügen; stammen sie aus derselben Situation, dann ist V. 2 als knappe Vorwegnahme von 12, 14–18 zu betrachten; gehören sie in eine spätere Lage (C. K. Barrett), dann weist Paulus hier andeutend auf eine heimlich schwelende Anklage hin, die

3 sich später zu einem offenen Angriff auf ihn entwickelt hat. Dem Apostel geht
es aber jetzt nicht um Anklage und Verurteilung, sondern nur um den Ausdruck seiner ungebrochenen Liebe zu der Gemeinde. Daß dies sein entscheidendes Motiv ist, betont er selbst durch die Erinnerung an seine im Vorausgehenden gemachte „Liebeserklärung" (6, 11–13). Die Wendung „im Herzen
jemandes sein" beschreibt die persönliche Verbundenheit in Liebe und Vertrauen, eine enge, im Glauben an Tod und Auferweckung Jesu Christi begrün-
4 dete Gemeinschaft im Leben und im Sterben (Phil 1, 7). In V. 4 bringt Paulus
sein volles Vertrauen zur Gemeinde und seine überschwengliche Freude über
die wiederhergestellte Gemeinschaft zum Ausdruck. Sein „großer Freimut"
(*parrhēsía*) ist hier nicht nur Offenheit wie in 6, 11, sondern die feste Zuversicht, daß auch die Gemeinde wieder ganz zu ihrem Apostel steht. Paulus
kann nicht genug betonen, wie sehr er sich der Gemeinde rühmt; er ist mit
Trost erfüllt, und sein Herz ist übervoll von Freude. Wodurch ist diese überschwengliche Äußerung der Freude und des Vertrauens verursacht? Nach der
nächstliegenden Erklärung ist die Antwort auf diese Frage in den Versen 7–13
enthalten, in denen Paulus von der Ankunft des Titus berichtet und von den
guten Nachrichten, die dieser aus Korinth mitgebracht hat. Der Abschnitt
7, 5–7 ist sprachlich eng mit 7, 4 verknüpft, und in 7, 16 spricht Paulus abschließend nochmals sein volles Vertrauen zur Gemeinde aus. Wer 2, 14–7, 4 zusammen mit Kap. 10–13 zum Tränenbrief rechnet (R. Bultmann) oder als ein eigenes Schreiben faßt (G. Bornkamm; vgl. oben S. 265), muß das hier in V. 4
geäußerte Vertrauen aus der gewissen Überzeugung des Paulus erklären, daß
er mit seiner Argumentation die Korinther wieder für sich gewinnen wird.

2.6 Warnung vor der Gemeinschaft mit Götzendienern 6, 14–7, 1

6, 14 Zieht nicht mit Ungläubigen zusammen am fremden Joch! Was haben
denn Gerechtigkeit und Ungerechtigkeit miteinander zu tun, oder was für eine
Gemeinschaft besteht zwischen Licht und Finsternis? **15** Wie stimmt Christus
überein mit Beliar? Oder was für ein Teil hat ein Gläubiger gemeinsam mit einem
Ungläubigen? **16** Wie verträgt sich der Tempel Gottes mit Götzen(bildern)?
Wir sind nämlich der Tempel des lebendigen Gottes; wie denn Gott gesprochen
hat: „Ich will unter ihnen wohnen und wandeln, und ich werde ihr Gott sein, und
sie werden mein Volk sein." **17** Darum „zieht aus aus ihrer Mitte und sondert
euch ab", spricht der Herr; „und rührt nichts Unreines an, so will ich euch annehmen **18** und euer Vater sein, und ihr sollt meine Söhne und Töchter sein",
spricht der Herr, der Allherrscher.
   7, 1 Weil wir nun diese Verheißungen haben, Geliebte, wollen wir uns reinigen
von jeder Befleckung des Fleisches und des Geistes und die Heiligung vollenden in
der Furcht Gottes.

Vers 6, 14; *5. Mose 22, 10*   Vers 15: *1. Kor 10, 21*   Vers 16: *3. Mose 26, 12; Ez 37, 27*   Vers 17:
Jes 52, 11; Ez 20, 41   Vers 18: *2. Sam 7, 14; Am 3, 13 LXX.*

Der in sich geschlossene Abschnitt enthält eine allgemein gehaltene Warnung vor der Gemeinschaft mit heidnischen Götzendienern. In formaler Hinsicht schließen sich an V. 14, der das Verbot aus 5. Mose 22,10 interpretiert, fünf rhetorische Fragen an, deren erste vier durch „oder" zu zwei Paaren verbunden sind. Die letzte Frage wird mit einem ekklesiologischen Bekenntnis beantwortet. In V. 16b–18 bringt der Verfasser mit kombinierten Stellen aus dem Alten Testament einen Schriftbeweis für die Gegenwart Gottes bei seinem Volk, die es erforderlich macht, daß das eschatologische Gottesvolk sich von allem Unheiligen fernhält.

Das in dem Aufruf: „Zieht nicht am fremden Joch!" verwendete griechische 14 Verbum „unter fremdem Joch gehen" nimmt Bezug auf 5. Mose 22,10, wo es heißt: „Du sollst beim Pflügen nicht Ochse und Esel zusammenspannen." Zugtiere, die von verschiedener Art sind, sollen nicht unter demselben Joch gehen. Dieses Verbot wurde im Judentum auch übertragen gebraucht in dem Sinn: „keine naturwidrige Verbindung eingehen" (vgl. 3. Mose 19,19b). Wer den lebendigen Gott verehrt, hat sich von allem heidnischen Wesen fernzuhalten. Diese Wendung ist in unserm Abschnitt auf die Scheidung der Christen von aller heidnisch-weltlichen Unreinheit bezogen. In den folgenden Fragesätzen, die alle eine negative Antwort voraussetzen, sind sowohl die Ausdrücke für die Gemeinschaft als auch die Bezeichnungen der unvereinbaren Größen stilistisch kunstvoll variiert. „Wer zur Gerechtigkeit geworden ist (5,21), kann nichts mehr mit der Ungerechtigkeit zu tun haben" (H. D. Wendland, S. 213). Dies gilt sowohl für das Verhältnis Israels zu den Weltvölkern als auch für das Verhältnis der Christen zu den Heiden. Dabei ist allerdings der Gerechtigkeitsbegriff verschieden bestimmt. Der jüdische Begriff der Gerechtigkeit ist an der Erfüllung des mosaischen Gesetzes orientiert; die Christen sind Gerechte als Versöhnte in Christus (5,17–21). Hinter der Antithese von Glauben und Unglauben, Gerechtigkeit und Ungerechtigkeit steht der Gegensatz von Gott und seinem Widersacher. Dafür gebraucht Paulus – wie der Verfasser unsres Abschnitts – mehrfach das bildliche Begrffspaar Licht und Finsternis (1. Thess 5,5; 2. Kor 4,6; Röm 13,12; vgl. Eph 5,8–11), das aus der jüdischen Apokalyptik stammt und vor allem in den Texten der Qumrangemeinde vorherrscht. „Welcher Einklang besteht zwischen Christus und Beliar?" Der 15 Gedanke geht von Licht und Finsternis auf die Herrscher der beiden Bereiche über. Dieser Vers zeigt, daß es sich um eine judenchristliche Paränese handelt. Der Name „Beliar" für den Herrscher der Finsternis und Widersacher Christi kommt von dem hebräischen Wort *beliaal* = Bosheit, Verderben (Ps 18,5; vgl. Ri 20,13 LXX); er ist in den Qumranschriften und den Testamenten der zwölf Patriarchen die geläufige Bezeichnung für den Teufel (*Belial* oder *Beliar* Jub 15,33; 1 QS 1,18; 1 QM 1,13; 4 QFlor 1,8; TestRub 4,11; TestDan 4,7). „Niemand kann zwei Herren dienen" (Mt 6,24): wer Christus angehört, darf nicht gemeinsame Sache mit den Anhängern des Widersachers Gottes machen. Zwischen einem Gläubigen (*pistós*) und Ungläubigen (*ápistos*) besteht keine Gemeinschaft. Die letzte Antithese in V. 16 beschreibt die 16

Unvereinbarkeit des Tempels Gottes mit den Götzen. Daran schließt sich ein Bekenntnissatz an, der die christliche Gemeinde als den Tempel Gottes bezeichnet. Auch Paulus hat in 1. Kor 3, 16 und 1. Kor 6, 19 von den Christen als dem Tempel Gottes gesprochen. Der lebendige Gott duldet keine anderen Götter neben sich (2. Mose 20, 3; 1. Kön 18, 21; 1. Kor 10, 20 f.). Die Einzigartigkeit Gottes bedingt auch die Unvereinbarkeit des Christusglaubens mit anderen Religionen und Kulten, während man gleichzeitig in mehreren hellenistischen Mysterienreligionen eingeweiht sein konnte. Der Schriftbeweis für „die Verpflichtung der Gemeinde zur Entschiedenheit" (A. Schlatter) fügt mehrere alttestamentliche Schriftstellen zusammen. Das erste Zitat in V. 16 b ist eine Kombination aus 3. Mose 26, 12 und Ez 37, 27. Die Gegenwart Gottes

17   erfordert die Reinheit seines Volkes. In V. 17 ist Jes 52, 11 mit Ez 20, 34.41 ver-
18   bunden, und in dem letzten Zitat in V. 18 klingt die Verheißung Gottes aus 2. Sam 7, 14 an. Die Formel „Gott, der Allherrscher" begegnet schon in Am 3, 13 (LXX).

7, 1   Der Verfasser sieht die Verheißungen der Gegenwart Gottes in der christlichen Gemeinde erfüllt und folgert daraus die Pflicht der Christen zur völligen Heiligung (1. Thess 4, 3) in der Furcht Gottes durch Trennung von allem unreinen, heidnischen Wesen. In der unpaulinisch klingenden Wendung „Befleckung des Fleisches und des Geistes" sind die Begriffe „Fleisch" und „Geist" als anthropologische Bestandteile des Menschen verstanden (vgl. „Leib" und „Geist" 1. Kor 7, 34).

Der Abschnitt 6, 14–7, 1 enthält sieben Wörter, die sich nur hier im Neuen Testament finden (z. B. am fremden Joch ziehen, Einklang, Befleckung).

Paulus nennt den Satan nicht „Beliar" und verwendet für Gott nicht die Formel „Allherrscher". Die Wendung „Befleckung des Fleisches und des Geistes" (7, 1) steht in Spannung zu der theologisch qualifizierten Antithese von *sárx* und *pneuma* bei Paulus. Der Abschnitt verrät sprachlich deutliche Einflüsse aus den Qumranschriften. Die Koppelung der Paare Licht/Finsternis und Gott/Beliar weist auf eine Tradition hin, die auch in Qumran beheimatet ist (J. Gnilka). Es läßt sich zwar sprachlich nicht zwingend beweisen, daß der Abschnitt nicht von Paulus stammen kann. Bei paulinischer Verfasserschaft könnte der Abschnitt 6, 14–7, 1 als warnender Aufruf des Apostels an die korinthische Gemeinde verstanden werden, sich endgültig von denen abzusetzen, die noch immer die Sache der „falschen Apostel und betrügerischen Arbeiter" (2. Kor 11, 13–15) vertreten (P. Stuhlmacher). Aber das griechische Wort für „ungläubig" (*ápistos*), das in der Septuaginta ganz selten ist und sich in Jes 17, 10 auf den Adoniskult bezieht, wird von Paulus in 1. Kor 6, 6; 7, 12–15; 10, 27; 14, 22–24 durchgängig auf Heiden bezogen. Die sprachliche Besonderheit des ganzen Abschnitts 6, 14–7, 1 spricht deshalb m. E. mehr für nichtpaulinische Verfasserschaft.

Das Motiv für den Einschub dieser von einem Judenchristen verfaßten, apokalyptisch geprägten Paränese zwischen 6, 13 und 7, 2 läßt sich in der nachpaulinischen Siutation mit folgender Erwägung verständlich machen. In 6, 13 und

7,2 ruft Paulus die Korinther auf, „das Herz weit zu machen" zur völligen Aussöhnung mit ihm. Wer diese Mahnung isoliert von der konkreten Lage in Korinth liest und sie als eine grundsätzliche apostolische Weisung für die christliche Lebensführung versteht, der kann leicht darin die Gefahr der grenzenlosen Offenheit der Christen gegenüber der heidnischen Umwelt wittern und deshalb eine hier notwendige Einschränkung für angebracht halten. „Das Herz weit machen" darf im Sinn dieses Abschnitts nicht so weit gehen, daß die Grenze zwischen Gemeinde und Welt völlig verschwindet. Die von Paulus gemeinte Offenheit in Liebe wäre gründlich mißverstanden, wenn dadurch die Gemeinde ihre christliche Identität verlöre! In dieser Absicht hat m.E. ein späterer Schreiber diesen Abschnitt als Warnung der Gemeinde vor dem Rückfall in heidnische Laster und als dringlichen Aufruf zur Heiligung (vgl. 1. Thess 4, 3) eingefügt.

3. Die Freude des Paulus über die Umkehr der Gemeinde 7, 5–16

In 7,5 ff. wird der Bericht von 2, 12 f. über die Reise des Apostels von Ephesus über Troas nach Mazedonien fortgesetzt. Dort hatte Paulus erwähnt, daß er trotz guter Missionsmöglichkeiten in Troas weiterzog, weil ihn die Sorge um die Gemeinde in Korinth umtrieb. Deshalb ist er dem nach Korinth entsandten Titus entgegengereist nach Mazedonien. Der genaue Ort (Philippi oder Thessalonich) ist nicht genannt. 7,5 nimmt den Faden von 2,13 wieder auf.

Die sog. „Apologie des Apostelamts" (2, 14–7, 4) wirkt im jetzigen Kontext wie ein langer Exkurs. Deshalb wird sie häufig vom sog. Versöhnungsbrief getrennt. Der sachliche und argumentative Stil und das Verhältnis des Apostels zur Gemeinde, das durch hoffnungsvolles Vertrauen bestimmt ist, sind deutlich verschieden von den leidenschaftlich polemischen Kapiteln 10–13. Das in 7,4 ausgesprochene volle Vertrauen erklärt sich am besten aus der im folgenden berichteten erfreulichen Nachricht des Titus. Dazu kommt, daß die Begriffe Trost, Freude und Bedrängnis aus V. 4 in V. 5–7 wieder aufgenommen und weitergeführt werden. Die Apologie des Apostelamts enthält nirgends eine Situationsangabe, die sich nicht reibungslos in die Lage des Versöhnungsbriefes einordnen ließe.

Was hat den Apostel zur Unterbrechung seines Reiseberichts und zu der ausführlichen Darstellung seines Apostolatsverständnisses veranlaßt? Hierfür gibt der Hinweis (C. K. Barrett), daß Paulus in Mazedonien nicht sofort mit Titus zusammentraf, eine einleuchtende Erklärung. Paulus war zunächst in größter Unruhe und Sorge. In dieser Wartezeit stellte sich Paulus die tiefsten theologischen Gründe des ganzen Konflikts noch einmal vor Augen und machte sich den grundsätzlichen Unterschied seines Auftrags als eines Boten der Kreuzesbotschaft von dem Sendungsverständnis seiner Rivalen in Korinth deutlich. Als er in seinem Reisebericht an jene Zeit des bangen Wartens auf

Titus kam, schrieb er für die Gemeinde nieder, was ihn damals bewegte und ihn theologisch von den Gegnern trennte. Die sachliche Abschweifung erklärt sich so m. E. am besten aus der lebendigen Erinnerung des Paulus an die Gedanken, die ihn in jener sorgenvollen Wartezeit in Mazedonien bewegt haben. Gelegentlich können auch psychologische Erwägungen für das Verständnis eines Zusammenhangs hilfreich sein; auch der Apostel war ein lebendiger Mensch mit Gefühlen und Erinnerungen.

3.1 Die tröstliche Nachricht des Titus 7, 5–7

5 Als wir nämlich nach Mazedonien gekommen waren, fanden wir (in unserer fleischlichen Schwachheit) keine Ruhe, sondern von allen Seiten waren wir bedrängt: von außen Kämpfe, von innen Ängste! 6 Aber Gott, der die Niedergeschlagenen tröstet, hat auch uns getröstet durch die Ankunft des Titus, 7 nicht allein jedoch durch seine Ankunft, sondern auch durch den Trost, mit dem er bei euch getröstet worden war; denn er berichtete uns von eurer Sehnsucht, von eurer Klage, von eurem Eifer für mich, so daß ich mich noch mehr freute.

Vers 5: *2, 13; 4, 8*   Vers 6: *Jes 49, 13; 1, 3 f.*

5   Der kausale Anschluß zeigt, daß Paulus im folgenden auf den Anlaß für seine große Freude (V. 4) zu sprechen kommt. Als der Apostel nach Mazedonien kam, traf er Titus dort noch nicht an, so daß er weiter in Sorge war und keine Ruhe fand. Mit „unser Fleisch" ist Paulus selbst gemeint in seiner Anfälligkeit als irdischer Mensch. Überall stieß er in Mazedonien auf Schwierigkeiten: von außen Anfeindung durch Juden und Heiden, von innen Ängste und Furcht, vor allem die Sorge um den Bestand seines Missionswerkes in Korinth.

6   Die Wende erfolgte für Paulus durch die Rückkehr des Titus mit der erfreulichen Nachricht, daß die korinthische Gemeinde wieder zu ihrem Gründungsapostel steht. Es ist bezeichnend für Paulus, daß er diesen Umschwung nicht menschlichem Bemühen, sondern dem gnädigen Eingreifen Gottes zuschreibt. Mit alttestamentlichen Ausdrücken wird Gott bezeichnet als der, „der die Niedrigen tröstet" (Jes 49, 13). Schon im Briefeingang hat Paulus Gott gepriesen als den „Vater der Barmherzigkeit und Gott allen Trostes" (1, 3 f.). War

7   schon die Anwesenheit des Mitarbeiters ein Trost für Paulus, so noch mehr die Nachricht, die er mitbrachte. Die Mission des Titus in Korinth ist erfolgreich gewesen. Auch dies drückt der Apostel mit dem Verbum „trösten" aus: sein eigener Trost besteht darin, daß Titus in Korinth getröstet worden ist. Die Gemeinde wurde von Reue über ihr Verhalten gegenüber Paulus ergriffen. Titus konnte berichten, daß die Gemeinde wieder Sehnsucht nach dem Apostel hat und seinen Besuch wünscht, daß sie ihr Bedauern über den zeitweiligen Abfall ausgedrückt hat, und daß sie jetzt bereit ist, Paulus mit neuem Eifer zu gehorchen. Das hat die Freude des Paulus noch größer gemacht: er kann nun einen Schlußstrich unter den Konflikt ziehen, weil er die Gemeinde wieder ganz auf seiner Seite weiß.

3.2 Die heilsame Wirkung des Tränenbriefs 7, 8–13 a

8 Denn wenn ich euch auch durch den Brief betrübt habe, so bereue ich das nicht; wenn es mir auch leid tat – ich sehe ja, daß jener Brief euch, wenn auch nur eine Weile, betrübt hat –, 9 so freue ich mich doch jetzt nicht darüber, daß ihr betrübt worden seid, sondern darüber, daß ihr betrübt worden seid zur Reue (Umkehr). Denn ihr seid betrübt worden nach Gottes Willen, so daß ihr in keiner Weise von uns einen Schaden erlitten habt. 10 Denn die Betrübnis, die dem Willen Gottes entspricht, bewirkt eine Umkehr zum Heil, die niemanden reut; die Betrübnis der Welt aber bewirkt den Tod. 11 Denn siehe, eben dies, daß ihr betrübt worden seid nach Gottes Willen, was für ein Bemühen hat es bei euch bewirkt, ja Entschuldigung, ja Entrüstung, ja Furcht, ja Sehnsucht, ja Eifer, ja Bestrafung! In jeder Beziehung habt ihr euch als unschuldig erwiesen in dieser Sache. 12 Darum, wenn ich euch auch geschrieben habe, so doch nicht wegen dessen, der Unrecht tat, noch wegen dessen, der Unrecht erlitt, sondern damit euer Eifer für uns offenbar werde bei euch vor Gott. 13a Deswegen sind wir getröstet.

Vers 8: *2, 4*   Vers 11: *2, 6 f.*   Vers 12: *2, 9.*

Paulus geht nun folgerichtig auf die Ursache ein, die den Tränenbrief (2, 4; s. Einl., S. 9) und die Sendung des Titus nach Korinth veranlaßt hat. In der Rückschau kann er jetzt aufgrund der Nachricht des Titus diesen „harten" Brief, der die Korinther schwer getroffen hat, in die Freude einbeziehen, die ihn nun erfüllt. Denn dieser Brief hat wesentlich zur Umkehr der Gemeinde beigetragen.

Mit „denn" erläutert Paulus den Schluß von V. 7. Dem Apostel war klar, als 8 er den Tränenbrief schrieb, daß dieser die Korinther betrüben mußte. Es tat ihm wohl auch zwischendurch leid, in so schroffem Ton geschrieben zu haben, weil er nicht sicher war, welche Wirkung der Brief auslösen würde. Aus dem Bericht des Titus weiß Paulus jetzt, daß der harte Brief tatsächlich die Korinther eine Zeitlang sehr betrübt hat; er weiß aber auch das noch viel Wichtigere, daß sein Schreiben zur Umkehr der Gemeinde geführt hat. Darum reut es ihn nicht, daß er den Brief so abgefaßt hat. Die Konstruktion des langen Satzes, der dies darlegt, wird am besten durchsichtig, wenn man die Aussagen von „ich sehe ja" bis „betrübt hat" als Zwischensatz faßt, in den die Einschränkung: „wenn auch nur eine Weile" eingeschoben ist. Bei dem betrübenden Schreiben handelt es sich um den sog. Tränenbrief, den Paulus nach dem schmerzlichen Vorfall in Korinth an Stelle seines versprochenen baldigen Besuchs geschrieben und den Titus wahrscheinlich nach Korinth mitgenommen hat. Schon die Formulierung in 2, 4 ließ erkennen, daß der Apostel darin einen überaus scharfen Ton angeschlagen hatte. Paulus war in der Zwischenzeit hin- und hergerissen, ob der Brief die Korinther für ihn zurückgewinnen oder sie vollends von ihm wegtreiben würde. Die Nachricht des Titus hat ihm nun diese Sorge vom Herzen genommen: der Tränenbrief hat eine segensreiche Wirkung getan. Wie sollte sich Paulus freuen können, die zu betrüben, 9 deren Freude seine eigene Freude ist (2, 2)? Er freut sich vielmehr darüber, daß sein hartes Schreiben die Gemeinde zur Umkehr bewegt hat, und deutet ihre Betrübnis als eine „göttliche Traurigkeit" (Luther). Der synoptische Begriff „Buße", „Umkehr" (*metánoia*) kommt bei Paulus nur in Röm 2, 4 und hier vor. Der Tatbestand der Umkehr ist bei ihm im Sterben des alten und im Leben des neuen Menschen enthalten. An unserer Stelle bezieht sich die „Umkehr" nicht, wie sonst üblich, auf die Bekehrung in der Taufe, sondern auf eine Reue innerhalb des christlichen Lebens. Paulus unterscheidet zwei Arten von Betrübnis: eine Betrübnis, die dem Willen Gottes entspricht und „Gott gemäß" ist, und „die Betrübnis der Welt", die dem „Fleisch" gemäß ist. Die den Korinthern zugefügte Betrübnis entsprach dem Willen Gottes, so daß die Gemeinde durch sie keinerlei Schaden erlitt; es wäre im Gegenteil ein Schaden für die

10 Gemeinde gewesen, wenn sie nicht zur Umkehr geführt worden wäre. In V. 10 charakterisiert der Apostel die genannten zwei Arten von Betrübnis in knappen Sentenzen. Die dem Willen Gottes entsprechende Betrübnis bewirkt eine „Umkehr zum Heil"; sie weckt Reue über das Unrecht sowie den Entschluß zu neuem Gehorsam, dem die Rettung im Endgericht verheißen ist (vgl. Test-Gad 5, 7). Deshalb ist sie „eine Reue, die niemand gereut" (Luther). Dahinter steht wohl der alttestamentliche Gedanke vom Erziehungsleiden, der besagt, daß Gott den Gerechten durch Betrübnis auf den Weg des Heils leitet (Spr 3, 12). Im Gegensatz zu Gott steht die gottwidrige Welt, die dem Tod verfallen ist. Die „Betrübnis der Welt", die eigensüchtigen Motiven entspringt, führt nicht zur Reue über das Unrecht, sondern verhärtet den Menschen in seinem Widerstand gegen Gott und zieht dadurch den Tod im Endgericht

11 nach sich (Röm 6, 23). Mit dem Aufmerksamkeitssignal „siehe" weist Paulus ausdrücklich darauf hin, daß sich durch Gottes Fügung die Sentenz von V. 10 a bei der Betrübnis der Korinther reichlich bewahrheitet hat: der Tränenbrief hat einen völlig neuen Einsatz der Gemeinde für ihren Apostel bewirkt. Paulus zählt sieben Begriffe auf und steigert vom einen zum andern (im Sinn von „nicht nur, sondern vielmehr"). Dabei nimmt er die Ausdrücke „Sehnsucht" und „Eifer" aus V. 7 wieder auf. Die Korinther gaben sich alle Mühe, die Sache wieder ins reine zu bringen: sie entschuldigten sich, sie waren entrüstet über den Übeltäter, sie fürchteten, Paulus könnte die Gemeinschaft mit ihnen abbrechen, sie äußerten Verlangen nach seinem Besuch und legten großen Eifer an den Tag, ihm Genugtuung zu verschaffen. Inzwischen haben sie auch den Übeltäter bestraft, wie es Paulus im Tränenbrief gefordert hatte. So hat die Gemeinde durch ihr jetziges Verhalten bewiesen, daß jene „Unrechtstat" nicht ihrer wahren Einstellung zum Apostel entsprach, zumal sie selbst den Zusammenstoß nicht veranlaßt hatte. Es ist m. E. nicht notwendig, aus dieser Aussage zu folgern, daß der Übeltäter nicht ein Glied der korinthischen Gemeinde sein konnte (C. K. Barrett). Die Tatsache, daß erst der Tränenbrief die Korinther zu ihrem Eifer für Paulus bewog, verrät, daß die Gemeinde vorher nicht deutlich genug für die Autorität des angegriffenen Apostels eingetreten war. Das schließt nicht aus, daß der Übeltäter vor allem unter dem Einfluß der fremden Agitatoren gehandelt hatte. Der Zwischenfall stand offensichtlich

im Zusammenhang mit der Wühlarbeit der Gegner. Zum Schluß deckt Paulus 12
in V. 12 den wahren Zweck des Tränenbriefs auf. Der Apostel hat nicht aus
persönlicher Gekränktheit in so schroffem Ton geschrieben, sondern um der
Gemeinde zurechtzuhelfen. Es ging Paulus in erster Linie weder darum, daß
der Übeltäter bestraft wurde, noch darum, daß das ihm selbst zugefügte
Unrecht geahndet wurde, sondern um die Wiederherstellung des rechten Verhältnisses zwischen Apostel und Gemeinde. Worin die „Unrechtstat" konkret
bestand, läßt sich nicht mehr genau ermitteln. Aus 2,5 geht hervor, daß der
Unrechttäter von 7,12 derselbe ist, der den Apostel „betrübt" hat; Paulus
spricht also hier von sich selbst in der dritten Person. Wendland vermutet,
Paulus sei nur indirekt in den Vorfall hineingezogen worden, weil es die
Gemeinde unterlassen hatte, das einem andern zugefügte Unrecht gebührend
zu bestrafen. Es ist aber wahrscheinlicher, daß ein korinthischer Christ Paulus
persönlich auf das schwerste gekränkt und ihm vor versammelter Gemeinde
das Apostelrecht bestritten hat. Darum sollte auch vor dem Angesicht Gottes
in aller Öffentlichkeit offenbar werden, daß die Gemeinde jetzt wieder voll zu
ihrem Gründungsapostel steht. Dieser Zweck des Tränenbriefs ist nun 13a
erreicht, und deswegen ist Paulus jetzt getröstet.

3.3 Die Aufnahme des Titus in Korinth 7, 13 b–16

13b **Außer diesem unserem Trost aber haben wir uns noch viel mehr gefreut
über die Freude des Titus, weil sein Geist erquickt worden ist von euch
allen. 14 Denn worin ich euch vor ihm gerühmt hatte, darin bin ich nicht
zuschanden geworden; sondern wie wir zu euch in allem die Wahrheit gesprochen
haben, so hat sich auch unser Rühmen vor Titus (über euch) als wahr erwiesen. 15 Und sein Herz ist euch um so mehr zugetan, als er sich an euer aller
Gehorsam erinnert, wie ihr ihn mit Furcht und Zittern aufgenommen
habt. 16 Ich freue mich, daß ich mich in allem auf euch verlassen kann.**

Vers 15: *Phil 2, 12.*

Zum Trost durch die guten Nachrichten des Titus kommt noch die Mit- 13b
freude des Apostels über die Freude des Titus hinzu. Wie der Trost, mit dem
Titus getröstet wurde, für Paulus ein Grund des Trostes war, so ist auch die
Freude des Titus für Paulus ein Grund der Freude. Der Überbringer des Trä-
nenbriefes war sicherlich von gespannter Sorge darüber erfüllt, wie es ihm in
Korinth wohl ergehen werde. Aber Titus wurde in Korinth freundlich aufgenommen; er ist beglückt darüber, daß ihm alle Gemeindeglieder mit Wohlwol-
len begegnet sind. Dies drückt Paulus mit der Wendung aus: „Sein Geist ist
von euch allen erquickt worden" (vgl. 1. Kor 16, 18; Phlm 20). Mit „Geist" wird
hier die denkende, fühlende und handelnde Person bezeichnet. Die Aufnahme
des Titus war bereits ein hoffnungsvolles Zeichen für die dann folgende
Umkehr der Gemeinde. Paulus hatte sich offenbar Titus gegenüber rühmend 14
über die Korinther geäußert, vielleicht auch mit der Absicht, ihm Mut für sei-

nen schweren Auftrag zu machen. Der Wortlaut schließt nicht aus, daß Titus wegen der Kollekte schon früher Korinth besucht hatte. Hätte die Gemeinde den Übeltäter nicht bestraft und wäre sie nicht wieder zu Paulus zurückgekehrt, dann wäre Paulus vor Titus bloßgestellt worden, weil sich seine lobenden Worte über die Gemeinde als unbegründet erwiesen hätten; so aber ist er nicht zuschanden geworden. Wie alles Reden des Apostels im Dienst der Wahrheit Gottes geschieht (4, 2), so ist nun auch sein rühmendes Urteil über
15 die Korinther gegenüber Titus voll bestätigt worden. Zwischen Titus und der Gemeinde von Korinth hat sich offenbar ein sehr enges Vertrauensverhältnis entwickelt. Titus ist den Korinthern von Herzen zugetan und denkt gern an sein dortiges Wirken zurück. Der Gehorsam der Gemeinde, über den sich Titus freut, bestand darin, daß die Korinther ihn mit geziemender Ehrerbietung aufnahmen und daß sie die Autorität des Paulus wieder anerkannten. Die alttestamentliche Formel „mit Furcht und Zittern" (Jes 19, 16; Ps 2, 11), die Paulus auch in Phil 2, 12 und 1. Kor 2, 3 gebraucht, beschreibt eine demütige
16 und ehrfurchtsvolle Haltung des Menschen vor Gott. Die Zeit der Trauer ist nun beendet; Paulus ist jetzt von großer Freude erfüllt. Aufgrund der Nachrichten des Titus kann er nun, in Steigerung von V. 13 a, abschließend versichern, daß er der Gemeinde in Korinth in jeder Hinsicht vertraut. Das gute Verhältnis zwischen Apostel und Gemeinde ist wieder völlig hergestellt.

Mit dieser positiven Bilanz schließt der erste Hauptteil des Briefes ab.

Zweiter Hauptteil:
Die Sammlung für die Gemeinde in Jerusalem 8, 1–9, 15

Die einzige Auflage, die Paulus beim Apostelkonvent in Jerusalem übernommen hatte, bestand darin, „der Armen zu gedenken" (Gal 2, 10). Der Apostel hat diese Aufgabe mit großem Eifer betrieben und sowohl in Kleinasien als auch in Mazedonien eine Geldsammlung für die in Not geratene Urgemeinde in die Wege geleitet. Es lag ihm natürlich sehr am Herzen, daß auch die Korinther sich an diesem Liebeswerk beteiligten. Nachdem am Ende von Kap. 7 das gute Verhältnis zur Gemeinde von Korinth wiederhergestellt ist, erscheint es ganz folgerichtig, daß Paulus nun einen Aufruf zur Vollendung der Sammlung an sie richtet, nachdem diese infolge des Konflikts ins Stocken geraten war. Gleichwohl ist der Zusammenhang der Kapitel 8 und 9 mit dem Versöhnungsbrief sowie die Zusammengehörigkeit der beiden Kapitel stark umstritten. Eine große Schwierigkeit für die These der literarischen Einheitlichkeit bildet der auffällige Neueinsatz in 9, 1. Nachdem Paulus das Thema „Sammlung" in Kap. 8 ausführlich behandelt hat, kann er schwerlich fortfahren: „Über den Dienst für die Heiligen euch zu schreiben, ist für mich überflüssig", wenn man nicht den Gedanken der „Notwendigkeit" dieses Dienstes einträgt. Handelt es sich bei diesen Kapiteln um zwei zu verschiedenen Zeiten abgesandte Schreiben oder ist Kap. 9 bei gleichzeitiger Absendung an andere Empfänger gerichtet? Zu diesen Fragen kommt noch der Tatbestand, daß Paulus in Kap. 8 die Mazedonier den Korinthern und in Kap. 9 Achaja den Mazedoniern als Vorbild hinstellt. Ist Kap. 9 früher oder später als Kap. 8 geschrieben? Damit hängt das sprachliche Problem zusammen, ob die Aoriste bei der Sendung des Titus und seiner Begleiter in 8, 17 f. 22; 9, 3 als Aoriste des Briefstils zu fassen sind, so daß sie Gleichzeitigkeit ausdrücken mit der Sendung des Versöhnungsbriefs, den wohl Titus überbrachte. Für diesen Fragenkomplex sind zahlreiche Lösungsvorschläge gemacht worden, von denen die wichtigsten hier kurz erwähnt seien:

a) Kap. 8 gehört zum Versöhnungsbrief; Kap. 9 ist eine früher nach Korinth gesandte Kollektenempfehlung (R. Bultmann; W. Schmithals).

b) Kap. 9 stellt ein eigenes Schreiben dar, das erst nach dem Versöhnungsbrief nach Korinth geschickt wurde (H. D. Wendland).

c) Die beiden Kapitel sind zwei vom Versöhnungsbrief getrennte, etwa gleichzeitig abgefaßte Empfehlungsschreiben, und zwar Kap. 8 an die Gemeinde von Korinth, Kap. 9 an die Landgemeinden von Achaja (U. Wilckens).

d) Kap. 8 und 9 gehören beide zum Versöhnungsbrief als Kollektenempfehlung an die Korinther. Alle eine Sendung betreffenden Aoriste sind vom Standort der Empfänger aus zu verstehen (C. K. Barrett).

e) Kap. 8 bildet den Schluß des Versöhnungsbriefs; Kap. 9 ist gleichzeitig abgesandt, aber an die Gemeinden in der Umgebung von Korinth gerichtet (H. Windisch).

Eine sichere Entscheidung ist nicht mehr möglich. Am wahrscheinlichsten ist m. E. der zuletzt genannte Lösungsvorschlag. Da der Versöhnungsbrief nach 1, 1 an die Gemeinde in Korinth „samt allen Heiligen in ganz Achaja" adressiert ist, war wohl Kap. 8 zur Verlesung in Korinth und Kap. 9 zur Verlesung in den Landgemeinden bestimmt (s. Einl., S. 14).

1. Aufruf zur Sammlung an die Gemeinde von Korinth 8, 1–24

1.1 Das Vorbild der mazedonischen Gemeinden 8, 1–6

1 Wir tun euch aber, Brüder, die Gnade Gottes kund, die in den Gemeinden Mazedoniens gegeben ist, 2 daß während der Bewährung in großer Bedrängnis ihre überschwengliche Freude und ihre tiefe Armut übergeströmt sind in den Reichtum ihres selbstlosen Gebens. 3 Denn nach Kräften, ich bezeuge es, und sogar über ihre Kräfte haben sie willig gespendet 4 und haben uns mit viel Zureden gebeten, sich an dem Gnadenwerk und an der Gemeinschaft des Dienstes für die Heiligen beteiligen zu dürfen. 5 Und über unsere Erwartung hinaus haben

sie sich selbst gegeben, zuerst für den Herrn, danach aber auch für uns, nach dem Willen Gottes.   6 So haben wir Titus ermutigt, er möchte, wie er schon früher begonnen hatte, so bei euch nun auch dieses Gnadenwerk vollenden.

Vers 1: *9, 1 f.; Röm 15, 26*   Vers 4: *Apg 11, 29*   Vers 6: *12, 18.*

1   Die Anrede „Brüder" markiert den Übergang zu dem neuen Thema der Geldsammlung. „Gnade" (cháris) ist das Leitmotiv, das die beiden Kollektenkapitel beherrscht. Dabei kommt die ganze Bedeutungsbreite dieses Begriffs zur Geltung: Er bezeichnet die Gnade, die Gott aus freier Güte der ganzen Gemeinde schenkt, und die Gnade, die dem einzelnen Christen gegeben ist, weiter die Sammlung als das Gnadenwerk (V. 4), das die Gemeinde aufgrund der von Gott geschenkten Gnade vollbringt, und schließlich die Geldspende, die den Bedürftigen zugute kommt (vgl. V. 6; V. 19). Als Vorbereitung für seine Mahnung berichtet Paulus zunächst von der vorbildlichen Gebefreudigkeit der Christen in Mazedonien, wo er sich zur Zeit aufhält. Er stellt den Korinthern die Gnade vor Augen, die Gott den mazedonischen Gemeinden geschenkt hat, so daß sie eine große Liebesgabe für die Urgemeinde in Jerusa-

2 lem gesammelt haben. Die Formulierung von V. 2 ist durch die Gegensätze: „Bedrängnis-Freude" und „Armut-Reichtum" gestaltet. Der Glaube der Mazedonier hat sich in großer Bedrängnis bewährt (vgl. 1. Thess 1, 6; 2, 14 f.); dabei war ihre Freude so groß, daß sie trotz tiefer Armut ein überaus reiches Maß an Freigebigkeit gezeigt haben. Wer die Not aus eigener Erfahrung kennt, hat auch ein Herz für die Not der andern. Die mazedonischen Gemeinden waren vermutlich ärmer als die Gemeinde von Korinth. Die gehobene Ausdrucks-

3 weise soll die selbstlose Spendefreudigkeit unterstreichen. Paulus bezeugt, daß die mazedonischen Gemeinden nach Kräften, ja sogar über ihre Kräfte freiwil-

4 lig gespendet haben. Unaufgefordert hatten sie den Apostel dringend darum gebeten, sich an der Geldsammlung für Jerusalem beteiligen zu dürfen. Diese Bitte erfolgte vielleicht im Zusammenhang mit der Anfrage der Korinther, auf die hin Paulus Anweisungen für die Sammlung gab (1. Kor 16, 1–4). Paulus beurteilt die Kollekte als Auswirkung der Gnade Gottes und als Zeichen der Gemeinschaft zwischen Juden- und Heidenchristen. Sie ist ein „Dienst" (*diakonía*), der aus Glauben und Liebe erwächst, und hat nicht nur karitative, son-

5 dern auch theologische Bedeutung. Die Mazedonier haben die Erwartungen des Apostels noch weit übertroffen; sie haben nicht nur Geld gespendet, sondern „sich selbst hingegeben". Darin zeigt sich vor allem ihr Glaubenseifer für den Herrn, aber auch die persönliche Verbundenheit mit Paulus, der die ganze

6 Sammlung leitete. Infolgedessen ermutigte der Apostel seinen Mitarbeiter Titus zu einer neuen Reise nach Korinth, um die bei einem früheren Besuch begonnene Sammlung jetzt vollends zum Abschluß zu bringen. Wenn die Kap. 10–13 zum Tränenbrief gehören (vgl. oben S. 265), muß der in 12, 18 erwähnte Besuch des Titus (zusammen mit einem nicht namentlich genannten Bruder) schon vor dem Konflikt mit den Korinthern stattgefunden haben. Titus war in Mazedonien offenbar nicht an der Sammlung beteiligt. Er hat

wahrscheinlich bei seiner dritten Reise (8,16 ff.) den Versöhnungsbrief nach Korinth mitgenommen, wie er schon vorher bei seiner zweiten Reise (7,6 ff.) den Tränenbrief überbracht hatte (s. Einl., S. 9 f.).

1.2 Aufforderung zur Vollendung der Sammlung 8, 7–15

7 Wie ihr an allem reich seid, an Glauben und Wort und Erkenntnis und an allem Eifer und der Liebe, die von uns in euch erweckt wurde, so sollt ihr euch auch an diesem Gnadenwerk mit reichen Spenden beteiligen. 8 Ich sage das nicht als Befehl, ich möchte vielmehr angesichts des Eifers anderer auch die Echtheit eurer Liebe prüfen. 9 Denn ihr kennt die Gnade unseres Herrn Jesus Christus: obwohl er reich war, wurde er (doch) arm um euretwillen, damit ihr durch seine Armut reich würdet. 10 Und so gebe ich (euch) in dieser Sache nur einen Rat; denn das ist euch nützlich, die ihr nicht nur mit dem Tun, sondern schon früher, seit vorigem Jahr, auch mit dem Wollen angefangen habt. 11 Jetzt aber führt auch das Tun zu Ende, damit der Bereitschaft des Wollens auch das Vollbringen entspreche, nach dem Maß dessen, was ihr habt. 12 Denn wenn der gute Wille vorhanden ist, so ist er willkommen nach dem, was einer hat, nicht nach dem, was er nicht hat. 13 Es soll ja nicht so sein, daß anderen Erleichterung, euch aber Bedrängnis widerfährt, sondern es soll zu einem Ausgleich kommen. 14 Jetzt soll euer Überfluß ihrem Mangel abhelfen, damit auch ihr Überfluß einmal eurem Mangel abhilft, so daß ein Ausgleich entsteht, 15 wie geschrieben steht: „Wer viel gesammelt hatte, hatte keinen Überfluß, und wer wenig gesammelt hatte, hatte keinen Mangel" (2. Mose 16,18).

Vers 7: *1. Kor 1, 5*   Vers 9: *Phil 2, 6 ff.*   Vers 15: *2. Mose 16, 18.*

Den Reichtum der Korinther an Gnadengaben hat Paulus schon in 7 1. Kor 1,5 hervorgehoben; jetzt fügt er zu Wort und Erkenntnis noch den Glauben hinzu. Mit der Erinnerung an ihren Eifer und an die Liebe, die er durch das Evangelium in ihnen erweckt hat, will er sie dazu ermuntern, sich nun auch in der Kollektensache nicht von andern übertreffen zu lassen. Die 8 Gabe soll nicht erzwungen sein, sondern freiwillig und von Herzen kommen; nur so ist sie Wirkung der Gnade. Darum gibt Paulus nicht einfach einen Befehl, sondern appelliert an den Glauben und die Liebe der Gemeinde. Er will den Korinthern angesichts des Eifers anderer, z. B. der Mazedonier, Gelegenheit geben, zu zeigen, daß auch ihre Liebe echt ist. Der V. 9 ist ein schönes Bei- 9 spiel dafür, wie Paulus Dinge des äußeren Lebens mit der Christologie zu verbinden weiß. Der Gemeinde ist die selbstlose Liebe bekannt, die den Weg Jesu Christi aus dem Reichtum Gottes in die Armut des Menschseins bestimmt hat. V. 9b ist eine knappe Zusammenfassung des Christushymnus Phil 2,6–8 an Hand der Stichworte „arm" und „reich". Als Menschen, die dadurch „reich" (= des Heils teilhaftig) wurden, daß Christus auf seine göttliche Herrlichkeit verzichtete, sollen die Korinther jetzt aus ihrem Besitz die Urgemeinde unterstützen. Jesus Christus ist sowohl das Vorbild als auch der Urheber der selbstlosen Liebe der Glaubenden. Paulus geht in V. 10 vom Aufruf zu einem Rat für 10 die Gemeinde über. Er gibt in dieser Sache keinen Befehl, sondern nur seine Meinung als praktische Hilfe für das Verhalten der Korinther. Dieser Rat zielt konkret auf die durch den Konflikt ins Stocken geratene Sammlungsaktion. In der Formulierung fällt auf, daß das Tun vor dem Wollen genannt wird. Mit dem Begriff „Wollen" ist jedoch hier die grundsätzliche Bereitschaftserklärung der Korinther zur Teilnahme an der Sammlung gemeint, die sie schon vor einem Jahr abgegeben haben. Sie hatten auch bereits konkrete Schritte zur Ausführung getan (vgl. V.6), aber dann infolge des Zerwürfnisses mit dem Apostel die Sammlung eingestellt. Ist der 1.Kor im Frühjahr 55 geschrieben, dann ist der Versöhnungsbrief (samt Kap. 8) in der Zeit zwischen dem Jahresanfang im Herbst 55 und dem Winteraufenthalt des Paulus in Korinth (55/56) anzusetzen. Möglich ist auch, daß der erste Brief schon 54 geschrieben wurde.

11 Die Korinther sollen jetzt die Sammlung zum Abschluß bringen, damit der Bereitschaftserklärung auch die Durchführung mit der Tat entspricht. Die Bemerkung „nach dem Maß dessen, was ihr habt" wird im nächsten Vers weitergeführt, der von der Größe der Spende auf die Freiwilligkeit des Gebens

12 überleitet. Jeder Spender ist willkommen mit dem, was er hat; es wird nichts von ihm verlangt, was er nicht hat. Auch eine kleine Gabe kann ein Zeugnis selbstloser Liebe sein. Die Kollekte dient der Stärkung der Gemeinschaft. Pau-

13 lus greift in V.13 einem möglichen Mißverständnis vor. Die Korinther sollen nicht belastet werden, damit andere sich einen guten Tag machen können; es

14 soll vielmehr ein brüderlicher Ausgleich zustande kommen. Im Augenblick steht es so, daß die Korinther mehr irdische Güter zur Verfügung haben als die Christen in Jerusalem. Es wird aber vorausgesetzt, daß auch die Korinther Hilfe von den andern erfahren, wenn sie in Not geraten. In Röm 15,27 ist der Gedanke des Austauschs etwas anders gefaßt: dort geben die Heidenchristen irdische Güter für die geistlichen Gaben, die sie von den Judenchristen empfangen haben. Die Verse 13–15 sind eine konkrete Mahnung zur Verwirkli-

15 chung der Gemeinschaft im Leibe Christi (vgl. 1.Kor 12,14–26). Für den Gesichtspunkt der „Gleichheit" zieht Paulus in V.15 noch ein Beispiel aus dem Alten Testament heran. Bei der Mannaspeisung erhielt jeder Israelit unabhängig von seiner Sammelleistung das für die Ernährung notwendige Maß. Gott gibt jedem das für den augenblicklichen Bedarf Erforderliche, das „tägliche Brot" (vgl. M. Noth zu 2.Mose 16,8).

1.3 Empfehlung der Abgesandten des Paulus 8,16–24

16 Dank aber sei Gott, der auch Titus den gleichen Eifer für euch ins Herz gegeben hat. 17 Denn er (Titus) nahm mein Zureden willig auf; ja, weil er so eifrig war, trat er aus eigenem Entschluß die Reise zu euch an. 18 Wir haben aber zusammen mit ihm den Bruder gesandt, dessen Lob wegen der Verkündigung des Evangeliums durch alle Gemeinden geht; 19 aber nicht nur das, sondern er ist auch von den Gemeinden als unser Reisebegleiter bestimmt worden bei diesem Gnadenwerk, das von uns besorgt wird zur Ehre des Herrn selbst und zum Erweis

unsres guten Willens.   20 So wollen wir verhüten, daß uns jemand verdächtigt angesichts dieser reichen Gabe, die durch uns überbracht wird.   21 Denn wir sind darauf bedacht, daß es redlich zugehe, nicht nur vor dem Herrn, sondern auch vor den Menschen.   22 Wir haben aber mit ihnen noch unseren Bruder gesandt, dessen Eifer wir oft in vielen Stücken erprobt haben, und der jetzt noch viel eifriger ist wegen des großen Vertrauens, das er zu euch hat.   23 Ob ich nun für Titus rede: Er ist mein Gefährte und mein Mitarbeiter unter euch, oder ob es unsere Brüder sind: Sie sind Abgesandte der Gemeinden und eine Ehre Christi.   24 Erweist nun ihnen gegenüber eure Liebe mit der Tat und zeigt vor den Gemeinden, daß wir euch zurecht vor ihnen gerühmt haben.

Vers 18: *12,18*   Vers 21: *Spr 3,4 LXX*   Vers 24: *7,14f.*

Nach dem Appell an die Spendefreudigkeit der Korinther knüpft Paulus wieder an V. 6 an und setzt den Bericht über seine eigenen Maßnahmen fort. Er hat beschlossen, den erfolgreichen Titus mit zwei Begleitern wieder nach Korinth zurück zu schicken, um die Sammlung dort zum Abschluß zu bringen. Er legt größten Wert auf ein einwandfreies Vorgehen bei der Ablieferung der Kollekte, um jeder Verdächtigung vorzubeugen. Dieser Abschnitt soll den Abgesandten einen guten Boden für ihre Tätigkeit in Korinth bereiten. Gegen die Annahme, Paulus habe die drei schon vor dem Versöhnungsbrief (samt Kap. 8) abgesandt, spricht die Erwägung, daß eine Empfehlung für Abgesandte doch möglichst gleichzeitig mit diesen ankommen sollte. Die Vergangenheitsformen in V. 17.18.22 sind vom Standort der Empfänger aus zu verstehen (sog. Aoriste des Briefstils).

Mit einem Dank an Gott hebt der Apostel den Dienst des Titus hervor, der 16 sich mit gleichem Eifer für die Gemeinde einsetzt wie er selbst. Titus ist willig 17 auf die Aufforderung des Paulus eingegangen, wieder nach Korinth zu reisen. Sein Eifer war so groß, daß er aus eigenem Entschluß zur Reise bereit war, so daß es des Zuredens durch Paulus gar nicht bedurft hätte. Die Empfehlung für den ersten, offenbar bedeutenderen Begleiter ist in V. 18–21, für einen anderen mitgesandten Bruder in V. 22 enthalten. Beide sind nicht namentlich genannt; die Namen können später getilgt worden sein. Möglich ist auch, daß Titus ihre Namen bei der persönlichen Vorstellung nennen sollte. Der erste Begleiter ist 18 ein angesehener und bekannter Missionar, der bei allen Gemeinden einen guten Ruf genoß, weil er sich in der Verkündigung des Evangeliums bewährt hatte. Außerdem ist er der von den mazedonischen Gemeinden gewählte 19 Gesamtbeauftragte für die Kollekte, der Paulus bei der Übergabe der Spende in Jerusalem begleiten sollte. Nach Apg 20,4 nahmen auch Vertreter einzelner mazedonischer Gemeinden an der Reise teil. Paulus sieht die Geldspende in theologischem Zusammenhang; er setzt sich persönlich bereitwillig für sie ein, weil sie letztlich der Ehre Gottes dient. Die Gegner haben Paulus sogar der 20 Unterschlagung von Kollektengeldern bezichtigt (12,16ff.). Um allen Verdächtigungen von vornherein einen Riegel vorzuschieben, übergibt Paulus die große Summe nicht allein, sondern läßt sich von gewählten Vertretern der spendenden Gemeinden begleiten, eine „Vorsichtsmaßnahme, die vorbildlich

ist für eine nüchterne und sorgfältige Behandlung aller kirchlichen Geldangele-
21 genheiten" (O. Schmitz). Paulus war darauf bedacht, daß es in allen Dingen
redlich zugehe (vgl. Phil 4, 8), nicht nur vor dem Herrn, sondern auch vor den
Menschen. Diese Wendungen klingen an die griechische Fassung von Spr 3, 4
22 an. Der zweite mitgesandte Bruder wird als vielfach erprobter Gehilfe des Apostels empfohlen; nach V. 23 war er Delegierter einer Gemeinde. Er hat sich oft
in verschiedenen Aufträgen bewährt, und jetzt ist sein Eifer besonders groß,
weil er großes Vertrauen zur Gemeinde hat. Wahrscheinlich ist er identisch mit
23 dem Begleiter des Titus in 12, 18. In V. 23 folgt noch eine zusammenfassende
Empfehlung der drei Abgesandten, wobei sie zugleich in ihrer Bedeutung für
die Leser gekennzeichnet werden. Titus ist schon seit dem Apostelkonvent
(Gal 2, 1) der Gefährte des Paulus; er hat im korinthischen Konflikt mitgehol-
fen, die Gemeinschaft zwischen Apostel und Gemeinde wiederherzustellen.
Die beiden Brüder sind sog. Gemeindedelegierte (= „Apostel"; vgl. Phil 2, 25).
Die Ausleger der alten Kirche haben bei dem Bruder von V. 18 auf Lukas oder
Barnabas, bei dem von V. 22 auf Tertius oder Apollos geraten. In V. 23 ist der
Apostelbegriff im Sinn des jüdischen „Gesandten" gebraucht, der für einen
bestimmten, meist rechtlichen Auftrag bevollmächtigt ist. Beide Begleiter, die
an der Liebesgabe zur Ehre Gottes (V. 19) mitwirken, werden als eine „Ehre
24 Christi" bezeichnet. In dem letzten Vers spricht der Apostel die korinthische
Gemeinde auf ihre gesamtkirchliche Verantwortung an. Paulus hat die Korinther vor den mazedonischen Gemeinden gerühmt (7, 14). Darum sollen sie
jetzt die Abgesandten aus Mazedonien in Liebe aufnehmen und unterstützen.
So bewähren sie die brüderliche Gemeinschaft im Leibe Christi und rechtferti-
gen zugleich vor allen Gemeinden das lobende Urteil, das Paulus über sie ausgesprochen hat.

2. Kollektenempfehlung für die Gemeinden von Achaja 9, 1–15

2.1 Die Sendung der Brüder 9, 1–5

1 Denn über den Dienst für die Heiligen euch zu schreiben, ist für mich überflüssig.   2 Ich kenne ja eure Bereitwilligkeit, die ich an euch rühme gegenüber
den Mazedoniern, wenn ich sage: Achaja ist schon seit vorigem Jahr gerüstet! Und
euer Eifer hat die meisten angespornt.   3 Ich habe aber die Brüder gesandt,
damit nicht unser Rühmen über euch in diesem Punkt zunichte werde und damit
ihr, wie ich sagte, tatsächlich gerüstet seid,   4 daß nicht, wenn Mazedonier mit
mir kommen und euch unvorbereitet finden, wir – um nicht zu sagen: ihr –
zuschanden werden in diesem Vorhaben.   5 Darum hielt ich es für notwendig, die
Brüder aufzufordern, daß sie zu euch vorausreisen und eure früher angekündigte
Segensgabe vorbereiten, damit diese wirklich bereitliege als eine Gabe des Segens
und nicht des Geizes.

Vers 1: *8, 4*   Vers 2: *8, 10f.*   Vers 3: *8, 22. 24.*

In der Forschung wird Kap. 9 weithin als selbständiges Schreiben beurteilt; gegen die Zusammengehörigkeit mit Kap. 8 werden vor allem zwei Argumente vorgebracht:

1) 9,1 setzt den Dienst für die Heiligen nicht fort, sondern führt ihn neu ein, weil Paulus nicht von „weiterem" Schreiben spricht. Außerdem sind die Empfänger der Kollekte schon in Kap. 8 genannt. 2) In Kap. 9 wird vom Vorbild Achajas für die Mazedonier gesprochen, in Kap. 8 stellt Paulus den Korinthern die vorbildliche Gebefreudigkeit der Mazedonier vor Augen. Beides wird m. E. verständlich aus der konkreten Lage, wenn Kap. 9 ein Begleitschreiben des Versöhnungsbriefs an die kleinen Gemeinden in der Umgebung von Korinth darstellt, die in der Durchführung der Sammlung eng mit der Hauptstadt verbunden waren. Die Vertreter der literarischen Einheitlichkeit erklären 9,1 meistens unter Rückbezug auf 8,16–24 in folgendem Sinn: Bisher habe ich über die Abgesandten geschrieben; „denn über die Sammlung (selbst) zu schreiben, ist für mich überflüssig". Die Konjunktion „denn" kann allerdings leicht durch einen Redaktor eingefügt sein (vgl. oben S. 317).

Die Sammlung für die Jerusalemer Urgemeinde wird wie in 8,4 als „Dienst 1 für die Heiligen" bezeichnet. Darüber braucht Paulus nicht zu schreiben, weil 2 er bereits den guten Willen der Leser kennt, die hier mit dem Stichwort „Achaja" vorgestellt werden. Die Landgemeinden Achajas waren offenbar einbezogen in die vor Jahresfrist abgegebene Bereitschaftserklärung der Korinther (vgl. 8,10f.). Deshalb hat sie Paulus vor den Mazedoniern gerühmt mit der anspornenden Aussage: „Achaja ist schon seit einem Jahr gerüstet." Dies hat bei den meisten von ihnen den Sammlungseifer noch gesteigert. Dadurch gewannen die Mazedonier einen Vorsprung vor Achaja, wie Paulus von Titus erfahren konnte. Der Ausdruck „gerüstet sein" kann sich sowohl auf die Bereitschaftserklärung zur Teilnahme als auch auf den Abschluß der Sammlung beziehen. In Wirklichkeit war Achaja nach V. 4f. noch nicht völlig gerüstet. Mit der Erwähnung jenes rühmenden Ausspruchs will Paulus jetzt die achäischen Christen zur Vollendung der Sammlung ermuntern. Diesem Zweck dient auch die Sendung der Brüder. Der Apostel möchte verhindern, 3 daß sein Lob Achajas durch den faktischen Stand der Kollekte Lügen gestraft wird, wenn er in Begleitung von Mazedoniern dort eintrifft. Da der Delegierte 4 von ganz Mazedonien samt einem Bruder bereits nach Korinth vorausgesandt ist (8,19.22), handelt es sich bei den mit Paulus kommenden Mazedoniern wohl um weitere Vertreter einzelner Gemeinden (Philippi, Thessalonich, Beröa). Paulus stünde beschämt da, wenn seine Aussage nicht bestätigt würde. Er will es zwar nicht direkt aussprechen, sagt es aber doch, daß dann vor allem die nicht gerüsteten Landgemeinden Achajas beschämt würden. Paulus will nicht in erster Linie selber recht behalten, sondern das gemeinsame Vorhaben (hier mit *hypóstasis* beschrieben, vgl. Hebr 11,1) der Sammlung fördern. Aus 5 diesem Grund hat Paulus den Titus und seine Begleiter vorausgeschickt, damit sie die vor Jahresfrist angekündigte Kollekte so zurüsten, daß sie zur Ablieferung bereitliegt. Die Geldspende wird hier als Segensgabe (*eulogía*) bezeichnet, weil sie die dankbare Antwort der Glaubenden auf den Segen Gottes ist, den sie in Christus empfangen haben. Mit der Schlußwendung leitet der Apostel zum Hauptgedanken des nächsten Abschnitts (V. 6–15) über. Die Gabe soll freiwillig aus einem fröhlichen Herzen kommen. Wenn auch jeder nur geben kann und soll, was er hat (8, 11), so soll die Spende doch ein Zeichen der Freigebigkeit sein und nicht des Geizes.

2.2 Der Segen freudigen Gebens 9, 6–15

6 Ich meine aber dies: Wer kärglich sät, der wird auch kärglich ernten, und wer in Segensfülle sät, der wird auch in Segensfülle ernten. 7 Ein jeder gebe, wie er es sich in seinem Herzen vorgenommen hat, nicht mit Unlust oder aus Zwang; denn „einen fröhlichen Geber hat Gott lieb". 8 Gott aber kann euch jegliche Gnadengabe in Fülle zuwenden, damit ihr in allen Dingen allezeit volle Genüge habt und dazu noch reich seid zu jedem guten Werk, 9 wie geschrieben steht: „Er hat ausgestreut und den Armen gegeben; seine Gerechtigkeit bleibt in Ewigkeit" (Ps 112, 9). 10 Der aber „Samen gibt dem Sämann und Brot zur Speise", der wird auch euch Samen geben und ihn mehren und wachsen lassen die Früchte eurer Gerechtigkeit. 11 So werdet ihr reich sein in allen Dingen, um in lauterer Güte Gaben schenken zu können, die durch uns Danksagung an Gott bewirken. 12 Denn der Dienst an dieser Liebesgabe hilft nicht nur dem Mangel der Heiligen ab, sondern hat auch dadurch eine segensreiche Wirkung, daß viele Gott danken. 13 Denn für die Bewährung in diesem Dienst preisen sie Gott wegen eures Gehorsams im Bekenntnis zum Evangelium Christi und wegen der lauteren Güte eures Gemeinschaftssinnes ihnen und allen gegenüber. 14 Und in ihrem Gebet für euch bezeugen sie ihre Sehnsucht nach euch wegen der überschwenglichen Gnade Gottes, die sich an euch offenbart. 15 Dank sei Gott für seine unaussprechliche Gabe!

Vers 6: *Spr 11, 24*   Vers 7: *Spr 22, 8 LXX*   Vers 9: *Ps 112, 9*   Vers 10: *Jes 55, 10; Hos 10, 12 LXX.*

6   Paulus ermuntert zu freudigem und reichlichem Geben durch den Hinweis auf das gütige Handeln Gottes gegenüber den Menschen mit dem im Griechentum und im hellenistischen Judentum geläufigen Bild von der Saat (vgl. Gal 6, 7–9). In Anspielung auf Spr 11, 24 f. macht der Apostel mit dem sprichwörtlich klingenden Wort vom kärglichen und vom reichlichen Säen und Ernten deutlich, daß eine großzügige Spende auch reichen Segen in sich trägt.

7   Wer nur aus Verdrossenheit oder unter äußerem Zwang gibt, darf keinen Segen erwarten. Für freudiges, freiwilliges Geben zitiert Paulus Spr 22, 8 nach dem griechischen Text, der lautet: „Einen fröhlichen Mann, der freigebig ist,

8   segnet (liebt) Gott." Die Spender werden von Mißmut und Ängstlichkeit befreit durch den Blick auf Gott, der in seiner Macht alle Gaben in reicher Fülle schenken kann (Phil 4, 19). Paulus veranschaulicht hierbei den Reichtum des göttlichen Gebens durch kunstvolle Häufung des Wortes „alles". Gott vermag nicht nur zu geben, was die Christen für sich selbst brauchen, sondern er schenkt so reichlich, daß sie auch noch andern helfen können. Aus dem Reich-

tum Gottes fließt der Strom des Gebens, der die Glaubenden zur Bewährung der Nächstenliebe befähigt. „Genüge" (*autárkeia*), ein Zentralbegriff der stoischen Philosophie, bezeichnet dort die innere Unabhängigkeit des Weisen von dem, was nicht verfügbar ist, und die Distanz zu den Gütern dieser Welt; Paulus beschreibt hier mit dem Ausdruck das Versorgtsein des Menschen durch die Güte Gottes. Vom alttestamentlichen Gerechten sagt der Psalmist, 9 daß er den Armen reichlich gibt (Ps 112,9). Der in Wohltätigkeit ausgestreute Same trägt eine Frucht, an der Gott Wohlgefallen hat. In V. 10 bleibt Paulus 10 weiter bei der Metaphorik von der Saat und verheißt in Anlehnung an Jes 55,10 und Hos 10,12 (LXX) den Lesern: Gott, der Schöpfer, wird auch euch die Mittel zum Spenden darreichen und „die Früchte eurer Gerechtigkeit" wachsen lassen, d. h. eure Wohltätigkeit mit reichem Segen belohnen. So werden die Christen Achajas von Gott mit so reichen Gaben beschenkt, daß sie allezeit selbstlos geben können. Paulus sieht aber auch bei den Empfängern 11 der durch ihn besorgten Liebesgabe eine segensreiche Wirkung: die Spende ruft bei der Urgemeinde in Jerusalem Danksagung an Gott hervor. Das letzte Ziel aller Wohltätigkeit ist der Lobpreis Gottes. Der Schluß von V.11 wird in 12 V. 12–14 näher erläutert. Dabei beschreibt Paulus den „Dienst für die Heiligen" mit einem griechischen Begriff, der in der profanen Literatur „eine für das Gemeinwohl ausgeführte Dienstleistung" (*leitourgía*) bezeichnet. Die Spende soll zunächst die Armut der Urgemeinde lindern; sie hat aber auch eine religiöse Wirkung: Die Empfänger preisen Gott in ihren Dankgebeten. In 13 der Sammlung bewährt sich die brüderliche Liebe. Die Jerusalemer Christen empfangen die Geldspende als eine Frucht des Glaubens der Gemeinden von Achaja, die durch ihr Bekenntnis zum Evangelium Jesu Christi gehorsam geworden sind. Sie danken Gott für das Zeichen echter Hilfsbereitschaft in der ökumenischen Gemeinschaft des Leibes Christi. Dieser Dank äußert sich 14 in der Fürbitte für die Spender. Die Glieder der Urgemeinde bezeugen ihre enge Verbundenheit mit den Heidenchristen und danken Gott, daß er diesen Gnade in Fülle geschenkt hat. Ihr Dank gilt nicht nur den menschlichen Helfern, sondern der schenkenden Güte Gottes. In dem Ausruf des Dankes für 15 die unaussprechliche Gabe Gottes (V.15) geht es zwar vordergründig um die Kollekte, der Dank reicht aber viel tiefer und bezieht sich letztlich auf „die unaussprechliche Gabe", die Gott in Christus geschenkt hat (vgl. 1. Kor 15,57). Die Worte, mit denen Paulus die Kollekte bezeichnet: Gnadenwerk (*cháris* 8,6.7.19), Dienst (*diakonía* 8,4; 9,1.12.13), Segensgabe (*eulogía* 9,5) und Gemeinschaftswerk (*leitourgía* 9,12) zeigen deutlich, daß sie nicht nur eine Art Tempelsteuer oder eine rein karitative Maßnahme ist, sondern für den Apostel theologische Bedeutung hat: Sie bezeugt als dankbare Antwort auf die Gnade Gottes die Einheit der Kirche aus Juden- und Heidenchristen.

Mit diesem Begleitschreiben des Versöhnungsbriefes an die Gemeinden von Achaja schließt der Aufruf zur Sammlung für Jerusalem ab.

Dritter Hauptteil:

Die Abrechnung des Paulus mit seinen Gegnern 10, 1–13, 13

Der neue Hauptteil setzt abrupt ein mit der Wendung: „Ich selbst aber, Paulus", durch die der Apostel seine Autorität hervorhebt. Das Thema der Geldsammlung spielt keine Rolle mehr. Die Kap. 10–13 sind eine leidenschaftliche Verteidigung des Paulus gegen die Angriffe der Gegner auf die Legitimität seines Apostolats. Deshalb fassen manche Ausleger diese Kapitel im Gefolge Bultmanns mit der sog. Apologie des Apostelamts (2, 14–7, 4) zusammen. Aber es bestehen starke Unterschiede im Ton und im Verhältnis der Gemeinde zum Apostel. In 2, 14–7, 4 zeigt Paulus die Herrlichkeit und Niedrigkeit des apostolischen Dienstes in sachlicher Darlegung als Merkmale der Kreuzesnachfolge auf und hat Vertrauen zur Gemeinde (7, 4). In Kap. 10–13 ist der Ton polemisch, vor allem gegen die eingedrungenen Rivalen, aber auch gegen die Gemeinde, die sich die „falschen Apostel" (11, 13) gefallen läßt. In diesem „Kampfbrief" sucht Paulus eine Krise im Verhältnis der Korinther zu ihrem Gründungsapostel zu überwinden, die zum völligen Abfall zu führen droht (G. Bornkamm). Diese Unterschiede gegenüber der Apologie des Apostelamts und den Kap. 1–7 (vgl. 7, 16) können durch die Annahme einer Diktierpause oder durch das Eintreffen neuer Nachrichten nicht befriedigend erklärt werden. Der Kampfbrief muß aus einer anderen *Situation* geschrieben sein als der Versöhnungsbrief. Es ist jedoch äußerst schwierig zu entscheiden, ob die Kap. 10–13 in die Zeit *vor* oder *nach* der Abfassung von Kap. 1–9 anzusetzen sind; m. E. ist beides möglich.

Zahlreiche Ausleger betrachten die Kap. 10–13 (mit Bultmann und Bornkamm) als einen Teil des sog. Tränenbriefs (im Gefolge von A. Hausrath, 1870). Gegen diese Zuordnung werden vor allem zwei Einwände erhoben: In 10–13 fehle die Forderung der Bestrafung des „Unrechttäters" (7, 12), und in 1–7 werde die Ausschaltung der Rivalen von 10–13 nicht erwähnt. Aber die Forderung der Bestrafung konnte der Redaktor weglassen, nachdem ihr Vollzug in 2, 6 bereits berichtet war, und auf die inzwischen abgereisten Agitatoren brauchte Paulus im Versöhnungsbrief nicht mehr einzugehen, wenn ihr Einfluß auf die Gemeinde gebrochen war. Aus diesen Gründen hat die Datierung des Kampfbriefs in die Situation des Tränenbriefs m. E. die größere Wahrscheinlichkeit als seine Ansetzung in der Zeit nach dem Versöhnungsbrief. Denn nach dem erfolglosen Zwischenbesuch wird der polemische Ton verständlich als Reaktion des Paulus auf den schmerzlichen Vorfall in Korinth, der im Zusammenhang mit den Angriffen der fremden Missionare auf die Apostelwürde des Paulus stand.

Die Vertreter der späteren Datierung der polemischen Kapitel 10–13 (H. Windisch, C. K. Barrett) nehmen an, der „Tränenbrief" sei als ganzer verloren gegangen; einige Zeit nach dem Versöhnungbrief sei der Konflikt noch einmal aufgeflammt, vielleicht durch erneutes Auftreten der Agitatoren in Korinth, und Paulus sei nun in aller Schärfe gegen sie vorgegangen. Aber dagegen spricht, daß der Apostel in 10–13 den *nochmaligen* „Abfall" der Korinther von ihm in relativ kurzer Zeit nach der völligen Aussöhnung von 7,16 überhaupt nicht erwähnt, obwohl er nicht nur die eingedrungenen Rivalen angreift, sondern auch der Gemeinde Vorwürfe macht.

Beim Festhalten an der literarischen Einheitlichkeit des ganzen Briefs kommt der Unterschied im Ton und im Verhältnis der Korinther zu Paulus nicht voll zur Geltung. Schlatter versteht die polemischen Kapitel 10–13 als Kampfansage an die Gegner im Dienst der von Paulus beabsichtigten „Reinigung der Gemeinde" und beruft sich für die Einheitlichkeit vor allem auf den angekündigten dritten Besuch (13,1 ff.), der in 1–9 zwar vorausgesetzt sei, dessen Zweck aber erst im Schlußteil angegeben werde. Aber wenn sich Paulus bei der Abfassung des Versöhnungsbriefes der Gemeinde so sicher war, wie er dies in 7,16 bezeugt, dann war eine Drohung mit strengen Reinigungsmaßnahmen beim bevorstehenden Besuch nicht mehr nötig. Die Auffassung, Paulus habe sich am Schluß des Briefs den Zorn gegen die fremden Agitatoren gleichsam vom Herzen geschrieben (W. G. Kümmel), bringt nicht genügend zur Geltung, daß die Kritik auch die Gemeinde trifft und deshalb den Zweck des Versöhnungsbriefes zum mindesten beeinträchtigen mußte.

Was das Vorgehen des Redaktors angeht, so ist die einfachste Erklärung wohl auch die einleuchtendste: Er wollte die Aussagen über das Apostolatsverständnis des Paulus in 2,14–7,4 zusammen mit Kap. 10–13 für die Kirche bewahren und hängte deshalb an den längeren und theologisch gewichtigeren Versöhnungsbrief (1–9) den kürzeren, polemischen „Tränenbrief" unter Weglassung von inzwischen überholten Einzelheiten an, ohne mit dieser Nachordnung historisch die spätere Abfassung von 10–13 gegenüber 1–9 festlegen zu wollen.

Der dritte Hauptteil ist in sich klar gegliedert. Im ersten Abschnitt weist Paulus die gegen ihn erhobenen Vorwürfe der Gegner zurück (10,1–18); das zentrale Mittelstück enthält den von den Rivalen provozierten „Selbstruhm des Apostels wider Willen" (11,1–12,13), und im dritten Abschnitt bereitet Paulus den bevorstehenden Besuch vor (12,14–13,10). – Person und Sache sind in diesem leidenschaftlichen Kampf der Missionare aufs engste mit einander verbunden. Mit dem Apostolat des Paulus steht seine Botschaft von der Versöhnung in Christus auf dem Spiel und damit zugleich das Heil der Gemeinde; daraus erklärt sich die theologische Schärfe der Auseinandersetzung.

1. Die Verteidigung des Apostels gegen Angriffe auf seine Person 10,1–18

Paulus setzt sich in diesem Kapitel vor allem mit zwei Vorwürfen der nach Abfassung des ersten Briefes in Korinth eingedrungenen judenchristlich-hellenistischen Missionare auseinander: Er sei schwächlich im persönlichen Auftreten, und er strebe nach Selbstruhm.

1.1 Zurückweisung des Vorwurfs der Schwäche 10, 1–11

1.1.1 Schwach in der Nähe, stark aus der Ferne? 10, 1–6

1 Ich selbst aber, Paulus, ermahne euch durch die Freundlichkeit und Milde Christi, der ich (wie behauptet wird) Auge in Auge so unterwürfig unter euch bin, aber aus der Ferne mich so mutig gegen euch zeige.   2 Ich bitte euch, daß ihr mich nicht zwingt, bei meinem Kommen so mutig und entschlossen aufzutreten, wie ich gegen einige vorzugehen gedenke, die von uns meinen, wir wandelten nach dem Fleisch.   3 Denn wir wandeln zwar im Fleisch, aber wir kämpfen nicht auf fleischliche Weise.   4 Denn die Waffen unseres Kampfes sind nicht fleischlich, sondern mächtig durch Gott zur Zerstörung von Bollwerken: Wir zerstören damit Vernünfteleien   5 und alles Hochragende, das sich erhebt gegen die Erkenntnis Gottes, und nehmen alles Denken gefangen in den Gehorsam gegen Christus;   6 so sind wir bereit, allen Ungehorsam zu strafen, sobald ihr wirklich gehorsam geworden seid.

Vers 1: *10, 10*   Vers 2: *1. Kor 4, 21*   Vers 4: *Röm 13, 12*   Vers 5: *Jes 2, 12 ff.*

1   Mit betonter Hervorhebung seiner Person (vgl. Gal 5, 2) beginnt Paulus die Ermahnung der Gemeinde; hier braucht kein Gegensatz zu dem 7, 14 f.; 8, 16 erwähnten Titus vorzuliegen. Der Apostel beruft sich für seine Mahnung auf die „Freundlichkeit und Milde Christi". Diese Ausdrücke bezeichnen sonst meist christliche Tugenden (Gal 5, 23; Phil 4, 5), werden aber hier auf Christus selbst bezogen. Mit dieser Wendung blickt Paulus nicht in erster Linie zurück auf das Verhalten des irdischen Jesus (vgl. Mt 11, 29) und auch nicht voraus auf die Barmherzigkeit des eschatologischen Richters (vgl. 5, 10), sondern er faßt mit ihr das ganze Heilsgeschehen in Jesus Christus zusammen, wie er dies in Röm 12, 1 mit dem Begriff der Barmherzigkeitstaten Gottes tut (R. Leivestad). Christus hat seine Freundlichkeit und Güte dadurch erwiesen, daß er aus der Herrlichkeit Gottes in die Niedrigkeit des Menschseins und des Sterbens herabgestiegen ist (8, 9; Phil 2, 6–8), um uns zu versöhnen mit Gott (5, 18 f.). Paulus beruft sich auf die Offenbarung der Kraft Gottes in der Schwachheit des Kreuzes (13, 4); von dieser christologischen Basis aus weist er den Vorwurf der Schwäche zurück. Das Kreuz ist Schwäche nur für eine „fleischliche" Betrachtungsweise; für die Glaubenden erweist sich in ihm die Kraft Gottes, die in den Schwachen mächtig ist. Deshalb verstößt der Apostel nicht gegen Christus, wenn er den Entscheidungskampf um die Botschaft vom Kreuz mit so großer Schärfe führt; er bewährt dadurch vielmehr gerade die Treue zu seinem Auftrag. Ein schwächliches Nachgeben in diesem Punkt käme auf die Anerkennung einer Vermischung von Fleisch und Geist hinaus. In V. 1 b zitiert Paulus den ersten Vorwurf, der in Korinth über ihn umgeht: „Im persönlichen Auftreten ist er (Paulus) unterwürfig (niedrig), aber aus der Ferne gebraucht er mutige Worte und spielt den starken Mann" (vgl. V. 10). Die Gegner bringen mit „niedrig" (*tapeinós*) ihre hämische Geringschätzung zum Ausdruck, während es Paulus positiv im Sinn des alttestamentlichen

Frommen gebraucht (7,6). Wenn die Kap. 10–13 zum Tränenbrief gehören, wie in dieser Auslegung angenommen wird, dann kann sich die Charakterisierung des Verhaltens aus der Ferne nur auf Briefe beziehen, die früher geschrieben wurden (z.B. der sog. „Vorbrief" und der 1. Kor; s. Einl., S. 3). In Aufnahme von V. 1 bittet Paulus die Korinther, ihn nicht in die Lage zu 2 bringen, daß er bei seinem Besuch von seinem apostolischen Recht zur Strafe Gebrauch machen muß (13,2; 1. Kor 4,21). In dem Hinweis auf gewisse Leute („einige") treten die Gegner in den Blick. Der Apostel ist fest entschlossen, mit aller Schärfe gegen die Verleumder vorzugehen, die über ihn das Urteil ausstreuen, er führe sein Leben auf fleischliche Weise. Damit spielt Paulus am Schluß von V. 2 wahrscheinlich auf ein Schlagwort dieser Rivalen an, das zugleich ein Licht auf ihr Selbstverständnis wirft. Die Wendung vom „fleischlichen Wandel" zielt hier nicht in erster Linie auf sittliche Mängel. Dieser Vorwurf ginge bei Paulus ins Leere, der in seiner Paränese zur Heiligung mahnt (1. Thess 4,3) und die Gemeinden auf sein Vorbild verweist (1. Kor 11,1). Der Vorwurf kommt aus einem enthusiastischen Verständnis der Wirkung des Geistes. Die Gegner nehmen für sich in Anspruch, daß in ihrer missionarischen Tätigkeit der Geist Gottes in besonders augenfälliger Weise am Werk sei; sie rühmen sich ihrer Wundertaten und ekstatischen Geistesmanifestationen und vermissen bei Paulus die „Zeichen des Apostels" (12,12): sie werfen Paulus vor, daß er kein rechter „Pneumatiker" sei (E. Käsemann). Dieser Vorwurf betrifft die ganze Lebensweise, nicht nur einzelne Fälle des Versagens wie etwa die Erfolglosigkeit des Paulus beim Zwischenbesuch. Mit dieser grundsätzlichen Kritik am Wirken des Paulus konnten sich leicht noch andere Vorwürfe wie Unaufrichtigkeit (1,12f.), Unzuverlässigkeit (1,14ff.), Unfähigkeit (2,16), Unverständlichkeit (4,3) und betrügerische Habsucht (12,14ff.) verbinden. Der Apostel räumt ein, daß er – wie alle Glaubenden – noch im irdischen Leib 3 lebt (Gal 2,20), aber er führt seinen Kampf nicht „auf fleischliche Weise", d.h. nicht aus eigensüchtigen Motiven und nicht mit den Methoden der irdischen Weisheit. Er kämpft mit den „Waffen der Gerechtigkeit" (6,7) in der geistli- 4 chen Waffenrüstung (1. Thess 5,8; vgl. Eph 6,14–17). Paulus gebraucht dieses militärische Bild übertragen für die Verkündigung der Versöhnungsbotschaft (vgl. Röm 6,13; 13,12). Die Kraft des Geistes Gottes vermag alle hohen Gedankengebäude niederzureißen, die sich gegen die Erkenntnis Gottes auftürmen. Den hierfür gebrauchten Begriff der „Vernünfteleien" (*logismoî*) haben schon die griechischen Philosophen gegen die Sophisten verwendet. Paulus greift damit die Weisheit dieser Welt an (1. Kor 1,18–25); vielleicht lehnt er sich an Spr 21,22 an.

Das Bild von den „Bollwerken" wird in V. 5 weiter ausgeführt. Die „fleisch- 5 liche" Weisheit vertraut auf alles, was hoch und stark ist, und empört sich damit gegen die Erkenntnis Gottes, der seine Kraft und seine Weisheit im Kreuz Jesu Christi offenbart hat. Paulus will mit seinem Dienst das Denken der Menschen „gefangennehmen" und sie zum Gehorsam gegen Christus führen. Das ist keine Kampfansage an den Gebrauch der menschlichen Vernunft

– die Betätigung der Verstandeskräfte ist für den Apostel im göttlichen Schöpfungsauftrag eingeschlossen –; Paulus will vielmehr die verhängnisvolle Bindung des Denkens an die oft als „Freiheit" mißverstandene menschliche Eigensucht überwinden durch die Bindung der Glaubenden an ihren Herrn, der in

6 Wahrheit frei macht (Gal 5,1). In V.6 zieht er aus seiner grundsätzlichen Haltung eine konkrete Folgerung für das Auftreten bei dem bevorstehenden Besuch in Korinth. Der Apostel ist entschlossen, jeden Ungehorsam zu ahnden, sobald die Korinther wieder seine apostolische Autorität anerkennen und der Gehorsam der Gemeinde wieder völlig hergestellt ist. Ohne diese Voraussetzung könnten ergriffene Strafmaßnahmen die Gemeinde vollends ganz auf die Seite der Gegner treiben. Hier wird deutlich, daß sich Paulus in Kap. 10–13 der Gemeinde keineswegs so sicher ist wie in 7,16. Die Androhung der Strafe richtet sich zwar auch gegen Gemeindeglieder, die in ihrem Ungehorsam verharren, sie gilt jedoch in erster Linie den eingedrungenen Missionaren, die dem Apostel seine Gemeinde abspenstig machen wollen. Über die Art und Weise der Bestrafung wird nichts gesagt; auf alle Fälle sollen die „falschen Apostel" endgültig aus der korinthischen Gemeinde ausgeschieden werden.

1.1.2 Die Vollmacht des Apostels 10,7–11

7 Seht auf das, was vor Augen liegt! Wenn jemand überzeugt ist, Christus anzugehören, so bedenke er bei sich auch dies, daß wir ebenso Christus angehören wie er selbst! 8 Auch wenn ich mich nämlich noch etwas mehr der Vollmacht rühmen würde, die uns der Herr gegeben hat zu eurer Erbauung und nicht zu eurer Zerstörung, so würde ich nicht zuschanden werden. 9 Ich möchte aber nicht den Anschein erwecken, als wollte ich euch durch die Briefe einschüchtern. 10 Denn seine Briefe, so sagt man, sind zwar wuchtig und kraftvoll, aber sein leibhaftiges Auftreten ist schwächlich und seine Rede kläglich. 11 Wer so redet, der möge dies bedenken: Wie wir mit dem Wort durch Briefe aus der Ferne wirken, so werden wir, wenn wir anwesend sind, auch mit der Tat sein.

Vers 7: *1. Kor 1,12*   Vers 8: *12,6; 13,10*   Vers 11: *13,2.*

7   Paulus fordert in V.7 die Gemeinde auf, auf das zu schauen, was klar vor Augen liegt, und appelliert damit an die eigene Urteilsfähigkeit der Korinther (vgl. 1. Kor 10,15). Das Selbstverständnis der gegnerischen Missionare drückte sich wohl in dem Schlagwort aus: „Ich gehöre zu Christus"; „jemand" steht repräsentativ für eine Mehrheit (vgl. V.12). Früher nahm man an, die Formel „Christus angehören" beziehe sich auf die sog. Christuspartei von 1. Kor 1,12. Aber die Rivalen des Apostels in 10–13 sind erst nach dem ersten Brief in Korinth eingedrungen; möglicherweise fanden sie Zustimmung bei der Christuspartei. Sie nahmen für sich aufgrund ihrer pneumatischen Kraftwirkungen eine besonders enge Zugehörigkeit zu Christus in Anspruch; nach 11,23 bezeichneten sie sich als „Diener Christi". Demgegenüber erinnert Paulus daran, daß jeder Glaubende, der durch die Taufe in den Herrschaftsbereich

Christi eingegliedert ist, Christus gehört (1. Kor 3,23; Gal 3,29), und daß er selbst als von Gott berufener Apostel mit gleichem Recht von sich sagen kann, daß er zu Christus gehöre, wie seine Gegner. In diesem Vergleich ist keine Billigung der von den fremden Agitatoren praktizierten Demonstration ihrer „besonderen" Christuszugehörigkeit enthalten. Einer Berufung derselben auf den irdischen Jesus, wie dies die Vertreter der Judaistenhypothese annehmen, hätte Paulus schwerlich entgegensetzen können: „ebenso auch ich!" Für die 8 Legitimität seines Apostolats beruft sich Paulus auf die Berufung durch den Herrn, der ihm seine Vollmacht verliehen hat. Paulus ist bei Damaskus nicht nur Christ, sondern auch Apostel geworden (Gal 1,11.15f.). Aufgrund seiner apostolischen Vollmacht könnte er sich noch mehr, über die Zugehörigkeit zu Christus hinaus, rühmen; aber dies war Gottes gnädiges Eingreifen und nicht sein eigenes Verdienst. Darum macht Paulus seine apostolische Würde nicht zum Gegenstand des Rühmens; selbst wenn er dies täte, würde er nicht gegen die Wahrheit verstoßen. Als Verkündiger der göttlichen Versöhnungstat in Christus hat der Apostel den Auftrag, die Gemeinde aufzubauen und nicht niederzureißen. Auch wo er „niederreißen" (V.4) und „strafen" (V.6) muß, geschieht dies im Dienst der Auferbauung (vgl. Jer 1,10; 24,6). Die Verse 9–11 9 bilden gedanklich eine Einheit; V.9 ist im Griechischen ein selbständiger Finalsatz (H. Krämer). Paulus will in Korinth nicht den Eindruck erwecken, als wolle er die Gemeinde aus der Ferne mit seinen Briefen einschüchtern, was ihm in Korinth bereits vorgeworfen wird. Mit „so sagt man" zitiert er in V.10 10 einen solchen Vorwurf: „Seine Briefe sind zwar wuchtig und kraftvoll, aber sein persönliches Auftreten ist schwächlich und seine Rede kläglich." Auch die Kritiker des Paulus können nicht bestreiten, daß seine Briefe ein starkes theologisches Gewicht haben; die Ausdrücke „wuchtig und kraftvoll" brauchen sich nicht nur auf den polemischen Ton zu beziehen, der in den früheren Briefen nicht so schroff war wie im vorliegenden Kampfbrief. Die Gegner kritisieren das persönliche Auftreten des Paulus. Daß er nicht durch seine körperliche Erscheinung oder durch rhetorische Kunstgriffe seine Hörer beeindruckte, deutet er selber an (1. Kor 2,3f.; 2. Kor 11,6; Gal 4,13f.). Nicht nur in Athen, sondern auch in Korinth stellten die hellenistischen Hörer hohe Ansprüche an die Form der Rede. Gleichwohl betrifft dieser Vorwurf nicht in erster Linie den Mangel an rhetorischer Schulung und an griechischer Bildung. Nach V.2 wurde Paulus vorgeworfen, er sei kein „Pneumatiker", weil ihm die Gaben der ekstatischen Rede und der pneumatischen Kraftwirkungen fehlen. In Wirklichkeit besaß Paulus eine Fülle von charismatischen Gaben, auch das Charisma der Glossolalie (1. Kor 14,18); aber in der Gemeindearbeit verzichtete er bewußt auf sie, weil sie in das persönliche Verhältnis des Beters zu Gott gehört. Wer Paulus einen Zwiespalt zwischen seiner schwächlichen persönli- 11 chen Anwesenheit und seinen kraftvollen Briefen aus der Ferne vorwirft, der wird bei dem bevorstehenden Besuch die Vollmacht des Apostels zu spüren bekommen. „Der Betreffende", der so etwas sagt, ist ein beliebiger Sprecher aus der Gruppe der Gegner; es ist wohl nicht an eine bestimmte Einzelperson gedacht. Paulus stellt mit allem Nachdruck fest, daß bei ihm kein Bruch besteht zwischen der Vollmacht, mit der er aus der Ferne seine Briefe schreibt, und der Vollmacht, mit der er als Anwesender handelt, und bringt damit seine feste Entschlossenheit zum Ausdruck, bei seinem Kommen „alle Ungehorsamen zu strafen" (V. 6), vor allem die Gegner, die mit ihrer Wühlarbeit die Gemeinde verwirren.

1.2 Zurückweisung des Vorwurfs der Ruhmsucht 10, 12–18

12 Denn wir sind nicht so vermessen, uns gewissen Leuten zuzurechnen oder uns mit ihnen zu vergleichen, die sich selbst empfehlen; sie sind unverständig, weil sie sich nur an sich selbst messen und mit sich selbst vergleichen.   13 Wir aber wollen uns nicht ins Maßlose rühmen, sondern nur nach dem Maß des Maßstabs, nach dem Gott uns das Maß zugemessen hat, nämlich daß wir auch bis zu euch gelangen sollten.   14 Es ist ja nicht so, daß wir uns zu viel anmaßen (uns über unser Maß hinaus ausstrecken), als wären wir nicht bis zu euch gelangt; denn wir sind ja tatsächlich mit dem Evangelium Christi bis zu euch gekommen.   15 Wir rühmen uns also nicht ins Maßlose aufgrund fremder Arbeit; aber wir haben die Hoffnung, daß wir, wenn euer Glaube wächst, vor euren Augen nach unserem Maßstab überschwenglich groß gemacht werden   16 und das Evangelium über eure Grenzen hinaustragen; wir wollen uns aber nicht nach einem fremden Maßstab mit dem rühmen, was andere vollbracht haben.   17 „Wer sich aber rühmt, der rühme sich des Herrn" (Jer 9, 22 f.).   18 Denn nicht der ist bewährt, der sich selbst empfiehlt, sondern der, den der Herr empfiehlt.

Vers 12: *3, 1*   Vers 13: *Röm 12, 3*   Vers 15: *Röm 15, 20.24*   Vers 17: *Jer 9, 22 f.; 1. Kor 1, 31*   Vers 18: *1. Kor 4, 5.*

12   Bei der Zurückweisung des Vorwurfs der Ruhmsucht geht Paulus zugleich zum Angriff auf die maßlose Selbstüberschätzung der Gegner über. Er nennt hier zwar nicht direkt die „Überapostel" (11, 5) oder „Diener Christi" (11, 23), aber die Anspielung auf sie ergibt sich aus dem Zusammenhang. Weder im Hinblick auf die Zugehörigkeit zu Christus noch auf die Rechtmäßigkeit des Apostelamts steht Paulus den Gegnern in irgend einer Weise nach; ironisch sagt er jetzt, daß er allerdings im Punkt der Selbstempfehlung sich nicht mit ihnen messen könne. Das Wortspiel mit den griechischen Verben (*enkrínein – synkrínein*) bedeutet: „sich mit jemand in eine Reihe stellen und sich mit ihm vergleichen". Die eingedrungenen Missionare arbeiten mit Empfehlungsbriefen (3, 1), um Anerkennung bei der Gemeinde zu finden. Sie werden zwar in 11, 22 als „Hebräer", „Israeliten" und „Abrahams Kinder" gekennzeichnet, aber damit ist nicht gesagt, daß sie Abgesandte der Jerusalemer Urgemeinde waren (s. zu 2. Kor 3, 1). Die Gegner arbeiten mit Empfehlungsbriefen von Gemeinden, in denen sie gewirkt haben, und lassen sich von diesen ihre Geisteswirkungen und Wundertaten bestätigen. Paulus hat eine solche Art der Empfehlung nicht nötig, weil der Herr selbst ihm seinen Empfehlungsbrief ausgestellt hat (3, 3). In V. 18 nennt der Apostel den Leitgedanken seiner Argu-

mentation: Entscheidend ist die Empfehlung durch den Herrn. Die Gegner messen sich nur an sich selbst; sie haben keinen anderen Maßstab als ihre eigene Subjektivität, während Paulus sich an dem Maßstab orientiert, den ihm Gott bei seiner Berufung gegeben hat. Am Ende von V. 12 und am Anfang von V. 13 ist allerdings der griechische Text nicht einheitlich überliefert. Der westliche Text läßt die Worte: „Sie sind unverständig; wir aber" aus. Bei dieser verkürzten Lesart wäre Paulus das Subjekt der ganzen Aussage mit dem Sinn: Während sich die Gegner mit Paulus vergleichen und sich mit ihm messen, verzichtet der Apostel auf jeden Vergleich mit anderen und mißt sich nur an sich selbst, d. h. an seinem Auftrag (R. Bultmann). Aber der längere Text ist besser bezeugt. Paulus bezeichnet in ihm das Verhalten der Gegner als „unverständig", weil sie sich nur an sich selbst messen statt an dem Maßstab Gottes. Der **13** Glaube an Christus bedeutet für Paulus den radikalen Verzicht auf allen Selbstruhm. Im Unterschied von den Gegnern rühmt er sich nicht ins Maßlose, sondern nach dem Maß, das Gott ihm zugeteilt hat. Diesen Gedanken drückt Paulus mit einer kunstvollen Häufung der Begriffe „messen, Maß und Maßstab" aus. Das griechische Wort für Maßstab (*kanón*) ist im 2. Jahrhundert die übliche Bezeichnung für die Glaubensregel geworden. „Das Maß des Maßstabs, nach dem Gott dem Apostel sein Maß zugemessen hat", ist der Auftrag zur Heidenmission, den Paulus bei seiner Berufung empfangen hat (Gal 1, 15 f.). Dieser Auftrag schließt die ehemals heidnischen Korinther ein. Die Verse 14–16 sind im Griechischen ein einziger Satz. Der Apostel hat das **14** ihm von Gott zugeteilte Maß nicht überschritten; denn die korinthische Gemeinde gehört in den Bereich des Heidenmissionars. Die Jerusalemer Autoritäten haben beim Apostelkonvent den Auftrag des Paulus zur Heidenmission feierlich durch Handschlag anerkannt (Gal 2, 9). Paulus steht nicht da als einer, der sich über das ihm zugeteilte Maß hinaus ausstrecken müßte, um nach Korinth zu gelangen; denn er hat ja nach Gottes Willen Korinth mit der Verkündigung des Evangeliums bereits erreicht. Der Apostel sieht den Erfolg seiner Arbeit in Übereinstimmung mit seinem Auftrag zur Heidenmission und wertet beide als Auswirkung der Gnade Gottes. Paulus vermeidet es, „auf **15** fremdem Grund zu bauen"; er setzt „seine Ehre darein, nicht dort das Evangelium zu verkündigen, wo der Name Christi schon bekannt geworden ist" (Röm 15, 20). Darum braucht er sich auch nicht ins Maßlose zu rühmen, indem er sich auf dem Arbeitsfeld anderer Verkündiger breit macht. Denn das liegt vor aller Augen: Die Gegner sind in das Missionsgebiet des Paulus eingedrungen, nicht Paulus in das der Gegner! Der Apostel rühmt sich nicht fremder Arbeit, sondern hofft auf eine Erweiterung seines eigenen Missionsfeldes. Die Einhaltung des ihm von Gott zugeteilten Maßes bedeutet nicht die Einschränkung seines Wirkens auf Korinth. Sobald er seine Aufgabe bei den Korinthern erfüllt hat und ihr Glaube stärker geworden ist, wozu vor allem gehört, daß sie Paulus als ihren Apostel anerkennen, will er mit dem Evangelium weiter vordringen in Gebiete, in denen die Botschaft von Christus noch nicht verkündigt wurde. Möglicherweise denkt Paulus hier bereits an den

Westen (Röm 15,23 f.). Auf diese Weise hofft Paulus, „nach seinem eigenen
Maßstab" durch Gottes Hilfe „bis zur höchsten Höhe heranzuwachsen" (W.
16 Bauer). Denn es entspricht dem Auftrag und der Missionsmethode des Hei-
denapostels, nicht auf fremdem Grund zu bauen (Röm 15,20); er will nicht auf
einem Arbeitsfeld, das andere (judenchristliche Missionare) bestellt haben,
17 Ruhm für sich selbst ernten. Für die Ablehnung des Selbstruhms beruft sich
Paulus auf das Wort des Propheten Jeremia (9,22 f.), das er schon in
18 1. Kor 1,31 herangezogen hat. In V.18 wendet er die Folgerung aus diesem
Schriftwort auf seine Rivalen an. Sie verlangen von Paulus eine „Bewährung"
durch Kraftwirkungen (13,3), aber sie sind selbst nicht bewährt, weil sie nicht
von Gott empfohlen werden, sondern sich selbst empfehlen. Gott hat Paulus
dadurch empfohlen, daß die Gemeinde durch Gottes Geist gegründet wurde;
sie ist der Empfehlungsbrief des Herrn für den Apostel (2. Kor 3,3).

2. Der Selbstruhm des Apostels wider Willen 11, 1–12, 13

Provoziert von seinen Gegnern läßt sich Paulus nun doch auf die problema-
tische Ebene des Selbstruhms ein, wobei er aber in mehreren Anläufen mit
immer neuer Betonung deutlich herausstellt, daß dies Torheit ist und nicht
dem Geist Jesu Christi entspricht. In Wirklichkeit rühmt sich Paulus des
Herrn, indem er sich der Form des Selbstruhms bedient. Er sucht mit dieser
ironischen „Narrenrede" die ungerechtfertigten Vorwürfe der Gegner zurück-
zuweisen und den „Lügenaposteln" die Maske vom Gesicht zu reißen. Dies ist
die schärfste Auseinandersetzung des Paulus mit Widersachern, die wir von
ihm kennen. Im ersten Abschnitt bereitet Paulus die Gemeinde auf den törichten Selbstruhm vor mit der Bitte, ihn zu ertragen (11,1–21 a). Der eigentliche
Selbstruhm (11,21 b–12,13) betrifft zwei Schwerpunkte: die Mühen und Leiden des Apostels (11,21 b–33) und die besonderen Offenbarungen des Herrn
(12,1–10).

2.1 Der Vergleich mit den Gegnern und die Entlarvung der falschen Apostel 11, 1–21 a

2.1.1 Die Bitte an die Gemeinde, die Torheit zu ertragen 11, 1–4

1 Möchtet ihr doch ein wenig Torheit von mir ertragen! Aber ihr ertragt sie ja
auch von mir.   2 Denn ich eifere um euch mit göttlichem Eifer; ich habe euch
nämlich mit einem einzigen Mann verlobt, um (euch) Christus (als) eine reine
Jungfrau zuzuführen.   3 Ich fürchte aber, wie die Schlange Eva verführte mit
ihrer List, so könnten auch eure Gedanken von der aufrichtigen und reinen Hingabe an Christus abgewendet werden.   4 Denn wenn einer kommt und verkündigt einen anderen Jesus, den wir nicht verkündigt haben, oder wenn ihr einen

anderen Geist empfangt, den ihr (durch meine Predigt) nicht empfangen habt, oder ein anderes Evangelium, das ihr nicht angenommen habt, so ertragt ihr das recht gern!

Vers 1: *11, 16 ff.*   Vers 3: *1. Mose 3, 4. 13*   Vers 4: *Gal 1, 6–9.*

Die eingedrungenen Missionare haben mit ihrer Selbstempfehlung offenbar 1 in Korinth einen starken Eindruck gemacht. Für Paulus ist Selbstruhm töricht und „unvernünftig", weil er Gott die Ehre raubt. Die Korinther lassen sich von den fremden Agitatoren solche Torheit gerne gefallen; darum bittet Paulus, auch von ihm ein wenig Torheit zu ertragen, und ist zuversichtlich, daß sie das tun. Wie Gott mit Eifer über der Bundestreue seines Volkes wacht (2. Mose 2 20, 5 f.), so tritt Paulus mit heiligem Eifer für den rechten Glauben der Korinther ein; denn Abfall von Paulus hieße zugleich Ablehnung der Kreuzesbotschaft. In V. 2 beschreibt Paulus seinen Dienst an der Gemeinde mit dem alttestamentlichen Bild von der Verlobung und Hochzeit. Bei der Verlobung übernimmt der Brautvater die Pflicht, seine Tochter für den Bräutigam unberührt zu bewahren. Bei der Hochzeit wird die Braut aus der väterlichen Gewalt entlassen und in das Haus des Bräutigams eingeführt. In unsrem Vers ist Christus der Bräutigam. Paulus hat die Gemeinde durch die Berufung zum Glauben Christus als Braut zugeführt und will sie ihm bis zur Parusie als reine Jungfrau bewahren. Hinter dieser Aussage steht das Bild von der Ehe Jahwes mit Israel (Hos 1–3; Jes 50, 1; 54, 1–6; 62, 5) und der apokalyptische Vergleich der Heilszeit mit den Freuden des eschatologischen Festmahls (Jes 25, 6). Der Vergleich der Gemeinde mit der Braut begegnet schon in Jes 49, 18 und war dem rabbinischen Judentum durch die allegorische Deutung des Hohenlieds vertraut, doch den Vergleich des Messias mit dem Bräutigam (Mk 2, 19) kannte das antike Judentum noch nicht (J. Jeremias). Paulus beschreibt das Verhältnis Christus–Gemeinde hier zum ersten Mal mit dem Bild von Bräutigam und Braut, das später in Eph 5, 22–33 breit ausgeführt wird (vgl. Mk 2, 19 ff.; Mt 22, 2; 25, 1 ff.; Joh 3, 29; Offb 19, 7. 9; 21, 2. 9; 22, 17). In der Gnosis war die Vorstellung von dem himmlischen Paar (Syzygie) weit verbreitet. Das Bild von der Braut leitet über zu der Erwähnung Evas. Paulus befürchtet ernsthaft, daß 3 die Korinther der Verführung der fremden Missionare erliegen und sich damit von der aufrichtigen und reinen Hingabe an den Gekreuzigten abwenden lassen könnten. Die Erzählung von der Verführung Evas durch die Falschheit der Schlange (1. Mose 3) wurde im apokalyptischen und rabbinischen Judentum weiter entwickelt zu der Vorstellung, daß der Satan in Gestalt der Schlange Eva zur Unzucht verführt habe (äthHen 69, 6; bJeb 103 b). Der nächste Vers zeigt den Grund für die Befürchtung des Apostels, die Korinther könnten von ihm abfallen. Paulus macht hier eine Aussage über die Verkündigung der Mis- 4 sionare, die sich selbst empfehlen. Die Wendung: „Wenn einer kommt" meint keine Einzelgestalt, sondern die Gruppe der Eindringlinge (vgl. V. 5. 12); vielleicht trat einer als Sprecher besonders hervor. A. Schlatter dachte hier an einen aus Jerusalem kommenden Schiedsrichter, nämlich Petrus, dem die

Gemeinde die Entscheidung der strittigen Fragen übergeben solle. Aber es ist nirgends gesagt, daß der „Kommende" von der Petruspartei herbeigerufen wurde, wie Schlatter vermutet. Paulus charakterisiert die Gegner mit drei Angaben: sie verkündigen einen anderen Jesus und bringen einen anderen Geist und ein anderes Evangelium als Paulus. Diese Unterschiede, die ganz zentrale Themen der Theologie betreffen, erklären, warum der Apostel die Gegner mit solcher Schärfe bekämpft. – Läßt sich aus diesen Angaben der theologische Charakter der Gegner näher bestimmen (s. den Exkurs nach 13,10)? Gegen die Auffassung, es seien wie in Gal 1,6–9 gesetzesstrenge Judenchristen (sog. Judaisten) gemeint, spricht der Tatbestand, daß die Frage des Gesetzes und der Beschneidung in 10–13 nicht erörtert wird, wie dies im Galaterbrief geschieht. Die Vertreter des gnostischen Charakters der Gegner verweisen auf die Erwähnung der „Erkenntnis" in 11,6; aber die Verkündigung eines anderen *Jesus* paßt nicht zu einer dualistisch-gnostischen Christologie. Neuerdings werden die eingedrungenen Missionare meist als judenchristlich-hellenistische Wanderprediger betrachtet, die aus dem syrischen Missionsgebiet des Petrus nach Korinth gekommen sind. Sie berufen sich auf ihre pneumatischen Kraftwirkungen (vgl. 12,1–12) und werfen Paulus Schwäche und fleischlichen Wandel vor (10,1ff.), und die Korinther lassen sich dies ruhig gefallen. Die fremden Agitatoren vertreten eine „Theologie der Herrlichkeit" gegen die paulinische „Theologie des Kreuzes"; darum weichen sie in der Christologie, im Verständnis des Geistes und in der Heilslehre von der Verkündigung des Paulus ab.

2.1.2 *Die Ebenbürtigkeit des Paulus als Apostel und die Falschheit der Überapostel 11, 5–15*

5 Ich denke doch, ich stehe den Überaposteln in keinem Stück nach.   6 Wenn ich aber auch in der geschulten Rede ein Laie bin, so doch nicht in der Erkenntnis; sondern in jeder Weise und vor allen haben wir sie kundgetan unter euch. – 7 Oder habe ich eine Sünde begangen, als ich mich selbst erniedrigte, damit ihr erhöht werdet? Denn ich habe euch das Evangelium Gottes unentgeltlich verkündigt.   8 Andere Gemeinden habe ich beraubt und Geld („Sold") von ihnen genommen, um euch dienen zu können.   9 Und als ich bei euch war und Mangel hatte, fiel ich niemandem zur Last; denn meinem Mangel halfen die Brüder ab, die aus Mazedonien kamen. Und in jeder Beziehung verhielt ich mich so, daß ich euch nicht zur Last fiel, und ich werde es auch weiterhin so halten.   10 So gewiß die Wahrheit Christi in mir ist: dieser Ruhm soll mir nicht zum Schweigen gebracht werden im Gebiet von Achaja.   11 Warum? Etwa weil ich euch nicht liebe? Gott weiß es!

12 Was ich aber tue, das werde ich auch weiterhin tun, damit ich denen den Anlaß nehme, die einen Anlaß dafür suchen, daß sie sich rühmen könnten, sie stünden ebenso da wie wir.   13 Denn diese Leute sind falsche Apostel, betrügerische Arbeiter, die sich als Apostel Christi verstellen.   14 Und das ist auch kein

Wunder; denn der Satan selbst verstellt sich als Engel des Lichts.   15 Da ist es nichts Großes, wenn sich auch seine Diener verstellen als Diener der Gerechtigkeit; ihr Ende wird ihren Taten entsprechen.

Vers 5: *11, 13; 12, 11*   Vers 6: *10, 10*   Vers 7: *1. Kor 9, 18*   Vers 8: *Phil 4, 10.15 f.*   Vers 10: *1. Kor 9, 15*   Vers 13: *Phil 3, 2; Offb 2, 2.*

Paulus stellt sich in V. 5–11 den fremden Missionaren im Bewußtsein voller Ebenbürtigkeit als Apostel gegenüber und deckt in V. 12–15 die Falschheit der „Überapostel" auf. Dem Übergang von V. 4 zu V. 5 kommt eine Schlüsselfunk-   4/5 tion für die Kennzeichnung der Gegner zu. Manche Ausleger nehmen hier einen Sprung im Gedankengang an und beziehen die „Überapostel" von V. 5 nicht auf die in V. 4 charakterisierten Verkündiger, sondern auf die Jerusalemer Urapostel. Paulus habe die Jerusalemer Autoritäten im Blick, wage sie aber nicht direkt anzugreifen, sondern spreche von ihnen mit scheuem Respekt; ihre Abgesandten dagegen, die möglicherweise über ihren Auftrag in Korinth hinausgriffen, treffe in V. 13–15 die volle Wucht seines Angriffs (E. Käsemann). Zweifellos hätte Paulus die Urapostel nicht als „falsche Apostel" und „betrügerische Arbeiter" (V. 13) bezeichnen können, da er in 1. Kor 15, 11 die Gemeinschaft mit ihnen in der Verkündigung von Kreuz und Auferstehung Christi so stark betont. Aber nichts im Text deutet an, daß in dem kausal angeschlossenen V. 5 von anderen Verkündigern die Rede sein soll als in V. 4 und in V. 13–15. Der in V. 6 aufgegriffene Vorwurf, Paulus sei ein schlechter Redner, weist auf judenchristlich-hellenistische Missionare, nicht auf palästinische Apostel oder Abgesandte hin.

Der Ausdruck „Überapostel" (V. 5; 12, 11) bestätigt m. E. nicht objektiv eine   5 höhere apostolische Autorität, sondern geißelt ironisch den maßlosen Selbstruhm der eingedrungenen Missionare, die sich wahrscheinlich vor allem auf Petrus beriefen und Paulus möglicherweise vorwarfen, daß er den Vergleich mit den Uraposteln nicht aushalte. Paulus kann mit vollem Recht von sich selbst sagen, daß er als Apostel diesen eingedrungenen Verkündigern in nichts nachsteht, ohne daß dies eine Gleichheit in Art und Inhalt der Verkündigung bedeutet. In 10, 12 hat er deutlich genug erklärt, daß er sich mit diesen Leuten nicht in eine Reihe stellen will. Paulus geht auf zwei Vorwürfe ein, die gegen ihn von den fremden Agitatoren erhoben wurden: er sei kein geschulter Redner (V. 6), und er nehme keine Unterstützung von der Gemeinde an (V. 7–12).

Hinsichtlich des ersten Vorwurfs räumt Paulus ein, daß er im Reden ein   6 „Laie" sei, also kein geschulter Fachmann. Die Ausleger erwägen, ob dieser Ausdruck spezielle rhetorische Schulung und hellenistische Bildung oder die freie pneumatische Rede betreffe. Die Gegner mögen sich mit all diesen Fähigkeiten, die griechischen Ohren schmeicheln, gebrüstet haben. Entscheidend für Paulus ist nicht die kunstvolle Form der Rede, sondern ihr Inhalt. Er sagt selbst, daß seine Rede „nicht in überredenden Weisheitsworten, sondern in der Erweisung des Geistes und der Kraft" bestand (1. Kor 2, 4). Paulus hat den gekreuzigten Christus als die Weisheit und Kraft Gottes verkündigt

(1. Kor 1, 18–25); darin hat er sich als Apostel voll bewährt. Die wahre Erkenntnis Gottes besteht nicht in Vorstellungen, die sich Menschen über Gott machen, sondern in der gläubigen Annahme der Selbstoffenbarung Gottes in Jesus Christus. In dieser entscheidenden Sache ist Paulus kein Laie, und diese Erkenntnis Gottes hat er allen Korinthern in vollem Umfang und auf

7 jede Weise offenbar gemacht. Den zweiten Vorwurf behandelt Paulus ausführlicher und greift ihn später (12, 13–18) noch einmal auf. Der Apostel hat von der korinthischen Gemeinde keine materielle Unterstützung angenommen, wie es die Gegner taten (vgl. 11, 20). Er hat dort seinen Lebensunterhalt durch handwerkliche Arbeit (als Zeltmacher oder Sattler) bestritten (Apg 18, 3), und dazu hat er noch Gaben von den mazedonischen Gemeinden erhalten. In 1. Kor 9, 14 verteidigt Paulus das Recht eines Apostels auf Unterhalt durch die Gemeinde mit Berufung auf ein Wort des Herrn, und dort legt er auch die theologischen Gründe für seinen Verzicht auf dieses Recht dar. Schon in Thessalonich hatte Paulus Tag und Nacht gearbeitet, um der Gemeinde nicht zur Last zu fallen und um sich von den profitgierigen Wanderpredigern abzugrenzen (1. Thess 2, 1–12). Der Apostel sah in der unentgeltlichen Verkündigung des Evangeliums seinen „Ruhm" und Gnadenlohn (1. Kor 9, 16–18). Die Gegner ließen sich jedoch ohne Bedenken kräftig von den Korinthern unterstützen (11, 20), wahrscheinlich unter Berufung auf die Weisung des Herrn, und werteten den Verzicht des Paulus als Argument gegen die Legitimität seines Apostolats aus. Ironisch fragt nun Paulus, ob es etwa eine Sünde gewesen sei, diese mühevolle Arbeit auf sich zu nehmen. Mit den biblischen Wendungen „sich selbst erniedrigen und erhöht werden" (vgl. Lk 14, 11; Phil 2, 8 f.) beschreibt er seinen Dienst an den Korinthern, den er aus Liebe zur Gemeinde tat. Er hat sich durch seine Mühen „selbst erniedrigt", um die Gemeinde zu „erhöhen", indem er ihr eine Last abnahm; vielleicht schwingt in „erhöht werden" mit, daß die Gemeinde durch den Dienst des

8 Apostels das ewige Heil erlangt. In V. 8 f. erklärt Paulus, was ihm sein Wirken in Korinth ermöglicht hat: Außer dem Verdienst aus seiner Hände Arbeit hat er Geldspenden von anderen Gemeinden erhalten. Hierfür gebraucht er in absichtlicher Übertreibung militärische Ausdrücke: er hat andere Gemeinden „ausgeplündert", indem er sich von ihnen „Sold" geben ließ für seinen Dienst

9 in Korinth. Auch als er in Not geriet, nahm er von der Gemeinde keine Unterstützung an, um ja niemandem lästig zu werden. Das hier gebrauchte griechische Wort (*katanarkáō*) ist ein medizinischer Fachausdruck für „betäuben" (vgl. Narkose). Seinem Mangel halfen die Brüder ab, die aus Mazedonien kamen. Dies kann durch Silvanus und Timotheus (Apg 18, 5) oder durch Abgesandte der mazedonischen Gemeinden geschehen sein (vgl. Phil 4, 15 f.). Paulus legte den größten Wert darauf, den Korinthern nicht zur Last zu fal-

10 len, und diesem Grundsatz will er weiter treu bleiben. Der Verzicht auf Unterhalt lag dem Apostel so sehr am Herzen, daß er mit einer Art Schwurformel („bei der Wahrheit Christi, die in mir ist", vgl. Röm 9, 1) seine Entschlossenheit beteuert, sich diesen „Ruhm" in Achaja nicht nehmen zu lassen

(1. Kor 9, 15). Auch den Gegnern wird es nicht gelingen, ihn von seiner bisheri- 11
gen Praxis abzubringen. Paulus befürchtet, daß ihm sein Verzicht auf Unterhalt von den Korinthern als Mangel an Liebe ausgelegt werden könnte. Aber
sein ganzes Verhalten ist so sehr von der Liebe bestimmt, daß er es jetzt nicht
für nötig hält, seine Liebe zur Gemeinde eigens zu betonen, sondern sich mit
dem Hinweis auf Gott begnügt, der in die Herzen sieht. In V. 12 geht der 12
Blick des Apostels in die Zukunft: Er wird an seinem Verzicht auf Unterhalt
auch weiterhin festhalten. Damit will er die Absicht der Gegner vereiteln, die
eifersüchtig sind auf das Ansehen, das Paulus auf Grund seiner Selbstlosigkeit
in den Augen der Gemeinde genießt. Da aber die eingedrungenen Missionare
selbst nicht auf Unterstützung verzichten wollen, suchen sie nach einer Gelegenheit, „ebenso gut dazustehen wie Paulus". Dies wäre erreicht, wenn Paulus
ebenfalls Unterhalt von der Gemeinde annähme. Aber diesen Gefallen will der
Apostel seinen Rivalen nicht tun. Eine andere Deutung geht davon aus, daß
die Gegner sich ihres Apostelrechts rühmten und darin gleich geachtet werden
wollten wie Paulus. Der Apostel wird seine Praxis nicht ändern und so den
ehrgeizigen Plänen der Gegner den Boden entziehen. Dadurch will er den
Korinthern die Augen öffnen für den wahren Charakter der fremden Agitatoren. Nach dem „Vergleich" mit den „Überaposteln" folgt in V. 13–15 ein grim- 13
miger Ausfall gegen die eingedrungenen Missionare. In einer prophetischen
„Enthüllung des diabolischen Wesens der Gegner" (H. Windisch) reißt ihnen
Paulus die Maske vom Gesicht und entlarvt sie als Satansdiener. „Diese
Leute" geben sich nur das Aussehen von Aposteln Christi, ohne es wirklich zu
sein. Darum nennt sie Paulus „falsche Apostel" und „betrügerische Arbeiter".
Es ist möglich, aber nicht sicher, daß die Gegner sich selbst als „Apostel"
bezeichnet haben; denn zur Zeit des Paulus war dieser Titel noch nicht auf
den Zwölferkreis eingeschränkt wie bei Lukas; außerdem wurden Abgesandte
von Gemeinden auch „Apostel" genannt (vgl. 8, 23; Phil 2, 25). Nach 11, 23
nannten sie sich „Diener Christi". Den Ausdruck „Pseudapostel" hat wohl
Paulus selbst in Anlehnung an den alttestamentlichen Begriff „Pseudoprophe-
ten" (Jer 33, 8 LXX; Mt 7, 15 u. ö.) gebildet, wie er auch die Judaisten von seiner theologischen Position aus als „Falschbrüder" bezeichnet (Gal 2, 4;
2. Kor 11, 26). Den zweiten Begriff „betrügerische Arbeiter", d. h. Missionare,
die ein anderes Evangelium verkündigen und dadurch die Gemeinde betrügen,
wendet Paulus in Phil 3, 2 ebenfalls auf die Judaisten an. Das beweist aber
nicht, daß auch die Gegner in Korinth Judaisten waren; in Phil 3 stellt Paulus
Glaubensgerechtigkeit und Gesetzesgerechtigkeit einander gegenüber, was er
in 2. Kor 10–13 nicht tut. Mit diesen polemischen Bezeichnungen der Gegner
gibt der Apostel den Korinthern unmißverständlich zu erkennen, daß sie sich
eindeutig zu entscheiden haben zwischen ihm und den Eindringlingen. Von 14
der Apokalyptik und der Verkündigung Jesu her versteht Paulus die Auseinandersetzung zwischen dem Evangelium und der falschen Lehre als einen Kampf
zwischen Christus und dem Satan. Nach jüdischer Erwartung treten die
Widersacher Gottes vor der Aufrichtung des Gottesreiches mit gesteigerter

Macht und List auf. Paulus deutet die paradoxe Erscheinung von „Pseudapo-steln" innerhalb der Kirche mit dem Gedanken, daß in ihnen der Satan am Werk ist. Der Herr der Finsternis (vgl. 6, 14 f.) verkleidet sich selbst in einen Engel des Lichts. Dieses Motiv ist im Judentum mit der Verführung Evas (vgl. 11, 3) verbunden. Eva sah im Paradies, wie sich der Satan in Engelsgestalt über die Mauer bückte (ApkMos 17). Als sie nach der Vertreibung Buße tat, „geriet der Satan in Zorn und verwandelte sich in die Lichtgestalt der Engel" und kam an den Tigris zu Eva, um sie ein zweites Mal zu verführen (VitAd 9 ff.). Wenn selbst der Satan sich in eine Lichtgestalt verwandelt, ist es kein Wunder, daß
15 Menschen, die seine Werkzeuge sind, diesem Vorbild folgen. Es ist also nicht erstaunlich, daß sich die Handlanger des Satans als „Diener der Gerechtig-keit" tarnen. Möglicherweise haben die fremden Agitatoren auch den Titel „Diener der Gerechtigkeit" für sich beansprucht. Doch ist m. E. wahrscheinli-cher, daß Paulus auch diese Bezeichnung selbst gebildet hat. In Analogie zum Lichtengel, der in Wirklichkeit der Satan ist, beschreibt der Ausdruck „Diener der Gerechtigkeit" nicht das wahre Wesen der „Satansdiener". Er ist kein Beleg dafür, daß die Gegner judaistische Prediger der Gesetzesgerechtigkeit waren. Die Tarnung der Gegner wird ihnen letztlich nichts helfen: ihr Ende wird ihren Werken entsprechen. Paulus droht ihnen die Verurteilung im Gericht an.

Der Abschnitt 11, 5–15 erweist sich als eine einheitliche Auseinandersetzung des Paulus mit den eingedrungenen Missionaren in Korinth.

2.1.3 Erneute Bitte, den törichten Selbstruhm zu ertragen 11, 16–21 a

16 Noch einmal sage ich: Niemand halte mich für einen Toren; wenn aber doch, so nehmt mich an als Toren, damit auch ich mich ein wenig rühmen kann.   17 Was ich jetzt rede, das rede ich nicht im Sinn des Herrn, sondern in der Rolle des Toren bei diesem Unterfangen des Rühmens.   18 Da viele sich rüh-men in fleischlicher Weise, will auch ich mich rühmen.   19 Ihr laßt euch die Toren ja gerne gefallen, ihr klugen Leute!

20 Ihr ertragt es, wenn euch jemand knechtet, wenn euch jemand ausbeutet, wenn euch jemand auf seine Seite zieht, wenn sich jemand über euch erhebt, wenn euch jemand ins Gesicht schlägt.   21a Zu meiner Schande muß ich gestehen: Dazu waren wir allerdings zu schwach!

Vers 16: *11, 1*   Vers 18: *Phil 3, 4*   Vers 19: *1. Kor 4, 10.*

16   Paulus nimmt 11, 1 wieder auf und stellt noch einmal klar, daß der Selbst-ruhm töricht ist, weil er dem Geist Christi nicht entspricht. In Wirklichkeit rühmt sich Paulus des Herrn; deshalb ist er kein Tor, und keiner soll ihn dafür halten. Wenn ihn aber die Korinther doch dafür halten, dann sollen sie sich auch eine „Narrenrede" von ihm gefallen lassen. Paulus verfolgt damit den Zweck, der Gemeinde die Augen über den wahren Charakter der Gegner zu
17 öffnen. Der Apostel kann nicht oft genug betonen, daß er jetzt nur in einer

angenommenen Rolle spricht, weil der Selbstruhm nicht „dem Herrn gemäß" ist. Er rühmt sich, da es nun einmal gilt, die Herausforderung der Gegner anzunehmen. Der hier gebrauchte griechische Ausdruck (*hypóstasis*) bedeutet in diesem Zusammenhang wohl nicht „Zuversicht", sondern einfach das „Vorhaben" des Rühmens (vgl. 9,4). Der Selbstruhm entspringt dem eigensüchti- 18 gen Wesen des natürlichen Menschen. Zu den „vielen" gehören auch die Gegner (vgl. V.20); sie rühmen sich auf fleischliche Weise, weil sie mit ihrer irdischen Abstammung und ihren Vorzügen prahlen (V.22). Herausgefordert von den Rivalen läßt sich der Apostel auch auf das Rühmen ein. Voller Ironie 19 sagt Paulus, die Korinther sollen doch auch ihn ertragen, da sie ja so „kluge" Leute sind, die Prahlereien der Gegner nicht zu durchschauen. In V.20 läßt 20 uns Paulus mit fünf knappen, schlagwortartig hingeworfenen Aussagen einige konkrete Züge vom Auftreten der fremden Agitatoren in Korinth erkennen. Sie „versklaven" die Gemeinde; damit ist nicht die Knechtschaft unter dem Gesetz gemeint, sondern das herrische Auftreten der Gegner. Sie „zehren" die Gemeinde „auf", indem sie sich großzügig unterstützen lassen. Sie fangen die Korinther ein und „ziehen sie auf ihre Seite", indem sie durch Selbstempfehlung mit ihren Kraftwirkungen die Gemeinde für ein anderes Evangelium ködern. Sie behandeln die Gemeinde hochmütig von oben herab und „schlagen ihr ins Gesicht": sie entmündigen und „terrorisieren" die Korinther; damit wird bildlich noch einmal ihr herrisches Auftreten geschildert. In all dem steckt beißende Ironie: „Merkt ihr denn gar nicht, daß ihr für diese Leute nur Mittel für ihre Zwecke seid?" (R. Bultmann). Unter Bezugnahme auf den Vor- 21a wurf von 10, 10 gesteht der Apostel mit feinem Spott, daß er zu solcher „Kraftwirkung" in Korinth allerdings nicht imstande gewesen sei. – Die Entlarvung der falschen Apostel ist zugleich ein dringender Appell an die Gemeinde, sich nicht länger täuschen zu lassen, sondern zum Verkündiger des Wortes vom Kreuz zurückzukehren.

2.2 *Der Selbstruhm des Paulus 11, 21 b–12, 13*

Paulus hebt bei seinem „Selbstruhm in Torheit" zwei Gebiete besonders heraus: die Mühen und Leiden im apostolischen Dienst (11,22–33) und die außerordentlichen Offenbarungen des Herrn (12,1–10). Schon Windisch hat beobachtet, daß die „Narrenrede" von den verschiedensten rhetorischen Kunstmitteln Gebrauch macht; er urteilt aber, daß die Rhetorik dieser Rede „aus dem Gefühle fließt". Neuerdings sind die genannten „Spuren technischer Schulung" zu einer traditionsgeschichtlichen Gesamtkonzeption ausgebaut worden, wonach die Form der Verteidigung des Paulus in 10–13 ihre Wurzeln in der sokratischen Tradition und in der Apologie der wahren Philosophen gegen die „sophistischen" Scheinphilosophen und Wanderprediger habe (H. D. Betz). Es ist durchaus möglich, daß dem Apostel Wendungen und Stilmittel dieser zeitgenössischen Auseinandersetzung vertraut waren, die ja in eine breitere Öffentlichkeit drangen. Aber die leidenschaftliche Unmittelbarkeit der Verteidigung des Paulus, die mitten aus dem Kampf heraus erfolgt, unterscheidet sich doch wesentlich von einer nur literarischen Verwendung traditioneller rhetorischer Muster und apologetischer Methoden.

2.2.1 Die Mühen und Leiden des Apostels 11, 21 b–33

21 b **Worin sich jemand erkühnt – ich rede in Torheit –, darin erkühne ich mich auch.   22 Hebräer sind sie? Ich auch! Israeliten sind sie? Ich auch! Nachkommen Abrahams sind sie? Ich auch!   23 Diener Christi sind sie? Ich rede wider alle Vernunft: Ich noch mehr, in Mühen viel mehr, in Gefangenschaft viel mehr, in Schlägen über die Maßen, in Todesnöten oftmals!   24 Fünfmal habe ich von Juden „vierzig weniger einen" an Geißelhieben erhalten;   25 dreimal bin ich mit Stökken geschlagen, einmal gesteinigt worden; dreimal habe ich Schiffbruch erlitten, eine Nacht und einen Tag trieb ich auf dem tiefen Meer.   26 Ich war oft auf Reisen, in Gefahr durch Flüsse, in Gefahr durch Räuber, in Gefahr durch mein eigenes Volk, in Gefahr durch Heiden, in Gefahr in der Stadt, in Gefahr in der Wüste, in Gefahr auf dem Meere, in Gefahr durch falsche Brüder;   27 in Mühsal und Plage, in Nachtwachen oftmals, in Hunger und Durst, im Fasten oftmals, in Kälte und Blöße;   28 und außer all dem noch der tägliche Andrang zu mir, die Sorge um alle (meine) Gemeinden!   29 Wer ist schwach, und ich werde nicht schwach? Wer wird zum Abfall verführt, und ich brenne nicht vor Schmerz?**

30 **Wenn denn schon gerühmt sein muß, will ich mich meiner Schwachheit rühmen.   31 Gott, der Vater des Herrn Jesus, der gepriesen sei in Ewigkeit, weiß, daß ich nicht lüge.   32 In Damaskus bewachte der Statthalter des Königs Aretas die Stadt der Damaszener, um mich gefangenzunehmen;   33 aber ich wurde in einem Korb durch ein Fenster die (Stadt-)Mauer hinuntergelassen und entkam seinen Händen.**

Vers 24: *5. Mose 25,3*   Vers 25: *Apg 16,22; 14,19*   Vers 27: *6,4 f.; 1. Kor 4,11*   Vers 29: *1. Kor 9,22*   Vers 30: *12,5.9 f.*   Vers 32: *Apg 9,24 f.*

21 b ·   Paulus rafft sich gewissermaßen zu demselben „Wagnis" auf wie die Gegner, sich selbst zu rühmen. In der ganzen Narrenrede liegt eine doppelte Paradoxie vor: Paulus, der kein Tor ist, nimmt die Rolle des Toren an; er rühmt sich nun aber in V. 23–29 nicht nach Art der Toren seiner Stärke, sondern als Nachfolger Christi seiner Schwäche, wie dies der Botschaft vom Kreuz entspricht. Paulus vollzieht somit den „fleischlichen" Selbstruhm auf „geistliche"
22 Weise. Manche Ausleger nehmen an, Paulus vergleiche sich in V. 22 nicht mit den Gegnern, sondern mit den Jerusalemer Uraposteln als deren Hintermännern; denn er könne doch „Satansdiener" jetzt nicht als „Diener Christi" anerkennen. Aber damit ist m. E. die bruchlose Gedankenführung und die Paradoxie des Selbstruhms verkannt. Paulus führt in V. 22 nicht einen ernstgemeinten Vergleich mit den Uraposteln durch, sondern setzt sich in ironischer Polemik mit seinen Konkurrenten in Korinth auseinander. Zur Erklärung der Polemik gegen Überapostel V. 5 und gegen Satansdiener V. 13–15 ist neuerdings ver-

mutet worden, Paulus habe damit rechnen müssen, daß unter den Agitatoren
in Korinth auch direkte Petrusanhänger waren; deshalb habe er in Erinnerung
an Mk 8,33 geurteilt, daß die Eindringlinge vorübergehend ebenso unter den
Einfluß des Satans geraten seien wie Petrus bei Cäsarea Philippi. – Die Rivalen
des Paulus brüsteten sich mit ihrer jüdischen Abstammung; in dieser Beziehung kann Paulus seine volle *Ebenbürtigkeit* mit ihnen feststellen. Die Gegner
sind „Hebräer", „Israeliten", „Nachkommen Abrahams". Der erste Begriff
„Hebräer", der viel seltener war als Jude oder Israelit, wurde entweder als
archaisierende Volksbezeichnung gebraucht oder für die aus Palästina stammenden Diasporajuden verwendet; er bezeichnet als Ehrenname den Juden
reiner Abstammung, der die Traditionen der Väter streng bewahrt (vgl.
2. Makk 7,31), oder den aramäisch sprechenden Juden im Unterschied von den
„Hellenisten" (vgl. Apg 6,1). „Hebräer" sind nicht beschränkt auf Juden, die in
Palästina wohnen. In Korinth ist eine „Synagoge der Hebräer" inschriftlich
bezeugt. Diese hielten landsmannschaftlich zusammen als frühere Palästiner
und sprachen neben ihrer Muttersprache auch griechisch. Der ehemalige Pharisäer Paulus aus Tarsus nennt sich in Phil 3,5 „Hebräer von Hebräern"; er
gehörte zum Stamm Benjamin. Nach Hieronymus sind seine Eltern aus dem
galiläischen Ort Gischala nach Tarsus übergesiedelt. Der zweite Begriff „Israeliten" ist die Selbstbezeichnung der Juden in ihrer Eigenschaft als das von
Jahwe erwählte Gottesvolk. Der dritte, kollektive Begriff „Same Abrahams"
(= die Nachkommen Abrahams) beschreibt die Juden als Erben der Väterver-
heißungen. In den drei Begriffen liegt eine gewisse Steigerung vor. Mit „ich
auch" bezeugt Paulus, daß er in allen drei Punkten den Gegnern nicht nachsteht (V. 5). In V. 23 tritt neben die jüdische Abstammung die Funktion als   23
Verkündiger der Botschaft von Christus, wobei Paulus seine *Überlegenheit*
betont. Er behält zunächst die Frageform bei: „Diener Christi sind sie?" und
setzt dagegen: „Ich noch mehr!", ohne zu vergessen, den Selbstruhm nochmals
als „widersinnig" zu kennzeichnen. Diese polemische Aussage fungiert
zugleich als prägender Leitsatz für die folgende Aufzählung der apostolischen
Leiden. Mit der Selbstbezeichnung „Diener Christi", die dem Ausdruck „Apostel Christi" nahekommt (vgl. V.13), erhoben die fremden Missionare den
Anspruch, die wahren Gesandten Christi und Verkündiger des Evangeliums zu
sein. Da der Begriff „Diener" (*diákonos*), anders als der Ehrenname „Knecht"
(*doulos*), in der Septuaginta nicht für die Verkündiger gebraucht wird, weist
der Ausdruck „Diener Christi" auf hellenistisch-judenchristliche Missionare
hin (G. Friedrich). Paulus geht hier nicht näher auf die Berechtigung der
Selbstbezeichnung der Gegner ein. Die Aufzählung in V. 23 b–29 begründet
V. 23 a und zeigt das Leiden als die sachgemäße Form des apostolischen Dienstes auf, insofern die Kraft Gottes in der Schwachheit zur Vollendung kommt
(12,9).

Der Abschnitt hat literarisch die Form eines Peristasenkatalogs, wie ihn   23 b–29
Paulus schon in 4,8 f. und 6,4–10 gebraucht hat. Solche Aufzählungen begegnen in orientalischen Königsinschriften, in griechischen Romanen und in der

Ruhmeschronik römischer Kaiser. Charakteristisch für diese Stilform sind unverbundene Aneinanderreihung, Zusammenordnung in zwei oder drei Gliedern, Mischung von Aufzählung und Schilderung kurzer Szenen. Paulus macht aus der Chronik von Ruhmestaten einen Katalog der Mühen und Leiden, die er als Apostel auf sich genommen hat. Deshalb ist die Aufzählung von größter Bedeutung für die Biographie des Paulus; über die meisten hier genannten Ereignisse schweigt die Apostelgeschichte. Zugleich zeigt der Leidenskatalog eindrücklich, wie sehr die Theologie des Kreuzes das ganze Leben des Apostels bestimmt hat.

23 b   Die Aufzählung läßt sich in drei Gruppen gliedern. V. 23 b nennt zunächst vier typische Notlagen, von denen die beiden letzten in V. 24 f. näher beschrieben werden; als zweite Gruppe kommen in V. 26 f. die Gefahren beim Reisen, und schließlich werden in V. 28 f. die Anstrengungen und Sorgen des Gemeindegründers und Seelsorgers aufgeführt. – Von den vier in V. 23 b genannten Begriffen erscheinen „Mühen", „Gefangenschaften" und „Schläge" auch in 6,5; steigernd kommen die Todesgefahren hinzu. Nach der Apostelgeschichte war Paulus vor seiner Verhaftung in Jerusalem nur einmal im Gefängnis (in Philippi, vgl. Apg 16,23–30); aber vielleicht war er in Ephesus auch in Gefangenschaft. Nach 1. Clem 5,6 war Paulus insgesamt siebenmal im Gefängnis.

24   Die „Schläge" werden in V. 24 konkretisiert. Bis zum Jahr 55 hatte Paulus wegen der Verkündigung des Evangeliums bereits fünfmal die jüdische Synagogenstrafe erhalten. Grundlage für diese Strafe ist 5. Mose 25,3. Der Richter soll nicht mehr als 40 Schläge geben lassen, damit der Volksgenosse nicht entehrt wird; deshalb gab man lieber einen Schlag weniger als einen zuviel. Die Vergehen, die mit der Geißelungsstrafe geahndet wurden, sind Mak 3,1 ff. aufgezählt. Für Paulus kam etwa Mißachtung der Tora oder Verführung anderer in Frage. Die Ausführung wird in der Mischna genau beschrieben (Bill. III, S. 527–530). Der Schuldige wurde mit den Händen an einen Pfahl oder an eine Säule gebunden; dann erhielt er niedergebeugt mit einem vierfach gelegten Kalbslederriemen 13 Schläge auf die entblößte Brust und 26 Schläge auf Schulter und Rücken. Wegen körperlicher Schwachheit konnte die Zahl 39 verringert werden. Von der jüdischen Synagogenstrafe unterscheidet Paulus

25   die römische Prügelstrafe für Sklaven und Provinziale (*verberatio*), die er dreimal erhielt, in Philippi in Verbindung mit Gefängnis wegen Unruhestiftung (vgl. Apg 16,20 ff.). Sie konnte mit Ruten (*virgis caedere*) bzw. mit Stöcken (Apg 16,22) oder mit der Peitsche (gr. *mástix*, lat. *flagellum*, vgl. Apg 22,25) ausgeführt werden. In die Lederriemen der Peitsche waren Knochen oder Metallstückchen eingearbeitet. Diese römische Strafe ging meist der Kreuzigung voran (vgl. Mk 15,15), wobei sie nicht selten bereits tödlich wirkte. Nach der Lex Julia hätte Paulus als römischer Bürger diese Strafe nicht erhalten dürfen. Aber manchmal hielten sich die Behörden nicht ans Gesetz; vielleicht hatte Paulus auch keinen Gebrauch von seinem Bürgerrecht gemacht. Die Apostelgeschichte erwähnt die römische Stockstrafe in Philippi (16,22), aber keine Synagogenstrafe. In V. 25 werden weiter die Todesnöte erläutert. Die

Steinigung in Lystra ist Apg 14, 19 berichtet. Dreimal erlitt Paulus Schiffbruch zwischen Syrien, Kleinasien, Zypern und Griechenland; Apg 27, 13 ff. gehört in die spätere Zeit. Einmal hat der Apostel eine Nacht und einen Tag auf den Trümmern eines Wracks auf dem Meer treibend zugebracht. Die Aufzählung mit Zahlen entspricht dem Chronikstil. Manche dieser Strafen und Todesgefahren dürften schon in die 14 Jahre gefallen sein, in denen Paulus in Syrien wirkte (Gal 1, 21; 2, 1). In der Aufzählung der Gefährdungen während der Reisen V. 26 f. herrschen zweigliedrige Reihen vor: Gefahren durch Flüsse und durch Räuber, durch Juden und Heiden, in der Stadt und in der Steppe, zu Wasser und zu Land, wohl vorwiegend durch judaistische Gegner. Mit den Reisen, für die noch keine modernen Verkehrsmittel zur Verfügung standen, waren große Strapazen verbunden: Mühe und Qual (vgl. 1. Thess 2, 9), durchwachte Nächte, Hunger und Durst, notgedrungenes Fasten (6, 5), Kälte und mangelhafte Kleidung. Zu all dem kommen in V. 28 f. die Mühen und Sorgen, die dem Apostel aus der Gemeindearbeit erwuchsen. Er wurde täglich überlaufen von Gemeindegliedern, die mit ihren Nöten zu ihm kamen, und er war oft umgetrieben von Sorgen um andere Gemeinden. Denken wir bloß an die mindestens vier Briefe, die er in relativ kurzer Zeit nach Korinth schrieb! In stilgemäßen Fragesätzen erwähnt Paulus in V. 29 zwei Fälle solcher Sorge. Er nimmt teil an der Not der Schwachen (vgl. 1. Kor 9, 22), und wo seine „Kinder im Glauben" zum Abfall verführt werden, da „glüht" er in mitfühlendem Schmerz. Abschließend faßt Paulus den Leidenskatalog in *einen* Satz zusammen, in dem er nochmals ironisch Bezug nimmt auf den ihm aufgezwungenen Selbstruhm (12, 11). Er rühmt sich in der Rolle des Toren nicht seiner missionarischen Erfolge, an denen es ihm wahrlich nicht mangelte, sondern seiner Schwachheit, damit um so mehr die Kraft Gottes zur Geltung komme. Um sich vor dem Verdacht der Übertreibung zu schützen, ruft er in V. 31 in einer feierlichen Schwurformel Gott zum Zeugen dafür an, daß er die Wahrheit sagt. An die Nennung Gottes fügt er nach jüdischer Sitte den Lobspruch an. Die Szene in V. 32 f. wirkt wie ein Nachtrag; es gehört jedoch zum Stil der Ruhmeschronik, einzelne Ereignisse im Detail zu schildern. Zur Veranschaulichung der „Schwachheit" (V. 30) berichtet er zum Schluß sein Entkommen aus Damaskus. Diese peinliche Art von Flucht zeigt wahrlich keine Siegergestalt. Vielleicht war dies seine erste lebensgefährliche Verfolgung, die ihm besonders im Gedächtnis blieb. In Apg 9, 23–25 wird der Vorfall zwischen dem Damaskusaufenthalt des neu berufenen Apostels und seiner ersten Jerusalemreise eingeordnet. Damaskus war seit Pompejus (63 v. Chr.) unter römischer Herrschaft. Der nabatäische König Aretas IV. (der Schwiegersohn des jüdischen Fürsten Herodes Antipas), der von 9 v. Chr. bis 39 n. Chr. in Petra regierte, war entweder in der Zeit des römischen Kaisers Caligula vorübergehend im Besitz von Damaskus oder, was wahrscheinlicher ist, Paulus wurde innerhalb der Stadt von den Juden verfolgt (Apg 9, 23) und entkam den vor den Stadttoren auflauernden Beduinen des Aretas, indem er durch das Fenster eines an die Stadtmauer gebauten Hauses in einem Korb herabgelassen wurde.

2.2.2 Die Offenbarungen des Herrn und die Schwachheit des Apostels 12, 1–10

1 Gerühmt muß sein; wenn es auch nichts nützt, so will ich doch auf die Erscheinungen und Offenbarungen des Herrn (zu sprechen) kommen. 2 Ich kenne einen Menschen in Christus, der vor vierzehn Jahren – ob im Leibe, ich weiß es nicht, oder außerhalb des Leibes, ich weiß es nicht, Gott weiß es – entrückt wurde bis in den dritten Himmel. 3 Und ich weiß, daß derselbe Mensch – ob im Leibe, ich weiß es nicht, oder außerhalb des Leibes, ich weiß es nicht, Gott weiß es – 4 entrückt wurde bis in das Paradies und unaussprechliche Worte hörte, die ein Mensch nicht aussprechen kann (darf). 5 Für diesen (Menschen) will ich mich rühmen; für mich selbst aber will ich mich nicht rühmen, außer meiner Schwachheit(en). 6 Wenn ich mich nämlich dennoch rühmen wollte, so wäre ich kein Tor; denn ich würde die Wahrheit sagen. Ich verzichte aber darauf, damit nicht jemand mir mehr zurechne als das, was er an mir sieht oder von mir hört; 7 und damit ich mich wegen der überschwenglichen Offenbarungen nicht überhebe, wurde mir ein Stachel ins Fleisch gegeben, ein Engel des Satans, der mich mit Fäusten schlagen soll, damit ich mich nicht überhebe. 8 Seinetwegen habe ich dreimal den Herrn angefleht, daß er von mir ablasse. 9 Und er hat zu mir gesagt: Meine Gnade ist dir genug; denn ihre Kraft kommt in der Schwachheit zur Vollendung (voll zur Wirkung). Darum will ich mich am allerliebsten meiner Schwachheit rühmen, damit die Kraft Christi bei mir wohne. 10 Deswegen sage ich Ja zu meiner Schwachheit, zu Mißhandlungen, zu Nöten, zu Verfolgungen und Ängsten, um Christi willen; denn wenn ich schwach bin, dann bin ich stark.

Vers 1: *Gal 2, 2; Apg 22, 17f.*   Vers 5: *11, 30*   Vers 7: *4. Mose 33, 55; Ez 28, 24*   Vers 8: *Mt 26, 44*   Vers 9: *Phil 4, 13.*

Im zweiten Teil des Selbstruhms geht Paulus auf außerordentliche Gnadenerweisungen des Herrn ein, eine Entrückung ins Paradies (V. 2–6) und eine nicht datierte Christusoffenbarung im Zusammenhang mit dem „Pfahl im Fleisch" (V. 7–10).

Die Gegner rühmten sich offenbar ihrer Visionen und pneumatischen Erlebnisse. Paulus wertet seine Entrückung als ein Widerfahrnis, an dem er nicht selbst als Urheber beteiligt war und dessen er sich darum auch nicht rühmen will, und in V. 7–10 rühmt er sich der Schwachheit, in der die Kraft Gottes mächtig ist.

1   Nachdem sich Paulus gegen seinen Willen auf das Rühmen eingelassen hat, will er auf visionäre Erscheinungen (vgl. Apg 22, 17 f.) des Herrn zu sprechen kommen. Der Apostel unterscheidet seine Berufung bei Damaskus grundsätzlich von ekstatischen Erlebnissen, die für ihn, wie die Zungenrede (1. Kor 14, 2), in das persönliche Verhältnis des Christen zu Gott gehören und 2 für die Auferbauung der Gemeinde nichts nützen. In V. 2 berichtet der Apostel von einer Entrückung, die schon vierzehn Jahre zurückliegt, die ihm also um das Jahr 40 n. Chr. zuteil geworden war. Mit der Rede in der dritten Person bringt er zum Ausdruck, daß es ein wunderbares Widerfahrnis war, das er nicht durch sein eigenes Handeln bestimmte. Weil es ein für ihn unerklärbares, geheimnisvolles Geschehen war, kann er auch nicht entscheiden, ob er im

Leibe oder außerhalb des Leibes war. Die Distanzierung vom Ich ist hier Veranschaulichung des göttlichen Eingreifens; denn Paulus scheidet in der
Anthropologie Leib und Geist nicht in dualistischem Sinn. Im Hellenismus
und in der späteren Gnosis herrscht die Vorstellung von der Himmelsreise der
Seele vor. Die jüdische Tradition kennt sowohl Entrückungen im Leibe als
auch Seelenreisen, bei denen in der Ekstase der Körper verlassen wird. Elia
wurde in den Himmel entrückt (vgl. 2. Kön 2, 11), ohne bisher wiederzukeh-
ren; er wurde als Elia redivivus in der Endzeit erwartet. Henoch kehrte nach
apokalyptischer Auffassung für ein Jahr zu den Menschen zurück, um sie über
die himmlischen Geheimnisse zu belehren (äthHen 81, 6 f.). Die Rabbinen
überliefern einen leiblichen Aufstieg ins Paradies von vier Männern (Ben
Azzai, Ben Zoma, Acher und Rabbi Akiba), aber nur Rabbi Akiba „stieg im
Frieden (wieder) nieder" (Bill. IV, S. 1119). Paulus legt sich weder auf eine
leibliche Entrückung noch auf eine körperlose Seelenreise fest: das „Wie" des
Vorgangs kennt nur Gott. Als Ziel der Entrückung nennt der Apostel zunächst
den dritten Himmel. Im Judentum herrschten verschiedene Meinungen über
die Anzahl der Himmelssphären. Zur Zeit des Paulus war die Vorstellung von
drei Himmeln geläufig, wobei der dritte Himmel die oberste Sphäre darstellt.
Gegen Ende des 2. Jahrhunderts n. Chr. setzte sich aber die Anschauung durch,
daß der Himmel (gemäß der babylonischen Astralreligion) aus 7 (oder 12) 3
Sphären bestehe. A. Schlatter sieht in V. 2 und V. 3 f. zwei verschiedene Entrük-
kungen dargestellt. Aber die fast wörtliche Parallelität macht es wahrscheinlicher, daß es sich in V. 2 und V. 3 f. um dasselbe Ereignis handelt. Es ist
bezeichnend für Paulus, wie wenig er auf die Einzelheiten der Entrückung eingeht. Nach V. 4 wurde Paulus in das Paradies entrückt. „Paradies" ist ein 4
Lehnwort aus dem Persischen, wo es einen herrschaftlichen Park bezeichnet;
im Judentum wurde der Ausdruck für den Garten Eden (vgl. 1. Mose 2, 8)
gebraucht. Nach rabbinischer Lehre wurde das Paradies Adams und Evas nach
dem Sündenfall verborgen, bis es in der Endzeit wieder erscheint. Es galt als
himmlischer Aufenthaltsort der Gerechten zwischen dem Tod und der
zukünftigen Auferstehung (vgl. Lk 23, 43; Offb 2, 7). Beziehen sich V. 2 und
V. 3 f. auf denselben Vorgang, dann lokalisiert Paulus das Paradies im dritten
Himmel (vgl. Apokalypse des Mose 37, 5). Nach der späteren Vorstellung von
7 Himmeln befand sich das Paradies ebenfalls im dritten Himmel (slHen 8, 1),
der Thron Gottes dagegen im siebten Himmel (slHen 20, 3). Der Apostel sagt
in V. 4 weder direkt„ daß er den erhöhten Herrn gesehen hat (wie in
1. Kor 9, 1), noch nennt er Gott oder Christus als das Subjekt des Redens; in
seiner zurückhaltenden Schilderung erwähnt er nur, daß er „unaussprechliche"
Worte gehört habe, die ein Mensch entweder nicht aussprechen kann oder
nicht weitersagen darf. Im ersten Fall erläutert der Relativsatz den Begriff
„unaussprechlich", im zweiten Fall beschreibt er die Pflicht der Geheimhal-
tung, wie dies in den hellenistischen Mysterienreligionen üblich war (R. Bultmann). Paulus deutet wohl Geheimnisse an, die erst in der Vollendung enthüllt
werden (vgl. 1. Kor 2, 9). Die jüdischen Apokalyptiker schrieben das im Him-

mel Geschaute nieder, um die Menschen auf das Weltende vorzubereiten. Paulus sieht in den „Erscheinungen und Offenbarungen des Herrn" besondere Gnadenerweise, die er nicht zum Gegenstand der Verkündigung macht. Die von den Gegnern provozierte Erwähnung der Entrückung belegt, daß Paulus auch Ekstatiker war. Die Apostelgeschichte berichtet mehrere Traumgesichte und ekstatische Erlebnisse des Apostels (16,9; 18,9; 22,17f.; 23,11; 27,23). – Diese pneumatischen Offenbarungen sind zu unterscheiden von der Christuserscheinung bei Damaskus, durch die Paulus zum Apostel berufen wurde. Dort erschien der erhöhte Herr vom Himmel und trat dem Verfolger in den Weg; bei der Entrückung wurde Paulus in den dritten Himmel versetzt. Der entscheidende Unterschied bei der Berufungserscheinung ist die Sendung des Apostels zu den Heiden, während Paulus bei der Entrückung keinen Auftrag erhielt. Nach V.7 wußte der Apostel auch um die Gefahr, daß besondere
5 ekstatische Erlebnisse die Empfänger überheblich machen können. In V.5 unterstreicht Paulus wie in 11,30, daß er sich nur seiner Schwachheit rühmen will; was seine eigene Person angeht, will er sich nicht rühmen, weil dies ein
6 „fleischliches" Verhalten wäre. Ehe er jedoch auf seine Schwachheit zu sprechen kommt, stellt er fest, daß er durchaus auch ein Recht zum Rühmen hätte. Wenn er es täte, würde er nur die Wahrheit sagen. Er verzichtet aber auf weitere Berichte von besonderen pneumatischen Gnadenerweisen, weil er sein Ansehen in der Gemeinde nicht auf enthusiastische Erlebnisberichte gründen will, sondern auf sein Wirken als Diener der Versöhnung. Die Korinther sollen sich keine „überhöhte" Vorstellung von ihm machen, sondern ihn nach dem beurteilen, was sie an ihm sehen und von ihm hören, und das war nach
7 1. Kor 2,2 die Verkündigung des gekreuzigten Christus. Am Anfang von V.7 liegt wahrscheinlich eine Textverderbnis vor. Die Wendung „auch wegen der überschwenglichen Offenbarungen" schließt sachlich schlecht an V.6 an und paßt sprachlich nicht zu V.7, es sei denn, man streicht mit einem Teil der Handschriften die Konjunktion „darum" (*dió*). Aber für eine spätere Einfügung dieses Worts läßt sich kein Grund finden. Bei Anschluß an das Vorausgehende könnte die Wendung von „ich verzichte darauf" abhängig sein als doppelte Begründung: 1. damit ihr nicht höher von mir denkt, als ihr an mir seht oder von mir hört (V.6), 2. und (auch) wegen der überschwenglichen Offenbarungen (V.7a). Macht man die Wendung von „Wenn ich mich rühmen wollte" (V.6a) abhängig, dann müßte der weitere V.6 als Zwischensatz gefaßt werden, was nicht wahrscheinlich ist. Der beste Sinnzusammenhang ergibt sich, wenn die Wendung mit V.7 verbunden wird: „Und damit ich mich wegen der überschwenglichen Offenbarungen nicht überhebe". Zur Bewahrung vor Überheblichkeit hat Gott dem Apostel einen „Stachel", „Dorn" (Luther: „Pfahl") ins Fleisch gegeben. Über den Sinn dieses Ausdrucks haben Theologen und Mediziner zahlreiche Vermutungen aufgestellt, ohne daß eine eindeutige Lösung erreicht ist. Der griechische Begriff (*skólops* = „das Zugespitzte") bezeichnet entweder einen spitzen Pfahl bei Befestigungsanlagen bzw. als Folter- und Tötungswerkzeug oder einen Stachel (Splitter, Dorn) als schmerzenden

Fremdkörper im Leib. In der Septuaginta ist „Stachel" belegt (vgl. 4. Mose 33,55; Ez 28,24), während die Bedeutung „Pfahl" fehlt. Die Bedeutung „Kreuz" erscheint erst bei Origenes und kommt für Paulus nicht in Betracht, da er das Kreuz Jesu durchgängig mit „staurós" bezeichnet. Das Bild vom „Engel des Satans" spricht für einen übertragenen Gebrauch der Wendung vom „Stachel im Fleisch". Die sprichwörtliche Redensart „einem Dornen in die Augen werfen" bedeutet: jemandem „bitteres Weh verursachen" (Bill. III, S. 534). Nach V. 8 f. handelt es sich nicht um eine einmalige Mißhandlung, sondern um ein andauerndes Leiden, das Paulus trotz seiner Gebete nicht abgenommen wurde. Das deutet auf ein chronisches, mit starken Schmerzen verbundenes Leiden hin (vgl. d. Exkurs nach 12,10). Hinter der Wendung vom Satansengel, „der (den Körper) mit Fäusten schlägt", steht die antike Auffassung vom dämonischen Charakter der Krankheiten sowie der biblische Gedanke von der göttlichen Leidenserziehung. Gott hat dem Satan die Macht gegeben, dem Apostel durch einen seiner Boten Schmerzen zuzufügen (vgl. Hiob). Paulus schreibt die Beeinträchtigung seines apostolischen Dienstes dem Widersacher Gottes zu. Aber auch diese Maßnahmen des Satans sind letztlich der Macht und Rettungsabsicht Gottes eingeordnet.

Paulus hat dreimal (hintereinander oder zu verschiedenen Zeiten) den 8 Herrn im Gebet angefleht, er möge ihn von seinem Leiden befreien. Der Ausdruck „Kraft Christi" in V. 9 zeigt, daß mit „Kyrios" Jesus Christus gemeint ist. Diese Stelle belegt, daß Paulus das Gebet zum erhöhten Herrn gekannt und geübt hat (vgl. 1. Thess 3,13 f.). Der Herr gab ihm auf seine Bitte die Antwort: 9 „Meine Gnade genügt dir; denn meine Kraft vollendet sich in der Schwachheit". Das dreimalige Gebet ist sowohl in der jüdischen Tradition (vgl. Mt 26,44) als auch im Griechentum häufig bezeugt. Der Text sagt nicht direkt, in welchem Zustand Paulus die Antwort des Herrn empfing, ob in einer ekstatischen Vision oder im Traum; er gibt auch nicht an, ob Paulus den Herrn nur hörte oder auch sah. Der Apostel legt den Akzent allein auf die Antwort des Herrn. Dieses Wort hat die Funktion, die theologische Bedeutung des „Stachels im Fleisch" zu erläutern; es bietet einen wichtigen Schlüssel für das Verständnis des apostolischen Leidens bei Paulus. – Neuerdings ist vermutet worden, Paulus kleide diese Offenbarung in die Form einer Aretalogie; in dieser literarischen Gattung wurden die Heilungswunder im Hellenismus, z. B. im Asklepioskult, geschildert (H. D. Betz). Das Herrenwort entspreche formgeschichtlich dem Heilungsorakel der angerufenen Gottheit. Mit der Verweigerung der Heilung „parodiere" aber der Apostel die Aretalogie, um das falsche Denken der Gegner über den Zusammenhang der Wahrheit einer Lehre mit ihrem äußeren Erfolg zu kritisieren. M. E. ist es nicht wahrscheinlich, daß sich Paulus an ein solches literarisches Muster anlehnte, weil formale Analogien zu Gebet und Antwort nicht in denselben Texten vorliegen. – Das Wort des erhöhten Herrn enthält zwar die Ablehnung der Bitte um Befreiung vom körperlichen Leiden, hat aber darin eine positive Bedeutung, daß es das Leidensschicksal des Apostels deutet. Es ist nicht nur Vertröstung auf die Zukunft

und auch nicht Ausdruck der Resignation. Es gibt dem Apostel die Kraft, das
Leiden nicht nur als unabänderliches Schicksal zu ertragen, sondern sich darüber sogar zu freuen (vgl. Röm 5,3–5). Es weist die Konsequenz von Tod und
Auferweckung Jesu Christi im Leben des Apostels auf. Die Antwort: „Die (=
meine) Gnade ist genug für dich" heißt zwar zunächst: mehr bekommst du
nicht, gewinnt aber durch die Verankerung im Kreuz (vgl. 13,4) den Sinn einer
Verheißung: mehr brauchst du nicht; meine Gnade ist für dich volle Genüge,
weil sie ihre Kraft in der Schwachheit erweist. Gnade und Kraft haben hier
fast gleichen Sinn. In der Leidensexistenz des Apostels kommt die Kraft Christi voll zur Wirkung, weil hier nicht der Mensch seine eigene Kraft demonstriert. Das Leiden ist Zeichen der engen Verbundenheit mit Christus, nicht
der Trennung vom Herrn. Für den stoischen Philosophen wirkt der Geist der
Gottheit in der vernünftigen Naturanlage des Menschen. Paulus versteht die
Kraft Gottes als täglich neues Geschenk, das den Glaubenden durch das Wirken der Kraft Christi in ihren Herzen zuteil wird (V.9; vgl. Röm 8,11). Das
Leiden wird von Paulus weder beschönigt noch beklagt und auch nicht für
irrelevant erklärt, sondern als die Gelegenheit ergriffen, in der die Kraft Christi durch die Schwachheit seiner Diener zur Wirkung kommt. (Zur Beurteilung des Leidens im Judentum s. Bill. II, S.274 ff.)

In den Versen 9b und 10 gibt Paulus zu erkennen, welche Lehre er aus der
Antwort des Herrn gezogen hat: er will sich fortan am liebsten seiner
Schwachheit rühmen (vgl. Phil 3,5–7), damit die Kraft Christi bei ihm wohne.
Dahinter steht die Vorstellung vom „Wohnen" der Weisheit beim Gottesvolk
10 (Sir 24,11–13; vgl. Joh 1,14). Das Rühmen von V.9b vollzieht sich in der Beja-
hung des apostolischen Leidens. Das Stichwort „Schwachheit" wird nun in
einen kurzen Leidenskatalog eingeordnet, der sich mit 6,4–7 (vgl. 4,8–11)
berührt und Mißhandlungen, Nöte, Verfolgungen und Ängste aufzählt, die
Paulus als Verkündiger zu erdulden hat. Weil die Kraft Gottes in den Schwachen mächtig ist, darum sagt Paulus um Christi willen freudig Ja zu seiner Leidensexistenz. Die Begründung: „Wenn ich schwach bin, bin ich stark" (vgl.
Phil 4,13) weitet den Gedanken von V.9a in einer paradoxen Sentenz auf alle
Glaubenden aus.

Die Krankheit des Paulus

Eine eindeutige Diagnose ist angesichts der Tatsache, daß der Patient schon
vor 1900 Jahren verstorben ist (H.Lietzmann), heute nicht mehr möglich. –
Zunächst ist die Frage zu klären, ob 2.Kor 12,7 überhaupt von einer Krankheit spricht. Verschiedene griechische Kirchenväter (z.B. Theodoret u.a.)
haben angenommen, daß mit dem „Stachel im Fleisch" Verfolgungen gemeint
seien, und den Satansengel auf einen menschlichen Gegner gedeutet. Die frühere katholische Auslegung dachte an Reizungen zur Unzucht. A.Schlatter
geht von der Bedeutung „Pfahl" aus und erklärt zu der Dativverbindung

„Pfahl für das Fleisch": „Der Pfahl befindet sich nicht im Leib, sondern der Leib befindet sich am Pfahl" (S. 666). Von da aus deutet er die Faustschläge des Satansengels als satanische Anschläge, die Paulus „an seine Missetaten in Jerusalem erinnern". Diese Auslegung verkennt, daß Paulus im Glauben an Christus der Vergebung seiner Schuld als Christenverfolger gewiß werden durfte, während er trotz seiner Bitte vom „Pfahl" nicht befreit wurde. Da Paulus den „Stachel" in V. 9 f. körperlichen Schwachheiten zuordnet, ist auch nicht wahrscheinlich, daß er damit seinen Schmerz über den geringen Erfolg seiner Mission bei den Juden ausdrückt. In der neueren Auslegung hat sich die Deutung des „Stachels" oder „Dorns" auf eine Krankheit des Paulus weithin durchgesetzt.

Läßt sich diese chronische körperliche Krankheit noch näher bestimmen? Die Heranziehung von Gal 4, 15 für die Diagnose „Augenkrankheit" ist nicht begründet; denn die dortige Wendung ist wahrscheinlich bildlich gemeint im Sinn der Hingabe des Kostbarsten, und das apotropäische Ausspucken (V. 14) kann den verschiedensten Krankheiten gelten. Manche Ausleger nahmen an, daß die Visionen als Folge des Leidens zu betrachten seien, und deuteten von hier aus auf „epileptische Anfälle" (A. Schweitzer). Aber wenn Paulus theologisch Überheblichkeit als mögliche Folge ekstatischer Erlebnisse andeutet, so bedeutet das nicht, daß medizinisch die Visionen im Zusammenhang mit der Krankheit standen. Die gewaltige missionarische Leistung des Paulus hätte ein Epileptiker schwerlich vollbringen können. Lietzmann neigt der Diagnose von K. Bonhoeffer auf „endogene Depressionszustände" zu, wobei das Geschlagenwerden vom Satansengel auf die „akut einsetzende depressive Veränderung" hinweise. Das breite Spektrum der vorgeschlagenen Diagnosen (Hysterie, Augenmigräne, Malaria, Ischias, Aussatz) stimmmt allerdings skeptisch; wir werden uns begnügen müssen mit den Angaben des Apostels, die auf ein längeres, schmerzhaftes, körperliches Leiden hinweisen. – Daß Paulus diese Krankheit positiv als Hilfe für sein missionarisches Wirken werten und seinem „apostolischen Leiden" zurechnen kann, ist ein anschaulicher Ausdruck seiner Theologie des Kreuzes.

2.2.3 Der Abschluß des Selbstruhms 12, 11–13

11 Ich bin ein Tor geworden; ihr habt mich dazu gezwungen. Denn eigentlich sollte ich von euch empfohlen werden. Ich bin nämlich in nichts hinter den Überaposteln zurückgeblieben, obwohl ich nichts bin.   12 Denn die Zeichen des Apostels wurden unter euch vollbracht in aller Geduld, mit Zeichen und mit Wundern und mit machtvollen Taten.   13 Was ist es denn, worin ihr zu kurz gekommen seid gegenüber den anderen Gemeinden außer darin, daß ich euch nicht zur Last gefallen bin? Verzeiht mir dieses Unrecht!

Vers 11: *11, 1.16*   Vers 12: *Apg 2, 43; 5, 12; Röm 15, 19*   Vers 13: *11, 7–9.*

11   Diese Verse leiten zugleich zu einer neuen Selbstverteidigung des Apostels
über. Im Rückblick auf den Selbstruhm stellt Paulus fest, daß er dadurch ein
Tor geworden ist; aber die Gegner haben ihn dazu gezwungen. Die Korinther
hätten die Pflicht gehabt, ihren Apostel den Eindringlingen gegenüber zu verteidigen. In einer vorwurfsvollen Bilanz stellt Paulus der Gemeinde noch einmal die Fakten vor Augen: In keinem Punkt ist er hinter den fremden Agitatoren zurückgeblieben; seine Meinung von 11,5 ist durch sein Wirken in
Korinth voll bestätigt. Wahrscheinlich nimmt Paulus mit der Wendung
„obwohl ich nichts bin" ironisch ein Urteil der Gegner auf (vgl. 10,10). In
12 V. 12 führt Paulus einen Beweisgrund für seine Ebenbürtigkeit mit den Gegnern an: auch er hat durchaus die „Zeichen des Apostels" in Korinth vollbracht. Dieser Ausdruck ist ein technischer Begriff für die Merkmale, denen
ein rechter Apostel genügen muß. Dazu gehörten vor allem Wundertaten (vgl.
Apg 2,43; 5,12), wie schon Jesus seinen Jüngern Anteil an seiner Wundervoll-
macht gegeben hatte (Mt 10,1). Die drei Ausdrücke „Zeichen", „Wunder" und
„machtvolle Taten" beschreiben ohne scharfe Unterscheidung „wunderbare
Krafttaten"; sie fassen die Wendung „Zeichen und Wunder" (vgl. 2. Mose 7,3;
Jes 8,18; Röm 15,19; Mk 13,22 u. ö.) mit dem geläufigen synoptischen Ausdruck für Wundertaten (*dynámeis*) zusammen. Auch in Korinth hat der Apostel „in Wort und Werk, in der Kraft von Zeichen und Wundern, in der Kraft
des Geistes Gottes" (Röm 15,18 f.) gewirkt (1. Kor 2,4 f.; vgl. 1. Thess 1,5).
Konkrete Angaben, etwa über Dämonenaustreibungen oder Krankenheilungen (vgl. Apg 19,11 f.), werden nicht gemacht. In 11,23 ff. nennt Paulus keine
Wundertaten, weil er dort seine Leiden aufzählt. Wie Jesus die Forderung der
Pharisäer nach einem Zeichen zur Legitimation seiner messianischen Sendung
abgelehnt hat (Mk 8,11), so führt auch Paulus die Wunder nicht als Begründung für sein Apostelamt ins Feld im Unterschied von den Gegnern. Er hat die
Zeichen des Apostels in aller Geduld unter schwierigen Verhältnissen vollbracht; Wundertaten und Leiden schließen sich für ihn nicht aus, weil in bei-
13 den die Kraft Christi wirksam wird. Wahrscheinlich haben die Gegner den
Korinthern eingeredet, sie stünden bei ihrer Abhängigkeit von Paulus hinter
anderen Gemeinden zurück. Deshalb fragt Paulus abschließend, worin denn
die Gemeinde zu kurz gekommen sei, abgesehen von der Tatsache, daß er ihr
nicht zur Last gefallen ist. Offenbar haben die judenchristlichen Missionare
den Unterhalt durch die Gemeinde auch zu den „Zeichen des Apostels"
gerechnet und deshalb Paulus die Apostelwürde abgesprochen. Paulus muß
zugestehen, daß er in diesem Punkt seinen Konkurrenten nachsteht, und mit
der gleichen Ironie wie in 11,7 bittet er die Gemeinde um Verzeihung für dieses „Unrecht".

3. Vorblick auf den dritten Besuch des Paulus in Korinth 12, 14–13, 10

Manche Ausleger rechnen die Verse 14–18 noch zum Thema des Unter-
haltsverzichts (V. 13) und lassen den dritten Abschnitt erst mit 12,19 beginnen.

Aber V. 14 a wird in 13, 1 wiederholt; mit dieser Wendung markiert Paulus den Vorblick auf seinen dritten Besuch, wenn auch die Selbstverteidigung noch weitergeht. Der Apostel will auch bei seinem neuen Aufenthalt in Korinth keineswegs von seinem Grundsatz abgehen.

3.1 Die Uneigennützigkeit des Paulus 12, 14–18

14 Siehe, ich halte mich bereit, zum dritten Mal zu euch zu kommen, und ich werde euch nicht zur Last fallen; denn ich suche nicht euer Hab und Gut, sondern euch. Denn nicht die Kinder sollen für die Eltern Schätze sammeln, sondern die Eltern für die Kinder.   15 Ich aber will herzlich gern Opfer bringen und mich selbst ganz aufopfern für eure Seelen. Wenn ich euch mehr liebe, soll ich darum weniger geliebt werden?   16 Nun gut, ich selbst bin euch nicht zur Last gefallen; aber (so heißt es) als ein ganz Schlauer habe ich euch mit List gefangen.   17 Habe ich euch etwa übervorteilt durch einen von denen, die ich zu euch gesandt habe?   18 Ich habe Titus aufgefordert (zu euch zu gehen) und den Bruder mit ihm gesandt; hat euch etwa Titus übervorteilt? Haben wir nicht beide in demselben Geist gehandelt? Sind wir nicht in denselben Fußstapfen gegangen?

Vers 15: *Phil 2, 17*   Vers 18: *8, 16–24.*

„Zum dritten Mal" gehört zum Verbum „kommen"; es handelt sich um den **14** dritten Besuch nach dem Gründungsaufenthalt und dem Zwischenbesuch (s. Einl., S. 8). Paulus will die Unterhaltsfrage vor seinem Eintreffen völlig klären, weil er jeden Verdacht auf eigennützige Ausbeutung der Gemeinde im Zusammenhang mit der Übergabe der Kollekte für Jerusalem von vornherein ausschalten will. Für die Wendung „nicht zur Last fallen" gebraucht er denselben anschaulichen Ausdruck wie in 11,9 und 12, 13. Als Begründung für sein selbstloses Verhalten nennt er die Liebe zur Gemeinde (vgl. 11,11), die sich im Opferwillen äußert. Er sucht nicht das Geld, sondern das Heil seiner Gemeinde. Trotz des ausgebrochenen Konflikts bewahrt er ihr als ihr geistlicher Vater seine herzliche Liebe. Er ist auch bereit, nach der Art der Väter für die Kinder zu sorgen. Er wendet die Redensart vom „Schätzesammeln der Eltern für die Kinder" auf sein Verhältnis zu den Korinthern an. Er muß damit **15** rechnen, daß ihm sein Verzicht auf Unterhalt in Korinth als Mangel an Liebe ausgelegt wird. Paulus ist nicht nur bereit, der Gemeinde Kosten zu ersparen, sondern auch dazu, sich für ihr Seelenheil selbst aufzuopfern (vgl. Phil 2, 17). Dafür darf der Apostel auch eine entsprechende Antwort der Gemeinde erwarten; jedenfalls hat er es nicht verdient, deshalb weniger geliebt zu werden. Paulus wirbt hier eindringlich um die Gegenliebe der Gemeinde, deren er nicht sicher ist. In V. 16 greift er einen konkreten Vorwurf auf, der in Korinth über **16** ihn umläuft: Er sei zwar selbst der Gemeinde nicht zur Last gefallen, habe sie aber indirekt auf raffinierte Weise durch seine Mitarbeiter ausgebeutet. Dies kommt auf einen Vorwurf geschickt eingefädelter Unterschlagung von Kollektengeldern hinaus (vgl. 8,20). Dagegen fragt Paulus, ob etwa einer der von ihm **17**

18 nach Korinth gesandten Mitarbeiter die Gemeinde übervorteilt habe. Da die
Sendung des Timotheus (1. Kor 4, 17) schon weit zurückliegt, nennt er Titus,
der schon vor dem Konflikt mit der Sammlung begonnen hatte (vgl.
2. Kor 8, 10) in Begleitung *eines* Bruders. Bei der Sendung 8, 16–24 war Titus
von *zwei* Brüdern begleitet (s. Einl., S. 8 f. und oben S. 321). Mit Titus haben
die Korinther nur gute Erfahrungen gemacht; er hat im gleichen Geist gewirkt
wie Paulus. Beide sind in denselben Spuren gewandelt, und die Nachfolge
Christi verträgt sich nicht mit Übervorteilung.

3.2 Befürchtungen im Blick auf den Zustand der Gemeinde 12, 19–21

19 **Schon lange werdet ihr denken, daß wir uns vor euch verteidigen wollen.
Wir reden jedoch in Christus vor Gott; das alles aber, Geliebte, geschieht zu eurer
Auferbauung.   20 Denn ich fürchte, daß ich euch bei meinem Kommen nicht so
finde, wie ich wünsche, und daß ich von euch so befunden werde, wie ihr nicht
wünscht; (ich fürchte), daß Streit, Eifersucht, Zornesausbrüche, Ehrgeiz, Verleum-
dungen, üble Nachrede, Überheblichkeit und Unordnung herrschen,   21 daß
mein Gott, wenn ich komme, mich noch einmal vor euch demütigt und ich traurig
sein muß über viele, die früher gesündigt und nicht Buße getan haben für ihre
Unreinheit, Unzucht und Ausschweifung, die sie getrieben haben.**

> Vers 19: *2, 17; 10, 8; 13, 10*   Vers 21: *13, 2.*

19 Paulus weiß, daß seine Ausführungen von der Gemeinde in dem Sinn mißverstanden werden könnten, als wolle er sich vor ihr verteidigen; aber der Ton
liegt auf „vor Gott", nicht auf „vor euch". Der Apostel kann die Gemeinde
nicht als richterliche Instanz anerkennen, die ein letztes Urteil über seinen
Dienst zu fällen hätte (vgl. 1. Kor 4, 3–5). Paulus redet als Botschafter Christi
in der Verantwortung vor Gott aus lauterem Gewissen (2. Kor 2, 17); er hat
nicht den Auftrag, die Gemeinde zu zerstören, sondern sie aufzubauen (10, 8;
20 13, 10), und dies hat die Gemeinde in ihrem jetzigen Zustand nötig. Paulus
fürchtet, daß er die Korinther bei seinem Besuch nicht so antrifft, wie er es
wünscht, und daß er gezwungen sein wird, so aufzutreten, wie es die Korinther
nicht wünschen. Der Zustand der Gemeinde wird zunächst mit einem Lasterkatalog beschrieben, in dem Streitereien, Verleumdung und Unordnung vor-
herrschen, die eine starke Zerrissenheit der Gemeinschaft anzeigen. Diese
Beschreibung der Lage in Korinth paßt gut in die Zeit des Tränenbriefs (2, 4),
in der Paulus die Kunde vom erfolgreichen Wirken des Titus noch nicht erhal-
21 ten hatte; mit 7, 16 ist sie schwerlich vereinbar. Träfe Paulus die Gemeinde in
diesem Zustand an, dann wäre dies für ihn eine erneute Demütigung wie beim
Zwischenbesuch (vgl. 2, 1–5), weil die Mißachtung seiner Weisungen deutlich
wäre. Er hätte Grund, traurig zu sein über viele Unbußfertige. Auffälligerweise
werden nun in V. 21 b nicht mehr Streitereien, sondern Unreinheit, Unzucht
und Ausschweifung genannt bei vielen, „die früher gesündigt und nicht Buße
getan haben". Da dies typische heidnische Laster sind, könnten Gemeindeglie-

der ins Auge gefaßt sein, die „noch im Heidentum steckengeblieben sind" (R. Bultmann). Aber auch bei Christen redet der Apostel von „Buße tun" (7, 9). Nach 1. Kor 6, 12 ff. vertraten korinthische Pneumatiker den Verkehr mit der Dirne. Beim Zwischenbesuch konnte Paulus feststellen, daß sich viele noch nicht von der libertinistischen Lebensweise abgekehrt hatten und seine Autorität nicht anerkannten. Deshalb braucht man in V. 20 und 21 nicht zwei völlig verschiedene Gruppen von Gemeindegliedern anzunehmen. Für Paulus ist Unzucht ebenso ein Verstoß gegen seinen Auftrag wie die Zerspaltung der Gemeinde durch Streit und Überheblichkeit. Würde sich der Zustand der Gemeinde nicht bessern, dann müßte der Apostel bei seinem Besuch Strenge walten lassen (13, 2); er hofft aber, durch sein Schreiben die Sünder vorher noch zur Umkehr bewegen zu können.

3.3 Ankündigung des Besuchs in apostolischer Vollmacht 13, 1–10

1 Das ist das dritte Mal, daß ich zu euch komme. „Durch zweier oder dreier Zeugen Mund soll jede Sache bestätigt werden" (5. Mose 19, 15). 2 Ich habe es vorausgesagt und sage es, wie ich es bei meinem zweiten Aufenthalt tat, jetzt auch aus der Ferne voraus denen, die früher gesündigt haben, und den andern allen: Wenn ich wieder komme, werde ich nicht mehr schonen. 3 Ihr verlangt ja einen Beweis dafür, daß Christus in mir redet, der euch gegenüber nicht schwach ist, sondern mächtig unter euch. 4 Denn er wurde zwar gekreuzigt in Schwachheit, aber er lebt aus der Kraft Gottes. Auch wir sind schwach in ihm, aber wir werden uns mit ihm lebendig erweisen an euch aus der Kraft Gottes.
5 Stellt euch selbst auf die Probe, ob ihr im Glauben steht, prüft euch selbst! Oder erkennt ihr euch selbst nicht (um feststellen zu können), daß Jesus Christus in euch ist? Wenn nicht, dann wärt ihr unbewährt. 6 Ich hoffe aber, ihr werdet erkennen, daß wir nicht unbewährt sind. 7 Wir beten aber zu Gott, daß ihr nichts Böses tut; nicht damit wir als bewährt erscheinen, sondern damit ihr das Gute tut, wir aber wie Unbewährte dastehen. 8 Denn wir vermögen nichts wider die Wahrheit, sondern nur etwas für die Wahrheit. 9 Wir freuen uns ja, wenn wir schwach sind, ihr aber mächtig seid. Um dies beten wir auch: um eure völlige Erneuerung. 10 Deshalb schreibe ich euch dies aus der Ferne, damit ich bei meiner Anwesenheit nicht Strenge gebrauchen muß nach der Vollmacht, die der Herr mir gegeben hat zum Aufbauen und nicht zum Niederreißen.

Vers 1: *5. Mose 19, 15*   Vers 2: *12, 21*   Vers 5: *1. Kor 11, 28*   Vers 10: *10, 8.*

Paulus droht zunächst mit schonungslosem Auftreten bei seinem Besuch (13, 1–4). In V. 1 wiederholt er die Ankündigung des dritten Besuchs von 12, 14, 1 zu dem er sich „bereit hält", was nicht so viel wie „sofort" bedeutet. Bei Abfassung des Tränenbriefs hatte Paulus vor, zunächst Titus zu senden. Der beabsichtigte dritte Besuch des Apostels soll dann den Konflikt endgültig bereinigen gemäß der Regel von 5. Mose 19, 15, das Paulus in Anlehnung an die Septuaginta zitiert ähnlich wie Mt 18, 16. Die „Sache", die entschieden werden soll, ist der Streit zwischen den Korinthern und Paulus. Es ist umstritten, ob sich die zwei oder drei „Zeugen" auf die drei Besuche (H. Lietzmann) oder die doppelte Ankündigung des schonungslosen Auftretens (R. Bultmann) beziehen. Letzteres ist m. E. vorzuziehen, da die bisherigen Besuche kaum als „Zeugen" für strenges Durchgreifen gelten können. Trotz des Bezugs auf 5. Mose 19, 15 hat der Apostel nicht die Absicht, in Korinth eine Gerichtsverhandlung mit

2 Zeugenverhör durchzuführen. In V. 2 sagt Paulus unter Bezugnahme auf den Zwischenbesuch, er habe schon bei seinem zweiten Aufenthalt vorausgesagt, daß er bei nochmaligem Kommen nicht mehr schonen werde. Dies wiederholt er nun (im Tränenbrief) noch einmal aus der Ferne. Damit sind die Korinther doppelt gewarnt. Beim Zwischenbesuch hatte er sich nicht durchsetzen können; aber beim dritten Besuch wird er von seiner apostolischen Vollmacht zur Bestrafung Gebrauch machen, wie er schon 12, 20 f. angedeutet hatte. Das gilt sowohl den unbußfertigen Gemeindegliedern als auch den Gegnern seines

3 Apostolats. Die Korinther erwarten von dem Apostel eine Probe kraftvollen Auftretens. Paulus redet „in Christus" (2, 17), und Christus lebt „in ihm" (Gal 2, 20); aber über die Art und Weise der Äußerung der Kraft Christi denkt er anders als die Pneumatiker, weil er in der Schule des Gekreuzigten gelernt hat, daß die Kraft Gottes in der Schwachheit zur Vollendung kommt. Der erhöhte Herr, in dessen Namen Paulus redet (5, 20), wird seine Kraft auch den

4 Korinthern gegenüber erweisen. Der begründende V. 4 zeigt die paradoxe Einheit von Schwachheit und Kraft bei Paulus als Konsequenz von Kreuz und Auferweckung Jesu Christi auf (vgl. 12, 9 f.). Der gekreuzigte Jesus ist ein Bild der Schwachheit; aber der Gekreuzigte wurde erhöht zum Herrn über alle Mächte (Phil 2, 9–11) und „lebt in der Kraft Gottes". Die Glaubenden haben teil an der Kraft seiner Auferstehung wie an seinen Leiden; in dieser Kraft hofft auch Paulus, den Korinthern gegenüber mit apostolischer Vollmacht aufzutreten.

In V. 5–10 ermahnt der Apostel die Gemeinde zur Selbstprüfung und zu rechtzeitiger Umkehr.

5 Da er seine Drohung nicht wahrmachen will, lenkt er die Frage der Bewährung auf die Korinther selbst zurück: Prüft nicht mich, ob ich mich als Apostel bewähre, sondern prüft doch euch selbst, ob ihr im Glauben steht! Mit dem Abfall von Paulus steht die christliche Existenz der Gemeinde auf dem Spiel. „Wer Christi Geist nicht hat, der ist nicht sein" (Röm 8, 9). Erkennt ihr bei euch selbst nicht, daß Jesus Christus „in euch" ist und durch seinen Geist in euch wirkt, dann habt ihr euch im Glauben nicht bewährt. Es handelt sich nicht nur um einen persönlichen Streit; es geht letztlich um das Heil der Gemeinde.

6 Beurteilen sich die Korinther selbst nach dem rechten Maßstab, dann werden sie auch den Dienst des Apostels richtig einschätzen und erkennen, daß Paulus

7 nicht unbewährt ist. Paulus, der mit Liebe und Drohung um die Gemeinde ringt, weiß aber, daß nur Gott die Herzen der Menschen lenken kann. Darum bittet er Gott, die Korinther auf den rechten Weg zurückzubringen. Die ethisch klingende Wendung „nichts Böses tun" beschreibt hier den Gehorsam im Glauben. Zugleich läßt der Apostel das Motiv seines Handelns erkennen: Es

geht ihm nicht darum, selbst recht zu behalten und gut dazustehen, sondern darum, daß sich die Gemeinde im Glauben bewährt. Dann will er gern in Kauf nehmen, selbst wie ein Unbewährter dazustehen. Auch hier spürt man die Sorge des Paulus, die Korinther könnten der Lehre der falschen Apostel erliegen. In V. 8 wird deutlich, daß es um das „Wort vom Kreuz" geht, das Paulus 8 als die Wahrheit Gottes verkündigt. Der Satz klingt zwar wie eine allgemeine Sentenz, hat aber einen konkreten Bezug auf die Auseinandersetzung des Paulus mit seinen Gegnern. Paulus verkündigt die Offenbarung der Wahrheit Gottes in Kreuz und Auferweckung Jesu Christi (4,2); er kann und will nichts tun, was gegen diesen seinen Auftrag verstößt. Die Korinther bewähren sich im Glauben, wenn sie dieser Botschaft treu bleiben. Der V. 9 variiert die Aussage 9 von 4,12 mit den Stichworten „schwach" und „stark" (vgl. 1. Kor 4,10). Paulus freut sich über seine Schwachheit, weil durch sie die Kraft Christi die Gemeinde stark macht. So bittet er Gott in seinen Gebeten um die völlige Erneuerung der Gemeinde durch das Wirken des heiligen Geistes. Im letzten 10 Vers bringt Paulus den Zweck seines Schreibens noch einmal klar zum Ausdruck. Er hat darum die Auseinandersetzung mit den Gegnern mit solcher Schärfe geführt und so eindringlich zu Selbstprüfung und Umkehr aufgerufen, damit er sich bei seinem Besuch nicht gezwungen sieht, Strenge zu gebrauchen in seiner apostolischen Vollmacht; denn die Hauptaufgabe des Apostels besteht darin, die Gemeinde aufzubauen, nicht sie niederzureißen (10,8).

Die Gegner des Paulus im zweiten Korintherbrief

Die in Korinth eingedrungenen Missionare, mit denen sich Paulus in den polemischen Kapiteln 2. Kor 10–13 auseinandersetzt, rühmen sich ihrer jüdischen Abstammung als „Hebräer, Israeliten, Abrahamskinder" (11,22). Dies kann sich auf palästinische Judenchristen, aber auch auf ehemalige traditionstreue Diasporajuden beziehen, die Christen geworden sind. Sie bezeichnen sich als „Diener Christi" (11,23), wahrscheinlich auch als „Apostel" (11,13; vgl. 11,5), und nehmen für sich eine besonders enge Christuszugehörigkeit in Anspruch (10,7). Nach dem Urteil des Paulus verkündigen sie „einen anderen Jesus, einen anderen Geist und ein anderes Evangelium" (11,4). Sie arbeiten mit Empfehlungsbriefen (10,12; vgl. 3,1) und rühmen sich ins Maßlose, weil sie sich nicht wie Paulus am Maßstab Gottes, sondern nur an sich selbst messen (10,12–15). Als Wandermissionare lassen sie sich den Lebensunterhalt von der Gemeinde geben und betrachten dies als Ausweis ihrer Legitimität als „Diener Christi" (11,7–10.23). Sie prahlen mit außerordentlichen Geisteswirkungen (11,18), Visionen (vgl. 12,1–10) und Krafttaten (12,12). Die Gemeinde behandeln sie von oben herab und sind auf ihren eigenen Nutzen bedacht (11,11 f.20).

Dem Apostel Paulus werfen sie vor, er sei kein Pneumatiker (10,2), er sei schwächlich im persönlichen Auftreten (10,1.10) und kein geschulter Redner

(11,6), und er lasse „die Zeichen des Apostels" vermissen (12,12); er unter-
schlage auf listige Weise Kollektengelder (12,14–18) und verrate durch seinen
Verzicht auf Unterhalt selber, daß er kein rechtmäßiger Apostel sei (11,7–12).

In der Forschung ist noch keine einheitliche Auffassung von der theologischen Eigenart dieser Paulusgegner erreicht. Die wichtigsten Positionen seien
kurz genannt:

1) F. C. Baur setzte die Gegner von 2. Kor 10–13 mit der Christuspartei von
1. Kor 1,12 gleich und bestimmte sie als gesetzesstrenge Judenchristen (Judaisten) aus Palästina. Gegen diese Auffassung spricht jedoch, daß die Forderung
nach Beschneidung und Erfüllung des jüdischen Gesetzes in Korinth keinen
Streitpunkt bildet.

2) In Weiterführung der Position von W. Lütgert, der die Gegner als ultra-
paulinische, libertinistische Pneumatiker betrachtete, rechnen R. Bultmann, E.
Dinkler und W. Schmithals in beiden Korintherbriefen mit der gleichen gegnerischen Front und beurteilen die Gegner als judenchristliche Gnostiker. Für
eine ausgeprägte christologische Gnosis gibt es jedoch in der Mitte des 1. Jahrhunderts n. Chr. keine Belege. Die Gnosisforschung der letzten Jahrzehnte hat
die These vom „gnostischen Erlösermythos" als Hintergrund der paulinischen
Christologie entscheidend in Frage gestellt, wenn auch der Ursprung der Gnosis noch immer strittig ist.

3) E. Käsemann und C. K. Barrett beziehen im Gefolge A. Schlatters die
Überapostel (2. Kor 11,5; 12,11) auf die Jerusalemer Urapostel und verstehen
im Unterschied davon die als Satansdiener bekämpften Agitatoren
(2. Kor 11,13 ff.) als Abgesandte der Urgemeinde von Jerusalem, die in Korinth
über ihren Auftrag hinausgingen und sich den korinthischen Pneumatikern
anpaßten. Der Text besagt jedoch nicht, daß die eingedrungenen Missionare
mit Beglaubigungsschreiben der Urgemeinde arbeiteten, und bietet auch keine
zwingenden Anhaltspunkte für die Unterscheidung der „Überapostel" von den
„Satansdienern".

4) G. Friedrich hat die gemeinsamen charismatisch-pneumatischen Züge bei
den als „Diener" (diákonoi) bezeichneten sog. Hellenisten von Apg 6 und den
in Korinth eingedrungenen Missionaren aufgedeckt und vorgeschlagen, die
Gegner von 2. Kor 10–13 als Anhänger des aus Jerusalem vertriebenen Stepha-
nuskreises zu betrachten. Ein direkter Zusammenhang mit diesem Kreis läßt
sich jedoch nicht nachweisen.

5) Eine relativ breite Zustimmung hat der Vorschlag von D. Georgi gefunden, der die Gegner als judenchristlich-hellenistische Missionare charakterisiert, die in der Art von hellenistischen Wanderpredigern und Wundertätern
auftraten, die Hochschätzung des Alten Testamentes mit einem ausgeprägten
pneumatischen Selbstbewußtsein verbanden und Mose und Jesus als mit besonderen Kräften ausgestattete „Gottesmänner" verehrten. Aber die Beurteilung
Jesu als eines sog. „göttlichen Menschen" (theios anér) ist im Text nicht belegt,
sondern aus einer bestimmten Auslegung von 2. Kor 3 (s. dort) erschlossen.

Die Gegner sind nach unserer Auslegung judenchristlich-hellenistische Wanderprediger, die sich einer besonderen Geistbegabung und Christuszugehörigkeit rühmen, mit Empfehlungsbriefen arbeiten und sich unter Berufung auf das alte Apostelrecht von der Gemeinde bezahlen lassen. Sie sind wahrscheinlich aus dem syrischen Raum der Petrusmission nach Korinth gekommen, vielleicht als „Abgesandte" aus Antiochien, um Paulus als einen „unrechtmäßigen" Apostel zu bekämpfen, wobei sie ihn vor allem an Petrus messen.

Briefschluß 13, 11–13

11 Im übrigen, Brüder, freut euch, laßt euch zurechtbringen, laßt euch ermahnen, seid eines Sinnes, haltet Frieden! So wird der Gott der Liebe und des Friedens mit euch sein. 12 Grüßt euch untereinander mit dem heiligen Kuß! Es grüßen euch alle Heiligen. 13 Die Gnade des Herrn Jesus Christus und die Liebe Gottes und die Gemeinschaft des heiligen Geistes sei mit euch allen!

Vers 11: *Phil 4,4*   Vers 12: *Röm 16, 16; 1. Kor 16, 20*   Vers 13: *Gal 6, 18.*

Mit der Übergangswendung „im übrigen" und der Anrede „Brüder" leitet 11 Paulus den Briefschluß ein (vgl. 1. Thess 4, 1). Es ist nicht sicher, zu welchem Briefteil dieser Schluß gehört. Inhaltlich scheint er besser zum Versöhnungsbrief zu passen. Aber die Wendung „laßt euch zurechtbringen" nimmt wohl Bezug auf die Bitte von V. 9 um völlige Erneuerung, und dies spricht für die Zugehörigkeit zu Kap. 10–13. Die Mahnung „freut euch" (vgl. Phil 4, 4) steht nicht im Widerspruch zur Schärfe der Auseinandersetzung, sondern bildet eine sachliche Ergänzung. Es ist die Freude (1, 24) über die Versöhnung in Christus, um die Paulus in Korinth kämpft. Die Aufforderung: Kehrt zur Ordnung zurück! faßt den ganzen Kampfbrief nochmals zusammen. Die Mahnung zu Eintracht und Frieden, die aus dem Verständnis der Kirche als des Leibes Christi erwächst, hat gegenüber der zerstrittenen Gemeinde bei Abfassung des Tränenbriefs besonderes Gewicht. Die Wendung „der Gott der Liebe" begegnet nur hier im Neuen Testament, während die liturgische Formel „der Gott des Friedens" von Paulus mehrfach in den Briefschlüssen verwendet wird (1. Thess 5, 23; Röm 15, 33; 16, 20; Phil 4, 9; vgl. 2. Thess 3, 16). Grüße gehören 12 regelmäßig zum Briefschluß. Die Briefe wurden im Gottesdienst verlesen. Nach der Predigt grüßten sich die Gemeindeglieder mit dem heiligen Kuß, woran sich meist das Herrenmahl anschloß. Das Judentum kannte zwar den Kuß als Symbol der Versöhnung, jedoch nicht als liturgischen Ritus. Die ökumenische Verbundenheit der Gemeinden kommt in den Grüßen der Gemeinde am Ort des Absenders zum Ausdruck (vgl. Röm 16, 16ff.; 1. Kor 16, 19f.); bei Zugehörigkeit des Briefschlusses zum Tränenbrief (Kap. 10–13) sind es die Christen aus Ephesus und Umgebung. In den alten Liturgien folgt auf den 13 Friedenskuß der triadische Gruß (V. 13), der vermutlich die Feier des Herrenmahls einleitete. Der briefliche Schlußwunsch hat bei Paulus nur hier die triadische Form statt des sonst üblichen Gnadenwunsches. Die Gnade des Herrn

Jesus Christus und die Liebe Gottes gehören eng zusammen; Gott hat seine Liebe durch die Hingabe seines Sohnes erwiesen (Röm 5,8), und durch dessen stellvertretenden Sühnetod wird den Glaubenden die Gnade Christi zuteil. Bei der dritten Wendung ist die Frage, ob die Gemeinschaft gemeint ist, die der Geist schafft (Gen. subj.) oder die Teilhabe an dem Geist (Gen. obj., vgl. 1.Kor 10,16). Aber diese grammatikalische Alternative bedeutet theologisch keine Trennung: Der Geist Gottes bewirkt in den Glaubenden die Teilhabe am heiligen Geist und schließt sie zusammen zu der Gemeinschaft des Leibes Christi (1.Kor 12,13).

Dreigliedrige (triadische) Formeln bei Paulus

Fast alle Paulusbriefe schließen mit dem eingliedrigen Gnadenwunsch (Röm 16,20; 1.Kor 16,23; Gal 6,18; Phil 4,23; 1.Thess 5,28; Phlm 25); nur der 2.Kor hat die dreigliedrige Formel Christus, Gott, heiliger Geist in Verbindung mit den Begriffen Gnade, Liebe und Gemeinschaft. Der Ausdruck „die Liebe Gottes" begegnet bei Paulus auch in Röm 5,5; 8,39 (vgl. Eph 2,4; 2.Thess 3,5) und ist besonders ausgeprägt bei Johannes (5,42; 1.Joh 2,5.15; 3,17; 4,9.12); die Verbindung „Gemeinschaft des Geistes" erscheint in Phil 2,1 neben anderen Ausdrücken, die das Leben der christlichen Gemeinde charakterisieren. Da die Dreiheit „Gnade, Liebe, Gemeinschaft" nicht als selbständige Formel (wie Glaube, Liebe, Hoffnung) belegt ist, bilden die drei Begriffe „Christus, Gott, Geist" das tragende Gerüst in dem Schlußwunsch 2.Kor 13,13. Die Voranstellung des „Herrn Jesus Christus" vor Gott ist dadurch veranlaßt, daß dieser Segenswunsch eine Erweiterung des üblichen Gnadenwunsches darstellt: „Die Gnade des Herrn Jesus sei mit euch" (1.Kor 16,23). Ein stilistisches, „auf Dreiheit drängendes Formgesetz" (M.Dibelius) ist besonders bei liturgischen Formeln zu beobachten (vgl. den Segen 4.Mose 6,24–26). Die Formel „Glaube, Liebe, Hoffnung" (vgl. 1.Thess 5,8) erscheint zuerst in 1.Thess 1,3 in Verbindung mit Werk, Arbeit und Geduld. Die jüdische Tradition kennt zwar gelegentlich eine Verbindung von „glaubend" und „liebend" (Jub 17,18), aber nicht die Verbindung der Substantive und nicht die Dreierformel. Paulus beschreibt mit „Glaube und Liebe" (1.Thess 3,6; Phlm 5; vgl. Gal 5,6) das neue Leben der Christen, die auf die zukünftige Vollendung hoffen (Gal 5,5). Hinter 1.Kor 13,13 steht 1.Thess 1,3, wobei Paulus dem Thema des Kap. 13 entsprechend die Liebe an den Schluß stellt. Die Wendung „Glaube, Liebe, Hoffnung" erweist sich somit als eine von Paulus gestaltete, das neue Wesen des christlichen Lebens beschreibende Formulierung, die sich nicht nur stilistischen Formgesetzen verdankt, sondern die Strukturmomente des Christseins sachgemäß zum Ausdruck bringt.

Die Dreiheit Christus, Gott und Geist läßt sich nicht von mythologischen Göttertriaden ableiten, in denen Götter gleicher Art (Pluto, Demeter, Kore) oder selbständige Götter auf Grund ihrer Verwandtschaft (Zeus, Poseidon,

Hades) oder wegen desselben Kultortes (Jupiter, Mars, Quirinus) zusammenge-
ordnet sein können. Die babylonische Trias Anu, Enlil, Ea ist kosmologisch
(Himmel, Erde, Meer) orientiert. In Ägypten wurde seit alters die Gottfamilie
Osiris, Isis, Horus verehrt, während die Vereinigung von Vater, Mutter und
Kind in der griechisch-römischen Götterwelt keine Rolle spielt. Paulus steht
mit dem ganzen Urchristentum auf dem Boden des Glaubens an den einen
Gott, der einen strikten Gegensatz zu jeder Form von Polytheismus darstellt.
Aber auch das Judentum kennt keine direkte Parallele zu der Trias Gott, Christus, Geist. Eine analoge Formel „Jahwe, Messias, Gemeinde" oder „Gott, Tora,
Gemeinde" oder „Gott, Messias, Tora" ist nicht belegt. Nur eine scheinbare formale Verwandtschaft hat auch die Dreiheit „Gott, Weisheit, Wort" bei dem
jüdischen Religionsphilosophen Philo von Alexandria, so daß auch hier kein
direkter Einfluß vorliegt. Daß die Dreiheit Gott, Christus, Geist in dem heilsgeschichtlichen Offenbarungshandeln Gottes in Jesus Christus und in der Geistgabe verankert ist, läßt sich aus den Darlegungen des Paulus deutlich erkennen. Die wichtigsten Belegstellen dafür sind 1. Kor 12, 4–6, Gal 4, 4–6 und
Röm 8, 9–11. Die Reihenfolge „Vater, Sohn, heiliger Geist" ist erst in der späteren Tauformel Mt 28, 19 bezeugt; Paulus (1. Kor 1, 12 ff.) und die Apostelgeschichte (2, 38; 8, 16; 19, 5) bezeugen für die Frühzeit die Taufe auf den Namen
des Herrn Jesus Christus. Die Trias ist noch variabel (1. Kor 12, 4–6: Geist,
Herr, Gott; 2. Kor 13, 13: Christus, Gott, heiliger Geist). Nach Gal 4, 4–6 hat
Gott den Geist seines Sohnes in die Herzen der Glaubenden gesandt, und in
Röm 8, 9 werden „Geist Gottes" und „Geist Christi" gleichgesetzt (vgl. auch die
Triaden in Eph 4, 4–6 und 1. Petr 1, 2). Im Briefeingang ist die Nennung von
Gott, unserm Vater, und dem Herrn Jesus Christus geläufig (Röm 1, 7;
1. Kor 1, 3; 2. Kor 1, 2; Gal 1, 3; Phil 1, 2; 1. Thess 1, 1; Phlm 3). Zweiteilig (bini-
tarisch) ist auch das Bekenntnis in 1. Kor 8, 6. Paulus unterscheidet zwar Gott
und Jesus Christus als Personen, versteht sie aber in ihrem Heilswirken als eine
Einheit.

Im Zusammenhang der Geistesgaben wird in 1. Kor 12, 4–6 neben den einen
Herrn und den einen Gott als dritte selbständige Größe der Geist gestellt. Der
Geist Gottes wohnt in den Glaubenden (Röm 8, 9; 1. Kor 3, 16); sie werden
getrieben vom Geist Gottes (Röm 8, 14; Gal 5, 18); der Geist hilft unserer
Schwachheit auf (Röm 8, 26). Das Bekenntnis zu Jesus als dem Herrn wird
abgelegt im heiligen Geist (1. Kor 12, 3), und durch *einen* Geist sind wir alle in
einen Leib getauft (1. Kor 12, 13). Der Geist wirkt die Gnadengaben
(1. Kor 12, 11); die erste Frucht des Geistes ist die Liebe (Gal 5, 22). Der Geber
des Geistes ist Gott (2. Kor 1, 22; 5, 5), und Christus, der Herr der Geistes,
wirkt durch den Geist (2. Kor 3, 17 f.).

Paulus beschreibt den heiligen Geist als Gabe Gottes und Kraft des Wirkens
Christi in den Glaubenden und zugleich als eine eigene, wirksame, göttliche
Größe. Wie in der Liebe Gottes der Urheber und die Gabe untrennbar verbun-
den sind, so gilt dies auch für den heiligen Geist als den Geist des Wirkens
Gottes und Christi.

Die Trias Gott, der Vater, Jesus Christus und der heilige Geist ist wohl dadurch entstanden, daß die zweiteilige Bekenntnisformel Gott, der Vater, und der Herr Jesus Christus (1. Kor 8, 6) im liturgischen Gebrauch durch den Geist erweitert wurde. Dies ist theologisch in dem heilsgeschichtlichen Tatbestand begründet, daß der Gott, der vorzeiten geredet hat zu den Vätern (Hebr 1, 1), sich endgültig offenbart hat in seinem Sohn Jesus Christus und an Pfingsten den von den Propheten verheißenen Geist der Endzeit (Joel 3, 1) gesandt hat.

Verzeichnis der Abkürzungen

Abkürzungen und Reihenfolge der neutestamentlichen Schriften im Gesamtwerk

Mk	Joh	1. Kor	Eph	1. Thess	1. Tim	Hebr	2. Petr	3. Joh
Mt	Apg	2. Kor	Phil	2. Thess	2. Tim	Jak	1. Joh	Jud
Lk	Röm	Gal	Kol	Phlm	Tit	1. Petr	2. Joh	Offb

Altes Testament (einschließlich Apokryphen)

Am	= Amos		Mal	=	Maleachi
Dan	= Daniel		Mi	=	Micha
Ez	= Ezechiel (Hesekiel)		Ps	=	Psalmen
Hab	= Habakuk		Ri	=	Richter
Hld	= Hoheslied		Sach	=	Sacharja
Hos	= Hosea		1., 2. Sam	=	1., 2. Buch Samuel
Jer	= Jeremia		Sir	=	Jesus Sirach (LXX)
Jes	= Jesaja		Spr	=	Buch der Sprüche
Klgl	= Klagelieder		Tob	=	Buch Tobias (LXX)
1., 2. Kön	= 1., 2. Buch der Könige		Weish	=	Weisheit Salomos (LXX)
1., 2. Makk	= 1., 2. Buch der Makkabäer (LXX)		Zef	=	Zefanja

Jüdisches Schrifttum 2./1. Jh. v. Chr.

äthHen	= äthiopischer Henoch (Entstehungszeit je nach Teil verschieden)		TestXII	= Testamente der zwölf Patriarchen
Jub	= Jubiläenbuch (2. Jh. v. Chr.?)		TestBenj	= Test. des Benjamin
LXX	= Septuaginta (griechische Übersetzung des Alten Testaments)		TestDan	= Test. des Dan
1QM	= Kriegsrolle aus Qumran		TestGad	= Test. des Gad
1QS	= Gemeinderegel aus Qumran		TestIss	= Test. des Issachar
1QSa	= Gemeinschaftsregel aus Qumran		TestJos	= Test. des Josef
4Qflor	= Florilegium aus Qumran		TestN	= Test. des Naftali
			TestRub	= Test. des Ruben

Jüdisches Schrifttum 1./2. Jh. n. Chr. und später

ApkMos	= Apokalypse des Mose
b (vor Mischnatraktaten)	= babylonischer Talmud
CD	= Damaskusschrift (Qumran)
4Esr	= 4. Esra (Ende 1. Jh. n. Chr.)
Jos	= Josephus (Ende 1. Jh., Rom), Contra Apionem

MidrQoh   = Midrasch zu Qohelet
Philo   = Philon von Alexandria (ca. 20 v.Chr.–50 n.Chr.); viele Schriften
All   = Philo, Legum Allegoriae
Op   = Philo, De Opificio Mundi
VitMos   = Philo, De Vita Mosis
slHen   = slavischer Henoch (Grundschrift vor 70 n.Chr., später ausgestaltet)
syrBar   = syrischer Baruch (Apokalypse, Ende 1.Jh. n.Chr.)
Tos   = Tosefta
Traktate aus Mischna/Talmud:
Ber   = Berakhot (Segenssprüche)
Jeb   = Jebamot (Schwagerehe)
Ket   = Ketubbot (Hochzeitsverschreibungen)
Mak   = Makkot (Prügelstrafe)
Ned   = Nedarim (Gelübde)
Pes   = Pesachim (Passahfest)
Qid   = Qidduschin (Antrauung)
Sanh   = Sanhedrin (Gerichtshof)
VitAd   = Vita Adae et Evae (Leben Adams und Evas), mit ApkMos verwandt

Nichtchristliches griechisches und römisches Schrifttum

Dio Chrysostomus Or = Dion von Prusa (ca. 40–120 n.Chr.), später Chrysostomus genannt, Orationes
Epiktet Diss = Epiktet (ca. 50–130 n.Chr., Hauptvertreter der jüngeren Stoa), Dissertationes
Mark Aurel = Marcus Aurelius Antonius (161–180 n.Chr., römischer Kaiser und Philosoph), Selbstbetrachtungen
Plato = Platon (428–348 v.Chr., athenischer Philosoph), Menon, Symposion, Timaios
Strabo = Strabon (ca. 63 v.–19.n.Chr., griech. Geograph), Geographica

Christliches Schrifttum 1./2. Jh. n. Chr. und später

1. Clem = 1.Clemensbrief (Ende 1.Jh.)
2. Clem = 2.Clemensbrief (Mitte 2.Jh.)
Did = Didache (Lehre der zwölf Apostel, Ende 1.Jh., Syrien?)
HebrEv = Hebräerevangelium
Hermsim = Hirt des Hermas (Apokalypse, 1.Hälfte 2.Jh., Rom), Similitudines)
IgnEph = Ignatius, Bischof von Antiochien (gest. kurz nach 110), Brief an die Epheser
Joh Chrysostomus = Joh Chrysostomus aus Antiochia (354–407 n.Chr.), Bischof von Konstantinopel
Justin Apol = Justin der Märtyrer (Ephesus, Rom, gest. um 165), Apologie
Justin Dial = Justin, Dialog mit dem Juden Tryphon
MartPol = Martyrium des Polykarp
Origenes = Alexandrien (185–254)

Lexika und Sammelwerke

Bauer	=	W. Bauer, Griechisch-Deutsches Wörterbuch zu den Schriften des Neuen Testaments und der übrigen urchristlichen Literatur, [5]1971
Bill.	=	(H. L. Strack-) P. Billerbeck, Kommentar zum Neuen Testament aus Talmud und Midrasch, I–VI, 1922–1961
RAC	=	Reallexikon für Antike und Christentum, hrsg. von Th. Klauser, 1950 ff.
THWNT	=	Theologisches Wörterbuch zum Neuen Testament, begr. von G. Kittel, hrsg. von G. Friedrich, 1933–1979
TRE	=	Theologische Realenzyklopädie, hrsg. von G. Krause und G. Müller, 1977 ff.

Literatur

Zum 1. Korintherbrief

Wissenschaftliche Kommentare:

J. Weiß, Der erste Korintherbrief, KEK V, ⁹1910, Nachdr. 1970, ²1977.
A. Schlatter, Paulus, der Bote Jesu, 1934, ⁵1985.
Ph. Bachmann, Der erste Brief des Paulus an die Korinther, KNT VII, hrsg. von Th. Zahn, ⁴1936 (mit Nachträgen von E. Stauffer).
H. Lietzmann, W. G. Kümmel, An die Korinther I u. II, HNT 9, ⁵1969.
J. Héring, La première Epître de Saint Paul aux Corinthiens, CNT VII, ²1959.
C. K. Barrett, A Commentary on the First Epistle to the Corinthians, BNTC, 1968, ²1971.
H. Conzelmann, Der erste Brief an die Korinther, KEK V, ¹¹1969, ¹²1981.
E. Fascher, Der erste Brief des Paulus an die Korinther, Kap. 1-7, ThHK 7/I, 1975, ⁴1988.
W. F. Orr, J. A. Walther, I Corinthians, AncB 32, 1976.
Ch. Senft, La Première Epître de Saint Paul aux Corinthiens, CNT VII, 1979.
Ch. Wolff, Der erste Brief des Paulus an die Korinther, Kap. 8-16, ThHK 7/II, 1982.
G. D. F. Fee, The First Epistle to the Corinthians, NIC, 1987.
A. Strobel, Der erste Brief an die Korinther, ZBK 6, 1, 1989.
W. Schrage, Der erste Brief an die Korinther, 1. Kor 1, 1-6, 11, EKK VII/1, 1991.
H. Merklein, Der erste Brief an die Korinther, Kap. 1-4, Ök. Taschenkomm. 7, 1, 1994.

Allgemeinverständliche Auslegungen:

D. Martin Luthers Epistel-Auslegung, hrsg. von E. Ellwein, Bd. 2: Die Korintherbriefe, 1968.
K. Barth, Die Auferstehung der Toten, 1924, ⁴1953.
O. Schmitz, Urchristliche Gemeindenöte, UCB 7, 1939.
O. Kuß, Die Briefe an die Korinther, RNT 6, 2, 1940.
A. Schlatter, Die Korintherbriefe, Erläuterungen z. NT, Bd. 6, Neu durchgesehen 1962.
H. D. Wendland, Die Briefe an die Korinther, NTD 7, 1936, ¹⁵1980.
W. de Boor, Der erste Brief des Paulus an die Korinther, Wuppertaler Studienbibel, 1968.
J. Kürzinger, Der erste Brief an die Korinther, Echter-Bibel, Bd. II, ²1968, 1-58.
E. Walter, Der erste Brief an die Korinther, Geistliche Schriftlesung 7, 1969.
H. R. Balz, Christus in Korinth, Kleine Kasseler Bibelhilfe, 1970.
K. Maly, Der erste Brief an die Korinther, WB-Komm. 13, 1971.
H. J. Klauck, Der erste Korintherbrief, Die Neue Echter-Bibel 7, 1984.
H. Krimmer, Erster Korintherbrief, Ed. C, B Bibelkomm. 11, 1985.
K. Heim, Die Gemeinde des Auferstandenen, hrsg. v. F. Melzer, ²1987.
G. Voigt, Gemeinsam glauben, hoffen, lieben. Paulus an die Korinther I, 1989.

Abhandlungen und Aufsätze:

S. Arai, Die Gegner des Paulus im I. Korintherbrief und das Problem der Gnosis, NTS 19, 1972/73, 430-437.
S. Sc. Bartchy, First-Century Slavery and 1 Corinthians 7:21, SBL Diss. Ser. 11, 1973.
R. Baumann, Mitte und Norm des Christlichen, NTA NF 5, ²1986.
N. Baumert, Frau und Mann bei Paulus: Überwindung eines Mißverständnisses, 1992.

G. Barth, Erwägungen zu 1. Kor 15, 20-28, EvTh 30, 1970, 515-527.

J. Becker, Auferstehung der Toten im Urchristentum, SBS 82, 1976.

Ders., Paulus, Apostel der Völker, 1989, ²1992.

O. Betz, Jesus und das Danielbuch, Bd. II: Die Menschensohnworte Jesu und die Zukunfts-erwartung des Paulus (Dan 7, 13-14), ANTI 6/II, 1985, 103-143.

Ders., Jesus, der Herr der Kirche, WUNT 52, 1990, 197-292.

E. Biser, Paulus: Zeuge, Mystiker, Vordenker, 1992.

G. Bornkamm, Das Ende des Gesetzes, BEvTh 16, 1952, 34-50; 93-132.

Ders., Herrenmahl und Kirche bei Paulus, in: Studien zu Antike und Urchristentum, BEvTh 28, 1959, 138-176.

Ders., Das missionarische Verhalten des Paulus nach 1. Kor 9, 19-23 und in der Apostelge-schichte, in: Geschichte und Glaube II, 1971, 149-161.

Ders., Paulus, UB 119, ³1977.

U. Borse, „Tränenbrief" und 1. Korintherbrief, in: Studien zum Neuen Testament und seiner Umwelt 9, 1984, 175-202.

E. Brandenburger, Fleisch und Geist. Paulus und die dualistische Weisheit, WMANT 29, 1968.

M. Bünker, Briefformular und rhetorische Disposition im 1. Kor, GTA 28, 1984.

Ch. Burchard, 1. Kor 15, 39-41, ZNW 75, 1984, 233-258.

H. von Campenhausen, Der Ablauf der Osterereignisse und das leere Grab, ³1966.

Ders., Das Bekenntnis im Urchristentum, ZNW 63, 1972, 210-253.

H. Conzelmann, Korinth und die Mädchen der Aphrodite, in: Theologie als Schriftauslegung, 1974, 152-166.

O. Cullmann, Die ersten christlichen Glaubensbekenntnisse, ThSt 15, ³1954.

G. Dautzenberg, Zum religionsgeschichtlichen Hintergrund von diakrisis pneumaton (1. Kor 12, 10), BZ 15, 1971, 93-104.

Ders., Urchristliche Prophetie. Ihre Erforschung, ihre Voraussetzungen und ihre Struktur im 1. Kor, BWANT 104, 1975.

Ders. (Hrsg.), Die Frau im Urchristentum, QD 95, 1993, 182-224.

A. Deißmann, Licht vom Osten, ⁴1954, 274-277.

G. Delling, Nun aber sind sie heilig (1. Kor 7, 14), in: Studien zum Neuen Testament und zum hellenistischen Judentum, 1970, 257-287.

Ders., Das Abendmahlsgeschehen nach Paulus, ebd. 318-335.

Ch. Dietzfelbinger, Die Berufung des Paulus als Ursprung seiner Theologie, WMANT 58, 1985, ²1989.

E. Dinkler, Zum Problem der Ethik bei Paulus. Rechtsnahme und Rechtsverzicht (1. Kor 6, 1-11), ZThK 49, 1952, 167-200.

H.-J. Eckstein, Der Begriff Syneidesis bei Paulus, WUNT 2. R. 10, 1983.

G. Eichholz, Der missionarische Kanon des Paulus, in: Tradition und Interpretation, TB 29, 1965, 114-120.

W. Elert, Redemptio ab hostibus, ThLZ 72, 1947, 265-270.

W. Elliger, Paulus in Griechenland, SBS 92/93, 1978.

E. Earle Ellis, „Weisheit" und „Erkenntnis" im 1. Kor, in: Jesus und Paulus, FS W. G. Kümmel, 1975, 109-128.

G. Fitzer, Das Weib schweige in der Gemeinde, TEH 110, 1963.

G. Friedrich, Sexualität und Ehe. Bibl. Forum 11, Stuttgart 1977.

Ders., Auf das Wort kommt es an, Ges. Aufs., 1978, 132-188; 301-318; 416-430.

B. Gerhardson, I Kor 13. Zur Frage von Paulus' rabbinischem Hintergrund. FS D. Daube, 1973, 185-209.

H. Gese, Die Sühne, in: Zur biblischen Theologie, BEvTh 78, 1977, 85-106.

Ders., Die Herkunft des Herrenmahls, ebd. 107-127.

Ders., Alttestamentliche Studien, 1991, 218-265.

H. Graß, Ostergeschehen und Osterberichte, ⁴1970.

H. Greeven, Propheten, Lehrer, Vorsteher bei Paulus, ZNW 44, 1952/53, 1–43.

Ders., Ehe nach dem Neuen Testament, in: Theologie der Ehe, 1969, 37–79.

F. Hahn, Die alttestamentlichen Motive in der urchristlichen Abendmahlsüberlieferung, EvTh 27, 1967, 337–374.

Ders., Der urchristliche Gottesdienst, SBS 41, 1970.

Ders., Charisma und Amt, ZThK 76, 1979, 419–449.

J. Hainz, Koinonia. „Kirche" als Gemeinschaft bei Paulus, BU 16, 1982.

M. Hengel, Christologie und neutestamentliche Chronologie, in: Neues Testament und Geschichte, FS O. Cullmann, 1972, 43–67.

Ders., Die christologischen Hoheitstitel im Urchristentum. Der gekreuzigte Gottessohn, in: Der Name Gottes, hrsg. von H. v. Stietencron, 1975, 90–111.

Ders., Mors turpissima crucis. Die Kreuzigung in der antiken Welt und die „Torheit" des „Wortes vom Kreuz", in: Rechtfertigung, FS E. Käsemann, 1976, 125–184.

Ders., U. Heckel (Hrsg.), Paulus und das antike Judentum, WUNT 58, 1991.

O. Hofius, Das Zitat 1. Kor 2,9 und das koptische Testament des Jakob, ZNW 66, 1975, 140–142.

Ders., Paulusstudien, WUNT 51, 1989, 203–243.

K. Holl, Der Kirchenbegriff des Paulus in seinem Verhältnis zu dem der Urgemeinde, in: Ges. Aufs. zur Kirchengeschichte II, 1928, 44–67.

T. Holtz, Das Kennzeichen des Geistes (1. Kor XII.1–3), NTS 18, 1971/72, 365–376.

M. D. Hooker, Authority on her Head: An Examination of I Cor XI.10, NTS 10, 1963/64, 410–416.

H. Hübner, Das Gesetz bei Paulus, FRLANT 119, [3]1982.

J. C. Hurd, The Origin of I Corinthians, 1965.

N. Hyldahl, Die paulinische Chronologie, AThD 19, 1986.

A. Jaubert, La voile des femmes, I Cor XI.2–16, NTS 18, 1971/72, 419–430.

J. Jeremias, Die Abendmahlsworte Jesu, [3]1960.

Ders., Die missionarische Aufgabe in der Mischehe (1. Kor 7,16), in: Abba, 1966, 292–298.

R. Jewett, Paulus-Chronologie. Ein Versuch, München 1982.

F. St. Jones, „Freiheit" in den Briefen des Apostels Paulus, GTA 34, 1987.

E. Käsemann, Exegetische Versuche und Besinnungen I, 1960, 11–34; 109–134; 267–279, II, 1964, 69–82; 223–239.

Ders., Paulinische Perspektiven, 1969, 9–60; 178–210.

W. Klaiber, Rechtfertigung und Gemeinde. Eine Untersuchung zum paulinischen Kirchenverständnis, FRLANT 127, 1982.

B. Klappert, Diskussion um Kreuz und Auferstehung, 1967.

H.-J. Klauck, Hausgemeinde und Hauskirche im frühen Christentum, SBS 103, 1981.

Ders., Herrenmahl und hellenistischer Kult, NTA NF 15, 1982.

G. Klein, Apokalyptische Naherwartung bei Paulus, in: Neues Testament und christliche Existenz, FS H. Braun, 1973, 241–262.

K. Th. Kleinknecht, Der leidende Gerechtfertigte. Die alttestamentlich-jüdische Tradition vom „leidenden Gerechten" und ihre Rezeption bei Paulus, WUNT II/13, [2]1988.

D.-A. Koch, Die Auferstehung Jesu Christi, BHTh 27, [2]1965.

Ders., Die Schrift als Zeuge des Evangeliums, BHTh 69, 1986.

J. Kremer, Das älteste Zeugnis von der Auferstehung Christi, SBS 17, 1966.

W. G. Kümmel, Verlobung und Heirat bei Paulus (1. Kor 7,36–38), in: Heilsgeschehen und Geschichte, MThSt 3, 1965, 310–327.

F. Lang, Amt und Gemeinde im Neuen Testament, in: Evangelische Freiheit und kirchliche Ordnung, FS Th. Dipper, 1968, 107–121.

Ders., Abendmahl und Bundesgedanke im Neuen Testament, EvTh 35, 1975, 524–538.

Ders., Die Gruppen in Korinth nach 1. Kor 1–4, ThBeitr 14, 1983, 68–79.

K. Lehmann, Auferweckt am dritten Tage nach der Schrift, QD 38, 1968.

G. Lüdemann, Paulus, der Heidenapostel. Bd. I: Studien zur Chronologie, FRLANT 123, 1980. Bd. II: Antipaulinisches im frühen Christentum, FRLANT 130, [2]1990.

Ders., Die Auferstehung Jesu, Historie, Erfahrung, Theologie, 1994.

D. Lührmann, Wo man nicht mehr Sklave oder Freier ist. Überlegungen zur Struktur früh-christlicher Gemeinden, WuD NF 13, 1975, 53–83.

U. Luz, Das Geschichtsverständnis des Apostels Paulus, BEvTh 49, 1968, 332–369.

K. Maly, Mündige Gemeinde. Untersuchungen zur pastoralen Führung des Apostels Paulus im 1. Korintherbrief, SBM 2, 1962, [2]1967.

W. Marxsen, Die Auferstehung Jesu von Nazareth, 1968.

L. Mattern, Das Verständnis des Gerichtes bei Paulus, AThANT 47, 1966.

Ch. Maurer, Ehe und Unzucht nach 1. Kor 6, 12–7, 7, WuD NF 6, 1959, 159–169.

O. Merk, Handeln aus Glauben. Die Motivierungen der paulinischen Ethik, MThSt 5, 1968.

H. Merklein, Studien zu Jesus und Paulus, WUNT 43, 1987, 157–180; 319–375; 385–408.

O. Michel, Das Zeugnis des Neuen Testaments von der Gemeinde, FRLANT 57, 1941, 31–73.

U. B. Müller, Prophetie und Predigt im Neuen Testament, StNT 10, 1975.

K. Niederwimmer, Askese und Mysterium. Über Ehe, Ehescheidung und Eheverzicht in den Anfängen des christlichen Glaubens, FRLANT 118, 1975.

W. H. Ollrog, Paulus und seine Mitarbeiter, WMANT 50, 1978.

H. Patsch, Abendmahl und historischer Jesus, CThM A 1, 1972.

R. Pesch, Das Abendmahl und Jesu Todesverständnis, QD 80, 1978.

Ders., Paulus ringt um die Lebensform der Kirche. Vier Briefe an die Gemeinde Gottes in Korinth, 1986.

H. Probst, Paulus und der Brief, WUNT II/45, 1991.

E. Reinmuth, Geist und Gesetz. Studien zu Voraussetzungen und Inhalt der paulinischen Paränese, ThA 44, 1985.

K. H. Rengstorf, Die Auferstehung Jesu, [4]1968.

M. Rissi, Die Taufe für die Toten, 1962.

E. P. Sanders, Paulus und das palästinische Judentum, StUNT 17, 1985.

H. H. Schade, Apokalyptische Christologie bei Paulus, GTA 18, [2]1984.

K. Schäfer, Gemeinde als „Bruderschaft", EHS. R. 23, 333, 1989.

W. Schenk, Der 1. Korintherbrief als Briefsammlung, ZNW 60, 1969, 219–241.

G. Schimanowski, Weisheit und Messias, WUNT 2. Reihe 17, 1985.

H. Schlier, Über die Liebe. 1. Kor 13, in: Aufsätze zur biblischen Theologie, 1968, 179–186.

Th. Schmeller, Paulus und die „Diatribe", NTA NF 19, 1987.

W. Schmithals, Die Gnosis in Korinth. Eine Untersuchung zu den Korintherbriefen, FRLANT 66, [3]1969.

Ders., Die Korintherbriefe als Briefsammlung, ZNW 64, 1973, 263–288.

R. Schnackenburg, Die Ehe nach dem Neuen Testament, in: Theologie der Ehe, 1969, 9–36.

U. Schnelle, Gerechtigkeit und Christusgegenwart, GTA 24, [2]1986.

J. Schniewind, Die Archonten dieses Aeons, in: Nachgelassene Reden und Aufsätze, hrsg. von E. Kähler, 1952, 104–109.

Ders., Die Leugner der Auferstehung in Korinth, ebd. 110–139.

W. Schrage, Die Stellung zur Welt bei Paulus, Epiktet und in der Apokalyptik, ZThK 61, 1964, 125–154.

Ders., Zur Frontstellung der paulinischen Ehebewertung in 1. Kor 7, 1–7, ZNW 67, 1976, 214–234.

Ders., Ethik des neuen Testaments, Grundrisse z. NT 4, 1982, 155–230.

H. Schürmann, Die geistlichen Gnadengaben in den paulinischen Gemeinden. Ursprung und Gestalt, 1970.

E. Schüssler Fiorenza, Rhetorical Situation and Historical Reconstruction in 1 Corinthians, NTS 33, 1987, 386–403.

S. Schulz, Die Charismenlehre des Paulus, in: Rechtfertigung, FS E. Käsemann, 1976, 443–460.

E. Schweizer, Gemeinde und Gemeindeordnung im NT, AThANT 35, ²1962, 80–104.

Ders., 1. Kor 15, 20–28 als Zeugnis paulinischer Eschatologie und ihrer Verwandtschaft mit der Verkündigung Jesu, in: Jesus und Paulus, FS W. G. Kümmel, 1975, 301–314.

G. Sellin, Das „Geheimnis" der Weisheit und das Rätsel der Christuspartei, ZNW 73, 1982, 69–96.

Ders., Der Streit um die Auferstehung der Toten, FRLANT 138, 1986.

H. von Soden, Sakrament und Ethik bei Paulus, in: Urchristentum und Geschichte I, 1951, 239–275.

P. Stuhlmacher, Das Auferstehungszeugnis nach 1. Kor 15, 1–20, in: Theologie und Kirche, 1967, 33–59.

Ders., Christliche Verantwortung bei Paulus und seinen Schülern, EvTh 28, 1968, 165–186.

Ders., Das paulinische Evangelium I, FRLANT 95, 1968, 266–286.

Ders., Das Bekenntnis zur Auferweckung Jesu von den Toten und die Biblische Theologie, in: Schriftauslegung auf dem Wege zur biblischen Theologie, 1975, 128–166.

Ders., Versöhnung, Gesetz und Gerechtigkeit, 1981, 66–116; 136–223.

Ders., Das paulinische Evangelium, in: ders. (Hrsg.), Das Evanngelium und die Evangelien, 1983, 157–182.

Ders., Das neutestamentliche Zeugnis vom Herrenmahl, ZThK 84, 1987, 1–35.

Ders., Zur hermeneutischen Bedeutung von 1. Kor 2, 6–10, ThBeitr 18, 1987, 133–158.

Ders., Biblische Theologie des Neuen Testaments, Bd. 1. Grundlegung: von Jesus zu Paulus, 1992, 221–392.

A. Suhl, Paulus und seine Briefe. Ein Beitrag zur paulinischen Chronologie, StNT 11, 1975.

E. Synofzig, Die Gerichts- und Vergeltungsaussagen bei Paulus, GTA 8, 1977.

J. Theis, Paulus als Weisheitslehrer: Der Gekreuzigte und die Weisheit Gottes in 1. Kor 1–4, BU 22, 1991.

G. Theißen, Studien zur Soziologie des Urchristentums, WUNT 19, ³1989.

Ders., Psychologische Aspekte paulinischer Theologie, ²1993.

P. Vielhauer, Paulus und die Kephaspartei in Korinth, NTS 21, 1974/75, 341–352.

S. Vollenweider, Freiheit als neue Schöpfung, FRLANT 147, 1989.

H. Weder, Das Kreuz Jesu bei Paulus, FRLANT 125, 1981.

K. Wengst, Christologische Formeln und Lieder im Urchristentum, 1972.

M. Widmann, 1. Kor 2, 6–16: Ein Einspruch gegen Paulus, ZNW 70, 1979, 44–53.

H.-A. Wilcke, Das Problem eines messianischen Zwischenreiches bei Paulus, AThANT 51, 1967.

U. Wilckens, Weisheit und Torheit. Eine exegetisch-religionsgeschichtliche Studie zu 1. Kor 1 und 2, BHTh 26, 1959.

Ders., Auferstehung, Themen der Theologie Bd. 4, 1970.

Ders., Zu 1. Kor 2, 1–16, in: Theologia crucis-Signum crucis, FS E. Dinkler, 1979, 501–537.

M. Winter, Pneumatiker und Psychiker in Korinth. Zum religionsgeschichtlichen Hintergrund von 1. Kor 2, 6–3, 4, MThSt 12, 1975.

O. Wischmeyer, Der höchste Weg. Das 13. Kap. des 1. Kor, StNT 13, 1981.

Dies., Traditionsgeschichtliche Untersuchung der paulinischen Aussagen über die Liebe (agape), ZNW 74, 1983, 222–236.

A. F. Zimmermann, Die urchristlichen Lehrer, WUNT, 2. R. 12, 1983, ²1988.

Zum 2. Korintherbrief

Wissenschaftliche Kommentare:

(Lietzmann-Kümmel u. Schlatter s. beim 1. Kor)

Ph. Bachmann, Der zweite Brief des Paulus an die Korinther, KNT VIII, hrsg. von Th. Zahn, ⁴1922.

H. Windisch, Der zweite Korintherbrief, KEK VI, 1924, Nachdruck 1970, hrsg. von G. Strek-
    ker.

J. Héring, La Seconde Epître aux Corinthiens, CNT VIII, 1958.

C. K. Barrett, A commentary on the Second Epistle to the Corinthians, BNTC, 1973, ²1979.

R. Bultmann, Der zweite Brief an die Korinther, KEK Sonderband, hrsg. von E. Dinkler, 1976.

V. P. Furnish, II Corinthians, AncB 32 a, 1984.

M. Carrez, La Deuxième Épître aux Corinthiens, CNT VIII, 1986.

H. J. Klauck, Zweiter Korintherbrief, Die Neue Echter-Bibel 8, 1986.

R. P. Martin, 2 Corinthians, Word Biblical Comm. 40, 1986.

E. Best, Second Corinthians, Atlanta 1987.

Ch. Wolff, Der zweite Brief des Paulus an die Korinther, ThHK 8, 1989.

F. Zeilinger, Krieg und Friede in Korinth: Komm. z. 2. Korintherbrief des Apostels Paulus,
    1992.

H. D. Betz, 2. Korinther 8 und 9. Ein Kommentar zu zwei Verwaltungsbriefen des Apostels
    Paulus, 1993.

Allgemeinverständliche Auslegungen:

(Luther, Kuß, Schlatter u. Wendland s. beim 1. Kor)

O. Schmitz, Apostolische Seelsorge, UCB 8, 1940.

J. Kürzinger, Der zweite Brief an die Korinther, Echter-Bibel, Bd. II, ²1968, 59–90.

K. H. Schelkle, Der zweite Brief an die Korinther, Geistliche Schriftlesung 8, 1968.

W. de Boor, Der zweite Brief des Paulus an die Korinther, Wuppertaler Studienbibel, ⁵1982.

H. Krimmer, Zweiter Korintherbrief, Ed. C, B. Bibelk. 12, 1987.

J. Kremer, 2. Korintherbrief, Kl. Komm. z. NT NF 8, 1990.

G. Voigt, Die Kraft des Schwachen: Paulus an die Korinther II, 1990.

Abhandlungen und Aufsätze:

L. Aejmelaeus, Streit und Versöhnung. Das Problem der Zusammensetzung des 2. Korinther-
    briefes, SES 46, 1987.

C. K. Barrett, Paul's Opponents in II Corinthians, NTS 17, 1970/71, 233–254.

Ders., The Signs of an Apostle, London 1970.

G. Barth, Die Eignung des Verkündigers in 2. Kor 2, 14–3, 6 in: Kirche, FS G. Bornkamm,
    1980, 257–270.

N. Baumert, Täglich sterben und auferstehen. Der Literalsinn von 2. Kor 4, 12–5, 10, StANT
    34, 1973.

K. Berger, Almosen für Israel. Zum historischen Kontext der paulinischen Kollekte, NTS 23
    (1976/77), 180–204.

H. D. Betz, Eine Christus-Aretalogie bei Paulus (2. Kor 12, 7–10), ZThK 66, 1969, 288–305.

Ders., Der Apostel Paulus und die sokratische Tradition, BHTh 45, 1972.

Ders., 2 Cor 6:14–7:1: An Anti-Pauline Fragment ?, JBL 92, 1973, 88–108.

O. Betz, Jesus, der Herr der Kirche, WUNT 52, 1990, 103–196.

G. Bornkamm, Geschichte und Glaube im Neuen Testament. Ein Beitrag zur Frage der
    „historischen"Begründung theologischer Aussagen, Ges. Aufs. III, 1968, 9–24.

Ders., Die Vorgeschichte des sogenannten Zweiten Korintherbriefes, in: Geschichte und
    Glaube II, Ges. Aufs. IV, 1971, 162–194.

R. Bultmann, Exegetische Probleme des 2. Kor, in: Exegetica, 1967, 298–322.

G. Delling, Der Tod Jesu in der Verkündigung des Paulus, in: Apophoreta, FS E. Haenchen,
    1964, 85–96.

Ch. Demke, Zur Auslegung von 2. Kor 5, 1–10, EvTh 29, 1969, 589–602.

H. Diem, Der irdische Jesus und der Christus des Glaubens, 1957.

E. Dinkler, Die Taufterminologie in 2. Kor 1, 21 f., in: Neotestamenntica et Patristica, FS O. Cullmann, 1962, 173–191.

M. Ebner, Leidenslisten und Apostelbrief, FzB 66, 1991.

G. Fitzer, Der Ort der Versöhnung bei Paulus. Zu der Frage des „Sühneopfers Jesu", ThZ 22, 1966, 161–183.

G. Friedrich, Amt und Lebensführung. Eine Auslegung von 2. Kor 6, 1–10, BSt 39, 1963.

Ders., Die Gegner des Paulus im 2. Korintherbrief, in: Auf das Wort kommt es an, Ges. Aufs., 1978, 189–223.

Ders., Die Verkündigung des Todes Jesu im Neuen Testament, BThSt 6, 1981.

D. Georgi, Die Geschichte der Kollekte des Paulus für Jerusalem, ThF 38, 1963.

Ders., Die Gegner des Paulus im 2. Korintherbrief, WMANT 11, 1964.

J. Gnilka, 2. Kor 6, 14–7, 1 im Lichte der Qumranschriften und der Zwölf-Patriarchentestamente, in: Neutestamentliche Aufsätze, FS J. Schmid, 1963, 86–99.

L. Goppelt, Versöhnung durch Christus, in: Christologie und Ethik, 1968, 147–164.

E. Gräßer, Der Mensch Jesus als Thema der Theologie, in: Jesus und Paulus, FS W. G. Kümmel, 1975, 129–150.

Ders., Der Alte Bund im Neuen, WUNT 35, 1985.

E. Güttgemanns, Der leidende Apostel und sein Herr, FRLANT 90, 1966.

S. J. Hafemann, Suffering and the Spirit, WUNT II/19, 1986.

F. Hahn, Das Ja des Paulus und das Ja Gottes, in: Neues Testament und christliche Existenz, FS H. Braun, 1973, 229–239.

Ders., Der Apostolat im Urchristentum, KuD 20, 1974, 54–78.

U. Heckel, Der Dorn im Fleisch, ZNW 84, 1993, 65–84.

M. Hengel, Der Kreuzestod Jesu Christi als Gottes souveräne Erlösungstat, Exegese über 2. Kor 5, 11–21, in: Theologie und Kirche, 1967, 60–89.

Ders., Atonement. The Origins of Doctrine in the New Testament, 1981.

Ders., Der vorchristliche Paulus, ThBeitr 21, 1990, 174–195.

O. Hofius, Paulusstudien, WUNT 51, 1989, 1–174; 244–254.

F. W. Horn, Das Angeld des Geistes. Studien zur paulinischen Pneumatologie, FRLANT 154, 1992.

N. Hyldahl, Die Frage nach der literarischen Einheit des Zweiten Korintherbriefes, ZNW 1964, 1973, 289–306.

J. Jervell, Die Zeichen des Apostels. Die Wunder beim lukanischen und paulinischen Paulus, in: Studien zum Neuen Testament und seiner Umwelt 4, 1979, 54–75.

E. Jüngel, Paulus und Jesus, [2]1964, 215–284, [6]1986.

E. Kamlah, Buchstabe und Geist, EvTh 14, 1954, 276–282.

Ders., Wie beurteilt Paulus sein Leiden?, ZNW 54, 1963, 217–232.

E. Käsemann, Die Legitimität des Apostels, ZNW 41, 1942, 33–71.

Ders., Exegetische Versuche und Besinnungen I, 1960, 187–214, II, 1964, 105–131.

Ders., Erwägungen zum Stichwort „Versöhnungslehre" im Neuen Testament, in: Zeit und Geschichte, FS R. Bultmann, 1964, 47–59.

Ders., Paulinische Perspektiven, 1969, 61–107; 237–285.

Ders., Der Ruf der Freiheit, [5]1981.

H. Krämer, Zum sprachlichen Duktus in 2. Kor 10, 9 u. 12, in: Das Wort und die Wörter, FS G. Friedrich, 1973, 97–100.

F. Lang, Gesetz und Bund bei Paulus, in: Rechtfertigung, FS E. Käsemann, 1976, 305–320.

Ders., Gesetz und Gerechtigkeit Gottes in biblisch-theologischer Sicht, ThBeitr 22, 1991, 195–207.

F. G. Lang, 2. Kor 5, 1–10 in der neueren Forschung, BGBE 16, 1973.

R. Leivestad, ,The Meekness and Gentleness of Christ' II Cor. X. 1, NTS 12, 1965/66, 156–164.

H. Lichtenberger, Paulus und das Gesetz, in: Paulus und das antike Judentum, WUNT 58, 1991, 361–374.

A. Lindemann, Paulus und die korinthische Eschatologie. Zur These von einer Entwicklung im paulinischen Denken, NTS 37, 1991, 373–399.

E. Lohse, „Das Amt, das die Versöhnung predigt", in: Rechtfertigung, FS E. Käsemann, 1976, 339–349.

U. Luz, Der alte und neue Bund bei Paulus und im Hebräerbrief, EvTh 27, 1967, 318–336.

P. Marshall, Enmity in Corinth: Social Conventions in Paul's Relations with the Corinthians, WUNT II/23, 1987.

U. Mell, Neue Schöpfung. Eine traditionsgesch. u. exeg. Studie zu einem soteriologischen Grundsatz paulinischer Theologie, BhZNW 56, 1989.

O. Michel, „Erkennen dem Fleisch nach", EvTh 14, 1954, 22–29.

P. von der Osten-Sacken, Evangelium und Tora. Aufs. zu Paulus, TB 77, 1987.

R. Pesch, Paulus kämpft um sein Apostolat. Drei weitere Briefe an die Gemeinde Gottes in Korinth, 1987.

R. Riesner, Die Frühzeit des Apostels Paulus, WUNT 71, 1994.

M. Rissi, Studien zum zweiten Korintherbrief, AThANT 56, 1969.

J. Roloff, Apostolat – Verkündigung – Kirche, 1965.

K. H. Schelkle, Im Leib oder außer des Leibes. Paulus als Mystiker, ThQ 158, 1978, 285–293.

U. Schnelle, Wandlungen im paulinischen Denken, SBS 137, 1989.

J. Schniewind, Die Botschaft Jesu und die Theologie des Paulus, in: Nachgelassene Reden und Aufsätze, hrsg. von E. Kähler, 1952, 16–37.

W. Schrage, Leid, Kreuz und Eschaton. Die Peristasenkataloge als Merkmale paulinischer theologia crucis und Eschatologie, EvTh 34, 1974, 141–175.

J. Schröter, Der versöhnte Versöhner. Paulus als unentbehrlicher Mittler im Heilsvorgang zwischen Gott und Gemeinde nach 2 Kor 2, 14–7, 4, TANZ 10, 1993.

S. Schulz, Die Decke des Moses, ZNW 49, 1958, 1–30.

Ders., Der frühe und der späte Paulus. Überlegungen zur Entwicklung seiner Theologie und Ethik, ThZ 41, 1985, 228–236.

E. Stegemann, Alt und Neu bei Paulus und in den Deuteropaulinen, EvTh 37, 1977, 508–536.

G. Strecker, Die Legitimität des paulinischen Apostolates nach 2 Kor 10–13, NTS 38, 1992, 566–586.

P. Stuhlmacher, Erwägungen zum ontologischen Charakter der kaine ktisis bei Paulus, EvTh 27, 1967, 1–35.

Ders., Erwägungen zum Problem von Gegenwart und Zukunft in der paulinischen Eschatologie, ZThK 64, 1967, 425–450.

Ders. u. H. Claß, Das Evangelium von der Versöhnung in Christus, 1979.

Ders., Versöhnung, Gesetz und Gerechtigkeit, 1981, 9–26; 87–116.

Ders., Sühne oder Versöhnung? in: Die Mitte des Neuen Testaments, FS E. Schweizer, 1983, 291–316.

G. Theißen, Legitimation und Lebensunterhalt, NTS 21, 1974/75, 192–221.

K. Thraede, Ursprünge und Formen des „Heiligen Kusses" im frühen Christentum, JAC 11/12, 1968/69, 124–180.

W. C. van Unnik, Reisepläne und Amen-Sagen. Zusammenhang und Gedankenfolge in 2. Kor 1, 15–24, in: Sparsa collecta I, 1973, 144–159.

N. Walter, Paulus und die urchristliche Jesustradition, NTS 31, 1985, 498–522.

J. Zmijewski, Der Stil der paulinischen „Narrenrede". Analyse der Sprachgestaltung in 2. Kor 11, 1–12, 10, BBB 52, 1978.

Namen- und Sachweiser

(Exk. n. = Exkurs nach)

Inhalt

Verzeichnis der thematischen Ausführungen (Exkurse)

Das Neue Testament Deutsch (NTD)

Neues Göttinger Bibelwerk. Herausgegeben von Peter Stuhlmacher und Hans Weder.
Bei Subskription auf die Neubearbeitungen 10% Ermäßigung

V&R
Vandenhoeck
& Ruprecht

Neues Testament

Renate Kirchhoff
Die Sünde gegen den eigenen Leib

Studien zu *pornē* und *porneia* in 1 Kor 6,12–20 und dem soziokulturellen Kontext der paulinischen Adressaten. (Studien zur Umwelt des Neuen Testaments, 18). 1994. 227 Seiten, gebunden. ISBN 3-525-53372-1

Das Buch analysiert die Voraussetzungen des sexuellen Verhaltens der Korinther und Paulus' Argumentation dagegen. Dabei verbindet es sozial-, traditions- und zeitgeschichtliche Methodik.

Gerhard Sellin
Der Streit um die Auferstehung der Toten

Eine religionsgeschichtliche und exegetische Untersuchung von 1. Korinther 15. (Forschungen zur Religion und Literatur des Alten und Neuen Testaments, 138). 1986. 337 Seiten, Leinen. ISBN 3-525-53815-4

Gottfried Voigt
Die Kraft des Schwachen

Paulus an die Korinther II. (Biblisch-theologische Schwerpunkte, 5). 1990. 134 Seiten, kart. ISBN 3-525-61286-9

Gottfried Voigt
Gemeinsam glauben, hoffen, lieben

Paulus an die Korinther I. (Biblisch-theologische Schwerpunkte, 4). 1989. 167 Seiten, kart. ISBN 3-525-61285-0

Einer der bewegtesten Paulusbriefe wird so anschaulich ausgelegt, daß der Bibelleser die Gedankengänge nachvollziehen kann und zugleich etwas vom Atem dieses apostolischen Glaubenszeugnisses verspürt. In Abgrenzung gegen eine illusionär-schwärmerische Frömmigkeit hat das Glaubensdenken des Paulus seine Brennpunkte im Wort vom Kreuz und in der Auferstehung Christi. Von da aus werden die Spannungen, Versuchungen und Irrungen einer frühchristlichen Gemeinde in einer konfliktreichen Hafenstadt angegangen.

V&R
Vandenhoeck & Ruprecht